HISTOIRE GÉNÈRALE
DE L'EUROPE

DÉPUIS LA NAISSANCE DE CHARLE-QUINT
JUSQU'AU CINQ JUIN MDXXVII.

COMPOSÉE PAR

ROBERT MACQUEREAU,

DE VALENCIENNES,

SOUS LE TITRE DE

*Traicté & Recueil de la Maiſon de Bourgoigne, en forme de Chronicque,
lequel commence à la nativité de Charles 5ᵉ Empereur des Romains,
Roy des Eſpaignes, Archiduc d'Auſtrice, Duc de Bourgoigne,
de Lotthier, de Brabant, &c. contenant l'eſpace de
27. années, &c.*

ET PUBLIÉE POUR LA PRÉMIÈRE FOIS
SOUS LES AUSPICES DE S. EXCELL.

MONSEIGNEUR LE COMTE DE COBENZL,

Chevalier de l'Ordre de la Toiſon d'Or, Miniſtre Plénipoten-
tiaire de S. M. Imp. Roy. & Apoſt., &c. &c. &c.

Avec de courtes notes pour l'intelligence des termes ſurannés.

A LOUVAIN,

DE L'IMPRIMERIE ACADEMIQUE.

M. DCC. LXV.

AVERTISSEMENT

DE L'EDITEUR.

LES Bibliothèquaires des Pays-Bas nous donnent fort peu de lumière fur cet Ouvrage. *Valère André* ne l'a pas connu : *Sanderus* en indique deux Manufcrits incomplets, l'un dans la Bibliothèque de la Cathèdrale de Tournai, qui ne contient que l'Hiftoire de trois ans (*a*) : l'autre chez le Prince *Albert-Henri de Ligne* en 1640., fous le titre de *Chronique dépuis l'an* 1518. *jufques l'an* 1527. *par Robert Macquereau, in-*4°. (*b*). Enfin *Henri d'Oultreman,* dans fon *Hiftoire de*

* 2

(*a*) *Hiftoire de la Maifon de Bourgoigne pour* 3. *ans, compofée par Robert Macquereau natif de Valenciennes; il commence à l'entour de l'an* 1526. *ou* 1527. (Sander. Biblioth. Belgica Ms. T. I. p. 214.)
(*b*) Sander. Ibid. T. II. p. 2.

Valenciennes (*c*) affure que *Robert Macquereau* a écrit *les Hiſtoires de ſon tems* dépuis l'an 1464. jufqu'en 1506., (*d*) & conjecture qu'il ſe nommoit autrement *Robin de l'Hoſtellerie.* Si cela eſt vrai, on pourroit conjecturer ultèrieurement que l'Auteur étoit un Aubergiſte. Quoi qu'il en ſoit, on ne voit par aucun endroit de ſon Hiſtoire qu'il ait eu part aux évènemens de ſon ſiècle; elle ne donne l'idée que d'un particulier, ſimple bourgeois, attaché à la Maiſon de Croy, qui lui aura fourni des mémoires, contemporain des faits qu'il raporte, bon Catholique, mais ignorant dans la Théologie, très-peu lettré, fort zélé pour la Maiſon d'Autriche, & grand amateur de tournois, de joûtes, de feux d'artifices, & d'autres ſpectacles de cette nature. La Copie, dont on s'eſt ſervi pour cette édition, étoit complette, (*e*)

(*c*) Pag. 375.

(*d*) C'eſt ſans doute ce que nôtre Auteur appelle ſon *grand Recueil de la Maiſon de Bourgogne*, & dont l'Ouvrage, que nous publions, n'eſt qu'un Abrégé.

(*e*) Elle nous a été fournie par les ſoins de S. Excellence Monſeigneur LE COMTE DE COBENZL.

mais récente, & fi peu exacte, que tout
ce que l'on a pu faire, ç'a été de livrer
l'Ouvrage au public dans l'état où il paroit. Il en a coûté beaucoup pour corriger les fautes nombreufes, les énormes
tranfpofitions, & les autres défauts de
l'exemplaire; quelquefois même il a fallu
s'en tenir à de fimples conjectures : mais
on a toûjours pris à tâche de ne rien chan-
ger dans le texte, même par raport à l'or-
thographe, hors le cas de faute évidente
de la part du Copifte; & l'on a renvoyé
aux marges les corrections qu'on a cru devoir propofer aux Lecteurs, ainfi que l'ex-
plication des termes Wallons, & des ex-
preffions furannées de l'Auteur. S'il n'y a
rien dans fon Ouvrage, qui puiffe attirer
ceux qui ne cherchent que l'amufement
dans leurs lectures, il pourra fervir à ceux
qui aiment à s'afsûrer des faits par la com-
paraifon des différens Hiftoriens, & à s'in-
ftruire des ufages du feizième fiècle, nôtre
Chroniqueur étant entré à cet égard dans
un détail indigne de l'Hiftoire, mais utile

à ceux qui favent refléchir. Peut-être encore fera-t'on bien-aife d'entendre Charle-Quint, François I., Henri VIII., & les autres Princes du même tems s'exprimer ici dans leurs propres termes. Enfin l'on y pourra remarquer des circonftances importantes, oubliées, ou niées par les plus célèbres Ecrivains, qui ont traité le même fujet; telle eft la part qu'eut l'Empereur Charle-Quint au fiège de Rome fi fameux dans toutes les Hiftoires.

APPROBATION.

J'Ai lû avec attention l'Ouvrage intitulé : *Recueil de la Maifon de Bourgoigne*, *&c. par R. Macquereau de Valenciennes*, & je n'y ai rien trouvé qui puifle bleffer la foi, ni les bonnes mœurs, non plus que dans les remarques qui l'accompagnent. Le Public doit fçavoir gré à ceux qui fe donnent la peine de publier des pièces auffi importantes pour l'Hiftoire, furtout quand ils y ajoûtent le foin de les éclaircir par des notes judicieufes, pour en faciliter l'intelligence à ceux qui pourroient être arrêtés dans la lefture de ces fortes d'Ouvrages.

Fait à Louvain ce 5. août 1765.

Franc. Jacobi Licentié en Théologie, Chanoine de l'Eglife Colleg. de S. Pierre, Cenfeur & Vifiteur Royal & Apoftolique dans les Pays-Bas.

TABLE
DES
CHAPITRES.
LIVRE I.

LIVRE III.

* *

LIVRE V.

LIVRE VI.

TRAICTÉ

TRAICTÉ ET RECUEIL

DE LA

MAISON DE BOURGOIGNE,

EN FORME DE CHRONICQUE,

Lequel commence à la nativité de Charles 5e Empereur des Romains, Roy des Eſpaignes, Archiduc d'Auſtrice, Duc de Bourgoigne, de Lotthier, de Brabant, &c. contenant l'eſpace de 27. années à ſçavoir depuis le 23e. de Decembre de l'an 1500. juſques le 5e. jour de Juing l'an 1527. & fuſt compoſé en la ville de Valenchienne par

ROBERT MACQUÉREAU.

A HAULT NOBLE PUISSANT PRINCE,

ET MON TRÈS-REDOUBTÉ SEIGNEUR,

MONSS^R PHILIPHES DE CROY,

Duc de Sorre & d'Archy, Marquis d'Arſchot, Conte de Porcean, de Beammont, Seneghem, & Beauffort, Baron de la Roche-Guilleme, Seigneur de Renty, Chierves, Bar-ſur-Aulbe, Havrech, Tamiſe, &c.

COMMENCEMENT ceſte année préſente, mon très-redoubté Seigneur, at eſté bien memorable de la diverſité des choſes advenues depuis l'an de l'Incarnation de Jeſus-Criſt mil chinc cens, juſques l'an mil chinc cens & vingt ſix enſſuyvant; laquelle année a eſté appellée des ſaiges Aſtronomyens *L'Année des merveilles*, & non ſans cauſe; car icelle povoit bien eſtre anſi apellée, comme cy-après polrés eſtre advertis en mon dernier livre;

A

& acquoi il femble que les nobles Efcrivains de préfent ont matiere aflés fertile pour s'employer, & graver en marbre, c'eft affavoir en perpetuelle memoire de Cronique, les merveilleux cas
funebres qui adviengnent de jour en jours. Des quelz certe très-
recommandés Hiftoriens modernes petit & fimple efcolier, incognu
Difciple, & imitateur defirant enffuyvre les veftiges indiciaires (*a*),
ay prins une petite portion, (felon ce que les rapports des Generaulx,
Poftes, Meflagiers, & autres le difent pour vérité,) d'aulcunes
chofes advenues en la noble maifon de Bourgoigne, de France & d'Angleterre, & auffi d'autres, la defcripre & rédiger en forme lifa-
ble & en brief, durant le temps cy-deffus efcript. La quelle œuvre j'ay attempté de propre de prefumptif hardiment. Car je cognois ma faculté trop baffe pour fatisfaire de tant haultes befoigne.
Neant-moins je m'y fuis adventurés par l'inpulffion exhortatoire
d'aucuns voz biens-voeillans; avec auffi le bien que je perchoy &
la grant honneur en votre noble perfonne, qui m'a efté ung aguil-
lon d'amour à cette labeur. Dont vous plaife, mon très-redoubté
Seigneur, avant que entammer ma principalle matiere, prefter benigne oreille aulx louenges bien meritées de ce petit traictié en
forme de croniques abregiées. Se faute vous y voyés par milles
chofes, fortes, & manieres, excufez la fimpleffe de l'oeuvre dont
je voie vous faire prefent. Et s'il eft ainfi que vôtre benigne
grace lui voelle prefter faveur & ennobliffement de reception
agréable, j'eftimeray grandement avoir cocillet le fruict de ma
labeur, & ne crainderay la reprehenfion de nulz détracteurs. Mais
l'oeuvre ainfi encommenchié, à cefte fin que on le voye & que elle
foit lûte des Orateurs, ay d'ardante volonté parfait; comme auffi
j'avoie l'efperance faire, moiennant la grace de Dieu feul Creatteur
Tout-congnoiffant, & à l'honneur de fa benoite mere, Advocatte
des pôvres pécheurs.

☞ Cy-après parle de la très-noble & vertueufe Maifon de Bourgoigne,
& des merveilleux (cas) qui y ont etez fais pour le terme de 27
ans en forme de Cronicque abregyé.

CHAP. I. *Cy commence à devifer comment Phelippe, Archiduc d'Auftrice, mena fa*
femme, feit fa couche de fon premier enffant en la ville de Gand,
& du Triomphe que on y fift.

A LE temps que Maximilien, Archiduc d'Auftrice, par la grace
de Dieu, Empereur des Romains tousjours Augufte, & de fon
regne le 14me, & que lors Alexandre 6me eftoit en fon fiege Papal

en l'Eglife Romaine, l'an de l'Incarnation notre Seigneur IIII^{C.} & XCIX., que Phelippe filz de Maximilien Empereur, par la grace de Dieu, Archiduc d'Auftrice, Duc de Bourgoigne, de Brabant, de Luxembourg, &c. Conte de Flandre, de Hollande, de Zellande &c. regnant en iceulx païs, fachant fa bonne Efpeufe Jene, Princeffe d'Efpaignes, en brief temps prefte de s'acoucher d'enffant, par le confeil & advis le mena en la ville de Gand, ce que les Gantois defiroient fur touttes chofes, que en cette ville elle feift fa géfine (b), efperant que elle portoit un filz. Elle y vint, & fu recupte très-honorablement, à la quelle fu ordonné de fon eftat. Soiés advertis que le Noel enffuivant fon entrée en la ville de *Gand* l'an de Jubilée comencha à entrer, & les grans pardons de Rome; & entour (c) le XXIIme. de Febvrier en ung Dimence la noble Dame s'accucha à fon ome (d) d'un beau & noble filz entre le jour faint Pierre & faint Mathias en * bifexte; du quel enffant l'Archiduc d'Auftrice, pere du di enffant, fu fort resjoy, & auffi furent les Gantois; fift fcavoir fa nativité à l'Empereur Maximilien fon grant-pere, & aux grans Princes des Allemaignes, les quels enffemble en furent moult joyeux; auffi furent parreillement tous ceulx des Païs de l'Archiduc, pour le quel on fift groffes fêtes par tout, remerchiant Dieu très-humblement qu'il lui avoit pleut d'envoyer ung tant beau & noble filz, & en telle heureufe année qu'en l'an Jubilée; & fu conclud de l'Archiduc, de fon Confeil, & pareillement des Gantois, de fon batefme; dont fu mandé par tout que le neuvieme jour du mois de March en ung Mardy 16 jours après fa nativité feroit baptifé. Pour quoi le tout fu bien & fogneufement ordonné des Gantois, après avoir tout bien & honneftement preparé, l'Evefque de Tournay vint, qui a grant honneur & follempnité le baptifa. Son premier parin fu le noble & puiffant Prince de Chimay, Charles de Croy, lequel par la grace de Dieu lui donna fon nom Charles. Le fecond parin fu ung Prince d'Allemaigne; mais je n'ai peu fcavoir fon nom. La premiere marinne fu madame Margherite de Yorcq fille au Roy d'Angleterre, en ce temps douagierre des Pays (e) efpeufe jadis de feu Charles de Vallois, noble Duc de Bourgoigne, &c. La feconde Marinne fu fa tante Madame Marguerite d'Auftrice, douagierre des Efpaignes, nouvellement revenue ès pays. Soiez advertis que jamais tels dons ne furent faitz de parins ne de marinnes a nulz baptifementz des Enffans, que les Gantois y firent un tel triumphe que l'on fift aporter l'enfant baptyzier fans point de fautte. Les Gantois en firent tant que c'eftoit chofe ineftimable. Ilz avoient fait une voye depuis l'autel (f) où on prenoit l'enffant jufques à l'Eglife, où le baptefme fe faifoit, pour aller deffus fans quelque empefchement. A mener & acompagnier

A 2

1499.

(b) *Ses couches*, du verbe *géfir* (*Jacere*) d'où nous eft refté *il git*, *un gîte*.

(c) *Vers*, environ.
(d) *Son mari*.
* *An bifexte*.

(e) *Du pays de Bourgogne*.

(f) *Lifez*, ou entendez *l'hotel*.

1499. l'enfant il y avoit fix cens Efcuyers les quelx cheminoient & marchoient en belle ordre devant; en après marchoient moult triumpha-
ment & richement accouftrez deuxcens chevaliers. Pardevant & à
(f) Torches. deux coftez y avoit quinze cens torfes (f). Devant Madame Margherite d'Yorcq, Douagierre, la quelle portoit l'enffant, marchoient
deux Efcuyers qui femoient inceffament, l'ung pieces d'or, & l'autre piéces d'argent monoyetz. C'eftoit merveille du peuple qui cryoit:
** Aucun* *Vive Bourgoigne.* On n'y oyoit quelque * mot pour le grant bruit &
mot. cris que l'on y faifoit. Meifme on avoit fait en l'air de grans feux
fur cordes, de clochyer à autre en belles voyes pour aller mettre
flambeaux & autres resjoïffemens ardant. Tant en fu fait. Pour toute
conclufion, jamais on n'avoit veu telle honneur à nulz baptifementz.
Ce temps pendant on forgea les Phelippes d'or, où il y avoit ung
faint Phelippe à la pille, qui furent en valleur de chincquante groz,
monnoye de Flandre.

CHAP. II.   *Comment Philippe Archiduc d'Auftrice, & fa noble Efpeufe, par confeil*
deliberé, s'en allerent en Efpaigne, parmy le Realme de France,
& de l'honneur qu'on leurs fift, avec autres mifters.

1500. Les Pafques enfuivantes, mil chinc cens, de touttes pars chafcun fe delibera d'aller en ville de Romme pour acquerir les grands
pardons de Jubilée ; don c'eftoit plaifir de la devotion que lors
avoient les Creftyens. Cefte année advinrent plufieurs groffes befoignes en ces pays, comme cy-apres polrés veoir en mon grant
Recoeil de la Maifon de Bourgoigne ; par quoy je n'en feray icy
mention ad caufe de briefveté, & auffi pour pluftoft parvenir à l'intention de mon petit traiftict. Sachiés doncques que Madame l'Archeduceffe s'accoucha l'année apres pour fon fecond enffant d'une belle
jonne fille, qui nommée fu par fes parins & marinnes, Elizabeth ;
pour la quelle en fu faift grande follempnité par tous les pays de
l'Archiduc Philippe, Duc de Bourgoigne. Lequel Archiduc apres que
fa noble femme eult fait fa gefinne, eulx deux enfemble par confeil
deliberé prinrent leur chemin pour aller en Efpaignes par terre, &
pour aller vifiter le noble Roy d'Arragon leur pere, les quels en
cheminant parmy le Royalme de France fifrent leurs entrées en la
cité de Paris, le propre jour fanfte Catherine 25ᵐᵉ· jour du mois
de Novembre, ou ils furent reçupz très-honorablement, mais ny
firent guere de demeurance ; car defirant d'acomplir leur voiaige, fe
parterent de Paris en grant gloire & joie, & prindrent pour aller
vers Efpaignes, dont ilz furent conduiftz & bien accompagniées des
plus grands de France, jufques en la ville de Bloix, où le Roy & la

Roynne les attendoient, quy les receurent très-honorablement & en
grant reverence, & affectueufe amour ; ce fu le feptiefme jour du
mois de Décembre. Après que le Roy les eult bien-vigniés (*g*),
le lendemain la Roynne prefenta à la Princeffe de Caftille fa fille
Glaudine toute nue, la quelle le prift fur fon geron, qui fu regar-
dée, & fu promife au jone Duc Charles d'Auftrice & de Bourgoigne.
Là fu monftrée grant amour entre eulx, fy grande qu'il n'eft langue
qui le faroit raconter ; il fembloit que jamais guerre n'auroit entre
eulx. L'on y fift jouftes & tournois, avec autres ébatemens journellement. Madame l'Archeduceffe donna à Glaudine une molt rice
baghe (*h*) qui valloit bien deux mille florins. Après certains jours Monf-
feigneur l'Archiduc, & fa noble compaigne fe partirent de Bloix
pour toûjours advancer fon chemin, & approcher les Efpaignes, qui
fu conduit affes longue efpace des Franchois ; vrais eft que, devant
qu'il partift de fon païs, le Roi lui avoit promis de baillier hoftagiers des Franchois pour plus feurement paffer & aller, repaffer &
revenir parmy le païs de France ; ainfi en fut-il fait ; car on ordonna en confeil que pour fatisfaire à la promeffe faicte à l'Archeduc d'Auftrice, que on bailleroit trois des plus gentilz de la couronne ; fi fu ordonné & decreté que le Seigneur de Monpenffyer,
Conte Dalphin d'Auvergne, en feroit l'ung : le fecond, & pour le
chief, le Conte de Foix : & le troifieme, le Conte de Vendofme.
Lefquelx en bel eftat, au dépent du Reaulme de France, firent leurs
entrées en la ville de Vallenchiennes, au commencement de Karefme,
où ils furent honorablement recupt, & s'y montrerent come bons
& notables Seigneurs ; Entant * que l'Archiduc marchoit, les Franchois perderent en Perpignan beaucop de leurs gens, & pareillement devant le Chafteau de Sauche ; neanmoins, quelque guerre
qu'il y eût, l'Archiduc & fa femme tousjours cheminerent, tant
qu'ilz arriverent en la ville de Leone Enfpaignes, où ilz furent moult
honnorablement receuz. De Leon s'en allerent en la ville de Burgues (*i*) où le Roy & la Roynne les receuprent en grand reverence,
comme doit faire le pere fon enfant. Tout chemein leur monftroit
vraye amour, lors, & en ce meifme temps que l'Archiduc eftoit en
Efpaignes, s'efmeult une groffe diffention entre le Duque de Bufcenton
d'une part, & meffire Henry de Berghes Evefque de Cambray d'au-
trepart. Parquoy convint que le difire Henry de Berghes fe retournaft des Efpaignes, lequel après plufieurs jours avoir diligenté en
cheminant, arriva au Chafteau en Cambrefiz. Ce advint à l'iffue du
mois de Septembre en l'an mil chinc cens & deux. Lequel fitoft
qu'il fu arrivé, ou petit de temps après, rendit fon ame à Dieu le
Createur. De la quelle mort le peuple pour l'amour de fon bon

(*g*) *Bien ac-
cueillis, les
eut traités en
bien-venue.*

(*h*) *Très ri-
che bague.*

* *Tandis.*

(*i*) *Burgos.*

1500.

gouvernement en eftat de prélatrye, en fu moult dolent ; & d'avantaige, murmuroient qu'il avoit efté empoifonnet. En oultre le Duque
de Bufenton, après la mort de l'Evefque de Cambray ne vefquy
guere, & rendy fon ame à Dieu. Dont fu donné la dignité de
Bufenton au filz Monfsr· du Vergier, Bourguignon, grant Marechal
de la Compagnie de Monfeigneur Monfsr· l'Archiduc d'Auftrice. L'E-
vefchiet de Cambray fu loingtemps litigieufe & en diffencion : mais
en la fin la voix en fu donnée à Meffire Jacques de Croy, Pro-
thonotaire, qui depuis fut Evefque, & augmenta très fort la Seigno-
rie. Car de la cité de Cambray fift tant envers l'Emperreur, qu'il
en fift Duchet. Et depuis y fift à grant honneur fon entrée, foy
attitulant, *Jacques de Croy, par la grace de Dieu, Duc & Evefque de
Cambray & Conte du Cambrefiz, &c.*

CHAP.
III.

*Comment par toutte Chreftienté les freres Mineurs furent refformiés par leur
Miniftre en la cité de Rome. Et comment Philippe Archiduc d'Auftrice,
& fa femme retournerent d'Efpaignes, parmy France.*

1503.

LA PASQUE enffuyvante, mil chinc cens & trois, par toute la
chreftienté furent par le grant Miniftre de l'Ordre faint Franchois
tous les freres Mineurs refformés, & de ce fe tint le Chapitre general en la cité de Rome, ce que jamais on n'avoit apperçu ne
veu depuis le temps Monfsr· Sainct Franchois. Lors tout le monde
en bonne paix vivoit moult joieufement, & ne fçavoit-on point de
guerre, & mêmes eftoient les pays de par decha moult joyeulx que
Monfsr· l'Archiduc eftoit ainfi noblement recupt ès pays d'Efpaygnes ;
ce temps pendant Madame Marguerite d'Yorcq Doagierre en paix
rendyt fon ame à Dieu au mois de Septembre. Laquelle avoit été
Efpeufe au Duc Charles de Vallois & de Bourgoigne, & avoit été
fille au Roy d'Angleterre & fœur au Roy Edouart. De icelle dame
& pour fon ame furent les fervices honorablement faiz & acomplis,
comme à fa perfonne appartenoit. Car en fon temps avoit honorablement vefcu, & fon regne avoit été par tous les pays glorifiez,
dont Dieu en ait l'ame. Le marce enfuyvant, la noble Archiducheffe
d'Auftrice s'accoucha en Efpaignes d'un beau jone filz que le Roy
d'Arragon leva de fons, & lui donna à nom, Domp Frenand. Auquel batefme fu fait moult groz triumphe par les Efpaignes, &
pareillement ès pays de l'Archiduc d'Auftrice. Quant la noble Archiduceffe fu relevée, & après moult de chofes qui feroient trop
longues à reciter, au mois de Jung, en l'an mil chinc cens & quattre
le noble Archiduc en Efpaignes prift congié au Roy & à la Roynne,
& tant chemina par fept journées avec fa noble compagnie, qu'il

arriva en la ville de Lyon, ou le Roy de France l'attendoit, le quel luy fift plufieurs reproches, pour la deftruction de Perpignan & du chafteau de Saulches, difant qu'il fçavoit bien l'affaire, fans y mettre le moyen. De quoi l'Archiduc s'excufa moult envers le Roy de France, difant, *Sy un autre que le Roy lui en euiffe dit ottant** * ; que la chofe n'en demoureroit pas lainfi* *, & que prouver lui feroit en ung champ de battaille ; car de ces befoignes fe fentoit innocent ; la chofe s'accoifa* (k). Ainfi que ces devifes fe faifoient, l'Empereur manda à fon filz que, le pluftoft qu'il povoit, qu'il fe deffift des Franchois ; ainfi le fiftil, car en brief, print congié au Roy, & alla vifiter Madame Marguerite fa foeur, la quelle avoit efpoufé le Duc de Savoie, la quelle lui fift après touttes recœilles * humbles & nobles, monftrer le faint fuaire de Noftre Seigneur Jefu-Crift. Lors fe fentoit malade l'Archeduc, le quel en vifitant le benoit Saint Glaude en Bourgoigne, & qu'il eult baifié fes pieds, & fait fon offrande, jecta une fy merveilleufe poifon, que châcun s'en efmerveilloit, & difoient les ungs aux autres qu'il en eftoit bien efchappé. Les hoftagiers *, qui eftoient en Vallenchiennes, fachant que l'Archiduc & fa femme eftoient de retour en leurs pays, & que le peuple s'en resjoyffoit, fe parterent de Vallenchiennes à deux heures après minuit, quant leur meffagier leur eult dict vrayes nouvelles ; & jamais ne cefferent de cheminer tant qu'ilz furent au pays de France, où le Roy les recuptz honorablement, les remerchiant du fervice que fait avoient à la couronne de France. Le Conte de Vendofme, après avoir prins congiet du Roy fe retira en fa maifon. Auffi fift le Conte de Foix, Monpenfier, Conte Dalphin d'Avergne, & qui eftoit grant parrent au Roy Loys, demora de fa maifon. L'Archiduc, fitoft qu'il fu revenu en fes païs, fift plufieurs chofes d'honneur avecques fes fubjects, tenant tous jours bonne paix avec le Roi de France. Cefte année mourut Madame Ifabeau, Royne de Caftille, mé * à l'Archiducheffe d'Auftrice, la quelle fu honnorablement fepulturée en la ville de Bourgues ; de la quelle mort le Roy d'Aragon fu moult courrouchiet, & pareillement tout le peuple des pays. (l)

Comment la Roynne de Caftille mourut, dont à Philippe, Archiduc d'Auftrice, fu envoié la couronne de Caftille ; & comment après il concquift le Duc de Gueldres & fon pays par force.

DAME Elizabeth fepulturée, & les fervices fais & acomplis, par tout les pays d'Efpaignes, après avoir mis provifion à la cofe (m) publicque, les confeils des pays (m) avecques le Roy d'Aragon deli-

1503. berèrent enfemble que d'envoyer la couronne de Caftille, qu'il tenoit de par fa Femme, au païs de Flandres, à la perfonne de l'Archiduc d'Auftrice, Duc de Bourgoigne. Celuy à qui le Roy d'Arragon, fon beau-pere, envoyoit la couronne, le recupt en grande follempnité en la ville de Bruges, où les nations les honnorèrent merveilleufement, & par efpecial la nation d'Efpaignes. Lors par tout fucye *(n)*: *De par le Roy de Caftille, de Leon, de Grenade, &c.* Et fu appellé des lors en avant: *Philippe, par la grace de Dieu, Roi de Caftille.* Et fon petit-filz, *Charles, Prince de Caftille.* Pour cefte joie on fift proceffion generalle, feux, & autres esbatemens ès pays d'embas du Roy de Caftille. Suivant ce temps, & toft après, on fift les fervices aux païs de Madame Elizabetes, où on fift des groffes follempnitez, allumeries, & fonneries. Après, le Roy de Caftille, & la Roynne fa femme, allèrent par tout faire leurs entrées; car depuis qu'ils étoient revenus d'Efpaignes, ilz n'avoient pas vifités les villes. Le Roy alla par tout; où on le reçupt honnorablement comme Roy; châcun crioit: *Vive Caftille, Auftrice, & Bourgoigne:* les autres de joie cryoient: *Noël, (o).* En ce même temps le Roy d'Arragon avoit fes gens au pays de Barbarie, lefquels concquirent le port d'Enocq * & environ trente lieues par delà. Ainfi que ce chofes fe deménoient, la Blanche-Rofe *(p)* fe party d'Angleterre fugitif, & fe vint rendre au Roy Philippe, le quel ne le veult pas recepvoir, ad caufe qu'il eftoit allyet au Roy d'Angleterre. Se voyant ainfi refufé du Roy Philippe, s'en alla devers le Duc de Gheldres, qui le recupt, promettant qu'il l'aideroit contre fes ennemis, comme ainfi le prommift: mais autre confeil y fourvint; car le Duc de Gheldres le fift mettre prifonnier au chafteau de Hafton *(q).* En ce temps le Roy de Caftille efmeult la guerre contre le Duc de Gheldres, & fu vaillanmant affailly par le Roy de Caftille, le quel à groffe puiffance alla affegier la ville de Herlem *(r).* Ainfi que le fiege y eftoit, le chafteau de Hafton fu prins par foubtilleffe, comme plus ad plein eft parlé en mon grant Recœil, au quel chafteau la Blanche-Rofe y fu trouvé. Le quel fu livré au Roy Philippe, qui en fu fort joyeux. Mais qui en deménoit joie, ce n'eftoit pas le Duc de Gheldre; car il percevoit bien que tout feroit perdu pour lui, voire s'il ne faifoit fon apoinctement *(s),* cefte heure fu la ville de Herlem fi terriblement affalye, après l'avoir battue bien & fort, que les habitans ne fe fcavoient ou mucher ne tenfer *(t),* c'eftoit pitier de veoir l'apparance; car cinq-piedz de loing, ou da-

(n) Je lifois: *Fu cryé.*

(o) Ancien cri de joye, venu des réjouiffances qui fe faifoient au Noël.

(p) Le Duc de Suffolk.

(q) Hattem.

(r) D'Arnhem, comme le difent tous les Hiftoriens.

(s) Accommodement.

(t) Où fe cacher, ni fe retirer.

* Il n'y a point de port de ce nom en Barbarie. Il s'agit peut-être du port d'*One* au Royaume de Tremeçen, a 45. lieues d'*Oran* vers l'Oueft; c'eft celui que Don *Alvar Baffan* prit pour *Charles V.* en 1533.

vantaige,

vantaige, fu la muraille abbattue ens fes foffetz : les Bourgeois
voiant le fait (*v*) qu'ilz avoient à porter, conclurent de parlementer avec le Roy de Caftille, où tellement befoignerent, qu'ilz
firent leur apointement, en rendant la ville à la volonté du Roy,
& ballyerent dix mille Florins d'or. En quoi faifant, le Roy les recuptz, & y fift fon entrée accompagniés de l'Empereur Maximilien
fon pere, le quel le coftyoit (*x*) fans armures nulles. On apporta les clefz au Roy, le quel eftoit armé de toutte pieces, ré-
fervé de l'Armetes (*y*), & en ce lieu (*z*) avoit ung petit bonnet
d'efcarlatte rouge, afin qu'on le peulft congnoiftre ; il avoit en fa
bande 12 chevaulx bardez, des quels en y avoit huiƈt bardés d'afchier ; c'eftoit plaifir de voir l'eftat. Quant le Roy fu logiés, les
bourgeois de la ville le vindrent vifiter, en lui apportant les dé-
niers par eulx à lui promis, au quel tous ils firent ferment de lui
être bons & lealz, (*a*) & le Roy leur promift de les entretenir,
comme les fiens de fes propres pays (*b*). Le Duc de Gheldre
voyant, fe le Roy pourfuyvoit fon cas, qu'il n'auroit pas le plus
beau (*c*) ; fift tant que le Roy le prift à merchy (*d*), en lui rendant
le chafteau de Rofendal, où il viendroit parler à lui : le quel fe
humilia tellement que en genoulx, pria merchy (*e*) au Roy ; le
quel eftant tant débonnaire, aymant la paix, lui pardonna, par
tel traiƈtiet, que à jamais ne joyroit de la Duchié de Gheldres,
& qu'il auroit chincquante mille Philippe tous les ans, fa vie durant ; fi joyroit de la Contet d'Aloz (*f*), où il fe tiendroit, & de
quoy il feroit Seigneur, lui & fes Hoirs procréez de fon corps ;
& lui fu accordé que il feroit de l'hoftel (*g*), & qu'il auroit
chincquante chevaulx de fa bende, deffroyés (*h*) tous les ans,
pour fon eftat, en fervant le Roy de Caftille. Encores promift
le di Duc d'aller avec le Roy en Efpaignes atout (*i*) les chincquante chevaulx, comme deffus eft dit, & d'aventaige, durant le
voiage auroit encore chincquante mille Philippes pour emploier en
fon eftat. Dont Charles d'Aighemont (*k*) fu du tout content, &
ainffi le promift par fon ferment follempnel. Le Roy deliberé de
faire fon voiage en Efpaignes, fift delivrer à Charles d'Aighemont
chincquante mille Philippes, cuydant (*l*) qu'il le deviffe (*m*) ac-
compagnier, comme il avoit prommis en fon voyaige. Le quel
Charles, quant il veyt ces gros deniers en fes mains, & qu'il en
eftoit deja nanty (*n*), par le congié du Roy fe retira à une ville
en Gheldre que on nomme Nymeghe, pour appoinƈtier de fes affaires, comme il difoit, jufques à tant que on le manderoit pour
aller en fon voiaige avec le Roy. Lorfque ceft accord fe fift au
Duc de Gheldres, la Roynne de Caftille s'acoucha d'une fille en la

---

1503.

(*v*) *Le faix, la charge.*

(*x*) *Marchoit à côté de lui.*

(*y*) *De l'Armet, du cafque.*

(*z*) *Au lieu de quoi il.*

(*a*) *Fidéles.*

(*b*) *Comme ceux de fon propre pays.*

(*c*) *Qu'il n'auroit pas beau jeu.*

(*d*) *Le reçut en grace.*

(*e*) *Implora la miféricorde.*

(*f*) *D'Ilft ; en Latin : Elofti.*

(*g*) *Qu'il auroit bouche en Cour.*

(*h*) *Défrayés.*

(*i*) *Avec ; mot Wallon ; les Payfans des environs de Paris difent : Ytout.*

(*k*) *D'Egmond.*

(*l*) *Croyant.*

(*m*) *Dût.*

(*n*) *Qu'il les avoit en main.*

ville de Bruxelles par ung vendredy environ à deux heures après midy, entour le faint Martin en Novembre, où gros triumphe y fu fait. Lors morut l'Evefque de Liége, dont le Lyegoix vindrent demander au Roy Philippe qui lui plaifoit (*n*) qu'il fuift leur Evefque, & qu'il le tenoient pour leur Hault-Advoés, & que à lui en eftoit d'en faire à fa bonne vollenté. Alors le Roy leur demanda s'ilz n'en avoient pas ung en leur election, refpondirent que oy *, & que le defir d'eux, des Chanoines, & du peuple eftoit au frere Robert de la Marche, faige homme & difcret; mais, comme ilz dirent bien, es' (*o*) *noble volenté en foit faicte.* Quant le Roy les eult entendu ainfy parler, fe contenta, difant que c'eftoit bien fon gré que ceftui de la Marche le fuift, moyennant que en tout honneur il fufift de fa maifon comme fes predicefleurs avoient eftés. Ainfy le promilrent, & heulrent contentement les Liegoix, & le remerchierent très-humblement; dont retournerent les Liegoix fort joyeux en leur cité où l'Evefque fu incontinent fait & créez.

(marginal notes, left column:)

1503.

(*n*) *Qu'il lui plût.*

* *Dirent qu'oui.*

(*o*) *Sa volonté, la volonté de V. M.*

CHAP. V.   *Comment Phelippes Roy de Caftille fe delibera avec fa femme aller en Efpaignes, où par fortune & tourment de mer, arriva en Angleterre, & de l'honneur que on leur en fift, &c.*

EN enfluyvant les befoignes avant dictes, l'an mil chine cens & chine, le Roy Phelippe fe delibera par le congée de l'Empereur fon pere, & du confeil de tous fes pays, de rechief retourner en Efpaignes, ce que petit de temps après il fift. Les pays voyant fon bon propos, luy profmirent tout bien garder pour fon honneur & pour fon proffit de fon enfant le petit Charles leur feigneur naturel. Le Roy manda au Duc de Gheldres, qu'il fe tinft preft pour partir dedens xv. jours. Le dis Duc eftoit en la ville de Zutte-fenne (*p*), où le meffager parla à grant paine à lui; car il fe difoit malade, neanmoins on le fift parler à lui a mittelotes, comme ayant la tefte couverte ainfi que ung malade. Sachant ce que le le meffager demandoit, lui refpondit qu'il craindoit qu'il ne peulft faire le voiaige, & que très-fort malade eftoit; auffi que le jour eftoit trop brief: mais fe Dieu y pourvoit en dedens ce jour qu'il s'apparreilleroit comme prommis l'avoit· Hée Charles! Charles! où eft ta foy, penfe à ce que tu prommis à Rofedalle au bon Roy de Caftille; tu lui rend le mal pour le bien, & lui fait un tour de traictre; avoir pris fon argent, & faire le malade. Hélas! bon Roy, que tu ès débonnaire! tu ne penfe guerre ad ce que ton ennemi te promet; car quant tu le tenois en foub toi, lui eufiffe fait trenchier la tefte, certes tes pôvres pays en euffent de trop mieulx

(marginal notes, left column:)

1505.

(*p*) *Zutphen.*

vallu. Mais fa trahyfon converte lui fift avoir fon traictiet. Conclufion : Le meffagier partit, & vint au Roy, en lui difant ce qu'il **1505.**
avoit trouvé. Le Roy, comme bon & leal (*q*), *(q) De bon-*
affés de legier crut *ne foi.*
aux refponces, que fon meffagier lui faifoit, & commanda arriere que
on penfaft bien du Duc de Gheldres, affin qu'il fu guerri, pour
faire fon voiaige, comme il eftoit deuifet. Neantmoin le Roy avoit
toûjours fon defir que fes befoignes fuiffent preftes au port d'Armue * * *D'Armuy-*
en Zélande : & fi toft qu'il euft bon vent, fans plus attendre, com- *den.*
bien qu'il fift malvais temps, & que chemein * lui defconfilloit, neant- * *Chefcun,*
moin fe party, le 8me jour du mois de Janvier, mil chinc cens & *chacun.*
chinc du di port d'Armue en ung noble arroy, en prendant congié
à fes amis, & moult courouchié que le Duc de Gheldre ne lui tenoit aultrement fa promeffe, le menaffant très fort. Ainfy fe party
le Roy. C'eftoit plaifir à oïr les trompettes, clarons, & aultres inftrumens, & l'artillerie que on defferoit *. Si toft que le Roy fu fur * *Defferrer*
la mer, incontinent le vent fe retourna tellement que au foir fu *pour lacher,*
tirer.
reboutté jufques au Havre de Flechines (*r*), où ilz furent deux *(r) Fleffingue.*
nuitz. Il faifoit le plus divers (*s*) temps qu'il n'avoit fait de 20 *(s) Contraire.*
ans fur la mer, de neige & de grefil ; chacun confeilloit au Roy
de defcendre & prendre terre, & attendre le printemps ; le Roy
refpondit que jamais ne ifferoit (*t*) des batteaulx, (la volonté de *(t) Ne forti-*
Dieu toûjours devant) (*u*) tant & fi longhement qu'il feroit au païs *roit.*
(u) A moins
d'Efpaignes ; ainfi le promift le Roy. Le malvais temps fe paffa, *que Dieu ne le*
& au boult de deux jours le beau temps vint tant que à foulhaidier *voulût autre-*
ment.
on euft affés perdu (*x*) ; & voyant que le beau temps s'apparreilloit, *(x) En forte*
on defancra, & mirent en mer ; mais Dieu fcet quel temps ilz *qu'il fut plus*
leur advint. Le Dimence 11me de Janvier le vent leur vint tel quilz *favorable*
le defiroient, le quel dura le nuit & le jour enffuyvant, dont le lundy *qu'on n'eût pû*
fouhaiter.
ajourna, & tant cheminerent qu'ilz approcherrent les coftes de Bre-
taignes, pour le quel chemin, qu'ilz avoient faitz, le Roy fe refioyffoit : les chantres chantoient, & les trompettes fonnoient ; c'eftoit
lceffe (*y*) que de oyr les esbattemens. Autres en y avoit qui re- *(y) Lieffe,*
gracyoient * noftre Seigneur, difant de oraifons, efperant que de *joye, plaifir.*
brief feroient en Efpaignes. C'eftoit belle chofe de veoir la flotte
en la mer, laquelle eftoit de chincquante groffes navires ; en 24
heures avoient cheminé bien cent lieues ou plus ; chemin (*ʒ*) en fai- *(ʒ) Je crois*
foit bonne chiere. Les Allemans fonnoient phiffres & tambours, tant *qu'il faut lire*
Chacun.
que le Roy & la Roynne prendoient plaifir de la joie que chefcun
faifoit : mais ainfi qu'ilz eftoient en leur plus grant joie, le bon vent
leur faillit tout à ung côp, & fift calme four la mer que pas de vent

---

* Remercioient. On trouve *regratiare* dans *Céfaire d'Heifterbach*, dans *Thomas à Kempis*,
& dans *Jean Mauburnus*. Les Italiens difent *Ringraciar*.

1505.
(a) Et lorf-qu'il faifoit un peu de vent.
(b) En ar-riere.
(c) Cela ar-riva.
(d) Se mit dans la voile.
(e) A certai-nes fois, par reprifes.
(f) Chacun croyoit qu'il alloit mourir.
(g) A pouf-fer des cris.
(h) Dans l'inftant même.
(i) Confo-lez-moi.
(k) S. Jacques.
** Nuds.*
** Telle tour-mente, tem-pête.*
(l) Apper-çurent.
** Ses filles d'honneur, ou de fa Maifon.*

n'y avoit, ce fembloit ; & tant peu que à le fois y ventoit (a), les batteaux retournoient au fait contraire (b) ; de quoy chacun fe def-confortoit. C'eftoit à faire (c) en ung Mardy après difner ; telle-ment s'approchoient les navires l'une de l'autre, qu'il en y eult qui entrerent dedens aulcunes autres navires, qu'en la fienne. Ainfy qu'ilz eftoient en telle affaire, le Roy fe defconfortoit, & la Roynne auffi ; & par nuit comme ilz dormoient, le feu fe boutta dedans le batteau du Roy par dehors, le quel à grant difficulté fut eftainct. Sa-chiés que le Roy & la Roynne penfoient bien à finer leur jour. Cela s'accoifa, & fift affez beau ; chacun s'en alla repofer, & commen-cherent à cheminer longue efpace ; puis l'oraige commencha en telle forte que c'eftoit horreur de regarder l'apparance ; le vent eftoit tant merveilleux, qu'on ne pouvoit eftre deffus les batteaux. L'o-raige & le vent fe boutta ens, où voille (d) du batteau où eftoient le Roy & la Roynne ; tellement que par force le maftz le plus puif-fant rompit : & la çofe tourna tant mal, que le voille pendit en la mer, le quel faifoit quafi puyfyer le batteau, par les inclinations qu'il lui faifoit baillier. Achief de fois (e) l'eaue entroit dedans. Pour ung chacun d'eulx eftoit advy de mort (f). Les mariniers ne fcavoient plus defquelx. Entre leur confeil l'ung trouva la ma-niere d'entrer en l'eaue par aucune maniere & fubtilleffe, le quel côppa les cordes ; par quoy le voille fu retiré en un batteau qui fe redrecha : mais fachies que en ce faifant la nauire s'empliffoit d'eauwe. Ce voyant, & le fentant emplir, chacun commencha à fe fcreyer (g) ; & même le Roy penfa là proprement (h) finer fes jours, & fe lamentoit tres fort, difant : Las ! povres malheureux ! fans volloir croire confeil de mes amis & bien-veeillans au partir de mon païs ; aujourdhui je fuis un pauvre Roy. Createur du ciel & de la terre, foyes moy confort (i). Filz de Zébedée (k), Cou-fin de mon createur, pryés ce jour pour nous, & je prommet que de toy aller vifiter en ton eglife de Compoftelle à pieds nuds *. La Roynne le refconfortoit, en difant : qu'il ne fe fouffiaft, & que ja-mais fille de Roy ne fina ces jours fur la mer, & qu'ils efchappe-roient du dangier où ilz eftoient. Je vous advife bien, que jamais on ne vit tel tourment * ; car il dura 15 heures, mais (à la volenté de Dieu) celuy tourment ceffa le 17e jour du mois de Janvier. Ceulx qui eftoient hault fur les Hunnes perchurent (l) terre. Lefquelz ce difrent aux marinniers, puis le difrent au Roy, qui en fu moult refiouy. Les Filles de la Roynne * eftoient enfemble, le quelles fur tous eftoient les plus defconfortées : mais quant elles oyerent que on perchevoit la terre, elles fe reconforterent, & vinrent au près de leur Dame & maitreffe qui les reconfortoit. Car il me fu dict qu'elle avoit plus de couraige à dire véritablement que nulz ne nulles qui y fuffent. En le voyant chacun fe refioyffoit ; parreillement auffi, pour ce que les marinniers recongnoiffoient la terre. Et dirent au Roy que c'eftoit ung port de mer en Angleterre appellet Land. Le Roy remerchia Dieu qu'il arrivoit en ce pays, puis qu'il croienoit * arriver en aultre pays que en Efpaignes. Tant exploicterent les nauires tout devifant que le Joedy 13me de Janvier arriverent à ce dit port ; dont le Bourcque s'apelle Moullerchon. De quoy loa chacun Dieu en chantant Te Deum. Mais nuilles des nauires n'y arriva que feullement celle du Roy : & tantoft après en arriva encore une. Et pour que ce port n'eftoit guerre haute, le Roy par confeil fe delibera aller vers Hantone (m) pour ce que bonne ville y avoit. Le Roy n'y eult guerre fejourné qu'il y arriva 30 hommes par le Roy d'Angleterre, qui avoient cheminé en pofte jour & nuit. De quoy le Roy de Caftille fu fort esbahy que en s'y peu d'heure, le Roy d'Angleterre en fçavoit les nouvelles, lefquelz que * 30 hommes eftoient tous nobles hommes, qui bien-vegnerent le Roy : & fans leur venue incontinent fuiffe party ; car quant il arriva au bord de Land, le bon vent lui vingt. : mais icelux ne veulerent pas fouffrir fon departement ; difant que le Roy d'Angleterre defiroit de parler à luy. Tantoft après la venue d'iceulx le Roy defcendy de fa navire, & entra en la ville de Hatonne avec fa femme & fa maifgnie (n), où il fu recupt honnorablement : & quant il fu logés vint encoire une compagnie de gens par le Roy d'Angleterre, lefquels le feftoierent moult honnorablement. Cefte nuit le Roy de Caftille eult nouvelle que touttes fes navires eftoient arrivées au port de Falinnes * auprès de Perincq ** en Angleterre, & qu'il n'en y avoir nuiles perdues ne peries, dont moult humblement en loa & remerchia Dieu.

1505,

* Je lirois *craignoit.*

(m) *Hampton.*

* Mauvaife phrafe de Hainaut.

(n) *Sa fille aînée.*

* *Falmouth.*
** *Pendenys,* Château à l'embouchure de la Fale.

*Comment le Roy d'Angleterre requift au Roy de Caftille eftant en Angleterre, la Blanche-Rofe qui lors eftoit au Chafteau Naume *, & des promeffes pour ce faictes.*

CHAP. VI.

* *De Namur.*

Le Roy d'Angleterre affeuré de la deffente du Roy de Caftille, & qu'il eftoit en la ville de Hantonne, & fachant combien de gens il eftoit, lui envoia autant de chevaulx (pour les ammenner par devers lui) qu'ilz eftoient, à Winezor (o) : lui faifant fçavoir que là le trouveroit, & que il fuy le très bien venu. Les chevaulx arrivés en Hantonne, & préfenté au Roy de Caftille, icelluy incontinent fe party, luy & fa femme, avec toute fa compagnie. Les deux batteaux demourerent au port de Hantonne. Tant chemina le

(o) *Windfor.*

1505.

Roy accompagné des nobles du païs, qu'il arriva au près de Winezor en ung lieu dont on compte une lieue. Le Roy Henry d'Engleterre & son filz vinrent à rencontrer le Roy de Castille & sa femme, accoustrez en moult riche estat. Quant le Roy de Castille les perchuz, il descendy de son cheval, de quoy le Roy Henri fu moult courrouchié, & lors lui & son filz misrent piet attere. Et s'accolerent les deux Roys l'ung l'autre amiablement; je croy, s'y on eusist donné dix cacques d'or, que veritablement ilz n'eusissent point estez sy liés *(p)* que ilz furent, quant ilz se perchurent l'ung l'autre. Et principallement quant le Roy d'Angleterre veyt en ses pays le Roy de Castille. Après les réverences feetes, ung chacun remonta à cheval, & ensemble eulx trois cheminerent de front *, & la Royne après, jusques à Winezort; où le Roy & sa femme furent receuz honnorablement; la Roynne s'en alla tenir son estat en ung bourcq appellés Resduicq, accompagniés de ses femmes, dont la premiere estoit la Damme de Coudel, Contesse d'Hulincq: la seconde, Madame de Bersele femme de l'Amand *(q)* de Bruxelles : & la tierche, Madamme de Ville. Et plusieurs autres dammes & damoiselles. Et s'y vint plusieurs dammes d'Angleterre, qui la vinrent visiter & bien vignier, toutes des plus grandes Am'signeur *(r)* le Roy, *(s)* sejournoit en la ville de Winezort. Le Roy d'Angleterre, pour plus honnorer le Roy de Castille, lui donna le garthierre *(t)*, le quel le reçupt moult honnorablement. Et le Roy de Castille donna au filz du Roy d'Angleterre, Henry le jone filz, la toison d'or telle que portoit le Duc Phelippe de Bourgoigne filz de Jehan de Bourgoigne. Là perchu une tant grande amour que merveille. Après plusieurs devises & de beaucoup de choses de leurs affaires, le Roy Henry d'Angleterre, desirant d'avoir en ses mains la Blanche-Rose que le Roy de Castille tenoit au Chasteau de Namur, s'advancha de touchier aulcunement de sa personne; tant que le Roy de Castille se perchupt à quelle fin & intention le desiroit. Le Roy de Castille respondit au Roy d'Angleterre, que la Blanche-Rose estoit en un lieu seure & saulve; & qu'il ne s'en soufsiast *(v)* de rien; aussy que jamais de son vivant nulles guerres de lui il n'auroit, ne son Royalme aussy. Le Roy respondit : *Que encore ; sy le tenoit, qu'il en seroit plus asseuré :* & que s'il luy plaisoit de livrer en ses mains qu'il luy prometroit de ne le jamais faire morir, ne que jamais ne luy feroit tenir prison; sinon que d'avoir regard par deseure luy, en allant à sa vollenté par tout. Le Roy Phelippe pensant sur ces parolles dict : *Haa fré (x)! ce faisant, j'aroye grant deshonneur en tous pays & toutes Courtes;* veu que je suy puissant assés pour le garder. Le Roy Henry reprint le mot, di-

(p) Si joyeux : Liesse, joye.

** Front.*

(q) L'Amptman.

(r) A Monseigneur.
(s) Ajoutez : qui.
(t) Le collier de l'Ordre de la Jarretierre.

(v) Souciast.

(x) Ha Frere! Les Rois se traitent de frères.

fant : fe faire le vollés je tiendray ma promeffe en telle maniere
que jamais de fon corps ne fouffrira nulles paines tant que je vive-
ray, & auffi fera mon filz pareillement : (*y*) ne fcay que je defiffe
plus. Le noble & bon Roy de Caftille, foy voyant très fort per-
fuadés & preffés de livrer la Blanche-Rofe, moult envis l'accorda
au Roy Henry d'Angleterre, ouy quelles promeffes que luy avoit
fait. Et fur le Sacrement de l'Autel, le Roy & fon filz fifrent ferment d'entretenir ce quilz avoient promis ; c'eftoit de faire & tenir bonne paix & union avec la Blanche-Rofe. Pareillement le Roy
de Caftille jura la paix avec eulx, en recevant le Sacrement de
l'Autel, euls trois enfemble, en figne de tenir leurs promeffes. C'eftoit pitié de veoir plourer les Anglois de joye quilz avoient. Les
deux Roys & le filz eftoient veftus d'ung velour cramoifi ; jamais
ne fu perchut telle nobleffe en Angleterre. Le fervice divin fu fait
bien & honorablement ; & s'en allerent difner. Envers le foir fu
ordonné d'aller querir la Blanche-Rofe, dont pour y aller on fe
party le lendemain de bon matin. Ce temps pendant on faifoit
grant joie ès pays du Roy Phelippe, pour ce qu'il eftoit arrivé en
Angleterre fans nulz dangiers ne domaiges ; & que auffi on l'avoit
reçupt tant honorablement. Les Seigneurs du Confeil en ces mefmes
feftes, eftant bien affuré du figné du Roy Phelippe, delivrerent la
Blanche-Rofe aux commis d'Angleterre. Le quel demanda où on
le volloit mener ; craindant la fin à quoy on prétendoit. On luy
refpondit que on le menoit au Roy de Caftille, le quel eftoit arrivé en Angleterre. Quant la Blanche-Rofe entendit ces propos, à
paine qu'il ne mourrut de deuil ; & oncques plus ne parla jufques
à tant qu'il arriva à Winezort (*z*) devant le Roy d'Angleterre, à
qui il fu livret à telle intention, comme la promeffe a efte faicte
cy-deffus ; & ainfi en fu fait. Car, prefent le Roy de Caftille, luy
fu ordonné fon eftat : & fe furent les fermens renouvellés De
quoy la Blanche-Rofe fe contenta affez bien ; & luy fembloit qu'il
feroit mieulx à fon aife que au Chafteau de Namur. Touttes ces
befoignes affés bien achevées, au bout de fix femainnes le Roy
Henry d'Angleterre, & celuy de Caftille, avec touttes la Seignourie, fe parterent de Winezort, & s'en allerent en la Conté de Richemont, laquelle eft à 14 lieues de Winezort. Le quel Richemont eftoit la droicte Seignourie que le Roy Henry avoit. Car du
temps qu'il fe tenoit avec le Roy de France, ne s'appelloit que
Conte de Richemont. Au quel Richemont le Roy fu une efpace.
Depuis s'en allerent en la ville de Londres ; où aucuns des pays
du Roy de Caftille le vindrent vifiter : qui furent honorablement
recœilletz du Roy Henry. Eftant la Seignourie en la ville de Lon-

1505.

(*y*) *Je ne fçais ce que je pourrois dire de plus.*

(*z*) *Windfor.*

dres, le Roy de France envoya une lettre au Roy Henry d'Angleterre, priant de faire ce que la lettre devifoit; & qu'il luy feroit
un fingulier plaifir. Le Roy Henry en regardant la lettre, s'efmerveilla moult de ce que la lettre devifoit; & bien entendant le contenu d'icelle, dift à l'Ambaffade, quilz retourniffent *(a)* en Court à
4 heures après difner, & qu'il leur feroit refponce. Et pour le faire
brief, manda au Roy de Caftille que pareillement *(b)* s'volffit
trouver. Conclufion, les Franchois vindrent en Court faire une
groffe réverence. Le Roy de Caftille, fachant que c'eftoient Franchois, fe doubta aulcunement de trahifon. Neantmoins n'en monftra quelque figne. Le Roy appella ung Prefident, & lui bailla la
lettre, difant: lifés hault & cler la teneur de la lettre telle qu'elle
eft, fans y rien blafonner. La lettre bayllyé au Prefident, incontinent commencha bellement & atouict *(c)* la teneur telle que s'enfuit. A vous Roy d'Angleterre falut. Au plus hault & grant amy
que j'ai en tout le monde. Après touttes recommandations, &
pour le plaifir que je vous fys ung jour qui paffa comme bien fçavés eftre, bien adverty que la fortune a tourné telle au Roy de
Caftille qu'il eft arrivé en vos mains, *(d)* la merchy Dieu, du
quel je vous prie qu'il vous plaife me l'envoyer; ou que vous le
déteniés en vos prifons fa vie durant, en quoy faifant me ferés un
fingulier plaifir. Me fentant, fe ainfy vous le faicte, grandement
tenu envers vous. Et fy jamais avés *(e)* affé de moy, en quoy
que foit, je me préfente le vous faire pareillement; voeillant payer
tous les couftz fraix & depens que annuellement polra faire, ottant
que vous le detiendrés prifonniers. *Rien* autre chofe pour cefte foys,
finon que Dieu foit garde de vous. Efcript en notre cité de Paris. L'an de Jefu-Crift mil chinc cens & fix, le 17me jour du mois
d'Apvril. L'an de notre regne le 8me· Ainfy figné par noftre Confeil, & du Secretaire *M^r· Robert le gros, di de la Haye. &c.*

CHAP. VII.   *Comment le Roy de France envoya lettres par ambaffade au Roy d'Angleterre, pour detenir prifonnier le Roy de Caftille. Et comment la
lettre fu lutte devant luy & de fa reponfe. &c.*

Vous povés fçavoir que le Roy de Caftille tenoit à grant paine
fa parolle *(g)*, pour veu que le cas lui touchoit. Touttes fois eult
la patience ung petit. Et lors le Roy d'Angleterre parla, & dict:
Efcouttés noble Roy de Caftille; ces lettres adrefchent à votre perfonne, combien que on les a envoyet à moy. Lors le Roy de Caftille refpondit: chier fré, j'en apperchoi affés l'apparent: mais je
ne penfois pas que les Franchois me volfiffent tant de mal. Lors le
Roy

Marginal notes:

1505.

*(a) Qu'ils re-
vinffent à la
cour.*

*(b) Qu'il s'y
voulût trouver
auffi.*

*(c) Peut-être
à poinct;
vieux mot qui
vient de l'Ita-
lien Appunto.*

*(d) Dieu
merchi, Dieu
en foit loué.*

(e) Befoin.

1506.

*(g) Avoit
peine à fe tai-
re, vu que, &c.*

Roy d'Angleterre lui monftra le feel pendant; & le fecret fignét du
Roy pareillement. Ad ce refponce fit le Roy de Caftille : Le Phi-
lofophe dict bien vérité, qu'*on doit congnoiftre devant aimer.* Lors
fe retourna par devers les Franchois, difant : Seigneurs, jamais je
ne meffics (*g*) rien à voftre Roy, ne au Reaulme de France. Qui
le tient ainfy de me volloir oultrager? fy ce n'eftoit pour ung peu,
vous n'en friés jamais au Reaulme de France, fans vous en fouvenir.
Le Roy Henry voiant que le Roy de Caftille fe courrochoit, eftant
levés de fon fiége de courroux, luy pria que il fe volfuft apaifier,
& que bien il en feroit, & que ce qu'il avoit fait lire la lettre, ce
avoit efté pour fa defcharge, à cefte fin qu'il n'en fufift nottés pour
aulcune trahifon. Le Roy s'appaifa ; neantmoins il dit que ung jour
luy en fouviendroit. Le Roy Henry, préfent le confeil, donna commandement aux Franchois de partir, fur paine d'eftre noyés en la
mer. Les quels fe partirent de Londres ; & jamais ne cefferent, tant
qu'ils vindrent en France, où le Roy eftoit, qui cuida enragier du reffus que le Roy d'Angleterre lui avoit fait, & de defplaifance que
fa trahifon eftoit ainfy defcouverte. Ce temps pendant, le Roy Henry
fift remettre à point les deux naviers du Roy de Caftille, & repor-
veoir fans fes defpens, de quoy le Roy s'en tenoit beaucoup tenus
& redebvable par devers luy. La Royne de Caftille vint en cité
de Londres avec la Royne d'Engleterre. Sachiés que le Roy Henry
mena le Roy Phelippe par tout, en luy monftrant les manieres de
faire de fon pays : lui monftra fon trefor, fon artillerie, fon efcuyrie, & fon harnois : jamais telle fefte ne fu faicte à Roy, à Duc,
ne Conte. Quant heure fu de partir, chacun fe mift ès batteaux ; on
manda au port de Falines (*h*), aulx autres batteaux qu'ilz partefiffent (*i*) : & qu'ilz fe trouvaffent enfemble fur la mer, comme ilz
firent. Le Roy de Caftille fe party en grant triumphe, prendant congié au Roy Henry. Le quel tant chemina, qu'il trouva tous fes batteaux fur mer, qui luy firent grant honneur & grant réverence,
loant Dieu, que enfemble fe trouvoient. Plus de mille traictz à pouldre furent en partie tirés fes trompettes fuivoient, c'eftoit merveille de les oyr. La flotte chemina tant plaifanment que merveille :
on ne fçauroit raconter la nobleffe que c'eftoit, & tant firent par
le moien du bon vent, qu'ilz arriverent à la Quenouille (*k*). Mais
quant ilz y furent arrivés, le bon vent leur faillit, tellement qu'à
demy-lieue près de Havre, les convint ancrer (*l*), où ilz furent trois
jours. Le Roy Domp Frenande eftoit à l'entour de Compoftelle,
accompagniés de dix mille combatans. Lequel maintenoit qu'il ne
lairroit point monter fon beau filz à terre. Mais par le moyen de
fa fille la Roynne, & des Nobles du Pays, fu bonne paix & unyon,

C

entre le Roy Domp-Frenand & le Roy Domp-Phelippe de Castille,
juré & prommis de entretenir. Ainsi qu'il appert plus ad plain du
traictié des ordonances fectes des païs, que chacun devoit avoir de sa
part, mais je m'en tais; plus avant n'en diray, ad cause de bristeté.

CHAP.
VIII.

*Comment le Roy d'Arragon vint bien-vignier (k) & festoyer le Roy
de Castille son beau filz : & tandis que le Roy estoit en
Espaignes, du tour que le Duc de Gheldres
& les Franchois luy firent.*

LA PAIX faicte & ainsi feellée, on se trouva à entrer en la ville
d'Orrenges, où le Roy d'Arragon bien-vigna son beau filz & sa fille.
Le quel après se party d'eulx: mais les Seigneurs, comme le Duc
d'Albe, le Duc des Neiges, le Conte de Bonnevente (*), & autres plus
de mille Chevaliers demourerent avec le Roy de Castille, comme
leur naturel Seigneur, & par le consentement de Domp-Frenande.
Eulx ainsi conjoinct ensemble, le Roy & la Royne, le Seigneur de
Ville, le Seigneur de Lignes, le Seigneur de Bonssa (l), & beaucoup d'aultres de ses pays avec plusieurs Prélatz allerent en Compostelle pour visiter l'Apostle (m) Sainct Jacques, comme ilz avoient
promis dessus la mer, au quel Sainct donnerent de moult grans dons.
Le Roy prommist de parfaire ce que sa belle mere la Royne Elizabeth avoit commenchiet; (c'estoit ung hospital auprès de l'eglise
Saint Jacques en Compostelle) & de y mettre *si* grosse rente que
pour y substenter les pellerins. Ces choses prommises, ayant bonne
volonté de les accomplir, visita encore une fois l'eglise Sainct Jacques,
en luy donnant de grans dons; aussi fist la Roynne; puis après se
parterent, & allerent en ung vilaige ou ville appelle Bonevente,
où le Conte les festoya trois jours; & puis s'en allerent en ung villaige appellé Tudelle, à deux lieues de Valdolyf (n), où ils tinrent
6 septmaines. Le Roy Dom Frenand vint parler à eulx, où ilz
furent amiablement ensemble; & se party, qui depuis ne parla à
son beau filz le Roy Phelippe, comme ci-après vous orrés. De
Tudelle le Roy de Castille s'en alla en la ville de Valdolif, où il
fu honnorablement recupt: mais on'y veult pas leisser entrer ses six
cens Allemans, de quoy mal se contenta; & voyant que les Espagnols
ne tenoient conte des Allemans, leur donna congié pour retourner
au pais de Flandre, en les bien contentant. Chacun venoit visiter
le nouveau Roy; on lui donnoit de grans dons, & à la Roynne pareillement. Le Roy à l'autre costé faisoit le conseil de son pere
l'Empereur : Car larghe d'honneur (p) en deux maineres estoit :
aulx gentilz hommes de Castille, & aux siens aussi pareillement.

Chacun l'appelloit Prince de paix, le plus larghe du monde ; ceste
grace avoit par tout où il réfidoit ; chacun le regardoit volentier.   1506.
Son petit filz Don Frenand luy fu apporté, au quel il fift une merveilleufe fefte, auffi fift la Roynne fa mere, eulx deux le baiferent
plufieurs fois.   Tantoft après (q) le Roy & la Roynne s'en alle-   (q) Peu
rent en la ville de Burguez, où ils furent reçupt très honnorable-   après.
ment.   Luy eftant à Burghes, le grand Turcque luy envoya trois
chevaulx, en figne qu'il volloit eftre fon amy, pareillement trois
turcques, & un blanc chameu (r) : ainfy que le Roy les recepvoit,   (r) Chameau.
nouvelles luy vindrent que Charles d'Aighemond avoit prins des
Franchois en fon aide, pour faire guerre au païs de Brabant, &
qu'il y avoit paffé fix cens lances par my le pays de Liege, qui
firent beaucoup de malz ès pays du Roy de Caftille : Lefquelx entre les maulx qu'ilz faifoient, bruflerent le villaige de Tournot (s)   (s) Turn-
au pays de Brabant.   Defquelles nouvelles fe efcrya de merveilleux   hout.
cris, eftant à une feneftre, après ceulx qu'il avoit leiffié les gouverneurs de fes pays ;   difant que une fois lui en fouvendroit ;   &
que les Franchois le tout payeroient chiérement.   Pour cefte caufe,
que le Roy affiftoit ainfy le Duc de Gheldres, & qu'il luy avoit
envoyet de fes Franchois, lui jura la guerre ;   & fift affembler cent
mille hommes de gherre, qu'il fift marcher pour aller devers la
ville de Bayonne, & les paya pour trois mois.   Le Roy des Franchois
s'en efmerveilla fort :   & penfoit que ce fuft pour la demande qu'il
avoit fait au Roy d'Angleterre.   Je croy auffi que c'eftoit l'une des
caufes principalle, pourquoy il volloit affallir (t) le Realme. &c.   (t) Affaillir,
attaquer.

> *Comment le Roy de Caftille mis fus cent mille hommes de guerre pour*   CHAP.
> *aller en France : & comment ce temps pendant le Roy de Caftille*   IX.
> *fe morut : du deuil qui en fu fait, & de fon epithaphe. &c.*

APRÈS avoir ordonnés fes gens, & les avoir (u) regardé en leur   (u) Fait paf-
ordre, le Roy retourna en la ville de Burghes, le quel donna à ung   fer en revue.
Chevalier nommé Domp Jean Manuel ung très beau chafteau, qui
eftoit au dehors de la ville.   Le quel Don Jean donna le 20me jour
de feptembre au Roy de Caftille en ceftui chafteau par ung di-
meure, (x) où le Roy après difner joua à la palme, & s'echauffa   (x) Dimen-
grandement.   Quant ce vint four le foir, fe retourna en la ville   ce, Dimanche.
de Burghes, & ne mengea guere au foupper, foy fentant mal difl-
pofé.   Le lendemain, qui eftoit le lundy, pour foy cuidyer defrom-   (y) Croyant
pre (y), s'en alla jouer au champ : mais riens ne lui proffita (z) ; car   fe defronpre,
le mardy dévint très-malade, & le mecredy fe mift au lict du tout.   fe foulager.
Parquoy ceulx de Burgues firent proceffion, oraifons, & autres fuf-   (z) Cela ne
                                                                           lui fervit de
                                                                           rien.

C 2

1506.

(z) *Empiroit.*

(a) *Qu'il mourût en Espagne.*
(b) *Nulle ame.*
(c) *Poings.*
(d) *Immobile.*

(e) *Habillement qui prenoit depuis la ceinture jusqu'aux pieds.*
(f) *Souliers.*
(g) *Sayon.*
(h) *Qu'on est fleur.*

frages & abstinences pour l'amour de luy, priant à Dieu, qu'il le voulsist retourner en convallescence & bonne santé. Chacun de là-entour plouroit & lamentoit, craindant que la mort n'en fiust maistre. Toutteffois s'engrossoit (z) sa maladie tresfort. Son confesseur, l'Evesque de Salubry, l'administra de tous ses Sacremens, acompagnié des Prélatz des païs, les quelz tous tendrement plouroient. La Roynne ne l'abandonna jamais ; elle estoit nuit & jour au près de son lit. Je crois que jamais femme ne aima autant homme, & aussi d'autre costé jamais homme n'ayma autant son espeuse ; la quelle luy faisoit moult de mal, elle estant tousiour ainsy au pres de son lict ; car par elle lui povoit souvenir de ses enffans, qu'il laissoit tant petits au païs de Brabant sans pere & sans mere, lesquelz tres-doulcement recommanda aux Seigneurs des Pays ; chacun souspiroit, voyant que point de retour n'y avoit ; & qu'il falloit qu'il demourast par de-là (a). Nulz alm (b) ne sçavoit parler, quant cy doulcement il prist congié à ceulx qui emprès lui estoient, c'estoit pitié de les veoir ; l'ung detordoit ses pointz (c), les autres les tiroient ; la Roynne estoit au près du lict comme mobile (d), le regardant sans nullement savoir plourer, comme serrée, ainsi que morte ou pasmee. Quant ce vint vers midy, il perdit la parolle. le Jeudi. Et le vendredy 25me jour de Septembre en l'an mil. chinc cens & six, à unze heure au disner rendy son ame le Roy de Castille au supernel Roy des Roys ; dont ce fu grant domaige pour ces povres pays à lui subgects ; car depuis loingtemps ne fu perchut tel Prince, ainsy renommés par tel party qu'il estoit ; car cescun l'appelloit *Prince de paix.* Le Roy trespassé ; fu conclud de le vestir de ses habbitz Roiaulx, dont le pluftost que *possible* le maistre Chambrelen, assavoir en tant qu'il estoit encore chault, le vint vestir d'une chemise moult riche : mais ainsy qu'il le descouvryt, la Royne le print à baiser sur la bouche, démenant un merveilleux deuil. La quelle après se contenta d'en aller arriere, pour le plus aisé abiller. La chemise vestue, l'on le chaulcha d'une paire de chaulches (e) d'escarlate, & des solers (f) de velour noir. Puis lui fu vestu ung pourpoint de drap d'or, un feon (g) de cramoisi fouré d'Ermines. Après luy fu vestu une robbe de drap d'or, & mis ung bonnet de velours noir. Ce ainsy faict, fu apporté en la sale. La Roynne détordoit ses poingz : la quelle estoit pour tant foeble qu'on a peu (h) qu'elle ne mourroit ; car longtemps elle fu sans mangier. En après on le ména de la salle en sa chambre ; tant de peuple le venoit veoir que l'on n'y sçavoit avoir place. Ainsy fu monstré tout le vendredy après disner. Au soir fu desvestu, & fu porté en ung gardin pour l'ouverir & enbasmer. Les aucuns disoient qu'il avoit esté

empoifonné : mais les Medecins jurerent que non, & fu regardé & ▬▬▬▬▬
vifité par tout, où il fu trouvé nets & fains, fi non qu'il avoit du 1506.
fancg foity (*l*) à l'entour du cœur. Sitoft qu'il fu nettoyés, & (*l*) *Figé.*
mis en eftat fervant (*m*) à fa perfonne, fon corps fu mis en ung (*m*) *Conve-*
circuyt (*n*) de plomb, & fon cœur en ung autre petit circuit, le *nable.*
quel on envoya en la ville de Bruges, au païs de Flandre, que de- (*n*) *Cercueil.*
puis ont enterrés follempnellement au près de fa mere la Roynne
des Rommains en l'eglife Noftre-Damme le famedy 26me jour du
mois de Septembre. Le corps fu porté aux Chartrois, hors de la ville
de Burghes, en grant pleurs & lamentations. Defeure & fur tous,
demenaient grand doeil les Seigneurs des pays d'embas, tant de
Flandre, Braibant, que de Haynnault. Sachiés qu'il y avoit innu-
merables torfes. Quant la Roynne perchut emporter le corps de
fon noble mary le Roy de Caftille, lors crut moult fon deuil, &
lui dura longhe efpaffe. Le corps du Roy fu mis deffoubz le ceur (*), (*) *Choeur,*
au près du Grant-Pere de la Roynne, que on trouva encore tout
enthier. Le Roy mis en terre, cefcun fe retourna à l'oftel tout pleu-
rant & gemiffant fa mort. Et tousjours depuis la Roynne l'alloit
toufiour vifiter, où elle faifoit dire Meffe fur le corps au grant autel ; puis après en grant deuil retournoit en la ville, où elle faifoit
de belles aulmofnes. Soiés advertis que la Roynne fe maintenoit
comme religieufe depuis le trespas de fon mary. Se les Efpagnolz
l'avoient bien aymé devant fa mort, encoire l'aymoient-ilz plus
après. Car journellement ilz vifitoient fon corps, où il eftoit fepulturé, priant Dieu pour fon ame ; lifant aulcunesfois fon epitaphe,
pour apprendre de fa lignée, & quelx avoient eftez fes faiz, qu'il
contenoit en la maniere qui s'enfuit : mais depuis par la vollenté de
la Roynne le corps fu tranflaté en la ville de Torfeille (*) au co- (*) *Torde-*
vent de Sainéte Clare. *fillas*, fur le
Douero, au
Royaume de
Léon.

De l'Empereur Féd'ric vint Maximilien,
Qui Roy des Romains fu eleu par bon moyen ;
Ce dit Roy efpoufa Marie de Bourgoigne,
Dont en eult filz, & filles, que le vray tefmoigne.
Le Filz repofe ici, qui Ph'lippe fu nommé,
Par maternelle ligne, de France renommé.
Car Ph'lippe vint de Jan, qui de France fu Roy.
Et de Ph'lippe vint Jan, que mort print en des'roy (*o*). (*o*) *En de-*
De Jan le bon Duc Ph'lip, dont Charles proceda. *farroi, vieux*
Et de Charles mari, dont fon corps fucceda. *mot; en defor-*
Que (*p*) fes bons païs eult broulliet longue faifon : *dre, au dé-*
Mais puis en vint à chief, comme il eft de raifon. *pourvû.*
                                             (*p*) *Le fens*
                                             veut : qui

Don' Joen' de Castille (*q*), Fille au Roy d'Arragon
Spouta ; dont eult filz & filles prognation,
Aus quelx enffans leiffa fucceffions fertilles.
Lors la Roynne (*r*) enchainte à l'heure du trespas,
Que foie filz ou fille,
Cella ne dige (*s*) pas.
Pour bien garder leurs droictz, & les volloir aymer
Moult fu *infortunés* (*t*), & par terre & par mer.
De long temps ne fu Prince, qui veult tant cheminer (*u*) ;
En Castille arriva, où il fu pacifique
Receu Roy poffeffeur, en fes faictz magnifique.
Après poceffions (*), en hault eftat fu mis (**) ;
Ses ennemis vaincquift, & acquis des amis.

Touttes vertus de luy fy ont efté en un (***),
(*Dont luy vint très-grand loz, & renom peu commun :*) (¶)
Tous honneurs mis en bien, & tous vifces en ruyne,
Comme la fin temoigne, en delaiffant Haynne (*x*).

Lors come il penfoit vivre en païs (*) tout fon temps
En la fleur de jonffe, comme à vingt & huict ans.
A Burghes en Efpaignes, ung vendredy au foir,
Une doleur luy prift, qui trop mal le fift choir.
Tant que 8. jours après, qui fu un vendredy,
Rendit fon ame à Dieu, proprement à midy,
L'an mil chinc cens & fix, fur le mois de Septembre,
Le 26me jour, dont le vrai nous ramembre.

Celuy dont (*y*) qui mourut, & telle heure & tel jour ;
Luy voeille donner lieu, & fon trofne majour.

Amen.

CHAP. X. *Comment après que les fervices & feremmonies pour l'ame du Roy de Caftille furent faictes, les Seigneurs de Flandre, Brabant, Hay-nault & aultres prinrent congié de la Roynne.*

Les chofes touttes accomplies touchant de l'eftat du Roy Phelippe, les fervices & funerailles acomplies, les gentilz-hommes des pays de Flandre, Brabant, Haynnault & aultres prindrent congié à la Roynne, la quelle leur donna de grans dons ; & fy leur bailla en cherge de remener ce que le Roy avoit menet en Efpaignes pour fes enffans. C'eft affavoir fa Chapelie, fa Vaicheile, fa Tapifferie, & autres baghes (*). La quelle très affectueufement leur commanda de bien penfer de fon filz Charles, Prince de Caftille; & confequament de fes trois Filles; iceulx le promirent de ainfy le faire. Encore refcripvy la noble Dame aulx pays de ainfy le faire, que elle avoit requitz aux Seigneurs. Sachiés que incontinent le trefpas du Roy advenu, on envoia poftz & meffagier nonchier (*), *Qu'il eftoit trefpaffez à Burghes en Efpaignes.* Les nouvelles arriverent premier au pays de Flandre; pour le quel on fut moult dollant, & en fift-on ung merveilleux deuil. Les Flamentz le fifrent fçavoir aux aultres villes. La Court pareillement le fift fçavoir par tous les pays, dont chacun en mena grant amere deuil, & par efpecial l'Empereur fon pere, & Margherite fa foer. Par tous les pays on fonna pluifeurs journées & nuyties jufques à mynuict; groffes allumeryes y furent faictes, les obfecques acompliz par tous les pays en grant follempnité, comme il appertenoit à fa perfonne. Les Seigneurs de fes pays fe affamblerent tous de commun accord, prindrent Charles, l'aifné filz du deffunt Roy de Caftille, leur Prince & Seigneur naturel; en demonftrant chacun avoir bon zele, correction (‡) & affection à la chofe publicque, & à l'entretenement du jone Prince de Caftille. Au quel jufte propos & faincte vollenté il plaife à Dieu le continuer & perfeverer faire, & entretenir tellement, que Charles puiffe fy vertueufement regir, gouverner, & entretenir fes païs, que ce foit au proffit de fon ame à l'honneur & exaltation de toutte noftre Mere faincte Eglife, à la profperité de tout le peuple, & generallement de la chofe-publicque.

A M E N.

Cy fine le premier Livre de mon Recoeil & petit Traictié de la Maifon de Bourgoigne. Etc.

1506.

(*) *Effets précieux.*

(*) *Annoncer.*

(‡) *Exactitude,*

Cy s'enffieult la deuxfieme partie de ce préfent Recoeil & petit Traictict, le quel contiendra pluifeurs befoignes, & merveilleufe advenues de
pluifeurs Pays, tant de la Maifon de Bourgoigne,
comme du Realme de France, d'Angleterre, &
pareillement de la Duchiet de Bourbon, & de
pluifeurs aultres. Mais premiere parlerons comment l'Archiduc d'Auftrice Charles par la grace
de Dieu, Prince de Caftille, Duc de Bourgoigne
&c. Commencha à regner après le trefpas du
feu Roy Philippe de Caftille fon pere naturel.
Le quel Charles en fon commencement fe monftra vertueux, comme cy-après vous verrés &c.

CHAP. I. *Cy devife en ce premier chapitre, comment Charles Archiduc d'Auftriche*
mift ordre en fes pays. Et avec, comment les Franchois vindrent
complaindre le deuil du Roy de Caftille fon feu pere,
avec autres affaires. &c.

PHELIPPE, par la grace de Dieu Roy de Caftille, trefpaffés, & les
funerailles & prieres par tous les pays faictes & achevées, le
jone Archiduc Charles, par la grace de Dieu, Prince des Efpaignes,
Duc de Bourgoigne, de Brabant, &c. Conte de Flandre, &c. fu des
nobles Seigneurs, de toutes pars & des pays tenu à maiftre &
Seigneur fouverain, (obeiffant fans contradictions;) du regne de
fon grant pere Maximilien, par la grace de Dieu Empereur des Romains tousjours Augufte, le 20me de l'an de grace mil chinc cens &
fix, ou (a) mois d'Octobre. Le quel Empereur vint ès parties
d'embas vifiter fon nepveux Charles; au quel renouvela ung gros
deuil voyant l'enfant, pour l'amour de fon filz le Roy Phelippe.
Neantmoins fu reçupt honnorablement, quelque deuil qu'il y eult;
lequel avec le Seigneur de Chierves, grant Gouverneur des

(a) Ou c. d.
e...

Pays,

Pays, & autres, mirent ordre & police au jone Prince, & ès pays. 1506.
En tant que l'Empereur estoit à Malines, les Franchois vindrent
par devers l'Archeduc Charles plaindre le deuil du bon Roy Phelippe son pere, avec pluiseurs affaires de leurs besoignes, tousjours
promettant bonne paix au Reaulme de France. L'Empereur ne tint
guerre de parlement aux Franchois : mais se party, & se retira ès
parties d'Allemaignes. Le Duc de Gueldre, tousjours en son malvais
propos deliberé, fist aulcun larchin (b) sur le païs de Hollande. Par (b) Quelques
brigandages.
quoy le Conseil du jone Prince delibera de lui faire demander
pourquoy il faisoit ces besoignes ? Il respondit que ce n'estoit pas
de son faict, & que l'on castiast les mal-faicteurs. Mais toutesfois,
quelque excuse qu'il fist, le messagier apellé Empereur, après avoir
parlé à luy hors de la ville, à ung quart de lieue, fu mis en peril
de mort : de quoy le Conseil en fu très mal content. Tandis que
ces choses se demenoient, en la Ducet de Bourbon avoit * une belle * Il y avoit.
fille à marier. Loys, Roy de France, sachant le Seigneur de Montpensier, son parrent, prochain à la Seignourie de la Duciet de Bourbon, se elle eusist esté sens (c) hoirs, l'appella, & dict : Monpen- (c) Sans.
sier, escouttés que ** je vous voeil dire, je vous conseille que vous ** Que pour
Ce que. Phrase
Italienne.
prendés la fille au Duc de Bourbon en mariage. Monpensier res-
pondit au Roy : Sire, comment le porroy-je avoir ? Elle est fianchie
au Duc d'Allenchon, mon parrent : jamais cela ne me adviendroit.
Taisiés, ce dit le Roy ; il a fianchié vraiement, & si le doit prendre, ou baillier la somme de cent mil écus d'or ; ad ce que j'entens, la chose en est toutte deffaicte, & les convenances quittes :
parmy tant que la fille de Bourbon ara la somme à ces affaires mise,
& s'espousera le Duc d'Alenchon la fille au Conte d'Angolamme,
soer à Franchois d'Angolame, Dalphin de France ; Monpensier, pensés à ce marchiet, que je vous feray avoir, s'y à vous ne tient ;
bien sçavés que cette est la plus puissante Damme des pays de France
après le trespas de son pere. Sur ces parolles le jone Seigneur de
Montpensier, Conte Daulphin d'Auvergne, respondit au Roy, que
la chose desiroit bien que dessus penser, & que lendemain pense-
roit, & lui en responderoit, & qu'il en feroit faict. Le jone Prince
à ces motz prist le congié du Roy, le quel pensa tout le jour sur
ces affaires de ce mariaige, & en parla à aulcuns de ses Princes
amys, qui lui conseillerent de faire ce que le Roy lui disoit. La
chose fu teilement demence, que le Roy en parla au pere de la
fille, qui respondit au Roy : Puis que le Duc ne voeult plus proceder
avant, & que la chose en est quictée, & qu'il se allye à la fille d'Angoulamme, la chose sera bien prinse de Monpensier à ma fille ; car
vous sçavés, se je alloye de vie à trespas, & que ma fille morût sans

D

1506.

hoir, Monpenfier en feroit le plus prochain & feroit celui qui fuc-
cederoit à la Ducé de Bourbon & autres feignouries. Par ainfy de
mon accordt ma fille luy fera donnée. Le Roy de fon amour luy
remerchia, difant que la chofe en feroit de brief achevée ainfi ;
comme il en fu faict, car la cofe ne demoura ghaire, que le
Seigneur de Monpenfier, Conte Dalphin d'Auvergne, n'efpoufa la
fille au Duc de Bourbon : où il fu accordé des peres *(d)* de France,
tant ad caufe du bon fervice faict à la Couronne de France, que
d'avoir efté hoftagier ès pays du Roy Phelippe de Caftille defunct,
& d'autres pluifieurs fervices, que quant la Damme très-pafferoit
fans hoirs procréez de fon corps, que il joyroit de la Ducet de
Bourbon, & les appendances toutte fa vie. Ainfi en fu il faict, &
figné de tous ceulx du Realme de France ayant pouvoir de ce faire.
Ces accords bien fais & fouffiffamment, Monpenfier (pour venir à
ma conclufion) après le trefpas de fon beaupere fu appellet par
droict, *Duc de Bourbon* ; Le quel en toutte honneur fu recupt au
pays comme leur vray Seigneur & héretier, le quel en prift la poffeffion de ce que vous orrés cy-après en terme rethorical en une
chanfon poëticque.

(d) Pairs.

PAN le très-noble, ung demy Dieu terreftre,
  Par joyeux eftre,
  Accordes fes bufeaux.
Quattre en y a, qui font mis à la dextre,
  Trois à feneftre,
  Pour jouer à feneftre
  D'ung parc champeftre.
  Aux refpons des oifeaux,
  Ces doulx Rofeaulx,
  Arretent les Ruiffeaux ;
  Tous arbiffeaux,
  En floriffent de joye ;
   Au champ
   Du Pan,
Toute Rieus *(e)* fe refioye.

Lors fe monftre au monde,
Clere & rubiconde,
Plus nethe & plus monde,

*(e) Tou:
Ruiff.au.*

En beaulté feconde,
Que une perles rondes,
En bonté féconde,
AURORA la blonde,
Doulce en fa faconde,
Devant le foleil,
Et en bel accoeil.

1506.

PAN *, AURORA *, de perles couronnés,
D'or fin aornés,
En ung Vergier fertille.
Les Pallis (*f*) font, de paix avironnés
D'heur gironnés,
De juftice enchainés,
Tous contournés,
En nobleffe gentille.

** * Le Sgr de Monpenfier Duc de Bourbon, avec fon époufe.*
(f) Les palijjades, ou peut-être les Palils, (Palilia) Fêtes de Pan.

Maintz Fleuves utilles, ayant licqueur fubtille,
Par joyeux ftille,
Entend à les moullyer,
Les Fleuves font : Loire, Saonne, & Allyer.

Aux rayz matutins,
Roffegnolz, Serins,
Des corps céleftins,
Cardonnès (*g*), Tarins,
Ruiffeaux argentins,
Merles & gaix (*h*) fins,
Meynent doulx tintins,
Tiennent les coffins (*i*),
Parmy les Rivages,
Des beaux Gardinaiges.

(g) Chardonnets.

(h) Geais.

(i) Petites corbeilles.

De ce vergier, le meilleurs Esbannoix (*k*)
Sont Bourbonoix, très plaifants Bregerets ;
Puis enfieuvant, les Paftours Auvergnoix
Que bien congnois ; & par femblables Loix,
De Beau-joloix
Les gentilz paftouretz ;
Ceulx de Foretz,
Ouffi font promptz & pretz
De aller après ;

(k) Les plus divertiffans.

D 2

S'il fault qu'on danche ou marche
Avecque Gien, Cleremont, & la Marche.

* *Musettes.*
(*l*) *Haleines.*

* *Rustiques.*
De *Villa*,
*Villanus, Vil-
lain*, c. d.
Paysan.

> Là de leurs doulchaines *,
> Et de leurs allaynnes (*l*),
> Enthieres & faines,
> Nobles, non villainnes *,
> Ont nottes haultaines ;
> Ils enfflent leurs vaynes,
> Autour des Fontaines :
> Sans doleur grevaynnes,
> Ces Bergiers tant beaux
> Chantent chans nouveaux.

CHAP. II. *Comment le Duc de Bourbon prist jouissance de ses pays. Et comment les Franchois allerent en Brabant, dont en retournant furent deffaiz à Sainct Hubert.*

LE NOBLE Duc ainsy après avoir prins la joyssance de ces beaux pays prist congiet à tous ses subgects, & après se retira au près du Roy Loys son grant parrent & amy ; où tant sagement se gouverna, que rien ne se faisoit au Reaulme de France sans son conseil ; tant estoit il aymé du Roy, des Seigneurs, & du commun populaire, qui luy estoit ung grant commenchement de tiltre de gloire. Sa renommée crut, & augmenta tellement aulx affaires de Realme, tant de guerre de-là les montz, que ès parties voisinnes, que tout estoit fait de par luy. La guerre eult esté entre le Roy de France & le Roy d'Angleterre sans sa personne. Ce temps pendant, le Duc de Gheldre, desirant de abaisser la noble Maison de Bourgoigne, fist tant envers aulcuns de ses amis au Realme de France, parreillement à sire Robert de la Marche, que à son aide, pour grener (*m*) la noble maison, vinrent au pays de Liege à grosse puissance, où ils trouverent sire Robert ; Lesquelz demanderent à passer par les pays du jone Prince pour aller au pays de Gheldre, sans faire nulz maulx ès di pays. Contre les quelz, le Namurois, Bouvignois, & ceulx de Marche en Famine donnerent groz empeschementz à grosse puissances, car aux passages avoient colpés (*n*) groz mairiens(*o*), & fait de gros trencquiz ¶, pour deffendre leur passement : mais en la fin quelque paines qu'ilz y fissent, pour l'honneur & proffit du pays, je ne peulx sçavoir à quelle fin y vinrent (*p*). Madamme Marguerite & le seigneur de Chiervres leur manderent, que nullement ne

(m) Grever, faire tort à.

*(n) Coupé.
(o) De gros mairiens de chesnes.
¶ Retranchemens.
(p) Quel succes ils eurent.*

les empefchaffent ; & que fur la hart, on les laiffaffent paffer ; & que rien meffroyent ès pays. Hélas le povre confeil ! Efcouttant ces nouvelles, iceulx fe retirerent, comme gens voeillans obéir à leurs fupérieurs : mais à grant regret. Les Franchois ayant la grace de paffer, fe joinderent avec le Duc de Gueldre, lefquelz furent une efpace enfamble fans riens faire. On percevoit affez que ce n'eftoit pour nulz biens leurs affemblement, quant ce n'euft efté qu'ils mangoient le pays*. On mift fus une groffe bende de Bour- ghignons, faifant de gros defpens au jone Prince, de quoy n'eftoit neceffité ; il ne falloit que leiffyer faire les Namuroix, les Bouvi- gnoix, & autres nations. Lefquels ne les heuiffent point laiffié paffer : mais à la fois* Dieu permet les chofes faire, pour pugnir un pays & contrée. A mon propoz. Le feigneur d'Aymeries, accompagnié de Monfzieur de Ligne, avec leur puiffance, fe mifrent à l'encontre des Franchois, les coftyant tousjours. Neantmoins ne laifferent à prendre & pillier la ville de Tillemond au pays de Brabant, où le Duc de Gheldre fift de groffes infolences. Car lui-meifme prift hors de la cibolle la caffe, laquelle eftoit de fin or, où le corps de Jefu-Crift repofoit au couvent des Jacobins ; les quelz il conftrai- gnit de mettre hors les Hoftyes, les quelz en grant réverence chan- tant avec groffes allumeries, pour amollir fon cœur, les mirent en ung autre vaffeau : mais rien n'y vallu ; car le Duc le prift & le bailla à fon paige. Haa tirant ! (q) Les Franchois ne devoient riens meffaire au pais du jone Prince, comme ilz avoient promis partant a Dieu : mais tu leurs a fait rompre leur promeffe ; car à ton exem- ple en la ville de Tillemond firent beaucoup de mal ; car ilz pille- rent tout ce qu'ilz trouverent, & prindrent les hommes prifonniers, femmes & filles violerent. Quelle pitié ! On difoit : Leiffiés-les paffer ; ilz ne nous meffrons riens. Il y parru bien. Que penfoit- on qu'ilz feroient au pays de Gheldre, fe n'eftoit pour grever au- cuns pays ? Conclufion, & pour abregier. Après avoir fait beaucoup de malz, & avoir prins & pilliet le païs de Brabant, les Franchois conclurent d'eulx retourner en France avec leur buttin. Pareille- ment le Duc de Gheldre de s'en aller en fon pays : & fire Robert de la Marche fur fes terres. Iceulx fe fifrent remener & conduire des Franchois jufques au villaige de faint Hubert. Les quelz y ar- riverent à l'heure de midy ou environ ; après eftre raffrefchyz, s'en parterent. Mais les Franchois conclurent de demourer pour la nuiĉt. Les Namurois, Bouvignois, & ceulx de Marche en Famine, comme gens fourcenés & courrouchiés, veant qu'on les avoit laif- fiez paffer pour ainfy deftruire les povres pays ; & que davan- taige on ne fe vengeoit nullement de leur meffait ; & qui s'en al-

1507.

* Quand ils n'euffent fait d'autre mal que de manger le pays.

* Quelque- fois.

(q) Ah Ty- ran !

1507.

loyent fans empefchement, toûjours les coftyant, conclurent enfemble, quelque deffence qu'on leur avoit fait, de donner fur eulx en
la nuiĉt au villaige de Saint Hubert, ce qu'ils fifrent & les trouverent tous en leurs logis fans ne guet, ne garde, difant qu'ilz n'eftoit nulz Bourguignons qui ne fuiffent tous leurs amis. Mais le contraire leur fu bien monftré & à leur confufion. Car les Namurois & autres entrerent au villaige par tel party, que tous les misrent en defarroy. C'eftoit pitié de veoir l'affaire. Les gentils
hommes cuiderent rallyer leurs gens & mettre enfemble : mais rienz
n'y vallut ; ilz y furent tous tués & occiz ; il y demoura 36 gentilz hommes de nom ; & les aultres gens de guerre, comme Porteurs d'enfeignes, tant de cheval comme de pied, gens de bien y
furent piteufement mis à mort, fans en prendre nulz à merchi (r).
La prinfe de Tillemond fu là vaillamment vengié (s), & leur buttin derefcoux (t). On ne fçaroit efcripre la merveilleufe defleĉte,
que aux Franchois fu faiĉte. Loingtemps après on trouvoit les harnoiz & les corps pourris des hommes d'armes. Les autres fans armures en leurs pourpointz, lefquelz n'avoient heu loifir ne efpaffe
de eulx armer. Brief les Franchois y perderent toutte honneur &
chevance (v) : les Bourghuignons, Namurois, Bovignois, & aultres
y furent tous riches. Dont depuis les Chartons (x) & Carbonniers
portoient les fceons (y) argentés des Franchois, de quoi leur gloire
accroiffoit. Cefte refcouffe fu faiĉte dedens Saint Hubert le 37me
jour du mois d'Oĉtobre l'an mil chinc cens & fept. Pour la quelle
journée faiĉte deffus les Franchois qui perderent tout, comme avés
oy, enfeignes, pegnons, eftandars, guidons, chevance & honneur,
le feigneur de Chiervcs par devant Madame à Malines manda les
chiefz de l'entreprinfe, pour favoir qui leur avoit donné grace de
faire tel emprinfe. Le Seigneur de Spontin alla au mandement de
Madame, accompagniet de Houlloigne, de Gloux (z) ; le monfuier de
Bouvinne ne s'y comparu point, pour ce qu'il n'eftoit point gentilhomme. Quant ilz furent venus devant Madame, furent fort me-
nafchiet, en difant que on ne fcavoit quelle chofe ilz leur eftoit ad-
venic, d'ainfy avoir affailly les Franchois ; que * pour efmouvoir la
guerre au Realme de France. Iceulx dirent & s'efcuferent au mieulx
qu'ilz peulrent ; on leur donna congiet tousjours les menaffant, combien que depuis ne leur en fu riens demandé, combien que les
Franchois en avoient le cœur bien groz, que ainfy leurs amis eftoient demourez à Saint Hubert. Le Roy de France meifme en fu
adverty, le quel en euift fait quelque chofe, n'euft efté le confeil
du Duc de Bourbon, le quel tenoit tousjours la main à la paix entre les Bourghignons & les Franchois, &c.

(r) Sans
quartier.
(s) Vengié.
(t) Recouvré.
(v) Et biens.
(x) Charre-
tiers.
(y) Sayons.
(z) Peut-ê-
tre de Graux.
* Suppl.
C'en étoit
affez.

Comment l'Empereur envoia vers le Roy de France fcavoir s'il ne volloit point tenir ce qu'il avoit promis. Et comment on tint confeil à Cambray de pluifeurs pays, y trouvant la paix, & aultres chofes.

LES CHOSES fe pafferent l'Empereur eftant fort dolant (*a*), que le Duc de Gueldre faifoit ainfy tout plain de pilleryes ès povres pays de fon nepveux. Les Allemans pareillement fachant que les Franchois venoient ainfy couvertement à fon aide, les quelx avoient prommis de jamais grever la Maifon de Bourgoigne, & de rendre ce qui eftoit tenu ens ou (*b*) traictiet de Francqfort l'an mil chinc cens & deux. Les quelz en leur confeil furent fi deliberés, que d'envoyer envers le Roy de France. Affavoir (*c*) à quoi tenoit que on ne rendoit, & tenoit, ce qui eftoit dict à rendre & tenir par vertu du traictet faict en la ville de Francqfort. Sur quoy le Roy refpondit par le confeil, qu'ilz n'eftoient pas encore ad ce deliberés; toutte fois le confeil de France, efcoutant les Allemants en leurs refponces fur leurs reffus, & la refponce du Roy d'Angleterre & du Roy d'Efcoche, conclurent que on fe trouveroit en la cité de Cambray au mois de Novembre, l'an mil cens & huytz; où ung Evefque d'Allemaigne vint pour tous les aultres, acompagnié pour fon eftat de deux cens chevaulx noblement accouftrez lui & fes gens. Parreillement Madame de Savoye, la tante du jone Prince, nouvellement revenue du pays de Savoye. De la partie d'Engleterre & d'Efcoche y vinrent deux ambaffades: de France pareillement ung Legatz, acompagniet des Seigneurs du Parlement devant le quel ceulx de Cambray iffirent hors de la cité à croix & confannons, & fu logiet come à luy appartenoit, & tous les autres tous felon leur degret. Après, tous enfembles fe trouverent en une chambre, qui pour l'heure eft appellée la Chambre de paix & de concorde, où ilz ratifyerent la paix faicte en Francqfort, & en Amboiffe, où les Franchois prommifrent de faire ce que en ou (*d*) traictiet eftoit promis, de point en point; comme plus ad plain en mon grant Recoeil eft declaré en ma *Maifon de Bourgoigne.* Quant le ratifyement fu fait en la cité de Cambray, & bonne paix jurrée d'un cofté & d'aultre, de entretenir & rendre à chacun ce qui luy apartient, prinrent congié l'ung à l'autre, & s'en allerent chacun à leur quartier paifiblement, où la chofe demora loingtemps en tel eftat fans riens faire de la promeffe faicte du cofté des Franchois, lefquelz continuellement enhortoyent le Duc de Gheldre de faire la guerre en la Maifon de Bourgoigne; & luy envoyerent

(*a*) *Au grand mécontentement de l'Empereur.*

(*b*) *Contenu au.*

(*c*) *Pour fçavoir.*

(*d*) *Qui dans le.*

or & argent & gens de guerre, pour l'affifter en fes affaires; &
faifoit beaucop d'infollences en Brabant, auffi en Hollande, & Zellande, defirant d'eftre le Seigneur de Frizes. Les Anglois pafferent la mer pour faire la guerre au pays de Gueldre, (que) pour
vengier les tors faiz par le Duc de Gheldre au jone Prince de
Caftille, le quel eftoit promis à la foeur du Roy d'Angleterre;
tellement le firent, qu'ilz vinrent en pais accompagniés de la puiffance des pays du jone Prince; de la quelle arrivée eftoit le chief
le Seigneur de Ciftain accompagniés du Conte de Naffau, du Seigneur d'Aymeries, & de plufieurs aultres; lefquelx enfemble affye-
gerent la ville de Venelot (e) en la Duciet de Gueldre; ilz prindrent aultres villes & chafteaux, fi comme le chafteau de Brackem-
pres, Bonnes, Quebefoffe, Arfk, & Strane, avec aultres chafteaux, que ne fçaroyent nommer. Le Duc voyant la Gendarme-
rie de par decha, fe retira en la ville de Gueldres, forte place;
neantmoins on livra l'affaut à Venelot deux jours devant la Saint
Martin; voiant qu'ils ne fe voulloient pas rendre, on difoit que
ceulx de la ville le fçavoient bien deux jours devant. De cela ne
fçauroi que dire; car je ne fçay riens à la vérité; neantmoins l'affaut fu fait, & y demora de bien honeftes compagnons; meifme
Monff. d'Aymeries y perdit ung Porteur d'enfeigne : les Anglois,
deux : mes (f) les Enfeignes furent touttes trois relevées de trois
hardis compagnons Haynuiers, & furent nos gens bien battus &
tués, & ne gaignerent que les donnes (g), ad caufe que nulz ne
fit fon debvoir d'affallir. En ce temps pendant, l'Evefque de Gorft
qui avoit efté pour les Allemaignes (h) en la cité de Cambray, fu
efleu pour aller à Romme pour les effets de l'Empereur, au quel
devant lui on portoit une couronne, & une efpée, demonftrant qu'il
eftoit Lieutenant de l'Empereur; ceft Evefque fu recupt honnorablement; le Pape Julle jura l'aliance contre les Franchois audit Evefque,
pour ce qu'ilz ne tenoient pas le traictiet fait à Cambray, & lui
fu donné le Chapeau de Cardinalité : mais il ne le veut pas recevoir jufques ung aultre fois, craindant que les Franchois ne defiffent, qui n'eftoit allés à Rome que pour fon profiit, fans le faict
de l'Empereur, le quel luy avoit (i) envoyé pour fçavoir la volonté du Pape, fe la guerre fe commenchoit aux Franchois, dont
le Pape jura l'alyance à ceulx qui feroient guerre aux Franchois,
comme cy-deffus eft declaret. Quant l'Evefque eult achevés ces
befoignes, retourna es Allemaignes vers l'Empereur, le quel fe
tourmentoit que ainfy le Duc de Gueldre avoit des amis en l'armée de fon nepveux, & que les biens-voeillans eftoint debouttés &
tués, comme il a paru par le Seigneur de L'ouffu, ung aultre grant
maiftre,

maiftre, & très homme de bien Efpagnart, & pluifeurs autres, qui
eftoient déliberez pour l'honneur du jone Prince le Seigneur. Voyant **1508.**
que on ne fcavoit riens faire à la ville de Venelot, le fiege fu
levet, & fu l'armée deffaicte, dont chacun s'en alla à fa maifon,
bende, ou garnifon. Ceulx de Tournay voyant que l'armée eftoit
deffaicte, & revenue, en dérifion & par mocquerie en firent des
jeux fur cars parlant de Venelotz & de Vaneaulx, que on avoit (k) *(k) N'avoit.*
fceu prendre. L'Empereur en fceut à parler (l) à (m) Madamme *(l) En eut nouvelle.*
Marguerite aufly, lefquelz s'en contenterent très-mal. Et fifrent *(m) Et.*
deffendre fur la hart (n) que nulz ne nulles ne menaft nulles fub- *(n) Sur peine de la corde.*
tentations (o), quel qui fu, en la ville de Tournay; & ainfy fu-il *(o) Aucuns vivres.*
faict au commandement d'iceulx. Ceulx de Tournay fceurent ces
nouvelles, les quelx allerent vers l'Empereur pour avoir pardon.
Mais l'Empereur ne les veult pardonner : ains leur dict d'un ter-
rible courraige en tel maniere (p) : allés, malvaifes gens incorri- *(p) Leur parla plein de colère en ces termes.*
gibles, partés fans delay de moy & de mes pays : ou aultrement
je vous feray comparer (q) la derrifion & mocquerie que vous *(q) Comporter, payer.*
faictes & avés faict de nous & des noftres. Iceulx fe parterent de
luy bien honteux & triftes de la reponce de l'Empereur; aufli con-
fiderant qu'ilz avoient tort, iceulx vindrent à Madame priant mifericorde, dont fix femaines furent en tel tribulation, & au boult
de 6 fepmaines heuirent rémiffion & mifericorde parmy donant 20
mille phelipes d'or. Ce temps pendant revint l'Evefque de Gorft * ** Gurck.*
ens Allemaignes, le quel eftant en ung parlement (r) fur le fait *(r) Etant entré en dif-cours.*
de la guerre aux Franchois, monftra comment il avoit l'alliance du
Pape Juile, & comment il eftoit en fa grace, au quel les Allemans
demanderent à l'Empereur fy lairoit (s) la chofe en tel eftat tou- *(s) S'il laif-feroit.*
chant aux Franchois, & pourquoy on les craindoit tant. Tant lui
en parlerent cefte fois & aultres, que parmy leur promeffe qu'ilz
firent, defirant la guerre, que il feroit tant que la guerre feroit entretenue, ou la guerre feroit ouverte, comme il en fu faict; car
l'Empereur envoya par devers le Roy de France, affavoir s'il ne
volloit pas tenir la paix de Francqfort, ratifiée en la cité de Cambray. Le Roy affembla fon confeil, où il fu dict que à ce n'eftoyent pas deliberés, & qu'il falloit attendre encorre une efpaffe de
temps. L'Emperreur voyant ces refponces, *après* avoir les monftrés aux
Allemans, envoya devers le Roy d'Angleterre ung fien meffagier
& bien familier, certaines lettres qui contenoient, defiran fçavoir
fi le Roy d'Angleterre voloit tenir le traictiet ratifié en la cité de
Cambray, par lui promis avec les aultres Princes. Pareillement le
noble Empereur en bailla une femblable audit meffagier, pour
bailler au Roy d'Efcoches, le quel eftoit au traictié comme les

E

1508. aultres , la quelle eſtoit de tel contenu que celle du Roy d'Angleterre.

CHAP. *Comment l'Empereur envoya lettres aux Roys d'Angleterre & d'Eſcoches ;*
IV.   *& des reſponces qu'il eult de l'ung & de l'autre.*

(*t*) *A ſa deſ-*
tination.

(*v*) *Sans ex-*
ception de per-
ſonne.
(*x*) *Et tou-*
tes ſes forces.

(*y*) *Fit ſi*
grande dili-
gence.
(*z*) *Les chi-*
fonna.
(*a*) *Compre-*
nant.

(*b*) *Dis.*

(*c*) *Je ne*
quitterois pas
mon chemin.
(*d*) *Et dis*
auſſi.
(*e*) *Pars d'i-*
ci dans l'in-
ſtant : autre-
ment , je t'en
ferai repentir.
(*f*) *Sortit.*

Le messagier arrivé en ſa commiſſion (*t*) au pays d'Angleterre, trouva le Roy en la cité de Londres, au quel il delivra ſes lettres en les baiſant. Le Roy les regardant, entendyt ce qu'elles voul loient proferer & dire ; lors en reſpondit ſans appeller nul conſeil, preſent le meſſagier, que certainement le volloit tenir , & que ſe il eſtoit aulcuns, ſans nulz abſenter (*v*), qui le volſiſt faire au contraire, à l'encontre d'iceulx ſe expoſeroit lui & tout ſon vail lant (*x*). Le propos du Roy finé, demanda au meſſagier ſe brief volloit retourner ; le meſſagier reſpondit que la commiſſion portoit de encore aller vers le Roy d'Eſcoche. Le Roy lui dit que ce fuiſt à la bonne heure, & après ſoy bien rafreſchy en ſa maiſon, ſe parteſiſt à ſa vollenté, & que à ſon retour ne laiſſaſt de reve nir parler à luy, & qu'il luy bailleroit ſes lettres de reſponces por ter à l'Empereur ſon noble pere & amys ; le Meſſagier reſpondit que ainſy en ſeroit faict à l'aide de Dieu, le quel après ſon bon plaiſir s'en alla au Royaulme d'Eſcoches, & tellement exploicta (*y*) qu'il arriva où le Roy eſtoit. Après l'avoir ſalués de par l'Empe reur, lui delivra ſes lettres. Le Roy les priſt, les froiſſa (*z*), & lut ; eſcouttant (*a*) ce que l'Empereur luy eſcripvoit, dit au Meſſa gier, comment j'entens par eſcriptz que ton maiſtre l'Empereur veult que je tiengne le traictiet fait en la cité de Cambray, dis lui que de ces affaires nequiers me meſler, & que je ſuis Fran chois ; ce qu'il plaira au Roy de France me commander, je le fe ray ; & ſy c'eſt que le Roy de France luy face la guerre, je luy feray la plus merveilleuſe que jamais ne conpneult tel homme que moy, & que luy feray ; & dit (*b*) à ton maiſtre, affin que mieulx le ſache, que de luy je ne tien riens qui ſoit, & que je ne me deſpaſſeroy (*c*) pour luy. Et ſe dit (*d*) à mon beaufré d'Angle terre, que ſe il aſſiſte l'Empereur au détriment des Franchois, que je le deſſye, & que je ſui ſon grant enemis. Ce fait, d'icy incon tinent le departement (*e*), ou aultrement je te courrouceray. Le Meſſagier, quant il vit ainſy le Roy courro[u]chié, & qui deſchiroit la lettre , print ung gracieux congié, craindant qu'il ne luy fiſt faire, comme fiſt le Duc de Gueldre, qui le fiſt mettre en peril de mort ; le pluſtoſt qu'il peult, iſſy (*f*) hors du pays ; le quel ne ceſſa de cheminer tant qu'il arriva au pays d'Angleterre, au

quel il recorda ce que le Roy d'Efcoches luy avoit dit, & de fa
deffiance (g), fe il affiftoit l'Empereur contre les Franchois. Sur
ces refponces, le Roy Henry jura que une fois luy monftreroit
qui n'eftoit pas fon beau-fré, ne amis; ainfy parlant au Meffagier,
attaindict de fa tafe (h) fes lettres de refponces à l'Empereur, &
fe (i) donna largement le vin au Meffagier. La foer au Roy d'Angleterre, la quelle avoit fianchié l'Archiduc d'Auftrice, Charles, par
la grace de Dieu Prince de Caftille, après avoir encquis de fon
eftat, luy donna une baghe quelle avoit en fa poictrine (k) fort riche, pour l'honneur de fon maiftre; le quel Meffagier le porta tant
qu'il vefcu à fon bonnet, come je le puis avoir perçut pluifeurs
fois. Après que le Meffagier fu feftoyé en Angleterre, retourna
en la ville *de* Bruxelles, où il trouva l'Empereur, au quel il dit les
nouvelles du Roy d'Efcoche, & comment il lui avoit refpondu; de
quoy l'Empereur s'en courroucha, & lut les lettres que le Roy
d'Angleterre luy avoit envoié, de quoy fu moult resjoy, dont
pour les bonnes nouvelles donna au Meffagier 30 florins d'or; pareillement Madamme Marguerite, 10 phelippes d'or; le jonne Prince
de Caftille, pour ce qui luy avoit apporté nouvelle de fa dame
par amours, la foer du Roy d'Angleterre, par vrayes enfeignes,
lui dona ung cheval de chincquante florins d'or; dont le Meffagier
fu fort resjoy, qui honnorablement & d'humble volloir les remerchia, ainfy que bien faire le fçavoit, &c.

1508.

(g) Et du défi qu'il avoit donné.

*(h) Tira de fa poche. At-*taindre pour *prendre*, vieux terme Wallon, qui eft encore en ufage à Liège. *Taffe* ou *cafque*, forte de po-che, ou de bourfe. Les Wallons difent *Tafche*, ou *Taxhe*.

(i) Et auffi; on difoit plus communé-ment: *Et fi.*

(k) Sous fa guimpe.

Comment les Commiffaires du Roy d'Angleterre vindrent en Brabant & CHAP. V.
en Haynault, pour lever gens d'armes; & comment après les
Capitaines vindrent en bel ordre au devant du Roy
d'Angleterre.

LE LENDEMAIN de ces nouvelles l'Empereur fift affembler le Confeil en la ville de Bruxelles, où les Lettres du Roy d'Engleterre furent luttes, préfent le Confeil; fur quoy fu advifé, qu'on auroit le
confeil des Allemaignes (a), & que fur ce on s'advifcroit. Ce temps
pendant Pape Jule jecta une excommunication four les Franchois, ad
caufe qu'ilz ne volloient pas obeyr à l'Eglife Rommaine, finon que
au legal de Reuan (b), & qu'ilz ne volloient tenir le Traictié de
Cambray. Sachiés qu'ilz tenoient ce legal à Pape (c) au Reaulme
de France, contre Dieu & l'Eglife; de quoy le Pape en avoit faict
fa complaincte aux Princes Chreftiens; Dont (d) ceulx de fon alliance voeillant tenir la main à fouftenir l'Eglife, que (e) vrays
Catholiques, lui prommirent de l'affifter à fes affaires, fe affaire en
avoit (f). Après avoir faict les refponces à l'Empereur, le Roy

(a) Qu'on prendroit con-feil en Alle-magne.

(b) Légat de Rouen, le Cardinal d'Amboife.

(c) Regar-doient ce Lé-gat comme Pape.

(d) Donc, c'eft pourquoi.

(e) Comme.

(f) S'il en avoit befoin.

d'Angleterre, furniffant à fes befoignes de la guerre, marchanda à ung Millandois (*g*), contendant de méner la guerre aux Franchois, pour tenir fa promeffe faicte au jone Prince de Caftille, de faire 25 mille cuiraffes; puis fift encore faire quattre mille bardes de chevaulx, defquelles il marchanda à ung Allemand; fe fift encore forgier à fa plaifance 12 baftons à pouldre, & les fift appeller les 12 Apoftles, avec plufieurs bombardes, courtaux, & ferpentinnes, avec des faulcons jufques au nombre de 8 pieces; il fift faire vic· tentes & xxiv. pavillons, les plus belles pieces que jamais on perchut, armoyés des armes d'Angleterre. Ce temps pendant que ces chofes fe demenoient, les Anglois, eftant fur la mer, prindrent chinc navires Franchoifes chergiés de herrengs, que les Franchois avoient pris aux marchans d'Angleterre; la guerre pour fes befoignes (*h*) de plus en plus s'engreffoit (*i*) entre le Roy de France & le Roy d'Angleterre, fans avoir faict la deffiance (*k*) l'ung à l'autre : mais c'eftoit pour la caufe que le Roy des Franchois ne tenoit nullement la paix de Francqfort. En la fepmaine que ces navires furent detroffées (*l*), le Roy de Frances fift monftres en la ville de Paris, tant feullement, où il trouva fans l'Univerfité, cent mille hommes bien efquippés. Et ce fu faict à la Saint Jean Baptifte l'an 1512. Lors aulcuns (*m*) Anglois, eftant devant Bayonne, avecque l'armée du Roy d'Arragon, & à fon aide, eurent difcentions contre aulcuns des Aragonois, lefquelz pour ce fe mifrent en ces batteaux fur la mer; les Efpagnars, & Aragonnois, voyant retirer les Anglois en leurs batteaux, & chingler en la mer, les (*n*) courrurent fus par telle fachon, que au venir deffus eulx, deffirent trois batteaux d'Angleterre, fans ce que les Efpagnars y perderent riens du leure, lefquelz retournerent en leur campt, & les remanant (*o*) des Angloix en Angleterre.

1512.
(*g*) Milanois.

(*h*) *Par ces moyens, par là.*
(*i*) *S'engreffoit, s'allumoit.*
(*k*) *Sans avoir porté le défi; fans qu'ils fe fuffent déclarés la guerre.*
(*l*) *Pris.*
(*m*) *Quelques, de l'Italien* Alcuni : *la langue Françoife étoit remplie de termes Italiens dépuis les guerres de Charles VIII. en Italie.*
(*n*) *Leur.*
(*o*) *Le refte.* Ital. il rimanente.

CHAP. VI.

Comment l'Empereur tint Confeil avec les gens du jone Prince de Caftille, en la ville de Luxemburg, pour la defcente du Roy d'Angleterre; dont fu ordonné qui defcenderoit par envers Troane (a).

(*a*) *Terouanne.*

SIEUVANT ces befoignes (*b*), au mois de Janvier, l'Empereur affembla fes eftaz en la ville de Luxembourg avec ceulx du Prince de Caftille pour le faict de la guerre, que le Roy d'Angleterre defiroit, & que auffi avoit prommis à l'encontre des Franchois; au quel confeil & eftaz fu mis avant (*c*) que les Angloix defiroient avoir paffaige parmy les pays de Flandre, & qu'ilz s'y volloient tenir une efpace, & en après raffrefchir fur le pays de Haynnault, & avoir des villes à leur vollenté, pour eulx rethirer, fe meftier en avoient (*d*);

(*b*) *Après cela, ſuis perſuaſis.*
(*c*) *Il fut propoſé.*
(*d*) *S'ils en avoient befoin.* Phrafe Italienne : Se mestiero ne haveſſe-bono.

& oufly de les affifter de ce que meftier leur feroit. Sy fu dit au confeil, après avoir oy de pluſzieurs advis, que la défcente ne leur feroit pas deffendue : mais, ainſi qui le defiroient, ne l'auroient pas,
ne felon leur requefte : mais on aviferoit avec le Roy d'Angleterre
d'en faire pour le mieulx, fans gafter les pays du jone Prince. Sy
ainſy fu confeillies, ainſy en fu faiĉt ; car l'Empereur & le Roy
trouverent en confeil (e), lui promettant toutte affiftence, que ſa
defcente fe feroit par envers (f) la ville de Terruwanne. Sur le
quel confeil, & le tout advifé pour le meilleur, le Roy d'Angleterre apparreilla fes affaires és pays du jone Prince de Caftille ; car
en la ville de Lille oudi (g) mois de Janvier, & en la ville de
Bruges, on fift myerre (h) iv^c· mille muys de bon fourment pour
affifter l'armées des Anglois ; entant que ces bledz fe préparoient,
aulcuns Anglois au havre de armue (i) en Zélande prindrent une
cracque Genevoife (k), qui fe difoit Franchoife, dont groz plaintif
en fu faiĉt en France, pour ce qu'on l'avoit prins au pays du jone
Prince ; parquoy, à l'iſſue du mois, le Roy fift publier en la ville
de Paris la guerre à l'encontre de l'Empereur, contre le Pape Julle,
contre le Roy d'Arragon, & les Efpaignes, & contre le Roy d'Angleterre, & leurs allyés ; & fu deffendu fur la hart de riens leiſ-
fier fortir hors du Reaulme de France, bledz, ne vin. Sachant
parreillement ces deffences faiĉte en France, le jone Prince fift
auſſy publier qu'on ne menaft rien au Reaulme des Franchois : mais
on y cria pas la guerre ; car le Prince de Caftille ne fe volloit meſler d'icelle en nulle fachon. A l'entrée du mois de March, l'Emperenr tint en la ville de Malinnes ung confeil avec les Efpagnars,
Allemantz, & Anglois, fçavoir encoire fe la defcente des Anglois
fe feroit par le pays de Flandre, combien qu'il avoit efté diĉt par
le Roy & l'Empereur, que celle fe feroit par le cofté de Terroanne :
mais ilz eftoient en Confeil venuz pour demander à leiſſer Terroanne ; & que, pour defcendre par le pays de Flandre, que le
Roy le defiroit. Il fu decreté en ce Confeil, que par le Conté
de Flandre ne fe feroit pas la defcente, mais par Terroanne : mais
il feroit affiftés en touttes fes affaires de vivres & de gens. A ce
confeil les Anglois demourent (l) ; le Roy de France fceut que ce confeil s'eftoit ainfy tenu, & que on affifteroit les Anglois en leurs affaires, & que la defcente de Calaix ne leur feroit pas deffendue ;
pour cefte caufe fift de rechief publier, & deffendre fur le hart,
que on ne menaft riens hors du pays de France ; parquoy fur cefte
feconde deffence fu trouvé par Confeil que d'envoier par devers le
Roy de France : affavoir fe il tenoit les pays du jone Prince en
la guerre des Angloix ; & fur ce y fu envoyé ung gentilhomme

1512.

(e) Jugèrent à propos, en lui promet-tant, &c.
(f) Du côté de.
(g) Audit.
(h) Moudre.
(i) Au port d'Armuyden.
(k) Génoife.
(l) Les An-glois s'en tin-rent à cela.

appellé Phelippe Dalle, le quel arriva où le Roy de France eſtoit, & fiſt ſa commiſſion en donnant ſes lettres au Roy de France, & ſur ce lui fu donné reſponce. Lors ſe party haſtivement, & tant chemina qu'il vint à Malinnes, où il fu regardé (*l*) par les eſcriptz du Roy, que, combien que on euſt publiet la guerre en France, & de non leiſſier ſortir (*m*) du realme de France, ſe n'eſt pas à l'intention d'avoir guerre au jone Prince de Caſtille, *noſtre grant amy*. Ces lettres furent portées à l'Empereur, le quel en fu fort joieux. Et ceſte ſepmaine ceuls de Hollande & de Zélande baillerent CCCC. batteaux, & force artillerie; car ilz eſtoient en commiſſion pour le Roy d'Angleterre, &c.

**CHAP.
VII.**

Comment la ville de Terroanne fu aſſiégée des Capitaines Vicomte Taillebot, Millor Cambrelaing (a), & aultres; Et comment le Roy deſcendy de mer.

PENDANT que on delivroit les batteaux & l'artillerie, une groſſe bende Anglois ſe eſtoient mis ſur la mer, leſquelz trouverent XV^M· Franchois, qui avoient pilliés en aucun quartier le pais de Cornuaille, & boutté les feux; tellement furent aſſially que nulz Franchois n'en eſchapperent, que tous ne furent prins & tués, ſinon le Capitaine qui en eſchapa, & s'ne ſcet-on comment; ſynon que on lui avoit fait voie par ſa bourſe; penſés que c'eſtoit ung grant maiſtre de France. Encoire en la peneuſe ſepmaine *, les Anglois trouverent les Bretons, qui deſiroient deſcendre au païs d'Angleterre: mais tellement furent aſſaillis des Anglois, qu'ilz en occirent 600, & ſy y demoura toute leur artillerie; car il y euſt 6 navires eſſondrées (b). Les Eicochoix y ſourvindrent pour cuidyer ayder les Bretons: mais en la fin honteuſement s'en fuyrent à grant perte. Ce temps pendant le Roy de France fiſt alliance aux Albannoix, & aux mores de Morganne; leſquelz vinrent en France à groſſe puiſſance, pour grever les Angloix, en nombre de XVI^M· combattans, toutte layde gens que le Duc d'Albanie menoit; de quoy le peuple Franchois en eſtoit eſmerveilliet, diſant que en la fin mal en polroit venir ſur le Reaulme; car on ne ſçavoit ſe ilz eſtoient baptiſié ou non. Neantmoins, quoy que le peuple murmuraſt, le Roy n'en laiſſa pas à faire ſa vollenté, le quel de ces gens tenoit plus de conte que de ſa nation, & mieulx les contentoit. Lors que ces gens furent arrivé, & que le Roy d'Angleterre le ſceut, euſt en Conſeil que de envoyer ès pays de Charles, Prince de Caſtille, pour avoir des gens de guerre à cheval & à piet, ainſi que on lui avoit prommis; ſy bailla à ſes Commiſſaires la commiſſion de les lever, ſe le congié luy en eſtoit donné.

Ce confeil finé, l'argent fu levé & envoyé en Anvers. Les Commiffaires arriverent au Confeil de Charles, Prince de Caftille, où
tout ce qu'ilz demanderent, leur fu accordés ; & leur fu dict, que
le Conte de Faulquenberghe, Seigneur de Ligne, & le baftart d'Aymeries affembleroient au pays de Haynnault des hommes de cheval
une partie de ceulx que on avoit promis au Roy d'Angleterre ; &
que le Conte de Naffau, avec le feigneur de Ciftain, & le feigneur
de Walhain, affembleroient le refidu au pays de Brabant, Cleves &
aultres païs de la prommeffe faicte. Lors les Commiffaires eulrent
placart de ainfy le faire à leur bon plaifir, lefquels vinrent au pays
de Haynault au feigneur de Ligne, & au baftard d'Aymeries ; lefquelz affemblerent trois mille chevaulx, & les hommes bien empoint (c), en leur baillant en attendant le temps 8 Phelippes d'or
chafcun, & que alors les gaiges courroient, & qu'ilz eftoient au
fervice du Roy d'Angleterre. Advint que le jour de Pafques clofes,
an XV^{c.} XIII. le feigneur de Ligne avoit envoyé 15 compagnons au
chafteau de Faulquenberghe pour le garder ; les Franchois de ce advertis, les vindrent defnichyer, les quelz renvoierent, fans faire
quelque grief, la caufe (d) qu'ilz fe declarerent Bourguignons ; filz
euffent dict : Nous fommes Anglois, on les euffe pendu : mais,
pour ce qu'il n'y avoit pas de guerre entre le Roy de France & le
jone Prince, on les renvoya fans nulz malz faire. Depuis, entour
le my-apvril, le feigneur de Lignes fe trouva avec fa bende de
VIII^{c.} chevaulx bien efquippés que les Anglois payerent par Commiffaires ; pareillement le baftard d'Aymeries avec aultres VIII^{c.} au
pays de Brabant ; le Conte de Naffau en avoit auffi de fa bende
VIII^{c.} ; le feigneur de Ciftain VIII^{c.}, Monfieur de Walhain autres
VIII^{c.} ; lefquelles bendes eftoient les plus belles & mieulx efcipées (e)
que on heuiffe fceu appercevoir : on les appelloit les Angloix de
Haynnault au Realme de France ; de quoy le Roy, & le Dalphin
d'Angoulamme (f), en avoient de groffes oppinions en leurs courraiges, ad caufe que ainfy on afifioit de gens d'armes le Roy d'Angleterre. Le 16me jour du mois d'Apvril le Seigneur de Lignes entra avec fa bende en la ville de Vallenchiennes, tous accouftés (g)
de fes coulleurs devant & derriere, la Croix-Saint-Andrieu rouge,
& la rofe d'Angleterre au milieu. Après qu'il euft efté une efpace
en Vallenchiennes, s'en party avec cent gentilz hommes. Son Lieutenant eftoit le Seigneur de Vertain, homme d'honneur, hardy,
corrageux, & entreprenant fur fes enemis. Le Capitaine des Archiers eftoit l'Amand (h) de Bruxelles, vaillant homme de guerre.
Sachies que le Seigneur de Ligne fortit de Vallencienne en très-bel
eftat, bien armés, fur ung cheval bardé d'afchier, & avoit au tour

1513.

(c) *Bien équippés.*

(d) *A caufe.*

(e) *Equip-pées.*

(f) *D'An-goulême.*

(g) *Accou-trées, Revitus.*

(h) *L'Arpt-man.*

de luy 24 Laccayes (*i*), portant efpées à deux mains, & 18 Halbardiers, & 8 Hacquebuttiers (*k*) pour fa garde feulement. Sachiés que tous fes Laccayes, Halbardiers, & Harcquebuttiers, eftoient armés toute au clere. Ainfy wida (*l*) Monfzieur de Lignes de Vallenchiennes avec auffi viiie. chevaulx bien efquippé pour la guerre, tous plains de corrages pour faire fervice au noble Roy d'Angleterre. Le baftard d'Aimeries, accompagniet de mille chevaulx, paffa auffi parmi Vallenciennes. A les regarder monftroient eftre une felle (*m*) bende, & de gens cognoiffant bien de la guerre ; car il eftoient tous à l'eflittez * ; les autres, comme la bende du Conte de Naffau, de Ciftain, & de Walhain, cheminerent par devers Calaix, bien efquippés de mille chevaulx chacun, deux cens plus qu'ilz n'avoient de commiffion au commencement ; les quelz depuis fe trouverent en la bende des Anglois, quant y fu temps, & y furent recuptz tres-honnorablement à l'ufaige de guerre (*n*). Mais ainfy que le baftard d'Aymeryes marchoit avec fa bende pour aller au fervice du Roy d'Angleterre, fu rencontrés d'une bende Franchoife de viii. à ixe. chevaulx, & de iiii. à ve. piettons, les quelz faifoient femblant d'eftres Anglois : neantmoin furent recongnuz ; là où tellement befoigna le baftard d'Aymeries avec l'aide de fes gens, qu'il y eult à l'aborder (*o*) une groffe noife & huttin (*p*). Tellement qui demoura en la place cent Franchois mors, & viii. priffoniers, que hommes d'Armes, que Archiers, (*q*) & beaucop de blechiés. Le Rencontre fu merveilleux. Ce tant pendant Taillebot avoit prins terre, accompagniés du millor Cambrelaing avec groffe bende de piettons, les quelz eftoient en nombre de xl. mil hommes Anglois & iv. mil Allemantz, une felle bende, en la quelle compagnie arrivoi Monfzr. de Naffau, le Seigneur de Ciftain, le fieur de Walhain, le fieur de Lignes, & le baftardt d'Aymeries ; lefquelz enfemble tant cheminerent avecque groffe artillerie & grant carroy (*r*) qu'ilz arriverent affés près de Terroane, où, la nuytie, fu advifé (*s*) comment le campt feroit affiz &c.

Comment le Roy d'Angleterre tint champ emprès Saint Omer, où les Capitaines des Bourguignons l'allerent querir, & de la deffence quy fu contre les Franchoix.

MIL chinc cens & xiii. le 15me. jour du mois de Jung, que il eftoit le lendemain du Jone (*t*) Saint Jehan Baptifte, que la ville de Terroanne fu affiegé par le grant Capitaine d'Engleterre, appellet Tallebot, & de millor Cambrelaing fon compaignon, au nom du Roy d'Angleterre, en grant nombre de gens & force artillerie, où le

tout

1513.
(*i*) *Laquais, Gardes à pied.* Ce mot eft corrompu de l'Allemand *Knechten.* On difoit autrefois *Naquets.*
(*k*) *Arquebufiers.*
(*l*) *Vuida, fortit.*
(*m*) *Felle,* redoutable.
* *A l'élite,* gens choifis.
(*n*) *Avec les honneurs militaires.*
(*o*) *A l'aproche.*
(*p*) *Querelle & difpute.*
(*q*) *Tant hommes d'armes qu'Archers.* Phrafe Italienne.
(*r*) *Quantité de charriots, convoi.*
(*s*) *L'on délibera pendant la nuit.*
CHAP. VIII.
(*t*) *De la Nativité de*

tout fu fy bien faiĉt, que on ne fcaroit mielx penfer. Le Siege eftant devant la ville ; fachiés que les habitans & gens de guerre
eftoient moult esbahis (*v*) : neantmoins, quoy qu'elle fuift affiegée,
fe fortoit-on par l'une des portes aulcunes fois en grant crainte,
pour l'artillerie qui y avoit. On eult guaire (*x*) efté par devant,
que Taillebot ne fift fommer la ville au nom du Roy d'Angleterre.
Le Seigneur du Pontdormy, Capitaine de la ville, après qu'il eult
efcouté tout fon Confeil, refpondit que jamais ne fe rendroit aux ennemis de la Courone de France ; puis diĉt au Meffagier : retirés-
vous, ou autrement vous aurés des biens de l'hotel. Icelui fe retira, craindant la mort ; puis diĉt à Tallebot les nouvelles que les
Franchois lui avoient dit, le quel prift fur ces nouvelles advis,
attendant le Roy d'Angleterre. Incontinent après que le Meffagier
fu party du Capitaine de Pont-dormy, envoya par devers le Roy
de France, & par le confeil de fes gens, luy faire fcavoir leurs
affaires, & qui (*y*) leur envoyaft joyeufe nouvelle, & force argent pour leurs payemens, difant & promeĉtant qui les fecourreroit ;
& mefme le Dalphin jura de auffi les fecourir ; dont Pont-dormy
& fes compagnons furent tous moult joyeux, difant : Puifque nous
ferons fecourus, tenons-nous vaillamment ; noftre place eft affez
forte. A dont (*ʒ*) dift Pont-dormy : Pluftoft môray à la muraille
que j'aye vollenté de moy rendre. Lors chacun cria à haulte voix :
Seigneur, tel eft noftre vollenté. Ces parolles diĉtes, chacun fift
ung cris, difant : *Vive le Roy*, en fonant trompettes & tambours,
tellement que l'oft (*a*) & camp s'efmeult, cuidant qu'ilz feiffent
une fallye (*b*), fe mifrent au devant : mais y leur fu dit par aulcuns que on prift prifonnier de la ville, qu'ilz faifoient celle joye,
pour ce que le Roy leur avoit envoyé bonnes nouvelles, & qui
les devoit fecourir ; par ainfy fe remift l'armée en fon camp. Le
4ᵐᵉ jour du mois de Juillet, que la ville eftoit affiegiée, le Duc de
Boucquinghaim defcendy en la ville de Calaix en grant triumphe
avec groffe compagnie de chevaulx & plente (*c*) de vivres, fi comme
burre (*d*) & frommaige ; le pain du Roy fe cuifoit en Calaix, & fy
braffoit-on à force nuyĉt & jour. En ce temps le Roy d'Angleterre
eftoit fur la mer, la quelle eftoit tranquille, qui fu œuvre miracu-
leufe ; car le Roy defcendy à fon aife & plaifir de la mer, le quel
arriva en la ville de Calaix à VII. heures du foir, & fu bien-vegniet
& reçupt notablement des feigneurs de la ville, tant Ecclefiaftiquez
que temporelz ; le Duc de Boucquinghaim le feftoya pareillement.
Sachiés que le Roy avoit en fa bende 30 mille hommes de guerre,
ens efquelx en y avoit IVᶜ· efperons dorés, & VIII. mil hommes
d'armes. Cefte fepmaine menoient à vivre au camp devant Torroanne

F

1513.

(*v*) *Remplis
de frayeur.*

(*x*) *On n'eut
guéres.*

(*y*) Le Roi.

(*ʒ*) *Alors.*

(*a*) *L'Armée;
de l'Italien
L'Ofte.*
(*b*) *Sortie,
attaque.*

(*c*) *Pleine,
chargée.*
(*d*) *Beurre.*

1513.

(d) Entendus au fait de.

(e) Leurs troit, firent telles décharges.

(f) Au reste.
(g) Ils fauvèrent leur convoi.

(h) Je crois qu'il faut corriger : Par especial à une ; c. d. sintout à la vûe d'une, &c.

(i) Un soufflet.

(k) Soudoyers.
(l) St. Richart, en Picardie.
(m) Tandis que.

(n) Sejetter.
(o) Tournehem.
(p) Des franches Particulaires.
(q) Placés en embufcade.
(r) Il y en avoit.

chinc cens Anglois. Le Seigneur de la Palice, Franchois, fachant leur venue, les vint à rencontrer avec chinc cens lances ; les Anglois, voiant que les Franchois tendoient de charger fur eulx, fe mirent en leur caroix, comme gens fachant en (d) la guerre, ayant de la petite artillerie vollant ; de quoy tellement befoignerent avec leur traiçt (e) qu'ilz tuerent de IIII. à chinc cens Franchois en la place : mais ne le fceurent fy bien faire, qu'ilz ne perderent bien deux cens Anglois. De leur refte (f) tinrent leur caroy franc (g), tousjours cheminant tant, qu'ilz vinrent au campt : mais il en y avoit beaucop de blechiés, des quels en moru encore affés, que jamais ne fçulrent ghuerir. Ce tamps pendant, on affiegea la ville de tous coftez ; ceulx de la garnifon tiroient horriblement deffus le campt, tellement que nulz ne fe ozoit à monftrer, pefpeat (h) à une Abaye de Saint Jehan, pour ce qu'ilz fçavoient quelle eftoit plaine de gens. La bende de Walhain y eftoit, & encore d'aultres, des quels fouventes fois on tuoit du traiçt de pouldre. Eftant le Seigneur de Lignes logiés auprès de Ghinegatthe, fe combaty à fon Lieutenant, l'Amand de Bruxelles, Capitaine de fes Archiers, pour aulcun different, & pour caufe que à le foix le reprendoit, le Seigneur de Lignes non voeillant eftre reprins, ne fouffrir de luy, haftivement & furieufement luy donna une buffe (i) ; dont l'Amand le prift mal en patience, & en parla quafi comme pour defpit ; le Seigneur de Lignes annimés, & fort courrouchiés fur luy, pour ce que ainfy le reprenoit, incontinnent fans guaire tarder, luy donna d'une eftocq par deriere au doz, je croy, ad ce que on m'a dit, que fans Taillebot Monfr de Lignes euift tués l'Amand. De ce jour en advant, ne fu plus au feigneur de Lignes ; & fu en fon lieu ung appellé Montrichart, vaillant home. Soyés advertys que, quand le Roy eftoit en la ville de Callaix, fe parterent pluifeurs faudoyers (k) de faint Richart (l), accompagniés du Capitaine du chafteau de Calaix, lefquelx tirerent par devers la ville de Ghinnes, & allerent à Ardre, où ilz bruflerent dès le foir Nyelle ; & lendemain au partir bruflerent Stenbergue & Guefwatre. A cefte heure (m) le Roy marchoit en belle ordre triumphamment, voichi venir de 14 à 15 cent chevaulx Franchois, fans les pietons, qui eftoient en nembre de 600 gens bien condhuitz : mais on ne les povoit percevoir ; lefquelz tous fe mirent en 3 bendes pour ruer (n) fur l'armée du Roy d'Angleterre, la quelle eftoit emprès ung bois en une vallé auprès de Tournehon (o) du cofté vers Saint-Omer & les Franchois eftoient au près de la juftice (p) de Tournehen embufchiés (q) dedens le bois & autour, affez près de la juftice. En y avoit (r) encoire auprès d'ung moelin à vent ung aultre bende.

Soyés adverty que les Angloix, n'eſtoient que deux mille hommes
de cheval; car les aultres eſtoient allés par ung aultre quartier;
& des pietons eſtoient en nombre eſtimez II. cent hommes gens
de guerre. Les Franchois ce monſtrantz gens de guerre, en bele
ordre, tenant bonne mine, pour ruer ſur l'armée du Roy d'Angleterre. Quant le Roy vit ceſte affaire, avec ſon Conſeil de
guerre, ſe ordonna en telle maniere avec ſes batailles (*t*), non
ſachant le nombre des Franchois, ſes anciens enemis; que les Franchois, quelque braghe (*v*) qu'ilz ſenſiſſent (*x*), ſe n'oſerent ruer
deſſus, ne approcher l'artillerie d'Angleterre; car icelle ruoit ſur
eulx en telle ſorte au coing du bois, que pluiſeurs Franchois y furent tuez & occhis; parreillement aulcuns chevaucheurs Angloix
courrurent ſus aux Franchois, que pluiſeurs en abbaterent par terre,
dont il en y eult des pris & tués. Sachiez que pluiſeurs Anglois
y demorerent, mais pas tant que des Franchois, & par leur oultraige (*y*). Les Franchois voiant que riens n'y povoyent proffiter,
percevant que la force des Angloix eſtoit trop puiſſante, penſerent
d'eulx retirer; le Roy d'Angleterre ce voyant, fiſt mettre ſes gens
pour marchier, & ſon carroy & artilleries en belle ordre; les quelz
tant cheminerent qu'ilz vindrent à une lieue près de Saint-Omer,
où ilz ſe logerent par devers occident; c'eſtoit plaiſir de veoir les
logis du Roy, comme ilz eſtoient ordonnez à deffence de peelz (*z*)
& de trencquiz, & d'aultres utenſilles à la guerre; & auſſi tous les
autres touchant de tentes & de pavillons. Sachiés que c'eſtoit la
premiere fois que le Roy s'eſtoit logiés ſur terre encontre les Franchois, &c.

Comment les bendes des Wallons *allerent quérir le Roy d'Angleterre
leur meſtre, & comment il les bien-vigna, & donna de
grans dons.*

Quant les bendes que on avoit levés aux pays du jonne Prince
de Caſtille ſceurent que le Roy eſtoit logié auprès de Saint-Omer,
ſe parterent de devant la ville de Terroanne environ deux mille
chevaulx, les mieulx en ordre que jamais on perchut. Les Franchois, qui lors eſtoient encore par les champs, les percherent
aſſez près d'un moelin à vent, & vinrent marchant ſoüef (*a*)
comme eulx, pas à pas, que (*b*) pour les coſtoyer : neantmoins ne
les oſoient aſſallir. Les Bourguignons auſſi pareillement ne ſe def-
faiſoient de leur ordre. Le Roy d'Angleterre par conſeil, penſant
que ſe fuſſent tous Franchois, fiſt ſoigneuſement garder ſon oſtz (*c*)
d'une quantité de ſes piétons, & les aultres ſortir après les Fran-

----

Margin notes:

1513.

(*t*) *Il diſ-
poſa tellement
ſes troupes.*

(*v*) *Bravou-
re.*

(*x*) *Euſiſ-
ſent, pour
euſſent.*

(*y*) *Leur
trop de viva-
cité.*

(*z*) *De pelez.*

(*a*) *Douce-
ment; de Sua-
vè.*

(*b*) *Comme.*

(*c*) *Armée.*

1513.

chois. Les Bourghignons voyant que les Anglois faifoient figne de
les envahir, cuidant qu'ilz fuiffent Franchois, tant firent que le Roy
fceut par une de leur Trompette que s'eftoient fes bendes Bour-
ghignonnes. Le Roy voyant leurs enfeignes, & par bonne fçeur-
té, fe mift hors de fes bendes, & vint au millieu d'eulx, & les
bien-vigna honnorablement, foy efmerveillant de l'eftat & belle ordre qu'en eulx eftoit. Cefcun fe tenoit fier comme ung lion. Sachiés
que le Roy donna au Seigneur de Lignes & au Seigneur de Walhain de beaux dons ; parreillement donna au baftard d'Aymeries

(d) Comme qui diroit : Houffé.

** Velours.*

ung cheval houchiet (d) de velour*, & ainfy aux aultres, chacun
felon fon eftat. Les Franchois, voyant que la bende des Bourguignons s'eftoit mife avec le Roy d'Engleterre, lefquelz eftoient
en 30 cent hommes Franchois, fe retirerent tout bellement ferrés

(e) Sieuvit, Pourfuivit.

enfemble, lefquelz on fieuys (e) : mais riens n'y fu fait, finon
que les Anglois perderent de leur artillerie, & demora embas en

(f) Maréca-ge.

une marefcaille (f) & groffe bourbiere, que depuis les Franchois
allerent querir ; & me fu dit que c'eftoit ung des Apofteles (g),

(g) Voyez ci-deffus p. 36. ligne 6. 7.

qui s'appelloit Saint Jehan. Sachiés que les Franchois tenoient
tousjours les champs à l'encontre des Anglois, fans les guaire eflon-

(h) Sans s'en éloigner beaucoup.

gier (h), finon que d'une lieue ou environ, tousjours en belle ordre, ayant bonne artillerie & fceurre conduite, Dieu fcet quelle.
Le chief de leur armée, & pour le principal, c'eftoit le Duc de
Bourbon, faige homme en la guerre, & bien eftimés en la premiere conduite d'une des armées : le fecond Capitaine après, c'eftoit le Duc d'Allenchon : pour les Capitaines en deffoubz ces deux,
& la principalle, c'eftoit le Seigneur de Piennes, le fecond le
Seigneur de Trenaple, le Seigneur de Morrecourt, le Seigneur de

(i) Paliffe.

la Palice (i) & le filz de fire Robert de la Marche, Seigneur de
Florenge, avec pluifzeurs autres gentilz hommes des quelz je me
taye, pour ce qui feroit trop loing de reciter. Le Roy voyant
que aux Franchois n'auroit pas de meflée, fe retira en fon camp,
&c.

CHAP. X. *Comment l'Empereur fe party d'Allemaignes à petitte compagnie, quant il fceut que le Roy d'Angleterre eftoit defcenduz.*

Henry d'Angleterre ainfy logiés auprès de Saint-Omer, & l'Empereur bien adverty de la defcente du Roy, & qu'il eftoit en fiege
devant Terroanne, fe party des Allemaignes environ de deux cens
lieues à petitte compagnie ; tant chemina par fes journées, qu'il arriva en la ville de Malines. A cefte heure les Flamengz fe meu-
tinoient contre les Anglois ; & difoit-on qu'il y avoit de l'entende-

ment entre ceulx de Grand, & ceux de la cité de Tournay, lef- 1513.
quelz citoyens euiffent vollentier pris des Franchois en garnifons,
fy ce n'uiffent eftet de paour de perdre leur revenues que ilz avoient
aux païs de l'Archiduc. Les Gantois pour ces affaires, comme on
difoit, communicquoient avec ceulx de Tournay au pays de Hain-
nault & ailleurs ; on n'en difoit pas granment de bonnes nouvelles.
L'Empereur eftant ès pays de fon nepveux, adverti de ce que les
Gantois & Tournifyens volloient faire, c'eftoit ainfi que la voix
courroit, que les Flamens eufiffent plus cher (k) que les Franchois (k) Euffent mieux aimé.
en la ville de Tournay, que les Anglois, craindant leur Reuttes (l) : (l) Leur Cavalerie.
mais le Prince y vint mettre les moyens *, & en befoigna tant fa- * L'accord.
gement, qu'on ne fçaroit plus ; le quel eftant en la ville de Aul-
denarde, le fift fortifier haftivement, pareillement la ville d'Ypres,
& la ville de Courtray. Les Gantois, penfant avoir mal befoignés,
vindrent par devers l'Empereur, eulx excufant honneftement, difant que ce qu'ilz volloient faire, leur intention eftoit pour tousjours garder les pays, craindant les Anglois : & que ce qu'ilz faifoient, c'eftoit de paour qu'ilz ne fceufiffent ce qu'ilz faifoient, &
qu'il n'en fufiffent bien advertis. L'Empereur fachant aulcunement
le couraige de Ganthois, fe contenta affés de leurs parolles, & dict :
Touchant les Anglois, ne vous fouſchiés (m) ; jamais mal vous ne (m) Ne vous mettez point en peine.
aurés de par eulx. Puis leur dict aucuns fecretz du Roy d'Angleterre
fur le fait de Tournay ; de quoy les Ganthois fe contenterent, en
prommettant d'acomplir tout ce qu'il lui plaira à commander. L'Empereur les remerchia. Cefte fepmaine que l'Empereur eftoit au païs
de Flandre, Monfr· d'Angoulamme, Dauphin de France, acompaigné
de la blance Rofe, s'eftoit mis au champ, lequel avoit en fa compagnie LXᴹ· hommes combattans. Son intention eftoit de tirer vers
la cité de Tournay, en acouftant (n) comment la ville de Terroanne (n) Ecoutant, objervant.
fe porteroit. Le Roy Henry d'Angleterre en eftoit affés adverti :
neantmoins ne s'en fouſfioit, le quel eftant en fon camp paifible,
le vinrent vifiter environ à fix heures du foir aucuns Seigneurs
de la ville de Saint-Omer, fi comme l'Abbé de Sᵗ· Bertin, accompagnié du Seigneur de Fienes, avec pluifeurs Seigneurs de la Toifon. Après avoir fait la reverence & parlé d'aucuns affaires, le
Roy les feftoya, lefquelx après retournerent en la ville de Saint-
Omer, en la quelle le lendemain on fift proceffion generalle, où
on porta le precieux Corps de Jefus-Crift, & tint-on tout le jour
les portes clofes, que nulz n'y entra, finon les grans maiftres &
Seigneurs. Car le Roy l'avoit ainfi commandé, affin que fes gens
n'y entraffent, fy ce n'eftoit leur voullenté. Le lendemain, qui fu
le vendredy, le Roy leva fon camp, & le alla mettre oultre de la

1513.

riviere d'Artes, où il demora tout le famedy. Cedit jour vinrent une nouvelle au camp du Roy, que les Franchois avoient bruflé la vallée de Brenarde. Lors que ces nouvelles vinrent, par le commandement du Roy, Tallebot faifoit battre la ville de Terroanne par telle fachon, que c'eftoit orreur de voir l'apparant; car faifant la batterie, ung pan de mur tomby, & la pluspart d'une tour. Ceulx de la ville, incontinent la batterie ceffée, & voyant que l'affault ne fe commenchoit nullement, fe mifrent à reftoupper le tombet *(o)* plus fort que devant. Le Roy manda à Tallebot, oyant que la batterie eftoit ceffée, que l'endemain on le fift recommenchier, fans y riens efpargnier; ainfy en fu-il faiét, & par tel party *(p)*, que chacun s'en efmerveilloit. Lors les Seigneurs de Flandres & de Saint-Omer revindrent voir le Roy en fon camp, où ilz le feftyerent en toute amiftié, luy promettant de luy faire toutte adceffe *(q)*, qui leur feroit poffible. Le camp du Roy fu illecq *(r)* jufques au dimence, qui fu fort vifité des villes voifinnes; & femblablement ceulx du camp alloient ès di villes, & le plus en la ville de Saint-Omer, où les églifes eftoient fort vifitées pour leur beaulté. Sachiés que les gens du Roy y recouvroient *(s)* à touttes leurs neceffités, non pas de vitailles *(t)*, car au camp en y avoit affez, mais de chauffes, forlées *(v)*, draps, & autres accouftremens à euls neceffaire. On avoit la libvre de beuf pour demy pattart, ung bon quartier de mouton pour chinc pattars, ung pain pour vivre un homme ung jour faifant paine *(x)* pour demi pattart, une libvre de faumon freiche pour ung pattart, la libvre de bure pour troi gros, & tous autres vivres à l'avenant *(y)*; car on y apportoit de tous quartiers, on avoit le pot de vin claret pour deux patars, le vin de Rin pour 4 pattars & demi, la torte Teulte *(z)* venant de Vallenchiennes ung pattart le pot, la petite & moindre fervoife *(a)* demy pattart, & en fu faiéte l'ordonnance par ceulx qui en avoient le gouvernement, ce fu ordonné & fait le premier jour du mois d'aouft en l'an mil chinc cens & 13.

(o) Boucher ce qui étoit tombé.

(p) Avec tant de diligence.

(q) Toutes les avances.
(r) Là.

(s) Y alloient pourvoir.
(t) Victuailles.
(v) Solers, Souliers.
(x) Un artifin qui travaille toute la journée.
(y) A proportion.
(z) Bierre. En Wallon Teulter, ou Tuter, fignifie avaler.
(a) Bierre, du latin Cerevifia.

CHAP. XI.　　*Comment les Franchois vaillament ravitaillerent Terroanne avec 1000. chevaulx ; & comment ilz forterent de la ville, & retournerent en leur champ.*

Le Roy d'Angleterre resjoy de cefte ordonnance, & que chacun le venoit ainfy vifiter & bien-vegnier, leva fon camp, & s'en alla logier & affir fon camp auprès de Hecq, du cofté vers Saint-Omer, & y fu tout le merquedy enfzievant. Ce tamps pendant, par devant la ville de Terroanne fe faifoient de groffes efcarmouches, où fouventtes foix les Anglois y perdoient des gens, & auffy les Franchois. Sachiés que nulz ne fe ofoit defcouvrir ens ou camp, ne meifme dehors. Ceulx qui venoient apporter à vivre, fouvent eftoient tuez, prins, ou navrez (*a*), incontinent qu'ilz eftoient per-chuptz, fi ne fe gardoient de bien près. La caufe que ilz venoient ainfy par tout, c'eftoit que ilz avoient mis de l'artillerie fur Legle (*b*), & ens ou clocqier (*c*). Parquoy quant le Roy le fceut, commanda que l'eglife fu abattue. On affufta deffus ; ceulx de la ville fceurent que on le debvoit abattre, fe on ne roftoit (*d*) l'artillerie, incon-tinent le defpoferent jus (*e*) de l'églife ; parquoy Legle (*f*) fu pai-fible, fy ce n'eftoit par aulcun inconveniant (*g*). Ainfy que ces chofes fe demenoient, le 4me jour du mois d'Aouft fe party le Roy d'auprès de Hecg, & alla boutter (*h*) fon camp au lieu où Maximi-lien mift fon armée auprès de Cefecg, quant il gaigna la journée de Terroanne & de Ghinegatte. Le Roy Henry d'Engleterre eftant en fon oftz (*i*) fans faire effroy, le vendredy & le famedy luy vin-rent nouvelles comment 8^c. chevaulx Franchois avoient pris & tuez beaucop de Vivendiers ; parquoy l'armée fu efmeulte en l'oftz du Roy d'Angleterre tout le jour & le dimenche. Mais le lundy, 6me jour d'aouft, les Franchois, les quelx eftoient en groffe puiffance, deftroufferent encore beaucop de Vivendiers auprès de la ville d'Aire, & fy prinrent deux des gens du baftardt d'Aymeries, dont l'ung s'ap-pelloit le Liegois, & l'autre Jannet du Mouton, d'Avefnes en Hayn-nault. Encore les Franchois fe affemblerent environ xv^c. lances, lefquelx vinrent courir jufques à l'Abbaye de Saint Auguftin, lefquelz, quant i furent perchut, le feigneur de Walhain, & le baftard d'Ay-meries, fe mifrent fis (*k*) à 5. ou 6. cens chevaulx ; & y envoya avec eulx le Roy de fon armée trois pieces d'artillerie, lefquelles on mena auprès du bois defeure (*l*) l'Abbaye. Lors marcherent les gens de Walhain, & du Baftard très-vigoreufement contre les Franchois, & furent reboutés (*m*) jufques à la montaigne, où mon-terent 10 ou 12^c. Allemans, qui cheminerent jufques au bois : mais les Franchois les racafferent (*n*). Walhain ce voyant, alla par de-vers eulx, qui riens ni fift, & fy n'euft efté l'artillerie qu'on def-ferra (*o*) fur les Franchois, qui les attacqua, Walhain & fa bende y fufift demoré : mais à caufe de cefte attarge*, Walhain recula au-près du bois, & les aultres parreillement, où ils furent plus d'une heure fur les camps, avant que nulluy (*p*) y vinft. Le feigneur de Lignes en la part-fin (*q*) y vint avec fa bende. Le Roy voyant les Franchois guettant ainfy après fes gens, qui eftoient auprès du bois, où riens ne leur povoient mal faire, leva fon armée par der-riere Terroanne, du cofté vers Saint-Omer pour combattre les Fran-

1513.

(*a*) *Bleffés.*

(*b*) *Je crois qu'il faut lire l'Eglife.*
(*c*) *Clocher.*
(*d*) *Otoit.*
(*e*) *La mi-rent bas, l'o-tèrent. En Ita-lien : Giù.*
(*f*) *L'Eglife.*
(*g*) *Par ha-zard.*
(*h*) *Placer,*

(*i*) *Armée.*

(*k*) *Sus, Les pourfuivi-rent.*
(*l*) *Au def-fus du.*

(*m*) *Repouf-fés. Ital. Ribut-tati.*
(*n*) *Les chaf-fèrent de là.*

(*o*) *Déchar-gea.*
* *Obftacle, retardement.*

(*p*) *Perfon-ne.*
(*q*) *A la fin.*

chois ; lefquelz advertis & bien advifés fe parterent de bonne heure, fachant la venue du Roy, comme par leurs avancoureux (r) bien advertis. Incontinent fe retirerent par devers leur camp, lequel eftoit à Blangy. Encore par ung mardy, la veille de Saint Leurent, environ à fix heures du mattin, vindrent mille chevaulx Franchois, & fe a monftrerent, & avec eulx 200 Pietons. Iceulx Franchois chevaulcheurs vinrent jufques aux portes de Terroanne ; lefquels amenoient vivres fur leurs chevaulx. Ceulx de la ville, de ce bien advertis, fortirent dehors avecque leur puiffance, & joufterent tant que tous furent dedens ; lefquels haftivement delivrerent leurs vivres, & puis incontinent viderent la ville, faifant en l'armée & camp une très-grande alarme avec ceulx de la garnifon ; & firent tant par leur force, que les Anglois, qui eftoient emeuz, furent recafchiés jufques à l'Abbaye ; defquels en tuerent affez largement en cefte befcouffe. Fu tuez le feigneur de Berrelle, vaillant homme, frére à Monfr. de Barbenchon. En cefte efcarmuche fe rendy Franchoy, ung des gens Monfeigneur de Walhain, le quel on cuida refcourre, penfant qu'on le prendroit prifonnier. Ainfy que ces chofes fe demenoient, l'armée des Anglois s'efmeult ; fi convint, que les Franchois & Albanoix fe retiraffent en la ville, au moins ceulx de la garnifon, & les aultres au camp à Blangy. Le Roy Henry & fon armée, qui ainfy s'eftoient efmeuz, penfant que ce fuift la groffe armée des Franchois, fe retournerent paifiblement en leur camp, &c.

CHAP. XII.

Comment l'Empereur fift fon entrée en la ville d'Aire, dont on fu moult joieux, & auffi de la grant honneur & fefte qu'on luy fift.

Durant ce temps & cefte befcouffe avant dicte faicte, le noble Empereur Maximilien tousjours Augufte, arriva du foir en la ville d'Aire, accompagniés de la nobleffe des pays, de fon nepveux Charles Prince de Caftille, dont ceulx de la ville, le rechurent très-honorablement, & très-joyeux auffi de fa venuez (a), lefquelz l'avoient loingtemps defiré de veoir. Le Roy fu incontinent adverty de fa venue ; pourquoy delibera de venir parler à luy ; tant fift, qu'il feut l'heure de fon venir ; le Roy s'appareilla, & vint au devant de luy très-honorablement, & fe recontrerent l'ung l'autre affés près du villaige de Rincg, affez près de la ville d'Aire. Le Roy de cefte venue n'euffe pas efté auffi aife, qui luy euiffe donné deux cacques d'or (b), comme il recita depuis. Sachiés que à l'aborder y eult de groffes reverences faictes. Le Roy fe veult mettre à terre : mais l'Empereur ne le veult point fouffrir en nulle manière ; lors qu'ilz aborderent enfemble, comencha moult à plouvoir, & leur fu force

de

de foy retirer deſſoubz ung arbre, qui aſſez près d'eulx eſtoit, où
iiz furent ung bon quart d'heure, deviſant de leurs affaires. Leurs
gens eſtoient ſur les champ de tous coſtez, la pluye leur tomboit
ſur eulx. Après que leur parlement fu finies, l'Empereur priſt congié du Roy, le quel ſe retira en la ville d'Aire, & le Roy en ſon
camp & oſtz avec ſon armée. Le lendemain matin l'Empereur ſe delibera de retourner par devers le Roy d'Angleterre pour deviſer
de leurs affaires; le Roy ſachant ſa venue, vint au devant juſques
au villaige avant di, & illecq ſe trouverent l'ung l'autre. Le Roy
eſtoit fort richement acouſtrés & bien monté; ſon cheval eſtoit
houſſé de campenolle de fin or ſur vert velour; ils avoit ſon eſcurye
avec luy de 14 chevaulx, chargées toutes leurs houſſures de poires
d'argent, pareillement ſur velours vert. Les ſeigneurs d'Angleterre
très-ricement eſtoient accouſtrez, veſtus de drap d'or, leſquelz firent
de groſſe reverence à l'Empereur & aux Seigneurs de Flandre, Brabant, & Haynnault, qui l'accompagnoient faiſant ces honneurs. Le
Roy & l'Empereur ſe acheminerent juſques au champ, où ils trouverent une tente de drap d'or, où l'Empereur & le Roy ſe boutterent, & pluiſeurs nobles hommes, leſquelz, après enſemble avoir
parlementés, incontinent allerent eppyer la ville de Terroanne au
loing des trencquis (c), où l'Empereur ordonnoit aux cannoniers
de leurs affaires, & par eſpecial à ung qui avoit ung mortier en
ſa garde, au quel rendy paine de le faire tirer à ſon plaiſir là où
il luy diſt; le quel fiſt ſi bien ſon debvoir, que faulte ny eult nulle
de quéyr (d) & tomber où y le deſiroit. Le Canonier eſtoit de
Vallenchyennes, gentil compaignon appellé Sandrart Gueny. Le
tout bien viſné, après ſoleil couchant, l'Empereur, après ſa refection prinſe, retourna en la ville d'Aire; & lendemain, qui fu vendredy, l'Empereur retourna encore ou camp, où il dîna avec le
Roy en deviſant de leurs affaires. Après diſner le Roy fiſt aſſem-
bler tout ſon Conſeil, les quelz ſe miſrent enſſamble avec les Seigneurs de la Toiſon, au quel conſeil y eult beaucop de deviſes
pour touchant la ville de Terroanne, & y furent juſques au ſoir.
Le ſoupper s'apparcilla, & s'y ſouppa l'Empereur avec le Roy, &
demoura la nuit en l'armée. Le dimence au matin ſe retourna en
la ville d'Aire, où il oit la meſſe à ſept heures; le Seigneur de
Bellaing s'en alla par devers la ville de Bethune pour trouver une
bende d'Allemans, & aultres Seigneurs; aux quels il avoit quelque
commiſſion: mais les Franchois avoient ſceu leur venue, & les
penſerent ruer jus; parquoy tempre (e) & de bonne heure ſe deſ-
logerent; ſi n'eulrent garde des Franchois, qui fu la cauſe que
Monſſr. de Bellain ne les trouva pas, de quoy il retourna en l'ar-

G

1513.

(c) *Le long
des foſſis.*

(d) *Quéyr*
eſt un terme
du jargon de
Hainaut, cor-
rompu du ver-
be *cheoir,*
tomber.

(e) *Promp-
tement. Ter-
me reçu dans
le Wallon.*

méc. Le lendemain quy fu le jour de l'Affumption Noftre-Damnre à la my aouft, fourdy une noife (f) entre les Angloix & les Allemans l'ung contre l'autre ; la voix courroit que le debas s'eftoit prins pour une povre fille ; tous les oſtz en furent efmeuz, & y vinrent les Allemans du Roy contre fa volenté pour aider & affifter les autres Allemantz ; & dura l'efcarmouche longue efpace, où ilz y eult d'une party & d'autre pluifeurs gentilz compagnons tuez & blechiez, entre les quelz le Laccay de Monff^{r.} de Vadecourt eult le corps perchiet de part en part, dont y mourut. Ilz n'eſtoit nulz qui y fcavoit mettre le moyen (g). Le Roy meifme s'en mefla avant que la chofe fe peuyſt accoifir ; neantmoins la noife fe ceffa, mais trois jours après encore y en eult-il des tuez, tant d'Allemantz que d'Anglois, quant ilz fe rencontroient l'ung l'autre &c.

1513.
(f) Il s'éleva un démêlé.
(g) Le milieu.

CHAP. XIII.

Comment l'Empereur vint au champs devant Terroanne ; du recoeil (h) que le Roy d'Angleterre luy fiſt ; & comment à fa venue les Franchois furent rués jus ; qui fu caufe de la perte de Terroanne.

(h) De l'accueil.

LE DEBAT & meflée ceffé, le lendemain l'Empereur fe defloga au plus matin de la ville d'Aire, & vint au camp. Le Roy le bien-veigna amiablement ; l'Empereur n'eult guaire eſté avecq le Roy, que fon camp par confeil ne fu tranfmué ; pareillement celui de Walhain, celuy de Monff^{r.} de Ligne, & du baſtard d'Aymeries. Le Roy miſt fon camp auprès du bois entre Ghinegatte & la riviere, & Monff^{r.} de Walhain au près de luy en ung villaige tirant envers la ville d'Aire. En après le Seigneur de Ligne, & le baſtard d'Aymeries, fe logerent enfemble oultre la riviere. Ainfi que le Lotz (i) marchoit pour aller de logis en autre, les Franchois en grant nombre vinrent par envers ung arbre au deffus de Ghinegatte du coſté envers Terroanne, les quelz eſtoient environ 15^{c.} hommes d'armes enfemble de 7 à 800 chevaulx avec deux mille pictons lanfguenetz, ens efquelz chevaucheurs il y avoit 8^{c.} chevauls chargiez de barons (k) fallez avec les hommes & facquies de pouldre à cannons. L'Empereur voyant l'apparreil des Franchois, congnoiffant leurs affaires, dict au Roy Henry : Mon fiiz, aujourd'huy à ma bien-venue nous faut vifiter noz ennemis ; faicte apparreiller voz battailles. Le Roy au confeil de l'Empereur obtempera ; & tant bien le fiſt, que fes chofes furent bien toft apreftées, tant de gens, que d'artillerie ; la quelle l'Empereur envoya oultre la riviere pour battre au travers des Franchois ; car fon de-

(i) Je crois qu'il faut lire : L'oſt (l'Armée.)

(k) Je lirois Harnois (Harnais.)

fir eftoit de loingtemps de abaiffer leur orgoeuil, comme autre fois
l'avoit faiſt, non pas loing de illecq; je croy que bien luy fouve-
noit de la journée des Defmanchies, dont eſt plus adplain mis en
mon grant Recoeil. Le tout mis en belle ordre, l'Empereur & le
Roy marcherent très honnorablement, & foeffement (*l*) contre les
Franchois par oultre la riviere; c'eſtoit plaifir de veoir les bendes,
qu'on appelloit *les bendes des Anglois de Haynnault*, lefquels fieuvoient l'Empereur; & c'eſtoient auffy ceulx en qui ilz avoit fiance;
pareillement les Allemantz piétons au fervice du Roy Henry. Soiez
adverti que les Anglois eſtoient allés envers Ghineghatte. Tallebot
à l'autre coſté de l'iauwe (*m*), de fon quartier, affin que les Franchois ne paffiffent la riviere; le quel avec luy avoit force artillerie;
l'Empereur & fes gens, pareillement le Roy & fes Anglois, par
le confeil de l'Empereur, reculerent en une vallée envers Ghineghatte. Les Franchois, chergiès de fes vitailles, penfoient, en tamps
que les armées reculoient, à leur aife entrer en la ville de Terroanne : mais en marchant perchurent que le recuilement eſtoit à
leur grant préjudice & domaige, & que nullement ne pouvoient y
entrer. Ce voyant *les* Franchois commencherent à retourner; l'Empereur foy perchevant, commencha à cryer qu'on donna dedens;
n'en failly (*n*) guaire parler; car fes gens incontinent donnerent
aux Franchois la chaffe, la quelle dura plus de deux lieuues, où al-
lefois les Bourghignons eſtoient rebouttés; car ilz n'eſtoient pas
4°· chevauls, lefquelz quant ilz vindrent hault fur ung tretre (*o*),
perchurent les Franchois embas fur le trieu (*p*) à groffe puiffance
coſtoyant le bois; les Bourguignons, attendant l'ung l'autre, fe
mifrent illec en bataille pas à pas, & furent là une efpace l'ung
devant l'autre fans cop férir. Les Bourguignons ainfy defcendu de
ce mont, affavoir la bende de Monff^{r.} de Lignes, du Seigneur de
Walhain, & du baſtardt d'Aymeries, avec aultres des pays de l'Archiduc auffi 2^{cent} Allemantz piétons, les quelz montoient fur le tretre, accompaigniés pareillement de iiij^{cent} Anglois pietons, tous
bien efquippés. Soyés advertys que un cefcun avoit fon cries (*q*) :
les Anglois, *Angleterre* : les gens de l'Empereur crioient : *Vive l'Em-*
pereur; lefquelz avoient une enfeigne que leur avoit chargié l'Empereur, où eſtoit l'Aigle de fable en ung camp (*r*) d'or, qu'il
avoit faiſt apporter d'Allemaigne en ung coffin, ad caufe qu'il eftoit venu à petitte compagnie, bien fachant qu'il y trouveroit les
gens des pays de fon petit nepveux; & pour donner à congnoiſtre
aux Franchois fon defir de combattre à eulx, le fiſt apporter &
lever en air, demonſtrant à fon intention que ce feroit au detriment des Franchois, lefquelx quant ilz oyerent cryer *Vive l'Empe-*

G 2

1513.

(*l*) *Douce-*
ment.

(*m*) *De l'eau.*

(*n*) *Il n'en*
fallut.

(*o*) *Un ter-*
tre, une émi-
nence.
(*p*) *Terme*
Wallon, qui
fignifie un lieu
inculte, une
terre en fri-
che.

(*q*) *Cri de*
guerre.

(*r*) *En*
champ.

reur, & que ilz perchurent l'Aigle en hault levés, furent tous def-
baretés (s) & efpovenetés, bien congnoiffant l'Empereur de tel
forte que d'eftre (t) heureus en bataille & en fes affaires. Et difoient enfemble : le Diable la fait avoller (v) luy & fon Aigle à
noftre detriment. Soubit (x) & fans delay les Franchois, voyant
l'apparreil des Bourguignons & Allemans, & que l'Empereur & le
Roy eftoient en bas du tretre avec leur puiffance, & que Tallebot
venoit d'autre cofté, fans arroy (y), ou bien peu *s'en faut*, commencherent à tomber. Quant l'Empereur les véyt (z) ainfy tourner & mettre en defordre, comme homme fçavant des tours &
abiltez de guerre (a), commencha foy efcryer, difant : Seigneurs
& amis, or (b) commenchiés à frapper deffus vos ennemis; car il
eft tamps qu'aujourd'hui monftrons à noz ennemis qui nous fomes,
& à quelz gens ilz ont à befoigner. Sitoft qu'il eult profferé ces
parolles, incontinent l'Empereur fift tirer quattre pieces d'artilleries,
lefquelles fift grante & merveilleufe foulle aux Franchois; & fitoft
que l'artillerie fu ceffée, le Seigneur de Bellain & les aultres, par
le confeil de l'Empereur, fe boutterent au chocq des Franchois, où
ilz firent merveille d'armes; chacun y abattoit les fiens; les chiefs
d'Angleterre fy monftrerent fort bien que les Franchois eftoient
leurs ennemis; car incontinent qu'il y avoit ung Franchois en leurs
mains, il eftoit mort; pour ce le plus fe rendoient aus Wallons
& aux gens du jone Prince de Caftille qu'aux Anglois. Quelque
deffence que le Duc de Longueville y feuift faire, fu prins en la
bataille. Pareillement le Marquis de Rofteline, le Capitaine Bayart,
le Seigneur de Mercourt fu abatu à terre, le quel auffy fe rendy
bien matz & traveilliet (c), le Porteur d'enfeigne du filz Robert
de la Marche fe rendy pareillement; auffy le Gouverneur d'Amboife,
le grant Marefchal de France fe rendy fans guaire fur luy ferir,
le Seigneur de Buifchy fu abatu de fon cheval malaiffyément, que
les Anglois volloient tuer : mais les Wallons le garderent; fy fu
prins en leurs mains; auprès de luy fe rendy le grant Admiral de
Savoie; auffy fift le Seigneur de Cleremond, ung vaillant perfonnaige; fe fembloit ung Ogier (d). Soyés advertis, fe ce n'euift
efté d'eftre tombés ès mains des Angloix, ilz ne fe fuiffent pas ainfy
renduz. Le Gouverneur de Champaigne fe rendy au Seigneur de
Walhain, le congnoiffant au cris qu'il rendoit; & le Porteur d'enfeigne de Monfr. d'Angoulame, Daulphin de France, fe rendy à
ung apellé Simon des Auges natif de Vallenchiennes, le quel depuis
donna fon cheval à l'Archiduc, Prince de Caftille, pour ce que
c'eftoit ung chef-d'oeuvre, qui luy fu bien remuneré; le Seigneur
de Humbercourt fe rendy auffi parreillement; auffy fift le Prevoft

de Paris, le quel fu fort blechyé, pour ce qu'il ne se volloit pas rendre, & eult 8 Archiers de corps du Roy de France parreillement qui se rendirent, & ung herault ayant la cotte de son office. Des estandart, que les Franchois avoient en la bataille, ilz en y eult de prinses & emportées hors de la journée de devant Terroanne 7 ou 8. La premiere estoit au Seigneur de Longueval, le quel se salva de la journée avec le Seigneur & Duc d'Allenchon; parreillement le Duc de Bourbon, sa banniere estoit gane (e), blance & tannet, où il y avoit au milieu fort ricement & bien ordonnet estoffe d'or & d'asur ung St Christophe : la seconde estoit au Seigneur de Buischy, la quelle estoit bleuve & blance : la tierche à sire Robert de la Marche, noire & blance à ugne croix droite d'argent du travers : la quarte estoit au Capitaine Bayart, gane, violet, & blanche : la quinte au Daulphin de France, de voulleur (f) rouge, gane, & noir, où il y avoit ung Saint Martin noblement figurez : la 6me estoit gane, blanche, & tannée, où il y avoit ung terreau d'or au mitain (g) : la septieme estoit gane & rouge, où il y avoit ung Saint Jorge richement painct au milieu : mais de ces deux je ne sceu sçavoir, quelque enecqueste que j'en fis, à quy elles estoient; sy m'en taix. Du nombre des occhiz & prisonnier qui furent en la dite journée *des Esperons* devant la ville de Terroanne, comme il me fu certifiet, il en y eult deux mille chinc cens, sans ce que Tallebot prist à son retour, qui rencontra, des quelx je ne scay le nombre. Et fu ceste journée le merquedy 16me jour du mois d'aoust en l'an mil chinc cens & 13. Pryés pour les ames des trespassés.

*Comment le Capitaine Tallebo desconfit 8cent chevaulx Franchois, qui volloient ravitaillyer Terroanne : & comment depuis, ceulx de Terroanne fisrent tant envers l'Empereur, qu'ilz eulrent traictx *.*

MAXIMILIEN, Empereur toujours auguste, premier de ce nom, voyant la deffaicture & desconfiture, & que on ne trouvoit plus à combattre, tellement estoient deffaictz les Franchois, qui s'en fuyoient (les aucuns blechés, & aultres haities (h)) honteusement, fist sonner la retraicte, le quel accompagnié du Roy d'Angleterre retourna en l'armée bien triumphanment, loant Dieu de la deffaicte, & prisant & estimant au Roy les gens de guerre des pays de son nepveux, très gens de biens, & gens de grant & ferme corraige, hardis & preux, & qui valloient les menner aux affaires comme auparavant. Bien les congnoissoit & le Roy d'Angleterre; ainsy en les loant disoit. Or furent les rolles visités, chacun par son

1513.

(e) *Jaune.*

(f) *Velours.*

(g) *Milieu.*

CHAP.
XIV.

* *Traictez,*
Qu'ils obtinrent une capitulation favorable.

(h) *Sains,*
qui se portoient bien.
Terme Wallon. On lit dans l'ancien Rituel d'Amiens pour la formule du mariage : *Je ne la lairai oncques, ne haitie, ne malade.*

1513.

Capitaine, & ne fu trouvés de gens perdus tant de l'Empereur que du Roy d'Angleterre que 6 hommes : mais il en y avoit beaucop de blecez : ceulx qui avoient des prifonniers, furent tous riches ; car ilz avoient tous bons prifonniers. Vous aurés bien oy parler cy-devant de aulcuns chevaucheurs chergiés de vivres & d'aultres chofes fervantz aux Franchois de Terroanne, les quelz cuiderent entrer en la ville, mais ilz ne peulrent & s'en fuirent, fans venir à la defconfiture, laquelle fu fur ung trieu au loing du bois auprès de Ghinegatte. Voyant l'armée des Angloix retourner en leur camp, iceulx cuiderent entrer en la ville & fe mifrent au champ pour y

(i) Differé. venir. Tallebo, le quel avoit par trop tourpyet (*i*), parquoy ne peult venir à tamps à la bataille pour enclore les Franchois, ad caufe que l'on fe hafta de les affallir, retournoit fi bien à point, que iceulx ravitailleurs trouva au champ, lefquelx y mift parreillement en defroy, tellement que chacun fu conftraint de jetter ce que fon chevaulx pourtoit pour ravitailler, à terre, pour fe faulver. Et An-

(k) Et les Anglois fe mi-rent à les fui-re. glois de fieuvir (*k*) & de les enclore. Soyés advertis que de 8^c^· chevaulx que les Franchois eftoient, n'en efchappa pas le quart ; beaucop furent tuez & leurs chevaulx prins ; & ce que on pouvoit avoir au tour d'eulx ; car je vous certifie qu'on ne prendoit nulz Franchois à merchi. Ce fait & achievet, Tallebot retourna en fon camp en grand gloire & triumphe avec force vitailles, c'eft affavoir farines, baccons de porcq fallés, pouldre de cannons, & encore chinc eftandars. La plus grande & la prémière eftoit gane, violet, & rouge : la feconde toutte noire, au travers ung droiéte croix d'ar-gent : la tierce rouge, ganne, & bleuve, au milieu une Sainte à une droiéte croix d'argent : la chincqyefme, rouge, & violet, ung griffon d'or au milieu. Quant Tallebot fu retourné en fon camp,

(l) Tran-quille. & que tout fu racoify (*l*), l'Empereur & le Roy avec leur Confeil furent enfamble pour le faiét de la ville de Teroanne, où en la fin il fu conclud que tout ce que l'Empereur avoit diét, feroit faiét, préfent les Capitaines, fans y rien differer. Le lendemain de la jour-née, en joedy, aulcuns bombardiers au Roy d'Angleterre s'en alle-rent tuer jufques au bois, où la defconfiture avoit efté des Franchois, là où ilz trouverent encore ung homme tout nud, le quel faifoit le dormeur qu'ils prindrent, & le ramenerent en l'oftz du feigneur de Lignes ; & courrut la voix que c'eftoit ung Gentilhomme de France. En cedi jour vindrent par devers l'Empereur en l'oftz du Roy les bendes du pays de Brabant, c'eft affavoir le Conte de Naffau, le feigneur de Ciftain, avec leur bendes bien efquippées, qui volen-tier furent recuptz du Roy d'Angleterre ; encore cedi vindrent du pays de Flandre auffi à l'Empereur le feigneur de Fiennes, le feigneur

du Rœulx, le feigneur de la Laing avec pluifieurs aultres Gentilhommes, les quelz furent reçuptz de l'Empereur honorablement, 1513.
qui les merchia de leur bonne fouvenance ; parreillement ainfi * en * Auffi.
fift le Roy d'Angleterre, auquelz ilz firent une groffe reverence,
les quelz tous enfambles cefte journée tinrent confeil des affaires du
pays, où en ce Confeil fu dit à l'Empereur, que à fa vollenté ef-
toient venus IIIIᶜ· pionniers de la vallée de Cafteille (*m*), les quelz (*m*) *Caffis.*
incontinent le Roy fift payer pour befoignier au tour de Terroanne.
Et le vendredy 19ᵐᵉ jour du mois d'Aouft fu commandé de paffer
le monftre des gens de l'Empereur, c'eft affavoir les bendes *des* chevaulcheurs des pays du Prince de Caftille, lefquelz fe trouverent
au champs. Prémiers paffa la bende du baftard d'Aymeries à tout (*n*) (*n*) *Faifant*
IIIIᶜ· chevaulx bien efquippés, la quelle tarda longuement fur le *en tout.*
champ après ung homme d'arme, que le clerc (*o*) appelloit, en (*o*) *L'Ecri-*
où rolle à IIII chevaulx, que on ne trouvoit point, & eftoit Jan *vain.*
des Moullins, le quel s'atargoit (*p*) pour ung prifonnier, qu'on lui (*p*) *Retar-*
avoit tollu (*q*) par force. Le baftard d'Aymeries le regretoit, crain- *doit.*
dant qu'il ne fuift tuez en la bataille : mais neuil (*r*) ; car en la fin (*q*) *Enlevé.*
vers lechy (*s*) venir bien triumphamment, le quel fift ung gros (*r*) *En vain.*
trouble ; car il veult tuer ung commiffaire, pour ce qui l'enjour- (*s*) *Le voici;*
goit (*t*) de fa longue demeure. Cefte bende paffée, la bende de *terme Wallon.*
Walhain paffa, le feigneur de Lignes parreillement ; le Conte de (*t*) *Il l'inju-*
Naffau nouvellement venus, auffi paffa fes monftres, & auffi Monfr· *rioit. Ou peut-*
de Ciftain. Sachiés que le grant eftandart du baftard d'Aymeries, *être : Il lui*
& de ces hommes d'armes, eftoit toute blanche, à une croix Sᵗ· An- *ennuyoit.*
drieu au travers, pareillement le guidon blanc à un croix Saint Andrieu, rouge comme la grande : celle de Walhain eftoit rouge &
blance, & le guidon femblable : celluy du feigneur de Ligne eftoit
de telles coulleures, que fes gens portoient en leurs parrures, ganne,
rouge & blanc : celle du Conte de Naffau, parreille à la parrure
de fes gens ; ainfi celle de Monfr· de Ciftain. Soyés advertis que,
ainfi que fes monftrées il faifoient, cuiderent entrer aulcuns Franchois
en la ville de Terroanne pour leur porter des vivres, fi comme du
lart, de la farinne, & aultres vivres : mais Tallebot en fu adverty,
& avec fa bende les defconfitz, & ramenerent les vitailles en leur
camp : mais les gens de guerre Franchois fe faulverent du mieulx
qu'ilz pulrent, & habandonnerent tout, quant ilz perchurent les
Angloix approchier. Le dimence après, le Roy remua fon camp
en aultre plache (*v*), en approchant la ville ; auffi firent les gens (*v*) *Décam-*
de l'Empereur ; & voyant les Franchois en la ville, que l'armée *pa.*
de France eftoit esbranlée, & que leurs vivres journellement leur
eftoient deffendus, commencherent terriblement à eulx defconforter,

1513.

craindant la fureur du Roy d'Angleterre. Ce voyant le seigneur du Pondormy, bon Capitaine de Terroanne, assembla ses Lieutenans & ses Gentilz-hommes, parreillement ses centeniers & diseniers, à tous les quelx y demanda leurs advis, & ce que affaires avoient (x), voyant que de secours n'attendoient plus, quoy que deliberé estoit d'endurer & souffrir la mort à la muraille avec eulx, en deffendant la ville, gardant son honneur, & le serment que avoit fait au Roy & au pays de France. Sur ce respondit ung ancien gentilhome qui là estoit, & dict : Bon Seigneur, ne desplaise ce que je diray en disant mon advis : se c'est que le Roy d'Angleterre nous veult avoir, come plusieurs fois nous en a mandé & fait sçavoir, & que il veuille employer la saison & sa chevauche, nous ne pouvons durer. Vous mettes en avant que secourir (y) plus ne pouvons estre ; pourquoy, s'ainsy est, les Anglois en seront d'avantaige plus enorgueillies. Se l'Empereur aussi demeure contre nous, il est picqué de nostre faict. Sy j'estoye creu, & je desisse bien, nous adviseriemes (z) de faire ung honneste traictiet à nostre honneur & proffit ; l'Empereur est bon homme, & est misericordieux ; vous le congnoissiés dès le temps que nous fûmes avec luy delà les montz ; submectons-nous en sa bonne grace, j'ay esperance que grant bien nous en viendra. Velà mon advis. Pontdormy reprist le mot & dict : Seigneurs tous ensembles, & vous tous compagnons de guerre, que dictes-vous ? Dictes hardyment ; chacun y est pour soy & pour son honneur. Vous sçavés tous le grant indigence que nous avons. Le plus de voix responderent : ce bon Seigneur a très bien parlé ; nous ensievons tous ensemble sa voix ; envoyés par devers l'Empereur pour sçavoir à quel traictiet y nous voldra recepvoir ; submettés-vous en sa misericorde. Le Seigneur du Pondormy en fist tout ainsy que on en avoit concludt en leur Conseil, & tant fist envers l'Empereur (pour abregier la matiere) que trèves leur furent accordées. Incontinent le Seigneur du Pontdormy, par le Conseil du viel gentilhomme, pour son honneur, envoya hastivement envers le Roy de France, assavoir comment y le feroit, & aussi l'estat des Angloix, & en quelle necessité ilz estoient, & comment il luy plaisoit qu'ilz feissent (a). Le Roy sur ces rescriptions assambla son Privé Conseil, où il fu conclud qu'ilz feissent leur traictiet, se il estoit possible, à leur honneur & proffit ; & que ilz ne les povoit secourir. Ces responces entendues, jamais ne cessa Pontdormy, que l'Empereur ne fist leur appointement & traictiet au Roy d'Angleterre ; la cause que (b) Pontdormy l'avoit servi en Lombardie prudemment, & qu'il congnoissoit la necessité où il estoit. A ceste fois l'Empereur luy monstra ung tour de grant

amitye

(x) Et ce qu'il estoit nécessaire de faire.

(y) Sécours.

(z) Nous songerions à.

(a) Qu'ils feissent.

(b) A cause.

amiſtye (*c*) ; car ſon traiĉtié fu tel : Que le Roy les prendroit à merchi (*d*), ſaulf corps & biens. Et ainſy en fu-il faiĉt.

Comment le Seign>ur Pondermy, Capitaine de Terroanne fiſt tant envers l'Empereur, qu'il fiſt leur appoinĉtement & traiĉtiet envers le Roy d'Angleterre, &c.

MAXIMILIEN, Empereur voyant que le traiĉtiet des Franchois eſtoit faiĉt avec le Roy d'Angleterre, fu bien joieux, & pour l'amitiet qu'il avoit trouvé, & le bon ſervice auſſi au Capitaine Pontdermy, en Lombardie ; & eult lors pitiet de luy ; car ſans luy la ville n'euiſt jamais heu traiĉtié, & fuiſt eſté miſe à la vollenté des gens de guerre pour l'aſſaillir. Ce neantmoins en éüiſſit (*e*) le traiĉtiet. Le jour Sainĉt Bertremyels (*f*) en mardy 24ᵐᵉ jour du mois d'aouſt an 15ᶜᶜ. & 13 ſorterent de la ville de Terroanne trois cens chevaulx bien eſquippés ; beaucop en y avoit de bardés l'enſeigne deſploïé ; parreillement en iſſit deux cens piétons de l'Iſle de France, & bien accouſtré, à une heure après midy, leſquelz tous s'en allerent paiſiblement en France, ſinon qu'à la porte en vydant il y eult ung peu de broullys (*g*) : mais Tallebo en rompit la choſe, lequel quant les Franchois faiſoient leur iſſue, faiſoit monter ſes gens pour defeure (*h*) la muraille : mais il n'y eult nulz blechiés ne tuez. Tantoſt après (*i*) que les gens Tallebot furent en la ville, l'Empereur & le Roy allerent à l'entour des foſſés par dehors, pour veoir ce que c'eſtoit d'icelle, accompagniés de pluiſeurs gentilz hommes leſquelz ſe eſmerveilloient moult de la force qu'ilz y veoient. L'Empereur & le Roy enſamble fiſrent leur entrée en la ville, où il fu conclut que celle ſeroit demollée ; ainſy en fu-il fait par l'Empereur & le Roy ; hors (*k*) on commencha à defmolir la place, tousjours eſtant l'armée devant la ville. Ainſy que ces choſes ſe demenoient, l'Empereur ayant le dent (*l*) à la cité de Tournay, pour leur mauvaiſe langues, voyant que il avoit une groſſe verghe aux Angloix (*m*) pour les corriger, ſy lui plaiſoit, leur envoia des choſes (*n*) ſecrettes, leſquelz ſur ſes reſcriptions de menaches, aſſemblerent leur conſeil, où il fu concludt que de faire en partie (*o*) ce qui luy plairoit à commander. Voyant ce, il luy plaiſoit (*p*) les Angloix feroient d'eulx (*q*), ainſy qu'ilz ont faiĉt de Terroanne. Pour obvyer à ſes (*r*) affaires & dangiers (*s*), envoyèrent, par le conſentement du Conſeil, une ambaſſade (*t*) envers l'Empereur, la quelle en la ville d'Aire ſe humilia par de-

H

vers luy. Et foyés advertis que le 4me jour du mois de feptembre
fifrent avec l'Empereur ung tel accordt que de boutter jus (*v*) de
leurs portes tours & clochiers, belfroys, maifons & banneroles,
les Fleurs-de-lys ; & y pofer les Armoyries de l'Empereur & celles
de fon nepveux le Prince de Caftille ; & que jamais ne feroient
plus Franchois ; & qu'ilz gardaffent de plus dire mal ; & que, en
ce faifant, feroient defoubz fa garde à l'encontre des Angloix, & envers tous.   Ces accords faiz, l'Empereur en fift lever letres, lefquelles furent lûttes en la Bretecques de Tournay de par l'Empereur.   Les Roy des Franchois, de ce adverti par aulcuns de la ville,
leur efcripvy haftivement, difant : » Mais (*x*) bons enffans de Tour-
» nay, des plus anchiens de la courronne, je fuis adverty que vous
» eftes fedhuytz de l'Empereur par crainte du Roy d'Angleterre. Ne
» craindés riens. Fractés (*y*) & deffaicte l'Alyance que vous avés
» faict ; & de la promeffe faicte à l'Empereur, n'en tenés riens. Et
» je vous promets, fi on vous faict quelque molefte, qu'à point (*z*)
» je vous en vengeray. Se le fiege vous vient ; ne doubtés riens ;
je vous fecourray, quant engagier debveroie la moictié de mon
Royalme.   Ces nouvelles venues en la cité de Tournay, incontinent on les publia à la Bretecque, où il y avoit tant de gens,
que le marchiet en eftoit plain.   Quant le peuple eult efcoutté, ces
lettres venant du Roy de France, fu fort resjoy, lefquelz en la
préfence veulrent, que les lettres de l'Empereur fuiffent defchirée
incontinent ; & en les defchirant, le plus (*a*) cryoient : *Vive le*
Roy.   Autrement, & aultres qui n'en rioient point, craindant le
faiz, mais n'en ofoient monftrer nulz femblantz : les aulcuns difoient,
quant on fonnoit ung petit mot, qui pouvoient entendre autant à
dire que c'eftoit mal faict (*b*), qu'on en feroit bien, & que, au
defpit de l'Empereur & des fiens, n'en feroit aultre chofe ; & que
on ne les povoit grener, puifque le Roy de France & le Daulphin
les volloient aider.   A cefte heure (*c*) l'Empereur eftoit au Mont-
Saint-Eloy (*d*), deux Bourgeoix de la cité de Tournay, les amys de
l'Empereur, luy fifrent fçavoir ce qu'on avoit faict contre Sa Majefté.   Quant l'Empereur fu de ce adverty, il fu moult courrouchié
fur eulx, en les menachant, & difant qu'ilz en feroient pugnis.
Puis appella le baftard d'Aymeries, au quel il commanda qu'il allaft
prendre la ville de Saint-Amand & que il le gardaft ; puis dict au
feigneur de Lignes aucuns ferres (*e*), lequel envoia prendre & faifir la ville de Mortaigne les tourniffiens affés fe esbahiffoient ; les
aulcuns venoient bien qu'ilz avoient mal befoigniés : mais n'en ofoient
parler ; car les obftinés difoient qui ne leur en challoit (*f*), &
qui injurgoient & furniroient bien aulx affaires ; puis que le Roy

les viendroit fecourir. Parmi *ce*, les Allemantz entrerent an Tour-
nefiez (*g*) une groffe bende, lefquelz affallerent la ville de Mortaigne, cuidant que Franchoix fufiffent dedans, non fachant que les
gens du feigneur de Ligne en fu mal patient : mais tantoft après,
il culrent à fa vollenté pluifeurs chafteaux an Tournefiz. Le 10me
jour de Septembre le feigneur de Lignes par le commandement du
Roy d'Angleterre mis fis encore deux cens chevaulx ; & en fift le
chief le feigneur de Beaudegnies, & porterent les couleurs du Seigneur de Lignes, &c.

Cy fine le deuxifme Livre & petit Traictié de la Maifon
de Bourgoigne, y comprilz la defcendente &
venue du Roy Henry d'Angleterre, VIIIme
de ce nom, pour le fait de la ville
de Terroanne, &c.

S'ENSSIEULT LE
TROISIEME LIVRE,

Et petit Traictié, abregié, parlant du Siege de Tournay, que *fit* le Roy Henry d'Angleterre, S^{r.} d'Irlande & de Acquittaine, VIII. de ce nom : & comment vertueufement il eult en obeïffance & le (*a*) pays de Tournefiz, l'an de grace mil chinc cens & treife, acompagniés du très-hault, très-noble, & très-puiffant Maximilien, Empereur des Romains, premier de ce nom, par la grace de Dieu tousjours Augufte. Contenant 12. chapitres, &c.

(*a*) *Et le* pour le fimple article *Le* : Wallonifme.

CHAP. I. *Comment l'Empereur & le Roy d'Angleterre mifrent le fiege devant la cité de Tournay : & de la meultinerye, que ceulx de la ville fifrent contre le Confeil, &c.*

HENRY, par la grace de Dieu, Roy d'Angleterre, fachant que l'Empereur eftoit en la ville de Lille, ne arrefta guaire qu'il n'y arriva. Ceulx de la ville le rechurent en grant reverence, & auffi l'Empereur pareillement ; incontinent après y arriva Madamme Marguèrite, Douagierre de Savoye, que le Roy feftoya grandement. N'y eulrent guaire eftés, que l'Empereur avec le Roy tint ung Confeil pour le faict de la cité de Tournay, où en ce Confeil fu conclud tout ce qu'il en feroit fait. Madame de Savoye fourvint en ce Confeil, fachant leur volenté, où elle pria pour ceulx de Tournay, remonftrant plufieurs befoignes, comme celle qui les volloit ayder. Je crois que ceulx de Tournay, quoy qui fuiffent obftinez, avoient eftez envers elle pour traictier de leur apointement. Sur ces requeftes le Roy refpondit : Ma foer, m'amye, & bien-aymée, de fes Tourniſiens ne m'en parlés aucunement, ne à l'Empe-

reur voftre pere ; car je vous affeure, que je monftreray que ilz
ont mal befoignez de rompre & effraindre le traitiet que l'Empereur leur avoit fait ; avec l'aide de Dieu, je vengeray les langues
& obprobres, qu'ilz ont dit des bons Seigneurs des pais. Charles,
mon beau frere & nepveux, ce font gens incorrigibles & mal con-
dicionnés, faifant farces, ballades, & chanchon (b) de leurs voifins,
fe mocquant de ma defcente, difant qui nous fauldroit des efchielles,
& pir encore. Pourtant (c), ne m'en parlés plus. Difant ces motz,
fe party du Confeil, & auffi fift l'Empereur ; le quel, quant y fu
venu en fon hôtel, reçupt des lettres difant qui fe volfiffe hafter
de mettre le fiege devant Tournay, & que le Daulphin de France
y amenoit une groffe compagnie de gens pour y mettre garnifon,
& que la voix courroit qu'ilz y avoit cent mille hommes. La nuit
euffent (d) de ces nouvelles, l'Empereur fe party à petite compagnie, le quel alla explorer la cité de Tournay, & envers Cuzerie
trouva le cenffier de devant, qui le menna par tout, coment il lo-
geroit l'armée du Roy d'Angleterre. Ayant partout ordonné de fes
befoignes, fecretement fe retira, & le cenfier avec luy, en la ville
de Lille, lequel fift demourer pour le nuit, en donnant largement
le vin. L'Empereur dit au Roy, ce qu'il avoit befoigniet, & comment ; puis dift à Tallebot, où il s'en yroit logier la premiere
nuiçt ; lequel, le 14ᵐᵉ jour du mois de Septembre, fe defloga de
allentour de Lille, & s'en alla, luy & fes gens, loger fur le mont
Doret, à une lieue de Tournay. A cefte heure que Tallebot fe
logoit, les cytoyens eftoient en leur grant Confeil, pour le faiçt de
attendre le fiege devant la ville, & comment ilz fe maintenoient ;
à chacun eftoit demandé fon advis ; nulz ne ofoit parler pour les
meutins (e). Cy dift (f) au grant Prevoft, qu'il en defift fon advis, & que on eftoit deliberé de l'enfievir. Icellui bon feigneur
dift, fe on le volloit croire (voire s'il difoit bien) que on advife-
roit de fere ung beau traiçtiet au Roy d'Angleterre. On parle de
brufler les faulbours, il ne coufteroit point tant à nous rendre à
luy, & fy ne ferons pas affeurés, qui ne nous arra à fa volunté.
Parlant ainfy, les meutins fe leverent, & difrent à haulte voix,
que telle n'eftoit leur oppinion, & que les faulbours feroient bruflés, & la ville bien gardée. Et fu diçt au Prevoft, s'il avoit quelque
crainte, que de brief fe partefift, & que auffi bien n'averoit-on point
de fiance en luy. Le Prevoft refpondit quelque chofe, qu'il ne
veurent oir (g) ; dont il y eult trois meutins, qui fe leverent pour
le tuer ; le quel craindant fa vie, fe leva de fon fiege, & s'en fuift ;
iceulx troix le ficuvirent, l'efpée en la main, jufques à l'Eglife Noftre Dame, où il fe faulva ; encore fe n'euiffe efté pluifzieurs Cha-

1513.

(b) *Chanfons,*

(c) *Ainfi,*

(d) *Je cor-*
rigerois : au
fuivant.

(e) *Tant on*
craignoit les
mutins.
(f) *Il fut*
dit.

(g) *Fit une*
réponfe, à la-
quelle ils ne
voulurent
point enten-
dre.

nonnes, qui fe mifrent au devant d'eulx, iceulx eulrent tuez le Prevoft. Ce temps pendant que ces troix meutins faifoient cefte en-
fance, le Confeil fe deffift (h), les riches gens (i) s'en allerent
en leurs maifons, les meutins, fans fens & fans advis, s'en allerent boutter les feux en leurs faulbours. En cefte ville y avoit de
beaux faubours ; je crois qu'en cent ville n'y avoit de plus beaux,
ne de fi puiffant, bien edifyés de maifons de plaifances aux bourgoix de la ville & de groffes cenfes, & fe y avoit une groffe Abaye
de femmes bien riche, à la porte fainte Fontaine, l'Acteur dit : O
faulfe gens, plains de monopolle, convenoit-il faire ung tel mefchief aux povres gens, que d'ainfy brufler leurs maifons ? gens
plains d'orgœil, fourfenés, cuidant tenir contre ung fy puiffant Roy,
que le Roy d'Angleterre ! Vous eftiés bien abufés, & oultre-cui-
diés, que vous ne croyés le confeil de voftre Prevoft, qui vous
difoit la verité. Neantmoins riens n'y vallu, quelque femblant
qu'ilz fefiffent. Tallebo fe loga, accompagnié de 11. mil hommes
Englois, le quel fur le mont Doret attendit le Roy d'Angleterre,
qui volloit faire l'avantgarde ; lequel ainffi fe fift ; car il s'en vint

logier au villaige de Orcyne (k) entre le mont Dorré & Tournay,
où Tallebo eftoit logiet. Le Roy avoit en fa bende cent mille que
à piet que à cheval, y nombrez les chartons. L'Empereur fe loga
en la curre d'Orcque, pas loing du Roy, qui c'eftoit logiet en une

tour, qui là eft en une cenffe clofe d'yawe (l). L'Empereur avoit
de fa bende le Conte Palatin, ung des Ellecteur des Allemaignes,
le grant Duc Des Affes, le Conte de Naffau, & fon frere le Seigneur de Raveftain, le Conte Felix, le Seigneur de Ciftain, & pluifeurs aultres, qu'i feroit loing à efcripre, de Flandre, de Brabant,
de Haynau, & d'Efpaignes. Sitoft que iceulx Empereur & Roy furent logiés, vecy Milor Cambrelaing, qui paffa les deux armées,
& s'en alla logier au Pont-à-Rien, embas de la porte Vallenchi-
noife, jufques au grant Efcault, le quel avoit en fa bende 30 mille
hommes tous Angloix, & force artillerie, que on boutta fur le hault
ès gardins jufques au chemin des foffez de la ville ; en affutant l'artillerie du traict à pouldre, tuerent ung paige, varlet au canonyers.
Ce propre jour huit cent Allemantz, qui eftoyent a l'entour de Saint-
Amand, s'en vinrent logier à la porte Saint Martin, où les faubours
brufloient encore, & offi faifoient-ilz à la porte Cocqueriel, & à
la porte Saincte Fontaine ; neantmoins on ne s'y laiffoit pas à logier.
Quant Tallebos fçeut que tout eftoit logier à fon aife, fe defloga du
mont Doret, & paffa oultre l'Efcault fur ung pondt, que on lui fift
pour logier fur le Haynault au cofté vers Anthoing, affin que par
le Haynault ne fuiffent ravitailliés. Le temps pendant de fes chofes,

avoit eſtez la proceſſion ſur le jour Sainte Croix, 14ᵐᵉ de Septembre, de la cité, où pour proviſſion fuſrent (*m*); car, enſiuvant le
18ᵐᵉ jour du mois, les Allemantz deffirent tous les moellins au vent,
pour eulx faire du feux à leurs huttes, & pour avoir les ferrailles,
qui y eſtoient; meſme abatterent la Juſtice, qui s'apelle le Happart
de Tournay, où l'on faict l'execution des povre malconduict. A ceſte
heure la ville eſtoit tellement advironnée, que riens n'en pouvoir
ſortir, n'y entrer, qui ne fuiſt perchut. Sachiés qu'il y avoit groſſe
puiſſance d'Allemands en la ville de Saint-Amand, parreillement en
la ville d'Orchies, pour eſtre au devant des Franchois, s'y d'aventure y fuſiſſent venus. Auſſy au villaige de Holain, la bende de
Monſ². de Lignes & aultres y eſtoient bien eſquippé, pour donner
aux Franchois ce que point ne cherchoient, &c.

1513.

(m) Où ils
eurent ſoin de
faire leurs pro-
viſions.

*Comment l'Empereur & le Roy d'Angleterre fiſrent ſommer la ville
de Tournay : de la reſponce qu'ilz fiſrent, & comment
elle fu battue.*   **CHAP. II.**

LE ROY ainſy logié par devant la cité de Tournay, & en telle
gloire, ſomma la ville; les quelz reſponderent, qu'ilz n'eſtoient pas
deliberez de luy rendre la ville, & qu'ilz attendoient ſecours, &
daventaige deliberez d'icelle à leur honneur garder. A l'heure que
les reſponces luy vindrent, on luy apporta nouvelles, que le IXᵐᵉ
jour du mois de Septembre le Conte de Sury, Admiral de mer en
Angleterre, acompagniés de la Roynne, toutte ſur ces jours d'enfanter, avoit deſconfit les Eſcochois à Braſcon, & y ceulx mis en
obeiſſance; là où il y eult de grans perſonnaiges priſonniers & tuez;
premiers le Roy d'Eſcoche priſonnier, & aultres cy-après nommez,
ſi come le Conte de Limencly, ung Archeveſque, troix Eveſques,
troix Abbez, le Secretaire du Roy d'Eſcoche, le Conte de Que-
tryes, le Conte de Montours, le Conte de Griffarde, le Conte d'Ar-
gille, le Conte de Caſtelle, le Conte de Marton, le Conte de Mon-
tubel, le Conte d'Arreil, Coneſtable du Realme d'Eſcoche, le Seigneur de Nonvelle, le Sʳ. de Forbos, avec deux cens gentilzhommes,
grantzmaiſtres, & cent aultres de l'Hotel du Roy. Et avecq ces nouvelles fu apporté en ſeyne (*n*) de verité le gantelet & l'eſpée du
Roy. Quant le Roy ſçeult ces nouvelles eſtre vrayes, bien-vigna
celui qui ces nouvelles avoit apportées. L'Empereur ſachant aucunement de ces nouvelles, vint viſiter le Roy, le quel quant il
veyt, commencha en grant joie luy dire : Mon pere, vous ſoyés
le très-bien venu; veez-cy nouvelles, qui nous donnent matiere de
joye. Mon grant ennemi le Roy d'Eſcoche eſt mort, avec grant

(n) Signe.

quantité de ſes nobles hommes, & ſy a eſté la journée pour nous: de quoy grandement ſommes tenuz de remerchier le Createur de noz ames, & nous resjoyé. Regardés, vela le gantelet & l'eſpée du Roy d'Eſcoche, mon beau frere, que le Conte de Sury, noſtre Admiral, a deſconfit mort en la bataille, avec l'ayde de Dieu, & de ma femme, & auſſi de mes bons amys. L'Empereur ſur ces parolles luy reſpondy: Mon filz, ce faiɛt eſt bien digne de regracier noſtre Createur Dieu omnipotent: mais d'en fé joye, il m'eſt advis qu'elle n'eſt pas grande; car c'eſt le ſang de Nobleſſe, qui eſt eſpandu, & ſy eſt voſtre ſang & de votres parens. Ainſy, mon filz, loons & donnons grace à Dieu de la victoire, que Dieu vous a donnée. A cez mots le Roy rendy le gaige & l'eſpée à celluy, qui les avoit apportez, en lui diſant, qu'il en feſiſt bonne garde. Ainſy que ces choſes ce faiſoient, Tallebot qui eſtoit logié de là l'Eſcault à Seignerie, là auprez fiſt mettre ſon artillerie juſques ces foſſetz de la porte de Marvis ſur Haynnault, où il fiſt battre outrageuſement; pareillement ceſte du Roy fu auſſy tirrée, auſſi ſur la porte de Lille; laquelle porte s'apelle la porte Cocquereau, &

(o) Coups.

s'y tiroit auſſi deſſus une tour les colxz (o), qui allefoix paſſoient ſans atteindre la porte ne la tour; ilz faiſoient de merveilleux domaige ſur les maiſons en la ville & aulx habitans; car ſes Apoſtles abattoient tout devant eulx. C'eſtoit horrible choſe de regarder une groſſe tour, nommée la tour Blanchenoiſe, laquelle eſt ronde de telle eſpeſſzeur, qu'au bort de deſſoubz, la quelle eſt plombée ſans comble, on euiſſe bien tourné ung chariot par deſſus avec les chevaulx, tant deſpeſſeur contient elle. Sur ceſte tour ruoyent deux Apoſtoles St. Jacques & Saint Andrieu; iceulx le percherent par devant avec deux courtaux juſques au coſtes du mitain, tellement qu'il ne failloit plus qu'ung cop de bombarde, pour le tomber aux foſſez de la ville. De ceſte batterie fu quaſi toute jus la porte Cocqueriel, & la tour d'emprès tirant vers illec la tour ainſy perchie & trouwée. Les citoyens craindant que ceſte groſſe tour ne tombaſt ès foſſez, le demencrent tellement ce leur ſembloit en Cambreſiz, où il eſtoit venu viſiter la place en tant, que le Dalphin avoit ſon armée là entour; leſquelz Albannoix en deſſoubz de luy faiſoient

(p) Terme Wallon, c. d. l'armé.

courſes avault (p) le pays de Cambreſyz, ſans y riens prendre, ſinon qu'à mengier & à boire. Ces choſes advenues, & en ce temps pendant, le Roy d'Angleterre eult nouvelle que le Duc de Milan

(q) Digon.

avecque luy allyés, eſtoit devant Digon (q) en Bourgoigne; force

(r) Suiſſes.

de Suiſtres (r) avoit faiɛt traiɛtié avecq le Roy de France, tellement que le Roy raroit (s) les villes par luy gaignies en la Duciet de

(s) Recouvreroit.

Bourgoigne, & que en ce faiſant le Roy luy renderoit tout ce qu'il

avoit

avoit en Milan, en luy delivrant IIII^{c·} & mille efcuz d'or, deux cent mille près-prenant (*a*) & aultres 2^{c·} mille à le Saint-Martin; & que le allyance faicte par luy à l'Empereur & aux jonnes enfans fes nepveux, demorreroit bonne, & que le Duc de Veftembercg auroit au (*b*) Roy-Lieutenant du Duc de Milan 8^{Cent} efcuz, & le Maiftre de l'Artillerie 2^{Cent} efcuz, & que pour le réfidu de l'argent, le Roy debvoit donner hoftagiers (*c*) à leur apaifement. Ainfy & par telle maniere en fu faict devant Digon en Bourgoigne au Seigneur (*d*) de la Trimouille pour le faict du Roy de France. &c.

1513.

(*a*) *Comptant.*

(*b*) *Par le.*

(*c*) *Des étages, garantie.*

(*d*) *Par le feigneur.*

Comment le Roy d'Angleterre à toutte diligence fift battre la ville de Tournay, en tel forte que ceulx de la ville eftoient en grant defolation.

CHAP. III.

HENRY d'Angleterre Roy, de ce faict adverty, & que fe il euift vollu advertir tempre & de bonne heure de ce traictié, en luy rendant les villes concquifes en la Ducé de Bourgoigne, & prendre la ville de Digon, comme il ne tenoit que à luy; luy euift vollentier donné comptant les 4^{c·} mille efcuz, & fe lui eult aydiet (*e*) à conquerre fon pays. Sachiés que de fes affaires le Roy d'Angleterre fu fort mariz, lequel le alla dire à l'Empereur, qui le confeilla difant: Laiffiés-les faire; quant il nous plaira, moy & vous avecque l'aide de Dieu, nous aurons tous noz defirs, quand le temps fera venu. Des parolles de l'Empereur le Roy fu tout resjouy, & fe party de luy le 20me jour du mois de Septembre, par ung mardy, environ deux heures apres midy. Fift ruer & battre fur la ville de Tournay de fon oftz du villaige de Orcque, l'Apoftle *Saint-Bertelemy*, lequel n'eftoit pas aux bafteryes au foffez de la ville, lequel fift fur les maifons ung merveilleux defroy. On rua par deux fois ce *Saint-Bertelemy*; & avec ce le Roy commande de ruer des artilleries, eftant és batteryes, comme on fift. Depuis cefte heure jufques au mecredy au matin, c'eftoit horrible chofe de oyr & veoir l'apparence des cris, qui fe faifoient en la ville de Tournay; on les oioyt à fon aife de la battrye. Le Roy les fift ceffer au matin: mais envers le foir on y recommencha oultrageufement à battre. A l'heure que le ghait (*f*) fu par tout affiz és oftz, le feux fe print en ung des quartiers de la ville, dont proceda grant effroy & grant meultation (*g*), craindant que la ville ne fuift trahie & rendue aux Angloix: mais bonne provifion fu mife au fuz (*h*) & à la muraille, tant & fy longuement que tout fu eftains & accoyfiet. Le Roy d'Angleterre voyant que le fuz eftoit deffaict & acoyfiet entre dix & onze heures à mynuict, le Roy fift encore battre & ruer fur la

(*e*) *Et il l'eut encore aidé.*

(*f*) *Le gué.*

(*g*) *Mouvement. Lat. Commotio.*

(*h*) *Feu.*

I

1513.

(i) *J'en suis assuré, je l'ai entendu moi-même. C'est l'Historien qui parle.*

* *Qu'il tira.*

(k) *De quelque côté que ce fût.*

(l) *Proche l'église de S. Brice.*

(m) *Blessés.* Dans les Coûtumes de Limbourg, *une afsolure notoire* signifie une blessure considérable.

(n) *La servante;* Terme Wallon dérivé du Flamand *Meysche.*

(o) *Une vitre.*

(p) *Leurs Viandes.* Notre Auteur ne savoit pas bien son catéchisme.

ville de *Saint-Bertelemy;* dont le Roy dict au Canonier: (je m'en croy, je l'ay oys (i)) qu'il affustast & mist son baston pour tomber à l'enthour de l'église Nostre-Dame sur les maisons de ses chanoines, & pour les esveillier affin d'estre plus enclins à Dieu servir. Ainsy le fist le cannonier; car du premier colp qui rua *, il emporta l'ung des coingtz d'un des clochier de l'église Nostre-Dame; dont après, de ce meisme cop, le traict & boullet tumby sur les maisons, où il fist moult de domaiges; car y tua de gens de biens. Ceste nuict la batterye atour de la ville fu tant merveilleuse, que nulz ne osoit estre dessus la muraille, de nulz costez qui fuissent (k). Sachiés qu'auprès du Saint-Briche (l), à la maison d'ung mernyer, vendant bois à carpenter, estoient gens venuz de Lille, qui estoient leurs parens & amis, à la procession de Tournay; lesquelz furent encloz du siege: l'homme & la femme estoient couchiés l'ung avec l'autre en ung lit; vint ung boullet, qui entra par une fenestre de la devantoire en la chambre hault, lequel frappa en leur lict par les piedz, & de ce meisme colp furent l'homme & la femme tuez; dequoy le crilz en fu piteux en ce quartier: pluiseurs en y eult encoire de affollés (m) & blechiés; la meschine (n) d'ung Apoticaire d'emprés la bretecq eult le piedt emporté en la sailette de la maison; le boullet entra par une vairie (o) de la devanture. Il en y eult encore de blechés emprés la porte de la Vingne, & en la rue des Engiens, & ailleurs, dont je n'en fay icy mention pour cause de briefveté. A trois heures après minuict la basterie cessa; & courru la voix parmy la cité que les Allemans les viendroient assaillir. Verité fu qu'on mist le fuz à la porte Cocqriel; & fu ung compaignon de Vallenchiennes, qui y fist du groz domaige; cescun fu tellement espouventés, que nulz ne demora à la muraille, qui ne s'en fuis à l'église de Nostre Damme, où tout cescun portoit pour offrande, (foy recommandant à icelle) tout ce qu'il avoit de bon, assavoir robbes, saintures, nappes & aultres bagaiges, & estoient leurs sacrifices (p) à l'environ de la chapelle d'icelle. Il me fu dict que le Capitaine de la ville, armés de touttes pièces, descendy de la murraille, après avoir faict son offrande avecque les aultres à la Vierge Marie, entra derriere la chapelle en une tresorye tout espovénté, se coucha ou giron de sa femme, qui avec luy estoit boutés en ceste tresorye. Se le Roy eust faict assaillir les Allemans & Vallons; le cuidoient bien après la basterye assaillir: mais nulles nouvelles n'en oyerent; de quoy furent courrouchiés, disant que la premiere basterye, qui se feroit, qui l'assaulroient, quant y debveroit desplaire au Roy, ne quelque chose, qui en debveroit advenir. L'Empereur véant l'appareil d'une basterie qui se faisoit, manda ses Capitaines,

fi comme le Conte de Naſſau, Monſ^{r.} de Ciſtain, le Sr. de Walhain,
Monſ^{r.} de Lignes, & le baſtardt d'Aymeries, & aultres Capitaines
des Allemands, aux quelx il diĉt : Seigneurs, je vous ay mandé
pour vous advertir, que après la batterye qui ſe fera, que ne aſ-
ſailliés pas la ville, comme l'on m'a adverty, que le vollés feres ;
je le vous deffens ſur paine de la hart, ſe je ne le vous commande
à faire, ou le Roy d'Angleterre, qui paye les deniers de voſtre ſol-
dée *. Lors les Capitaines des Allemands pietons, qui eſtoient deliberés de ce fé (p), & qui l'euiſſent faiĉt, & l'euiſſent emportés,
demanderent à l'Empereur : Sire ! à quelle occaſion nous avés-vous
deffendus à faire l'emprinſe de l'aſſaillir. L'Empereur leur reſpondit, diſant : Seigneurs, ſe vous l'aſſallés, je ſuis certain, que vous
l'emporterés : mais ce faiſant nous aryeſmes honneur ; mais ce faiſant les Angloix, s'elz le ſçavoient, y voldroient eſtre, & l'aſſaillir comme vous, & en avoir l'honneur, que de raiſon (q). Je ſçay
bien de longtemps, que c'eſt (r) de noſtre nation, des Allemandz,
Flamangz, & Vallons, & s'y ſçay aſſés la riceſſe, qui eſt en la
cité ; & pour icelle riceſſe qui y eſt, vous & les Angloix eſtant
dedens par force, vous vous tueriés l'ung l'autre pour les biens
qui y ſont ; eſpoir (s) qu'après, les plus fortz de deſpitz boutte-
royent les feuz par tout ; par ainſy ſeroit la ville bruſlée, qui ſeroit ung gros domaige ; & s'y ſera une fois à mon pety nepveux
Charles d'Auſtrice & de Caſtille, s'il plait à mon ſouverain Dieu.
Par ainſy & par ceſte cauſe je vous deffent l'aſſault, comme j'ay
diĉt, ſur le hart. Laiſſés, & ſe ſouffrés (t) ; nous l'aurons à noſtre
honneur, & à l'honneur du Roy. Les Capitaines des Allemantz &
des Vallons s'encontenterent aſſez mal de la deffence, que l'Empereur leur avoit faiĉt : neantmoins n'en eulrent aultre choſe. A ceſte
cauſe le Roy, envoya par ung herrault demander à la ville, ſe
ilz n'avoient nulz priſonniers ; au quel on reſpondit, que non ; de
quoy le Roy & ſes parrens en furrent fort esbahys. Sachiés que
c'eſtoit de la parrenté du Roy ung grant Millor. Soyés adverty,
qu'on le trouva 9 jours après, qu'il avoit eſtez tuez d'ung traiĉt à
pouldre, venant de la ville, eſtant ens ès collaix cabuz (v), faiſant
ſa neceſſité ens ès gardinaige ; le quel après fu ricement ſepulturés
en l'Egliſe de Noſtre Dame en la cité par congiet de ceulx de Tournay, &c.

1513.

* *De vos
gens ſoldoyés.*
(p) *Réſolue
de faire cela.*

(q) *Comme il
eſt de raiſon.*
(r) *Ce que
c'eſt. Ital. Che
ſid.*

(s) *Eſpèrant,
comptant.*

(t) *Ayez pa-
tience.*

(v) *Parmi
des choux.*

Comment les Tournifyens prinrent confeil pour aller vers l'Empereur
pour avoir affiftance envers le Roy d'Angleterre,
& du reffuz qui leur fift.

APRÈS l'enterrement faict, & que chacun s'eftoit retirez, le lendemain que eftoit le jour faint Mathieu franche fefte, la quelle eft
le 21ᵉ jour du mois de Septembre, ceulx de la cité affemblerent leur
grant Confeil, là où beaucop de befoignes furent mifes fus & avant,
touchant d'avoir ung traictiet. Après pluifieurs devifes, les Confeilliers de la ville ce prifrent à dire : Seigneurs, qui icy eftez affemblés, dictes que nous avons affé (*v*) ; vous voyés & fe pouvés
fçavoir, que point de fecours nous n'aurons en nulle maniere ; pour
ma part n'en voy nulz apparans. Ce Roy d'Angleterre eft puiffant,
& a groffe affiftence contre nous. Il eft tout ainfy qu'en fa maifon, chacun dye fon advis comment nous en ferons (*x*). Tout le
monde fe taifoit, nulz n'ofoit parler ung mot de faire appointement
au Roy d'Angleterre, de peur d'eftre pris des meultins pour ce
qu'ung aultre fois en ung Confeil un homme de bien de la ville dict
qui feroit bon de foy rendre que d'eftre en telle calamité qu'ilz
eftoient, & que d'eftre en tel dangier & de tous y demourer.
Icelluy fu prins des meultins après ces parolles proferées, & fans
nulz advis, jufques à eftre decapité. Parreillement auffi pour ce que
le Prevoft fu cafchiés hors du Confeil, lequel eufiffe efté tué en
l'Eglife Notre Damme des meultins, n'eufift efté aulcuns chanoines;
& pour telles befoignes nulz en ce confeil n'ofoit riens mettre
avant. Toutte fois aulcuns, eftans affiz près l'ung de l'autre, difoient enfemble quy feroit bon envoyer par devers le Roy d'Angleterre pour tréves avoir. Le Confeiller, ayant les orreilles tendues, les oy aulcunement, qui dict à yceulx : Parlés hault, voftre
confeil feroit bon : mot (*y*) cefcun fe taifoit, fachant & craindant le
commun tant meultins. Le Confeiller reprift encore fa parolle, en
difant : Comment, Meffieurs, en ce lieu demourons-nous longuement
fans y riens concluyre ? Pour Dieu, bon Commun, laiffyés fes bourgoix dire leur advis & les aultres pareillement. Le Commun parla
au Confeillier : A quoy fert-il qu'ilz ne difent pour le meilleur,
nous ne demandons aultre chofe; nous véons bien que nous fommes comme vous avés dict, comme tous abandonnés; le Daulphin
ne nous tient pas les promeffes telles que fes lettres contenoient;
pourtant fault advifer pour le mieulx d'enbefoigner. Ung tamps fu,
encore fera-il ung aultre. Lors le Confeillier, quant leurs parolles
furent finées, prya à ceulx qui par avant avoient parlés baffette-

ment enſembles qu'ilz diſſiſſent hardiement & à la vollée leur advis ; l'ung ſe leva , & dict : Seigneurs , ſoubz correction noſtre voix
eſt telle que de envoier par devers le Roy d'Angleterre , requerir
d'avoir trèves pour parlementer & à parler à ſa perſonne , à ceſte
fin de moyenner la paix , ſy poſſible eſt envers lui. Et vela noſtre
voix à ce coſté icy. A ces parrolles , ſe leverent plus de deux
cens , cryant à haulte voix ainſy en ſoyt il faict. Sachiés que le
pluſtoſt que on peult , on alla devers le Roy , lequel accorda pour
parlementer à ſa perſonne tréves 24 heures. Dont après diſner
on adviſa d'envoyer devers l'Empereur , & des plus gens de bien de
Tournay , on y envoya tant Eccleſiaſticque que temporel. Leſquelz
après avoir ſalués l'Empereur , lui requiſrent en l'honneur de la
Paſſion de Jeſuchriſt qu'il euſt pitiet du pôvre peuple de Tournay , & qu'envers le Roy le volſiſt eydier d'avoir leur traictiet.
L'Empereur les voyant en ſon logis au villaige d'Orcque en genoulx,
ſans en avoir pitié, leur dict : Entré, vous Tourniſiens par trop incorrigibles , quel pitié volés-vous que j'aye de vous ; je ne m'y ſca-
roye adonner ; car par trop eſtés obſtinés , en diſant touſjours
mal de moy & de mes gentilz hommes, faiſant jeux, Dictiers (y),
farſes ; & ballades ; par voz rues avez ſemetz des Allemandz : mais
comme je croy que vos avez des Angloix auſſi ; car tous les deux
ſont habundamment venuz en voſtre teroir ; pour moy feſiſt une
ſotte armée avanlt & puis votre ville * : mais après touttes ces choſes faictes , encore pris-je pitiet de vous ; & quel traictiet vous
avoy-je faict le 4ᵐᵉ jour du moix de ſeptembre darrain paſſé (z).
Voyant les lettres du Roy de France, vous, comme mal-apprins (a),
deſchiraſtes le myennes en mon deſpit. Et comment avés-vous la
hardieſſe d'ainſy & par telle maniere me deſpitter ? Ce n'eſtoit
point la raiſon. Parquoy touttes ces choſes vous viendront maintenant au devant, & qui (b) fera la cauſe que jamais de vous ne
me voldray meller. Nonobſtant ſe, leur demanda-il à quy ilz eſtoient ſçavoir mon filz (c) diroient à ſa perſonne ; & s'ilz euiſſent
dict : Nous ſommes à vous ; car voſtre ville eſt de loing-temps de
l'Empire, certainement ilz les euſiſt aſſiſtet. Mais comme gens ig-
norans, reſponderent : Nous ſommes Franchois. Haa gens malheureux ! que ne diſiés-vous que eſtiés à ſa perſonne , & comme fé-
le debviés ; car vous ſçavés bien que voſtre ville eſt imperial, & de
ſy loingz temps que elle a eſtet cytuée (d), & qu'auſſy vous trou-
viés en les dangiers lec ſur quoy *. L'Empereur leur reſpondict. A
quoy ſert-ilz doncq que voſtre Roy vous faict la guerre ? Parlés à
luy, non pas à moy. C'eſt le Roy d'Angleterre qui eſt voſtre
Roy ; car vous ſçavez qui ſe dict Roy de France ; icellui vous fera

1513.

(y) *Poëſies, chanſons.* C'eſt de la que vient le mot Allemand *Dicht* (Poëme.)
* Je crois qu'il faut corriger : *Feſ[?]tes.... avant & près.* c. d. Vous avez équippé une armée de [illegible], qui ont couru par la ville & aux environs, pour railler la mienne.
(z) *Dernier.*
(a) *Comme gens mal-éle- vés, méchans,*
(b) Et cela,
(c) Je corrigerois : *Sa- voir ou non s'ilz.*
(d) *Depuis ſa fondation.* Notre Auteur n'étoit pas grand Antiquaire.
* Peut-être faut-il corri- ger : [illegible],

misericorde. Allés, parlés à luy, non point à moy; vous avés cocillyés les verghes de quoy vous serez pugniz. Et à ces motz se destourna d'eulx, & les laissa en la place. Ces pôvres cytoiens, voyant qu'ilz avoient mal parlé, se leverent tous confuz, pour ce que l'Empereur leur avoit refusé tout court son assistence envers le Roy, congnoissant qu'il disoit la veritet; non pourtant ne leisserent par devers le Roy d'Angleterre, à quy ilz firent humblement leur requeste de povoir traictier la paix avec luy. Quant le Roy Henry eult ainsy oy prier, desirant d'avoir la ville en ses mains, leur donna journée de lendemain venir parler à luy à 10 heures devant midy; iceulx bien joyeux, à poursievyr leur estats; lesquelz s'en allerent, prinrent humblement congié du Roy; après jamais ne cesserent, tant qu'ilz fuissent rentrés en la ville, où le Conseil incontinent fu assemblé, où il fu dict & recité tout ce qu'ilz avoient trouvé à l'Empereur, & de ses responces. Parquoy ceulx de la ville, assavoir le Conseil, fu maryz qu'autrement on y estoit allé, se repudyant comme folz & mal advisez, mauldissant l'heure qui n'avoient tenuz le traictiet de l'Empereur, veu qu'en ceste mescheance (e) & pôvreté ne fuissent jamais venuz. Avec les Ambassades disrent au Conseil tout ce que le Roy avoit dict, & comment le lendemain on se debvoit trouver à 10 heures du matin. Lors dit le Conseillier : de mal commenchier * : avecq l'ayde de Dieu & de sa benoiste & glorieuse Mere nostre Maitresse, tout yra bien, il fault ordonner en ce Conseil lesquelx yront (f) par devers le Roy d'Angleterre. Cescun sy accorda, disant qu'on esliroit 38 ou 40 hommes des plus honorables & gens de biens de la ville tant ecclesiastiques que temporelz; & ainsy en fut-il faict : le premier fu l'Abbet de Sainct Martin, le second l'Abbé de Saint Nicolay Desprez, le tierche le grant Dyen de Chapitre accompagnié du Dyen de Saint Briche, pluiseurs Chanoines & gens de Justice, le grant Prevost & le peti, Messieurs Jehan Harquart, Jacques de Margnet, grant Chief & Capitaine de la ville, & pluiseurs aultres jusques au nombre de 40. Lesquelz lendemain au mattin allerent, bien & honnestement accoustrés, en l'armée du Roy, chacun une croix saint Andrieu devant & derriere, aussi bien ceulx de l'Eglise que les seculiers. Ceulx des pays Charles de Castille, qui les veoient, ne faisoient que rire pour ce qu'ilz portoient la croix saint Andrieu, eulx estant obstinez & par contraincte quant ilz furent venuz en l'armée. Le Roy parloit à l'Empereur pour leurs affaires où ilz conclurent eulx deux comment il seroit faiz. Comme je croy que l'Empereur ne les grevast pas en nulle maniere combien qui leurs avoit monstré grant malcontent (g); car il estoit tout bon.

Le Roy voyant les Tournifiens, leur manda qu'il n'eftoit pas preft
de parler pour l'heur de leurs affaires, jufques à l'après-difner,
de quoy ceulx de Tournay s'en contenterent affez bien ; lefquelz
demourerent en l'armée faifant bonne chiere affez près du logis du
Roy ; les Bourguignons les regardoient merveilleufement pour les
croix faint Andrieu que lors y portoient.

1513.

*Comment les Tournifiens fifrent appointement avec le Roy d'Angle-
terre, & comment, & par quelle maniere ; & de l'entrée
des gens de guerre.*

CHAP. V,

QUANT le difner fu paffé, le Roy commanda qu'on tendiffe fa
tente de drap d'or fur le champ pour recepvoir les Tournifiens,
affin qu'ilz veyffent la triumphe d'icelle. Sachié qu'en la Chrêtieneté n'y a point de plus rice que cefte eftoit. On mift fur le devant
ung Luppart (*h*) acroupy, grant comme ung chien, tout de fin or maf-
fief : à l'autre bout, une bannerolle armoyés des armes d'Angleterre.
Quant la tentte fu accouftrée, le Roy vint dedens, accompagniez
de cent Chevalliers, Angloix, Allemans, Flamens, & Haynuyers
& autres. Le Roy n'y eult pas efté longuement, qu'on y fift venir
l'ambaffade de la cité de Tournay, lefquelz enfembles fe mifrent à
genoulz criant au Roy mifericorde, & prins * du pôvre peuple pitié & compaffion. Le Roy longhe efpaffe les tint en genoulz une
heure ou plus, en tant que fur ces requeftes, qui faifoient, fe confeilla (*i*). En la fin vint par devers eulx, les regardant, lefquelx recommencherent à parler, mais non point trop, en difant : Noble Roy,
ayés pitié des cytoyens de Tournay ; dont lors luy en print pitiet ;
ung cefcun les véoit par derriere, les Archiers de corps, defquelx il en y avoit XII^{c.}, & avoient fait une carolle à l'entour de
la tente ung petit inftant de loing. Sachiés que de la tente on povoit bien veoir ad plein la cité de Tournay. Et ceulx qui eftoient
fur les murailles, véoient bien le tente & le peuple d'alentour, lors (*k*)
Archiers de corps en leurs palletoz argentés & leurs gonges en
leurs mains. C'eftoit plaifir que de les veoir. Les Tournifiens eftant en la tente avec le Roy & fon Confeil, que cefcun, comme
j'ay dict y veoit, pour ce que la tente eftoit en hault levée par
les pans pour toutte la befoigne, où tellement les Tournifyens befoignerent avec le Roy, que la ville fe rendoit du tout à fa vollenté, parmy payant par les habitans chinecquante mille efcuz d'or
comptant, & dix mille efcuz tous les ans, 6 ans durant, & d'a-
ventaige, avec ce que le Roy des Franchois recepvoit par an fur la
ville & cité, quant elle eftoit Franchoife, & de mettre ou propre

(*h*) *Léopard.*

* *Et qu'il
prit.*

(*i*) *Jufqu'à
ce qu'il eût
déliberé fur la
demande qu'ils
lui faifoient.*

(*k*) *Leurs.*

1513.

(k) *Ce jour-là même.*

(l) *En attendant.*

jour (k) en la cité 27 mille hommes de piet & 300 de chevaulx, & incontinent sans plus nulz conseil appeller. Ainsi le promist ceste ambassade, car bien sé le povoit, les citoiens leurs en avoient donné l'auctorité & puissance d'enbesoigner pour le mielz; & voyant que aultrement faire n'en povoient, luy accorderent; lesquelz après le parlement finé prindrent humblement congié du Roy, & envoyerent dire en la ville, comment ilz avoient besoigniet, & que les logis fuissent apparreilliés pour les Angloix. Ainsi que tous les Tournisyens estoient partis du Roy pour en aller en leur ville, trouverent le Duc de Boucqinghen & le Marissal de l'hostz acompagniés de gens & à chevaulx, qui entrer debvoient en la cité de Tournay, par le traictié faict. Le Duc, cousin au Roy, & le Marissal de l'host, allerent avec l'ambassade de Tournay jusques à la porte saincte Fontaine; & quant ilz vindrent à la barriere Yrlande, ung des herraulx au Roy fist publication, en la langue Angloise & en Franchois, que nulz sur la hart ne se boutta, & sur paine d'estre incontinent pendu, en la barriere, sinon ceulx qui entrer y debvoient. Ce cris ainsy fait, le petit Prevost entra en la ville, & alla se publyer que nulz ne portasse bastons, des bourgoix mannans & habittans de la ville. Puis ordonna de l'entrée des Angloix & de leurs logiz avec les Fourriers. Et tandis (l) furent les Seigneurs & gens d'armes à la porte deux grosses heures & aux champs sans y entrer. Quant le peti Prevost fu venu, il fist commandement de ouvrir la porte toutte ample, où commencherent à entrer les chevaulx deux de fronc, vestus de drap d'or sur leurs armures. Après que tous y furent entrés, & que le Duc de Boucqingen y fut, luy entrant des derniers, dict aux Tournisiens qu'ilz sievissent comme ilz fisrent. Les Tournisyens sieuvirent, & les pietons commencherent à marchier avec XLVII. enseignes, lesquelles estoient de 27M. hommes bien en ordre, chacune bende avoit son Capitaine & enseignes, lequel Capitaine & Chief marchoit à cheval, vestu de drap d'or, ou d'argent, allefoix escartelletz de velour & drap d'or, c'estoit triumphe de les veoir. Après que les pietons furent entrés en la ville quattre de fronc, au nombre ci-devant dict y entrerent en bel ordre 3M. chevaulx bien esquippés en la conduite du Marissal de l'hostz. Sitost qu'ilz furent sur le marchiet, & qu'ilz eulrent fait les seremonies à la guerre appoint, en les loga par fourier, chacun selon son endroit, cescune bende en ung quartier. Et soyés advertis que, avant qu'il fusist minuyct, le grant Marissal de l'hostz fist drecher ung gibet sur le marchié devant les Halles aulx draps; ce fu le 23e jour du mois de septembre. Le lendemain chacun estoit logiés à son aise parmy la ville de Tournaix sans riens mal faires

à quelque

à quelque perfonne que ce fut, & ainfy fu criet & publyé fur la
hart. Sachiés que les bourgoix & habittans apreftoient la cité
pour faire le Roy fon entrée en ycelle : le quel le dimenche 27e.
de Septembre du matin, le Roy s'apparreilla en fon camp pour faire
fon entrée fort joyeux. Jamais on ne perchut plus riche eftat que
ycellui Roy menoit, & n'y a langue qui fçaroit raconter la nobleffe
& la riceffe de luy, ne de fes paiges, que il avoit jufques au nombre de treize, tous veftuz & hourichiez de drap d'or, & de pierres
precieufes, groffes compannes d'or ; les trois paiges premiers portoient les efcuz, que le Roy portoit en bataille : les aultres dyx
portoient fes bâtons de guerre, fi comme haches, arcques à la lef-
tres, becgz de faulcons, & aultres, &c.

Comment le Roy d'Angleterre fift fon entrée en la cité de Tournay,   CHAP.
dont il y fu honnorablement reçupt.   VI.

LE ROY venu en plain champ, trouva les citoiens de Tournay en
genoulx en fon chemin, dont l'ung fe leva, lequel eftoit le Confeil-
lier de la ville, & le Avant-Parlier (*m*), le quel en baillant les clefz, prof- *(m) Celui*
fera & dict : O noble puiffant & très-redoubté Roy de France & *qui d. oit por-*
d'Angleterre, Seigneur d'Irlande, d'Acquittaine &c. à vous, comme *ter la parole.*
au plus puiffant qui foit entre les Chrétiens, nous nez rendons,
noz corps, noz biens ; & vous faifons le maiftre & Seigneur de
noftre cité à faire voftre vollenté ; vous fupplyant très humblement
au nom du Createur de noz ames, que voeilliés avoir mifericorde
de nous tous, qui ne defirons que d'eftre voz pôvres & obeiffantz
ferviteurs & fubjetz. Sa parolle finez, on reçupt les clefz ; icelluy
fe remift en genoulz avecque les aultres. La clergie eftoit là-au-
près. Le Dyen des Channoines humblement donna baifyer au Roy
la fainéte & vraie Croix (*n*). Le peuple eftoit tousjours en genoulz *(n) Une par-*
bien demy heure de loing, avant qu'on les feift lever. Car après *celle de la*
que le Roy euft reçupt les clefz, & baifiet la croix, tint ung peu *Croix de N.S.*
de confeil à cheval. Ce Confeil finnet, on fift lever les cytoyens,
difant qu'ilz cheminaffent. Lors Meffieurs de l'Eglife, fe mifrent devant
les cytoiens après jufques à la porte. Soyés advertis, qu'ung Chevalier portoit les clefz de la ville devant le Roy, veftu de drap d'or,
fieuvant les bourgoix & mannens d'icelle. Après icelluy y avoit
12 Chevalliers portant chacun une maffe grande & groffe d'or &
d'argent. Après, trois aultres Chevalliers portant trois courronnes,
fort richement accouftrez, & leurs chevaulx houchiés d'or & d'argent. En après, l'Efcuyer d'honneur, qui portoit l'efpée de juftice.
Encoire deux aultres, qui portoient chacun une enfeigne quarée, ar-

K

(o) Je crois qu'il faut lire : *Belistres.*

(p) Chez un Chanoine, maison, où &c.

moyées des armes de France & d'Angleterre : les quelles furent depuis mifes fur le belfroit envers le marchié. En après fieuvoient quattre herraultz, 16 clarons fonnant & jouant très-melodieufement. Quant le Roy vint à la porte, auprès de la barriere, il y trouva 6c. Regiftres (o) de la ville, tous homicides, en genoulx, & n'avoient veftuz que leurs chemifes, teftes & pieds nudz, qui crioient mifericorde. Le Roy les regardoit ; eftant advertis quelz gens eftoient, les fift lever, les quelz on fift entrer en belle ordre quattre à quattre devant le Roy. Après eulx le Roy y entra par la porte Sainéte-Fontaine en tel eftat que j'ay dié, en la cité de Tournay noblement montés & abilliés : chacun cryoit, *Vive le Roy de France & d'Angleterre !* Par où on paffoit, la ville eftoit toutte tendue des tapifferies, comme on l'avoit commandé. Sachiés qu'on portoit defeure le Roy ung palle d'or, que quattre Chevaliers portoient. A l'entour de lui doufe laccayes ; ne fault pas demander de leurs abillemens, c'eftoit triumphe de les veoir. Le Roy ainfy acompagniés chevaulcha jufques au marchié. Cefcun le regardoit, eftant aux feneftres, où le Roy eftoit fort loué en fon eftat. De fon efcuirye chacun s'en efmerveilloit de la richeffe qui y eftoit : & pareillement de la beaulté de fes paiges, en les prifant. Le Roy cheminant en tel eftat entra en fon hoftel, quant il fut defcendu affez près de Notre Damme, en une place que on appelloit le Moncheau, fur ung Channone (p), où le Roy de France Loys de Valloys onzieme de fe nom fe logea, quant il fift fon entrée, après qu'on l'eut nourri, en la maifon de Bourgoigne, fix à fept ans fugitif de fon pere. Le Roy Henry venu en fon logis s'apparreilla, en après s'en alla jufques à l'Eglife Notre Damme à beau piet, là où follempnellement fift ferment à ceulx de la ville de les entretenir, comme il avoit promis en leur traiétiet, auffi de leur eftre vray Roy & Seigneur. Les fermens faiz, on alia chanter la meffe, la quelle il oyt bien devottement, loant & remerchiant Dieu, de ce que par fa grace avoit concquis & gaigniet une telle ville & cité. Quant la meffe fu diéte, le Roy fe retourna fur le Channone, où il fe loga paifiblement. A l'après diner fu commandé par le Roy, de faire pourtraire la cité de Tournay après le vif, & le pays de Tournefiz, avec Saint Amandt, Mortaigne, & parreillement tous les chafteaux, que pour l'envoyer au pays d'Angleterre, pour & affin de rendre grace à Dieu, & auffi pour resjoyr le peuple. Ainfi ci fut-il faiét ; qui fu la caufe que groz deniers ent furent levés au pays d'Angleterre. Et fu cefte entrée faiéte par le Roy Henry d'Angleterre VIIIme de ce nom le 25me jour du moix de Septembre, l'an mil chinc cens & treilze. Dont le Roy eult bien toft après nouvelles, que fa femme la Roynne eftoit

acouchiée d'une belle fille en la ville de Londres ; par quoy de ces
nouvelles le Roy en fift faire la fefte en la cité, & par tout le
Tournefien, &c.

Comment l'Empereur print congié du Roy d'Angleterre en la ville de   **CHAP.**
Tournay ; & comment après l'Empereur vifita les villes   **VII.**
de Flandres & de Haynault.

VOUS AVÉS bien oy cidevant, comment le Daulphin de France
eftoit logiés à Crieveceur affez près de Cambray, où ceulx de la
cité pour abaiffyer (*q*) fon yre, la quelle ilz craindoient, le affiftoient   (*q*) Je lirois :
de vivres, en payant leurs deniers, à quoy le peuple gaignoit, fans *epaiffer.*
point de mifericorde. Le Daulphin dont étant logiés à Crieveceur,
fçult par fes efpies, que Tournay s'eftoit rendue au Roy d'Angleterre. De quoy il fu merveilleufement courrouchiet & maris, en
donnant de groffes menaffes au païs du jone Prince de Caftille ; &
principallement au pais de Haynault, pour la bonne affiftance que
chacun faifoit au Roy d'Angleterre. Depuis ces nouvelles, encoire
luy en revint d'aultres, qui luy dirent en tel eftat : Cher Seigneur,
foyés fur votre garde ; car affeurement vechy l'armée de l'Empereur,
qui vient pour vous combattre. Ces Allemans fon preftz à paffer
la ville de Bouchain ; advifés de ordonner vos battailles, car l'Empereur eft fort fubtil en fes affaires. De ces nouvelles fu encore
le Daulphin plus efmerveilliés que devant : cy concludt (*r*) en fon Con-   (*r*) *Si con-*
feil, que de lever fon hoftz, & de foi retirer au pais de France, *clut : Auffi*
comme il fift ; car envers mynuiđ fe defloga. Auquel deflogement *conclut-il.*
il y eult ung tel effroy, que beaucop en laffoient leurs baghes (*s*), ar-   (*s*) *Bagages.*
mures, & aultres chofes en leurs logis, qui n'avoient point de loi-
fir de les emporter. C'eftoit pitié que d'eftre cefte nuit en la ville
de Crieveceur, pour ce que la voix y courroit, que les Allemans
eftoient paffés la ville de Bouchain. Jamais ne ceffa le Daulphin,
qu'il ne fu en pays affucrés de fes ennemis. L'Empereur à cefte
heure eftoit au chafteau d'Anthoing, où il donna comiffion de fortifier les pondz de faint Amand, & de faire par tout les voyes
pour paffer l'artillerie, ayant defir d'aller combattre le Daulphin,
tenant fa promeffe aux Cambrifyens, eftant au fiege de Tournay.
Tout ce qui commanda, fu fait : mais fachant que le Daulphin s'eftoit
rethiret, toutte l'oeuvre fu ceffée. Ceulx de Vallenchienes pour attendre l'Empereur, defirant fa venue, avoient commenchiet groz
appareil : mais luy eftant adverty que les Franchois eftoient retirez, leur manda que point de defpence ne feiffent, & qui les volloit venir veoir comme fes principaulx amis, fans leurs faire def-

K 2

pens. Le Conseil retourna, de quoy ceulx de Vallenchiennes en
furent fort marys. Sachiés que le 26me jour du mois de Septembre,
Madame Marguerite Douagiere de Savoie, sachant son pere au chat-
teau d'Anthoing, se delibera que d'aller parler à luy ; & quant ilz
eulrent eulx deux longuement devisé ensemble, à l'aprés disner avec
l'Empereur son pere se misrent à chemin pour aller, en la cité de
Tournay, bien-veignier le Roy d'Angleterre. Le Roy fu adverty
de sa venue, en sa propre personne alla vers elle, noblement accompagniés jusques à my-voye d'Anthoing. Celle estoit noblement accompagniés des nobles hommes des pays de son nepveu le jone Prince
de Castille. Quant le Roy vint à le rencontrer, descendy de son
cheval, luy faisant la reverence ; Dieu scet la joie qu'il y avoit ;
le Roy remontés, se misrent à chemin. Ceulx de la cité, si comme
les Seigneurs, allerent au devant d'elle avecque nombre de torches,
les quelz devant le Roy & Madame les convoyerent jusques au logis de l'Evesque, ordonnés pour Madame Marguerite, la quelle y
arriva à sept heures du soir. Celle logié, aprés avoir faict les reverences, le Roy retourna en son logis souper ; où aprés, pluiseurs
esbattemens se firent le lendemain à l'aprés disner. L'Empereur
se party du chasteau d'Anthoin pour venir, en la cité de Tournay,
parler à sa fille Dame Margherite ; le quel y arriva à quatre heure
du soir à chinc cens chevaulx fort en point. Le quel quant il fu
en la coure, l'Evesque descendy de son cheval, & puis monta ès
chambres, où il devisa longhement à sa fille jusques à chinc heures.
Il but ung cop, prendant congié à sa fille, & monta à cheval ; sy
s'en alla souper à Anthoing. Madamme, sour ce que son pere luy
avoit dit, besoigna comme saige & bien advisée. Lecteur, ad ce qu'on
m'a dict, l'Empereur le vint eicoller (1) du faict du Roy d'Angleterre,
& de la cité de Tournay ; affin qu'elle deisst à son nepveux Charles,
qu'il fusist bien adverty de respondre au Roy, s'il luy volloit donner la cité de Tournay. Telles choses & aultres dit à sa fille. Le
Roy fu courrouchié qu'il n'avoit pas sceu la venue de l'Empereur,
pour le festoyer en sa cité. Le quel Empereur le lendemain, qui
estoit le 28 jour du mois de Septembre, retourna en la cité à grosse
compagnie, & plus de gens que le jour de devant : de quoy ceulx
de Tournay s'en esmerveilloient. Jamais l'Empereur ne arresta, qu'il
ne fut en l'hostel du Roy d'Angleterre. Le Roy pensant qu'il de-
vist descendre, paravant qui ne descendoit de son cheval, & qui
demoroit en la cour, descendy les degrés, disant : Que est à dire, mon
Pere ? descendés, & sy disnerons ensemble. Mon filz, dit l'Empereur, je ne puis ; il me convient partir : prendés en gré l'assistance
que je vous avoie promis de faire. Et si dis adieu. Je vous recom-

(1) La vint
baiser.

mande Charles mon peti nepveux, Prince de Caftille, en fes affaires.
Le Roy refpondift difant : Mon noble Pere, ne doubtés ; il eft tout
recommandé ; jamais ne luy fauldray tant que je vive ; & fe le promet à mon Dieu & à vous : mais defcendés , fi deviferons enfembles
de mes affaires, ens efquelles me confeillerés. J'ay en vollenté de
donner .... à mon peti nepveu Charles Archiduc d'Auftrice, Prince de
Caftille. L'Empereur refpondit : Mon filz, il ne appartient pas, que
elle foy fienne, c'eft à vous, gardé le, & adieu. Le Roy tenoit
la bride de fon cheval, le quel fift aporter du ving en une coupe
d'or. L'Empereur lui fift la reverence, & fe party du Roy ; & le
plus toft qu'il peult, forti de la cité ; & tant exploita, qu'ou propre jour entra en la ville d'Audenarde : & manda les Seigneurs de
la ville en fon logis au Chinne (u), lefquelz il adverty d'aulcune be-
foignes touchant des affaires des Angloix, & auffi d'aultres chofes
de leurs eftaz ; puis print congié d'eulx, pour l'en-demain partir plus
matin. Luy party de Audenarde, s'en alla au gifte en la ville de
Hal, où il vifita la glorieufe Dame, en la quelle avoit tout fon
recour, ayant fon ceur à celle de Paradis. Après avoir fait fa devotion, party pour aller au gift à Ath en Haynnault ; où il parla
aux Seigneurs du faict des Angloix, comme il avoit fait à ceulx de
Audenarde ; les advertiffant de point leiffier entrer les Angloix à
puiffance en leur ville. Et le famedy & deuxifme jour du mois
d'Octobre alla, à gifte, en la ville de Mons, les advertiffant, comme
les aultres : où nouvelles luy vindrent, que le Duc de Gueldres
volloit paffer au pays de Liege à groffe compagnie, pour aller en
France ; & que l'Evefque les y volloit leiffier paffer, par le confeil
qu'aulcuns luy faifoient : mais le commun le deffendoit. Pour ces
nouvelles l'Empereur fe party de Mons en Hainault, & alla au
gifte à Namur ; où quant il y fut arrivet, nouvelles luy vindrent
qu'ilz eftoient paffez, & que l'Evefque les y avoit aidiet. Ces nouvelles entendues, l'Empereur fe party de la ville de Namur, & retourna au chafteau d'Aymeries parler au Seigneur, pour les affaires
de la guerre & pour aultres. Entre les quelles, le Seigneur fift tant
envers l'Empereur, que fon filz baftard, joyroit des terres & feignouries, qu'il avoit en la Comté de Haynnault. Ces chofes &
aultres achevées, l'Empereur fe party d'Aymeries, le quel fu convoyé du Seigneur & de fon filz jufques en la ville de Namur, où
ilz prinrent congié de luy, & fe retira vers les Allemaignes. Et le
Seigneur & fon fils baftard fe tourna pour aller en Tournay avec
l'Archiduc Charles d'Auftrice, leur Seigneur principal. Ce temps
pendant furent beaucep d'Allemans caffez, & aultres ; dont ceulx de
la Bende Monfeigneur le Conte de Naffau, voyant que on les avoit

ainſy caſſé, ſe bouttterent par force en la ville de ſaint Giſlain, où ilz burrent & mengerent ſans paier, & le euiſſent pilliet, ſy l'Abbé ne ſe fuiſt compoſé (x). Quant ilz furent hors de ſaint Giſlain, eſtant 7 enſeignes, s'en allerent le lendemain 5me jour d'Octobre, logier aux Faulbours de Valenchienes, ſans riens payer; & y faiſoient groz deſgaz & grant domaige, car jamais gens de guerre n'y logerent en tel ſorte. Vray eſt, que pour ce que on les avoit caſſé, s'en alloient rendre Franchois: mais le Daulphin ne les veult pas recepvoir; ſi s'en retournerent par le pont à raſſe (y), faiſant beaucop de maulx aux gens. Sachiés qu'à l'heure que on caſſa ces Allemans, arriva en Tournay ung herrault de France & une trompette, pour ravoir aulcuns priſonniers, qu'on avoit prins à la journée des Eſperons: mais ilz ne beſoignerent en nulle fachon, ſy retournerent en France. Eulx parti du logis du Roy, icelluy s'en alla couchier en ſon parcq au villaige d'Orcque. Ce temps pendant, les lices ſe faiſoient, pour jouſter ſur le marchié de la cité de Tournay; & avoient de loing 70 d'eſtres, & de hauteur 7 piedz & demy; pour en icelle jouſter le Roy d'Angleterre contre tous venans. Ainſy le fu publiet par tout, & d'y venir, ſaulf allant, & ſaulf venant, le terme de 6 ſepmaines.

CHAP. VIII. *Comment Charles, Archiduc d'Auſtrice & Prince de Caſtille, fu viſiter ſon oncle, le Roy d'Angleterre, en la ville de Tournay.*

AINSI QUE ces choſes ſe deménoient, le jone Archiduc Charles conclut en ſon Conſeil, que d'aller bien-vignier ſon oncle, le Roy d'Angleterre, en la cité de Tournay: & ſe party de la ville de Malinnes le 6me jour du mois d'Octobre, & s'en alla à giſte à Bruxelles, & le lendemain à Engien. Le Dimenche, qui fu le 9me d'Octobre, arriva en la Ville d'Ath en Haynault, où il fiſt ſon entrée, le quel fu honnorablement reçupt comme leur naturel & vray Seigneur, tant que les bons Bourgoix & Habittans de la ville en fiſrent à leur pouvoir très-honneſtement. L'en-demain ſe party pour aller en la cité de Tournay; contre le quel, ſçachant ſa venue, iſſerent beaucop de gens de ghuerre; entre les quelz y eſtoit le Conte de Faulkemberghe avec Monſieur de Vertain ſon Lieutenant, atout (z) chevauls bien eſquippés. Après ceulx 20 Gentilz-hommes de par l'Empereur, qui recepvoient gaiges au Roy d'Angleterre. Leurs paiges après eulx portant les lances, & grant gardes armés & emplumés fort richement, leurs chevaulx houſſes de houſchures non pareil. La tierche bende & gentilz-hommes du Roy d'Angleterre, tous armés; ſeuvant une ambaſſade d'Arragon, 20 hommes tous accouſtrés de velour noir,

---

Marginal notes:

(x) *Ne fut entré en compoſition avec eux.*

(y) *Pont-à-rache, proche Douai.*

(z) *Aſſés des.*

& autres de leurs gens veſtus de drap noir, eſcartellet de velour noir.
En après ceulx de l'Hoſtel Madamme Margherite; premiers les meſſagiers & autres de degrés veſtus de velour noir, & de drap noir.
Après les ſievoient d'aſſez près, le Duc de Brezuiſt & ſon Frere, acompagniés de leurs eſtatz noble & riche. Après eulx une bende d'Anglois qu'on ne ſceult nombrer. Sachiés que à grant paine on alloit
par les rues, pour le carroy du jone Prince de Caſtille, qui venoit
en Tournay, les ung plain de Bagage & autres plain de Bagaige
de Gens de Flandre & de Brabant, & plain de Officiers. Puis environ à 4 heures, les Seigneurs de la cité de Tournay, c'eſt aſſavoir,
les Prevoſt & Jurrez viderent la ville, pour aller au devant du petit Prince, en petit nombre; car ilz n'eſtoient enſemble que 11 ou
12, & avoient avec eulx 16 flambeaux, qui demourerent à la porte
de Marnyz, où il y avoit dedens que dehors, gardant & faiſant
gueth, à mille Anglois armés & embaſtonnés. Les Seigneurs de la
ville iſſerent aſſez loing, & tant qu'ilz aprocherent l'Archiduc Charles d'Auſtrice, Prince de Caſtille &c. Et defenderent de leurs chevaulx luy faiſant la reverence, comme bien faire le ſçavcient, en
luy diſant, qu'il fuiſt le très-bien venu en la cité de Tournay, nouvellement rendue au Roy Henry d'Angleterre. Quant l'Archiduc les
eult oy parler, les fiſt lever ſus pieds, les remerchiant. Et ainſy que
ſes Tourniſiens parloient à luy, iſſyt de la ville une bende d'Allemans, les mieulx montez qu'on perchut jamais: mais de dire qui ilz
eſtoient, je n'en peu riens ſçavoir, ſinon que c'eſtoient tous gentilz
hommes & filz de grans maiſtres, comme on diſoit: mais leurs abillemens n'eſtoient de ſoie ne de velour, & avoient tous robbes de
loupz. Aulcuns avoient manteaux noirs ou gris, & ſy en avoient a-
tout robbes eſtroictes, joindant le corps; à les veoir c'eſtoient touttes fierres gens ſans nulles armures. Encore ſortit de la ville une
bende de gens à chevalx, tant de Vallenchiennes, comme de Mons
en Haynault, de Lille, de Douay, d'Athz & d'aultres villes; les
quelles s'eſtoient mis enſamble pour aller au devant du jone Prince
à certain propoz: puis après, à quatre heures ou environ, ſortit une
bende de 30 Chevalliers Anglois, tous acouſtrez de drap d'or; les
houſſures de leurs chevaulx eſtoient de drap d'or; on n'en viſt jamais de telles, car il y avoit tant de differents drap d'or que c'eſtoit merveille. Chacun Chevallier avoit deux Laccaies à teſte deſ-
couverte, accouſtrez de pourpoint de drap d'or. Sur tous les autres, le
Duc de Boucguinghen eſtoit le mieulx en point: je croi qu'il n'eſt
paintre ſur terre qui ſaroit paindre choſes plus eſtranges, que il n'a-
voit ſur ſon cheon (a) & ſur ſon cheval. Et ſy avoit ſon manteau de
vert velour ſemés d'or, ſur ſon chappeau riches plumes, ce ſembloit

1513.

(a) Sejour.

ung Paris ou ung Hector de Troye fur fon cheval, tant le faifoit-il bien. Après le fievoit dix trompettes armoyés des armes de France & d'Angleterre, fans mot dire. Après iceulx dyx heraultz veftuz de leurs cottes d'offices. Après cheminoit ung Chevalier, bien accouftrez & richement montez, qui portoit l'efpée de juftice; & après luy encore deux aultres, qui portoient deux maffes d'or à fachon de couppes ou tourrielles, fur lefquelles y avoit à chacune une courronne. Après iceulx fievoit le Roy d'Angleterre tres-honnorablement montez; la houffchure de fon cheval eftoit chargée de poires d'or & de pommes, fy tres-drues (b) qu'on ne fçavoit perchevoir le cheval; & defeures ces poires, par routtes, pareillement à la bride du cheval, petittes champenolles d'or, qui fonoient melodieufement. Et fur le cut de fon cheval, *lequel* eftoit couvert des poires devant dictes, y avoit une rofe d'un cartier (c) en rondeur de fin argent, fur la quelle y avoit une campane de la groffeur d'ung pot de lot, bien haultement fonnant. Le Roy eftoit veftu d'une robbe de drap d'or, trouffée en fa feinture, à petitte manches à bulteaux; rouges chauffes bendées par defeure de drap d'or, par raix de folleil. Sur fon chief avoit ung chapeau rouge plain de rouges plumes, s'avoit (d) ung bafton en fa main en forme de feptre. Au plus pres de luy, cheminoit ung homme veftu de damas noir, à tefte nue: le Roy fe devifoit achiés de foy (e) à luy; fes 12 Laccaies eftoient a l'entour de luy, avoient chacun une hupe d'or fur la tefte, pourpoint de drap d'or, les chauffes rouges comme leur maiftre, à raix de folleil. Le Roy avoit par deffus fa robbe, à col pendant, fa thoifon d'or, que le feu Roy de Caftille luy avoit donné, quant il fu reboutté en Angleterre du tourment en fon voiaige d'Efpaignes, du quel j'ay ung petit parlé au commencement de ce petit Recoeil. Le Roy ainfy chevauchoit. Le Chevalier de l'Efcuirye, veftu de velour vert, tout femet d'or, tant qu'on ne povoit percevoir le velour, c'eftoient florons d'or maffitz, & telles chauffes que fon maiftre le Roy, & parreillement telle houffure à fon cheval. Après icellui fievoit 13 Paiges, tous accouftrez comme eftoit l'Efcuyer, finon qu'ilz eftoient à tefte nue, ayant les bonnetz en la main de velour vert. Après cheminoit le Capitaine des Archiers de corps, lefquelz le fievoient en nombre de 8, affés noblement veftuz; le defoubz & manches de leurs palletoz eftoient de fine cartée blance, bordées de drap d'or floronnés & figurez de vert, les corps tous argentés, lonfengiez par pointz d'aguille de croix St Andrieu, au moitain (f) une rofe, & par deffus une couronne imperrialle clofe; lefquelz Archiers tous à piet portoient chacun une hallebarde, une rofe au plat de la dicte hallebarde dorrée, & cheminoient en belle ordre.

Comment

(b) En fi grande quantité.

(c) D'un empan.

(d) Il avoit auffi.

(e) Affez fouvent.

(f) Milieu.

Comment Charles Archiduc d'Auftrice fift noblement fon entrée en la cité de Tournay, & de l'honneur que le Roy d'Angleterre luy fift.

1513.
CHAP.
IX.

EN TEL eftat forty *(g)* hors de la cité de Tournay le Roy Henry d'Angleterre noblement accompagnié, pour aller au devant de Caftille; lefquelz quant ilz perchurent l'ung l'autre, fans de trop fort près, fe mifrent à pietd faifant les reverences. Quant ce vint à la derniere fois, fe entre-accollerent, difant de belles parrolles à tiefte nue. Longuement tindrent les mains l'ung à l'aultre. Le jone Prince fe humilioit, le faifant bien honneftement; le Roy d'Angleterre larmyoit de joye, de veoir fon petit nepveux fy très bien-endoctrinet. Après beaucop de devifes, monterent à cheval en grant gloire; ung chacun crioit : *Vive Bourgoigne*, & : *Vive Angleterre & Bourgoigne*. Les clarrons des deux Princes jouoyent melodieufement à monter les deux Princes *(h)* à chevaulx. C'eftoit merveille de les oyr. Le Roy & l'Archiduc chacun à cheval fe mifrent en ordre pour cheminer vers la ville; & furent les premiers les Srs & Jurez; après, la bende de Faulquenberghe, Baron de Lingnes; & le mennoit au retourner le Seigneur de Beaudegnies & le Sr. de Vertain Lieutenant du Conte, l'einfeigne defployée; après, les Seigneurs de la chambre de Malinnes, ceulx de la ville de Bruxelles, tous honnorablement abilliés. Après, marchoient ceulx de Gand & de Bruges, des plus grans en gros nombre troix à troix. Puis les gentilzhommes de l'hoftel de l'Archiduc; après, aulcuns de l'oftel de Fiennes, qui fe difoient du pays de Haynault; en après les gens de Monfr. de Ifleftain pafferent, tous veftus de bleux & de blanc, une groffe bende tous armés à la couverte; après les gens au Marquis de Brandebourg, chincquante tous armés, les plus fiers gens qu'on povît percevoir. Iceulx oultre, cheminerent aucuns Efpagnars richement acouftrez, leurs chevaulx houfchiés de drap d'or, eftriez d'argent, les hommes veftus de velour noir, chappeaux noir, à groffes houppes noirs au defeure de leurs chappeaux. En après fievoient dix trompettes, armoyées des armes de l'Archiduc, jouant melodieufement. Parreillement autres dix au Roy d'Angleterre, qui refpondoient à ceftes de l'Archiduc. Après fievoient les trentes chevalliers, veftus comme j'ay dict devant, tous Anglois, en tel forte qu'on ne fçauroit eftimer la valleur de leurs habillemens, ne de leurs chevaulx. Ces chevalliers paffez, après fievoient aulcuns herraulx des Princes d'Allemaignes que là eftoient; auffi de ceulx du Roy d'Angleterre, armoyez des armes de leur maiftre. Après, les herraulx de l'Archiduc, auffi armoyés de fes armes. En après fievoit l'Efcuyer d'Efcuyrie du jone Prince, accouftré de ve-

(g) Sortit.

(h) Lorfque les deux Princes montoient.

L

lour noir ; puis les paiges, aussi vestuz de velour noir, at tout grans chappeaux accoustrez de blanches plumes d'Austrice (*i*). En après sievoient aulcuns Seigneurs de la Toison d'or ; en après aultres grans Princes d'Allemaigne, si comme le Marquis de Brandebourg, le Conte Palentin, le filz du grant Duc des Assez, le Duc de Brezuyct (*k*), le Conte Felix, & aultres sans nombre, accompagniés des plus grant d'Angleterre, avec des Princes d'Espaignes portant l'Ordre (*l*) des chevaliers du pays. Après iceulx sievoit la personne du Roy d'Angleterre, accoustrez, comme j'ay dict cy-devant, au dextre de l'Archiduc Charles, avirronnés de 16 flambeaux de la ville ; chacun crioit *Vive Bourgoigne !* Beaucop se efforchoient de crier, qui estoient du païs de Haynault, & des pays de l'Archiduc, à cause que c'estoit en Tournay, pour ce qu'elle avoit esté tant obstinée & Franchoise, disant tousjours mal des Bourguignons. Sachiés que le Roy regardoit son petit nepveux faire son grant triumphe ; car à la fois son cheval falloit (*m*) tellement, que nulz n'osoit estre auprès de luy. Sa robbe estoit de rouge velour, à une cappe ronde à la nouvelle mode, bordée de drap d'or, bonnet d'escarlatte. Son genet (*n*) estoit houchiet de velour noir, comme ceulx de son escuirye, chausses rouges, estriers & esperons d'or. Auprès de luy estoient 4 laccayes vestuz de velour noir, tenant en la main chacun ung dardt, comme ceulx du Roy. Près de lui avoit ung homme à piet, vestu de rouge, bendé de gane, assez longue robbe, à tieste nue ; lequel homme menoit à bonne fois le genet du Prince par la bride, tant qu'il n'en povoit faire sa vollenté lors qui le tenoit ; de quoy, au semblant que le Roy faisoit, en estoit courrouchiet ; car faict à faict (*o*) que le cheval du Roy triumphoit chà & là, en saultant d'un costé & d'aultre, & que il passoit, son nepveu retournoit, ou il attendoit, lequel se remetoit auprès de soy. Iceulx ensemble passez, passierent les 13 paiges du Roy d'Angleterre ; lesquelz cheminoient comme cy-devant ay dict. En après le Capitaine des archiers, accompagnié de 8c. hommes quattre à quattre. En après, les chinquante archiers du jonne Prince, vestuz de rouge, richement montez, & tous armez à la couverte. Après iceulx, sievoient bien cent chevaulx ou plus, qui sievoient la routte. Sachiés que les rues estoient tendues de tapisserie, & par tout torses aux huis (*p*) des bourgoix & ès marchiez, pour ce qu'il estoit entre les 5 & 6 heures du vespres. Quant le Roy & le jone Archiduc vindrent sur le Pond-à-pont, on y cria : *Vive Bourgoigne & Angleterre*, tellement qu'on y oioit nulle goutte. Le Roy mena l'Archiduc en son logies, decreté en l'Abbaye de Saint Martin ; la reverence faicte, retourna en son logis. Et ne doubtés point que l'Archiduc ne fuist bien, veignés des bons bourgoix, lesquelz lui fisrent de beaux presens, & aussi fist le Roy d'Angleterre.

Comment le Roy d'Angleterre fift des Joufles devant fon nepveux d'Auftrice, & devant Madamme Margherite en la ville de Tournay.

L'ENTRÉE ainfy faicte, le lendemain 11ᵐᵉ jour du mois d'Octobre, le Roy fift drechier fa tente de drap d'or au matin hors de liches. Je croy que en la Cretienté n'en y a pas une plus belle, comme j'ay dict cy-devant. Il y avoit ung Luppart racroupy de fin or deffus affis, & la bannerolle fort riche parreillement ; c'eftoit triumphe de le veoir. Ce jour après la meffe, l'Archiduc alla difner avec fa Tante à la court l'Evefquè, lequel à une heure après difner, s'en party accompagniet de tous fes nobles, fi comme le Marquis de Brandebourg, le Conte Palatin, le Duc des Zas, le Duc de Brezuyct, & fon frere le Conte Felix, le Conte de Nauffau & fon frere, le Sʳ de Raveftain, le Sʳ d'Ilileftain, le Conte de Faulquemberge, le Conte d'Efpinoy, le grant Bailly de Hainault, le Sʳ de Berghe, le Sʳ d'Aymeries, le baftart d'Aragon, le baftart de Bourbon, & pluifeurs aultres Seigneurs des Efpaignes, de Flandre, de Brabant, & de Haynault, dont je n'en fcay point les noms. Après cefte routte, eftoit Madame Marguerite feulle en une lithiere ; après elle, le fieuvoient treife hacquenées blanches, fur chacune une dame de nobles maifons. La première eftoit Madame de Raveftaing, la feconde la Conteffe de Horne, la tierche la fille du baftart de Savoye, la quatrieme la fille de Monffʳ de Fiefnes, & aultres jufques au nombre de 13. En après y avoit deux charriotz de jonnes Dames, filles de bonnes maifons. Ung aultre charriot encoire, où les anchiennes Dames eftoient, & la folle de Madame Margherite. Quant l'Archiduc & fa Tante furent arrivés devant l'hoftel de maiftre Michiel, là où on avoit preparé & accouftrés pour veoir joufter, l'Archiduc defcendy de fon cheval, puis monta à mont *(q)* en la chambre. En après, Madame Marguerite & les Dames & Damoifelles, lefquelles fe mirent par tout aux freneftres, chacune felon fon degrect. Affés près de la maifon maiftre Michiel, on avoit rompu en hault ung mur, pour aller d'ung à l'autre, à caufe que l'oftel eftoit trop petit. Quant le Roy d'Angleterre fceult que chacun eftoit preftz pour regarder la joufte, vint ès lices, fort ricement armet ; accompaigniés de fes plus nobles hommes, avec trompettes & clarons. Le Millor Cambrelain & le Millor de Lille le compaignoient tous deux fort bien armés, & eftoient ceulx qui debvoient deffendre avec le Roy contre tous venans. Sachiés quant ilz entrerent en fes lices, s'eftoit merveille de oyr fes trompettes & clarons fonner. Tallebos conduifoit toutte l'affere, & eftoit richement mon-

(q) Ce terme fignifie : En haut.

té : mais fur tous les autres le Roy eſtoit fort richement & noblement accouſtrez. Il avoit ſur ſon armeth ung riche, grant & puiſſant plumart blanc, & s'y avoit une guimpe deſſus de quelque Damoiſelles, comme les aucuns diſoient. Quant le Roy fu venu aux
lices, il entra en ſa tente à cheval, la lance au poing droit, à
l'entrée du devant. Le jonne Seigneur de Valhain, ſachant que le
Roy eſtoit attendant, ſe party de ſon logis très richement accouſtré. Son cheval eſtoit bardé de drap d'or, campanes d'argent
dorées, leſquelles enſemble, grandes & petittes, peſoient 17 marez
d'argent; le ſeon deſſus ſon harnoix eſtoit de drap d'or. Devant
ſa perſone eſtoient 12 trompettes armoyés de ſes armes, mélodieu-
ſement jouant; & 24 laccayes à l'entour de luy : ainſy entra noblement ens ès lices, accompagnié d'aulcuns chevaliers de ſa pa-
renté, & pluiſeurs eſcuyers. Le Prince de Caſtille & les Dames
le regardoient. Lors qui fu entré dedans les lices, regarda le Roy;
puis print une lance, où il en y avoit beaucop, touttes d'une lon-
gneſſe (r) : puis ſe miſt au bout des lices contre le Roy, au quel il
fiſt ſigne. Le Roy le perchupt, demanda le bois, le quel il avoit
mis jus, pour ce que nulz n'eſtoit preſt : on lui bailla, mais en
chois qui le miſt (s) en l'arreſt : il fiſt la reverence aux Dames, &
auſſi fiſt le Seigneur de Vallain. Puis picquèrent leurs chevaulx
des eſperons, tant qu'à leur abordement ilz rompirent chacuns d'eulx
leurs bois de tel force, que les pieces en ſaillirent par tout. Ces (t)
trompettes ſonnoient, c'eſtoit ung plaiſir de les oyr. D'autre part,
les heraulx crioient : *Vive le Roy d'Angleterre & de France;* &
lors le Roy jouſta 6 colps à l'encontre de Valhain, le quel Vallain
rompi 5 bois vaillanment & bien honneſtement. Les aulcuns diſoient Vallain le meilleur. Quant ilz heulrent les 6 colps jouſtez,
il commencha terriblement à plouvoir; non pourtant le Tournoix
ne ceſſa point, car le Capitaine Arriere, Eſpagnart, après que
Valhain ſe fu departy des liches, il y entra, & print le bois.
Quant le Roy le perchut, il alla à l'encontre de luy, & tellement
beſoignerent, que les lances rompirent en pluiſieurs pieces. Le
Roy ſe retourna en ſa tente, & puis le Millor de Lille, nommé
Bertrand Brandon, jouſta un cop, pour ſuporter le Roy, à l'encontre de Arriere, le quel Arriere rompi ſon bois pour le ſeconde
fois; Bertrand ne le rompit point. Lui retourné en la tente, le
Roy iſſyt, & print encore le bois & y alla; leſquelz enſemble
rompirent leurs lances en pluiſeurs pieces, de quoy ilz furent louez
grandement du peuple. Le Roy retourné, le Capitaine Arriere
qui avoit jouſtet trois cops, & tous les trois cops rompu ſa lance,
ſe departy des lices. L'Amandt de Bruxelles entra après dedens les

lices, fort vaillant homme, qui fu le tierch lequel s'y porta honneſtement : mais il ne rompy que ung bois. Le quart qui jouſta
contre le Roy, ce fut le baſtardt de Bourbon. Comme j'ay dict,
pour conforter le Roy, les deux Millors ; & fu le Millor Cambrelaing qui jouſta contre ung Lombart nommé Montryant, qui fu le
5me. Le 6me ce fu le baſtardt de Vadret. Le 7me ce fu Charles
d'Aiſſyz, & le 8me ung adventurier qui n'avoit point de nom pour
ceſte fois. Mais tousjours, en ce faiſant, plouvoit merveilleuſement.
L'Archiduc eſtoit tousjours aux feneſtres avecque ſa tante qui moult
les regardoit, leſquelx en leurs coeurs donnoient les pris aulx mieulx
faiſantz. Le jonne Prince tenoit une telle gravité, que chacun
s'en esbahiſſoit, comment un tel enfant qu'il eſtoit, tenoit une telle
haulteſſe. Sachiés que à l'entour du marchiet eſtoient hours faictz,
où on donnoit argent pour y monter, & chacun en avoit à l'encontre de ſon heritaige. Entre les autres en y avoit ung devant les
Halles au drap, où eſtoient ceulx qui jugoient les mielz (v) faiſant : il
y avoit ung Herrault d'Angleterre, le quel alloit des lices au hourt,
qui apportoit les noms des Jouſteurs, que Irlande, le Metre-Herrault
d'Angleterre, mettoit par eſcript, & eſtoit accompagniés de Thoiſon
des Herrault de la Thoiſon dorrée de Bourgoigne ; chacun eſtoit veſtu de ſa cotte d'arme. Sur ce-di Hourt eſtoit le Duc de Boucgum-
ghem, accompagnet du Gouverneur de la ville de Londre, de Monſſr.
de Raveſtain & de Monſſr. de Bergues, leſquelz eſtoient commis, pour
juger les pris, par le Roy d'Angleterre & par l'Archiduc, où tellement beſoignerent, que le premier pris fu donné & jugiet avec leur
conſeil, pour le plus fort jouſtant, ayant le plus de bois romput,
au Seigneur de Vallain ; & le ſecond pris au capitaine Arriere. Ce
faict, & que le Roy ſceult qui n'en y avoit plus nulz pour jouſter,
ſe retira vers les Dames, aus quelles il fiſt la reverence, ſans
healmes, eſtant ſur ung nouveau chevaulx, que ceſtui (x) ſur quoi il
avoit jouſté. Sachiés que la riceſſe de la houſchurre du cheval eſtoit
ſy grande, qu'on ne le ſçavoit eſtimer. Les deux Milorz eſtoient
devant le Roy cheminant, & Talleboz les ſievoit avec pluſieurs
nobles. Ainſy hors des lices en grant gloire le Roy ſe retourna en
ſon logis &c.

(v) Mieux, ceux qui joû-
toient avec le
plus d'adreſſe,

(x) Un au-
tre cheval que
celui ſur le-
quel....

*Comment le Roy d'Angleterre ſe party de Tournuy, dont l'Archiduc
ſon nepveux le convoya juſques à la ville de Lille : Et comment Talleboz & Cambrelain levèrent leur Siége.*

SITOST que le Roy fu party, l'Archiduc Charles deſcendy avec
ſa Tante ; après en leurs eſtaz montèrent à cheval, cheminant en-

femble entrèrent en la court l'Evefque, où le logis de Madame eftoit. Le foupper fu apparreillé, & y vint le Roy prendre fa refection, où plufieurs esbattemens fe fifrent en plufieurs fortes & manieres. Quant ce vint après foupper, le Roy fe retira en fon logis. Aufli fift l'Archiduc parreillement. Le lendemain après avoir donné les priz, où fe fift gros triumphe; & fut donné le mêtre prilz au Seigneur de Valhain : le fecond fu donné au Capitaine Arriere, qui le reçupt en grant reverence. Ce propre jour fu donné au Conte de Naffau la terre de Leuze & le chaffeau de Condet, que l'on dit de Nemours. Le Roy donna la terre de Mortaigne au Conte de Faulquemberghe. A l'après-difner, foyés advertis que le camp de Tallebois fe deffift; & en deflogeant, commanda mettre le fuz partout fon oftz & camp. En ce mefme jour le Roy d'Angleterre fift colper plufieurs Enfeignes devant l'Autel (y) Nôtre-Dame en beaucop de pieches. Le lendemain, qui fu merquerdy 13me jour d'Octobre, le Roy tint parlement de tous fes affaires, touchant de la ville de Tournay & du Tournefiz; & lors aux cytoiens print ung gracieux congié, remonftrant de belles befoignes, eulx laiffant (z) ung chief de par luy, fon Lieutenant, le Capitaine Poning, bon & noble homme; eulx priant qu'ilz fuiffent bons fubgects, & fon nom (a) il leur feroit bon Seigneur : ainfy le promifrent les citoiens, menant groz deuil pour l'honneur & bon party & traictiet qui leurs avoit faict. Le jeudy 14me Octobre Millor Cambreleng fe defloga de devant Tournay, & deffift fon camp, dont il eftoit au pondt-à-Rieu, grant chemin de Vallenchienne. Avec fon armée il tira pour arriver à Calaix, fievant Tallebois d'une journée. Ce jour parreillement 14me Octobre diz, le Roy fe party de Tournay pour aller au pais d'Angleterre, où ceulx de la cité le convoyerent honorablement; lefquelz, au partir de luy, fiirent de groffes reverences, dont après moult de propos, foy inclinant, leur dict : que Dieu les heuift en fa fainéte garde. L'Archiduc & Madame Marguerite fa Tante s'en allerent au gifte en la ville de Lille, où ilz ordonnerent des afferes des païs & de la cité de Tournay avec le Roy d'Angleterre : & le 17me jour du mois, après avoir de tout leur eftat conclud, le Roy fe party de la ville de Lille, dont l'Archiduc le convoya honnorablement une bonne lyeue, tenant le chemin d'Ippre; lefquelz fur le champ fe deviferent longue efpaffe, où lors y eult de belles promeffes faictes l'ung à l'autre pour demorer tousjours bons amis enfemble. Après avoir prins chacun fon congiet l'ung de l'autre, le Roy s'en alla à Ippre au gifte, & l'Archiduc retourna en la ville de Lille, dont ilz eftoient partyz. Ce di 17me Octobre, Tallebois & Millor Cambreleng s'eftoient mis enfemble, fçachant

que les Franchois eftoient en groffe bende pour ruer fur eulx. En
cheminant furent affailliz, où au commenchement les Franchois leur
fifrent de la paine : mais Tallebos & Millor Cambreleng, foubtilz
en telz afferes, s'y conduiferent tant vertueufement, qu'ilz gaignerent & concquifrent le champ où les Franchois eftoient, & y perderent les Franchois beaucop de gens. A l'aborder y eult 5 ou 6
Anglois tuez : neantmoins Tallebos & Millor Cambreleng eulrent
la Victoire, & tousjours cheminerent envers Calaix. En ce propre
tamps, les marchans du pays de Hollande fe mifrent en mer, avec
bien 60 navires chargiées de herrengz & aultres marchandifes,
pour tirer en Efpaignes chercher des vivres de Carefme, dont en
paffant fur les methz (b) de Bretaigne, aucuns Bretons & Franchois
chargerent fur eulx à force, & prindrent touttes les navires Hol-
landoifes, les marchandifes & marchans, difant : qu'ilz avoient eftez
Angloix avec ceulx de Hainault ; & que pour cefte caufe, les navires & tout eftoit de bonne prinfe &c. Et ainfi en fut-il fait ;
quelque complainte que les Hollandois fceuiffent faire aux Capitaines Franchois, tout fu de bonne prinfe, finon les batteaux qui
furent renvoyés, & s'y n'en eult on autre chofe. Quant l'Archiduc eult follicité de fes afferes en la Ville de Lille, prift ung gracieux congié aux bourgeois & habittans ; le quel après cefte affere
fe tourna envers la Ville de Gand, où il fu reçupt moult honnorablement ; & fu par les Seigneurs conclut qu'il y feroit fon yver.
Quant les Gantoix furent de ce advertis, furent moult joyeux, &
lui baillerent eftat comme à leur Seigneur & Prince fouverain. En
ce temps furent renvoiez les Seigneurs de France, qui avoient eftez prins à la journée des Efperons devant Terroanne, parmy paiant
chacun fa ranchon, & point aultrement : & n'avoit pas voullu le
Roy d'Angleterre rendre feldi prifonniers durant fa guerre. Advint
que le Capitaine Poning, Lieutenant du Roy d'Angleterre en la cité de Tournay, affambla les bourghois & marchans avecq la communauté en ung Confeil, que pour avec luy aider à folliciter aux
affaires de la chofe publicque, fix hommes d'honneftes vyes, pour
les affaires de la Ville ; & leur dict & remonftra de belles chofes ;
où après leur dict encore, que après le bon gré du Roy, ne defiroit que de foy conduire amiablement avec eulx : puis mift encore en avant qu'il eftoit de néceffité pourvéoir de bledz, de
chair & autres vivres pour ung an la bonne cité. A ce refpondit
le Confeil, & dift, que en ces affaires on ne povoit entendre, &
que par trop l'on eftoit à l'ariere (c). Le Capitaine refpondit: Seigneurs, je cougnois & je croy ce que vous dictes ; ne le laiffons
pas à faire ; car s'il ne tient qu'à huit mille Angelotz, on les trou-

1513.

(b) *Fron-
tières, ad me-
tas.*

(c) *Chargé
de dettes.*

vera que le Roy nous a envoyet pour ſes afferes, qu’on delivrera à ſes 6 hommes eſlutz en ce conſeil de vous tous Seigneurs & bourgoix, leſquelz ſolliciterons aux affaires de la cité; que j’appelleray en mon Conſeil toutes les fois que meſtier en auray, voeillant obeyer à notre Seigneur le Roy d’Angleterre, & en toutte honneur de la ville & habittans. Le Conſeil, où tout le peuple eſtoit, reſpondit : qu’il avoit parlet comme homme vertueux, & qu’en tout ce qu’il luy plairoit commander, qu’il feroit faiĉt, & que en tous ſes affaires on obtemperroit, ſe ſubmettant du tout en la vollenté du Roy & en la ſienne. Tellement beſoigna Poning, qu’en la concluſion 6 hommes luy furent denommés, leſquelz ſi bien beſoignèrent, que les cytoyens furent depuis paiſiblement avecq les Anglois. A l’iſſue du mois d’Octobre, le Roy d’Angleterre, après avoir préparé ſes affaires, ſe parti de la ville de Calaix pour monter ſur mer, lequel donna à ſes gens : c’eſt à ſavoir aux bendes que le jonne Prince & Archiduc luy avoit baillyet, après chacun les avoir bien payet, dix jours davantaige, auſſi bien aux gens de piedz comme aux gens de chevaulx. Ces ordonnances faiĉtes, les remerchia de leurs bons ſervices, en leur faiſant la reverence; monta ſur la mer en grant triumphe, & s’en alla paiſiblement en ſon pays. Depuis les chevaucheurs furent mis en garniſons, ſans eulx plus declarer Anglois, ſinon la bende du baſtart d’Aymeries. Icelluy s’en alla, au gaiges du Roy, en la cité de Tournay. Le Seigneur de Yleſtain ſe boutta en la ville de Saint Omer comme Bourguignons de 17ᶜ· chevaulx. Le Conte de Naſſau en la ville d’Aras avec 16ᶜ· chevaulx. Le Conte de Faullenberghe au Quaiſnoy le Conte, & à Maubeuge, à tout 14ᶜ· cheveaulx. Le Seigneur de Walhain en la ville d’Aire & de Bethune, à tout 16ᶜ· chevaulx. En la ville de Mortaigne des gens Monſeigneur de Ligne cent chevaulx. Le Seigneur d’Aymeryes en la ville d’Aveſnes, de Chumay & de Lendrechies, à tout 8ᶜ· chevaulx. Le Sʳ de Mingoval en la ville de Bouchain, atout cent chevaulx. Ces garniſons ainſy aſſizes, fu publiet ſur la hart, que tous compagnons qui n’avoient plus nulz gaiges, & principalement les Vallons, ſe retiraſſent chacun en ſa maiſon; & que les 4ᶜ· Allemans ſe retiraſſent en leurs garniſons. Pour mieulx obſerver ces publications, fu eſtably ung prevoſt des Mariſſal, lequel, quant ilz les trouvoit contre la cryée (d), en faiſoit une terrible juſtice. Le Roy de France moult esbahis & doubteux (e) qu’ainſy ces garniſons eſtoient aſſiſes ſur les frontieres, appella ſon Conſeil pour ſçavoir que ſe pouvoit eſtre (f), de ce que ainſy les Bourguignons le faiſoient. Le Duc de Bourbon, premier parlant, diſt au Roy : Sire, de ce qu’ilz font je

n’en

(d) Contre la Loi publiée.
(e) Inquiet.
(f) Quel pouvoit être le motif de ce procédé, &c.

n'en fuis de riens efmerveilliet. L'Empereur, lequel eft fin & vertueux en fes affaires, en a bailliet le Confeil, craindant que ne mo-
leftés les pays de fon peti nepveu l'Archiduc d'Auftrice, à caufe
que contre vous on a affifté les Angloix ; iceulx ne nous font
riens, ayons regart fus eulx ; on ne leur peult deffendre de mettre
garnifon en leurs villes & chafteaux ; noz villes font parreillement
gardées & garderons ; ne voellons riens efmouvoir ; la guerre ne
nous duyt *(g)* pas. Le Conte d'Angoulame Daulphin fe leva & dift,
lequel eftoit au Confeil : Que craindés-vous Bourbons ? fy on m'en
croit, on leur feroit telle guerre, qu'on en parleroit à jamais : fy
une fois j'en ai la puiffance, Tournay ne demorera point en l'eftat qu'elle eft ; & feray du pays & Conté de Haynault de groffes
fenées *(h)* ; car le fuz y feray mettre en tous les quartiers. Le Duc
de Bourbon reprift le mot & dit : Seigneur Daulphin, quant vous
aurés la puiffance, poelt eftre que le Confeil de France & le votre fera tel que riens n'en fera faiét. A ces refponces, le Daulphin tout efmeult, fe party du Confeil difant, qu'il en feroit bien ;
& que lors en feroit ainfi qu'il entendroit. En ce Confeil fu decreté, après fon partement, de ce en nulle riens s'efmouvoir en
nulle fachon : mais qu'on advifaft fe il eftoit poffible par nulz moiens
de faire la paix aux Angloix. Sur ce le Confeil fe deffift, lefquelz
depuis chercerent tous les jours que d'y parvenir, ainfy que ci
après vous orrés. Or advint que le 12e jour du mois de Novem-
bres, le Capitaine Poning eult cognoiffance de trois mauvais garchons & meultins ; lefquelz comme j'ay ci devant parlé en ung
Confeil qu'ilz avoient chaffés le Prevoft hors dudi Confeil. Or eft
advenu que à ce dy jour le Prevoft encore en fon office, Poning
en a faiét la juftice, après eftre adverti que ilz firent ce en ce Confeil contre la Majefté Roialle de France & d'Angleterre, ce qu'ilz
veulrent faire. Cefte fepmaine à la requefte de Poning, on fift
tuer 6c. beufz, & fy acheta on beaucop de bledz. Et le 28me jour
du dy mois, la femme du Capitaine Poning, Lieutenant du Roy
d'Angleterre, arriva en la cité de Tournay, accompagnée de 30
gentilz hommes & 30 gentilles femmes ; icelles femmes toutes mariées aux gentilz hommes Angloix de la garnifon de Tournay. Ainfy que ces chofes fe demenoient, le Daulphin de France, tousjours
pourfievant en fes maulvaifes & parverfes opinions, mift avant en
ung Confeil par devant le Roy de France, qu'il feroit requefte de
paffer & avoir adfiftance pour aller affieger la ville de Tournay
atout cent mille hommes, pour en faire à fa vollentet, comme on
avoit fait aux Angloix. Madame Marguerite & le Confeil du jone
Prince refuferent plainement cefte demande, difant, que jamais cela ne fe feroit : mais fy l'Empereur en volloit donner la grace,

M

comme il avoit fait au Roy d'Angleterre, qu'on en feroit pour le
mieulx. Sur cefte refponce le Daulphin fe corroucha merveilleufement, & jurra qu'il fçavoit bien comment il en feroit tousjours.
En fon propos deliberé envoya ung herrault en la cité de Tournay pour le fommer ; à laquelle fomation le Capitaine Poning refpondit très gracieufement & dit : que il fuift le très bien venu ; &
que vollentier on luy donneroit des biens telz qu'ilz eftoient en la
cité. Le Herrault s'en alla tant qu'il trouva le Daulphin, auquel
il dift ce enthierement qu'il avoit trouvé en fa fommation, lequel
penfa fur fes affaires. Et d'autre part, le Confeil de France luy
manda auffy, s'il eftoit ad ce deliberer, que fans nulles faultes, il
le feroit feul ; & que à cefte affaire le Confeil ne volloit entendre,
craindant la guerre ; & partit le Herrault le 8me jour du mois de
Decembre. En ce meifme jour le Capitaine Poning fift tenir ung
Confeil, craindant en foy meifme aulcunement le Daulphin ; demanda aux Tournifiens la fomme qu'ilz debvoient au Roy fon mêtre.
Incontinent Meffieurs de la ville luy delivrerent la fomme qui mon-
toit chincquante mille efcuz d'or, qui luy debvoient par le traictié
à eulx fait ; & encore delivrerent les premiers dixm. efcuz, qui
debvoient par chacun an au Roy d'Angleterre, ainfy qu'ilz avoient
acouftumés de payer au Roy de France. Soiez advertis, que de
ces deniers Poining en paya les gens de guerre des pays du jonne
Prince de Caftille Archiduc d'Auftrice, lefquelz eftoient ens ès garnifons que vous avés ouy ci deffus, &c.

CHAP.
XII.

Comment le Daulphin fift fommer la ville de Tournay ; & comment
il requift d'avoir paffaige parmy les pays du jonne Prince,
qui luy fu refufé.

A CESTE fommation ainfy fete, incontinent après, aulcuns qui
avoient aulcune hayne contre aux Tournifiens, fifrent par plufieurs
fois de groffes befoignes pour fere meultiner les Angloix aux
Tournifiens & aux bons bourgoix ; lefquelz ad ce ne povoient advenir, tousjours perfeverent en leurs malices, mifrent en avant
en plufieurs lieux parmi la ville, que le Daulphin debvoit mettre
fon fiege devant la ville la nuit du Noël 24me jour du mois de Decembre ; de quoy fu adverty le Capitaine Poning, qui fecrettement fu fur fa garde fans en advertir le commun. Sachiés qu'à
cefte heure la nuit du Noël, à fix heures du foir, chinc cens compagnons vindrent furnyz d'arcz à mains, arballeftres & culvrines (1)
fur les foffets de Tournay, & tirroient de bonne forte fur la ville,
faignant eftre Franchois. Le ghait cria alarme ; les Angois cour-
rageux, & bien advertys que les Franchois ne povoient venir juf-

(1) Culeu-
vrines.

ques là, fans le bien fçavoir, veu que bonnes garnifons y avoit par tout les front'eres de Hainault & d'Artois, fifrent ouvrir une porte ; & avec chinc ou fix pieces d'artillerie, iffyrent de la ville mille compaignons fort bien empoint. Quant ces compaignons, qui contrefaifoient les Franchois, perchurent que on ouvroit les portes, fe retirerent incontinent, & Angloix de fievir ; lefquelz tellement fifrent leurs fieultes, qui les remifrent en ung bofquet, affez près du happart de Tournay : mais comme gens de guerre craindant embufches fecrette s'en retournerent en leur garnifon fans plus en faire. Ne doubtés pas que l'effroit n'y fuift grant ; la groffe cloche fonnoit : mais nulz habitans ne bourgoix n'ofoient fortir de leurs maifons. Les Anglois rentrerent en la cité de Tournay, fans avoir quelque perte ne dommaige. Le lendemain parmy la ville y eult de groffes murmures. Les aulcuns difoient, que le Seigneur de Ligne avoit envoyet fes gens devent la ville, pour mietz advertir que ceulx de Tournay avoient mandez les Franchois. Les aultres difoient que le baftardt d'Aymeries y avoit fait venir de fes gens ; & aultres difoient, que le commun avoit promis à ceulx qui vindrent fere femblant d'affallir, qu'entant que les Anglois fe debvoient deffendre, que le commun les devoit affallir par derriere : mais le Capitaine en eftoit adverty, parquoy nulz ne fe mua. Telles & femblables parolles difoit-on : mais touttefois, quoy qu'on defiffe, le Capitaine ne fçavoit perchevoir au peuple que bien, fans nulles trayfons ; ayant tousjours l'oeil fus eulx. Mais il fu dict, pour ce que le Capitaine Poning les entretenoit en paix, que quelcun refcripvy au Roy d'Angleterre de fortes befoignes, & telles que j'ay ci deffus efcript, & pir encore. Le Roy voiant la refcription, fe courroucha fur ceulx de Tournay ; refcripvant à fon Lieutenant que s'il n'en povoit eftre maiftre, & qui ne voeliffent obeyr à luy, qu'il prinft tous leurs biens en fes mains, & le refidu fuift mis au fuz & à l'efpée. Entant que ces refcripcions fe faifoient, l'ung des chincquante Capitaine de Tournay fu prins, & jecté en la riviere de l'Efcault, pour le cuyder noyer de nuyt : mais il fu viftement refcoux (k) du commun ; lefquelz temoignerent que ceulx qui l'avoient jecté en l'Efcault, eftoient eftuz des coulleurs du baftardt d'Aymeries. Lors le Capitaine Poning s'aperchut que toutes ces chofes fe faifoient, pour animer les Angloix contre la communauté de Tournay. Poffible qu'on en demandoit ceulx qui point de coulpe n'y avoient. Quoy que fuift, tandis que ces chofes fe demenoient, le Capitaine Poning reçupt lettres du Roy d'Angleterre fon mêtre, & furent luttes par le di Capitaine, dont fu moult efmerveilliet ; & affembla tout le Confeil de la cité, où derechief icelles furent encore luttes, qui contenoient après touttes recomendations : Mon

(k) Retiré par la Communauté.

Lieutenant, ſi vous ne pouvez ou ſçavés corriger, ne maſtiner (l) ces rebelles Tourniſiens plains de trayſons, non oubliant leurs vieilles coutumes, comme il m'a eſtet reſcript d'aulcuns mes biens voeillans; gardez vous d'eulx, ſans en eſtre apprehendés (m); tous mettés-les au feuz & à l'eſpée, après les aveoir tous pilliet, & vous en venez. Sachiés que les citoyens, qui ces parolles eſcoutoient, furent moult eſmerveilliés & esbahis, commenchant à dire : Haa ! Bon Capitaine, pour Dieu merchi, jamais de notre part ne penſammes deſobeyr à la Majeſté Realle de Angleterre, ne à votre perſonne pareillement; mais au contraire, ſommes preſtez & appareillet de faire ce qui vous plaira commander. Pour Dieu, faicte & encqueſtez de nous à la verité, ainſy que nous faictes quelque moleſte Ce ſont hayneurs que nous avons, qui ont envye que ſi bien faiſons avec vous (n). Le Capitaine reſpondit, que de piecha s'en eſtoit apperchut : mais ne tenoit point ſus (o), adcauſe qu'ilz les trouvoit gens de biens; & dict encore, que pour exemple leur avoit monſtré ceſte lettre; & s'ilz avoient eſtez bons pour le Roy, qui le ſuiſſent encore, & que il leur en prioit. Ainſy tout d'une voix lui promiſrent. Le Conſeil ſe deffiſt; le Capitaine reſcripvy au Roy d'Angleterre, que on l'avoit adverty de fauble (p); & que les citoyens eſtoient bons & léaulx à la couronne d'Angleterre; & que tout ce qu'ilz avoient eſtoit preſt en ſon ſervice. Le Roy voyant la reſcription de ſon Lieutenant fu joyeux que ſy bien le faiſoient pour luy; & en ſigne que les volloit tenir à bons & léaulx ſubgeaz, après autre fois avoir oy leurs requeſtes, leur ottroya telle haulteur en Angleterre que les Anglois y avoient; & ſe leur accorda que tous les procez qui ſeroient jugiez en la cité de Tournay, qu'on ne les rapelleroit plus nulles partes, que par devant ſon Lieutenant, quiconques le ſeroit en la cité de Tournay. Pour ceſte cauſe des privileges, l'amour crut, aux citoyens & au Capitaine Lieutenant, du Roy de France & d'Angleterre. Et fu ce faict en la cité de Londres, par devant le Conſeil du Roy, au commenchement de Febvrier l'an mil chinc cens & treize. Soyez advertys, que depuis ce temps pluiſeurs choſes ſe fiſrent en la ville de Tournay par les Angloix, ſi comme le chaſteau & aultres, qui coulterent grant ſomme de deniers, comme plus ad plain eſt dict en mon grant Recoeil de la Maiſon de Bourgoigne, du quel je m'en taix, en prendant fin de mon troizième Traictié, &c.

Cy ſinne le IIIᵐᵉ Livre & petit Traictiet de la Maiſon de Bourgoigne; y compritz pluiſeurs choſes pour touchant le faict de la cité de Tournay, &c.

ICHY COMMENCHE LE

QUATRYSME LIVRE

Et petit Traictiet de mon petit Recoeil, qui parlera de pluiseurs grosses besoignes advenues en la noble Maison de Bourgoigne, comme cy après vous orrés.

Comment Loys de Vallois Roy de France espousa la seour du Roy d'Angleterre, dont peu après il trespassa. Et comment le Comte d'Angoulamme fu couronné Roy de France.　CHAP. I.

AU COMMENCHEMENT de mon Traictiet, j'ay parlé comment le Duc de Bourbon, Seigneur de Monpensier, Conte Dolphin d'Auvergne, se rendy hostagier en estrange terre, pour l'honeur de la Couronne. Maintenant à mon propos, icelluy ne cessa tant que la paix fu faicte entre le Roy de France, & le Roy d'Angleterre ; car tellement y besoigna, que par son hennort, le mariaige du Marquis de Rostelin estant prisonnier en Angleterre depuis la journée des Esperons, fu fait à la soer du Roy d'Angleterre au Roy Loys de Vallois (a) 12me de nom, combien qu'elle fuist promise à Charles Archiduc d'Austrice, Prince de Castille &c. Neantmoins sans y riens acouter, je ne sçay sy l'Empereur s'en contenta : mais par leurs promesses fu la chose faicte, & la fille menée en la ville d'Abville, où le Roy le reçupt très-honnorablement, soy monstrant plus qui ne povoit ; car de son corps estoit fort debille. Neantmoins depuis l'espousa : mais jamais ne coucha avec elle : ghaire ne vesquy depuis, car il trespassa en sa ville de Paris, en son hostel des Tournelles, le lundy premier jour du mois de Janvier en l'an mil chine cens & 14, environ à dix heures du soir. Dieu en ayt l'ame. Les obsecques & funerailles faictes, sachiés que par le bon gouvernement & bon conseil trouvet en la personne du Duc de Bourbon, luy fu bailliet la charge du Royalme, tant que le Daulphin Conte d'Angoulame feroit couronné Roy de

(a) Il n'y a point de sens dans toute cette période. Peut-étre faut-il corriger : *Que par son heraulte le Marquis de Rostelin, ... le mariage fut fait, &c.*

1514.

France ; où tellement befoigna, que grant honneur y acquift : &
fu celluy qui du tout fift preparer de faire courronner le Daulphin,
& qui manda par tout les Peres de France & aultres, pour eftre
au Sacre du Roy. Sachiés que on le manda au jeune Prince de Caftille, Doyen des Peres de France. Le Conte de Naffau fe party
de Bruxelles pour y aller, & fervir en la perfonne du jone Prince
de Caftille Charles Archiduc d'Auftrice, accompagnié du Seigneur
de Sempy & le Préfident de Dolle ; tant firent que ilz furent avecque les aultres en la ville de Rains le mecquerdy 24 jour du mois
de Janvier, la veille de la converfion fainct Paul environ heure de
vefpres, où luy vindrent au devant de notre proceffion l'Archevefque de Rains, où après moult de cérémonies, dont pour le
brief je m'en contente parler, le lendemain qui fu joedy, au
point du jour fu facré Roy de France de la faincte Ampolle, en la
maniere qu'on a couftume : où le Conte de Naffau fift très honneftement fon debvoir, au nom de Charles fon Mêtre le Prince de
Caftille, Duc de Bourgoigne & Conte de Flandre. Parreillement
au courronnement, lequel après fe fift en la ville de Compeigne, où
il demanda pluifeurs chofes, en fa commiffion de demander pour
l'Archiduc, dont fa harrenge durra environ une bonne heure, où
il luy fu refpondu qu'il mift fon cas par efcript, & que on luy
refpondroit en la ville de Paris, où le 12ᵐᵉ jour du mois de March
le Confeil s'y tint, tel que on ne vit de parreil, les plus vieilles
gens du Royalme y furent mandez : & incontinent le Confeil tenu,
fu refpondu au Conte de Naffau telle chofe, qui ne fu pas felon
fon propos ; s'y envoya le Seigneur de Bellain vers l'Archiduc,
fçavoir fy on volloit accepter ce que le Confeil de France difoit.
Bellain ne ceffa jamais qu'il ne vint en la ville de Gand, où l'Archiduc avoit faict fon entrée, telle & fy noble, que jamais à Prince
ne fu fecte de telle, comme plus adplain le recite mon grant recoeil en la Maifon de Bourgoigne. Les Lettres furent regardées,
où four icelle fu refpondu en conclufion, que le Conte de Naffau
retournaft incontinent. Ces lettres à luy venues, que le Sʳ de
Bellain luy porta, où on fift ce qu'on demandoit. Bellain retourna
en Paris, lequel en fon chemin trouva fa mere trefpaffée. Luy venu au Conte de Naffau ayant ces lettres, les Ambaffades fe trouverent encore une fois devant le Confeil, où une Ambaffade d'Allemaigne eftoit, une des Efpaignes & une de Portugal, celle du Prince de Caftille, deux du pays d'Angleterre, dont l'une redemandoit
à ce nouveau Roy la Duchiet de Normandie, & l'autre la foer du
Roy, la Royne Blance. Le Confeil refpondit à touttes ces Ambaffades, difant, que le Roy eftoit encore trop nouveau pour refpon-

dre aux demandes qu’on demandoit, & qu’il avoit promis d’entretenir les chofes du Reaulme, & que l’on attendiffe quattre ans, &
que lors on refpondroit à chefcun, fe il eftoit poffible, ad ce qu’il
demandoit. Le Conte de Naffau reprint le mot & dict, qu’il ne
povoit attendre quatre ans ; & comment il avoit reçupt lettres de
l’Empereur & de Charles fon maiftre, de foy retourner, ou que
on luy fift fa defpefche : & leur monftra les efcriptz, aus quelz
les voyant, on luy dift que dedens deux jours feroit defpefchiet :
mais les autres s’en povoient bien aller. Ainfy en tel maniere en
fu il faict, car il fu expedyet de fon eftat ; parquoy il s’en retourna au plus brief qu’il peuit en la ville de Gand, où l’Archiduc
eftoit : mais luy party, point les Angloix & les autres, on pu-
blya la guerre contre le Roy d’Angleterre & tous fes allyés. Ce
neantmoins par confeil le 16ᵐᵉ jour du mois d’Apvril, on relivra
la feur du Roy d’Angleterre au Duc de Suffolc, qui depuis l’éf-
poufa, la quelle accompagniée du Miilor de Lille, nommé Bertrand
Brandon, fe party de la ville de Paris, où en leur prefence on
crya la paix entre le Roy très-Creftien & le Roy d’Angleterre,
parreillement le Prince de Caftille & tous leurs allyés. Ce cris
ainfy faict, le Roy & la Roynne, avecque pluifeurs nobles, conduiferent la Roynne Blance jufques à Saint Denis, où ilz prindrent
congiet ; & depuis fu accompagnée des Franchois, jufques en la
ville de Calais, du Seigneur de Bourbon Coneftable de France pour
le premier, le fecond le Duc de Nevers, le tierche le Conte de
Vendofme avec aultres, lefquelz retournerent en France, après l’a-
voir livret en la ville de Calaix. L’Acteur (b) dict : Helas pauvre fille
tu fu par trop abufée d’abandonner Charles Archiduc d’Auftrice,
Prince de Caftille, Duc de Bourgoigne, Conte de Flandre &c. pour
icelluy qui ghaire ne font d’honneur ne de proffit. Neantmoins
elle fu heureufe, quant elle fe trouva en Angleterre ; où lors perchut bien, qu’il avoit efté defcheuz. Quant les Seigneurs furent
retournez de Calaix, avec pluifeurs aultres fe trouverent en ung
Confeil, où le Roy, fe voyant eftre pacifique & maiftre du Reaulme, dict au Duc de Bourbon, nouvellement creez Conneftable :
qu’il luy plaifoit aller de là les montz, pour corriger aulcuns plains
de rebellions à la courrone. Le Duc de Bourbon, avec les autres
fe confenty bien à la vollunté du Roy ; où tellement en peu d’efpace befoigna par le confeil du Conneftable, de fes bien voeillans,
que le Ducet de Millan fu remife en fon obeiffance, & les rebelles tous corrigiés ; & lors y mift au chafteau bonne garnifon de
Franchois, bien garniz de tout ce qu’il eftoit de neceffité &c. Puis
après retourna en fon Reaulme, leiffant par de là une groffe bende

(b) L’Au-
teur de ce Li-
vre.

de Franchois. Sitoſt après qu'il fu retourné en ſon pays, le 17ᵐᵉ jour du mois de March, alliance fu faiᵉ́te entre le Roy de France & le jonne Prince de Caſtille, Archiduc d'Auſtrice; au quel fut accordée en mariaige, Dame Renée, fille maiſnée du Roy Loys de Valloix deffunt, Soer à la Roynne; pour la quelle alliance furent faiᵉ́tz groz esbattemens en la ville de Paris; & me fu diᵉ́t que pour la feſte, on y fiſt 4ᴹ· feuz par les rues & carfours. En enſuivant ceſte feſte le 8ᵐᵉ jour du mois d'Apvril, en l'an mil chinc cens & quinze, au propre jour de grant Paſques, furent faitz les ſermentz de par le Roy, de entretenir le mariaige entre le Prince de Caſtille, Duc de Bourgoigne, & Dame Renée de Vallois. Et ottelz les fiſt le Conte de Naſſau, chief de l'Ambaſſade de par le Prince de Caſtille, au nom du quel le di Naſſau fianchia Dame Renée. Le merquerdy ſieuvant 11ᵐᵉ d'Apvril au di an 1515 en furent faiᵉ́tz les feuz en la ville de Vallenchiennes, & par toutes les autres villes, avec la Proceſſion en grant devotion, joye & triumphe, Et le mardy enſieuvant 17ᵐᵉ d'Apvril, ſe parterent de Paris deux poſtz, pour le joedy eſtre au Bois le Duc, deffendre de par le Roy de France au Duc de Gheldres, ſur la hart, de non mal faire aux pays du jonne Prince de Caſtille. En après l'ung diceulx poſtz retourna par Sedaing, faire à Sire Robert une ſemblable deffence de par le Roy de France : à quoy tous deux ceſſerent leurs malvaiſes volluntez, &c.

CHAP. II. *Comment le jone Prince de Caſtille viſita ſes païs & bonnes villes; & comment par quelque promeſſe, fiancha ſa ſeur au Roy de France, Franchois.*

Aɪɴsy que ces choſes ſe demenoient, le merequerdy 18ᵐᵉ de ce mois, le jonne Prince de Caſtille fiſt ſon entrée en la ville de Bruges, en tel triumphe que nulz ne le ſçaroit dire, ne eſcripre; tant bien y fut-il receu des Seigneurs & des nations qui lors y eſtoient. Lequel Prince le Dimence enſieuvant 22ᵐᵉ d'Apvril, veult revéoir touttes les hiſtoires & triumphe que à ſon entrée on luy avoit faiᵉ́t. En faiſant Proceſſion general, la quelle paſſa parmy ſon hoſtel, où le Sainᵉ́t Sacrement de l'Autel fu devottement porté, il y avoit tant de torſes, flambeaux, chandeilles & aultres chierges & allumeries, que c'eſtoit merveilles & belles choſes à véoir. Pluiſeurs Ambaſſades y eſtoient, tant de Hongrye, comme d'Allemaigne, d'Eſpaigne, de Dinnemarcque, comme d'Angleterre; chacun s'efforchoit d'y faire triumphe; on y ſemoit or & argent à grant plentet (c). Madame Marguerite y eſtoit accompagniée de Dame Alyenor, &

autres

(c) En grande quantité.

autres Dames & Damoiselles des pays. Le triumphe tout achevé, le 4me jour du mois de May ensuivant, le Conte Nassau revint de Paris en la ville de Bruges, de fiancher Dame Renée; le quel conta tout l'estat & maniere à l'Archiduc, dont le merchia grandement. Que *(d)* depuis, le 15me jour du moy de may, le jonne Prince se party de Bruges pour aller faire son entrée en la ville de l'Escluze en Flandre, & visita le chasteau, accompagniet de Philipes de Raveftain, qui tanstost après passa l'yaue *(e)* pour aller en Hollande & Zellande, où il fu honnorablement reçupt. En tant que le jonne Prince recepvoit pluisseurs Ambassades en la Haie en Hollande, & à l'issue du mois de jullet, l'Empereur Maximilien fist faire les noepces de sa niepce Marie, en la ville de Vianne en Austrice, au Filz du Roy de Hongrie eagié de dix ans, lesquelz on fist couchier ensemble, pour plus grant sçeureté. Le Roy de Hongrye y estoit present, & son Frere le Roy de Boësme; le Roy de la Poulle: & sy y avoit deux Cardinaulx & deux Archevesques. Jamais ung tel triumphe ne fu perchut en nulles nopces. Ce jour mesme, fu faict le mariaige de Domp Frenandt à la fille du Roy de Hongrie, soeur au jonne mariet, la quelle fu convoitée de l'Empereur Maximilien, où il dict, que c'estoit pour l'ung de ses Nepveux, pour Charles Prince de Castille, ou pour Don Frenand son Frere maisnet. Les aulcuns disoient, quoy qu'il en fist, que en la fin ce seroit pour sa personne; car la fille luy monstroit une merveilleuse amour. Celle luy donna une chemise, & estoit tant rice, que on ne le sçaroit nombrer. Ces choses se passerent. Lors s'accoucha la Royne de France d'une fillette, la quelle ne vesquist guerre. En ce temps pendant, le Prince de Castille estant en la Haye en Hollande, par conseil fist le Conte de Nassau Gouverneur de Hollande & de Zelande. Ceste ordonnance faicte & plusieurs aultres, pour le bien & utilité des pais, le Prince s'en party & alla en la Haye, pour y besoigner d'aucune besoigne, où il fu conclut du voiaige de Dame Isabeau, pour le mener au Roy en Dinemarque; où au chemin, l'Abbé de Saint Martin de Tournay mourrut, & le bastard du Prince de Chimay, & pluiseurs Dames & Damoiselles : neantmoins la bonne Dame Isabeau, sans avoir quelque mal, arriva au pays de Dinnemarque; là où elle fut très-honnorablement rechupte, & y fist son entrée comme Roynne, à l'issue du mois d'Aoust. C'estoit plaisir de veoir efforchiers les Seigneurs & le peulple de la resjoyr. En ce temps le jonne Prince Charles, Archiduc d'Austrice, faisoit ses entrées en aulcunes de ses villes; tellement que à l'issue du mois d'Octobre, il fist son entrée en la ville de Namur, où ceulx de la ville le rechurent comme leur naturel Seigneur. En

N

1515.

(d) Que furperflu, à la manière des Italiens; *Che doppo.*
(e) *L'Eau.*

enfficuvant après le 18me jour du mois de Novembre, icelluy fift fon entrée en la ville de Mons en Hainault, chief ville de la Conté de Haynault, où on luy fift des très-honnorables & notables joyes & triumphes; où en icelle y eult trois gentilz-hommes lefquelz en ung tournoy attenderent tous venans. Le premier eftoit le Senefchal de Haynault; le deuzieme, le Filz du grant Bailly de Hainault; le tierche, le Seigneur de Baudoulx, filz de Sire Bandin de Lille; le quel Bandin fu filz baftardt au Duc Philippe de Bourgoigne. Sachiés que les jouftes y furent fort puiffantes. Le Seigneur de Sainzelles (e), Filz au Seigneur de Mingoval, y gaigna le prilz, tant bien le fift-il. C'eftoit un gand d'or, lequel le reçupt fort joieufement & honnorablement. Soyés advertis que le Prince fe party de la ville de Mons, après y avoir le tout bien ordonné, le 28me jour du mois de Novembre; lequel alla faire fon entrée en la ville de Binch en Haynnault: puis l'endemain de fon entrée, fe party pour retourner en la ville de Namur. La voix courroit, qu'une bende de gens à Sire Robert de la Marche, s'eftoit mife fus, que pour trouffer le jonne Prince Charles de Caftille, & que pour le menner au chafteau de Sedaing. Les Namurois eftant advertiz, incontinent fe trouverent 4^{c.} chevaulx & mille pietons, lefquelz allerent au devant de leur Seigneur & Prince naturel, & l'adverterent de cefte befoigne, dont les remerchia, & les tint grandement pour bons fubgeftz. Ces robeurs & pilleurs, voyant la chofe ainfy tourner, & que leur faict eftoit rompu, fe rethirerent fans eulx à (f) monftrer. Le jonne Prince les menachant, fe logea en la ville de Namur. Ce temps pendant, pour aucune meultinerie que on percevoit en la ville & cité de Tournay, le Roy d'Angleterre en eftant adverty, jurra que une fois s'en metteroit en deffence; & par fon Confeil delibera que d'y faire ung chafteau pour les chaftier. Incontinent la faifon venue, envoya que carpentiers, que machons 7 ou 8^{c.} du pays d'Angleterre; & quant ilz furent venuz en la cité, & bien vifité par bon advis où on feroit le chafteau, commencherent à abattre maifons; & fu publiet à fon de trompe & fur la hart, que nulz Tournifiens, s'ilz n'y befoignoient, n'entraffent en leurs attellyers, quelque y fuiffent, ne auffi parreillement nulz eftrangiers. Je vous adverty que l'oeuvre ne fu point de loing temps commenchiée, quant il arriva en la cité, venant d'Angleterre, une charrette d'Angelotz d'or, & de Tieftart d'argent; de quoy foigneufement les ouvriers furent payés & contentez; pourquoy befoignerent tant vertueufement, que le chafteau, quant le temps en advint, fu merveilleufement bien edifiet en groffe deffence contre la cité de Tournay. De quoy pluifeurs citoiens, crain-

dant que par cy-après mal ne leur en venist, tout bellement se retirerent dehors avecq leurs biens ; les aulcuns en France, & les
aultres en Flandre ou en Haynault. 1515.

Comment les Franchois & Venissyens assiegerent la ville de Bresse, dont CHAP.
l'Empereur Maximilien incontinent leur donna secours à la III.
confusion des Franchois.

AINSY que ces choses & autres on demenoit, le Roy de France
s'estoit retiré de là les montz, accompagnié du Duc de Bourbon,
Conestable de France, pour ce que on l'avoit adverty, que la ville
de Bresse faisoit beaucoup de malz aux Franchois de delà les montz ;
& sachant que le Duc des Zas & Philibert de Succre n'estoient pas
gens pour avoir (g) par ses dons, ne par promesses, y envoya une (g) *Qu'il*
grosse bende Franchoise, en la conduite du Conneftable de France ; *put gagner.*
le quel accompagnié des Venissyens assiegerent la ville de Bresse,
le darrain (h) jour du mois de Novembre 15ᶜ· & 15, où pluisieurs (h) *Dernier*
assaultz le Duc de Bourbon y sist livrer, qui furent vaillamment
deffendus par les gens de l'Empereur. Soyés advertis que la ville
estoit de près fort fremée ; neantmoins ens ès saillyes que les Bourguignons faisoient, misrent ung homme sus, lequel hastivement alla
devers l'Empereur, au quel il dit leur necessité. Maximilian voyant
sa commission, & que le Duc des Zaz luy rescripvoit, jurra qui
les iroit secourir ; & rescripvy que hardiement ilz attendesissent, &
que bien brief les osteroit de captivité là où ilz estoient. Ce temps
pendant que l'Empereur se apparreilloit, le noble Roy d'Arragon au
pays de Castille trespassa de ce siècle, & fu le 27ᵐᵉ jour du mois
de Janvier ; parquoy groz deuil sourdy ens ès pays, pour ce que
chacun le congnoissoit avoir esté le plus vertueux Prince de Chre-
tieneté, tant contre les Turcs en Grenade, que en Barbarye. Tout
chescun par les pays en demenoit deuil. Soyés advertis que le
testament qu'il sist à ses nepveux & niepces fut grant & sumptueux.
A Charles d'Austrice leissa quinze bons Reaulmes ; desquelz pour ceste
foys je m'en taix. Le 14ᵐᵉ jour du mois de March, fu fait son ser-
vice & obsecques moult sollempnel, au quel il y eult 15. chevaulx
à l'offrande, pour chacun Royalme ung cheval qu'il avoit en son
vivant possessé ; moult d'allumeryes y estoient faictes ; jamais ne fu
à Roy ne Prince Crestien telle despence en services ne en funerailles, que en icelluy. Dieu luy faire pardon. Ce fu ung Prince le
quel avoit tousjours haultement regnet (i), par especial, comme j'ay (i) *Regné*
dict, contre les infidèles. Sachiés que de ce temps en advant, le jonne *avec gloire.*
Prince de Castille fu tousjours appellé d'ung chacun, Roy d'Arragon,

par la fucceffion de fon feu grant Pére, Dom Frenand. Lors que ces chofes fe faifoient, l'Empereur Maximilien eftant adverty de fon trefpaffement, & de ce qui fy faifoit, tant pour fon nepveu Charles, que pour aultres, eftoit fur les champs, lequel faifoit fes aproches de la ville de Breffe, comme il avoit prommis aux bonnes gens de guerre, qui là dedens eftoient encloz, de les fecourir ; où tellement exploita que le 25me jour du mois de March, le famedy de Pafques flories, y arriva, lequel fe mift en champ fermé de fon artillerie & carroy. Le Duc de Bourbon fachant fa venue, & auffi congnoiffant fes tours de la guerre, comme homme faige & prudent, affembla fon confeil, & dict toutte fa vollonté ; & que fon defir eftoit que d'affallir le pluftot qu'il pouvoit l'Empereur, fe on fi volloit confentir. Les Veniffiens & les Franchois refponderent : que fon plaifir faift fait. Quand le Confeil eult ainfy conclut, le Duc de Bourbon fe mift fur le champt pour combattre & affaillir l'Empereur ; le quel Empereur voyant l'appareil, ordonna fes batailles tellement, que le Duc de Bourbon fu affés bien rudement rechupt : mais au commenchier, à entrer dedens le Allemans, la force des Franchois & la conduite y fu fi bien monftrée, que l'Empereur y perdit beaucop de gens. Luy, comme homme fubtil en la guerre, y remedia bientoft, & fe recoeilla ; où lors ceulx de la ville fortirent, pour aider l'Empereur par telle forte, que depuis les Franchois n'eulrent plus de vigueur ; car tous furent defconffitz & deffaitz. La perte pour les Franchois y fu merveilleufement grande. Le Duc de Bourbon y fu prins & retenu ; & fi perdit touttes fes utenfilles de guerre, c'eft affavoir, tenttes, pavillons, traictz, & aulcubes (h), & toute fon artillerie, & tous fes gens occiz & tuez, finon aulcuns qui fe parterent de bonne heure, defquelx en y eult beaucop de prifonniers. A cefte heure, le Roy de France eftoit avecque le Pape à Boulloigne la graffe ; lequel, quant il fceult les nouvelles de la defconfiture, & la prinfe de fon Coneftable, cuida devenir enragié & hors du fens. Et fu dict qui luy en prift une maladie. Quant les morts furent enterrés, & la ville de Breffe ravitaillyée, l'Empereur alla affigier une ville là en tour, que les Franchois tenoient, la quelle faifoit beaucop de mal à la ville de Breffe ; quy fe rendy fur le jeudi faint, le 30me jour du mois de March. Tandis que l'Empereur eftoit en tel affaire, la nuit de Pafques le Vice Roy de Naples d'autres cofté fift tellement fes aproches de la ville de Milan, que le jour de Pafques, en l'an mil chinc cens & feize, la ville fe rendy : mais pas le chafteau. Parquoy en France fu publié l'Arriere-banc. Et fi fe delibera le Roy de France, lequel eftoit à Boulloigne la graffe, d'y remedier. Ce temps pendant le jonne Roy

(h) Peut-être, *Arque-bufes.*

d'Arragon alla veoir fon grant Pére l'Empereur, qui retournoit de
fon voiaige de Breffe, dont l'Empereur bien-veigna honnorablement
fon nepveu; où furent long tamps en devife de fon voiaige d'Efpaignes, lequel ne luy deftorna en nulle manière : mais luy confeilla, en luy remonftant de belles befoignes. Le quel jonne Roy
après le congié de fon grant Pére, fe party des Allemaigne : mais
le Duc de Gueldre, quy adverty eftoit de fon retour, fe mift au
champ pour le ruer jus : mais bonne provifion y fu mife ; car à
force & puiffance, on alla au devant de luy jufques à la Ducyet
de Luxembourg. Quant le Duc de Gueldre fceult l'armée mife fus,
incontinent fe retira. Et fachiés que le Conte de Naffau le alla vifiter à fon grant préjudice. Ce temps pendant, le noble Prince de
Chimay, quoi qu'il y avoit heu des promeffes entre le Roy d'Arragon & Madame René pour mariaige, fe tourna en France ; & le
Roy d'Arragon en telle forte, que le Roy donnoit fa fille Loyfe au
jonne Roy; & eftoit le Roy de France nouvellement revenu de delà
les montz, lequel avoit ramenet avec luy le Duc de Bourbon, parmy une groffe ranchon payant. Et fu le traiétiet tellement accordé
entre les Efpaignes, & le Roiaulme de France, & le tout par le
moyen du Prince de Chimay, que vraye mariage y fu accordé. Pourquoy incontinent retourna devers le Roy d'Arragon au pays de Brabant, où en Confeil préfent le Roy d'Arragon diét, ce que faiét en
avoit efté. Sur ce fu envoyé le feigneur de Raveftain, & pluifeurs
aultres, faire & jurer la paix en France ; & pareillement le mariaige
entre le Roy d'Aragon & Dame Loyfe fille au Roy Franchois. Les
promeffes faiétes par le Seigneur de Raveftain, chacun fe retourna :
mais luy y demoura dernier, pour lever de fons ung filz au Roy.
Incontinent après fe retourna en Brabant, quant les Ambaffades furent parties de France, affavoir, Philippes de Raveftain & les autres, fu conclud que on envoyeroit le Seigneur d'Omalle, le Seigneur de Humierre, & le Seigneur de Rochefort, pour aller en la
ville de Brouxelle ; & fu affaire la veille que le Roy d'Arragon fift
fon Toifon, qui fu le premier jour du mois de Novembre, mil chinc
cens & quinze, lefquelz le 2ᵐᵉ de Novembre que le Toifon fu re-
nouvellet du Roy d'Arragon, à la mode & manière que le Duc Philippes de Vallois & de Bourgoigne le commencha en grant triumphe, en
l'Eglife de fainte Goulle (l) en la ville de Bruxelles. Iceulx Seigneurs
Ambaffadeurs de France, ce di jour jurerent la bonne paix entre le
Roy d'Arragon & le Roy de France & leurs allyez ; & vray mariage à Dame Loyfe, fille au Roy de France. Et fu lors diét, que
quant la diéte fille auroit 8 ans, que le Roy d'Arragon le fiancheroit ;
& celle venue à l'aige de 11 ans & demy, le Roy de France le li-

(l) Gudule.

vreroit au Roy d'Arragon pour l'espouser : se le jone Roy estoit en
Flandre, on luy livreroit en la ville de Lille en Flandre : & s'il
advenoit qu'il fuist en son Royalme d'Espaignes, on luy meneroit en
la ville de Parpignant ; & luy promist le Roy pour son douayre,
le droict que à jamais auroit au Reaulme de Naples, en luy donnant cent mille escuz comptant, & acoustrée, meublée & mise en
point, comme à telle fille appertient : & tousjours anuellement sur
le Royalme de France, chincquantte mille escuz d'or à la Royne.
Meisme fu dict, se le Roy d'Arragon se moroit, que son frere Domp
Frenand le prenderoit en mariaige, moyenant qu'il ne fuist point
maryet à la fille de Hongrie. Et fu encore dict & proposet, que se
Loyse trespassoit, que le jonne Roy espouseroit la soer à la soer à
la Roine, Dame Renée, fille au Roy Loys de Vallois, de quy le
mariaige avoit estet autrefois faict. Sur ces devises fu la paix jurée
des deux quartiers. Pour le quel mariaige, la feste du Toison en
fu plus sollempnelle & somptueusement faicte. Pour le premier nouvellement créez au Toison, fu le jonne Roy de Hongrie ; le second,
le Roy d'Escofche ; le tierche, le Marquis de Brandebourck ; le
4ᵐᵉ, le Conte Palatin ; le chincquisme, le Conte de Porcain ; le
6ᵐᵉ, Monseigneur de Thoux ; le 7ᵐᵉ, le Seigneur de Fresin ; le 8ᵐᵉ,
le Seigneur *de* Sainzelle ; le 9ᵐᵉ, le Gouverneur du païs de Bresse, &
morut ce propre jour de joye ; & le 10ᵐᵉ, le Comte de Romond
en Savoye. Sachiés que pour ceste foys & feste, qui fu noble &
plantureuse, les joustes y furent puissantes & les tournoiz. Et ad ce
jour ung Espagnard y gaigna le pris à l'espée, & le Seigneur de
Sainzelle à la lance. Depuis y eult tournoi de 12 contre 12. Les
12 deffendant estoient en ung chateau, qui se disoit de la Pucelle.
Iceulx emporterent le pris sur les rues : mais les Espagnars emporterent le bruit de force & de ricesses. Ce temps pendant, le Duc
de Gueldre envoya deffiance au Conte de Nassau, ad cause que le
Seigneur de Isselstain son allyez faisoit la guerre au pays de Frises,
en aucune partye quy tenoient du Duc de Gueldre. Le Conte de
Nassau, quant il entendit la deffiance du Duc de Gueldre, s'en plain-
dy au Roy d'Arragon ; & fu la deffiance mise en conseil, où fu dit
& decretté après la parolle du Roy, que le Conte de Nassau seroit
secouru ; & l'endemain luy fu baillyés 8ᶜ· pietons, lesquelz au coman-
dement du Roy, s'en allerent avecq pluiseurs aultres au pays de
Gueldre, où ilz firent de groz domaiges, mettant les feuz par tout.
Quant les pòvres gens du pays veyrent le domaige que on leur faisoit, incontinent appaiserent la chose envers le Roy d'Arragon, dont
fu aux gens de guerre deffendu la main mise, & non point de mengier le pays : mais quelque chose que on y fist, le Duc de Gueldre

ne s'en mua; bien fachant que le Roy s'en mefloit. Ainfy que ces
chofes fe faifoient, le Roy d'Arragon, aprés que les Ambaffades
de France furent parties, mis fus une nouvelle ordonnance de deux
cens lances. L'homme d'arme à trois chevaulx avoit par jour 18
pattars; l'Archiers, 6 pattars par jour; lefquelz pafferent les pre-
mières monftres en la ville de Nivelle en Brabant, & à Grantmont.
Le Marquis d'Arfchot, Seigneur de Chievres, l'homme du monde
que le Roy d'Arragon aymoit plus, & non fans caufe, fu faict le
chief de cefte ordonnance. Le 2me, le Conte de Naffau; le 3me,
Monfeigneur de Raveftain; & le 4me, le Seigneur de Fiefnes; à
chacun 50. lances; defquelles dont fu conclud, que les païs en paie-
roient les cent, & le Roy fur fa domaine, les autres cent: Et furent iceulx mis en garnifon fur les frontieres de Gheldre, ficomme à
Lyaulle (m) en Brabant; à Graves & aux aultres places; & fytoft qu'ilz
y furent mis, vechy 4^c· lances Franchoifes, que on avoit bannyes
de France, qui pafferent à Maifierre fur Meufe pour aller au pays de
Gheldre. Quant (n) ceulx qui nouvellement avoient eftez mis fus, incontinent fe mifrent au devant, pour deffendre l'entrée du pays de
Gueldre; quy ghaire ne proffiterent, pource que les Franchoix eftoient deux contre ung, avec groffe artillerie vollant, qui tuerent
des Bourguignons: mais 4^c· piettons *des* pays, de ce advertys, fe vinrent joindre affez bien empoint avec ceft ordonnance, fourant fur
ces Franchois en telle forte, que les Franchoix furent conftraints de
tourner & fuyr à leur grant honte & domaige, en perdant gens &
tout leur carroy, & artillerye; tant que tous y demourerent, ne s'en
fally ghaire. Cependant le 15me jour du mois de Novembre, fu
commandé à faire proceffion generalle touttes les fepmaines, depuis
ce jour jufques à la Pentecoufte; auffi le fermon, pour incitter les
Chrêtiens pour prier Dieu, que la Chrêtieneté puiffe demourer en
bonne paix. Et le 22me jour du di-mois fu publiés & commandé,
que en dedens 6 fepmaines aprés la publication, que tous fieves &
arrière-fieves de la Contet de Haynault, fuiffent en la ville de Mons,
& ainfy aulx autres pays, fur paine de perdre leurs fiefz. Encore
fu publié, que touttes Abbayes, Hofpitaulx, Priorctz, Eglifes, Cha-
pelles & aultres, lefquelz ont rentes acquife, apportiffent le quint
denier en la main de Jehan de la Croix, recepveur génèral du Pays
de Haynault; & ainfi ès autres pays du Roy d'Arragon, & que de
ce volloit avoir la cognoiffance, & faire auffi deffence de jamais
acheter rentes ne aultres poffeffions, fans en avoir la cognoiffance;
ad fin d'en avoir le quint denier au Roy, ou à fes commis. Ces
chofes ainfy publiées que di eft, chacun en faifoit fon debvoir. Environ le Noël, fe fifrent de groffes jouftes en la ville de Bruxelles,

1516.

(m) *Leeuw*,
ou *Leau*, pro-
che S. Trond.

(n) *En même
tems.*

de deux freres Efpagnolz, qui fe mifrent contre tous venans. Leurs acouftremens eftoient de drap d'or, chargiés de pierries & damas blanc ; & leurs ferviteurs, de damas rouge & de fatins blanc ; & coufterent les accouftremens 1600 florins d'or, tant de leurs chevaulx que de leurs corps. C'eftoit merveille de les veoir ; perfonne ne fceut *(o) Qui pût fus eulx riens emprendre qui phaire leur teift (o). C'eftoit triumphe leur faire beau-* de lors eftre en la ville de Bruxelles, pour les esbattemens que l'on *coup de mal.* y faifoit : nulz ne le farroit narrer ; & meifme y donnoit le Roy d'Arragon de fy groz dons, que chacun s'en efmerveilloit.

**CHAP.
IV.**

*Comment Charles Roy d'Arragon renouvella la Toifon d'or, & comment
il envoya la Toifon au Roy de France, lui monftrant
amitié, dont il le receu, &c.*

FAISANT ces chofes, à l'iffue du mois de Janvier, pour tousjours nourir bonne paix, le Roy d'Arragon, par confeil, envoya au Roy de France la Toifon d'or, combien que en le renouvelant n'y fuift point eftet declaret. Ce neantmoins le 2me jour de Novembre, Monfeigneur le Grant-Maiftre, Seigneur du Reulx, noblement accompagnié luy porta, lequel fu receu très-honorablement du Roy & des Pers & Barrons de France ; & le porta le Roy bien fumptueufement à l'Eglife Nôtre-Dame de Paris à vefpres, & lendemain *(r) En al-* à la meffe ; dont le Roy, à aller (p) à l'Eglife, avoit mis le Seigneur *lant.* du Roelx au defeure de luy, pour l'honneur de fon maiftre : mais au retourner de l'Eglife le mift au defoubz. Après cefte reception, au commenchement du mois de Febvrier, & que le Sr. de Roelx eftoit retourné au pays de Brabant, le Roy de France envoya le premier payement qui debvoit par an au Roy d'Arragon, pour le Douaire de fa fille ; & le aporta l'Evefque de Paris, lequel fu bienveignés ; car l'Empereur, qui lors eftoit en la ville de Bruxelles, luy fift de groffes reverences ; dont en ung bancquet, où eftoient l'Empereur, le Roy d'Arragon, l'Evefque de Paris, Dame Marguerite, Dame Alyenor, le Seigneur de Chievres & aultres, vinrent 20 hommes d'armes montés fur petis chevalz, les piedz garnis de feutre, & monterent en la falle : mais du chocq qu'ilz firent l'ung contre l'autre, ad caufe que ce n'eftoient pas fors chevaulx, tumberent tous par terre ; lefquelz viftement mifrent les mains à l'efpée, & fe batterent longue efpace l'ung l'autre. En la fin l'Empereur les fift ceffer, & demeftre leurs healmes, pour les congnoiftre ; lequel Empereur les fift tous feoir à table. De leurs noms pour le prefent je m'en deporte. Ce neantmoins quant ilz eurent eftez recougnuz, auprès d'eulx l'Empereur fift feoir chacun une Damoifelle,

felle, & en tel eſtat leſdi hommes d'armes ſe rafreſcherent ; qui depuis recommencherent ſur leurs chevaulx, juſques à tant que le Roy d'Arragon ſe leva de la table, lequel priſt pour danſer ſa ſœur Alyenor. Lors les hommes d'armes ce voyant ceſſerent, & les trompettes qui auſſi ſonnoient. Après ces triumphes, ainſy faiz que dict eſt, l'Eveſque de Paris ſe party, & adverty le Roy d'Arragon, que une Ambaſſade ſe debvoit de brief trouver en la ville & cité de Cambray de par le Roy de France ; & que le Roy deſiroit fort d'y venir en perſonne, moyennant que le Roy d'Arragon ſy voliſſe trouver, & euſſe voluntier parlé à luy. Incontinent après que l'Eveſque fu party, fu par Conſeil de l'Empereur & autres ordonné, que le Seigneur de Chievres feroit ceſte Ambaſſade, & avec luy le Chancelier de Bourgoigne, & le Treſorier de l'Empereur, pour communiquer avec les Franchois, & confermer la paix ; pareillement pour ſçavoir ſy les deux Rois ſe trouveroient en la cité de Cambray. La choſe fu apparreillée, & eulx venuz en la cité, le Conſeil fu tenu ſolempnellement, où beaucop de matieres furent ouvertes, & meiſmes accordées : mais en la fin le Treſorier de l'Empereur y fiſt de groſſes differences & diſcordances, où le Sr. de Chievres s'y accordoit aſſez : neantmoins ſe remiſrent enſemble, où par bon accord, la bonne paix y fu confermée : mais ſe fu il dict & acertés, que ſur ce qui s'y eſtoit mis avant, les deux Rois ne s'y trouveroient pas. Lors les Franchois, ſachant aulcunement que le Roy d'Arragon deſiroit moult d'aller en Eſpaigne, diſrent au Seigneur de Chievres : que le Roy de France deſiroit fort à veoir le jonne Roy d'Arragon ; & que s'y luy plaiſoit, que ſon voyaige ſe fiſt parmi le Reaulme, comme ſon pere fiſt ; & que on l'aſſiſteroit en tel ſorte, ou encore davantaige. Le Seigneur de Chievres remerchia grandement le Roy, diſant : que la choſe feroit ainſy bien faicte, & que il en advertiroit le Roy d'Arragon ſon maiſtre. Après touttes ſes deviſes, le Seigneur de Chievres priſt honnorablement congié des Franchois, leſquelz debvoient encoire ſejourner en la cité de Cambray pour ſçavoir les reſponces ; dont & pour ceſte cauſe, ſe trouva par ſa bonne diligence en la ville de Bruxelles, au lever du Roy, au quel il dict ce qu'il avoit trouvé aux Franchois. Et fu le premier jour du mois de March au dit an 15 cent & 16, où le Conſeil ſour ces affaires fu raſſemblé ; & après tout avoir bien narré & adviſé, fu dict & decreté que le Seigneur de Chievres ſe retourneroit en la cité de Cambray ; dont pour ſon bon devoir, il y arriva le 8me jour du mois de March ; où ſour ce que les Franchois avoient propoſé, l'Empereur, le Roy & ſon Conſeil aulcune choſe y differoient ; entre leſquelx propos fu parlé de ſon

O

1516.

voyage par terre, que le Roy defiroit ; où il fu refpondu du Seigneur de Chievres, que fon maiftre le Roy d'Arragon yroit par mer, & daventaige remerchioit le Roy de France, du bien & de l'honneur qui promettoit à Roy d'Arragon fon maiftre ; neantmoins bonne paix eftoit de par luy jurée. Après moult de confultations entre les deux Ambaffades, le Seigneur de Chievres fe party des Franchois, le 13ᵐᵉ jour du mois de March. Lors en difoit, quoy que les Franchois avoient promis, que riens n'en tiendroient en nulle forte ; neantmoins le Seigʳ· de Chievres retourna par devers le Roy d'Arragon, où l'Empereur eftoit, qui donnoit le principal confeil en touttes fes Ambaffades. Touttes foix la chofe fu tellement demenée, que la paix bonne & enthiere fu promife ; & courroit la voix que le Seigneur de Chievres y avoit fort tenu la main, & que fans luy le treforier de l'Empereur heuift tout rompu au Confeil de Cambray. Ce temps pendant trefpaffa l'Evefque d'Utreĉt, dont les Seigneurs de la ville le fifrent fçavoir au Roy d'Arragon, luy fupplyant qui les volfift pourvoir d'ung bon Pafteur. Quant le Roy eult entendu l'Ambaffade ainfi parler, demanda confeil à fon grant Pere l'Empereur ; lequel luy en donna refponce, ainfy comme il luy en fembloit & qu'il en feroit faiĉt de par luy. Lors le Roy demanda à l'Ambaffade, ce entre eulx n'avoient point ung efleu, ilz refponderent que ouy : mais ilz defiroient qu'il en defift fon mot, & qu'ilz le tenoient pour leur Hault-Advoüet. Quant le Roy entendit ces parolles, & auffi par l'advertiffement de fon grant Pere l'Empereur, diĉt : que fon defir eftoit, que fon grant Oncle, le Baftardt de Bourgoigne Philippes, le fufift ; incontinent par iceulx luy fu accordé, difant au Roy : que à icelluy eftoit leur Eleĉtion, & de la plus grant part des Chanoines, & que ainfy en feroit faiĉt. Dont Philippes Baftardt de Brabant fu toft après rechupt comme Evefque paifiblement en la cité d'Utreĉt, & de tous les Colleges (q), où il fift triumphamment fon entrée.

(q) Chapitres.

CHAP. V. *Comment le Roy de France envoya finances & lettres au Duc de Gueldre, dont il fu deftrouffé par les gens de l'Empereur, & les lettres luttes.*

AU TEMPS que ces chofes & aultres fe demenoient aux pays du Roy d'Arragon, advint que entour le my Carefme, quelque promeffes que les euiffent fait en la cité de Cambray au Seigneur de Chievres, pour & au nom du Roy d'Arragon fon maiftre ; le Roy de France envoya au Duc de Gueldre deux mulletz chargez de fi·nance ; dont pour mielz paffer parmy les pays affurement, leurs

bahuz des draps armoyez du Cardinal de Sion, qui lors eftoit en
ces pays : mais ce ne leur valut pas ung denier ; car les gens de
l'Empereur furent tellement advertis de leur malvaife cavillation,
qui les vindrent recontrer, lefquelz troufferent les hommes, les mulletz, la chevance, lettres, & tout que le Roy envoyoit au Duc de
Gueldre pour refolution ; lefquelles furent luttes par devant l'Empereur & le Roy d'Arragon ; dont la teneur telle que elle eftoit s'enfuit. A vous, grant amy, Duc de Gueldre &c. vous advertiffant
que je vous envoye la finance à cefte fin, pour avoir gens de
guerre à votre plus beau, pour ce que de mon Reaulme vous n'en
povez avoir, pour la paix qui eft jurée entre le Roy d'Arragon &
nous, & bonne alliance. Sachiés que brief fe doibt partir pour aller en Efpaigne le jonne Roy d'Arragon & par mer ; luy hors des
pays, faicte luy une griefve guerre par le pays de Brabant ; vous
aurés d'autre cofté Sire Robert de la Marche qui vous affiftera en
voz affaires. Vous povés fçavoir que au commenchement de Janvier darrain, quel troble il y eult au pays de Liége, où le Roy
d'Arragon veult fçavoir, par le Confeil de l'Empereur, aufquelz ilz
fe tenoient, ou à moy, ou à fa perfonne. Les aucuns furent pour
luy : mais je vous certifye que l'Evefque ne me contrairira point
en nulles manières que ce foit, ne auffi feront les plus Grans. Ne
vous fouffyés ; vous ferés aydiés de la plufpart d'eulx ; befoignés à
votre profit, & à noftre honneur ; & à Dieu foiés. L'Empereur &
le Roy d'Arragon en ung Confeil conclurent, tous efmerveillés
d'oyr ces lettres ainfy dévifer, que de les renvoyer au Roy de
France. Le Seigneur de Chievres tousjours bon Confeillier leur
dict, que fon advis feroit d'en riens faire ; puifque on fçavoit leurs
fecretz, & que on avoit leur finance, on eftoit bien au defcure
de leur voullenté : mais dict, qu'il fauldroit eftre fur fa garde fecretement, & garder les paffaiges que Franchois ne Gueldrois ne
puffent paffer par ci-après de loingtems. Touchant des Liegois, ne
fe mouveront point contre nous, fans aucuns groz Adhérens des
Franchois, ou des Gueldroix. Ceftuy adviz & confeil fu tenu, &
mift-on bonne provifion par tout. Soyés advertys que le Roy de
France fceut par aulcuns de ces Franchois qui menoient la finance,
lefquelz echapperent, comme la chofe en alloit, dont en fu fort mary, pour ce qu'il perchevoit que fa malvaife vollunté eftre defcouverte : neantmoins n'en fift nulz femblantz à ceulx de fon Reaulme,
craindant que le Duc de Bourbon n'en fceuft parler ; car il en euiffe
aigrement repris ; & demora la chofe en tel eftat. Enfuite le jour
de Pafque florye, le grant Miniftre de l'Ordre faint Franchois, nommé Boniface, filz du Duc Criftoffe des Allemaignes, trefpaffa de ce

fiecle ; parquoy fu domaige en la Creftienneté, & eftoit coufin germain à l'Empereur Maximilyen, &c.

CHAP.
VI.

*Comment Charles Roy d'Arragon, par le confeil de l'Empereur
fon grant Pere & des pays, fe delibera d'aller
en Efpaigne par mer.*

LES PAQUES enfuivant mil chine cens & 17. par le commandement de l'Empereur, Monf. le Grant-Maiftre Seigneur de Roeux, s'en
alloit pour garder la ville de Hefdin, ad caufe des lettres que on
avoit luttes, venant du Roy de France, adreffhant au Duc de Gueldre, pour ce que Hefdin eftoit fur frontieres ; en efquelles frontieres le Roy de France avoit fortifiés de garnifon. Quant le di Seigneur du Roeux vint affez près de la ville de Douay, il rencontra
une Ambaffade d'Efpaignes & trois poftz avec, dont quant le Sr. du
Roeux le heuift oy parler, retourna avec eulx en la ville de Vallenchiennes, où ilz les feftoya honneftement. Le lendemain, après
avoir prins d'eulx congié, fe retira haftivement envers Hefdins, &
l'Ambaffade avec 3 poftz, envers Bruxelles. Or quant le Roy fceult
leur venue, les reçupt honnorablement, & auffi fit l'Empereur parreillement. Ces Efpagnars venoient prier à leur Roy, que fon bon
plaifir fuift aller en Efpaignes ; & que le Confeil & les Seigneurs
des païs luy en pryoient très affectueufement, & que c'eftoit
leur plus grant defir, très humblement fe recommandant à fa bonne
grace. Et luy difrent, qu'il fe gardaft de ordonner fon voiaige
parmy le Realme de France, eulx bien advertis que le Roy de
France le defiroit ; car les Seigneurs des Efpaignes n'y avoient nulle
fiance, fachant la guerre publyée contre les Angloix & leurs aliez.
Sur fes commandemens des Efpaignes fu conclud abfolutement par
le Confeil, que le voiaige fe feroit par mer, & que en chemin
on vifiteroit le Roy d'Angleterre, & la Royne fa Tante ; &
avoit le dy Roy mandé, fur paffaige de la mer, de faire affiftence en touttes fes affaires. Cette conclufion faicte & de tout
ordonné, l'Ambaffade fe retira vers les Efpaignes ; laquelle anoncha à la Roynne, & aux Seigrs., comment fon filz le Roy d'Arragon eftoit deliberé de partir des pays d'embas, au commenchement de Septembre, pour venir en Efpaigne. Pour laquelle
nouvelle la Roynne & les Seigneurs en firent de groffes préparations. Et fachiés que à ce temps ung Regnie (r), appellé la Barbe-rouffe, faifoit groffe guerre contre les Efpagnars, qui hardiment fe deffendoient à l'encontre de fon effort ; neantmoins leur
faifoit beaucopt d'infolence ; car tout ce qu'il prendoit en icelluy

(r) Bar-
be...

pays, mettoit tout au feu & à l'efpée. Il ne regardoit à l'Eglife
ne à Monaftère; il prendoit plaifir à violer Nonnains & Vierges; **1517.**
il faifoit des maulx infiniz. Et faillit (*s*) que groffe armée fe remefift *(s) Et il*
encore fus des Efpagnars, pour y aller, ou aultrement la Barbe-rouffe *failut.*
& fes tirans fuffiffent entrés au Realme d'Efpaigne : mais y vindrent
tellement à l'encontre de luy, & par telle forte, que depuis ne fift
ghaire, comment cy-après porés oyr. Mais prémierement raconte-
rons comment le Roy d'Arragon faifoit fes préparations, aux païs
de Brabant & Flandres, pour achever fon voyaige. Pour fournir
à fon di voiaige, les Hollandois & Zellandoix luy préparerent fes
batteaux, avec aucuns que le Roy de Hongrie, & de Dannemarck
luy avoient envoyé, des plus beaux de la Chrêtienté ; lefquelz
eftoient furniz de tout ce qui leur failloit. Les Hollandoix & Zellandoix parreillement furnerent ceulx qu'ilz avoient donné à leur
fouverain Seigneur le Roy d'Arragon, de tout ce que meftier leur
eftoit. Le Roy alloit vifiter fes pays en prenant congié à eulx
tous ; dont les pays, chacun felon fon endroit, en faifoit de groz
regretz, pource que ainfi les laiffoit, & craindant les fortune de
la mer, & parreillement que les Franchoix ne luy fiffent aulcunes
venues (*t*) en fon chemin ; luy requerant au moins, puis que fon plai- *(t) Avantu-*
fir eftoit d'ainfy les leiffier, qu'ilz peuiffent avoir Domp Frenand *res.*
avec eulx. Quant le Roy veyt leurs bonnes amours & affections,
leur prommift que ainfy en feroit faict, voyant leurs affections. Sachiés que grans deniers furent levez fur les pays pour faire fon
voiaige, & luy furent accordé ottant que à fon feu Pere ; lequel
les en merchia. Enrant que par les pays les deniers fe levoient,
on fift pluifeurs ouvertures des chofes neceffaires pour le bien publicque ; où par le confeil de Monfeigneur de Chievres, en fu du
tout faict à leur appaifement. Et quant le tout fu bien ordonné, &
que le di Sr. de Chievres euft partout regardé aux affaires, tant à
l'eftat du Roy, comme celui de Madame Alyenor, où Madame de
Chievres eftoit la Dame d'honneur, accompagnée de maintes nobles
femmes, & que les batteaux furent de tous garnis de gens & d'artilleryes, & tous prefiz au havre de Flexinnes (*v*) en Zellande, le jonne *(v) Fleffin-*
Roy prit congié de fon grant Pere l'Empereur en plourant amere- *gue.*
ment, & d'une grant amour le baifant ; lequel luy remonftra de
belles chofes, en l'advertiffant tousjours d'être largue d'honneur,
faige & courtoix à toutes gens, & vivant en la crainte & amour
de Dieu, tousjours obeiffant à noftre Mere fainfte Eglife. Tantoft
que l'Empereur euft ces motz profferré, le Roy fe retourna vers fa
noble Tante Madame Marguerite, Gouvernante avec le Conte de
Naffau de tous fes pays ; & lors print le Roy congiet tout plourant,

1517.

& auſſi certainement faiſoit Dame Marguerite & Dame Alyenor, tellement que à paine povoient parler l'ung à l'autre. Après ces con-
giez ainſy pris que deſſu eſt di, jamais le Roy ne ceſſa, avec les nobles de ſes pays, qu'il ne arriva en ville de Flexinnes en Zelande,
où il trouva XL. navires preſtes, leſquelles l'attendoient pour ſoy
embarquer, pour aller & tirer envers les Eſpaignes. Et eſtoit ung
chacun batteau garny de bon Capitaine, avec gens de guerre, artilleries & autres utenſilles ad ce ſervante. C'eſtoit plaiſir de oyr les
trompettes & autres inſtrument ſonnantz tant melodieuſement. Quant
ce vint à monter ſur la mer, les ungs plouroient, les autres chan-
toyent. Et pour ce voyaige, l'Eveſque Briſelot (x) begny les batteaux,
affin que Dieu les préſerviſt & gardaſt de tout peril, & les mener
à bon port.

(x) Jean
Briſelot, Car-
me, Suffra-
gant de Cam-
brai.

CHAP.
VII.
(y) D'Aſtu-
rie.

CHAP. VII.

Comment le Roy d'Arragon Charles monta ſur la mer. De ſes fortunes, dont après arriva au pays d'Eſturre (y).

TELLEMENT monta le Roy Charles d'Arragon ſur la mer, prendant congié à ſes pays & ſubjectz, tant de Flandre comme de Brabant & autres, qui l'avoient aconvoyés juſques à Flexinnes, au
Havre, leſquelz tous plouroient. Et eſtoit la veille de Notre-Dame
en Septembre, & l'an mil chinc cens & dix ſept, que le Roy &
la flotte ſe party du di Havre de Flexinne à ſept heures du ſoir, en
grant triumphe, accompagnié du Seigneur de Chievres, de l'Eveſque
Briſelot, du Seigneur de Trazegnies, du Conte de Porcean & de
pluiſeurs autres nobles hommes des pays. Et s'eſtoit Madame Alyenor accompagnée de Madame de Chievres, & d'autres pluiſieurs
grandes Dames ; ainſy accompagniet chemina le Roy d'Arragon toutte
la nuit juſques au jour, & parreillement le jour enſuivant en paſſant
les melées d'Angleterre en grant joye & leeſſe. Ces tambours ſonnoient que c'eſtoit merveille de les oyr. Quant la nuiét fu venue,
les navires vinrent donner la bonne nuiét au Roy, en abaiſſant le
peti voille de devant, luy faiſant honneur. Premyer commenchoit
l'Admiral de mer & tous les aultres après, & tandis les trompettes
& clarons jouoient en la navire du jonne Roy, leſquelz après ces
bons-ſoirs donnés, ceſcun s'en alloit repoſer, ſinon les Gouverneurs
des batteaux. Quant ce vint après minuiét, vint une grande fortune à
l'ung des batteaux ; car le feuz de meſchief s'y miſt, & ne ſçavoit-
on par où ilz eſtoit prins, & eſtoit pitié de veoir l'apparance. Une
autre navire appellée Angele, grande & puiſſante, laquelle portoit
8 ou 900 tonneaux, voyant la pitié d'icelle & pour le penſer ayder, ſe approcha d'elle : mais voyant l'horrible fuz, & craindant

l'artillerie, qui très horriblement defferroit, fe retira arriere. C'eftoit pitiet des gens qui s'alloient en la mer, cryant mifericorde.
Les autres navires voyant l'orreur du fuz, & auffy de l'artillerie,
vindrent coftier la navire du Roy, craindant qu'ilz ne leur fu fait
quelque injure. Sachiés que le Seigneur de Chievres en fu bien
adverty : mais il n'en fonna mot au jonne Roy d'Arragon jufques
qu'il fu grant jour ; lequel, quant il en fu adverty, en fu bien
mary, remerchiant Dieu qui luy a pleut de faulver la fienne. Lors
demanda laquelle s'eftoit ; on luy refpondit que on ne fcavoit autre
chofe que ne fuift cefte, où tout fon trefor eftoit, & où les habillemens du Toifon eftoient ; dont de ces nouvelles le Roy fu moult
mary. Incontinent vint encore ung autre batteau, dont les gens
en dirent femblablement ; & une aultre dit tout d'ung autre propoz.
Lors le Seigneur de Chievres commanda à l'Admiral de mer, que
s'il eftoit poffible, que on veyft touttes les navires en dedens la
nuiĉt. Et lors le Admiral de mer exploita tellement, & par les
moyens des marroniers, que l'une après l'autre on les veyt touttes,
& fe vinrent monftrer au Roy, où les feigneurs & chiefs des navires les faluoient, tellement qu'il y en vint 38 & une galler qui
s'en alloit à Rome, qui avec celle cheminoit pour plus grande feureté. Après que fes 38 navires fe furent monftrées, on perchut que
cefte, où Montrichart eftoit, ne s'eftoit point apparue ; & fu lors
trouvé que cefte eftoit bruflée, dont le jonne Roy moult piteufement le regreĉta, pour ce que Montrichart eftoit fort homme de
bien & de guerre. Et demanda le Roy quel chofe il y avoit au
batteau, on luy refpondit : que c'eftoient fes grans chevaulx, &
aulcuns de fes paiges avec pluifieurs femmes. Lors le Roy pria pour
leurs ames, & diĉt : Se poife moy des creatures (*z*) : mais des biens, *(z) Il me*
ne plus ne moins ; Dieu en foit loués, & voeille gardé par fa *péfe , &c. Je*
grace la refte. Ainfy difant cheminerent tousjours fur la mer, ayant *fuis affligé de*
bon vent à pouple (*a*) l'efpace de 11 jours tout plain fen (*b*) veoir terre: *la perte des*
mais aulcuns eftant fur les hunnes perchurent la terre, & fu diĉt *hommes : mais,*
aux maronniers qui incontinent fe recougneulrent, & difrent que *&c.*
c'eftoit ung peti port non hanté, appelle Tachon, auprès de Ville- *(a) En pou-*
Vicieufe en Efturre : mais leur vollenté eftoit de arriver au Port *Pe.*
faint Andrieu, & ne fçavoient percevoir comment y aller, pour le *(b) Entiers,*
vent qui leur eftoit contre. Sy fu dit au S^r. de Chievres qu'il fe- *fans, &c.*
roit bon de là defcendre. Dont fur ce, le di S^r. de Chievres affembla ung Confeil fur le batteau entre eulx avec les pilotes, affavoir s'ilz arriveroient au di Tachon ; on trouva en ce Confeil, puis
que c'eftoit au pays d'Efture & obeiffant au Roy, qui valloit mielz
y arriver, fe faire fe povoit, que de fe mettre en adventure de s'ef-

1517.

loigner des Eſpaignes, pour volloir au port de ſaint Andrieu. La
choſe fu ainſy conclute, & tirerent les batteaux devers Tachon, car
le bon vent les y menoit ; & faillu de ce faire en la fin de tel ſorte,
que c'eſtoit horreur d'en veoir l'apparant ; quaſy que touttes les
navires ne rompirent contre aulcune roches qui là eſtoient. Neantmoins touttes y arriverent, & ſitòt que celles y furent, la tem-
peſte recommencha ; les gros cables rompoient auſſi groz que bras
& jambes : mais en la fin tout ſe ceſſa. N'y eurent pas longuement
eſtez, que deux hottequins plains de gens y arriverent, demandant
quelles gens eſtoient ; ilz leur fu demandé pourquoy ilz le demandoient, ilz reſponderent : qu'ilz y eſtoient envoyés de Ville-Vicieuſe,
pour ſçavoir la vollonté d'iceulx, & leurs nations. On leur reſpondit qu'ilz fuſſient ſans ſouchy, & que c'eſtoit la flotte du Roy d'Arragon leur Maiſtre & Seigneur, laquelle eſtoit là arrivée. Lors iceulx
s'en ralerent, & dirent à leur ſuperieur ce qu'ilz avoient trouvé ;
leſquelz firent gros appareil à leur povoir, & vindrent au devant
de leur Roy, qui honorablement le feſtyerent. Et deſcendy en leur
ville avec la Nobleſſe ; c'eſt aſſavoir, de Madame Alyenor ſa ſœur,
& de pluiſieurs Dames & Damoiſelles avec elle. Et auſſy pluiſieurs
Seigneurs, ſi comme Monſr. de Chievres, Monſr. du Roelz, Monſr.
le Confeſſeur Briſelot, le Conte de Porcean, Monſr. le Grant, Monſr.
de Trazegnies, Monſr. de Sempy, Monſr. de Beaurain, Monſr. de
Fienes, & aultres nobles hommes qui ſeroit loing à eſcripre, leſquelz quant ilz furent deſcenduz en la ville, le Roy & ſon Conſeil
conclurent, que les batteaux s'en yroient, quant le plaiſir du vent
ſeroit, au Port de ſaint Andrieu. Et en fu donné la charge au Seigneur de Sampy, frere au noble Prince de Chimay, de quoy auparavant Don Dieghue avoit la charge, lequel iſſi des batteaux, &
ſe miſt avec le Roy. Quant ce Conſeil fu ainſy faict, on tira hors
des batteaux aulcuns chevaulx. Le Roy n'en avoit ghaire, car ilz
eſtoient tous bruſlez ſur mer. Le Conte de Porcean n'en y avoit
que ung ; car les autres eſtoient allez par terre parmy le Realme
de Franche, & depuis les trouva ſans quelque perte. Neantmoins
le Roy & les autres, quelque peu de chevaulx qu'ilz avoient, ſe
miſrent à chemin, & entrerent au pays d'Eſture. Au devant du
Roy vint ung Turcque ou Juif grant maiſtre, le quel luy fiſt hommaige, & luy veult baiſer les piedz : mais le Roy ne le veult pas
ſouffrir. Icelluy Turcque ou Juif, luy amena deux belles filles,
dont il luy en fiſt preſent ; on diſoit que c'eſtoit ung Roy. Il eſtoit
de ſtature moyen, honneur veſtu de rouge, chauſſchié de patins,
avoit ſur ſon chief ung hault bonnet richement acouſtré. Aprés
avoir icelluy Turcque ſon congié du Roy, s'en alla en ung chaſteau,

le

le quel eſtoit là en tour. Soyés adverty que la deſcente du Roy en
la Ville-Vicieuſe ſe fiſt le 19ᵐᵉ jour du mois de Septembre, en l'an
mil chinc cens & 17. Et puis après ſe miſrent à chemin pour paſſer les Eſtures, & abregier leur voiaige qui ſe fiſt le 21ᵐᵉ de Septembre. Parreillement le Sʳ de Sainpy entra en la navire du Roy
d'Arragon pour le condhuire au port de Sainct Andrieu, auquel le
di Sʳ arriva en peu de temps après, coſtyant les dicgues au loing
du pays avec toutte la flote du Roy, lequel pareillement cheminoit, où tant fiſt qu'il arriva en une petitte ville qui s'appelloit
Lugnes.

Comment le Roy d'Aragon deſcendy de mer, & arriva au pays d'Eſture,   CHAP.
  & viſita ſes pays, ſi come Caſtille, Eſpaigne & autres, & de   VIII.
           l'honneur que l'on luy fiſt.

LE ROY d'Aragon ſe loga en icelle ville au pays d'Eſture en ung
cloiſtre de Dames, où il ſejourna l'eſpaſſe de deux jours & deux
nuiſtz, & puis ſe deſloga, & fiſt tant par ſon chemin, qui vint
à une petite ville que on appelloit Saint Vinchent; puis de là ſe
party & vint à la broche, tant chemina à grant difficulté, qu'il
monta une montaigne fort haulte, appellée la montaigne de la Cou-
lombe au pays d'Eſture, où ſur icelle n'y avoit que trois maiſons
bien meſchantes. Le Roy ſe loga en l'une en l'avante-chambre
bien eſtrangement, & ſa ſœur Dame Alyenor, où il y avoit faulte
de pain; de chair il y avoit aſſez. Soiés advertys qu'il convint
tendre aulcunes tentes & pavillons pour logier les Seigneurs, la
plus part ne dormerent toutte la nuit. Le lendemain le pluſtot que
on peu, le Roy ſe deſloga; & au ſoir arriva en ung villaige qui
eſt appellé Renoſe, & ſe loga en une Abbaye de Dames hors du
villaige, & là fu deux ou trois jours. Puis ſe deſloga avec ſa Nobleſſe, les aulcuns à piet, l'eſpéc ſur l'eſpaulle; leſquelz fiſrent tant
par force de cheminer, que le Roy arriva en une ville appellée
Guillars, là où il ſejourna deux ou trois jours, attendant ſes gens
qui venoient du port de Saint Andrieu, & arriverent à grant difficulté, pour le chemin qui y eſtoit eſtrange, parreillement pour
les muletz qui y eſtoient fort chargiés de coffre & bahutz, & d'autres choſes appartenant au Roy & à ſon voiaige. Quant le tout
fu arrivés à Guillars, le Roy loua Dieu grandement, ſoy voyant
avec ſes gens & ſes biens à peu de perte. Le Roy en ceſte ville
tint ung conſeil ſur ces affaires; car tous les jours luy venoient
Seigneurs en ſa compagnie des Eſpaignes, pareillement aulcunes
villes pour leurs affaires. Ce conſeil tenu, le Roy ſe party & ar-

P

1517.

riva à une petitte ville appellée ...... où les Seig^rs de la ville vinrent au devant de luy, en l'eſtat le mieulx qu'ilz peulrent, où il
ſe loga, & y fiſt ſa ſolempnité de la Touſſains, en la quelle on luy
amena pluiſeurs genethz que on luy donna, dont il les rechupt fort
agréablement. En après ſe party, dont en cheminant trouva ſon
frere Domp Frenand, qui venoit au devant de luy pour le feſtoyer
& bien-veignier. Quant le jonne Prince perchut le Roy ſon frere, miſt
piet à terre, quelque deffence que le Roy fiſt. C'eſtoit honneur
de les voir ; les aulcuns ploroient de joye de regarder que ilz faiſoient l'ung à l'autre d'embrachier & de baiſſyer. Ceſte bien-venue
ainſy faiſte, ſe miſrent enſamble à chemin. La Roynne leur mere
ſachant leur venue, ſe miſt en eſtat pour les recepvoir, leſquelz,
Roy & Frere, tant fiſrent, qu'ilz arriverent en une ville appellée
Torſille (c) en Caſtille, où la Royne leur Mere eſtoit, & leur ſoeur
Katherine la maiſnée, celle de quoy la Roynne eſtoit enchainſte à
l'heure du treſpas du Roy Phelippe de Caſtille. Eulx arrivés en
Torſille, où les Seigneurs les feſtoyerent grandement à leurs plai-
ſirs ; n'y furent ghaire eſtez, que le Roy & ſon Frere, & Alyenor, ne allerent viſiter leur Mere Madame la Royne de Caſtille,
& leur ſoer Dame Katherine. La Royne, après que elle fu ſaluée,
baiſa le Roy en plourant ; puis Dame Alyenor, & Domp Frenande.
Loing temps fu ſans parler, de joye qu'elle avoit de voir là preſent 4 enffanz, & qu'elle avoit eub d'ung ſy noble & puiſſant Prince
que le Roy ſon feu mari, & quy tant ſy aimoient enſemble. Le
Roy baiſoit ſa ſeur Katerine ; & chacun plouroit de la joye. Quant
la Royne peut parler, demanda au Roy comment l'Empereur ſon
Pere ſe portoit & ſes autres filles. Ma mere, mon grant Pere l'Empereur Maximilien, tousjours Auguſte, ſe portoit bien quant je me
party de Brabant anchiennement, lequel plus de mille fois ſe recommande à vous, ayant grant deſir de encore une fois vous voir.
Mes deux ſoers ſont parreillement en bonne ſanté, qui de par moy
vous font ſalut, qui deſirent bien auſſi de vous véoir. Sachiés
que elle ſont noblement mariées ; ma ſoeur Iſabeau eſt, comme
vous ſçavés, Royne de Dinemarque, & Marye, mon autre ſoer,
eſt Roynne de Hongrie, de quoy nous ſommes tenuz de Dieu loer
grandement. Sachiés que lors, Madame Alyenor eſtoit tant gor-
giaſſement atournée & veſtue, qui n'eſt en ce monde langue qui
le ſçauroit raconter, tant diverſement eſtoit elle abillée. Katherine
ſa ſeour le regardoit, laquelle avoit veſtue une plice, à la mode
du pays, & ſes cheveulx ſechiés (d) par derriere, qui s'eſmervcilloit
de ſa ſoer, qui ainſy eſtoit atournée ; ſoy diſant malheureuſe d'eſtre
ainſy tenue en ung Beghinaige, voyant ſes ſoers tellement atour-

nées & elevées , & que deux en avoit desjà Roynnes. Et lors
conſpira & dict en ſon cœur, que s'elle povoit faire envers ſon frere
le Roy, que loing temps ne ſaroit en telle captivité. Tout ainſy
en advint-il, comme vous orés. Premiers parlerons comment le Roy
conclud avecque ſa mere, que le lendemain ilz yroient viſiter le
corps du Roy Phelipes leur pere, au cloiſtre de Saincte Clare ; &
que à l'honneur de Dieu, & au proffit de ſon ame, on y feroit
ung ſumptueux ſervice ſur ſon corps. Il en fu ainſy faict ; car lendemain le Roy ſe appareilla , accompagnié de ſon jone frere , &
des nobles Prelats & autres de ſon pays & des Eſpaignes, leſquelz
l'eſtoient venus bien-veigner. La Royne & Madame Alyenor &
Dame Katherine parreillement. Madame de Chievres & aultres ,
tant des Eſpaignes que des pays d'Embas, ſe tirrerent parreillement
par devers Saincte Clare, où le Roy Phelipe repoſoit. Quant ilz
furent dedens le coeur (e), trouverent quatre Cordeliers, qui jour- (e) Chœur.
nellement avecq quatre Halbardiers depuis ſon treſpas, gardoient
le corps. Quant la Roynne y vint, comme elle avoit acouſtumé,
s'agenoulla en plourant tendrement, de meſme Dame Alyenor & Dame
Katherine ſa ſoeur. Et auſſy fiſrent le Roy & Domp Frenand, & s'a-
procherent du corps fort plourant, & eſtoit le corps en une couche devant le grant autel , veſtu de rouge bien richement. Quant
les enfans eulrent regardé leur feu pere, le Seigneur de Chievres,
du pluſtoſt qu'il peut, les tirra arrière, & les mena en une Chapelle comme une oratoire : mais les Dames demourerent auprès du
tombeau, où ſon Epitaf eſtoit moult richement eſcript de tel teneur
qu'il eſt au comenchement de mon pety Recoeil. Incontinent que
le Roy & Domp Frenand furent retirez, on commancha à chanter la
Meſſe premiere; & le chanta l'Archeveſque d'Argon (f). La ſeconde (f) De Tar-
chanta l'Eveſque de Pavye, & la tierche chanta Briſelot Archeveſ- ragone.
que de Sardinne (g), Confeſſeur du Roy d'Arragon. Le Roy & ſon (g) Il étoit
Frere allerent à l'Offrande moult honorablement ; Madame la Royn- alors Arche-
ne, Dame Alyenor, & Dame Katherine y furent auſſy, où ilz vèqιe d'Oriſ-
donnerent de gros dons. Grandes alumeries y eſtoient faicte , tant tagni, & Pri-
du Roy que de la Roynne ſa mere, & des Seigneurs de la ville. mat de Sarda-
Quant le ſervice fu faict, le Roy prinſt congié de ſa mere, & s'en gne.
alla en ſon logis. La Roynne parreillement avec ces filles. Les
pòvres gens y furent ce dy jour ſuſtentés. Le lendemain Dame
Katherine fiſt tant à ſa ſoer Dame Alyenor, que elle debvoit dire
au Roy ſon frere, qu'elle deſiroit d'eſtre au monde comme les autres. Sitoſt que Dame Alyenor eult entendu & oy ſa requeſte, le
dict à ſon frere, le quel le dict au Seigneur de Chievres, qui reſpondit au Roy : Sire , comment ſe polroit-il faire ainſy ? Votre

P 2

Mere la Roynne mouroroit de deuil qui luy prenderoit sa fille Katherine, comme autre fois m'a esté comptet. Le Roy respondit que on en feroit bien ; & donna la charge de la desrober à Monsr le Grant, & au Capitaine Haro, & de luy menner. La Roynne s'en doubtoit, & luy venoit aucunnement au devant, dont pour ce le faisoit garder en ung chambre en hault par ses Halbardiers, qui par le commandement du Roy, le avallerent (h) du mieulx qu'ilz peulrent en la main de Monsr le Grant, & du Capitaine Haro ; & ce fu par ung merquerdy, la quelle fu amenée au logi du Roy, qui le rechupt moult honnorablement. Sachiez que Dame Katherine ploroit, & faisoit de parfontz (i) regrets d'avoir ainsy laissé sa noble Mere, le congnoissant telle qu'elle estoit, & qu'elle l'aimoit sur touttes biens. Conclusyon ; celle fu devestue de ses habitz, & luy donna-on des aultres, les plus beaux que on sceu avoir. Je vous advise que lors que celle fu ainsy parrée, c'estoit la plus belle que on heuist sceu regarder une pour une (k). Ceulx qui par avant l'avoient vue, s'en esmerveilloient. La Roynne sceult que sa fille luy estoit ainsy ravye, comencha à demener tel deuil que c'estoit pitiet à le veoir. Elle manda à son filz qu'on luy renvoyast sa fille Katherine ; on luy respondit que jamais ne le raroit, pour le tenir en telle sorte qu'elle l'avoit tenue. Lors sur celle responce, voua à Dieu que jamais ne mengeroit. Le Roy escoutant ce que les aulcuns disoient, que il vauldroit mieulx que la Roynne morut, que Dame Katherine sa fille fuist ainsy toutte sa vie tenue. Le Roy respondit à ce conseil, qu'il ne volloit pas que sa Mere morut. Pareillement Dame Katherine dict, que on le leissa en aller, & que elle ne voulloit pas tant corroucher sa Mere. Lors le Roy le fist remenner en ses beaux attours : mais la Roynne incontinent le fist devestir & reprendre son sarrot (l) de plichon, tant qu'elle fu en son premier estat, de quoy la jonne Dame fu fort annoyeuse (m), plourant bien amerrement. La mere la menacha ; parquoy la fille n'en peult avoir autre chose. Au boult de sept jours, le Roy se party de Tortesille & s'en alla logier en ung Cloistre à une lieue près de Valdollifz, où il sejourna trois jours, tandis que on faisoit les preparations pour faire son entrée en Valdollif. Ainsy que ces choses se faisoient, le Roy alloit jouer à la chasse là enthoure. Ceulx de Valdollif faisoient leurs groz triumphes pour recepvoir leur Roy, tant de chierges, que de hourdemens (n), pour monstrer quelque belle histoire (o). Quant tout fu preparé, le Roy se party de ceste Abbaye où il estoit logiet, fort richement monté, où par devant luy estoient Herraulx & poursieuvans (p) vestus de leurs cottes d'office. En après les trompettes & clarrons qui jouoient melodieusement avecque

---

(h) La descendirent.

(i) Profonds, terme Wallon.

(k) Quand on auroit envisagé toutes les beautés l'une après l'autre.

(l) Espèce de surtout.

(m) Apprêté ; terme Wallon.

(n) Echafauds.

(o) Pour représenter quelque pièce dramatique.

(p) Suivans d'armes.

groſſe altanalles, leſquelles menoient ung groz ſontz. Après pardevant le Seigneur Eſcuyer portoit l'eſpée de juſtice. Puis le Roy
le ſievoit bien en ordre, tenant ſa gravité, ſemblant ung Paris, ou
ung Hector, tant bien le faiſoit. Après luy cheminoient les Chevaliers de l'Ordre, trois à trois, comme Monſeigneur de Chievres,
Monſeigneur le Grant-Maiſtre, le Gouverneur de Breſſe, le Conte
de Porcean & aultres, veſtus moult richement de toille d'or & d'argent, & parreillement de drap d'or fryſziet. En après ſieuvoient
des Grans-Maiſtres d'Eſpaignes, acouſtrés de pieres & perles moult
noblement; c'eſtoit triumphe d'en veoir l'eſtat. L'Eſcuyrie & les
paiges faiſoit-il beau veoir. Ceulx de la ville ſortirent audevant de
luy en grant reverence, moult richement aornez & accompaignés
de la Clergie. Et quant ilz perchurent le Roy, ſe miſrent piedt à
terre, en luy faiſant reverence, & diſant qu'il fuiſt le très-bien venu. Le Roy baiſa la Croix, que ung moult riche Abbé luy donna
baiſyer. Après ceſtes cheremonies faictes, chacun ſe miſt ſur ſon
cheval tirant vers la ville, & l'eſtat du Roy après. Ainſy entra le
Roy en grant triumphe en la ville de Valdolif, où il trouva les rues
tendues de drap d'or & d'argent & de moult riches tapiſſeryes; &
s'y avoit, comme j'ay dict en pluiſeurs lieux, des monſtrances d'hiſtoires ſur la ſaincte Ecritures.

1517.

Comment le Roy d'Arragon fiſt ſon entrée en la ville de Valdollif
en Caſtille, & du triumphe & tournoys que l'on y fiſt.

CHAP. IX.

Ainſy entra le Roy d'Arragon en la ville de Valdolif, environ
le ſaint Martin, mil chinc cens & dixſept, maitreſſe ville & chief
du Realme de Caſtille (q), où il fiſt ſerment ſolempnel, comme ſes
prédeceſſeurs avoient fait, de les entretenir en *leurs* lois & previleges.
Lors les Seigneurs & Bourgoix d'icelle luy promiſrent d'eſtre vray
ſubgectz. Le jour que les ſermentz furent faictz, ce fu le lendemain de l'entrée du Roy, où en la ville on fiſt proceſſion generale,
les feux & esbattemens. C'eſtoit plaiſir de veoir la feſte qui s'y faiſoit. Les nouvelles vindrent en Brabant, en Flandre & ès aultres
pays, coment le Roy eſtoit arrivé en la Ville-Vicieuſe, où il fiſt
ſa deſcente de la mer. Parquoy l'Empereur & Madame Marguerite
en furent fort resjoys. Et fiſt tant Madame, que tous les pays d'embas en furent tous advertis; de quoy on fiſt la feſte, les feux &
pluiſeurs esbattemens de la joye, deſirant tousjours d'avoir avec
eulx le jonne Domp Frenand. Ainſy que ces feſtes ſe faiſoient par
le commandement de Madame Marguerite & de ſon conſeil, le Conte
de Porcean, & le Seigneur de Fiennes, deſirant tousjours accoſter

(q) L'une des principales villes.

le nom de gentileffe, auffi parreillement le Seigneur de Beaurin & le
Seigneur de Sainzeilles, conclurent enfemble en une (r) plaifance où
ilz eftoient, de faire ung tournoy de 60 hommes d'armes : c'eft affavoir trente contre trente, defquelz hommes d'armes chacun d'iceulx
noble homme feroit le Capitaine de 15 veftus de fes couleurs ; la
conclufion & deliberation eft d'être furny de chacun 15 hommes d'armes à leur plaifir, fans ce que ghaire de gens en fuiffent adverty.
Vindrent au Roy d'Arragon demander le congiet de faire le Tournoy en telle forte comme j'ay dict cy-devant, le Roy defirant d'en
veoir l'appareil, & qu'il volloit bien que on monftraffe en Efpaigne,
la hardieffe de fes gentilzhommes de fes pays, leurs accorda très
volontier. Lefquelz Seigneurs prindrent le jour, & fu publyé parmy la ville de Valdollif ung tournoy de trente hommes d'armes contre 30 aultres, aux fers tranchans. Quant le jour vint, les Capitaines & leurs gens fe apparrellerent. Quant le Roy le fceult, s'en
vint à la maifon de la ville & fe mift aux feneftres, fa foer Dame
Alyenor, le Seigneur de Chievres, le Gouverneur de Breffe, &
aultres des plus nobles. D'aultre cofté eftoient les Seigneurs de la
ville, Jufticiers & autres. Soyés advertis que le Roy avoit ordonné pluifieurs gens de bien pour garder le marchié, & pour mettre

le moyens (s) aux campions tournoyans, fe meftier en eftoit. Tandis
que chacun s'apreftoit aux feneftres & fur grans efcaffaux, les
quattres Capitaines fe parterent chacun de leur logis, fachant que le
Roy les attendoit. Le Conte de Porcean vint au marchiet avecque
fes trompettes & laccaix, accompagnié de fa bende de 15 hommes
d'armes moult bien efquippés. Le Conte de Porcean fift la reverence
au Roy, à Madame Alyenor & aux Juges de la ville, lefquelz eftoient aux feneftres. Le Seigneur de Fiennes, avecque auffi fes 15
hommes d'armes, ainfy le fift parreillement, le quel fe joingnit auprès de la bende du Conte de Porcean. Enffievant le Seigneur de
Beaurain, & Monfeigneur le Grant vinrent parreillement au marchiet, où ilz firent les reverences comme avoient faict les deux
autres, lefquelz avec leur bendes fe retirerent de l'autre cofté du
marchié. De leurs attours n'eft queftion en demander, car jamais
on ne perchut en tournoy tels accouftremens. Je vous advertis que
ung chacun eftoit habillyées comme ung faint Jorge : leurs féons
eftoient de drap d'or tous defchicquetés, avec grans plumars fur
leurs armetz traynant jufques au cul de leurs chevaulx, lefquelx
chevaulx eftoient tant richement houfchiés, que jamais on avoit ap-
perchu de plus riches houfchures, voir pour chevaulx de Conte &
de Chevalliers. Leurs gens eftoient tous abilliés de leurs parures
de toilles d'or, d'argent & de velour cramoify, decoppés & tous

defchiquetés à leurs plaifir. Ses trompettes fonnoient tant melodieufement, refpondant aulx clarrons, que c'eftoit merveille de les oyrs. 1517.
Les lacquayes eftoient parreillement habillyés ainfy que leurs maiftres. Quant le Roy perchut que chacune bende eftoit en fon cartier, la lanche au poing pour entrer en la meflée, defirant de commenchier, leur fift figne qu'ilz commenchaffent; lors les trois de la
bende du Conte de Porcean forterent de leur routte, la lance baf-
fye, & trois de la bende du Seigneur de Beaurin ifferent auffy de
leur routte, & vindrent à l'encontre d'iceulx en telle forte que c'eftoit horreur de les veoir. Quant ilz eulrent les lances brifées, mifrent la main à l'efpée, & fe batterent l'ung l'autre, que on ne fçaa-
roit nombrer les colps qui y furent rués de eulx fix; voyant qu'ilz
s'engreffoient, l'on mift les moyens. Iceulx retirés, 6 autres recommencherent, qui ainfy fifrent que les aultres premiers, dont l'ung
après l'aultre, tousjours trois contre trois, ainfy le fifrent tant que
fe fu tout. Et foyés advertis que ilz en y eult beaucop de blechez:
mais d'iceulx ne fçay pas les noms; finon d'ung de ceulx du Conte
de Porcean, nommé le Capitaine Haro, vaillant homme, le quel
eult le bras & la main perchié, neantmoins ne le laiffa à bien faire
tout le jour. Ses 60 ayant fait leur debvoir, fe retirerent, chacun
defoubz leur Capitaine. Lors les trompettes recomencherent à jouer
pour rafrefchier les ceurs des hommes d'armes qui defiroient recommenchier. Soyés advertis que pluifieurs en y avoit de blechiez:
mais chacun monftroit fa hardieffe. Pareillement il y avoit des
chevaulx auffi fort blechiés. Tandis que ces trompettes fonnoient,
chacun fe remetoit en point pour courre la lance à la pelle-melle,
trente contre les autres trente; & lors que temps fu, les trompettes fonnerent dedens. Les Capitaines commencherent à faire la
courfe, & leurs gens après eulx; de tel forte que à l'aborder y
eult 8 chevaulx tués mors en la plache, & 9 villainnement blechés.
Les hommes d'armes au mieulx qu'ilz peulrent fe remirent fur piet;
aucuns en failly (t) porter dehors du champ. Neantmoins ceulx qui
demourerent à cheval recommencherent à l'efpée, de telle forte que
on ne les povoit defmeller. Ces plommars failloient en l'air, ces
harnois tumboient emy (v) le marchiet. Le fang des hommes & des
chevaulx defrayoit de tous coftez; les gens qui les regardoient, Jefus, Jefus Le Roy eftant aux feneftres deffendoit de fraper, les Damoifelles cryoient & plouroient de pitié qui s'y faifoit. Quelque
cris qu'il y euft, le Conte de Porcean & les autres Capitaines rendoient couraige à leurs gens, & recommenchoient que de plus beau:
mais le Roy voyant le pitiet, y fift aller tant de gens que on rompift la meflée, dont après chacun fe retira au fon des trompettes

1517.

defoubz fon Capitaine, au mieulx qui povoient. Dont les trompettes fonnoient à groz desduytz, chacune pour honnorer fa partye.
Et oultre, les Capitaines firent la reverence au Roy, & aulx Dames,
& aux Seigneurs, dont après fe retirerent en leurs logis. Le Roy
& fa feur n'y arreſterent ghaire, ne toutte la compagnie, & fe retererent devers la Court. Quant le Roy fu en fon logis, prefent
Monfeigneur de Chievres & pluifeurs grans Seigneurs, fift ferment
que jamais de fon vivant ne foufriroit faire ung tel tournoi, pour
la pitié qu'il y avoit veu, auffy pour le grant inconvenient & domaige qui y avoit efté apparant. Ainfy que le Roy fe devifoit de
telle forte, les Capitaines & les aultres penfoient d'eulx defarmer.
Les blechiers faifoient penfer de leurs playes. Quant ce vint le
foir, les 4 nobles Capitaines vinrent vifiter le Roy après foupper,
& les Dames auffy, où les dances & esbattemens s'y faifoient &
fifrent. Les aulcuns fe devifoient du tournoi tant merveilleux. Quant
ilz eulrent donné bon-foir au Roy, chacun fe retira en fon logis.
Ces chofes ainfy faictes, pluifeurs jours enfuivant en Valdolif venoient pluifeurs nouvelliftes tant d'ambaffade que d'autres befoignes,
entent lefquels le Pape Leon 10 de ce nom envoia à Mr. Adryen,
Confeffeur du Roy, congnoiffant fa bonne renommée, & pour acquerir la grace de l'Empereur, ung chapeau de Cardinalité, lequel
le recupt, prefent le Roy, en grande humilité. Tantoft après, le
Roy fift faire préparations pour fe faire courroner Roy de Caftille,
où au couronnement tous les Seigneurs d'Efpaignes furent mandés
comparoir, auffy tous Prélatz & gens de biens. Tandis que la chofe
s'appoinctoit, vint par envers le Roy ung Legat de Romme, que le
Pape Leon envoioit pour l'honorer & reverender, & pour tenir
bonne paix & union enfembles. Soyés advertis, fachant fa venue,
on alla au devant de luy hors de la ville de Valdolif à croix & à
confanons. Icelluy eftoit de l'ordre des Jacopins. Le Roy le alla
vifiter en fon logis, où il y eult de belles propofitions faictes par
le Legat au Roy, au nom du Pape, que le Roy print de bonne
part, & puis fe retira en fon logis. Incontinent après, la conclufion fu prinfe du jour du courronnement, & fu amenet le Roy
ce di jour en l'Eglife Notre-Dame de Valdolif, en eftat (x) de Roy,
accouftré de fes habitz Royalx, prefent tous les nobles tant d'Efpaignes que des pays d'embas, où pluifieurs Prélatz eftoient reveftus ; premier le Legat du Pape ; le feconde Maiftre Adrien, nouveau Cardinal, Confeffeur du Roy ; le tierch, Mr. Brifelot, Archevefque des Sardinne, auffi Confeffeur du Roy. L'Archevefque d'Arragon ; l'Evefque de Pavie, & pluifeurs autres, lefquelz prindrent
le Roy, & l'affiyrent en fon fiege Royal, qui après qu'il fu affiz
fifrent

(x) *En ha-
bits Royaux.*

fifrent de belles feremonnies tant d'oraifons que d'autres chofes. Ce
faifant, le Legat du Pape, & le Duc Guillart (*y*) prindrent la couronne
& la poferent fur le chief du Roy, lequel le reçupt en grant reverence en plourant. Lors pour le bien que on véoit en luy, on lui
bailla le titre de Roy Catholique, & ainfy fu donné à jufte caufe ;
car oncques ne fu trouvé tel homme, pour ung Roy, eftre tant Catholique. Le courronnement tout acompli, ainfy & par la maniere
qu'il eft accoutumé, l'on chanta *Te Deum laudamus*, dont après chacun fe retira en fon logis.

1517.

(*y*) D'Agui-
lar.

*Comment le Roy d'Arragon après fon courronement fift fon entrée en
la ville de Saragoffe, & comment les cytoiens ne le
volloient pas recepvoir.* CHAP. X.

CE FU AU commenchement du mois de march, en l'an mil chinc
cens & dixfept, que le corronement du Roy Catholicque fe fift en
l'Eglife Notre-Dame, en la ville de Valdolif, en la préfence de la
Nobleffe que ci-devant ay dict au chapitre dernier ; nulz ne fçauroit
efcripre la richeffe que il y avoit en ces Efpagnars, de pieryes &
de bons perles. La fefte y fu plantureufe (*z*) au jour du courronnement, & s'y tint-on Cour ouverte à tous venans. Le plus toft que
le Roy peut, Madame fa tante fceult (*a*) le courronnement faict en Valdollif, & comment fon titre eftoit le Roy Catholique, laquelle Gouvernante le fift fçavoir par tout, dont le peuple en fu fort resjoy.
Lors pluifeurs Ambaffades vinrent envers le Roy Catolicque de eftranges contrées, tant des Turcques que d'autres Nations, pour luy
porter honneur, en luy faifant hommaige comme au plus noble Roy
de Chrétienté. Entre lefquelz luy en vint une du grant Turc, qui
luy apporta ung folleil de fin or, & une lune d'argent ; deux harnoiz d'homme d'arme tous completz de fin or, & deux efcuz, ou
targes (*b*) de fin or ; Et deux gentilzhommes Moriennes, avec auffi
deux gentilles femmes, Moryannes comme les hommes. Sachiés que
l'Ambaffadeur eftoit eftrangement veftuz. En difant fa propofition de
par fon Souldan, & fa commiffion, préfenta ces beaux dons au Roy
Catolicque, luy priant qu'il volfift tenir fon maiftre en bonne paix
& luy auffy, & quy fufift allyés. Le Roy efcoutant, & voyant
les beaux dons, le remerchia honnorablement, à la quelle donna de
precieulx & rices dons ; le quel, après avoir efté à fon plaifir en la
ville de Valdolif, retourna en fon pays pareillement. Ce temps pendant nouvelles furent apportées que la Barbe-rouffe avoit la tefte
colpée, tous fes gens qui eftoient Regnyes mis à mort, & toutes
les Auffricques (*c*) mifes en obéiffance du Roy Catolicque. Celuy qui

(*z*) Il y ac-
courut beau-
coup de mon-
de.

(*a*) Le Roi
manda auffi-tôt
à Madame fa
tante.

(*b*) Bou-
cliers.

(*c*) Toute la
Barbarie.

Q

en apporta les nouvelles, en fu faict Chevallier ; & difoit-on que c'eſtoit celluy qui avoit mis à mort la Barbe-rouffe. Pour telles beſoignes, & pour le courronnement du Roy, jouſtes & tournoiz s'en fiſrent en la ville de Valdolif ; entre leſquelles le Seigneur de Beaurain, & Monſſr· le Grant en emprirent une ſur le marchié de la di ville encontre tous les venans, & à groz planchons ; leſquelx deux Seigneurs, attendans tous venans, eſtoient accouſtrés de toille d'or, & par deſſus femez de lettres d'argent de leur deviſe toutte d'orphevrerie, & la houfchure des chevaulx pareille, marchant (d) ſur la terre. Les ſachant en telle ſorte au marchiet, où le Roy eſtoit aux feneſtres & Dame Alyenor, vinrent pluiſeurs Grans-Maiſtres tant d'Eſpaignes come des pays d'embas, fort richement acouſtrez, à l'encontre de ces deux attendans, leſquelz deux fy vaillamment s'y monſtrerent, que pluiſeurs furent jectez par terre, dont les aucuns furent villainement blechez. Cefcun s'efmerveilloit de ce que en ceſte jouſt ſe faiſoit. Après chacun avoir jouſté & faict ſon mieulx, & la jouſte fallue, chacun ſe retourna en ſon logis : mais les deux Chevalliers deffendant furent les derniers ſur le camp, leſquelz au partir s'enclincrent envers le Roy, les Dames & les autres Seigneurs. Au foir le Roy tint groz eſtat pour l'amour des jouſtes, où les tournoyans le vinrent viſiter, & parreillement les Dames ; où après pluiſeurs joyeuſtés dictes & faictes, & les dances faillyées, les prilz furent donnés aulx mieulx avoir faict ſon debvoir. Ce temps pendant le Roy de France avec ſon Conſeil ſe delibera encore d'aller delà les montz : mais du Conſeil fu reſpondu & dict, que il avoit bien autre choſe affaire au Realme que d'aller delà les montz ; & que bien ſçavoit qu'elle demande le Roy d'Angleterre avoit faict au pays, laquelle eſtoit fort difficille à faire & acomplir, & que de ce failloit reſpondre à l'Ambaſſade ſur le champ, laquelle le requerroit. Le Duc de Bourbon ſur ce parla & dict : que à l'Ambaſſade ſeroit reſpondu, que on avoit point loiſir de beſoigner de ces affaires, & qu'il s'en retournaſt juſques à ung autre temps. Ce conſeil fu creu, ainſy en fu il faict ; car les Angloix parterent ſans riens diſſimuller. Le 25me jour du mois de March an 1517 fu la guerre publyée par tout le Realme de France à l'encontre des Angloix & leurs allyés. Parquoy ſur les frontieres des pays du Roy Catholicque, c'eſt à dire, Flandre, Arthois, & Haynnault, fu miſe groſſes garniſons de Franchois & Lanſquenetz. Lors en la ville de Paris, le Duc d'Allenchon, Daulphin de France, en ung Conſeil donna une baffe (e) au filz du Seigneur d'Orvalle, laquelle ne prinſt pas de bonne part, & en fceult malvaix gré au Dalphin : mais n'eult pas l'audache s'en vengier ; parquoi groſſe hayne en ſortit. La voix

courroit que la baffe fu donnée pour ce que le Roy de France luy
donnoit trop d'audience, & que il l'affiftoit, comme on difoit, en fes
paillardifes. Le Roy s'en courroucha : mais n'en eult autre chofe.
Tellement fe gouvernoit-on au Realme de France : mais au pays
d'Efpaignes alloit tout aultrement ; car touttes plaifances fe faifoient
à la Cour du Roy Catholique, par devant les Ambaffades quy lors
y venoient ; car aulcuns y courroient les gennetz à la mode de
Turquie, à cours eftriefz ; les hommes couvert de grans efcuz pour
eulx garder des dars qui ruent l'ung contre l'autre, lequel jeu eft
beau & plaifant à voir. Certains jours après, encore le Seigneur
de Beaurin, & Monfr. le Grant, eftaublirent ung tournoy, & contre
tous venantz ; à la quelle joufte le Roy Catholicque y vint pour
joufter, moult richement monté & acouftré comme ung fainct Jorge,
acompagniet du Seigneur de Chievres, & du Gouverneur de Breffe,
de Monfeigneur le Grant-Maiftre & de pluifeurs aultres, tous veftus de drap d'or frifiés, & de toille d'or & de velour cramoify.
Les aulcuns de fatin cramoify tout dechicqueté. Sachiés que le Roy
en entrant dedens les liches, avoit 24 lacquayes richement habilliez
tous d'une meifme couleur ; & s'y avoit parreillement par devant
luy fes trompettes jouant melodieufement. Quant le Roy fu dedens
les liches, on luy donna le bois, & alla contre Monfeigneur le
Grant, qui fy bien le fift, qui rompift fon bois. Le Roy prinft encore une lance, laquelle il rompit fort rudement : mais la tierche
ne rompi il pas. Le Roy ayant faict fon entreprinfe touchant de
la joufte, s'en party en grant triumphe, à trompettes & clarons
fonnant. Puis après vint le Conte de Porcean, bien noblement acouftré, fes lacquaiz à l'entour de lui, lequel demanda le bois, lequel
luy fu donné ; puis brocha (f) fon cheval & alla contre le Seigneur de
Beaurain, lequel Porchean fy bien le fift, qu'il rompy fon boix,
auffi le fecond & le tierche ; fes herraulz crioient : *Vive le Roy, &*
Porcean ; lequel ayant fait fes trois colps en grant honneur fe retira vers fon logis ; & puis autres y vinrent qui joufterent, lefquelz
affez bien le firent ; autres qui ghaire n'y profiterent d'honneur.
Le foir vint, la courfe faillit, chacun fe retira en fon quartier, les
attendant voyant que plus n'en y avoit, qui volliffent joufter. Advint que après ces jouftes en ung Confeil fu determiné, que le Roy
feroit fon entrée en la ville de Saragoffe ; & fu le tout aprefté,
tellement que le Roy fe retira vers icelle ville : mais les habittans
n'en faifoient mife ne recepte ; car il y entra fans aller au devant
de luy, & ne le volloient pas recevoir pour Roy pour aulcuns dif-
ferentz ; & couroit la voix que feptz perfonnaiges l'empefchoient.
Je ne fcay comment il en alloit à la verité ; quoy qu'il y eult, ny

1517.

(f) *Pouffa.*

fu pas reçupt pour Roy à cefte fois, & ny fift pas fon entrée comme Roy, & fu ainfy en la ville 6 femaines ou plus. Tous les jours, ou bien fouvent, le Confeil du Roy eftoit enfemble, où le Seigneur de Chievres mettoit aux Seigneurs d'Efpaignes beaucop de chofes avant; lefquelz Efpagnars fe adheroient affez avec fon confeil; car iceulx, après le Roy, l'aymoient fur tous les hommes. Iceluy de Chievres fift tant entre les Saragoffiens, que la paix fu trouvée entre leur Roy & eulx. La voix courroit que cefte diffention fe faifoit, pour que le Roy ne volloit pas rendre aux Saragoffiens leurs privileges, comme fes predeceffeur leurs avoient renduz. Autres difoient: que c'eftoit par fept perfonnaiges, comme ci-deffus ay dict, qui empefchoient le Roy de faire fon entrée, ad caufe que la Roynne n'y auroit plus hanltez, lefquelz avoient le Gouvernement des biens venant de Saragoffe & des autres Realmes. Conclufion, par le moyen du Seigr. de Chievres & de pluifeurs autres Seigneurs d'Efpaignes, le Roy eult fa paix en Saragoffe; & comme on difoit, iceulx empefcheurs, tous fept, luy furent rendus: mais le Roy en prift pitiet & leur pardonna, en fatiffaifant le dommaige & interreftz, que durant la querelle ilz avoient faict à l'encontre de Saragoffe & aucuns pays, de quoy ilz en eftoient caufe. Quant le Roy fe trouva en paix aux Saragoffiens, s'y difpofa d'y faire fon entrée; & de faict en forty & s'en alla logier en une petitte ville là entour, en tamps que les preparations fe faifoient en la ville. Quant tout fu bien aprefté, le Roy fe tira pour venir à ladi ville faire fon entrée, dont les habittans vindrent au devant de luy; & quant ilz encontrerent, tous fe mifrent en genoulx, luy priant très-humblement merchy, pource que par gens enemis, luy avoient eftez fy rebelles contre fon honneur. Le Roy les fift lever, & leur pardonna ce qu'ilz luy avoient meffait; lefquelz cheminerent tous devant le Roy Catholicque. Soyés adverty que jamais en nulle entrée de Roy n'y eult tant d'honneur, que fu fait au Roy Catholicque. C'eftoit merveille de ce qu'on y faifoit, & des cris que on y cryoit: *Vive le Roy de Caftille;* & les autres: *Vive le Roy Catholique;* encore d'autres: *Vive Bourgoigne.* On y oyoit nulle goute des trompettes & attanalles (g) que on y fonnoit, & des tournois & jouftes quy lors s'y fifrent; car le Senefchal de Haynnault, Anthonne de Verchin, y fift merveilles d'armes, & y acquitz grant bruit & honneur fur tous les autres.

(g) Peut-être Bacchanales, bruit.

*Comment les Indois vinrent demander secours au Roy d'Arragon contre
les infidelles, dont l'ung des filz du Roy d'Indes se fist bap-
tiser : & du mariaige de Dame Alyenor au
Roy de Portugal.*

Ainsy fu le Roy reschupt en la ville de Saragosse, & fu après
Pasques, en l'an mil chinc cens & 18, où chacun luy monstroit
grant signe d'amours au Roy Catholicque. Tout le monde le venoit visiter ; les ung luy amenoient des gennetz, les autres cameaulx,
dromadaires & olliphans. Estant en tel honneur en la ville de Saragosse, ilz vint deux jeunnes filz de Roy, freres ensembles ; &
disoit-on que c'estoient les filz du Roy d'Indes la Majour ; lesquelz
pour aulcuns affaires qu'ilz avoient à l'encontre d'aulcunes gens qui
tenoient encore le party de la Barbe-Rousse, lesquelz leur faisoient
grosses molestes. Quant le Roy eult tout escouttés ces deux jonnes
filz, très-noblement habilliés d'escarlate, aornés de pierryes & de
perles, & estoient Sarazins qui luy venoient demander secours, respondit : que très-vollentier leur en bailleroit, pourveu que ce fuist
contre ceste nation : mais il leur requerroit qu'ilz se feissent bapti-
ser, & que grant bien leur en adviendroit à l'ame envers Dieu, &
aussi de gros biens. Le jone pensa sur ces requestes que le Roy
luy faisoit, lequel touchiet du sainct Esprit promist au Roy qu'il se
baptiseroit. L'autre respondit : que jamais ne le feroit, pour perdre (h)
la vie ; & blasmoit très-fort son frere, luy reprochant beaucop de
chose, & pourquoy il faisoit telles besoignes que de prendre aultre
loy que la sienne, & d'avoir autre maistre que leur Pere, veu qu'il
est aussy puissant que cestuy Roy, combien que nous luy demandons
secours, à quoy ne sçay donc que ce vient. Lors le jonne frere respondit : que ce qu'il avoit prommist seroit tenu, & ainsy en fut-il
faict ; car en l'Eglise Notre-Dame maitresse ville de Saragosse, icelluy fu baptisiet, & luy donna le Roy Catholique son nom ; car c'estoit le premier parain, & le second, le Seigneur de Chievres. Ces
marinnes furent nobles femmes ; son nom, par la grace de Dieu,
fu Charles Roy des Indes les Majours. Son frere, voiant l'affaire,
s'esmerveilloit des choses qui se faisoient à ce baptisement, très-fort
courrouchiet. Neantmoins n'en eult autre chose, & se taisoit coy,
pour prevenir (i) à ses intentions, auquel le Roy Catholicque fist sol-
liciter, & voyant que nulles admonissions ne povoit ayder à l'ati-
rer à notre loy, on luy donna son congié, & se luy fu delivré
150 harquebutiers & 500 picquaires en la conduite de célui qui
avoit tué la Barbe-Rousse. Icelluy Turcque, sans prendre congié à

(h) *Dût-il
perdre.*

(i) *Je corri-
gerois Parve-
nir.*

1518.

(k) *Par ce que.*

(l) *Projet.* Il paroit qu'on a omis quel-ques mots dans la copie.

(m) Je crois qu'il manque encore ici quelque chose, & qu'il faut li-re : *au Roi de Portugal.*

fon frere, fe party, le menaffant, que (k) ainfy c'eftoit baptifié; le quel nouveau Chreftien demoura avec le Roy Catholicque, homme de bien & d'honneur, & luy fu bailliet ung bel eftat, tel que à filz de Roy apartenoit. Enffuite que ces chofes advenoient en Saragoffe, il y vint une Ambaffade de Portugal requerir Dame Alyenor à ma-riaige, come par ci-devant on avoit encore faict ès pays d'embas, pour leur propre Seigneur & Roy, ne fcay que d'alongier le prochet (l); la chofe fu tellement demenée, que le mariaige fu accordé de Dame Alyenor (m) pour gutte & les noepces faictes, où grant follemnité fe fift. Laquelle Dame Alyenor peu de temps après fu menée au Reaulme de Portugal, en la conduite du noble Seigneur de Trazegnies, & d'au-tres nobles perfonnaiges qui l'accompagnerent tant des Efpaignes que d'ailleurs. La Dame de Chievres eftoit fa Damme d'honneur, ac-compagnée de pluifieurs nobles Dames & Damoifelles. Sachiés que Madame Alyenor fu conduicte hors de Saragoffe de pluifieurs nobles hommes, qui brief retournerent. Mais le Conte de Porcean le con-voya trois journées, puis ilz print congiet, où celle luy dict de bel-les chofes au partir; car c'eftoit l'homme de fes vaffaulx que elle aimoit le mieulx; & pour ce qu'elle eftoit affez humaine de luy, l'appelloit ung nom aultre que Conte de Porcean, lequel le pren-doit affés de bonne part, & en eftoit bien joyeux. Quant il fu re-tourné en Saragoffe dict au Roy Catholicque, comment & où il avoit leifflet Madame Alyenor fa fœur, & qu'il l'avoit convoyé trois jour-nées. Le Roy l'en remerchia, puis dit à fon oncle le Seigneur de Chievres des nouvelles de fa femme, laquelle cheminoit pour tirer devers le Royalme de Portugal, là où Madame Alyenor arriva fans nulz dangiers. Au devant de laquelle on vint fort honnorable-ment, & fu rechupte au pays en grant gloire. Conclufion, la chofe fu tellement demenée que les noepces fe fifrent du Roy & de Ma-dame Alyenor Royne de Portugal; de quoy le filz du Roy de Por-tugal fe contenta affez mal, penfant qu'elle fuift pour luy : mais il n'en cult autre chofe. Et courroit la voix que Madame Alyenor heuiffe plus chier le filz que le pere : mais en la fin tout s'en trouva affez bien, & fifrent tant enfemble qu'elle engendra du Roy une belle fille. Ce temps pendant que ces chofes fe acompliffoient en Portugal, le Roy d'Arragon, nommé Roy Catholique, vifitoit fes pays, & conclud d'aller faire ung plerinage à Notre-Dame de Mon-fara comme il fift. Quant il fu venu en icelle, il fejourna trois jours, & fe loga en ung monaftere de fainct Benoict, où tous les jours il vifitoit la belle Dame de Monfara, à laquelle il fift fon offrande d'un bachin d'argent, ricement ouvret, pefant cent marez; & ung groz chierge de cire vierge, tout ainfy & en la maniere que

fon feu Pere le Roy Philippes avoit faict. Quand le Roy eult faict
fon voiaige, alla vifiter les fept Hermitaiges en hault de la montagne, 1519.
aux quelz il donna de beaux dons ; lequel quant il eult efté en la
ville de Monfarra fe retourna en la ville de Barfelonne, où il fu
reçupt honnorablement comme leur propre Roy. Après s'en alla
vifiter le bon Patron & Apoftle faint Jaques en Compoftelle, où il
fu parreillement trois jours, en vifitant les lieux & hofpitaulx que
fa Dame Grant-Mere avoit encommenchiet, & que fon Pere avoit
parfaict. En vifitant les lieux, donna de beaux dons. En après retourna en Barfelonne, où plufieurs jours après la chofe fu tellement
conduicte, que le Roy Catholique renouvella l'ordre de la Thoifon
dorée, en telle forte que fon grant Ayocul le Duc Philippe de Valloix & de Bourgoigne l'avoit encommenchié au racloz (n) de fes
noepces ; où de nouveau on le donna à aulcuns d'Allemaignes &
d'Efpaignes, parreillement à aucuns Napolitains, lefquelz le reçu-
prent en grant gloire. La Thoifon achievées, & plufieurs chofes
faictes pour le pays de là entour, le Roy Catolicque retourna en
Saragoffe, où plufieurs merveilles advinrent. Eftant le Chancelier
de Bourgoigne à table, en compagnant Brifelot, Confeffeur du Roy,
mourut prefent tous, & fort haftivement, & ne parla que deux
ou trois parolles à Brifelot : mais il fu gardé trois jours, craindant
que ne fuift une faulte ou foibleffe : mais ce fu à certes ; car on
l'enterra au couvent des freres Prefcheurs. Depuis le Roy donna
fon office de la Chanchelerie au Dyen de Befanchon, lequel n'en
poffeffa ghaire ; car depuis fu Archevefque de Larme, & fy fu ung
autre faict Chancelier. Ces chofes ainfy advenues, fu decreté de
par le Roy, & les pays, par les requeftes que l'Empereur & Dame
Marguerite avoient faictz, que Dom Frenand s'en iroit en ces pays
d'embas, ceft affavoir, en Flandre & en Brabant. Et fu dict que
le Seigneur de Sampy, frere au Prince de Chimay, le condhuiroit
jufques en iceulx pays, & qu'il feroit fon maiftre & gouverneur,
avecque plufieurs nobles de fon eftat. Ainfy en fu-il faict, & toutte
l'ordonnance de fon voiaige appreftée, tellement que, quent temps
fu, nous en parlerons plus ad plain en ce petit Recoeil, en enfuivant
cefte prefente pour preparation. Ung jour en ung Confeil, où le Seigneur de Chievres eftoit, après Pafques en l'an mil chinc cens 19,
& plufieurs autres de tous pays, car on avoit pas tenu de plus
grant Confeil de loingtemps, fachiés que on y mift beaucop de
matieres avant. Le Seigneur de Trazegnies eftoit nouvellement revenu de Portugal, où il avoit eu & receu de grans & nobles dons,
fi comme une kaifne d'or, & autres bagaiges ; lequel Seigneur de
Trazegnies en ce Confeil, prefent tous, dict aucunne comniffion du

(n) A la fin
de la folem-
nité.

(o) *Celui qui portoit la parole.*

Roy de Portugal. Puis il raconta de l'estat de son voiaige du Roy & Damme Alyenor la Roynne de Portugal, comment ilz estoient ensemble amiablement. Brisclot, Archevesque de Sardine & Confesseur du Roy, en ce Conseil estoit le Avant-Parlyer (o); & quant la commission & harangue de Trazegnies fu finée, recommencha à parler, où loing temps fu droict à teste nue, remonstrant au Roy & au Conseil plusieurs choses : mais en la fin, sa harrange finée, se affoiblissoit. Le Roy se perchut qu'il se ablagissoit en parlant ; en la parfin la sueur luy venoit au visaige, & se cuidoit essuer de son mouchoir, mais n'y povoit eslever ses bras, & en la sin se commencha à chanceller. Le Roy se leva de son siege, & vint envers luy en disant : mon Pere, qu'avés vous ? A ces motz, tumby Briselot contre la personne du Roy en foiblesse, qui incontinent fu soutenu, dont pour ceste advenue le Conseil failly. Et fu l'Archevesque Briselot portés en son logis, lequel estoit près de celluy du Roy, où les archiers de corps le porterent, & le ayderent à coucher sur son lict, & y fu longhement esperant (p) qu'il estoit mort : mais on sentoit aucunement en son corps de la chaleur. Le Roy ne cessa jamais qu'il ne fu visité de ses medechins, lesquelz sy bien le visiterent, que en longuesse de temps revint en convalescence. Le Roy le visitoit tous les jours ; car c'estoit son grant amy ; & commanda aux medechins que on pensast bien de luy, ossy firentilz ; oy bien que quant il se vist ainsy que guery, demanda au Roy son congié, pour retourner ès pays d'embas, pour prendre autre ayr, dont le Roy luy accorda bien malgré luy : mais sachant que c'estoit son desir, ne luy refusa. Sachiés que Briselot donna aux

(p) *Et l'on fut longtems dans la pensée.*

(q) *Carmes.*

Carmoix (q) de la ville, où il couchoit malade, toutte sa vaisselle d'estain & autres baghaiges, lequel se mist après en chemin parmi le Reaulme de France, & alloit petitte journée. Tandis que ces choses & autres se faisoient ès pays d'Espaignes, le Roy de France, desirant de parvenir à aulcunes besoignes de son affaire, requitz au Roy Catolicque, par ung herrault, que de faire parlementer avecque luy, & que moult le desiroit ; où sur ce fu conclud, que les deux parties, de par les Roys, se trouveroient en la ville de Monpellier, où icelluy du Roy Catolicque orroit ce que le Roy de France mettroit en advant ; ainsy en fu il faict, car le Conte de Porcean, chief de l'Ambassade, accompagnié de plusieurs nobles gens saiges & prudens, fu ordonné d'y aller, & tant exploicta qu'il arriva en la ville de Monpellier, où le Seigneur de Boissy Grant-Maistre estoit, le premier jour de May, le quel avoit commission du Roy de France, avecque lequel le Conte de Porcean sy bien besoigna, que grant honneur des Franchois y acquitz : mais

n'eult

n'eult ghaire communicquiet avec les Seigneurs de France , chief de l'Ambaſſade , qui ne morut, & diſoit-on que c'eſtoit grant domaige. Icelluy mort, le Conte de Porcean ſe retourna au Realme d'Eſpaignes par devers le Roy Catholicque , auquel il diſt & recorda ce que les Franchois deſiroient ; dont ſur ce fu conſeillié ce qu'il en ſeroit fait. Nous laiſſerons à parler du Roy Catholicque & des Eſpagnes , & diront comment l'Empereur retourna ès Allemaignes du pays de Brabant, de Flandres & des aultres pays.

Comment l'Empereur Maximilien rendy ſon ame à Dieu , & du deuil que l'on en mena ; avec auſſy ſon epitaphe en rethoricque (r).

CHAP. XII.

MAXIMILIEN Empereur des Romains premier de ce nom, tousjours Auguſte, *après* avoir pourveud de conſeil avec ſa fille Madame Margherite, Gouvernante des pays, pour aulcuns differens contre les Franchois, retourna ès Allemaignes , après avoir prins congié aux Seigneurs des pays, & à la communalté ; ſoy ſentant tout malade d'une jambe, ſembloit avoir prendre congiet, que jamais plus ces pays de par decha ne retourneroit, & que bien le ſavoit. Luy venu ès Allemaignes, n'y eult ghaire eſté , qu'il ne ſe alliſta, dont fu fort viſité des medechins de l'Empire ; mais riens n'y povoit ayder. On le manda à ſa fille la Gouvernante, la quelle le fiſt ſavoir à Charles Roy Catholicque, lequel en fu moult deſplaiſant ; qui incontinent envoya vers les Allemaignes ung noble homme en poſtz, pour mielz eſtre advertis de ſon eſtat ; lequel quant il arriva le trouva mortellement malade : mais quant il oy nouvelle de ſon nepveu fu ung peu ſolagiet, le quel tantoſt après, ſe voyant fort aggravé de ſa maladie , comme homme ſaige & vertueux , diſpoſa ſes affaires. Tout le premier donna ſon ame à ſon ſouverain Createur ; ſon corps ſepulturé en la terre ; en commandant que on ne fiſt nulles pompes après ſa mort, & qu'il volloit eſtre ſepulturé ſimplement ; auſſy que ſon corps fuſſiſt en terre en la ville de Uelpz (s), lès Hongries, & ſon ceur en la ville de Bruges, auprès de Marye de Bourgoigne, Emperreſſe des Romains, ſa Realle Epouſe ; & que ſes biens, dont il avoit largement, leſquelz ſont denommés en mon grant Recoeil de la maiſon de Bourgoigne, fuiſſent donnés à ſes nepveux & niepces. Touchant du faict de l'Empire, que Charles ſon nepveu, le Roy Catholicque, y fuſiſt pour recomandé : ainſy luy fu promis & accordés des Electeurs; le quel tantoſt après pluiſeurs deviſes pour le bien des Allemaignes & de l'Empire, le 12ᵐᵉ jour du mois de Janvier, en l'an mil chinc cens & dix noef, rendy ſon eſprit à Dieu ſon Creatur, en bonne foi & memoire. Après

R.

(r) C'eſt-à-dire *en vers*. Les Académies, ou Sociétés Poétiques établies en différentes villes des Pays-Bas, ſe nomment *Chambres des Rhétorique,*

(s) *Wels,* dans la haute Autriche. C'eſt là que *Maximilien* mourut : mais nôtre Auteur ſe trompe en diſant qu'il choiſit ce lieu pour ſa ſepulture ; il choiſit *Neuſtatt.*

avoir faict touttes fes befoignes, en la ville de Ueplz, emprès le
pays de Hongrie, fu fepulturé; pour le quel groz deuil fortit en Allemaigne, au pays d'Efpaignes & aux Pays d'embas, fans en nulz
excepter, où on fift de beaux, nobles & devotieux obfecquez, avecques pluifeurs gemiffements & grants pleurs; car ung chacun l'aymoit pour la largeffe, honneur & proeffe, benignité & courtoifie,
comme en fes faictz polriés regarder. Sur fa tombe eftoit richement
efcript en forme d'Epitaphe, que cy après vous orrez, & en la maniere que s'enfuit.

CHAP.
XIII.

Cy commence l'Epitaphe du très Illuftre & facré Empereur Maxi-
milien, tousjours Augufte.

ANTRE les Empereurs très-hault Cefariens,
Pour le Septre Romains puiffant victoriens.
Au magnificque eftocq des Princes terryens,
Doit eftre nommé ung par les Hiftoryens.

Lequel party du fang Imperial Domaine
De Sigifmond, qui fu par l'Eglife Romaine
Mis en poffeffion de l'Empire Germaine,
Dont Albert entra en cefte vie humaine.

De Albert, Federicq Empereur fu nommé,
Puis Maximilien grandement renommé,
Du quel ne peult affés hault bruit eftre fonné,
Ne le deuil de fa mort par oubly confommé.

En joneffe flory à commenchier fon temps,
La Duceffe Marye efpoufa droit à vingt ans,
De la quelle produit au fiècle deux enffans,
Phelippe & Marguerite en Regne triumphans.

Lors trouva les pays defolés, fans regime,
Galles & Regalles du Roy Louis unzieme,
A Ghinegatte vint par guerre legitime,
Combattre les Franchois, dont on fift grand eftime.

Toft après fon Efpoufe à Bruges trefpaffa,
Entre France & Bourgoigne ung traictié fe paffa,
Dont Charles filz de Loys Marguerite efpoufa,
Et par ce point ce Prince ung petit repofa.

Puis de brief, nonobſtant la paiſible fiance,
Congneult devant ſes yeulx mortelle deffiance;
Terroanne, Tournay, Aire fu en ſouffrance,
Et Saint Omer danſa des meneſtreux (t) de France.

En lieu de ſejourner en paiſible repos,
Il reprint le harnoix confortant les ſuppos;
Flamengs & Brabenchons luy tournerent le dos,
Dont le pays en fu foulés de chair & d'os,

Ganthois & Brughelins fiſrent pluiſeurs alarmes,
Mais depuis leur en fiſt plourer de groſſes larmes,
Leurs villes meſtria par force de gens d'armes,
Se rompy leurs eſdictz, leurs eſcuz & leurs armes.

Les Houcq & Cabillaux plains de folle querelle,
Rejoindy par advis ſans guerre trop cruelle.
En la ville d'Utricque, cité moult rice & belle,
Entra à ſon plaiſir, quoy qu'elle fuiſt rebelle.

Pour tenir ſon Empire en paix & union,
Et *les* Suiſſes oſter de quelque oppinion,
Il en repriſt la guerre en leur poſſeſſion,
Puis leur accorda paix à bonne intention.

En Allemaigne avoit aulcuns competiteurs,
Pour uſurper ſon droict uſant de leurs haulteurs:
Par armes declina les diſcordes & terreurs,
Ottant que oncquez mais (v) fiſt nulz autres Empereurs.

Pour ſes enffans condhuire en temps & en ſaiſon,
Les miſt & allya en realle maiſon :
Dont Phelippe ſon filz ſuccedant par raiſon,
Laiſſa à ſon filz Charles Reaulmes à foiſon.

A Phelippe ſon filz conſeilla entreprendre,
De Gueldre recouvrer, ou par armes le prendre :
Charles d'Aigemont lors n'y volloit pas entendre :
Mais à moins de trois mois à merchi ſe vint rendre.

Et depuis qu'il vyt mort ſon filz Roy de Caſtille,
Au Roy de Dinnemarque allya une fille;
Ung autre en Hongrie au Roy pour luy utille,
Et en Portuigal autre aiſnée très-gentille.

R 2

1519.

(t) St Omer fut enlevé aux François. Me-neſtrel ou Me-neſtrier eſt un Bàreleur, ou joüeur d'in-ſtrumens.

(v) *Autant que jamais.*

1519.
(x) Je cor-
rigerois
Maint.
(y) Peut-é-
tre lubrique.

Mais (x) traictiez contractés en ce monde fabricque (y)
On paſlés par ſes mains, de quoy plus ne fabricque ;
S'ilz ont eſtes rompus par oeuvre dampnificque ,
Dieu congnoy les ouvriers inventeurs de trafficque.

Pape, Rois & Seigneurs fourés en diſcordance,
A ſon povoir les a remis en concordance,
Leurs treſors faict eſpandre en très-grant habondance ,
Premiers qu'il ayt marchié à la mortelle dance.

Et premier que morir, a bien tenu les mains
Pour le Roy Catholicque aulx Electeurs Germains,
Par tel moien qu'ilz ont eſluz Roi des Romains ,
Dont pour eſtre Empereur il n'en vault pas de moins.

Après a regardé pour ſon deffinnement.
Comme bon Catholicque a faict ſon teſtament ;
Vray contrilt & conſés de bon entendement ,
Voilut rendre ſon ame à Dieu devottement.

En ce point termina ſon Regne Imperial ,
Au quel fir très-illuſtre amiable & léal ,
Vaillant, puiſſant, devolt, honneſte & cordial ,
Excellent juſticier, prudent & liberal.

Pluiſeurs fais excellentz fort digne de memoire .
Sur les Turcques & ailleurs où on ſe rememoire ,
A l'honneur du deffunct polroit eſtre en l'hiſtoire,
Des cronicques auſquelz le cas eſt tout notoire.

Mil chinc cens & dixhuit, le douziſme en Janvier,
A Uelps lès Hongrye eſt mort ſans recouvrier,
A ſoixante huit ans, pour ſa gloire amplyer ,
Et ſon ame eſlevée ; voellons pour luy prier.

A M E N.

Tout achevet, & les obſecques de l'Empereur fais en Allemaigne , le poſt ſe retourna ens Eſpaignes, le quel conta au Roy le
treſpas de ſon Grant-Pere l'Empereur, auquel il donna une lettre
que luy meſme avoit eſcript avant ſon treſpas. Je croy que c'eſtoit
le contenu de ſon teſtament & de ſes affaires ; la quelle lettre fu
lutte en grans pleurs & gemiſſemens, preſent le Seigneur de Chievres & de pluiſeurs autres, qui tous tendrement ploroient. Leſquelz tantoſt après conclurent de faire ſon ſervice ; le quel on fit

fort fumptueux, comme à tel perfonnaige appertenoit. Les fervices
faictz, par confeil le poftz fu renvoyé au Conte de Naffau, à cefte
fin qu'il foignaft des affaires touchant du faict de l'Empire, & fans y
faire nulz delay ne attardement. Le Conte de Naffau voyant la
comiffion que le Roy luy envoyoit, y befoigna tellement à l'honneur de fon Maiftre, que grant honneur luy en vint, comme plus
à plains vous orrés cy après. Le Roy de France, Franchoix premier de ce nom, parreillement pour le faict de l'Empire, affembla
tout le Confeil de France, où il mift avant, que fon defir eftoit
d'eftre Empereur, & que fa vollenté eftoit frumée que d'y parvenir, & que fa perfonne le povoit bien eftre, comme autres fois
l'avoient eftez les Rois de France. En ce confeil eftoit le Conneftable de France, & le Duc de Bourbon, le Duc d'Allenchon, le
Conte Vandofme, & autres grans maiftres du Realme de France,
lefquelz demanderent au Roy : Sire, vous nous mettés en advant
que defirés d'eftre Empereur des Allemaignes. Le Conneftable premier parlant dit au Roy : Sire ne vous defplaife fy je vous dis mon
advis ; touchant d'eftre Empereur, jamais en Allemaigne vous ne
le feriés ; pluftoft le feriés-vous dedens Rome, par ung moft qui
eft veritable, les Allemans n'en feront nulz s'il n'eft de leur fang ;
d'y aller par force, jamais vous ny entreryés ; car je fuis bien adverty que l'Empereur defunct a fy bien faict fes befoignes, que
avant fon trefpas, il a lyet les Electeurs & les Grans Maiftres d'Allemaignes fy amoureufement enfemble, que fon nepveu Charles le
Roy Catholicque en aura la election ; car il eft, du fang paternel,
naturel des Allemaignes, & fy eft fort puiffant pour furnir & fubvenir à ces affaires. Par ainfy, noble Roy, foufffiffé vous à tous
pour le mieulx befoigner, & vela mon advis. Quant le Roy eult
entendu le Duc de Bourbon, & oy parler, regarda le Confeil, qui
mot ne difoit, au quel il dit : comment, Seigneurs, vous ne dictes
riens ? Lors luy fe leva & dit : chier Sire, voftre Conneftable en
a dict la verité ; nous tous enffieuvons fon confeil, difant parreillement : que fur les Allemaignes vous ne volliés riens emprendre,
par efpecial fur les hoirs d'Auftrice. Le Roy fe contenta très-mal
de ce confeil, du quel s'en party ainfy comme tout courrouchiet
fur eulx, difant : que bien faire en fçaroit fans leur confeil. Le
Roy fe party d'entre eulx ayant tousjours defirs d'eftre Empereur,
& ne ceffa jamais que d'appareiller fes affaires ; & tant fift qu'il
envoya ung Archevefque de fes pays, bon confeillier de fa maifon,
en Allemaigne, & y trouva aulcuns amis, aufquelz il promift grant
fomme de deniers, qui depuis les delivra : mais riens ne lui ayderent ; car le Conte de Naffau fe ordonna encontre luy par tel for-

1519.

te, qu'il rompoit tout ce que l'Archevefque faifoit. Neantmoins il attendois l'Election comme les aultres. Le Roy d'Angleterre y envoya une Ambaffade, le quel defiroit d'eftre auffi Empereur. L'Ambaffade du Pape y vint auffy en noble arroy, qui fe confermoit affez bien pour ayder le Roy de France. Ne fçay que d'allongier la matiere. Après beaucoup de chofes faicte, la preparation d'eflyre ung Empereur fe faifoit en Allemaigne. La quelle fu tellement faicte, que tous fe trouverent enfamble en la ville de Francquefort.

CHAP.
XIV.

Comment Charles Roy d'Arragon fu eflut Empereur d'Allemaignes
& Roy des Romains.

Soyés adverty que le 17me jour du mois de Jung l'an mil 519 vindrent le fept Electeurs en l'Eglife de Francquefort, où ilz fifrent dire la Meffe du Saint Efprit, & vinrent tous enfemble en grant triumphe. Et quant ilz furent entrés au cocur de l'Eglife, ilz fifrent la reverence l'ung à l'autre, & fe mifrent ès fieges aux deux coftez du dit ceur. Si comme l'Archevefque de Meance, au droict cofté : emprès lui, le Lieutenant du Roy de Boheme : le 3me, le Conte Palatin : à l'autre cofté, l'Archevefque de Couloigne : le

(z) Saxe.

Duc de Saz (z). Le 4me, le Marquis de Brandebourg : & au milieu du Coer eftoit affiz, noblement accouftrez, l'Archevefque de Treves. Soyés advertis que les trois Princes de l'Eglife avoient manteaux, chapirons, & bonnetz d'efcarlattes, fourés d'ermines. Le Lieutenant du Roy de Boheme eftoit veftu d'ung manteau de drap d'or plain de perles. Et les trois Princes feculiers avoient grans manteaux de velour cramoify, chapirons & bonnetz fouretz comme les aultres. Quant ce vint à l'offrande, chacun fe leva pour y aller : premierement l'Archevefque de Mayence : 2me, le Lieutenant du Roy de Bohefme : 3me, l'Archevefque de Treves : 4me, l'Archevefque de Couloigne : 5me, le Duc de Saz : 6me, le Conte Palatin : & pour le 7me & dernier, le Marquis de Brandebourg. Quant la meffe fu dicte, les Electeurs furent appellé devant le grant Autel, où ilz fifrent ferment, prefent les Ambaffadeurs du Pape, du Roy Catholique, du Roy de France & du Roy d'Angleterre, & autres de pluifieurs quartiers en grant nombre, de elire ung Roy des Romains Empereur futur, pour deffendre la Chretienté & l'Imperialle Majefté. Ces fermentz ainfy faiz que di eft, chacune Ambaffade fe recommanderent aux Electeurs leurs maiftres de les tenir en droict

(a) A cette occafion.

pour eftre Empereur, chacun priant pour fon maiftre. Sogyct que *(a)* les Electeurs promefrent, que chacun feroit gardé en fon bon droict, ainfy qu'ilz avoient promis & jurez ; & pour abregier, tous fept

s'en allerent au chapitre de l'Eglise, dont illec furent bien une grosse
heure. En après forterent pour chacun en aller en fon logis. Mais
premiers fifrent commandement aux Ambaffadeurs de tous quartiers,
que fans jour & fans heure fortefiffent de la ville, jufques ad ce
qu'ilz auroient mandement d'y retourner. Ainfy le fifrent, refervé
le Conte de Naffau, qui tousjours demora en la ville; dont groz
murmure en vint entre les Ambaffadeurs, en difant, qu'il y aroit
faveur. La chofe demora en tel eftat jufques au 28ᵐᵉ jour du di
mois de Jung, la veille Sainct Pierre & Saint Paul. Ce temps-
pendant Domp Frenand eftoit arrivés ens ès pays de Flandre & de
Brabant, que fa Tante le rechupt honnorablement, auquel on dict
que l'Election fe faifoit, dont il en fu fort resjoy, efperant que fon
Frere, le Roy Catholique, feroit efleu pour eftre Empereur. Tandis que Domp Frenand eftoit en ès pays, comme j'ay dict, les
Electeurs, à cefte veille de Sainct Pierre & Saint Pol, vindrent
encore en l'Eglife de Francquefort, comme par avant avoient eftez.
Le Matin à fix heures on y chanta une Meffe du Saint Efprit, où
ilz allerent à l'offrande comme deffus. La Meffe dicte, les Electeurs
s'en allerent au chapitre, & quant ilz y furent tous entrés, une
grande efpace après, l'Archevefque de Mayence en fortit tout feul,
& s'en alla en une chambre, où il menda l'Uchier (*b*) Imperial, le
Doyen de Mayenche, lequel fu prins pour notaire. Après, par le
di huffyer, fift encore venir 7 Archicontes, pour eftre temoingz à
la dicte Election d'Empereur. Et quant tous fufrent affemblés, le
di Archevefqne a mandé par le di Huiffier Imperial, premier, l'Archevefque de Treves, auquel devant l'Autel fu commandé fur le
ferment qu'il avoit faict en ce lieu, qui voliffe *donner* fa voix au plus
proffitable Prince & plus ydoifne pour augmenter l'Empire & la
Chretienté. Lors après avoir ung peu penfés deffus, & auffy après
que l'Archevefque de Mayenche luy eult denommés pluifieurs Princes Chretiens, & aulcunes remonftrances, le di Archevefque de
Treves donna fa voix à Charles d'Auftrice, *filii Philippi*, fans nommer aultre tiltre, en prefence du notaire & les aultres feptz Archicontes, lefquelz furent appellés de l'Archevefque de Mayance
tous à temoingz. Laquelle voix le di Mayance fift regiftrer par le
dy notaire. Puis Treves retourna au chapitre avec les autres. En
après l'Archevefque de Mayence manda par le di Huiffier le Lieutenant du Roy Bohefme, le quel dit pour fa voix comme l'Archevefque de Treves avoit propofé & dit; & confequament, ainfy
le difrent les quattre aultres par ordre. Après que les fix Electeurs
eulrent donné leurs voix & mis au regiftre, l'Archevefque de Mayance fift entrer avec luy dedens le chapitre tous les aultres Electeurs,

1519.

(*b*) *Huiffier.*

avec eulx les fept Archicontes, & le Notaire; où Mayence diſt & 1519. remonſtra, comment tous unis avoyent donné leurs voix de l'Empire, & efleu Charles d'Auſtrice Roy des Romains & Empereur futur; & lors, comme 7me Electeur, donna ſa voix au di Charles d'Auſtrice *filii Philippy*, puis commanda au di notaire qu'il eſcripvy le tout, après avoir eſtet informés.

CHAP. XV.

Comment le Roy d'Aragon Empereur eſleu, ſe party d'Eſpaigne pour eſtre courronné, & arriva en Angleterre.

L'ELECTION ainſy faicte par leſdi Electeurs, avec le di notaire & les ſept temoingz Archicontes, allerent ſur le jubé, & le di Domp Dyen come notaire eſtant en ce di jubé, dit au commun peuple qui là eſtoit aſſemblé pour oyr l'Election, coment la Maiſon d'Auſtrice avoit fait pluiſeurs ſervices à la ſacrée Imperialle Majeſté, & augmenter l'Empire & la Chrétienté; par quoy leſdi Electeurs ont eſlutz Charles d'Auſtrice *filii Philippi*, ſans aultre tiltre nommer; & ſe di notaire volloit beaucop plus dire: mais le peuple crioit à ſi haulte voix: *Auſtrice, Auſtrice! Dieu ſoy louez, que n'avons pas le Roy Franchoys;* tellement cryoit le peuple que on ne ſçavoit entendre ce que le notaire proferoit. Ces choſes achevées, les trompettes des Electeurs ſonnerent bien l'eſpace d'une heure. L'Election fu faicte à ſept heures du matin, & les Ambaſſadeurs oyrent les nouvelles à huit heures, leſquelz eſtoient à une lieue près de Francquefort en ung groz Bourcq appellés Houſt. Leſquelz très-mal ſe contenterent. Le Baſtard du Duc de Saz porta les nouvelles, lequel quant il eult dict au Conte de Naſſau que ſon Maiſtre Charles d'Auſtrice eſtoit eſlut, luy donna pour ſon vin 8000 florins d'or. La publication que les Electeurs avoient fait touchant de l'Election par les ſeigneurs de la ville de Francquefort, ſe fiſt à neuf heures devant midi, où on commanda d'en faire la feſte, comme on fiſt; car à l'après diſner, devant les logis des Electeurs, il y avoit des pieces de vin eſſonſées, & par tout les quarfours de la ville les danſes ſur les rues ſe faiſoient; ſouppers parreillement, où après les grans feuz furent allumés, toutte l'artillerie de la ville fu deſſerrée, longue eſpace on ſonnoit en touttes les Egliſes. Soyés adverty que pour l'honneur de l'Election, la feſte dura trois jours, qui fu fort renforchié de plus en plus. L'Archevéſque Ambaſſadeur du Roy de France ne ſe contentoit nullement, diſant: que à l'Election il y avoit eub de la faveur; & de fait, deſirant d'en faire queſtion, ſe trouva depuis en la compagnie du Conte de Naſſau, où il y eult de groſſes parrolles; tellement que il fallu que le di Archevéſque ſe
parteſiſt,

partefist, ou il eult esté tué, & desmembré; depuis retourna en
France sans riens besoigner, & sans or ne argent. Quant le Roy
sceult la besoigne, comment elle alloit, fu fort courrouchié, & fist
ferment que ce jonne Roy Catholique ne seroit pas Empereur d'Allemaigne, & que telle guerre luy feroit, qu'il auroit assez affaire
de soy deffendre, sans penser ne songier de soy volloir faire couronner. Enssievant ces parolles besoigna tellement, que par le moyen
de Sire Robert de la Marche, qu'il fist meinier force d'artillerie en
la ville de Mouzon, pour contendre à deffendre (b) le couronnement
de Charles Roy de Castille, pretendant de luy meisme faire se courronner. Le Conestable & le Conseil de France sachant le desir du
Roy, entre eulx sans luy dire conclurent, se il volloit eslever armée pour seimir son artillerie, & tirer vers les Allemaignes que
pas ne seroit adfisté, & ainsy en fu faict; de quoy le Roy eult
telle vergoigne dessus le Connestable, que loingtemps fu sans en nulles fachons l'apeller. Neantmoins avoit tousjours le di Conestable
le regart sur luy, & meisme sur le Realme, tant à la chose publique
que au fait de la guerre, le quel fist tant que l'artillerie fu tirée
hors de Mouzon, & remenée au pays de France. Ces choses ainsy
faicte, le Roy Catholicque eult nouvelle qu'il étoit eslut Empereur; le quel donna, à celuy qui luy porta les nouvelles, largement
le vin, voyant la chose veritable. Le Seigneur de Chievres con-
seilla au Roy d'assembler ung Conseil de tous ses pays pour ce qu'il
y avoit affaire. Ainsy en fu faict; car l'an après, mil chinc cens &
vingt, le Seigneur de Chievres, joyeux de l'honneur de son maistre,
ne cessa jamais que tout ne fuist preparé, & les batteaux prestes,
pour partir quant le Conseil s'y adonneroit. Et fu Mr. Adryen, Cardinal, Confesseur du Roy, fait Gouverneur principal du pays d'Espaigne avec pluiseurs personnaiges (c). Ainsy que l'on preparoit ses affaires, le Roy de France courouchiet qu'il n'estoit esleu Empereur,
tant fist par Ambassades avecque le Roy d'Angletere, qu'ilz conclurent d'eulx trouver ensemble auprès de la ville d'Arde, où ung mariaige se debvoit faire entre le Daulphin de France, & la fille d'Angletere, affin que bonne paix fuist entre eulx trouvée. Le Roy de
France fist ses préparations auprès de la ville d'Ardre : & tandis le
Roy Catholicque cheminoit sur la mer, lequel par ayant (d) bon vent
arriva au Realme d'Angleterre, où il fu honnorablement reçupt du
Roy & de la Roynne, & du peuple grandement festoyés. Ceux de
Flandre & de Brabant sceurent la descente de leur Roy en Angleterre, dont par tout, par le commandement de Madame Marguerite,
on en fist la feste telle, que en la ville de Vallenchiennes, en faisant
ceste feste, par ung fallot ardent dessus le clochier de l'Eglise saint Jan,

(b) *Pour tâ-cher d'empê-cher.*

(c) Il n'y eut d'autre *person-naige* avec lui que le célèbre *Ximenès*, qui sçut se procu-rer la princi-pale autorité, & qui la méri-toit en toutes manières.

(d) *Conti-nuant d'avoir.*

maitreſſe Egliſe de Vallenchiennes fu bruſlée, & le batteleur (e) d'icelle
& grant partie de l'Abbaye ; & ſe faiſoit ceſte feſte le jour ſaint
Barnabé mil chinc cens & vingt ; pourquoy pour ceſte fortune (f) la
feſte en failly. Tandis le Roy Catholicque eſtoit en Angleterre, où
on luy monſtra bon amour, eſtant tous joyeux de ſon Election,
qu'il n'eſt langue qui le ſçaroit raconter la feſte & honneurs que
journellement le Roy luy faiſoit ; & diſoit que très-joyeux eſtoit,
que ainſy le tenoit en ſon pays devant qu'il ſe fuiſt trouvé avec le
Roy de France. Lors le Roy Catholicque ad ce reſpondit : Chier
Sire mon oncle, & mon amy, pour moy ne laiſſiés à eſtre bien du
Roy de France ; c'eſt mon amy, feſte ce que luy avés prommis ;
avecque l'aide de Dieu où eſt mon affection, nulz ne me peult
nuire. Le Roy d'Angleterre entendit aſſés bien ſon nepveu : mais
il reſpondiſt qu'il ne ſe ſouffiât, & qu'il ne feroit choſe contre ſa
haulteur. Ces deviſes ainſy feſte, après pluiſeurs honneurs faictes
au Roy Catholicque, ſe party d'Angletere, & tant fiſt qu'il arriva
en ſes pays, où il fu honorablement reçupt ; parquoy encore groſſe
feſte en fu faicte à l'entrée du mois d'Aouſt. Les Electeurs d'Allemaigne, le ſachant en ſes Pays d'embas, le viendrent viſiter, en
apportant de leurs voix la vraye Election, en l'appellant Empereur
eſlut. Le Conte de Naſſau eſtant preſent raconta au Roy Catholicque l'honneur que les Electeurs luy avoient porté, au nom de ſa
perſonne, dont le Roy les remerchia, tenant le bonnet en la main
bien gratieuſement. Après beaucop de deviſe, les Electeurs prindrent congié du Roy, & s'en retournerent ès Allemaignes, & le
Roy demoura en Brabant appoinctant ſes affaires. Ce temps pendant le Conte de Porcean, par le conſeil de ſon oncle Seigneur de
Chievres, fiſt tant qu'il parvint à Damoiſelle Anne de Croy, fille
au noble Prince de Chimay, où ſon deſir eſtoit. Parreillement la
jonne Dame l'aymoit de tout ſon cœur ; ſa grace eſtoit telle, que
c'eſtoit l'une des Dames la mielx morriginée des pays. Soyés advertis que elle euiſſe eub de Grant Maiſtre, & des plus Grant d'Allemaigne : mais nulz n'y avoit ſon volloir (g) que le jonne Conte de
Porchean ; parquoy la choſe y fu concluë & accordée par vray mariaige, entre Phelippes de Croy *d'une*, & Dame Anne de Chimay d'aul-
tre-part, le penultieme jour du mois d'Aouſt ; & après minuict,
quant le darain jour commencha en vendredy, l'Archeveſque Brifelot, en tour une heure, les eſpouſa, & diſt la Meſſe ; & après
le bancquet, le noble Conte s'en alla coucher avec ſa noble Eſpouſe.
En ſes noepces eſtoit le noble Prince de Chimay & ſa noble Femme ;
le Seigneur de Saintpy & le Seigneur de Frezin, grant Bailli de
Haynault. En ce tamps ceulx de la ville d'Anvers faiſoient leur

(e) *Celui qui avoit ſoin du carillon.*

(f) *Accident.*

(g) *N'avoit gagné ſes gra-ces.*

compte, que le Roy Catholicque, eſlut Empereur, y feroit ſon entrée ; pour ceſte cauſe, le Marquis d'Arſchot manda au Conte de
Porcean, en la ville de Binch en Hainault, qu'il ſe retournaſt envers
le Roy à Bruxelles, & que pour ce cop il avoit eſtez aſſez emprès
de ſa Dame des noepces. Icelluy ſe party bien envis (*h*) ; neantmoins
la departye s'en fiſt, dont le Conte de Porcean s'en alla avec le
Roy en la ville d'Anvers, où il fu honorablement reçupt des habittans & des marchans. Soyés adverty que Briſelot treſpaſſa ce moix
de Septembre ; de quoy à la ſainct Michel le Roy faiſoit ſon entrée
en la ville d'Anvers, dont brief temps après retourna à Bruxelles,
où après pluiſeurs beſoignes faictes, le Roy appella le Conte de
Porcean, luy diſant, qu'il falloit qui fuſiſt Capitaine du pays &
Conté de Haynault ; & que ſon beaupere le Prince de Chimay luy
avoit requiz de ce faire, & qu'il s'en volloit deporter ad cauſe de
ſon anchienneté, luy congnoiſſant ſes diſſ. biens voeillans les pays
volloit que ainſy en fu. Le Marquis d'Arſchot reſpondit au Roy :
Sire, mon Nepveu eſt jone, leiſſés-le encore en la main de mon
Couſin le Prince de Chimay. Le Roy reſpondit : que ainſy en ſeroit fait. Concluſion, le Conte de Porcean reçupt la Capitainerie
de Hainault, qui touſjours depuis a eſté appellés Capitaines des Pays
& Conté de Haynault. Ces choſes achevées, ceulx qui avoient le
Gouvernement du voiaige d'Aix, ſy bien exploiterent, que tout fu
mis en train que pour y aller. Tellement que l'Empereur eſlut ſe
party du pays de Brabant pour aller en Allemaigne ſoy faire cour-
ronnier, acompagniet de Madame Marguerite, du Marquis d'Arſchot,
du Conte de Porcean & de pluiſeurs Grant-Maiſtres de tous quartiers,
& de maintes Dames & Damoiſelles. De quoy Dame Marguerite
eſtoit acompagnié de la Marquiſe d'Arſchot, de la Conteſſe de Porcean & de pluiſeurs aultres ; & fiſt ſon entrée en la Cité de Liege,
où les Liegois le rechuprent comme ſouverain Seigneur & hault
Advoés ; & luy donnerent de grans dons & beaux preſens. On fiſt
en la cité une proceſſion generale, où le Saint & Sacré Corps de
Jeſus-Chriſt fu porté, où le Roy portoit ung chierge en ſa main.
Je crois que à ceſte heure le Roy fiſt aulcune bonne priere, car depuis fu touſjours en proſperité. Et me fu dict qu'il y eult aulcuns
traictres, allyés avec le Roy de France, du pays de Liege ; &
eſtoient iceulx deliberez de le mettre à mort par ung traict de
Hancquonette, en paſſant en aulcuns quartiers par deſeure ung pondt.
Ces mechantes gens plains de venin avoient enſeignes ſemblables
l'ung à l'autre, pour eulx mielz recongnoiſtre : mais quant ilz aper-
churent l'honneur que on luy faiſoit, & que Dieu le gardoit en
tous ſes faitz, changerent leur corraige ; ou par adventure crain-

 dant de faillir, parquoy ilz ne parfirent pas leur emprinſe, comme le Createur du monde ne le veult pas conſentir. Deſquelz traictres depuis l'on en fiſt morir aulcuns en la cité, qui congneurent la choſe enthierement, & que ſçavoit eſté par le conſeil du Roy de France, penſant venir à ſes parverſes intentions. Ce jonne Roy non ſachant de ces affaires, après avoir fait tous debvoirs, ſe party de la cité pour cheminer vers la ville d'Aix. Jamais Roy ne fu plus noblement acompagnié; ſur tous ceulx qui le accompagnoient, le Marquis d'Arſchot, Seigneur de Chievres, y eſtoit fort triumphant; ſon Nepveu le Cardinal de Dracquivo, diĉt de Croi, Arche-
(i) Tolède. veſque de Toullette (i), Duc & Eveſque de Cambray, lequel avoit ung bel eſtat; & parreillement le Conte de Porcean ſon frere, tant richement accouſtrez que merveilles. Après le Roy, chacun regardoit l'eſtat du Marquis d'Arſchot. Paſſant il y eult un homme, qui diĉt au Seigneur de Chievres : Dieu vous vœille tous garder de mal, & Monſeigneur le Cardinal votre Nepveu, le quel vous véez voluntier : mais, comme je croi, jamais du voiaige ne retournera; & plus n'en diĉt. Le Seigneur de Chievres n'en oy riens; tousjours marchoit avant avec l'eſlut Empereur; contre le quel on vint audevant de par les Eleĉteurs qui le rechurent moult honnorablement. Auſſi le jonne Eſlut leur fiſt la reverence très-benignement, tenant ſon bonnet en la main; leſquelz enſemble par grant amitiet chemi-
(k) Maſtricht. nerent juſques à la ville de Treĉt (k). Aucuns d'eulx s'en allerent en la ville d'Aix, pour expedier les beſoignes de l'entrée de nouveau Eſlut; de laquelle je vœil eſcripre, & du Courronnement de très-illuſtre Charles, par la grace de Dieu, Roy des Romains, Empereur eſlut; Roy des Eſpaignes & des deux Cecilles &c. Conte de
(l) Tyrol. Flandre, de Tharol (l), de Haynault &c. Mon commenchement ſera aux Seigneurs eſtrangers, Princes & Capitaines, leſquelz tous vindrent à ſon ſervice, pour ſollempnellement & triumphanment entrer avec luy en la ville d'Aix.

CHAP.
XVI.
*Comment le Roy d'Aragon, après qu'il fu arrivé en ſes Pays d'embas,
ſe prepara & alla faire ſon entrée en la ville d'Aix
en grant triumphe.*

AN. L'AN de noſtre Seigneur Jeſu-Criſt, mil chinc cens & vingt, le dimence 21me jour du mois d'Oĉtobre, ſe party noſtre Roy nouveau eſlut Empereur de la ville de Treiĉt, & eſt en allé auprès de Gulpen au Chaſteau de Ghincem; & illec ſejourna cette nuiĉt, pour faire ſon entrée le jour enſſievant. Les Seigneurs d'Allemaignes, & autres Prinſes ſe ſont mis & aparreilliés en moult belle

ordonnance, chacun en fa partye bien en point, tous en harnoix, ▬▬▬▬
avec eftandars & enfeignes deiployées, dont eftoient 14 bendes, **1520.**
fans les pietons, qui tous attendoient enprès de la ville d'Aix le
jonne Roy, pour entrer avec luy : mais ad caufe qu'il y avoit fy
grant nombre, que tout n'y eult peu entrer, il faut entendre que
en l'entrée, n'entrerent avec le Prince, que les Nobles & Gentilz-
gens, & quelque partye des Principeaulx des bendes & compagnies :
mais il fu dict, que ilz entreroient par une autre porte. Aucuns
de devant pafferent parmi la ville, affin qu'ilz ne fiffent nulz empefchement à l'entrée principalle ; & pour ce qu'il n'eult pas efté
poffible d'y entrer tous fur ung jour, & pour ce on en fis monftre, hors de la ville fur les champs, au nouveau Efleu. Premierement font entrés tous devans les pietons, & pafferent tous fept de
froncq ; entre lefquelz eftoient mille hacquebuttiers, mille halbardiers, & mille picquenaires, tous grans & beaux hommes, très-
bien en point ; gens fieres & de corraiges, à chacun fon enfeigne
defployer, & fiffres, tabourains fonnant, tenant très-belle ordre ;
lefquelz furent moult prifyés & eftimés. Après marchoient les hommes
d'armes fur beaux & grans cheveaux. En la premiere bende eftoit
Sire Robert de Aremberghe ; avec lui 16 lanches, les aulcuns en
drap de velours, & les autres en fatin des coulleurs du jonne Roy.
Sachiés que entre les gens de cheval & les 3000 pietons, marchoient
cent halbardiers, en pourpoint de velour noir, couvert de la li-
vrée du jonne Roy, tant que on véoit le velour parmi. La feconde
ordre eftoir le Duc de Jullers, acompagniet de 700 & 50 lance,
entre lefquelz eftoient deux cent nobles hommes en velour cramoufy, & damas avec fatin cramoufy. Le 3ᵐᵉ ordre eftoit le Duc
de Saz ; en fa bende mille lances veftus tous de noir. La 4ᵐᵉ bende
eftoit le Conte Palatin, avec 1200 & 50 lances, où eftoient 400
nobles hommes, veftus de noir damas & fatin, en la quelle y avoit
11 trompettes. La 5ᵐᵉ bende eftoit le Marquis de Brandebourck,
avec 850 lances, où il y avoit 300 nobles hommes, en velour,
damas & fatin cramoifyz. La 6ᵐᵉ bende eftoit l'Archevefque de
Coulloigne, lequel avoit 1400 lances, où eftoient 400 nobles hommes,
tous veftuz de velour, damas & fatin. La 7ᵐᵉ bende eftoit l'Archevefque de Treves, lequel avoit 700 lances, où ilz eftoient deux
cent nobles hommes, veftuz de noir velour, damas & fatin. La
8ᵐᵉ eftoit l'Evefque de Liege, lequel avoit 1000 lances, tous veftus de rouge, des coulcurs du nouveau Efleu, où eftoient 100 Gentilzhommes, veftus de velour, damas & fatin cramoifyz. La 9ᵐᵉ
bende eftoit l'Archevefque de Mayence, lequel avoit de fa bende
mille lances, où eftoient 400 nobles, tous veftuz de velour, damas

& fatin noir. La 10ᵐᵉ eftoient les Evefques de Bremme & l'Evefque de Salsburg, lefquelz avoient 1200 lances, tous veftus de rouge, où eftoient 400 nobles hommes richement veftus. Le 11ᵐᵉ eftoit le Seigneur de Raveftain, lequel avoit 700 lances, tous veftus des couleurs du nouveau Efleu, où eftoient 200 Gentilz-hommes en velour & damas, aucune foix bendés. Le 12ᵐᵉ eftoit le Seigneur de Roeulx, Grant-Maiftre d'oftel du nouveau Efleu, lequel avoit 700 lances, veftus des couleurs du jonne Roy, où eftoient 200 Gentilz-hommes parés & armés. La 13ᵐᵉ bende eftoit le Conte de Naffault avec mille lances, portant couleurs de fon Maiftre le jonne Roy, où eftoient 400 nobles hommes, veftuz de velour, damas & fatin cramoifyz, des couleurs du di Efleu. La 14ᵐᵉ eftoit la bende du Marquis d'Arfchot, Seigneur de Chievres, Gouverneur des Pays du jonne Efleu, avoit 700 lances, veftuz des couleurs de fon Maiftre, où eftoient 200 nobles hommes, veftuz de velour, damas & fatin cramoifyz, de couleur fufdit. La 15ᵐᵉ bende eftoit le Seigneur d'Aymeryes, faifant l'arriere gardes avec chinc cens lances, veftus de fes couleurs gane (m) & tanné, tous armés, où eftoient cent & chincquantes Gentilz-hommes, veftuz de velour noir, ayant au bout de leurs lanches chacun une petitte bannerolle, des couleurs de fon Maiftre le jonne Efleu; ayant tous fur leurs robes, devant & derriere, chacun deux croix faint Andrieu, rouges, lefquelz fe tenoient fierement. Sachiez que touttes les bendes fufdis eftoient tous armés defoubz leurs acouftrement, bien montés, preftes & appareilliés que pour entrer en la bataille à la vollunté du jonne Roy, nouveau efleu Empereur, leur vray Prince naturel. Pluifeurs Gentilz-hommes, & le plus, avoient fur leurs feyons groffes chaines d'or, ou collier, tant rice, que on ne fçauroit eftimer la valleur d'iceulx. Les Allemans avoient au tour de leurs chapeaux force perle, & à leur col come chappelletz; autres à l'entour de leurs bras, & aucuns à l'entour de leurs bonnetz. La plus grant partye des Efpagnars eftoient veftus de drap d'or. C'eftoit triumphe de les veoir; aux houfchures de leurs chevaulx eftoient groffes houppes d'or fin tirés. Sachiés que quant touttes fes bendes furent paffées, les 12 paiges d'honneur au nouveau Efleu marchoient. Le premier eftoit accouftrez fur l'Efpagnolz. Le fecond à la mode Itallyenne. Le tierche à la mode de Turquie. Le 4ᵐᵉ ainfy comme les Hongroix; & avoient héalmes divers & armures. Les aucuns eftrangers, baftons; les arqz. Turquoix; fe y avoit portant gouges & autres manieres d'inftrumens de guerre, à leurs colz pendant divers efcuz. Chacun d'eulx eftoit en paltos, la moitiet de drap d'or bordés d'argent, & l'autre moictiet de fatin cramoify, bordé de drap d'or & d'argent. Les chevaulx eſtoient houſchiés diverſement tant rice, que on ne ſçaroit dire la valleur qu'il y avoit. Le grant Eſcuyer d'eſcuyrie, nommé Mingoval, ſievoit ces paiges ſur ung grant deſtrier, auſſy houſchiet & veſtu de telle ſorte que les paiges. Après luy venoient 600 Seigneurs, tous en plains harnoix, leurs chevaulx bardés le plus d'achier, veſtus de drap d'or en ſatin brochiet en velour cramoiſy, & autres en ſatin deſchicqueté, chacun à ſa deviſe ; les chevaulx ſur les bardes avoient campènes (*n*) ſonnant melodieuſement ; c'eſtoit merveille de les oyr. Entre iceulx nobles hommes, y avoit pluiſeurs trompettes, que Monſeigneur le Grant, Seigneur de Roeulx, y avoit ordonné. Après ces nobles hommes marchoient Iſſelſtain, Valſenaire (*o*), & le Conte de Naſſau, comme troix Capitaines de fronc ; Naſſau au droit coſtez, tous ricement acouſtrés. Puis devant le Roy, ſievant ces troix, marchoient pluiſeurs leſquelz n'avoient pas d'ordre ; comme le Cardinal de Zuiſtre ; le Cardinal de Croy, Duc & Eveſque de Cambray ; le Prince d'Orange ; le Prince de Chimay ; le frere au Duc de Savoye ; le Duc de Dualbert, avecque pluiſieurs gentils-hommes d'Allemaigne, d'Eſpaigne, d'Angleterre, de Naples, & d'aultres pays, noblement accouſtrés & habiliés, leſquelz ne ſont pas icy denommez. Puis après ſieuvoient troix lacquaix, leſquelz menoient 3 chevaulx houſchiet de drap d'or, & de velour cramoiſy ; & les lacquaiz eſtoient veſtuz comme les paiges deſus di. Après marchoient le Roy nouveau Eſleu, tenant une belle & honneſte gravité, tant ricement accouſtré, qui n'eſt langue qui le ſçauroit raconter. Je crois qu'il n'eſt langue qui le ſçauroit raconter, ne l'Painctre qui le ſerviſt mieulx qu'il n'eſtoit, ne plus diverſement. Son cheval eſtoit houſchiés parreillement comme ceux des paiges, eſtryers d'or, & eſperons dorés. Après le Roy, marchoit l'Ambaſſade du Pape, l'Ambaſſade de Hongrie, lequel avoit une grande cheynne d'or & une corroye d'or, laquelle il avoit chainðte ; la ghayne de ſon eſpée eſtoit d'or battu, ſon deſtrier avoit une chainture au col qui eſtoit d'or, & ſon chainfrain parreillement. Après iceulx, marchoit Monſeigneur de Habart, Capitaine des Archiers de corps, leſquelz Archiers le ſieuvoient tous à chevalx, en riches ſeyons d'or & d'argent, au mitain la deviſe du nouveau Roy Eſlut, devant & deriere, qui dit : *PLUS OULTRE.* Ces Archiers eſtoient tous armés deſoubz leurs ſeyons. Après marchoient les gens du nouveau Eſleu ; ſi comme les domeſtiques, les Maiſtres d'oſtel, & autres officiers avec grant quantité de carroy, chargiés de bagaiges du Roy, ſi comme vaiſſelles, tapiſſeryes, accouſtremens, chapelle, cuiſine, bouttilleryes, & autres utenſilles, &c.

*Comment le Roy d'Aragon fu courronné & facré Empereur en la ville
d'Aix, & des feremonies qui s'i fifrent.*

LES CHANOINES de Noftre-Dame d'Aix fachant leur Roy approchier, & les gens d'Eglife, lefquelz avoient porté une partie de la
fainéte & vraie Croix de Noftre Seigneur & Redempteur Jefus-Chrift
à la porte, par où le Roy debvoit paffer & faire fon entrée. Et
s'avoient auffi le chief faint Charlemaigne. Quant dont le Roy fu
venu à la porte, defcendy de fon cheval, lequel les ghuitteurs &
corveurs prinrent, & l'emmenerent felon leurs drois. Le Roy Eflut eftant à piet fe inclina, & baifa la Croix en grant reverence,
& fift honneur au chief de faint Charlemaigne. Puis après remonta
fur ung des chevaulx, que les lacquaix menoient, & alla deffus
parmy la ville jufques à l'Eglife Noftre-Dame, d'eux maiftreffe
Eglife. Quant il fu venu en ycelle, defcendy de fon cheval, lequel aucuns de l'Eglife prindrent en defcendant. Puis entra en l'E-
glife accompagniet d'eulx, & alla jufques defoubz la grande Couronne, qui eft conftamement devant le Crucifix, & là fe mift par
terre, jufques à tant que les Chantres de cette Eglife eurent chanté
Te Deum laudamus. Après fe leva, & iffyt de l'Eglife, parlant aux
Electeurs; puis remonta fur ung nouveau cheval, & fu mené jufques à fon hoftel, lequel eftoit richement tendu d'or & d'argent &
de moult riches tapifferies. Le lendemain au matin envers fept
heures, le Roy Eflut, par ung jour faint Severin en mardy, fu menés des Cor-Meftres (*p*) & de tous les principaulx Princes des Allemaignes, & des Seigneurs de tous coftés, à l'Eglife Notre-Dame, où
luy venu, on commencha follempnellement la Meffe, & la chanta
l'Archevefque de Couloigne. Quant la Meffe fu celebrée, icelluy
Archevefque dit pluifieurs belles & fainétes oraifons devant le jonne
Roy, & les Electeurs; lefquelz eftoient veftus de grans manteaux
d'efcarlatte. Les troix Archevefques, premiers, celui de Treves,
après celluy de Mayance, avoient leurs manteaux d'efcarlatte fourés
par dedens de riches herminnes; & par deffus, les chapirons d'efcarlatte par dehors fourés d'ermines pendant jufques à la chainture.
Le Cente Pallentin eftoit veftu d'ung rouge manteau : mais c'eftoit
velour cramoify, & ung bonnet femblable & tout fourés d'ermines.
Sachiés que les 4 temporelz (*q*) eftoient ainfi habilliés. Sachiés que le
Roy eftoit veftuz, jufques à la Sequence de la Meffe, de drap d'or;
& alors fu defpouillés tout nud jufques à la boudinne (*r*), & fu oingt
de l'Archevefque de Couloigne, avec pluifieurs feremonies. Après
qu'il fu oing, fu mené de deux Prelatz, dont l'ung eftoit l'Abbé des
Miniftres

(*p*) Par les prémiers du Chapitre.

(*q*) Plufieurs féculiers.

(*r*) Jufqu'au nentre. Bou-
dine eft la mé-
me chofe que
Bedaine en
françois.

Miniſtres (s) ſaint Cornil hors de la ville d'Aix, & l'autre eſtoit l'Abbé du Stouflot (t) du Pays de Luxembourg ; leſquelz Abbetz le menerent juſques au veſtiaire, leſquelz le veſtirent d'une aulbe très-riche orné d'or, de pieres, & de perles ; par deſſus luy ont veſtu une rice Cappe, comme pour tenir coeur (v), la quelle eſtoit de couleures rouge, avecque grans bors, larges, plains d'or, de perles & de piereries precieuſes, & luy chaulcherent des ſorlers blanc ; & ainſy fu-il ramené des deux Abbetz hors du reveſtiaire dedens le coer, où la Meſſe fu chantée ; & en la fin reçupt le *Corpus Domini* en telle devotion, que on véoit choir les groſſes larmes de ſes yeulx. Après ce faict, il fu mené des Co-Moeſtres (x) hault au creſteaulx (y) du clochier de l'Egliſe, où eſt la chayerre de Charlemaigne, preſent les Electeurs ; ſe il y en avoit des abſens, ſy y eſtoient leurs Lieutenans. Quant il fu venu hault comme j'ay dict, l'Archeveſque de Couloigne, comme Chancellier d'Itallye, le miſt ſur la chayerre, & l'oingnit derchief, envers les eſpaules, du ſaint Creſme, *diſant :* Dieu le Seigneur des Seigneurs me voeille faire digne de vous oindre en ung Roy des Romains, qui commanda à oindre David, par Samuel le Prophete, en ung Roy des Judes (z) ou des filz d'Iſraël. Puis l'Archeveſque de Treves, comme Chancelier du pays de Gaulle, mis ſa main dextre ſur le chief du Roy des Romains, diſant : L'Eſprit de ſapience eternelle, l'entendement de ſcience deſcende en vous, & plain de l'Eſprit de Dieu puiſſiés eſtre. Puis vint l'Archeveſque de Mayence, Chancellier d'Allemaigne, qui dict : *Le Seigneur Dieu &* Roy tout puiſſant ſoit à tousjourſmais avec vous, & vous voeille deffendre de tous ennemis, avecq le feu royal de la Foy, à ceſte heure & à tousjourſmais. Après l'Archeveſque de Couloigne, au nom du Marquis de Brandenbourg, vint à l'Empereur, & luy preſenta ung anneau d'or, diſant : Prendés ici ce ſignacle de Monarchie & Empire Romaine, c'eſt que vous garderés & deffendiés de la tumulte des Barbariens ou Turcqz, par votre force & vertu invincible. En après vint le Lieutenant du Duc de Saz, comme juſticier du Roy, & luy bailla l'Eſpée de ſaint Charlemaigne, & ung ſceptre, diſant : Prendés icy ce ſceptre Royal, & l'Eſpée Royalle, de la quelle vous corrigerés durement les rebelles, & gouvernerés les biens voeillans en bonne & ſaincte paix. En après vindrent le Duc de Bayvierre & le Conte Palatin, qui luy baillerent une Boulle d'or, avec une Croix d'or par deſſus, en diſant : Prendés icy ceſte ronde Boulle, & comme vaillant voeilliés enſuivre les oeuvres du victorieu Ceſar Auguſte ; voeilliés ſubjuger les nations du monde à l'Empire du monde. Le derrenier vint l'Ambaſſadeur du Roy de Boheſme, comme verſeur (a) du Roy, avec l'Archeveſque de Couloi-

T

(s) Je crois qu'il faut lire : *Monſieur.*
(t) *Stablo.*
(v) *Comme pour aſſiſter au Chœur.*
(x) *Maitres du Chœur.*
(y) *Sommet.*
(z) *Juifs.*
(a) *Echanſon.*

1520. gne , lefquelz luy mifrent une couronne d'or fur le chief, difant : Prendés cefte couronne d'or reluifant , & foiés vaillant & ferme en oeuvres vertueufes icy deffus la terre , affin que ci-après puiffiés recepvoir la Couronne de Beatitude éternelle. Soyés advertis , ces cheremonyes accomplyces, l'Empereur fift beaucop de Chevalliers en ce lieu de l'Efpée Charlemaigne ; puis après on chanta *Te Deum &c.* Après defcendirent , & fu l'office afchevée : mais pluifeurs oraifons fe fifrent au proffit de la Foy Catholicque , & du nouveau Empereur Charles , par la grace de Dieu tousjours Augufte , troixyfme de ce nom. &c.

CHAP.   *Comment l'Empereur, après fon couronnement, fift les convives, &*
XVIII.   *toutes acouftumées faite par fes Prédeceffeurs.*

SES BESOIGNES acomplyces envers 12 heures ou ung peu devant, l'Empereur marchoit hors de l'Eglife , en habit comme il avoit reçupt la Couronne , ayant la Pomme ronde en la main fenextre , & le Sceptre en la main dextre. L'Efpée eftoit portée par devant luy , & le portoit le Lieutenant du Duc de Saz. Ainfy les Electeurs ou Co-Moeftres le menoient abbillyé de la Cappe rouge, l'Evefques de Couloigne à dextre , & Mayence à feneftre. L'Archevefque de Treves alloit devant , & d'emprès luy à la dextre le Conte Palatin. Les autres Electeurs qui eftoient abfens, y avoient tout feulement leurs Ambaffades, dont les plus gentilz marchoient à piedt avec eulx. Ainfy fu-il mené jufques à la Maifon de la ville, le Lieutenant du Duc de Saz, comme le plus hault Efcuyer, eftant à chevaul devant la fontaine, où eftoit efpandu ung grant mont d'avoine ; il eftoit fy grant, que luy eftant fur fon cheval prift plain une mefure d'argent de l'avoine & l'emporta ; la quelle, après ce qui en demora, fu habandonnée à chacun ; où il y eult grant de-
dint (*b*) à le fois des garchons qui l'emportoient, & aultres parreillement. Soyés advertis que fur la Maifon de la ville furent les tables mifes & chargées de biens, pour ceulx lefquelz eftoient en faifant l'office : mais autres tables eftoient couvertes fans nulz vivres, où l'eftat devoit eftre de ceulx qui eftoient abfentz. L'Empereur s'affift à table : les Electeurs fpirituelz eftoient à deux coftez de l'Empereur, & par devant luy les temporelz. C'eftoit mervciile que de veoir le appareil de celuy eftat. Les trompettes & clarrons juoyent melodieufement. Sachiés que en temps que on difnoit, par les feneftres or & argent on y femoit. Après on avoit de toutes manieres de viandes. Sur la Maifon de la ville pendoient fept drap d'or fort riches , & fatin brochiet. Le Comte Palatin comme por-

(*b*) *Débat.*

teur de viande, ou Maiſtre d'hoſtel à l'Empereur eſtant à la table, avec grant ſollempnité luy aporta une piece d'un Boef rôti, que on avoit tourné en une broche tout enthiere (c), derriere la Maiſon de la ville ; lequel Boef incontinent que on en eult ſervy une piece à l'Empereur, l'autre reſte fu habandonné. Sachiés où l'Empereur eſtoit aſſez hault à table, par devant ſa preſence, en la Maiſon de la ville, avoit une fontaine à troix ſorgons (d) de vin de Rin, laquelle ſailloit & courroit au marchiet tout le jour, où le peuple y prendoit ſa refection qui en povoit avoir. Grans esbattemens y faiſoit le peuple ; les ungz en avoient, les autres point : parquoy il y avoit grant debat ; ilz ſe frapoient de cops de poing, qui moult resjoyſſoit le peuple & les Chevalliers. Le Dimence paſſé, l'Empereur fiſt plus de cent Chevalliers hault ſur la Maiſon de la ville, tant que ſon bras en eſtoit laſſez. Les aulcuns, ſans eſtre Chevalliers, anobliſſoient leurs armes & armoyryes pour les Chevalliers ; la feſte en fu plaintureuſe & anoblie. Quant tout ce fu fait, l'Empereur fu remenet tout autour de l'Egliſe proffeſſionnellement à piedt, veſtu de ſa cappe rouge ; & les Electeurs avec leurs manteaux & chapirons fourrez ; où après qu'ilz eulrent ainſy faict, remenerent en ſon logis, où ilz prindrent congié l'ung à l'autre. L'Empereur ſoupa en ſon logis ; lequel après ſoupper fu fort viſité de bons bourgoix & Seigneurs de la ville d'Aix, lui diſant : que ce fuiſt à la bonne heure que Dieu luy avoit fait ceſte grace que d'eſtre leur Empereur, dont il les remerchia bien humblement en les honnourant. Quant les tables des ſerviteurs furent oſtées, on s'en alla couchier & repoſer. Lendemain environ à 8 heures, l'Empereur s'en alla à la Meſſe en bel eſtat, en ſon habit acouſtumé ; & les Electeurs parreillement. L'Empereur alla à l'offrande en grant devotion, & y donna de grans dons. La Meſſe dicte, retourna en ſon logis & hoſtel, où on fiſt pluiſcurs esbattemens. L'endemain retourna encore à la Meſſe, juſques au tierche jours ; car c'eſtoit la coutuſme de Empereurs nouveau courronés ; le quel Charles d'Auſtrice, comme ſes predeceſſeurs, fiſt tout ſon debvoir. Et fu le 22me jour du mois d'Octobre, l'an de noſtre Seigneur, mil chinc cent & vingt. Pour lequel Charles Empereurs des Romains, par la grace de Dieu, troixyſme de ce nom Roy des Eſpaignes, nous pryerons que Dieu luy voeille maintenir en paix ſon Empire & Reaulme, au grant honneur & reverence de Dieu, à la ſalvation de ſon ame, & au bien de la choſe publicque. A tant laiſſerons à parler du 4me Livre de mon pety Recoeil de la noble Maiſon de Bourgoigne, &c.

Cy finne le 4me Livre de ce preſent Recoeil.

ICHY ENSUITE TRAICTERONS DU
CHINCQUISME LIVRE

Et Recoeil abregiet, lequel parlera de pluiſeurs
guerres & tenchons entre la Maiſon de Bourgoigne, come cy après polrés oyr, &c.

CHAP. I.   *Comment le Cardinal de Croy & le Marquis d'Arſchot Seigneur de
Chievres morurent, & du deuil que pour eulx fu faict.*

Ainsy que le Courronement fu faict, comme en l'autre Recoeil
avez oy, peu de temps après, ung chacung prendoit congié,
voire ceulx qui n'eſtoient pas de ſon Conſeil. Madamme Marguerite retourna au Pays de Brabant, avec elle la Marquiſe d'Arſchot,
le Conte de Porcean, & pluiſeurs autres, leſquelx avoient eſtez
au Courronement de l'Empereur. Sachiés que quant le triumphe
ſe faiſoit en la ville d'Aix, le Roy de France & le Roy d'Angleterre tenoient parlement d'autre coſté par devant la ville d'Ardre; le quel parlement couſta de grans deniers au Roy de France,
& en la fin s'en retourna comme il eſtoit venu, voire de ce qu'il
deſiroit à faire, dont il s'en contenta. L'Empereur en fu adverty
en la ville d'Ourme (e) où il avoit fait ſon entrée, lequel n'en fu
pas maris, mais bien joyeux. Ce temps pendant l'Empereur eſtoit
journellement avec les Allemans en Conſeil pour le faict de l'Empire, où le Marquis d'Arſchot eſtoit ſouventeffois appellés, combien
qu'il ne fuiſt pas Allemantz : mais chacun le deſiroit pour le fait
qui eſtoit en luy. Le Cardinal de Croy le accompagnoit. Ce vint
la Feſte du jour de Noël; pour le mieulx ſollempniſier, iceluy Cardinal dict les trois Meſſes, combien que dès-lors ſe ſentoit ung
petit deffait, & toutes les feſtes parreillement. Son Oncle le fiſt
viſiter par les medechins de l'Empereur, quy riens n'y fiſrent; car
l'endemain des Innocens ſe aliéta de telle ſorte, que le 13ᵐᵉ jour
du mois de Janvier treſpaſſa de ce mortel ſiècle, en bon entendement rendant ſon ame à Dieu; dont l'Empereur en fu moult ma-

(e) De
Wormes.

ry. Sur tous les perfonaiges du monde, le Marquis d’Arfchot fon
Oncle en faifoit ung groz deuil ; car tant l’aimoit que merveille.
Chacun le regretoit, voyant le commenchement de fon regne. On
difoit qu’il avoit efté empoifonnet : mais, pour fes parrolles & que
offy à luy appartenoit, fu ouvert en ung gardin, prefent les medechins & deux Religieux Auguftins : mais on y trouva riens au tour
du coeur que deux poix.   Icculx-di medechins difoient, qu’ilz y
eftoient arrivé par les boyaulx, lefquelz s’eftoient rompuz en le
vifitant.   La voix couroit, que ung peu devant le Cardinal difoit
que plus n’en mengeroit, & qui luy avoient fait mal.   Je ne fçay
comment il en alloit : mais tout conclud, le corps fu vifité & mis
en ung circuyel, pour ramener en Arfchot fepulturer, & le ceur
fu mis à par foy, pour l’apporter à l’Abbaye d’Affliguen, dont il
eftoit Abbé.   Ces chofes ainfy advenues qui fourdoient gros deuil,
l’Empereur s’en alla en la ville de Ysbourg (f), pour tenir ung Confeil
pour les affaires de l’Empire ; où furent mifes de groffes befoignes
en avant.   Le Roy Franchoix premier de ce nom, d’autre cofté eftoit
moult courrouchiet du Courronnement de l’Empereur, & qu’il avoit
ainfy failly ; cherchant matere pour le grever, ung jour affembla
ung privé Confeil, où eftoit le Prevoft de Paris, la Blanche-Rofe,
la Trimoulle, le Roy de Navarre, le Capitaine Bayart Jan Jacques,
le Seigneur de Florence, filz de Sire Robert de la Marche, aufquelz
il dit : Seigneurs vous fçavés que eftes tous mes amis, confeil-
liés moy ; vous fçavés que j’ay failly en l’Empire, qui me caufe
d’ung merveilleux defroy ; & par ce Roy Catholicque lequel eft
tant jonne, apparrant d’eftre le plus puiffant de Creftieneté, fe on
ne luy eft à l’encontre.   J’ay grant defir de luy efmouvoir guerre,
quoy que promeffe foient entre luy & ma Fille.   Le Confeil de
Franche ne s’y veut nullement confentir ; qu’en diêtes vous Seigneurs ?
Pluftoft feray l’Alyance du Grant Turcque que je ne parviengne à
mon defir.   Lors le Prevoft de Paris luy refpondyt : Sire, ne vous
fouffyés, vous en viendrés affés à voftre defirre. Laiffiés paffer
encore ung peu de temps ; je vous dis que la guerre s’efmouvera,
& de brief, fans voftre perfonne ; car le Roy Catholicque, nouveau
efleu Empereur, porte le Seigneur d’Aymeryes contre Sire Robert
de la Marche, pour ung different qu’ilz ont pour aucune place que
Monfeigneur d’Aymeryes tient, comme j’ay entendu.   Et ne doubtés que fitoft que l’Empereur aura faiêt fon entrée en la ville d’Our-
mes, que Sire Robert de la Marche fe retirera de l’Empereur, ainfy
comme par (g) maltraitet pour pluifeurs befoignes qu’il meft advant, (h)
de quoy l’Empereur luy fift grant defplaifir fouffrés. (i) Par l’affiftence
que luy ferez, vous trouverés vengiés, quelque Confeil que le

1521.

(f) Auf-
bourg.

(g) Très.
(h) Qu’il
propofe, dont
il fe plaint.
(i) Souffrir.

Seigneur de Chievres en fache donner. Le Roy refpondit qu'il avoit

affés bien parlé, & que fur ce fe tairoit encore ung petit. Tandis Sire Robert de la Marche s'eftoit retiré de l'Empereur, lequel affembloit des gens au tour de Sedain, pour faire la guerre au Sieur d'Aymeries ; auffi l'Empereur n'y attendois autre chofe, penfant d'y mettre ung bon moyen. En la fin Sire Robert trouva telle refiftance au Seigneur d'Aymeries, que fes gens fift retirer : mais la chofe s'engreffoit (*k*) tellement, que chacun craindoit la guerre. Les aulcuns difoient, que de guerre n'en y auroit point, tant que le Seigneur de Chievres feroit vivant : mais quoy que les gens difoient, les gens de Sire Robert pilloient le peuple, ne leur chailloit (*l*) en quelle forte. Parreillement le Roy de France ne ceffa jamais, que par le moyen de Sire Robert, la deffiance (*m*) ne fuift efcripte pour le porter à l'Empereur : mais le Confeil fe retourna ; car elle fu portée, à l'iffue du mois de March, en la ville de Louvain, à la perfonne de Domp Frenande ; laquelle deffiance eftoit de feu & de fang. Lors Domp Frenande, voyant cefte deffiance, fu moult efbahis ; non jamais en avoit oy parler, ne repondit nullement fur ces affaires : mais envoya la Lettre à fon Frere l'Empereur à Yfbourck, où le Confeil fe tenoit pour les affaires de l'Empire. Quant l'Empereur vift cefte deffiance, demanda confeil comment il en feroit ; car il defiroit moult à garder fon honneur, s'efmerveillant que Sire Robert luy faifoit telle deffiance de feu & de fang, luy qui eftoit fon petit vaffal & ferviteur, tant effrontément, fans doubter la fureur de fes Reaulmes. Conclufion ; le Confeil fe arrefta que incontinent de faire la guerre à Sire Robert, tant fubit devant qu'il commenchaft, & que fes poffeffions fufiffent toutes gaftées & demolies, & que en ce faifant l'on percheveroit celuy qui affiftence luy donneroit. La charge en fu donnée au Conte de Naffau, & au Conte Felix. Le Seigneur de Chievres confeilla tousjours, que la guerre ne fe commencha pas au Reaulme de France de par luy ; & ainfy (*n*) que les affemblées fe faifoient des gens de l'Empereur, le di Chievres devint malade d'une fievre, dont l'Empereur le vifitoit tous les jours ; craindant terriblement fa mort, le faifoit vifiter par fes medechins ; dont lors donna à l'Empereur de belles doctrines, en luy donnant bien à cougnoiftre aulcuns fecretz, & comment il avoit fy bien befoignet envers les Franchoix, tousjours à l'honneur de fa Majefté, tellement qu'il craindoient, & n'avoient jamais efté fy hardys d'efmouvoir la guerre contre fa perfonne, en requerrant, s'il le povoit faire, que ainfy le fift, quoi que bien perchevoit que faire ne le faroit, & que le Roy de France avoit trop d'envie fur luy. L'Empereur refpondit, fon honneur gardée, qu'il en feroit fon

---

(*k*) *La querelle s'échauffoit.*

(*l*) *Sans fe mettre en peine de rien.*

(*m*) *Le défi.*

(*n*) *Tandis.*

poſſible. Ce neantmoins le Seigneur de Chievres devint ſi griefve-
ment malade, que apres avoir faict ſon teſtament à Dieu pour ſon
ame, & au monde de ſes biens, rendit ſon eſprit, en grant regret de tout le peuple en la ville d'Ourme, environ le ſoir le
25me jour du mois de May, l'an mil chinc cens & vingt & ung.
Ainſy fina ſes jours le bon & noble perſonnaige le Marquis d'Arſchot & Seigneur de Chievres, dont Dieu en ait l'ame. Soyés
advertis que l'Empereur en demenoit grant deuil, & non ſans cauſe;
car il avoit perdu pour luy ung bon Conſeiller. Auſſi veritablement bien le monſtroit, car tousjours, où que il fuiſt, le regrectoit.
Sa noble Dame & Eſpouſe la Marquiſe d'Arſchot eſtant au Chaſteau Heſurée (o), acompagniée du Conte de Porcean & de ſa noble Eſpouſe, ſceult les nouvelles du treſpas de ſon bon Seigneur &
Mary, pour le quel elle demena grant deuil. Auſſi parreillement
fiſt le Conte de Porcean, diſant que à ceſte heure il avoit tout perdu, d'ainſy ſur ſy peu de temps avoir perdu Oncle & Frere. Durant le temps que ce deuil ſe faiſait, on fiſt preparer les ſépulcres
des deux perſonnaiges en la ville d'Arſchot, leſquelz furent aportés
en grande nobleſſe & force alumeryes. L'Empereur en perſonne y
eſtoit, lequel plouroit, & menoit grant deuil, congnoiſſant que jamais ne auroit ung tel Conſeillier en ſes pays. Le bon Seigneur
& ſon Nepveu le Cardinal de Diacguiro, mis au ceur de la grande
Egliſe ſollempnellement, l'Empereur ſe retira ès Allemaignes, &
ung chacun en ſon quartier. "Dès lors le Conte de Porcean, Capitaine General du Pays & Contet de Haynault, fu appellé Marquis
d'Arſchot, Seigneur de Chievres &c., lequel fiſt ſes preparations
peu de temps après, pour ſoy venir tenir en Vallenchiennes, en
la quelle vint en deuil, en noble eſtat de gentilz-hommes & halbardiers, où il fu honnorablement reçupt; le quel miſt proviſion aux
affaires de la guerre pour l'obſervation de la ville; tellement que
tantoſt après, le Seigneur de Maſtain acompagniet de cent compagnons, furent mis en Vallenchiennes pour ſolliciter aux affaires d'i-
celles; leſquelz eſtoient appellés les rouges culz, pour ce qu'ilz eſtoient rouge veſtuz. Et lors miſt-on ſus les villaiges gens de guerre, qu'ilz payoient par quantité au pays de Haynault, pour la deffence du di pays, &c.

(o) Heverlé, proche Louvain.

Comment au commandement de l'Empereur, Bouillon, Sedaing, Mou-
    ſon & Maiſiere furent aſſiegez, & la cité de Tournay auſſy. CHAP. II.

En ce temps que telles choſes ſe faiſoient, le Conte de Naſſau
ſe mettoit ſur les champs avecq groſſe puiſſance, dont il commen-

cha faire la guerre à Sire Robert de la Marche très-merveilleufe ; où il befoigna tellement, que pour commenchier mift le fiege par devant le Bouillon, & le fift fommer ; lefquelz refponderent : qu'ilz n'eftoient pas gens pour ainfi abandonner cefte place. Le Conte de Naffau leur refpondit : qu'ilz ne s'en loeroient pas, fy le tenoient oultre fon gré. Iceulx, pour quelque menaffes que on leur fift, ne fe veulerent pas rendre. Quant le Conte de Naffau perchu leurs oppinions, le fift affallir de telle fachon, que la place fu prinfe. Et pour ce que les compagnons qui dedens eftoient, avoient monftré telle rebellion, & auffi fachant qu'ilz eftoient gens au Roy de France, les *fit* jecter l'ung après l'autre au plus parfond du puich de là dedens. Le Capitaine fift-il pendre à la porte de la place. Le Roy de France fu adverty de cefte juftice faicte à fes gens, manda au Conte de Naffau : à quoy y fervoit que ainfy tant malheureufement faifoit noyer fes gens en ung puich, & qui luy en defplaifoit ; le Conte de Naffau luy refcripvy : qu'il ne penfoit en riens avoir mal faict touchant à fa deplaifance, & que iceulx fe difoient à Sire Robert de la Marche, en la conduite de fon filz. Quant le Roy perchupt fes efcriptz, & qu'il ne pouvoit outrer fa volunté, devint quafi comme tout fourfené, tant que nulz ne fe ofoit trouver devant luy. Le Duc de Bourbon à cefte heure, quant

il perchut que le Roy faifoit (p), fans appeller le Confeil, ayde à Sire Robert de la Marche, n'eftoit pas à fon aife ; car tout ainfy que le Marquis d'Arfchot defunct moyennoit & defiroit tousjours la paix entre les Bourguignons & Franchois, manda avec le Confeil au Roy de France, fe il commenchoit la guerre qui le parferoit luy feul, & que la guerre ne leur duifoit point. De ce mandement encore fe couroucha plufque devant, lequel en fes voluntez fe atarda (q). Mais le Conte de Naffau ne fe fagnoit (r) en nulle maniere de la guerre ; car en peu de temps, les teres & poffeffions de Sire Robert de la Marche furent prinfes, arfes, & gatées ; & fon Filz, le Seigneur de Jamais (s), pris en ung rencontre & befcouffé, lequel fu menet au Chafteau de Namur. Sire Robert de la Marche eftant en fon Chateau de Sedain, & que on s'appareilloit de le faire meiner, fe voyant du tout efverfet, & que le Roy des Franchois ne le fecouroit point, fe fenfa de la deffiance, foy difant eftre innocent (t), fift fon appoinctement par treves au Conte de Naffau ; parquoy demora paifible : mais depuis merchia fes gens (v). Ce temps pendant à la Duchié de Saz regnoit ung appellé Martin Lutere, Docteur de l'Ordre de Saint Auguftin, le quel prechoit contre l'eftat du Pape & des Evefques, & contre leurs traditions. Parquoy *le* Pape Leon 10me, en ce temps au Siege de Rome,

(q) Differa l'exécution de fes deffeins.

(r) Feignoit, y alloit tout de bon.

(s) Jamets.

(t) Commença de fe défier du Roi de France, & déclara qu'il n'entroit point dans la querelle.

(v) Congédia fes gens.

Rome , fe indigna contre luy, pour ce qu'il avoit appellés, filz de ▬▬▬
perdition ; le quel tant fift vers l'Empereur, qui le manda parler à   **1521.**
luy , donnant à congnoiftre que c'eftoit ung Hereticque. Le Duc
de Saz, le quel le advooit en fes parrolles, luy mena, après luy
avoir promift que nulz maulx n'auroit de fon corps. Conclufion ,
icelluy Martin vint en la ville de Ysbourcq, en la conduicte du
Duc de Saz , où il trouva fes livres qu'il avoit compofé. Auquel
Maitre Martin , l'Empereur luy demanda fe ilz les avoit faitz &
compofez, & s'il volloit demourer auprès d'eulx ; Maitre Martin
refpondit : que fe on y avoit riens adjoufté, que d'emprès eulx
demoreroit & fur le feu ; & que on luy volfift donner quattre des
plus grans Docteurs du monde, au cas qu'ilz ne defiffent pas come
luy , que on le jectaft tout vif en ung feu avecque fes livres qu'il
avoit compofez. Lefquelz le lendemain, après les avoir vifitez ,
voiant que on y avoit riens fait , dit que d'emprès iceulx volloit demeurer (x). Lors l'Empereur luy refpondit : Maitre Martin, regardez: *(x) Qu'il*
vechy lettres de noftre Saint Pere le Pape, qui me reprent, difant   *s'en tenoit à*
que je ne fuis pas Filz de faincte Eglife, en tamps que je vous leiffe   *ce qu'il avoit*
ainfy regnier ; je n'y cognois riens : mais je voeil obeyr à noftre Mere   *écrit.*
faincte Eglife. Je vous diray que je feray, prenant pitiet de vous :
mais vos livres feront bruflés ; & voftre perfonne appellée Maitre
Martin Lutere, je vous bannis à jamais hors des terres dont j'ay les
poffeffions, pour vous partir incontinent. Ainfy en fu-il faict ; fes livres furent bruflés, Maitre Martin fe party d'Ysbourcq, & s'en alla
tenir au Realme de Bohefme, où il fu conduict des gens du Duc de
Saz ; & dès lors, par le mandement du Pape Leon, fift commandement par tout où il avoit puiffance, que on imprimaft plus des
oeuvres de Martin Lutere, ne de fa doctrine : mais quelque def-
fence que on en fceuft faire, tousjours fecrettement en trouvoit-on (y).   *(y) Il s'en*
Ces chofes ainfy advenues & toft après, l'Empereur eult confeil   *imprima une*
de mettre ung fiege vollant devant la cité de Tournay, de faire   *partie à An-*
deffence fur la hart d'y plus riens porter. La chofe en fu faicte   *vers, apparem-*
ainfy ; car le Seigneur de Fiennes s'en alla logier à groffe puiffance   *ment par les*
à l'entour de Blandain, & au villaige à une lieue près de Tour-   *foins des Au-*
nay. Le fiege ainfy mis du Seigneur de Fiennes de par les Fla-   *guftins de la*
mengz, à cefte heure les treves fe jurerent entre Sire Robert &   *Congrégation*
l'Empereur. Lors le Conte Francifque arriva en l'Armée du Conte   *de Saxe.*
de Naffau, & l'ung de fes filz avec luy, atout 30 hommes de
guerre, que les Allemans y envoient pour corrigier les rebelles
de l'Empire, lefquelz, quant il fu venu, allerent mettre le fiege
devant Moufon. Je ne fçay pourquoy, car le Roy ne fe declaroit
pas ennemy de l'Empereur. Neantmoins après l'avoir battue, fe

V

rendy à la vollenté de l'Empereur. Après avoir prins l'artillerye qui dedens estoit, conclurent derechief d'aller affiegier la ville de Maifierre fur Meufe, la quelle estoit merveilleufement forte, & y avoit beaucop de gens de guerre & de nobles hommes. Les aucuns difoient que le Roy de France y estoit encloz : mais c'estoit pour néant le fiege & camp par devant la ville de Maifierre (z). Ceulx de la cité de Tournay eulx voyant aufli affez & affiegés d'ung fiege vollant, incontinent envoierent ung meffagier avec des lettres de complainctes, difant que les Bourguignons les avoient affieget d'un fiege vollant, fans leur dire, ne faire fcavoir, la vollunté qu'ilz avoient : mais journellement les outragoient de leurs vivres qui leurs oftoient, & que leurs citoyens estoient fouvent prins ; lefquelz requerroient, que de fa grace, à leur grant befoing, les volift fecourir, & que leurs corps & bien estoient tous à fa vollenté. Le meffagier tant exploita, qu'il arriva où estoit le Roy. Quant le Roy eult les lettres luttes en la prefence du Coneftable & autres, le Roy dit & promift, par la foy qu'il avoit à fon Createur, qui les yroit vifiter à groffe puiffance, pour corrigier (a) leurs ennemis. Le Coneftable reprift le mot & dift : haa Sire, quefque vous promettés ? Sy vous enprenés (b), jamais en France ne retournerés. Pourquoy ? Se dit le Roy ; ne fuy-je pas affés puiffant ? Si estes, Sire, d'y aller : mais d'y demorer une efpaffe petitte, ce feroit chofe où il n'y auroit guerre d'honneur ; car incontinent les vivres vous feroient colpez de tous pays. Je congnois les Bourguignons telz, que jamais le Realme de France ne verrés fans grantz encombriers. Bourbon, Bourbon, vous loez les Bourguignons. Je fçaray quelque jour quy faront faire ; car je les vray bien vifiter. Bourbon refpondit : Sire, fe vous defirés de les trouver, y font devant Maifierres ; vous aurés bien autre chofe à faire que d'aller à Tournay. Le Roy pour ung peu fe fuift courrouchiet : mais monftrant figne que riens ny acoutoit, dit au meffagier de Tournay : Amis, tu t'en retourneras en la cité, fe leur dira en ta rifpofte (c), ce que j'ay vollenté de faire. En temps que le meffagier prift fon repas, on efcripvyt la lettre ; la quelle depuis fu lutte à la bretecq de Tournay, dont le peuple en fu resjoy, & fy en fu faicte proceffion generalle. Je ne fçay que on avoit efcript au faict du Seigneur de la Motte, le quel le 8me jour du mois de May avoit fait ferment en Tournay de la bien garder pour le Roy. Eftant le meffagier devant le Roy, La Motte y estoit, le quel depuis ne retourna en la cité de Tournay ; car la deffence luy en fut faicte, prefent le meffagier : mais ne tarda ghaire depuis, qu'il ne fu retenu de la Maifon du Duc de Bourbon. Ammi ces befoignes

l'Empereur eult nouvelle... en la ville de Gand, que les Efpagnolz
avoient heu victoire, avec l'ayde de Dieu, contre les Franchois ;
par laquelle victoire l'Armée d'Efpaigne avoit vaincu & prins pluifeurs
grans perfonnaiges, avec leur Capitaine General, le Seigneur d'Ef-
pares, & beaucop demorez au champ, avec toutte leur artillerie,
& utenfilles de guerre ; où incontinent après, a efté reconcquis le
Realme de Navarre & mis à fon obeiffance. Depuis eult encore
nouvelle que l'Armée du Pape eftoit joincte à la fienne de là les
montz, pour marchier contre les Franchois, lefquelz defiroient de
ufurper les terres & Seignouries tant de l'Eglife que du faint Empire; parquoy Proceffions en furent faites par tous les pays de l'Empereur. Ce temps pendant de ces nouvelles, le Siege eftoit tousjours devant Tournay & pareillement devant la ville de Mayfierre,
la quelle fu fort battue, tellement que du camp on regardoit en la
ville ; mais de l'affallir, nulz ne fe trouvoit d'acordt. Se furent
touttes armures ung jour mifes à l'habandon des affallantz : mais on
les y remift telles que on les avoit prins en l'artillerie. Le Conte
de Naffau n'ozoit faire donner l'affaut par fes gens, craindant le
Conte Francifque, que luy meifme ne le fift tuer par fes gens en
affaillant ; car chacun difoit que en luy y avoit lâcheté, & qu'il
avoit print trente mille efcuz d'or au Roy de France, affin qu'il
levaft fon campt. La voix courroit telle, & fy en véoit-on bien
l'apparence ; car aulcuns de fes gens alloient & venoient en la ville
avec grans flacons de vin. Quelque chofe qu'il en fuift, le Conte
Francifque leva fon camp, & s'eflongna de la ville. Le Conte de
Naffau, & les autres bons pour (d) l'Empereur, voyant qu'ilz eftoient
entre la ville & l'armée du Conte Francifque, & que auffy la pefte
eftoit fy merveilleufe en leur armée, leverent leur camp. Et le
Conte Francifque defirant que ainfy en fu fait, leva le fien auffy.
Les pondtz tous deffaiz, & l'artillerie mife en chemin, chacun fe
mift aux champs, lefquelz retournerent envers le Pays de Haynault.
Tandis, l'Empereur fe delibera de faire fon entrée en la ville de Vallenchiennes, que les habittans defiroient moult. Lequel le famedy
14ᵐᵉ jour du mois d'Octobre, l'an mil chinc cens & 21 y entra
pour la premiere fois, acompagniet de beaucop de nobles perfonnaiges, venant de fon armée de Maifieres, tant d'Efpagnars, Al-
lemanz, Haynuiers & autres, que l'Empereur avoit mis enfemble,
le quel Empereur fu des bourgoix & habittans de la ville très-honnorablement reçupt.

1521.

(d) Affec-
tionnés, fidè-
les à.

V 2

*Comment le Roy de France à groſſe puiſſance vint devant Landrechies,
au pays de Haynault, où ghaire ne profita.*

LE ROY de France ſachant l'armée deſſaicte des Bourguignons,
avec l'entendement qu'il avoit au Conte Franciſque, & qu'il y
avoit le toupillon (e) en la teſte, pour ce que le Realme de Navarre
eſtoit reconcquiſe, & touttes ſes gens & artilleries perduz, ſe
miſt ſus haſtivement à groſſe puiſſance, là où le Coneſtable de
France ſe accorda fort envis, & le Conſeil parreillement ; quoy
que tous fuiſſent ſeulz pour la Corronne ; mais craindant ce qu'il
en advint, luy deſconſeilloient de ce faire. Neantmoins ſe miſrent
aux champs avec le Roy, le quel s'attendoit aſſeurement de faire
la feſte Saint Martin en Vallenchiennes, par l'aide du Conte Franciſque : mais l'homme propoſe & Dieu diſpoſe. Le Conneſtable
tousjours beſoignant à l'honneur du Realme, conſeillant au Roy
ſur ce qu'il avoit à faire, ſur le faict de Tournay, n'eſtoit de
riens adverty des ſecrés du Roy & du Conte Franciſque. Lequel
Roy de France après avoir la ville de Vallenchiennes, ne deſiroit
que d'eſtre Empereur, & de ravitaillyer Tournay, ainſy qu'il
avoit promiſt , & de y leiſſer une groſſe bende Franchoiſe pour
corriger le pays de Haynault. Ceſte ſepmaine 18ᵐᵉ d'Octobre,
en temps que le Roy marchoit pour faire ſon empriſe, une groſſe
behde Franchoiſe ſe vint mettre devant la ville de Landrechies,
terre d'Aveſnes en Hainault, le propre jour de la feſte Saint Luc,
francq Feſte d'icelle, où ilz fiſrent de merveilleux deſroyz ; car
ilz aborderent à l'heure que les marchans des beſtiaulx eſtoient
au lieu pour les vendre. Ceſtui qui ſe peut ſaulver ſe ſaulva : mais
beaucop en y eult de prins & retenuz. La garniſon de la ville, ainſy que les Franchois , cuiderent entrer pour les prendre & deſrober miſerablement, & penſant quy n'y euſt nulz qui entendis de
la guerre ; iceulx de la ville, bien pourveu de ghnait, furent bien
advertis. Neantmoins les Franchois par grant force vindrent & cuiderent enporter la ville, & ſe miſrent juſques à la porte : mais la
garniſon qui eſtoit ſur la muraille ſe monſtra ſi vigoreuſe, que ilz
tuerent bien de ſix à ſept cens Franchois, entre leſquelz y demorerent morts chinc Porteurs d'Enſeigne ;. & y avoit ung nommé Peti-
pain, qui, atout une hacquebutte à crochet, en occiz auſſi bien
largement : mais agueſtant après luy, firent tant, qu'il tirerent ung
cop par la grayerre dont y tiroit, que d'une hacquebutte eult ung
colp parmy la teſte, tellement que par terre tomby mort. Non
force pour icelluy, car tousjours ſans ceſſer autres y avoit qui ti-

roient droiſt en la rue des Faubours ; neantmoins depuis ne leiſſerent d'y livrer de durs aſſauz par trois fois, leſquelz furent vaillamment rebouttés. Franchoix de Thian, Seigneur d'Aulbry, Capitaine
du dit Landrechies, ſoubz la charge de Monſeigneur le Marquis d'Arſchot, Capitaine géneral de la Conté de Haynault, s'y porta très-
vaillamment : mais faulte de monnition de guerre, les en fiſt partir
la nuiſt & abandonner la place, craindant que l'endemain ne uiſ-
ſent encore de durs aſſaultz, comme ilz avoient ſoutenu, & voiant
que encore n'attendoient ſecours, ne monition (ƒ) en nulle maniere.
Leur partement fu fait ſans ce que les Franchois en ſeuiſſent riens,
leſquelz l'endemain s'en alloient ſans leur faire, ne voilloir plus de
mal, penſant que les Bourguignons ſuſiſſent encore redoublés & mis
en plus grant force : mais ainſy que les Franchoix s'en alloient, leur
fu diſt par aulcuns priſonier qui eſchappé eſtoit, que les Bourguignons s'en eſtoient fuiz ; parquoy retournerent & entrerent dedens
la ville, laquelle pillerent & bruſlerent. L'Empereur, eſtant en la
ville de Vallenchiennes, eſtoit en ung horrible trouble, où les Eſpagnars aſſemblerent ung privé Conſeil envers minuiſt, où le Duc
d'Albe miſt avant, qui volloit avoir ſon neupveu l'Empereur hors
de la ville de Vallenchiennes, & que bien percevoit que jamais
n'en partiroit ſe on luy leiſſoit longuement, & que il eſtoit vendu,
& nous tous aux Franchois, & la ville parreillement, ſe la remede
n'y eſtoit miſe. Ces choſe miſt le Duc avant ; les Eſpagnars & Napolitains reſponderent : que c'eſtoit bien leur advis de ainſy le faire, & qu'ilz ſçavoient bien, que le Conte Francifque n'eſtoit point
ainſy *allé* logier à groſſe armée, au coſté vers Tournay pour nulz biens ;
& qu'ilz avoient perchu, en leur camp, choſe qui ne leur plaiſoit en
nulle maniere. Ces parrolles entendues, le Duc d'Albe delibera
emmener l'Empereur hors de la ville, après qu'il y eult eſté huit
jour ; & s'en party le Dimence 22ᵐᵉ jour d'Octobre ; lequel Empereur alla au giſte en la ville d'Ath en Hainault : mais les gens de
guerre, après l'avoir convoyet oultre Condet, retournerent en la
ville de Vallenchiennes. L'endemain de ſon partement, chincquante
des Rouges-culz des gens Monſeigneur de Maſtin, furent envoyés en
la ville de ſaint Giſlain, craindant que les gens du Conte Francifque
n'y entraſſent pour le pillier. Ainſy que ces choſes ſe faiſoient,
ſigne de ravitaillier la cité de Tournay, le Roy de France, avec ſa
puiſſance de ſoixante ou quatre vingt mille homme, ſe loga en ung
gros villaige nommé Denain, à une groſſe Abaye de Nonnain, où
il commanda au Duc de Bourbon, Conneſtable de France, de ſoigner
faire des pondz *ſur la* riviere de l'Eſcault, affin de plus facillement

1521.

(ƒ) *Vivres?*

paffer pour ravitaillier la cité de Tournay. Le Conte Francifque
voyant que l'Empereur eftoit retiré, & qu'il avoit failly fon em-
prife, fe party luy & fon filz de Vallenchienne, où ilz eftoient logiés, au cofté de Tournay, en trois ou quattre villaiges, lefquelz
avant partir furent tous payés. Quant le Conte fu adverty que
l'Empereur eftoit en la ville d'Audenarde, y alla parler à luy, où il
bailla fes efcuze touchant de Maifierres & autres chofes. L'Empereur
s'en contentoit très-mal : mais pour ce qu'il avoit groffe puiffance,
ne le corriga (g) en nulle maniere : mais depuis refcripvy aulx Electeurs de Allemaigne, qui en fifrent felon fa refcription ; car l'Archevefque de Mayence l'alla affieger en fa propre ville, le quel fe retira en fon chafteau, où d'ung trieôt à pouldre fu villainement blechiés, & fe rendit à l'Archevefque, priant que fon filz maifné fufift
entretenu avec luy, & que de nulle trayfon n'eftoit nullement adverty l'Empereur, dont je l'en prye merchi. L'Archevefque, voyant
& efcoutant fa confeffion, luy pardonna à fon mefuz (h), pour ce qu'il
véoit bien que jamais de la blechure n'en efchapperoit : mais le Filz
eult la tefte colpée. Par ainfy fu defcouverte la trahifon ; & l'autre Filz, non adverty de ces befoignes, demeura en fes biens.

(g) *Punit.*

(h) *Sa faute.*

CHAP.
IV.

Comment le Conte de Naffau, le Marquis d'Arfchot, le Conte Felix
& aultres allerent vifiter les Franchois, & de la
retraicte qu'ilz fifrent.

Nous laisserons à parler d'icelluy, & dirons comment le Duc
de Bourbon avoit la charge de l'Armée, le quel comme vray cam-
pion, fachant que les Bourguignons ne tendoient que de rompre le
paffaige pour aller en Tournay, ne ceffa de befoigner & faire les
pondz par defeure l'Efcault, entre Denain & la ville de Bouchain,
lefquelz furent tous achevés le nuiôt Saint Crefpin 24me jour du
mois d'Oôtobre. De quoy ce foir avoient deliberés les Seigneurs
de fortir de Vallenchienne, pour donner empefchement à faire le
di pond : mais je ne fay à quoi fe tint qu'ilz ny allerent. L'endemain, 25me jour, du matin fe parterent, pour aller ce deffendre le
paffaige aux Franchois, acompagniés de 800 combattans. Le Chief
des chevaucheurs Bourghignons eftoit le Conte de Naffau, avecque
pluifeurs Chevaliers de tous coftez. Et le Conte Felix avoit la
charge des piétons; avecq eulx fifrent mener fix pieces d'artilleryes
vollant. Le Duc de Bourbon eftant adverty de leur venue par fes
avantz-courreurs, ayant la charge de l'armée, fift mener force artillerye au devant du paffaige des Bourguignons, & où ilz debvoient

paſſer pour rompre les pondz. Leſquelz Bourguignons en belle ordre marchoient, deſirant combattre les Franchoix ; eulx venuz à la
my voye de Denain, que on dict à la liette, les aucuns des Capitaines & autres conclurent que d'aller au villaige tout le droict chemin, pour aſſaillir le Roy de France dedens l'Abbaye. Par eſpecial, les Eſpagnars & Haynuers le deſiroient, & furent longuement
en ceſte vollenté : mais autre conſeil y ſourvint ; ce fu que de tirer par le villaige d'Eſcaudin, & leiſſer Denain, pour aller rompre
les pondz, ſe poſſible eſtoit. A la quelle concluſion ne peulrent
aborder, combien que les piétons en fiirent leur poſſible & mieulx,
cheminant en genoulx pour l'artillerye des Franchoix qui pouſſoit
droit au mitain d'eulx, qui tua & blecha moult de nobles hommes
& compagnons de guerre ; par eſpecial, ceulx qui demoroient à
cheval, ceulx qui deſcenderent n'eulrent garde & le plus. Soyés
advertis que l'artillerye des Franchois tira au mitain des Bourguignons, ou par deſſus d'eulx, cent & deux colps ; & ſachiés que quant
on tiroit ainſy ſur eulx, le Baſtard d'Aymeryes eſtoit au dehors du
villaige de Denain, du coſté d'envers les pondz, aſſez près d'une
maiſon qui eſt à Monſeigneur de Mingoval, la quelle s'apelle Mon-
chequy, accompagnié ſeulement de ſa famille, le quel attendoit les
autres en groſſe bende pour combattre les Franchois, leſquelz eſtoient au loing du chemin, qui tiroit vers leur artillerye : mais
pour voir ſy attendoit à la malheure ; car ceulx eſtant ſur l'arbre
auprès de l'artillerye s'eſcryerent diſant : Tirés vers ceſte cenſe, il
y a des chevaucheurs. Ainſy le fiirent-il tellement, que le Baſtardt
d'Avmeries fu frappé d'ung boullet d'artillerye à la mort, & fu
haſtivement remennet en Vallenchienne, & morut ſitoſt qu'il y fu
venu ; en bon ſens & entendement rendi à Dieu ſon eſprit. Les
Seigneurs voyant tourner la pert ſur leurs gens, par eſpecial, le
Conte de Naſſau & le Conte Felix fiſt haſter l'artillerie, tirant envers Vallenchiennes ; parreillement fiſt-il les piétons, pour ce que
le ſoir approchoit. Chacun y uſoit de conſeil, ſoy deliberant en
belle ordre de retirer envers Vallenchienne. Les Franchois perchurent leur train, ſy vindrent pour eulx colper chemin, enmy
voye de Vallenchienne, ou avecq eulx amenerent de l'artillerye
vollant : mais craindant qu'il n'y heuiſſe embuſche au boſquet de
Hurtebiſe, ou à la cenſe, n'oſerent marchier plus avant, & ſe retirerent dedens le villaige de Denain. Quant les Bourguignons véi-
rent le ſoir approcher, & que riens ne povoit proffiter contre les
Franchois, ayant touſjours bonne conduicte, enſembles retournerent,
alleſſois recullant pas à pas ; voire les piétons regardant leurs ennemis retirer vers leur camp qui eſtoit à Denain, fort regretant

leur petitte puiſſance. En telle ſorte rentrerent en la ville de Vallenchienne, en belle ordre & grant gloire, bien honneſtement ſoutenu de leurs chevaucheurs. Les Franchois appellerent ceſte journée, la journée des Talons; pour ce que les Bourguignons ſe haſ-
terent de honneſtement retirer en leur fort. Ceſte journée le Conte
de Naſſau ſy porta vaillamant en la conduicte & honnorablement,
avec les Marquis, Contes, & Chevaliers; leſquelz voiant que tout
eſtoit rentrés ſans grant perte, remerchierent Dieu de la belle victoire que Dieu leur avoit donné; & fu appellée ceſte journée, la
Belle Retraicte. La voix courroit que ſçavoit eſté miracle d'ainſy
ſoy retirer ung ſy loingtain chemin; car les Franchois eſtoient dix
contre ung. Les gentilz hommes raffreſchy en la ville de Vallenchienne, l'enterement du Baſtard d'Aymeryes ſe fiſt en l'Abbaye des
Chartroux hors la ville, auprès de ſon grant Pere le Seigneur d'Aymeryes. Le corps fu très-noblement acompagniet du Marquis d'Arſchot, du Conte de Naſſau, du Conte Felix, & de pluiſeurs Grans
Maiſtres, tant d'Eſpaignes que de Napples, comme d'Allemaigne,
& aultres des Pays d'embas, des quelz eſtoit très-bien aimé. Quant
l'enterrement fu faict, chacun ſe retirra en ſon logis, plaindant qu'il
avoit eu une ſy très-grande fortune, & qui ung ſy grant commenchement eſtoit pour la guerre & autrement. Ce jour, l'endemain
de la beſcouſſe, le Roy de France fiſt mettre les feux par tout où
il avoit paſſé, meiſme en ſes logis, comme Tiran inhumain. L'Acteur (i) dict : je crois qu'il luy ſouvenoit de ce qu'il dit une fois,
preſent le Roy Loys ſon Beau-Pere, luy eſtant Dalphin, que s'il avoit
puiſſance devant ſon treſpas, qui feroit au Pays de Haynault de
groſſes fonnées. Ce n'eſtoit pas mal encommenchier. Ainſy que
ceſte inſolence ſe faiſoit, ſoyés advertis que les Franchois eſtoient
tous en armes, & le plus à cheval, penſant que encore les Bourguignons y retourneroient; & furent en tel eſtat deux jours & une
nuit. Sachiés que de ces bouttefeux on envoya pluſieurs en l'Eſ-
caulx, avec autres que le Prevoſt des Marichal faiſoit pendre ſur le
marchiet de Vallenchienne & ailleurs. Les Tourniſiens eſtoient bien
advertis, que le Roy de France eſtoit logiet au villaige de Denain,
& ſe miſrent en ung Conſeil pour pluiſeurs choſes, & par eſpecial,
pour envoier par devers le Roy de France, pour eſtre ſecourruz &
aydiés en leurs affaires. Parreillement pour le faict de Mortaigne,
que le Conte de Faulquemberghe avoit affiegié. Penſé hardiment
que en ce Conſeil y eult pluiſeurs oppinions : mais pour eulx rendre à l'Empereur, nulz n'oſoit mot ſonner, craindant les meultins;
où le pluſpart d'iceulx s'arreſterent, que on envoyeroit trois meſſagiers, portant lettres touttes d'une contenue, par devers le Roy à
Denain;

(i) *L'Auteur
de ce livre.*

Denain ; affin que fy l'ung eſtoit prins que l'autre peuiſt adrechier ; iceulx meſſagiers, toſt après le Conſeil, eulrent leur deſpeche, & partirent l'ung après l'autre une bonne heure, de la cité de Tournay. Ceulx du ſiege vollant, en furent advertis, leſquelz les leiſſerent paſſer pour faire leur chemin, faignant riens en ſçavoir : mais au retourner furent ſecrettement ſur les chemins. Concluſion ; le premier arriva au Roy meiſme, le quel eſtoit ſur la porte de l'Abbaye. Pluſtoſt qu'il perchupt le Roy, baiſa ſes Lettres & le ſalua, & luy preſenta ; leſquelles furent regardées & luttes, qui contenoient que les Cytoyens de Tournay, après touttes ſalutations, ſe recommandoient à ſa bonne grace, affin d'avoir par luy ſecours comme il leur avoit prommis, & de les vengier du Conte de Faulquenberghe, le quel eſtoit campé devant la ville de Mortaigne, à leur grant prejudice & dommaige, touchant de l'aue de l'Eſcault ; & en ce faiſant, leurs feroient tousjours bons ſubgects & amis. Quant les Lettres furent luttes, le Duc de Bourbon parla & dict : Quelle gens eſtes vous en la cité de Tournay ? vous faictes plus de faſtras & de depens au Royalme, que touttes les villes qui y ſont. Vous demandés ſecour & ayde, diſant que le Roy vous voeille ravitaillier ; de vivres n'en avez vous nulz ? voſtre *ville* eſt elle deſgarnie ? Le Meſſagier reſpondit : Certes, noble Seigneur, les vivres ſont departis entre nous, plus n'en avons que pour environ trois ſepmaines, & beaucop qui nous ſont fallyz. Voire, reſpondit le Duc de Bourbon : ne vollés vous mander aultre choſe à votre Roy, que de ſoy mettre où il n'y a nulz vivres à telle puiſſance ? Qu'en dicte vous, Sire ? n'eſſe pas pour conforter à mon propos que je vous dis l'autre fois ? Je congnoy aſſez que c'eſt votre deſir de les ayder & ſecourir, auſſy eſt bien le notre : mais à ce que nous percevons, il ne feroit pas poſſible d'y aller, ne vous voeille deplaire ; vous nous feriés tous deſtruire avecq vous. Ainſy que ces parolles ſe diſoient, vechy encore ung autre meſſagier : mais la ſubſtance de la Lettre eſtoit tout ung : plus véoit le Duc de Bourbon ces Lettres, & tant plus ſe annimoit. Le tierche Meſſagier arriva incontinent. Voyant le Roy, en ces eſcriptz, les grans regrects de ceux de la cité de Tournay, leſquelz avoient eſtez longtemps Franchoix ; & les cognoiſſant après vergues (*k*) pour punir ceulx de Hainault, commencha à ſoy ratiendrir diſant : Haa Tournay ! à ceſte heure fauldra-il que je t'abandonne, & que aras (*l*) à maiſtre ung autre que moy, & ſy (*m*) t'avoye ſi affermement promis toy ſecourir. Ces lamentations achevées, le Roy fiſt aſſyer ces Meſſagiers. On eſcripvy tout ce que le Duc de Bourbon vollut reſcripre. Quant les teneurs furent delivrées aux Meſſagier, le Roy leur dit : recommandés-moy

X

(*k*) Et jugeant qu'ils pourroient dans la ſuite ſervir de verges, &c.
(*l*) Et que tu ayes.
(*m*) Et cependant.

à ceulx mes amis de Tournay, difant, qu'ilz facent avecques leurs ennemis du mielz qu'ilz polront, & qu'il fault allafois reculler pour plus loing faillir, & que ainfy qu'il faift longue faifon, il y pourveroit. Sachiés que au partir le Duc de Bourbon parla bien aux meffagiers, difant : Faulces gens de Tournay, vollés vous faire deftruire votre Roy & fes bons vaffaulx ? Il femble que vous l'ayés vendu aux Bourguignons ; vous avez eftez & eftes gens parvers & villains ; allés, jamais ne vous y attendés, plus nulles aydes vous n'aurés de par nous en nulles manieres, faiètes du mielz que vous povés. A ces motz fe parterent les Meffagiers tous defconfortez ; ainfy qu'ilz s'eftoient partys de Tournay, tout ainfy fe parterent de Denain : mais riens ne leur vallu ; car prins furent & retenus, & leurs lettres regardées, par où on fceult que le Roy des Franchois refcripvoit. Lors quant ces meffagiers rentrirent en la cité, plus de fix milles perfonnes les attendoient à la porte, & au loing des rues jufques aux marchiet, lefquelz demandoient des nouvelles de leur Roy. Les meffagiers *ne difoient* mot, de quoy tous eftoient defconfortés ; ils le fievoient jufques aux halles, où les Seigneurs les attendoient. On commanda aller querir le Capitaine au Chafteau ; luy venu, on lify les lettres, de quoy furent tous eftonnés. Après que les Seigneurs eulrent luttes les lettres, on les alla lire à la bretecq. Or foyés advertys que au marchiet y avoit que hommes, femmes, que enffans, plus de 20^m. perfonnes, lefquelz, quant ilz oy fes mandemens venant du Roy, cryerent des cris merveilleux, detordant leurs poinètz, difant : Ha ! noble Roy de France, notre bannyere & vray efpoir, fauldra-il que nous te leiffons, quelle fortune ! Ainfy difant chacun fe retira en fon quartier, lefquelz faifoient des horribles cris, qui durrerent plus de trois heures ; & difoient, que pluftoft moroient confés & repantans en leurs mouftiers & Eglifes, que d'eulx rendre à l'Empereur, & que d'eftre Bourguignons : mais touttefois adviferent depuis de faire tout le contraire ; car ilz firent leur appoinètement, quant ilz perchurent le fort, comme ci-après vous fera declaret.

CHAP. V. *Comment ceulx de Tournay envoyerent querir fecours, dont ilz furent refufez. Et comment ilz fe renderent au Conte de Naffau, pour & au nom de l'Empereur.*

Tantost que les meffagiers furent partis de l'Abbaye, & voyant que le Roy ne povoit riens proffiter devant la ville de Vallenchiennes, après l'avoir regardé à fon aife, eult confeil du Duc de Bourbon & des autres que de foy retirer, après avoir prins la poffeffion de la ville de Bouchain en Oftrevant, féante fur l'Efcault. Le quel Roy y prift fon chemin, fort acompagniés de gens de guerre, qui y coucha une nuiét, & en tant qu'il y eftoit, vint une voix à l'Abbaye de Denain, que les Bourguignons venoient à groffe puiffance, & que ilz eftoient au villaige. Jamais on ne vit tel pitié, ne telle alarme. Le Duc d'Allenchon & le Duc de Bourbon, pareillement le Duc de Longheville & autres, qui eftoient demorez à l'Abbaye, cuidoient eftre venduz, & failloient hors de leurs logiz en pourpoint, fans efpées, ne lances, & montoient fur leurs chevaulx fans feller, pour enfuyr & tout abandonner; tant que on leur diét, que ce n'eftoit riens; encore n'eftoient-ilz pas affeurez, tant que l'armée fu efmeulte toutte la nuiéte. Je croy, comme il me fu diét, fe il fufiffe vydiet à cefte heure mille hommes hors de Vallenchienne, & s'en fuiffent allez donner dedens le villaige de Denain, & en l'Abbaye, qu'ilz heuiffent tous deffais les Franchoix, & gaignié ung groz buttins; mais nulz ne s'en advancha. Le lendemain de l'entrée de Bouchain, le Roy retourna en l'Abbaye, où, pour la belle prife d'une telle place, fift commandement à l'Abeffe & Nonnains, de chanter *Te Deum laudamus &c.* Ces graces à Dieu rendues, après beaucop de devifes, le Roy appella le Duc de Bourbon, luy difant, prefent tous fes Princes & vaffaulx: je m'efmerveille où font tous fes Bourguignons, de quoy vous me parlyés tant, quant premier je parlay de ravitaillier la cité de Tournay? vous voyés que l'Empereur s'eft retiré à ma grant honneur. Sy j'eftoy creu, nous yriefmes vifiter mes bons amis de Tournay, qui envis je leiffe (n) en telle neceffité. Bourbon luy refpondit: La retraiéte de l'Empereur fait à craindy; ne vous ne moy ne les congnoiffons, ne congnoiftrons de loing temps Bourguignons; nous ne fommes ghaire eflongniez d'eulx; à la keüe gift le venin; penfons doncques de faire le department; fe croire me volés, nous ne feriefme pas longue; car une perfonne m'a diét, qui ne fauldroit ghaire de chofe pour rompre une diegue, pour faire perdre toutte l'armée & notre artillerie; car nous fommes en marcailles (o); pourtant créés confeil (p); fy les vivres nous eftoient oftez venant de la cité de Cambray, comme la garnifon du Quefnoy-le-Conte commencha l'autre fois, nous feriefmes gens perduz; & fy court la voix, que l'Empereur a faiét cryer l'Ariere-bans aux pays de Flandre & de Brabant. Franc Roy, retirons-nous, vous fçavés qu'il nous fault aller devant la ville de Hefdin, qui ghaire ne tiendra, qu'elle ne nous foit rendue. L'on m'a diét, qu'il ny a nulles gens de guerre; fe fera pour cy-après, avec la cité de Teroanne, tenir en fubgeffion la Conté d'Artoix. Après moult de devifes, le Roy

(n) *Que je laiffe à regret.*

(o) *Engagés dans des maricages.*
(p) *Ecoutez les bons confeils.*

fe confeil creut ; on deffit fon camp, lequel alla au gifte à Efcau-
dain. Soyés advertis que c'eftoit une pitiet du deflogier de Denain ;
comment ilz fe haftoient l'ung devant l'autre. Les bouttes-feux boutterent les feux : mais n'y eult que chincquantes maifons bruflées.
Au deflogement y eult une voix qui dit, vechy les Bourgoignons :
les Franchois eulrent fy grant hafte, qui deleiffoient tous leurs biens.
Aulcuns hommes payfans de villaige de Denain, qui fe hafterent de
rentrer en leurs maifons, & autres, où le feu n'eftoit pas, gaignerent à vollentet ; il en y eult d'aucuns qui eulrent plus de 60 cor-
feletz de guerre, qu'ilz avoient laifliet de hafte d'en aller. Aucuns
furent enrichis du buttin qui trouverent, que les marchans de France
avoient acheté aux gens de guerre, lefquelz eulrent fy peur au def-
loger, qu'ilz leifferent les groffes baghes, ad caufe qu'ilz n'eulrent
loifir de les mettre fur les chariotz. Le Roy, après avoir eftez au
villaige d'Efcaudin, au partir fift tout brufler, Eglife, Hofpital &
tout ; meifme les arbres des gardins bruflerent ; c'eftoit pitiet d'en
veoir l'apparance ; on ne povoit plus beau villaige. Soyés advertis
qu'il n'y demora que une feulle maifon, que ung gentil-homme garda, le quel demoura des derniers. Sa couftume eftoit d'ainfy le
faire par tout où il logeoit, & de garder fon logis. De ces bouttefeux, on en fift beaucop faulter en l'Efcault, que les payfans prendoient. Aucuns Bourguignons adventuriers, d'autre cofté, prendoient
beaucop de Franchoix ; car c'eftoit pitiet de veoir leur eftat. Incontinent qu'ilz eftoient hors de la grant bende, fitoft ilz eftoient ravis
& faifis. Souvente-fois eftoient penduz par la juftice du Prevoft
des Marifchal. En cheminant, le Roy par tout faifoit brufler, dont
furent bien à fa caufe foixante villaiges tous arruynez, perduz & ad-
nichillez (q), dont c'eftoit grant pitiet. Ainfy que ces pitoiables chofes
fe terminoient, le Conte de Naffau, fachant que le Roy de France
tournoit vers la ville de Douay, y envoya force gens de guerre,
lefquelz fe parterent de bonne heure de Vallenchienne, & allerent
par la ville d'Orchies, dont au foir entrerent en la di ville de Douay,
qui furent recu de bon gré du peuple. Autres en y avoit qui gardoient la paffaige de Marfennes (r). Le Roy de France & toutte fa
puiffance pafferent devant Douay, le bien regardant ; mais il fçavoit
bien que la ville eftoit garnie, & furnye de gens de biens, s'en
alla & paffa oultre. En après paffa auprès d'Aras, où ghaire ne
tarda, defirant d'eftre en la ville de Hefdin, ains & devant que
provifion y fuift mife, comme il en advint ; car fitoft qu'il y fu
arrivé, il fift la ville fommer & le chafteau, lefquelz fe rendirent
fans cop ferir, leurs biens & vie faulf. Le Seigneur de Bellain, Lieutenant de Monfeigneur le Grant-Maiftre, en fift l'appoinctement (s) ;

& y eſtoit la Femme de mon di Sr. du Roeulx, laquelle s'en alla,
comme j'ay dict, ſes biens ſaulfz. Lors que Heſdin fu *en* la main du
Roy de France, y pourvéy de toutte neceſſité, tant d'artillerie,
que de vitailles ; & daventaige y laiſſa une bonne compagnie de
gens de guerre, qui fiſrent ſerment le bien garder, puis après le
Roy ſe retira en ſon pays. Sitoſt après qu'il fu en ſon Realme,
donna & caſſa toutes ſes gens, tant que chacun ſe retira en ſon
quartier. Les ordonnances (*t*), Lanſquenethz, & Suiſtres, ſe tinrent
une eſpaſſe ſur le pays, ſans ghaire eſlongier le Roy. Ce temps
pendant le Conte de Faulkemberghe, Barron de Ligne, Seigneur de
Bailloel &c. eſtoit par devant la ville de Mortaigne, à groſſe puiſſance de ſa deſpence (*v*), où le Seigneur de Proyſille eſtoit oultre ſon
gré, acompagniés de 4 à 5e. Franchois. Ceulx de Tournay, parreillement aſſiegiés d'ung ſiege volant, ayant groſſe diſſette, leſquelz
ſouventeffois faiſoient de groſſe courſe ſur le pays de Haynault
comme gens affamés. Parquoy fu conſeilliés de mettre ſus une
groſſe armée au pays de Flandre, que pour deffendre le cour aux
Tourniſyens, qui avoient d'autre coſté tellement beſoigniés, tenant
la riviere de l'Eſcault, que le Conte de Faulkenberghe à grant paine
povoit eſtre avec ſes gens par devant la ville de Mortaigne, & luy
fu forcé de faire eſlongier ſon armée, tant eſtoit l'Eſcault desbordé ;
neantmoins le Conte, tousjours en ſon propoz deliberé, tint ſon
camp devant la ville ſi honneſtement & de ſy bonne ſorte, que
le Seigneur de Proiſille parla de appoinctemens ; mais je ne ſçay à
quelle intention faiſant ſes parlementz. Après avoir oy le Conte
de Faulkemberghe parler, conclud de jamais ſoy rendre à luy, pour
demourer en la place : mais au Marquis d'Arſchot, Conte de Porcean ſe renderoit volluntiers. Quant le Marquis fu de ce adverty,
envoya à envers Madame & le Conſeil à Bruxelles, dont le Conſeil ordonna au Marquis aller, pour parlementer au Seigneur de
Proyſil, Capitaine de Mortaigne ; & que s'il eſtoit deliberé de ſoy
rendre, que le Marquis en fiſt à ſa vollentet, & que ce ſeroit une
bonne œuvre de l'avoir dehors. Quant le Marquis viſt ceſte commiſſion, appoincta ſes affaires, & le pluſtoſt qu'il peult, ſeult la
volenté du Seigneur de Proyſil & ſa deliberation. Le Conte de
Faulkemberghe, ſachant que le Marquis beſoignoit en tel ſorte contre ſa vollenté, & que tant de deſpens y avoit mis, & ſy n'aroit
point proyſil, cuyda eſragier de mavaiſeté (*x*) ; le quel pour ſes affaires
s'en alla en poſtz en la Court, laiſſant ſon filz avec ſa bende devant
la ville de Mortaigne, où on tint plus que ſa vollenté n'eſtoit. Tandis par commandement en bel eſtat, accompagnié des Filz Monſeigneur de Berghes, & de pluſeurs nobles, comme Chief du Pays &

1521.

(*t*) *Les trou-
pes levées par
ordre du Roy.*

(*v*) *Avec de
nombreuſes
troupes levées
à ſes dépens.*

(*x*) *Penſa
enrager de co-
lere.*

1521.

Conté de Haynault, & Lieutenant de l'Empereur, fe partis le Marquis d'Arfchot ainfi acompagnié, à banniere defployée, de la ville
de Vallenchienne, pour aller en la ville de Mortaigne, avec une
belle bende, forte & puiffante, tous richement acouftrez avecq leurs
armures. Le quel Marquis, combien que le Filz du Conte de Faulkemberghe fufift devant la place, pris par appoinctement le Seigneur
de Proyfil & les Franchois d'avecque luy, pour & au nom de l'Empereur, à merchy, faulf corps & bien referver, y laiffyer toutte l'artillerie & utenfilles de guerres, & parreillement ce qu'il
y avoit de vivres, fans aultrement les chofes declarer; car de vivres n'eftoient ghaire bien furnis. Leur taicliet fait, & les Franchois
partis, le Marquis & fa bende retourna en Vallenchienne. La ville
de Mortaigne fu incontinent remife en la main du Seigneur de Ligne,
lequel morru quafy, qu'il n'avoit pas eub le Seigneure de Proyfil
à fon plaifir, menaffant quelcun : mais n'en eult autre chofe. En
tamps que ces chofes fe demenoient, les Flamengz approchoient la
ville de Tournay, deliberez de l'affaillir. Pareillement l'artillerye
fe party de Vallenchiene fur l'eau, laquelle on eult en grant difficulté fur terre, ad caufe que la riviere eftoit tant fort desbordée.
Les Seigneurs de la ville de Tournay voyant ces approches, craindant que leur ville ne fuift ad ce cop (z) prinfe & pilliée, fe mifrent
en Confeil, requerrant par Meffieurs de la ville au comun peuple,
qu'ilz diffeffent ce qu'ilz avoient propofez en leurs falles, quant ilz
avoient faicz leurs affemblées. Le grant Doyen des Meftiers fe leva &
dict: Seigneur, touchant le peuple eft deliberé foy deffendre à la muraille, & tous y demorer, pluftoft que d'eftre Bourguignons ; car d'eulx
allier à l'Empereur, & de leiffer le Roy de France, ne le feroient
pour mourir ; & que efpoir avoient que Dieu les aydera. Les aulcuns difrent encore plus, que pluftoft feroient Turcqz ou Sarafins.
Le grant Prevoft reprift le mot difant : Peuple de Tournay, advifés vous bien ; nous fommes d'avis de demorer avec vous ; mais je
vous advertis que vechy 30 cent Flamengz, qui à nuit feront devant
notre ville, fans autres 20 cent hommes de guerre qui y font defja
amaffés, defquelz le Conte de Naffau eft le chief ; & font les Flamengz tous deliberez de nous affaillir, qui loingtemps ont defir de
nous avoir ; & fi c'eft que la fortune adverfe fe tourne contre nous,
& qu'ilz nous prendent par affault, ilz nous occyrons tous ; ilz
pillerons, & à l'adventure la ville bruflerons, & adnichillerons ;
car en Flamengz n'y a point de mifericorde ; porquoy je feroy d'a-
vis que fuiffiés d'ung aultre confeil. Lors le grant Doyen fe leva,
& dict au peuple : Mes amis, il m'eft advis que noftre Prevoft a
très-bien dit ; befoignons pour le mieulx. Après ces paroilles, les

(z) *Pour le*
coup.

Doyens se misrent ensemble, & appellerent le commun avec eulx, où tellement la chose fu debattue, que tous fu mis sur les Seigneurs & Doyens ; mais il fu dict, qu'il convenoit mander le Capitaine du Chasteau, pour luy advertir de leur vollenté, & sy ad ce volroit consentir. Ainsy en fu-il faict ; car luy venu s'accorda de faire ce que les cytoyens voldroient faire, moyennant que ce susist à leur honneur, puis que on percevoit que de secour ne povoient avoir. La chose en fu faicte ainsy qu'il avoit esté concludt au Conseil. En ce faisant, le siege fu acertés (a), mis & assis des Bourguignons, & les Trencquis (b) faiz & ordonnez, & les Flamengz logiés du costé du Chasteau. Quant l'artillerye fu assize de tous costez, la ville fu oultrageusement battue par l'espasse de 24 heures, dont les habitans furent fort espouventés, lesquelz conclurent de parlementer au Conte de Nassau, qui tant fifrent, la batterye faillye, que le Conte de Nassau, après avoir adverty l'Empereur, fist leur appoinctement du soir au camp, par telle sorte qu'ilz se rendoient à la vollenté de l'Empereur ; lequel appoinctement se fist le jour saint Andrieu, dernier jour du mois de Novembre, l'an mil chinc cens & vingt un, au Conte de Nassau, Chief & Capitaine generalle de l'Armée, au nom de l'Empereur ; dont les Flamengz de ce traictié murmuroient ensemble merveilleusement, pour ce qui les volloient avoir à leur vollenté. La ville saysye, les Franchois fusrent convoyés hors du pays ; car la vollenté de l'Empereur fu telle. Tantost après les cytoyens fifrent serment au Conte de Nassau, pour & au nom de l'Empereur. La chose demoura par dedens Tournay en bel estat pour eulx ; grosse garnison fu mise dedens le Chasteau, & force artillerye. Celle qui estoit en la ville, la plus belle que jamais fu perschute, fu menée à l'Empereur ; & y en avoit plus de 12e. pieces, que les mestiers avoient faiz à leurs plaisances & à l'envyaire : mais la plus belle estoit ceste de Cabartiers, au moins comme il me fu sertifié. Quant l'artillerye fu emmenée, & les Ordonnances faictes par le Conte de Nassau, au nom de l'Empereur, en la ville de Tournay, & tandis que ces choses se faisoient, sur les frontieres courroit une grande pillerye, aussy d'ung costé que d'autre aux bons laboureurs ; c'estoit pitiet de voir les povre gens mendyer, car le gaignaige estoit du tout perdu ; le bledz valloit en ce temps 4 L. Tournoy ; journellement au jour le jour valloit 35 pattars la rasiere. C'estoit pitiet d'estre sur les frontieres. Les Bourguignons courroient sy avant au pays de France, que les villaiges à 20 lieues à la ronde estoient tous habandonnés. Soyés advertis que au pays de Haynault y avoit bonne police à l'encontre des ennemys ; car le Marquis d'Arschot y prendoit ung soing mer-

1521.

(a) Résolu.
(b) Tranchées.

veilleux comme Capitaine general du pays ; car incontinent que les Franchois y faifoient quelque courfe, la chofe eftoit tellement conduicte, que par ces compaignons que on avoit levez ès villaiges, avec la conduicte des gens de guerre, incontinent les Franchois eftoient bouttez dehors du pays à leur grant prejudice, honte & domaige. L'Eglife en ce temps eftoit parreillement defolée come les pays ; car il couroit ung peuple entre les Chreftiens, par efpecial es Allemaignes, qui tenoient de l'efcole de Docteur de Louvain, nommé Maiftre Martin Leuterre (c), de l'ordre des Auguftins, qui groffes herefyes femoyent par les pays, defquelz fouventefois on en brufloit ou noyoit, pour ce qu'ilz foutenoient beaucop de mauvaifes oppinions : mais touttesfois prefchoient les commandemens de Dieu à obferver, & que on cuiſſe ferme creance à la fainte Trinité de paradis, le Pere, Filz & faint Efprit, au faint Sacrement de l'Autel, au Baptême, & Sacrement de Mariaige (d) ; auffi aux fainctes Evangilles & Epiftres. Mais le pir qu'ilz avoient, c'eftoit qu'ilz blafmoient à pryer & feftoyer les Sains & Sainctes ; & difoient, que ce n'eftoit pas mal faict que de rompre les Eftatuz (e), conftituez & ordonnez par les hommes, toutes chofes contre raifon. Telles chofes difoient ces hereticques, & encore pir ; qui eftoit la caufe que on les emprifonnoit & brufloit.

Comment l'Empereur fe mift en mer pour retourner en Efpaigne, &
arriva en Angleterre, où il fu bien feftoyé. Et comment
le Roy de France prift allyance au grant Turcq.

Le TEMPS pendant que telles chofes fe faifoient entre les Chrétiens, & par efpecial au pays d'Allemaigne, en la Duchet de Brabant & en pluifeurs places, pour venir à ma conclufion, le Duc de Bourbon, Coneftable de France, tousjours gouvernant la police du Reaulme, tellement que tout bien & honneur y advenoit, luy eftant vefve & defparreilliet, fachiés que après la mort de fa noble Efpoux, Duceffe de Bourbon, la mere du Roy Franchoix, Douagierre d'Angoulame, fe difoit eftre heritierre de Bourbon & des appendences : mais congnoiffant le Duc à marier, & qu'il eftoit homme d'honneur, s'apenfa (f) que ce feroit pour elle, & que s'elle povoit par milz tours, feroit une fois mari ; par ainfy le laiffoit joyr de l'heritaige, pour en la fin venir en fon intention. Ce temps pendant l'Empereur conclut en fon Confeil de partir de fes Pays pour retourner au Reaulme d'Efpaigne, & par la mer. Le Roy d'Angleterre le fceut, dont fit groffes preparations pour le recepvoir. L'Empereur parreillement faifoit fes entrées, vifitant fes villes,
tant

(c) Si la copie n'eft point fautive en cet endroit, l'Auteur s'eft trompé groffièrement ; perfonne n'ignore que *Luther* étoit Docteur de *Wittenberg* ; & loin que les Docteurs de *Louvain* ayent donné dans fes erreurs, ils furent des prémiers à les condamner par leur Cenfure du 7. novembre 1519.

(d) L'Auteur fe trompe encore ici ; car les Luthériens n'ont jamais mis le Mariage au nombre des Sacremens.

(e) *Loix.*

CHAP. VI.

(f) *Simagina,* terme Wallon.

tant de Flandres comme de Brabant, en efquelles aux habittans prendoit ung gracieux congiet, les advertiffant de fon voiaige, leur
fupplyant qu'ilz fuiffent léaulx fubgeétz, & qui leur feroit ung vray
Seigneur. Parreillement en ung Confeil ordonna de touttes fes befoignes, où fa Dame Tante, Dame Marguerite Douagierre de Savoye feroit tousjours la Gouvernante de fes pays. En après ordonna le Seigneur de Yffelflain, Capitaine & Chief de ces Pays d'embas, touchant des guerres. Parreillement des Confeilliers de la
Gouvernante : & pour ce que le Marquis d'Arfchot s'en alloit avecque
luy en Efpaignes, fu laiffyet en Haynault en fon lieu le Seigneur
de Trazegnies jufques à fon retour, le quel eftoit home vertueux,
& de grant & bon confeil, & fort eftimé, auquel l'Empereur diét,
que il gardaft bien les villes de Haynault, fon bon & aymé pays,
d'eftre prinfes ne pillyées de fes ennemis. Ainfy fift-il aux Capitaine tant de Flandre que de Brabant & Arthois, & ainfy des autres, lefquelz tous le promifrent que ainfi le feroient de tout leur
povoir. En temps que on ordonnoit ces chofes, l'Eftat de l'Empereur fe preparoit pour fon voiaige. L'artillerie fe chargoit fur
les batteaux, laquelle avoit eult en la cité de Tournay la plus belle
que on povit regarder quant elle fe rendy à l'Empereur; parreillement les autres utenfilles; & fu conclut que au moix de May l'Empereur partiroit. Tout ainfy en fu-il faiét; car l'Empereur fe party
à l'iffue d'apvril du pays de Brabant, le quel s'en alla en la ville
de Gand, où Domp Frenande, l'Archiduc d'Auftrice, fon frere, le
vint vifiter & prendre congié de luy, difant qui le recommandaft
à fa mere; lequel, après moult de fecrets confeilz enfemble, retourna ès Allemaignes; & l'Empereur, après avoir pris congié à ceulx
de Gand, s'en alla en la ville de Bruges, où il tint ung Confeil
particulyer; dont après s'en alla en la ville de Calaix, accompagnié
du Duc d'Albe & fon Filz, du Conte de Naffau, Chief & Gouverneur de l'Empereur, du Marquis de Gonfal (g) Italyen, du Prince d'O- (g) *Gonʒague.*
range, du Marquis de Mante (h) Italien, du Conte de Geneve, du (h) *Mantoue.*
Marquis d'Arfchot & de pluifeurs Grans-Maiftres & Seigneurs, tant
d'Allemaignes, comme de Brabant, Flandre, Hollande, Zellande,
Haynault & Arthois. C'eftoit triumphe de veoir la Nobleffe qui y
eftoit, & des navires lefquelles attendoient le vent. Quant l'Empereur perchut que le Marquis d'Arfchot n'eftoit point encore venu,
& qu'il eftoit allé veoir & prendre congié de fa femme, (la *quelle il*
habandonnoit enviz, fentant que elle eftoit fort enchainte,) l'envoya
querir; par*quoi* il convint qui fe departyft d'elle, en prenant congié à
elle & à fes amys, & s'en alla par la ville de Lille, puis par la baffe
Flandre, tant qu'il arriva en la ville de Calaix, où eftoit l'Empe-

1522. reur acompagnié comme vous avez oy cy-deſſus. Quant le Roy d'Angleterre ſceut que l'Empereur eſtoit en la ville de Callaix attendant le vent, miſt poſtz par tout en tous ſes havres, que pour luy faire ſçavoir ſa deſcente, le quel eſtoit à ſaint Thomas de Cantorbye, deſirant le feſtoyer. Le quel Empereur eſtant en Calaix le dimence 17me jour du mois de May, en l'an mil chinc cens & 22, eſcoutant la Meſſe, ſon diſner preſt, le vent lui vint propice & bon, & habandonna l'Empereur ſon diſner pour ſoy embarquer, avec lui plus grant part de ſes gentilz-hommes. Les autres parreillement monterent ſur les batteaux, tant que tout fu ſur la mer. C'eſtoit triumphe d'oyr les trompettes & clarons qui joüoyent au partir du Havre de Calaix.

<table>
<tr><td>CHAP.
VII.</td><td>Comment l'Empereur arriva en Angleterre, dont le Roy & la Roynne
le bien-veignerent honnorablement, & fiſt les entrées
ès villes comme le Roy.</td></tr>
</table>

LA FLOTTE ainſy ſur la mer n'y eult pas eſtet longuement, que ung tourment ſe leva, & brief tel, que le batteau où eſtoit l'Empereur ſe eſlogna des autres, le quel ſe trouva eſſeullet *(i)* : mais Dieu le mena droiét au Port de Hantonne *(k)*, & n'avoit en ſon batteau nulz chevaulx ; ſes autres batteaux furent reboutté juſques à la terre, leſquelz depuis furent remis ſur la mer, & perderent pluiſeurs chevaulx, qui furent tuez du tourment contre les batteaux, leſquelz furent ruez en la mer, qui cauſoit ung grant domaige. Quant le Roy d'Angleterre ſceult que l'Empereur eſtoit arrivé au Port de Hantonne, ſe party de ſaint Thomas de Cantorbie en poſte, le quel fu ſieuvy de ſes gens, qui tant chemina, que il arriva à l'Empereur, que il bien-vengna honnorablement. Tandis ſes aultres batteaux arriverent en Angletere ſans nulle perte, ſinon des chevaulx, come di eſt. Leſquelz quant ilz ſceurent où eſtoit l'Empereur, jamais ne ceſſerent ſe ilz ne furent auprès de luy, demourant les batteaux dedens le port. Les archiers de corps furent les premiers abordant à luy. Dieu ſcet quelle feſte le Roy & la Roynne faiſoient à l'Empereur leur nepveu, & le menerent à Cantorbye, au chaſteau de Graynevic *(l)*, où ung bancquet luy eſtoit preparé pour ſa reception, tel que jamais homme ne perchut de parreil ; où l'Empereur fu ſervy de jonnes Damoiſelles des plus belles du pays d'Angleterre, & des plus nobles, touttes richement accouſtrées, auſquelles l'Empereur prendoit grant plaiſance. Parreillement des inſtrumens qui jouoient ; c'eſtoit plaiſir des dances, esbattemens, & mommeries qui s'y faiſoient. Ces choſes faictes, le vendredi enſie-

(i) Séparé de tous les autres.

(k) Hampton.

(l) Greenwik.

vant, le 22me jour du mois de May, l'Empereur fiſt ſon entrée en
la ville de Londres, où ung noble Eſtat luy eſtoit preparé pour ſa
reception, le quel avoit eſté encommenchié demy an devant. Soyés
advertis que les rues de la cité de Londres eſtoient tendues de tapiſſeryes fort rices, les aucunes de drap d'argent, & aultres de drap
d'or, friſvet de velour, & aultres drap fort rices ; il y avoit grant
nombre d'iſtoires ; aulcunes traiĉtant de la ſaincte Ecriture, & aultres de la Genealogie des Rois d'Angleterre, & comment ilz avoient
eſtez autres fois par cy devant Empereur. Sachiés que nulz telz
triumphes ne furent jamais faiz à nules entrées. Quant ceſte entrée
fu faite, l'Empereur fu menés au Chaſteau, où il ſe loga, & ce fu
le ſamedy. Le dimenche que il eſtoit le jour de Pentecouſte, l'Empereur & le Roy allerent oyr Meſſe à la grande Egliſe de Londres,
en telle ſorte, chacun ſur ung mulletz couverts de velour noir. Je
vous advertys que l'Empereur & le Roy eſtoient ſemblablement
veſtuz l'ung à l'autre, de ſin drap d'or ; & alloit l'Empereur au deſeure du Roy, accolant l'ung l'autre ; & pour ce que on monte au
ceur de l'Egliſe chinc ou ſix degrez, en (m) avoit faiĉt ung hourt (n) depuis le portail juſques au ceur, cù l'Empereur & le Roy allerent
ſur leurs mulletz juſques au ceur, où deſcenderent pour oyr la
Meſſe, où au commenchement le Saint Eſprit, en eſpèce de Coul-
lon (o), deſcendiĉt à maniere acouſtumée le jour de la Pentecouſte, en
chantant *Veni Creator, &c.* La Meſſe diĉte, l'Empereur & le Roy
ſe parterent enſemble du ceur au loing du hourt juſques au portal,
& eulx y arrivés, trouverent deux chevaulx d'Eſpaigne tous blanc
houſchiez, ſur leſquelz ilz monterent, qui jamais ne tarderent de
cheminer avec la nobleſſe juſques au chaſteau de Londres, où le
diner eſtoit appreſtez, où Court ouverte fu tenue à tous venans ;
là où à l'après diſner on fiſt beaucop d'esbattemens. Et ſoyés advertis que durant les Feſtes de la Pentecouſte & après, le Roy fiſt
pluiſeurs esbattemens de jouſtes & de tournoix, où l'Empereur
eſtoit, que chacun véoit vollentiers. En ces jouſtes & tournoix,
les nobles hommes de l'Empereur, tant d'Eſpaigne que des Pays
d'embas, s'y eſprouverent, où ilz acquirent grant honneur. A ceſte
heure que celle Feſte ſe faiſoit auprès de Londres, vint ung perſonnaige, lequel apporta une deffiance, & y denomma ſes allyés ;
lequel fu rechupt joyeuſement du Roy, qui reſpondit, que en ſes
affaires il fuſiſt le très-bien venu, & que ſon Maiſtre le Roy de
France fuſiſt aſſeuré, que de par luy auroit bonne guerre mortelle,
telle que on en ſçaroit à parler entre les Chrétiens & infidelles.
En diſant ces parolles, donna ung rice don au meſſagier, qui le
remerchia. L'Empereur eſcouttant ceſte deffiance, & qu'il appelloit

1522.

(m) On
(n) Une eſ-
trade, un é-
chafaudage.

(o) Colombe.

Y 2

les allyés du Roy d'Angleterre, ne s'en couroucha ne esleva en nulle maniere : mais puis que le Roy de France estoit sy deliberé, que de leur volloir faire la guerre, dict à son Oncle, present le messagier, que en ses affaires jamais ne luy fauldroit. Sachiés que pour ces nouvelles, la Feste en fu renforchié, & y faisoit l'Empereur tel triumphe sur ung cheval Turquoy, que ilz n'estoit nulz qui l'apercevoit, qui ne s'en esmerveilloit ; car son cheval sailly oultre la lice ; jamais tel sault ne fu faict de chevaulx. Le soir vint, on leissa les esbattemens ; puis se retira le Roy & l'Empereur vers le chasteau de Londres, où le soupper estoit preparé, où on fu servy honnorablement, & où les pris furent donnés des mieulx faisant aux joustes & esbattemens ; & le lendemain après estre fort festoyés, le messagier de France se party d'Angleterre. Aussi parreillement l'Empereur ne tarda pas longuement, qu'il ne pensast de partir pour tirer vers les Espaignes. Le Roy d'Angleterre de ce advertis, luy fist preparer ses besoignes sans ses despens, au quel il donna de larges dons, entre lesquelz luy donna ung fagot d'or, faict à la maniere que ceulx de bois, que en ou chasteau de Londres le Conte de Nassau reçupt ; auquel après on monstra tous les tresort du Roy. Ainsy que ces choses se faisoient, la flotte de l'Empereur, contenant 17 navires, estoit au Port de Hanneton, attendant le vent, où le 7ᵐᵉ jour du mois de Jung, en dimence, convint l'Empereur hastivement embarquier, ad cause que le vent estoit bon & à poulpe. Après avoir prins congiet au Roy & à la Roynne, ung chacun après l'Empereur monta, la flotte se mist en la mer, laquel n'eult pas cheminet deux lyeues, que le vent ne les retourna ens au propre havre de Hanneton, où estoient encore pluiseurs qui les avoient convoyés jusques au port, comme gens des pays de l'Empereur & d'Angleterre : mais entrant dedens le Havre, le vent retourna, qui les remist en bon chemin, pour aller en Espaigne ; au quel voyaige ne misrent que chinc jours ; car le vendredy, l'Empereur arriva avec sa flotte, sans nulz daugiers, au Port de saint Andrieu, où en la ville l'Empereur & toutte ses gens se logerent, en la quelle il fu deux jours ; puis de saint Andrieu s'en alla en la ville de Pallence, en laquelle il fu reçupt honnorablement, où il sejourna 7 jours ; où les nobles d'Espaignes, sachant son arrivement, le venoient visiter ; lequel Empereur au bout des sept jours s'en party, & s'en alla en la ville de Aguillart, où le Marquis d'Aguillart le reçupt bien ricement, que l'Empereur prist fort de bonne part. Pluiseurs vindrent à Aghuillart au devant de l'Empereur, lesquelz allerent avec luy jusques à Valdolitz, où une entrée luy estoit preparée tant honnorable que on le peut faire,

touchant de tendre drap d'or & d'argent. L'Empereur n'eult pas
logict longuement en fon Palais ne en Valdollif, que il ne veult 1522.
aller vifiter fa Mere en la ville de Torfille; laquelle, quant elle
fceult fa venue, le bien-veigna, où pluifeurs devifes de fon courronnement luy furent faictes. Après avoir vifité fa Mere, alla devers fa foer Katherine en une aultre chambre, laquelle le bien-vigna
amiablement; & quant ce vint le foir, l'Empereur retourna en fon
Palais ; lequel l'endemain alla à faincte Clarre vifiter le corps de
fon Pere, le Roy Philippe, & y faire chanter une Meffe, puis retourna diner en fa maifon. L'Empereur n'eult efté ghaire en la ville
de Torfille, que Alyenor Royne de Portugal, accompagnée de fes
deux petis enffans, Filz & Fille, laquelle alla vifiter fon Frere,
avec lequel elle eft logée, qui le reçupt honnorablement, en le
baifant, elle & fes deux enffans. Je ne fçay qu'il y avoit : mais
Damme Alyenor n'alla pas envers fa Mere ; car après fa venue, le
8ᵐᵉ jour que l'Empereur eult efté en Torfille, retourna en Valdollif, & fa foer Dame Alyenor avec luy, où celle fu des habittans
fort honnorablement reçupt, & auffi furent fes deux petis effans,
des quelz nous leifferons à parler, & des habittans, & esbattemens
qui s'y faifoient, & retournerons au Roy de France, lequel eftoit
au pays d'Avignon, où il oy nouvelle par fon meffagier, de la refponce que le Roy d'Angleterre luy avoit fait faire, & comment il
eftoit maintenu avec l'Empereur, & que l'Empereur luy avoit dit
parreillement ; de quoi le Roy fu plus courrouchié que devant. Parquoi encore de plus s'efforcha de faire fa vollunté; car lui eftant en
Avignon fift le Roy de France par fon malvaix confeil, qu'il eult
alliance au Turcque. Par fa requefte affés facillement fe efmerveillant le Turcq, d'où ce venoit que ung Roy de France, foy difant
tres-Creftiens, fe monftroit tant lache, que de foy allier avecq eulx.
Neantmoins icelluy Turcq defirant de parvenir à la ville & noble
cité de Roddes, pour l'avoir à fa volunté, de cefte alliance fu fort
joycu; auquel Roy, le grant Turcq envoya fes Ambaffadeurs avec
fes lettres, où alliance eftoit jurrée ; luy promettant que contre fes
ennemis feroit une mortelle guerre ; & que s'il avoit affaire de cent
mille hommes, qui les auroit à fon befoing. Le Roy de France
donna à l'Ambaffade ung moult riche don, refcripvant parreillement
de fes affaires à fon maiftre. L'Acteur : Haa, Roy Franchois, Roy
de France, à cefte heure tu a perdu le nom de tes predeceffeurs.
C'eftoient les Roys très-Creftiens : mais ne t'en chault comment il
puift aller; mais (p) que de tes ennemis tu face à ta vollunté. Cette (p) Pourvé.
Alliance ainfy jurée, le Roy retourna en la ville de Paris, où il eult
du Confeil tout autre qu'il n'avoit eub contre le Roy d'Angleterre.

1522.

Et ainſy que ces choſes ce demenoient, la Marquiſe d'Arſchot, eſtant en la ville de Binch en Haynault, approchoit ces jours d'enffanter, attendant tousjours la grace de Dieu, auprès de ſa Mere, la noble Princeſſe de Chimay. Droict à minuict le 4ᵐᵉ jour de Jullet, après pluiſeurs tourmens & doleurs, Dieu luy envoya ung noble Filz ; de quoy le Prince & Princeſſe de Chimay en furent bien joieux ; & auſſi, comme vous povés entendre, la Mere. L'Enfant fut baptiſié en grant triumphe de Binch ; & furent les 2 parins, le Prince de Chimay & l'Eveſque de Cambray, Frere au Marquis d'Arſchot, le quel avoit eſté créez depuis la mort du Cardinal de Croy defunct ; & la marinne eſtoit la Marquiſe d'Arſchot Douagiere, Tante au Marquis d'Arſchot & Conte de Porcean. Sachiés que icelluy noble Filz fu appellé par la grace de Dieu, Charles. Les dons que les parins & marinnes donnerent à l'enffant furent ſumptueux. Soyés advertis que après le baptiſement, on envoya ung gentilhomme de l'eſtat de la Marquiſe, appellés Pierre de France, envers le Marquis en Eſpaigne, luy faire ſçavoir les nouvelles que ſa Femme eſtoit delivrée d'ung beau Filz, & quelle ſe portoit aſſez raiſonablement bien. Le di Pierre tant bien le fiſt, abregant ſon chemin, qui vint en Valdolif, où il trouva le Marquis d'Arſchot ſon noble Maiſtre, le deſir de ſa queſte (q). Le pluſtoſt qu'il le perchut, le ſalua, luy faiſant la reverence ; lequel bon Seigneur le recongnoiſſant, le feſtoya ; auquel incontinent demanda de l'eſtat de ſa Femme, la Marquiſe & de ſon Enffant, ſachant que ſon terme eſtoit paſſé qu'elle debvoit enfanter. Pierre de France reſpondit, que ſa noble Damme ſe portoit aſſés bien, auſſi l'Enfant. Puis demanda des Parins & Marinnes, & du Baptiſement, luy reſpondit, que ſon beau Pere le noble Prince de Chimay & ſon Frere l'Eveſque de Cambray eſtoient les deux Parins, & avoit à nom Charles ; & pour la Marinne, ſa Tante la Douagiere d'Arſchot. Quant le Marquis eult entendu le tout, fu moult joyeux ; comme je croy, qui luy heuiſt apporté cent mille eſcuz d'or, n'euiſt pas eſté plus joieux ; & pour les bonnes nouvelles, donna au porteur d'ycelles ung grant don pour le vin. L'Empereur en fu adverty que le Marquis avoit eub nouvelles, que ſa Femme eſtoit delivrée d'un beau Filz le 4ᵐᵉ jour du mois de Jullet ; de quoy l'Empereur en fiſt la feſte par tout ſa maiſon, pour ce qu'il aymoit le Marquis, Pere à l'enffant. Pluiſeurs gentilz-hommes en faiſoient la feſte parreillement, auſquelz le Marquis le avoit dict. Quant ce vint au ſoir, pour la joye qu'il en avoit, tint Court ouverte à tous gentilz-hommes. Peu de temps après le Marquis renvoya & deſpecha le meſſagier, pour ſoy retourner au pays de Haïnault en la ville de Binch, où il delivra ſes

(q) Celui qu'il cherchoit.

lettres à Madamme la Marquife, de par fon mary ; laquelle en les
lifant fu toutte confollée, & auffy fu fon Pere le noble Prince de
Chimay, & la Princeffe, & ainfi des aultres. En ce temps que
ces chofes fe faifoient, le Roy de France avoit envoyé une groffe
bende de gens de guerre au pays de Normandie, pretendant faire
la guerre aux Angloix : mais ne trouva pas en fon Confeil de le
faire ; car le Conneftable de France, ne ceulx du Confeil ne s'y
veulrent pas confentir, fachant que l'Empereur s'en mefleroit, lequel fur tout redoubtoient ; fy demora la chofe en tel eftat : mais
les gens de guerre qui eftoient en Normandie y demorerent, craindant que les Angloix ne defcenderent par ce quartier; mais le Roy
d'Angleterre avoit tout autre volenté ; car au Duc de Suffort (*r*) (*r*) *Suffolk.*
avoit donné charge de affembler une groffe bende d'Angloix, pour
faire une courfe en France, quant le temps en feroit ; lequel debvoit avoir à fon aide touttes les Ordonnances de l'Empereur, &
d'autres pietons en grant nombre, ainfy que vous orrez cy-après.
Mais premier parlerons du grant Turcq, lequel avoit faict Alyance
au Roy de France, pour contrifter la Chretienneté. Et fachant que
le Roy ne luy feroit nulz deftourbiers, eult en vollunté d'affembler
une groffe bende de deux cent mille hommes, pour mettre le fiege
devant la cité de Rhodes. Et tandis que ces affemblées fe faifoient,
refcripvy aux Chevaliers de la cité fa vollunté ; & comment il les
volloit avoir à fon Empire, en forme de fommation, telle teneur
que cy-après s'enfuivent.

<table>
<tr><td>Comment le Grant-Turcq envoya une ambaffade en la cité des Rhodes,
qui dès lors par eulx meifmes fu fommée.</td><td>CHAP.
VIII.</td></tr>
</table>

SULTAIN Soliman, Pacha, par la grace de Dieu, & *de fon Prophète*
Machommet, Empereur très-grant de Conftantinoble, & en luy tenant
l'ung & l'autre Perfes, Arrabye, Surrye, Medes, Jerufalem, d'Affye (*s*), (*s*) *De l'Afie.*
Europe, de toutte Egipte, & de toute la Mer Seigneur & Poffeffeur
&c. A très-reverend Pere Philippes, Grant-Maiftre de Rhodes, & Confeilliers & à tous les aultres cytadyens Grans & petit, falut. Et
mandons la convenable & digne falutation à voz Reverences. Sachiés que tout premierement avés mandé devers la mienne Im-   (*t*) Ces ter-
perialle Majefté (*t*), George Senaft avec voz lettres, defquelles avons mes ne peu-
bien entendu le contenu, & à cefte caufe & ocafion mandons le vent avoir été
prefent commandement notre, afin que fachiés feurement, comme dans l'Origi-
par notre fentence, que vollons avoir icelle Ifle de Rhodes, pour nal. François
pluifieurs domaiges & malvaifes oeuvres que avons de jour en jour I. eft le pré-
d'icelluy ; & pour ce mandons ce prefent mandement de la mienne mier Prince
qui ait pris le
titre de Ma-
jefté.

Imperialle Majefté , que demendons & vollons ladiéte Ifle à la mienne Imperialle Majefté, & jurons en Dieu qui a faiét le Ciel & la Terre, & en 26 milliers de noz prophetes, & par les 4 Mufafis qui font tumbés du ciel, & par le premier prophete notre Mahomet, que fi vous nous faiéte obeiffance, & vous rendés de bons gré fur les fermens que je vous fai, tous ceulx que je trouveray en icellui lieu, grans & petis, ne aurés point peril ne domaige de la myenne Imperialle Majefté, ne votre avoir (*v*), ne voz hommes. Et qui voldra aller en aultre lieu avec fes biens & familles, faire le polra ; & qui voldra habitter ès lieux de la mienne grande Majefté, polra habitter là où il voldra, avec fon avoir & fa famille, fans point de mife (*x*) ; & s'il y a aulcuns des principaux ou dignes (*y*), leur donnerons foldat & provifion plus grande qu'ilz ne folloient (*z*) avoir ; & fy aucuns volloit demorer en icelle Ifle, faire le polra, felon les anchiennes ufances que avés eub beaucop meilleur. Et pourtant ce vous accepté ce jurement & mienne partie, mandés votre homme avec vos lettres par devers la mienne Imperialle Majefté promptement. Et fe vous faiéte le contraire & ne le accepté, foyés bien informés à la mienne Imperialle Majefté eft jà venue fur vous avec toutte provifion, & en fortira ce que fera la vollunté de Dieu. Et cechy faifont affin que le fachiés, & ne puiffyés dire que ne vous en avons advertiz. Efcript à la Court de la myenne Imperialle Majefté. A Conftantinoble, du mois de Jullet le 8ᵐᵉ jour. Et *fi* ne vous vollés rendre de bon gré, nous revolterons (*a*) voz fondementz en maniere que ce qui eft deffus fera defoubz, vous ferons efclaves, & vous ferons morir, avec la vollonté de Dieu, comment avons fait à pluifeurs ; & de ce ne faiéte doubte. Les Chevaliers & citadins, foyés feur que de cefte menache furent fort esbahis. Sur quoy le Confeil fu appellé, où après beaucop d'ouvertures de matierre, fu decretté que d'attendre le fiege vaillamment, & d'envoyer fes lettres, ou femblables au Pape, & au Roy de France pour avoir fecours. Ainfy en fu-il faiét, & le pluftoft que on peult. Ce temps advint que la Mere au Roy de France, Damme Loyfe, Douagierre d'Angoûlame, ne fe fçavoit ofter de l'amour qu'elle avoit au Duc de Bourbon, Conneftable de France, pour l'avoir en mariaige, tant que ung jour en parla à fon Filz, lequel luy refpondit, puis qu'elle avoit defir de foy remaryer, congnoiffant eftre le Duc homme de bien, que ce feroit bien fa vollunté, & de quoy il feroit bien joyeux, à cefte fin que le Duc joyroit tousjours de fon heritaige de Bourbon ; & dit à fa mere, qu'elle ne fe fouffiaft, & que affez fe faifoit fort de ces affaires, & que le Duc en feroit tout apprefté, pour les grans biens qui luy en poloient advenir ; par ainfy ne

vous

(*v*) *Non plus que vos biens.*

(*x*) *De retardement, d'empêchement.*

(*y*) *De gens conftitués en dignité.*

(*z*) *N'avoient coutume.*

(*a*) *Retournerone ; Ital. Revoltarémo.*

vous fouchiés ma Mere, dit le Roy, nous en ferons bien felon votre vollunté. Deux jours après fe paflerent. Le Roy fachant que le Duc de Bourbon avoit ung grant amis en fon hoftel, l'appella, & dict, que il defiroit que fa Mere eufift le Duc de Bourbon à mariaige, & que envers luy volfiffe faire cette Ambaffade pour l'en advertir. Ce Seigneur refpondit que vollentier le feroit, lequel jamais ne ceffa depuis qu'il fu party du Roy, qu'il ne fuift arrivé où eftoit le Duc de Bourbon ; dont après l'avoir fallués, luy parla de fon Ambaffade, & que le Roy luy avoit cergiet (*b*). Quant le Duc entendi ces nouvelles, fu longuement fans parler, regardant ce Seigneur Chevalier, lequel eftoit fon Frere d'arme, au quel il dict : Efte l'amitiet que nous avons enfemble, que de m'anoncher une telle femme ? & fy ay eub la meilleure du Realme de France, fans nulles blafmer ; me confeilliés-vous d'efpoufer la pycurre (*c*) des pays. Cela ne ferai-je pour tout l'avoir *de la* Chrêtienneté. L'Acteur dit : Haa Bourbon ! Se cefte parolle ne te fuift efchappée, tu ne heuiffe pas efté en l'indignation du Roy : mais je croy affez que *Dieu* t'a permis de dire ainfy, pour le bien de l'Empereur, & pour la pugnition du Realme de France ad venir. Ce Seigneur ne fçavoit que refpondre au Duc ; le voyant en telle erreur, print congié de luy, fans en plus parler ; lequel s'en retourna par devers le Roy, auquel il dict, fans y riens celler, ne craindre ce qu'il en polroit advenir, tout ce que le Duc de Bourbon luy avoit dict. Quant le Roy eult entendu le Chevallier, merveilleufement fe courroucha ; mais neantmoins n'en demonftra quelque femblant au Chevallyer.

Comment le Duc de Bourbon, Charles de Mompenfier, refufa la Mere du Roy Franchois en mariaige, & de l'oultraige que l'on luy fift.

CHAP. IX.

ICELLUY Chevallier party de devant le Roy, la Mere tantoft y vint par devers fon Filz, defirant de fçavoir, fe il avoit fait toucher au Duc de ce qu'elle defiroit ; car elle l'aimoit de tout fon cœur, combien qu'elle fuift eagiée. Après avoir donné bon jour, & que le Roy luy *eut* donné fon falut, luy conta, comment le Chevallier luy avoit dit de par le Duc de Bourbon, & comment il avoit appellé la pirre Femme du Realme. Quant la Damme eult ainfy oy fon Filz parler, & raconter ce que le Duc avoit dit & refpondu d'elle, comme une femme defviedée (*d*) de fens, prit ces cheveux ad tirer, foy difant vrayement folle, de foy ainfi avoir habandonnée, pour avoir un tel reffuz ; puis dict fort courrouchée, la chofe ne demorera pas ainfy ; car, par le Createur de noz ames, le mot luy

Z

coustera. Mon Filz, je vous renie, se ne m'en vengés, & vous
tient pour ung lache Roy. Le Roy luy respondy : Ma Mere, souffrés à tant, il n'est pas heure de ce faire ; car j'ay receu nouvelle,
que le Pape Adryen nouveau créez, & les Veniiliens avec les Italles, ont faict serment *(e)* à l'Empereur, & qu'il veult tirer envers la
cité de Rome pour y estre à la Pasque prochaine ; & vous sçavés
que mon intention est de luy rompre son voiaige, & de moy y aller
faire couronner. Le Duc de Bourbon est saige homme aux affaires
de la guerre ; y m'y compagnera. On dit un parler veritable : tel
baise la main qu'il voldroit le bras avoir colpé. Souffrés, ma Mere,
je le sçaray en la fin bien payer. La Dame se contentoit fort à
grant paine. Neantmoins elle diffimula : mais ne fu pas ung mois
après, que par haulteur, ce que le Duc de Bourbon tenoit de par
sa Femme, la Mere du Roy fist tout mettre en sa main ; tellement
que plus on n'ozoit obéir au Duc en la Duchié de Bourbon. Quant
le Duc de Bourbon perchut la foulle *(f)* que on luy faisoit, vint ung
jour au Roy lui demander, pourquoy sa Mere luy faisoit telle des-
triance *(g)* en ses biens. Le Roy luy respondit, disant : Vous sçavés quelle chose luy avés meffaict ; comme j'entens, vous l'avés inju-
riet ; je desyroye l'aliance de vous à ma Mere ; & vous n'en avés
non plus tenu, que d'une pallarde la plus ville *(h)* de mon Realme.
Touchant des heritaiges & poffeffions qu'elle a faict mettre en main
sequestre, eiles luy font eschues par le trespas de votre Femme :
à ceste fin que heuiffyés joyz des seignouries votre vye, pour ce
que vous estiés mon grant amy : mais maintenant vous en fault deporter ; car jamais, tant que je soye sur la terre vivante, vous n'en
poffefferés. Le Duc, pensés *(i)*, estoit fort courrouchié : mais, après
avoir moderé son courraige, dist au Roy : Sire, je vous diray, les
12 Pers de France & le Parlement de Paris font par dessus vous
en toutte raifon. Si je ne veulx pas prendre votre mere, fault-il
pourtant que je soye ainsy menet, en moy oftant les heritaiges qui
font miens de droicte ligne ? & plus encore, celles me font donnés
par mon mariaige ; & quant ma Femme trefpafferoit, d'en joyr sans
d'elle avoir nulz hoirs : mais vela, ce n'est pas le premier tort que
vous avés fait a vos gentilshommes, & aux bons hommes de votre
Realme. Sur ces mots respondit le Roy : Charles, Charles de Monpenfier, apaifiés vous à tant ; autre chose n'en fera fait pour vous,
ne pour autre qui foit vivant. Lors le Duc estraignit les dens &
mordit ses levres, & sy n'estoit en ciel ny en terre *(k)*. Luy party
du Roy, demanda fur ces affaires confeil à ses privés amis, lefquelz luy confeillerent de foy retirer en Parlement, lequel ainsy en
befoigna, où il dit la chose ainsy qu'elle alloit, en leur baillant le

1522.

(e) Alliance.

(f) Vexation.

*(g) Détour-
noit ainsi ses
biens.*

*(h) Vous n'a-
vez témoigné
non plus d'es-
time pour elle,
que pour la
plus vile cour-
tisane.*

*(i) Comme on
peut juger.*

*(k) Et ne sa-
voit où il étoit.*

traiĉtiet de fon mariaige, leur priant que juftice fuïft tenue en fon droiĉt. Les Seigneurs de Parlement luy profmerent que ainfy en feroit faiĉt. Que vous diroy-je plus? le procet fu tellement demenet, que de droiĉt, Charles de Monpenfier, Conte Daulphin d'Auvergne, debvoit joyr & poffeffer paifiblement de la Duchié de Bourbon, & des appendences. La Mere du Roy feult que ilz avoient determinés la chofe telle; elle leur manda en plain Parlement, que ceulx qui s'ingeroient de l'ainfy jugier, qu'ilz comparroient (*l*) tous. Ces nouvelles entendues, les Seigneurs de Parlement fe rethirerent par devers le Roy, pour fçavoir ce *que* c'eftoit de fon faiĉt que fa Mere les menachoit. Le Roy refpondy: pourquoy me demandé-vous telle chofe? parce, refponderent, qu'elle les menachoit de faire endurer quelque grief, en tant que nous vollons juger la caufe du Duc de Bourbon bonne contre elle. Le Roy leur refpondyt furieufement, gardés-vous bien de ce faire; car il en feroit fait come elle mande, je la congnoy bien. Les Seigneurs de Parlement fe parterent du Roy, en prendant congié de luy; lefquelz bien peu après fe trouverent en Parlement, où en ufant de raifon, fans craindre en riens la fureur du Roy, ne de fa mere, renderent la fentence telle, que le Seigneur Charles de Monpenfier, Duc de Bourbon, debvoit joyr & poffeffer de la Duchié de Bourbon, comme vray feigneur & heritier de cefte ligne, & parreillement par le traiĉtiet de fon mariaige. Le Roy fceut que le jugement eftoit ainfy rendu, incontinent envoia en la Duchiet de Bourbon une groffe bende de fes Ordonnances, qui tout le Pays & Duchiet de Bourbon mangerent, & pillerent. Et fy y boutterent le feu en aulcune place, rebellant à icelle ordonnance.

Comment le Duc de Bourbon vint envers l'Empereur, pour ce que le **CHAP. X.**
Roy de France luy avoit faify fes biens, dont
depuis s'en vengea.

BOURBON fachant ces nouvelles, après avoir prins du confeil, & fachant que le Roy eftoit en la ville de Paris, acompagniés de beaucop de nobles hommes du Realme, vint avecque eulx, comme bien faire le povoit; car il eftoit encore Conneftable de France. Luy eftant avec les aultres, le plus advertys de ce qu'il volloit propofer & dire, luy difrent, qu'il fe advencha & que il difift. Le Duc crut confeil; le bonnet en la main, faifant la reverence, alla pour parler au Roy, lequel véoit que fon defir eftoit d'adrechier à fa perfonne, fy s'approcha de luy, & luy dit: Monpenfier que me veulx-tu dire? Lors le Duc refpondit: Sire, je me plain à votre

perſonne, de l'infolence que voz gens m'ont fait en mes pays &
1522.   ſeignouries, ſans l'avoir merité contre la Majeſté Royalle; mais
au contraire, me ſuis expoſé dès ma joneſſe à l'honneur d'icelle,
en moy rendant hoſtagier en eſtrange nation, ſur le peril de ma
vie. Et depuis encore, en pluiſeurs lieux j'ai reſpandu mon ſang,
à l'encontre des ennemis de la Courronne, ſans m'y faindre, de là
les montz, où j'ay eſté priſonnier en grande deſpence; là, où mon
Pere & mon Frere y ſont demorez. Parquoi il m'eſt advis, que on
me fait grant tort à faire ce que vos gens me font. Le Roy ſur
ces parolles reſpondit: diſtes ce que vous vollés, aultrement n'en
ſera fait; je le vous ay dit encore une autre fois. Or bien, dit le
Duc, la pacience en ſera prinſe; & convient que je l'aye avec les
autres, leſquelz en ont rongiés leur frain, pour les tort que on leur
faiſoit, & à votre commandement. Le Roy ſe contenta aſſez mal
des parolles, & vint au Duc pour le frapper en la joue, lequel
gainchit le cop tellement, qu'il tomby deſſus ſa teſte, quy deſcou-
verte eſtoit. Le Duc s'eſlongna ung petit de luy, & miſt la main à
l'eſpée; les autres Seigneurs ſe miſrent au mittain d'eulx deux. C'eſtoit horreur de veoir le Roy & parreillement le Duc de Bourbon,
qui commencha à parler pour bon advis diſant: Sire, après m'avoir
gaſtés tous mes biens en la Duchiet de Bourbon, après encore moy
battre, je ne m'en contente en nulle fachon; donné moy mon congié, puis que mon ſervice plus ne vous plaiſt, & je m'en retireray
en ma maiſon mengier du pain & des poix, où en quelque *autre*
lieu. Allez, allez, je n'ay curre de votre ſervice ne de vous; cer-
chiés ailleurs votre party où que mielz le trouverés, vous me ferés
plaiſir. L'Aɛteur dit: Helas noble Roy, ce mot cauſera une foix ton
grant deſtourbier (*m*); mieulx eult vallu pour toy, & pour le Realme,
de le rappeller, que de l'en chaſſer. Le noble Duc avoit oy ce que
le Roy luy avoit dit, ſy ſe retourna envers les Seigneurs & Barons de France, qui là eſtoient tout larmoyant, & leur diɛt: Seigneurs, vous avez oy que le Roy m'a quiɛté mon ſervice, & que
ne ſuis plus ſon vaſſal; auſſi que luy feray plaiſir de m'en aller;
ce poiſe moy, jamais traiɛte (*n*) je ne fu; ſe je quiers mon party, je
n'en ſui pas à blaſmer; que diɛtes vous? Le Roy de courroux s'eſtoit
retiré en une chambre, lequel avoit abandonné le Conſeil, leſquelz
diſrent au Duc de Bourbon: diſſimulés; eſpoir que nous en ferons
biens. Ainſy diſant le Conſeil ſe deffit. Le Duc fort courouchiet ſe
retira en ſon hoſtel, avecq ſes gens tout larmoyant, ſe voyant le
plus grant du Realme après le Roy, Coneſtable de France, & que
alors il luy failloit eſtre comme ung eſclave, cherchant ſon adventure; ce neantmoins, repriſt courraige. Et quant il fu venu en ſa

maifon, le Seigneur de la Motte, lequel avoit efté Capitaine en la
cité de Tournay, l'ung des famillier du noble Duc, luy confeilla
de foy retirer par devers l'Empereur, Charles d'Auftrice ; lequel
en ce confeil luy promift en fes affaires le affifter jufques à la mort.
Le Duc accepta ce confeil, fachant que l'Empereur eftoit plus puiffant pour luy donner aide de fes tort faiz, que nulz autres. Quatre
ou 6 jours fe pafferent, le Roy de France penfant tousjours à fes
malvailes intentions, en ung fien Confeil particulier dit, que le Duc de
Bourbon feroit mettre à mort, craindant qui ne le grevaft cy-après.
Ce Confeil finé, ung anchin Chevallier, congnoiffant que le Roy
avoit grant tort, ne ceffa jamais qu'il n'eult dit au Duc ces dures
nouvelles. Le Duc fift fy bien, par le moyen du Sr. de la Motte,
que tous fes biens furent trouffés, les plus portatifz & meilleur,
& emportés à fon plus beau. Le Roy non content fift dire au Duc,
qu'il fe trouvaft en la ville de Lyon fur la Rofne, & qu'il avoit
affaire de luy, & pour fon bien. Le Duc, efcoutant ces nouvelles,
dit qu'il yroit. Quant le meffagier fu party, fift appoincter fes gens
& fa famille, affin que on penfaft qu'il y alloit : mais fa penfée
eftoit d'aller en ung aultre quartier. Sachiés que luy & la Motte
& fon paige, accompagniet du baftard de Monmorin & d'aultres
gentilhommes fes grans amis, le plus haftivement qu'il peult, fe tira
par devers la Loraine, en une petitte place, laquelle eftoit fienne,
où il trouva, par le faict de la Motte, des gens qu'ilz l'avoient aul-
treffois fervis, 14c. chevaulx, & de chinc à fix mille pietons ; lefquelz il paya pour trois mois. Nous laifferons à parler du Duc de
Bourbon, lequel commencha à faire la guerre aux Franchoix, &
dirons comment le affemblée fe faifoit en Angleterre, pour la deffiance que le Roy de France avoit fait ; lefquelz Angloix feroient
leur defcente à Calaix, pour faire une courfe au Realme de France ;
& avoit efté decreté que le Duc de Suffort les y amencroit : mais
le Confeil retourna ; car ce fu l'Admiral d'Angleterre, lequel fe
mift fur la mer. Le Seigneur d'Iffelftain fachant leur defcente accompagniés de beaucop de nobles gens, affambla touttes les Ordonnances des Pays de l'Empereur, & une groffe bende de pietons,
avec groffe artillerie, lefquelz avec les Angloix, quant ilz furent
defcenduz, fe mifrent au champs ; lefquelz enfemble firent de groffes foulles au pays de Boullenoix, en prendant tous les cafteaux,
lefquelz avec le pillaige furent tous enrichis. Ces courfes ainfi faictes,
les Angloix & Bourguignons allerent mettre le fiege devant la ville
de Heidin, où il y avoit dedens une groffe garnifon de Franchoix,
& fomerent d'eulx rendre la place. Iceulx refponderent, que rien
n'en feroient. Lors on commencha à battre la ville à vollenté ;

 c'eſtoit domaige d'ainſy le gaſter; car c'eſtoit une auſſi belle forte-
reſſe que on le ſaroit ſouhaiter; l'Armée y eſtoit logée au commenchement de Septembre. Soyés advertis qu'il n'y avoient eſtez que
8 jours, quant la peſte commencha à frapper au camp. Sept enſeignes d'Eſpagnars venant droiét d'Eſpaignes, que le Roy d'Angleterre avoit rabilliet, pour faire honneur à l'Empereur, vinrent au
camp; gens biens eſquippez, tous pietons, leſquelz quant ilz y furent arrivez, veulrent eſtre payés; il leur fu diét, que y falloit
qu'ilz attendiſſent que Madame fuiſt advertye; reſponderent, qu'ilz
n'attendoient jour ne heure; & ſe miſrent au champ pour en aller;
mais incontinent les Capitaines tournerent l'artillerye ſur eulx, &
chacun preſtez pour les ruer jus. Ce voyant ſe contenterent, &
ſe logirent avec aultres; leſquelz peu de temps après furent payés,
& furent gens de biens.

CHAP.
XI.

Comment le Grant Turcq aſſiega la cité de Rhodes, dont elle ſe rendy,
& en quelle ſorte & maniere. Et comment le Duc de
Bourbon fiſt alliance à l'Empereur.

DURANT ce temps, le Grant Turcq eſtoit devant la cité de Rhodes, ſans y riens faire choſe qui vaulſiſt; & eſtoit en grant nombre de combattans la quelle avoit avironnés. Voyant que riens par
obſidion ne ſiege ne proffitoient, le Grant Turcq s'applica, par conſeil, de faire foüyr & miſner par deſoubz terre par telle ſorte &
fachon, que pluiſeurs fois on penetra la ville & habitation d'icelle.
Et quant eſt venu le moix de Septembre, an 15 cent 22, lors par
ghait & vigillans, ceulx de Rhodes ont cognuz que les mineurs
parvenoient juſques à ſaint Athanaſie, & que plus ne polroient
icelle partye de la cité ſaulver ou deffendre; parquoy ceſte rue a
eſté deſtruiéte & demolie, puis après habandonnée. Advint que le
Turcq l'endemain jeéterent en la couverte (n) de leur minieres ſy très-
oultrageuſement, qu'ilz prindrent & obtinrent ceſte partye & portion de la cité. N'eult eſté la providence & induſtrie de Gabriel
Marthinenghy, qui par grant ſollicitude pourvéy aux affaires, ce
meiſme jour que fu le 4me de Septembre, ſans remede Rhodes fuiſt
eſté prinſe, & en la puiſſance des ennemis redhuiéte; car iceulx
non content du premier aſſault, par le quel icelle place avoit eſté
prinſes & obtenue, aulx principaulx lieux de la cité rigoureuſement
ſe conneéterent pour la deffence, leſquelz par l'eſpaſſe de trois
heures très-cruellement ont combattuz, & ſy ceulx de la ville n'euiſſent uſez de maſſues, & d'autres puiſſans inſtrumens de guerre ad ce
propice & convenable, jamais les Turcquez n'euiſſent eſté rebout-

(n) *A l'abri.*

tez. Aulcuns des Chevaliers ne povint la dureté de l'assault bien
endurer : mais par aultres preux & vaillant Chevalliers, qui sans
redoubter perilz ou dangiers, virillement & hardiement ont batail-
liés contre leurs adversaires, que du Chasteau furent deschassés & debouttés. Pareillement *ce* que les Rhodyens avoient perdu fu recou-
vret. L'espace de chinc jours après, les Turquez boutterent les
feux en deux lieux secrettement foys (*o*) & minnés ; l'ung en la region (*p*) d'Auvergne, l'autre de saint Nicolas : mais icellui feuz ne les
servis de riens, & sy n'est riens de nuisance à la cité, ad cause que
par la subtilité & invention du prenommé Gabriel, par quoi leurs
fossés & minyeres avoient esté ouvertes. Touttefois n'ont pas
pourtant desisté ; mais en ung aultre lieu, en la region des Bel-
vartz (*q*), par quelques minez bien occultes, ont jectez & applicquez
feuz par tel moyen, que les Chevaliers furent constraintz de haban-
doner & leissier icelle place, laquelle les Sarasins prindrent & in-
vaderent. En oultre, ens ès munition & fortes place de Rhodes
planterent 12 ensaignes ; neantmoins leur force ne leur proffita ; car
beaucoup en y eult de tuez & occi, & le reste constraint de foy
retirer. Soyez advertis que les Turcquez, en la Region d'Espaigne,
encore enflamerent & embraserent ung secret condhuyt soubz terre,
lequel estoit fouiz & minez en troix lieux ; & après ont assaillyz
le chasteau si durement que c'estoit herreur : mais par grant force
d'arme que demonstrerent les Chevaliers, lesquelz y perderent beaucop de gens, en la fin furent les Turcquez honteusement reboutés.
Pour ceste perte & deshonneur ne se font pas à tant tenuz ; car
le 24me jour du mois, sous toutte leur force & habundance très-
copieuse, de quattre part les Turcquez ont assailly la Ville & le
chasteau, & a bien peu qu'ilz ne l'emporterent ; mais à l'aide &
secours de Dieu, après la bataille, qui quatre heure a duré, ont
esté chassés & repulsés. Ceslui assault fu occasion de plusieurs fort
& puissant personnaiges ; car les fossés du Chasteau furent quasy tous
remplis des corps, qui là demorerent mors. Encore depuis, sans
regarder à ceste perte, sans dilation, ont en nouveaulx lieux soubz
terre fouys & minés dedens, lesquelz ont estez exterminés & brus-
lés environ de 30 mille hommes de leurs bendes. Voyant que leurs
minierres ne leur venoient pas à proffit, par admirable puissance,
ont faict les Turcques & construict ung mont de terre, en l'ombre
& protection font parvenuz jusques aux mures de la cité, où totalement depuis le bas jusques en hault les ont rompuz & dissippés,
tant que en la cité nulz ne povoit estre : mais le Chasteau, jusques
en la fin du mois de Decembre, ont chevallereusement deffenduz
& gardez ; dont les Chevalliers ont tenu ung Conseil, considerant

que les ennemis habitoient aux cavernes de la cité de Rhodes, & que la pouldre & autre monition leur failloit ; & que daventaige n'attendoient plus de fecours ; car bien fçavoient que leurs monitions & artilleries, que on leur amenoit, eftoit arreftée & prinfes de Franchois, par le commandement de leur Roy ; par où parcevoient qu'ilz eftoient habandonnez, & que longuement ne povoient refifter, & que ce feroit follye de tout perdre. Sy conclurent en ung Confeil de prendre & accepter les pactions falutaires & conditions, que par le Prince des Turcques, leur grant ennemis, avoient eftez offertes ; lefquelz après cette conclufion tant firent, que avec les Turcques parlementerent, où après plufieurs devifes & ouvertures fe accorderent, que on leur donneroit hoftagiers de Grans Seigneurs Sarafins, par convention qui leur avoient efté obfervée ; lefquelz Chevalliers & Sarafins ont tant convenu, que ung Traictiet a efté trouvé, par telle fachon que le Chafteau feroit delivré en la main du Grant Turcque ; lequel eftoit tant renommé, par tel moyen & condicion, que tout ce que les Creftyens & vrais Chevalliers ont defirés, ont tout emportés, excepté les armes & utenfilles de guerre. Soyés advertis que le Prince de Rhodes, qui communement eft appellé Grant-Maiftre, a efté par le Turcque grandement honnoré ; car il luy a donné ung veftement royal, le quel valloit ung pais ; il a reçupt courtoifement. Toutes chofes acomplies, le Maiftre, grant homme en fçavoir & fcience, accompagnié de tous fes Chevalliers qui eftoient demourés, & des citadyens qui volloient en aller, s'eft party de Rhodes au commenchement de Janvier, & s'en fon allés à la vollunté de Dieu. Le Grant Turcque, eftant en la ville de Rhodes vifitant fes pertes, a trouvé, de trois cent navirs qu'il avoit amené portant voelles, n'en a trouvé que chincquante, grandes que menues ; de l'armée, la quelle il avoit amenés en nombre de deux cent mille hommes, n'en a trouvé que 60 mille, encore la moitié eftoient affollez (r). O mon Dieu, que pour la cité de Rhodes, Pape Adrien en a efté merveilleufement troblés ! Pareillement l'Empereur Charles, tousjours Augufte, n'y cuift feeu quelque aide faire ne luy donner, pour le Roy de France qui lui faifoit la guerre en fes pays ; & par efpecial, qui gardoit la mer, que nulz n'y povoit habitter de nulle forte, pour ce qu'il volloit empêchier le Courronnement de Charles Empereur en la ville de Romme ; lequel tellement befoigna par l'adherence de fes amis, qu'il mift toutte la Lombardie en fa fubjection, quelque guerre que aulcuns luy feiffent par de là. Le Duc de Bourbon, en temps que ces chofes fe demenoient, eftant fur les marches de Lorraine, foy voyant avec fa bende & fe fentant peuz de gens, manda au Conte

(r) *Bleffés.*

Felix,

Felix, qu'il venift par devers luy avec fa bende, pour faire la guerre
en Bourgoigne, & qu'il avoit trop tardé de le faire au Roy de
France. Le Conte Felix, de ce adverty, demanda le congié à Domp
Frenand, Archiduc d'Auftrice, pour y aller; dont l'Archiduc, fachant
ce que on avoit faći au Duc de Bourbon, luy envoya incontinent
le Conte Felix, entendant que ce feroit ung bafton à leur deffence.
Sitoft que le Conte Felix eult fon congié, fe trouva avec le Duc,
lequel le feftoya grandement ; & quant ilz furent enfemble, fe
trouverent deux mille chevcaux & 800 pietons ; & eftoit la premiere fois que le Duc de Bourbon fe declara au Conte Felix, qu'il
eftoit deliberé foy rendre à l'Empereur, & de faire une guerre
mortelle au Roy de France, luy priant qui le volfit confeillier fur
ces affaires. Le Conte luy refpondit, que fy le volloit croire,
qu'il envoyeroit par devers fon Maiftre Domp Frenand, pour fçavoir s'il le tiendroit en fon fervice & pour fon vaffal. Le Duc
print fon confeil à bon, & y envoya ung fien gentilhomme en
poftz, & en brief arriva où eftoit l'Archiduc ; lequel quant il eult
lut la commiffion du poftz, n'euft pas efté auffy joyeux, qui luy
heuft donné cent mille ducatz. Avec ces nouvelles auffi fu adverty
encore plus, par les lettres du Conte Felix. Incontinent fa requefte
fu acceptée, & fu delivret à ung gentilhomme poftz avec ung de fa
maifon, 20 mille florins d'or, foy declarant fon grant amy, & frere
d'armes, pour fubvenir aux affaires du Duc de Bourbon. Tant
fifrent ces deux gentilzhommes, que en brief arriverent au Duc de
Bourbon, qui reçupt fes deniers, affeurez de fon fait, *que* au moins, fe
le Roy de France luy faifoit trop de grief, retirer fe polroit au
pays d'Auftrice envers Domp Frenand, qui triumphoit avec fa noble
Efpoufe, la Fille du Roy de Hongrie. Le Roy de France fceult
fes affaires, le quel cuida devenir & foy mettre hors du fens, difant, que une fois fe vengeroit de ce garchon de Monpenfier. Neantmoins quelque menaffe que le Roy de France leur fift, le Duc de
Bourbon & le Conte Felix fifrent en ce temps bonne guerre. Le
Duc de Bourbon eult confeil d'envoyer envers Madame la Gouvernante, Madame Marguerite d'Auftrice, & y envoya le Seigneur de
la Motte, lequel entre Bruxelles & Malinnes fu prins d'aulcunes
gens, difant qu'il eftoit Franchoix & efpie (s) ; & le volloient mener
au Chafteau de Villevort ; mais tant fift par fon beau parler, qu'il
fu mené à la Regente & Gouvernante Madame Marguerite, laquelle
quant elle l'entendit fu joyeufe, & dit que il fuift le tres-bien venu.
Lors le Confeil avec elle conclut que le Duc feroit affiftez en fes
affaires d'avoir & d'amis. La Motte n'eult ghaire eftés auprés de
Madame, que on conclud de l'envoyer en Angleterre, auquel on

1522.

(s) *Efpion.*

A a

luy bailla Beauvadret pour le condhuyre. Quant la Motte perchut
que on l'envoyoit en commiſſion en Angleterre, reſcripvy au Duc
ſon Maiſtre, les nouvelles de la Gouvernante, & comment pour
ſon faict l'envoyoit en Angleterre par devers le Roy, dont de ces
nouvelles fu le Duc moult resjouy.   Ce temps pendant que la Motte
& le Beauvauldret arriverent en Angleterre delivrant leur commiſſion, de quoy le Roy fu moult eſmerveilliet, & dit à la Motte :
Bon Seigneur, votre Maitre le noble Duc de Bourbon nous ſoit le
très-bien venu ; nous promettons l'aſſiſter en tous ſes grans affaires,
d'or, d'argent & d'amis.   Le Seigneur de la Motte & le Beauvau-
dret, après avoir beſoigniet en leur commiſſion, & avoir congiet
du Roy, ſe miſrent ſur la mer, où tant navigerent, que ſans dangier arriverent en Valdolif, où l'Empereur eſtoit ; & quant il ſceult
ſes nouvelles, qui luy heuiſt donné le treſor de Veniſe, n'en cuiſt
pas eſté auſſi joyeux.   L'Empereur après avoir oy ces nouvelles,
dict à la Motte : Demoré & ſejournés en mon ſervice, & ſoyés
adverti que voſtre Maiſtre, mon grant Couſin de Bourbon, puis
qu'il eſt miſt deſſoubz ma baniere & de mon alliance, qu'il ſera ad-
ſiſté envers & contre tout.   Ne ſçay aultre choſe vous dire, ſinon
que la choſe fu tellement demenée de l'Empereur, du Roy d'Angleterre, de l'Archiduc & des Allemaignes, auſſi de Madame la Gouvernante, que de touttes part le Duc de Bourbon fu aſſiſté de gens,
d'argent & d'amis à ſa volunté ; lequel lors commencha à faire forte
guerre, aultrement qu'il n'avoit fait aux Franchoix, leſquelz ſe diſoient malheureux d'avoir perdu ung tel perſonnaige, que le Duc
de Bourbon, pour le Realme de France ; pourquoy à la fois le Roy
en eſtoit reprochés & de ſes plus grans amis.   Parquoy avec eulx
ſe conſenti de le faire rappeller avec le Realme, voyant que grant
dommaige y feroit, & que en ce faiſant on luy renderoit ce qui
luy appertenoit, avec groſſes recompenſes, & que bonne paix ſeroit entre le Roy & luy.   Quant le Duc de Bourbon euſt oy &
bien entendu ces nouvelles, commencha à ſoufrire diſant : Ha Sire,
vous ne m'aurés pas ; je me garderay aſſez, je me garderay bien
de ce trou, plus n'y auray de fiance ; car j'ay plus de mal faict à
la Couronne, que je n'avoye *fait* quant j'eſtoit avec vous ; & ne vous
penſoye avoir riens meſfaict, ne au pays ; & ſy me vollyés, après
avoir tout mes biens prins, pillyés, ravis & gaſtez, encore occir ;
dont j'en merchie à la Roynne voſtre Eſpouſe, que me le fiſt ſçavoir ; & par ainſy vous convient de faire ſans moy.   Le Seigneur
qui luy apporta ces nouvelles, fu moult esbahy d'ainſy l'oyr parler ; neantmoins fu du noble Duc très-honnorablement reçupt & re-
merchié de par luy, diſant, que ſans ſes recompenſes fera bien, &

qu'il fe garde de luy ; & que une fois, qu'on longhement qu'il
tarde, s'il fe boutte fur les champs contre fa compagnie, qui luy
monftrera combien il eft fon amis ; & que à l'aide de Dieu & de
fon bon Maiftre Charles Empereur, fa volunté fera acomplie. Après
pluifeurs devifes, le Chevallier fe party, & retourna au Roy de
France, au quel il dict fes reponces, & ce que le Duc de Bourbon luy avoit manifefté ; dont de ces nouvelles le Roy fe contenta
mal, & commanda que jamais par devant luy on en fonna mot.
Ce temps pendant l'Empereur fceult que le Duc de Bourbon faifoit
bonne guerre en la Duciet de Bourgoigne. Luy qui eftoit tout deliberé de ce faire courronner en la cité de Romme pour fa derniere
Courronne, refcripvy au Vifceroy de Naples, Charles de Mingoval,
nonce Monfeigneur le Grant, qu'il allaft à groffe compagnie par devers les Italles pour ouvrir les paffaiges, affin de à Pafques aller
en la ville de Romme. Le quel Vifceroy incontinent fift fon commandement, & affembla une groffe armée au Realme de Naples,
pour y befoigner, ainfy que cy-après vous orrés. Cefte faifon advint une groffe fortune en la ville de Vallenchienne, par feu de
mefchief, & fe prift en une maifon appellé Martelo, taverne en la
rue du Foffart ; lequel feu, pour quelque deffence que on y fceult
donner, le nuict fainte Barbe au foir, le jour & lendemain, y brufla
582 maifons ; & fu verité que encore à la Pafque prochaine, en
l'hoftel de Mingoval, en la Tannerye, par les feftes de Pafques
enfieuvant, le feu fe reprinft hors d'une cave où il y avoit de groz
fardeaux de charpentes devant le feu ; & jufques à ce temps eftoit
le di feu deffoubz les grans fommiers de la falle, & autres ordures,
de tieulles & machonneriex ; quant il eult air, fe monftra fort grant,
& impetueux en la prefence des Prevoft & Jurez de la ville, qui
incontinent y vinrent, & fu eftaint fans nulz mal faire.

Comment l'Empereur affiega Fontarabye, dont elle fe rendy ; & com- CHAP.
  ment deux Arragonoix fifrent un camp mortel.   XII.

PENDANT ce temps l'Armée de l'Empereur, touchant des Efpaignes, fe mift fus pour aller affieger le Fontarabie, où les Franchoix
eftoient defgaftant tout le pays en fes quartiers. Parreillement au
pays de Picardye groffe pillerye s'y faifoit des Bourguignons ; c'eftoit
pitié du Regne qui eftoit fur les frontieres. Quant l'armée d'Efpaigne fu prefte, fe mift à marchier aulx champs. Lefquelz tous
bien efquippés au faict de la guerre arriverent devant Fontarabie,
les Franchoix s'y portoient comme gens de biens. En temps que le
fiege y eftoit, Rocquendon, ung allemandt noble homme, beau-filz

à la Conteſſe d'Uthincq, y venoit, en ſa conduicte venant de Brabant ſur mer de chine à ſix cens Allemans, leſquelz en approchant le camp furent tous tués & occiz, excepté le Capitaine Rocquendon ; & en furent chargiez deux Chevaliers Aragonois, leur mettant ſus, qui les avoit venduz aux Franchoix ; leſquelz par devant l'Empereur depuis en la ville de Valdolit, en fu camp appellé d'eux, comme cy-après vous orrés. Neantmoins quelque perte qu'il y eult de ces Allemantz, auſſi de leurs batteaux, tousjours eſtoit le ſiege devant Fontarabye. Sachiés que pour le principal chief de l'armée de l'Empereur, c'eſtoit l'Admiral d'Eſpaigne, pour le ſecond, le Prince d'Orrenge. Le Fontarabie ainſy aſſiegée pour la ſeconde fois, de touttes pars, faict-à-faict que la mer s'en alloit, on commenchoit à le battre merveilleuſement ; on y eult ghaire eſté que le Prince d'Orange ne ſe allita malade très-griefvement, lequel couchoit en ſa tente. Le Seigneur de la Motte, meſſagier au Duc de Bourbon en ſes affaires, eſtoit Maiſtre de l'Artillerie ; lequel tant bien le fiſt, que par force de le battre par pluiſeurs fois, après y avoir eſtet longue eſpace, à l'entrée du kareſme, an 15 cent 22, firent les Franchoix leur appoinctement par le moyen d'un Eſpagnart, lequel l'avoit auſſi vendu aux Franchois, en telle ſorte, que c'eſtoit à la vollunté de l'Empereur. Ainſy fu le Fontarabye Eſpagnarde, en laquelle on laiſſa une groſſe garniſon. Quant l'Armée de l'Empereur fu deſſaicte, le Prince d'Orrenge retourna en convalleſcence,

le quel s'en rala (t) auprès de l'Empereur, acompagnié du Seigneur de la Motte. L'Admiral d'Eſpaigne demoura là enthour, faiſant bonne guerre aux Franchoix entre Bourdeau & Bayonne. L'Empereur fu adverti comment ſes Arragonoix eſtoient chargiés de la perte des Allemans, que le Capitaine Rocquendon avoit ammenés du pays de Brabant, à l'ayde de ſes gens, leſquelz eſtoient par devant de Fontarabie, & comment journellement ilz volloient tuer l'ung l'autre. L'Empereur les fiſt venir par devant luy, auſquelz il remonſtra, que ce n'eſtoit pas bien faict d'ainſy beſoigner de trayſon, & que de faire morir tant de bonnes gens de guerre, comme ces Allemans eſtoient. L'ung reſpondit, que de ces affaires ne ſçavoit nullement, & dict, que ſe l'ung d'eulx l'avoit faict, que ſçavoit eſté ſon compagnon ; & ſur ce l'appelloit en camp. Concluſion, la choſe fu tellement demenée d'eulx deux, ung chacun ſoy excuſant, que camp mortel en fu ordonné ſur le marchiet de Valdolit, où l'Empereur eſtoit, acompagniet de groſſe nobleſſe, tant d'Eſpaignes, d'Allemaignes, que de ſes pays d'embas, c'eſt aſſavoir, de Flandres, de Haynault, de Brabant & d'Arthois, & ainſy des aultres. L'Empereur voyant la vaillandiſes d'eulx deux, luy en priſt pitié, ſy leur deffendy l'oeuvre de faiçt, qui eſtoit merveilleux touchant de faiçt d'arme; car jamais ne fu perchupt de champion telle apparreil qu'ilz faiſoient, pour bien battre l'ung l'autre, comme ces deux commenchoient; quoy que l'Empereur leur defiſt, ne ceſſoient nullement; en la fin l'Empereur jeçta ſon baſton à terre, lors ceulx qui admiſtroient le camp les firent ceſſer: mais ce fu bien envis, où l'Appellant dit en ſortant des lices, que jamais ne le pardonneroit à l'autre. L'Empereur eſcoutant luy en pria, lequel luy diçt encorre que non, s'il ne l'avoit tuez & occis. Lors pour ces motz, quelque Gentilhomme & Chevallier qu'il fuſiſt, l'Empereur le fiſt mettre en priſon. Et fu ce camp faiçt le jeudi ſainçt. Le Chevallier ne fu ghaire en priſon, par requeſte d'aulcuns ſes biens-vœillans. Et quant il fu dehors, ne fu pas longhement ſans rencontrer ſon homme, leſquelz ſe occirent tous deux de leurs poignars, devant le Palais de l'Empereur.

Comment l'Empereur envoya argent au Duc de Bourbon pour payer ſes gens. Et comment en allant, le Prince d'Orrenge fu prins des Franchois. CHAP. XIII.

LA PASQUE paſſée, en la quelle on contoit l'an mil chinc cens & 23, on amena l'Eſpagnart le quel avoit vendu le Fontarabye aux Franchoix, & qui l'avoit encore rendu à l'Admiral d'Eſpaigne & au Prince d'Orrenge, lequel Chevallier Eſpagnart quant il fu devant l'Empereur, luy fiſt une groſſe reverence. Lors l'Empereur luy demenda, qui luy avoit ſy bien apris à marchander & retourner ſa robbe; luy à qui on avoit bailliet la charge du Fontarabye, pour garder & deffendre contre les Franchoix, & de leur rendre; il ſembloit à touttes gens que c'eſtoit faiçt de lache homme (v), & traictre à ſon Souverain Seigneur; parquoy tant de groz dommaiges en a eſté faiçt en notre Realme de Caſtille & l'environ; & maintenant vous avez eſté la cauſe que les Franchois le nous ont renduz, comme l'on le m'a diçt, de quoy ne vous en ſçavons pas de grect; car force a eſté que vous l'avés faiçt. Aux compagnons Franchoix qui ſont priſonniers ma grace leur eſt donnée; mais à votre perſonne jamais grace ne vous ſera donnée; car vous n'en ferés plus, vous en avés faiçt aſſez. Icelluy prioit merchy, l'Empereur reſpondit, qu'il eſtoit coupable de mourir, & que ainſy en ſeroit faiçt. Lors à ces motz, icelluy fu apprehendé & mis deſſus une aſne vilz & menés par les carfours; puis après, devant le Palaix, fu eſcartellet comme ung traiçtre. Ce temps pendant le Duc de Bourbon eſtoit au pays de Province, où il en faiſoit à ſa voluntet, appre-

(v) *Que c'eſtoit une action de lâche,*

chant la ville de Marcelle (x), defirant fort de l'affieger. Quant l'Empereur en fu adverty, & craindant qu'il n'euift indigence d'argent pour payer fes gens de guerre, fift appoincler deux mulletz, & charger de finance pour luy envoyer ; ce qui donna en charge au Seigneur de la Motte, luy chargant qu'il s'en allaft par devers fon Maiftre, le Duc de Bourbon, & qu'il auroit le Prince d'Orrenge qui l'accompagneroit, & le Marquis de Pifcare (y) ; & qu'il prefentaft la chevance (z) & finance à fon Maiftre, foy recommandant à luy ; requerant qu'il feyft felon fa promeffe à luy faicte de par luy. La Motte remerchia l'Empereur touchant pour ces affaires, & parreillement de dons que luy avoit donné. Lequel Seigneur de la Motte, après avoir touttes fes befoignes preftes, prift humblement congié de l'Empereur, & fe acompaigna du Prince d'Orrenge, du Marquis de Pifcarre & d'autres, qui furent condhuys avec la chevance jufques à Barfelonne, où ilz trouverent les batteaux tous preftz, pour monter avec bon vent. La Motte entra dedens le batteau là où la chevance eftoit, & avec luy le Marquis de Pifcarre ; & le Prince d'Orrenge en ung aultre, avec plufieurs Seigneurs & Gentilzhommes. Les Franchois, de ce advertis par aulcunes traictre, vindrent à rencontrer, aufquelz ilz fifrent telle foulle, tousjours eulx deffendant vaillanment, que le batteau, où le Prince d'Orrenge eftoit, par l'artillerie que les Franchoix ruoient, fu tout effondré par le hault du Chafteau de deriere, parquoy fe atarda icelluy batteau, lequel fu prins & faify des Franchoix ; & celuy de la Motte avec la chevance cheminoit tousjours, tellement que par l'atarge de la prinfe du Prince d'Orrenge, les Franchoix ne le feeurent avoir : mais le Prince d'Orrenge fu recongnu, dont ilz fifrent grant fefte ; puis après grant deuil, à caufe que l'argent leur eftoit ainfy efchappet ; neantmoins emenerent le Prince, & en fifrent prefent au Roy de France, lequel en fift grant fefte à ceulx qui l'avoient pris, & leur donna largement le vin. Nous laifferons à parler des Franchois, & dirons comment la Motte arriva à bon port, avec le Duc de Bourbon & le Marquis de Pifcarre. Le quel la Motte conta la verité de fon voiaige au Duc fon Maiftre depuis Lhorainne, & des promeffes que l'Empereur luy faifoit ; parreillement le Roy d'Angleterre, l'Archiduc & Madame la Gouvernante. Puis l'on dit la fortune du Prince d'Orrenge ; & comment les Franchois l'avoient emmenés. Le Duc de Bourbon de ces nouvelles fu terriblement courrouchié ; car il luy fembloit que ce Prince euift efté ung bon chief pour fon armée. Après ces devifes, la Motte fift prefent au Duc de deux muletz chargés de chevances que l'Empereur luy envoyoit ; laquelle il rechupt à bon gré, remerchiant l'Empereur,

promettant que fa promeffe luy feroit tenue, fe à Dieu plaifoit.
Après pluifeurs devifes, & pluifeurs fecretz que le Seigneur de la
Motte dit au Duc de Bourbon, grandement fu recompenfé du bon
fervice qui luy avoit fait en fes voyaiges; en luy donnant de grans
dons, le remerchia grandement, & meifme luy donna la charge
des Biens que l'Empereur luy avoit envoyet, & fy le fift ung des
Chiefz de fon armée. L'Archiduc d'Auftrice en icelluy temps, par
confeil des Allemaignes, envoya le Conte de Sornes, acompagnié
de 800 Allemans, à l'ayde du Duc de Bourbon. D'aultre cofté le
Roy d'Angleterre luy envoya l'argent pour payer 10 cent hommes,
& courroit la voix que on en paya la bende du Conte Felix. Soyés
advertis que le Conte de Sornes ne peult venir avec la bende du
Duc de Bourbon ; mais ce voyant, trouva en confeil que de tirer par devers Milan, pour fe joindre avec le Vifce-Roy de Naples & le Marquis de Pifcarre. Ainfy en advint-il. Mais une aultre
bende d'Allemans, que parreillement l'Archiduc y envoyoit, de chinc
à fix mille hommes, en la conduicte d'ung de la Maifon de Bre-
zuyck, fort vaillant homme, lequel avec fa bende fe joindit avec
le Duc de Bourbon, lequel faifoit une groffe guerre au Pays de
Province.

<table>
<tr><td>Comment l'Empereur tint Jouftes & Tournoix en la ville de Valdolif;
& comment après il fift fon entrée à Burghes,
à Toulettes, & autres villes.</td><td>CHAP.
XIV.</td></tr>
</table>

DURANT que ces chofes fe demenoient, l'Empereur eult nouvelles, en la ville de Valdolif, que le Prince d'Orrenge eftoit prifonnier des Franchois, & qu'ilz avoient eftez trahiz; de quoy fu
merveilleufement courrouchié. D'aultre cofté eult auffi nouvelles,
comment le Seigneur de la Motte eftoit parvenu à bon port, & le
Marquis de Pifcarre, avec toutte la chevance, lequel pour ces nouvelles loua Dieu grandement; & après eftre requitz de ceulx de
Burghes, qu'il volfift venir en leur ville, & que befoing luy eftoit
de foy partir de Valdolif; mais devant fon partement il fift une
joufte realle, que on appelloit en France Efcu, & y debvoit eftre
l'Empereur acompagniés de touttes gens maryé ; defquelz en eftoit
le Seigneur de Bouflu, le S^{r.} d'Ainchy, Filz au Grant-Bailli de Haynault, Monfieur de Formefen, avec pluifieurs autres. Le S^{r.} de
Beaurain n'y eftoit pas, pour ce qu'il eftoit aux Pays d'embas pour
les affaires du Duc de Bourbon, & pour aultres, dont il avoit la
comiffion. Encontre ces à-maryés debvoient joufter gens maryés, fi
fomme le Duc d'Albe, le Marquis d'Arfchot & ainfy des autres.

Soyés advertis que l'Empereur y estoit accoustret comme ung sainct
George, grans plumars sur son armeth trainant sur la crupiere de
son cheval. Le sayon de dessus son harnoiz estoit d'argent en flames
d'or ; & estoit sur ung cheval Turcq nonparreillement houschiez &
bardé d'aschier. La houschure estoit comme *le* scon ; & estoit acompagniet de ceulx-ci dessus nommez, & entra dedens les lices.
C'estoit merveille des trompettes qui devant luy juoient. Ses Laccaix au tour de luy vestuz de draps d'argent en flames d'or. Incontinent qu'il fu devant sa tentte, sist la reverence aux Dames, &
puis se mist au bout des lices. Le Duc d'Albe parreillement vint
accompagnié de ses gens tous maryés dedens les lices, & entra en une
aultre tente, pour jouster contre l'Empereur ; lequel demanda le
bois, quant il perchut le Duc d'Albe preste ; puis toucha son cheval parreillement. L'Empereur si bien le sist, qu'il mist sa lance en
une boiste de son escu, tant que son boy rompyt, & parreillement
le second ; d'ung escla de sa lance blecha ung homme qui regardoit
les joustes. Sachiés que l'Empereur y besoigna sy bien, qu'il y
eult honneur. Après qu'il eult jousté ses troix colps, sans rentrer
en sa tante, prist congié à Dame Alyenor, Roynne de Portugal,
sa soer, & aux aultres Dames, inclinant la teste, lesquelz estoient
en la Maison de la ville ; puis s'en alla desarmer tandis que les aultres joustoient, & revint assez tost sur les rues, monté sur ung aultre cheval Turcque pomelet ; son sayon estoit de drap d'or, une
hupe d'or, un bonnet de velours noir. Quant il fu venu dedens
les liches, il faisoit merveille par devant les Dames, saultant ces
merveilleux saulx ; dequoy chacun s'en admiroit. Quant il eult
ainsy fait, retourna en son Palays, quant il eult faict la reverence
aux Dames ; & les aultres parsirent les joustes, où beaucop en y
eult lesquelz y acquisrent grant honneur, & par especial, ceulx de
Haynault. Le Marquis d'Arschot ne se saignit en nulle maniere d'y
avoir bruit. Les joustes cesserent, on s'en alla diner, les pris furent donné à ceulx qui mieulx l'avoient fait. Ne tarda ghaire après
les joustes, que l'Empereur ne partist de Valdolif ; lequel acompagniet de grosse noblesse, s'en alla en la ville de Burges (*a*) en Espaigne,
où il fu reçupt honnorablement comme Empereur & leur vray Roy ;
& après se loga en son Palais, où il sejourna plusieurs jours. De
toutes part chacun le venoit visiter, aussi les Turcq & les Crestiens.
En ce temps grosse pillerie se saisoit des Bourguignons au pays de
France, & les Franchois parreillement à la sois au contre courroient
sur les Bourguignons : mais n'y gaignoient ghaire ; car les gens du
Marquis en Haynault estoient sois, & veillans, & tousjours sur
leur garde. Ainsy au pays d'Arthois ; mais ne sceurent sy bien faire

les

les gens du Marquis, que à la faint Jan Baptiſte, par aulcune tra-
hiſon, ne furent deffais & rués jus, auprès de Vervin en Tierarche,
eſtant en leur embuſque en ung bois, que on accuſa aux Franchois;
& attendoient les Bourguignons leurs pietons, leſquelz eſtoient allé
lever ung groz buttin oultre la ville de Vervin, dont les Franchois
en eſtoient advertis, leſquelz s'eſtoient aſſemblés une groſſe puiſſance par dedens la ville; & fu l'embuſcq aſſaillye tant qu'il y eult
beaucop de Bourguignons tuez, qui ſe monſtrerent gens vertueux:
mais les Franchois eſtoient bien quattre contre ung; mais encore
les prindrent en ſurſault, qui ne peulrent reſiſter, que beaucop ne
furent occiz & priſonniers. Monſ. de Crupet, Pourteur d'Enſeigne
de la bende du Marquis, y fut occiz, ad cauſe qui ne ſe veult rendre, quoy que on le ſupportaſt; & ſy fu ſa Cornette ſaiſie. Le
Capitaine Henry, après avoir faict beaucop de vaillances, voyant
que nulle remede n'y avoit, ſe rendy. En la concluſion, les
Franchoix beſoignerent tellement ſur les chevaucheurs, & aucuns
pietons payſans qu'ilz avoient amenetz avec eulx, que ghaire n'en
demoura, ſinon ceulx qui ſe ſalverent dedens les bois; meiſme auſſy beaucop de Franchois payſans, en donnant la chaſſe, fuſrent tuez.
Quant ceſte beſcouſſe fu faicte, depuis les Franchois allerent contre
les Bourghignons qui eſtoient Allemantz, gens corrageux portant
leurs Enſeignes, leſquelz ramenoient le buttin qu'ilz avoient coeil-
lies au villaige de Taneau, & là entour; leſquelz longue eſpace
cuiderent que ſe fuiſſent leurs chevaulcheurs, ad cauſe de l'Enſeigne:
mais en la fin s'en perchurent; leſquelz comme gens vertueux ſe
maintindrent, & ſy bien le fiſrent, que les Franchoix ne leur fiſrent nulz maulx: mais au contraire, en tuerent & prindrent qui
leur raconterent comment la choſe en alloit de leurs chevaulcheurs
& pietons qu'ilz avoient. Concluſion, les Allemans le fiſrent tant
bien, que ſans dangier ramenerent tout leur buttin. Soyés advertis
que trois ou quattre jours après, beaucop qui eſtoient tenu ès bois
retournerent au Queſnoy-le-Conte, & ailleurs en leurs garniſons,
que on cuidoit mortz ou priſonniers, leſquelz diſrent la verité de
la beſcouſſe; les aulcuns qui eſtoient priſonniers revindrent auſſi,
ſelon l'uſance de la guerre. Les Franchois porterent l'Enſeigne des
Bourguignons devant Notre-Damme de Lieſſe, luy rendant grace
qu'ilz avoient eub victoire contre les Bourghignons. L'Empereur,
lorſque ſes adventures ſe faiſoient, eſtoit en la ville de Burges en
Eſpaignes, où le Marquis d'Arſchot demanda ſon congié, pour ſoy
retourner auprès de ſa Femme, au Pays & Conté de Haynault; &
luy fu accordé pour pluiſeurs raiſons & choſes ſecrettes, que depuis il declara au Conſeil, preſent Madame la Gouvernante, & auſſi

1523.

1523.

pour mettre provifion à l'encontre des Franchoix, qui journellement menachoient le Pays de Hainault, & par efpecial, les villes.
de fon Beau-Pere le Prince de Chimay ; au quel l'Empereur fe recommandoit, & luy envoyoit une Mulle, la plus belle que on
fceuift regarder, & eftoit eftimée à mille Ducas ; puis dit au Marquis, qu'il prendeiift en fon efcuyrie, lefquelz ilz luy plaifoit du
tout à fon choiz, & qu'ilz partefift à fa bonne vollunté, pour foy
rethirer envers fa noble Efpoufe, à la quelle il fe recommendoit.
Et foyés advertis que plufieurs autres Princes donnerent parreillement au Marquis encore des chevaulx pour prefent, telz que le
Marquis de Brandebourg, le Conte de Naffault, & autres grans
Seigneurs d'Efpaignes, tellement qu'il en cult 14 les plus beaux que
on fçauroit foulhaiter, & de grant valleur ; & en achera encore
deux non parreil, dont l'ung s'appelloit Allenchon. Incontinent qu'il
cult fes chevaulx, ordonna de fes befoignes touchant fon partement,
& donna à cherge de partir tout bellement avecque fes chevaulx,
(*b*) *Bilbao.* & les menant par la bride, par devers Bilbaux (*b*) ; ainfy en fu-il faict,
luy partant de la ville de Burges. Quant l'Empereur eult donné
congié au Marquis, fe party de Burges, & s'en alla en la ville de
Thoulette ; mais luy venu en icelle, manda au Marquis d'Arfchot
qu'il ne partefift pas de Burghes, fans à luy parler. Après avoir
faict fon entrée en la ville de Toulette, l'Empereur retourna en la
ville de Burghes, dont le Marquis alla au devant de luy, & vindrent enfemble en la ville de Burghes, auquel l'Empereur dict ce
pourquoy il avoit faict tarder, dont après le Marquis fe party au
mois d'Aouft, lequel tant chemina, qu'il arriva au port de Billebault, où eftoient fes gens & fon efcuyrye, où ilz furent 8 jours.
De Billebault s'en alla à Portingallette, où il fit conte avec fes
maryniers, & embarca toutte fon efcuirye, fes biens, & touttes
fes gens, & utenfilles en troix batteaux ; où après furent encore 8
jours attendant le vent, le quel après vint bon, où lors chacun
s'embarca pour cheminer où leur defir eftoit. Sachiés que la flotte
eftoit de 16 batteaux, & s'y en y avoit une de marchant avanta-
geufe, la quelle fe party avec les autres, qui tellement chemina,
que en peu de temps arriva au pays de Flandre, dont aulcuns d'eux
le fift fçavoir à la Marquife d'Arfchot, qu'il eftoit fur la mer pour
retourner, lefquelz difoient verité ; car chine jours y furent où il
faifoit tant calme, qu'ilz ne alloient ne chà ne là, finon en vau-
gant aval la mer, eftant les navires près l'une de l'autre ; mais
au 6me jour, après difner environ à trois heures, ung vent commencha à monter par telle fachon, que c'eftoit horreur comment
les batteaux fe demmoient ; puis envers le foir encore plus. Sachiés

qu'il y eult une navire chargié d'efpifferies ouverte du grant tourment, & fu perye en la mer, dont ce fu dommaige. C'eftoit pitiet de veoir l'efcuyrie du Marquis, comment la mer les tourmentoit; & comment ilz fe demenoient de thumber à la renverfe, les
autres le cul au hault, par efpecial, la belle Mulle que l'Empereur
envoyoit au noble Prince de Chimay, la povre befte ne le povoit
porter en nulle fachon, car des premiers cele morut. Ghayres
après auffy morurent les chevaulx que on avoit donné au Marquis,
tant qui les convint jetter en la mer, lefquelz furent nombrés tous
chevaulx de grans prix, & en y eult 16 mortz, dont fu grant perte
pour le Marquis, le quel de cefte perte ne fçavoit riens; car il
eftoit en ung aultre logis & navire avec fa famille, où il ne fçavoit quelz faincäz reclamer, ne fes gens auffy. Et fu telle heure
que le Marquis fe foulhaita fur la terre, ne luy chailloit en quel
quartier, & qui fuift le plus pauvre gentilhomme du monde, & des
pays: neantmoins fon refcontoit eftoit en Dieu, au quel il pryoit
très-affectueufement & d'ung bon courraige, qui le volfift faulver &
touttes fes gens parreillement, lefquelz parreillement pryoient que
Dieu les menaffent à bon port de falut. Ne fault pas doubter, toutte
la nuict furent en tel tourment en la mer, que en cent ans ne fu
perchut de tel. Il y eult encore une navire emportée tout le chafteau de devant, mais ne fu pas perie. Aultres qui eurent tous
les maz rompus. C'eft tourment qui tant alla & vint, que elle arriva l'endemain au port de Caftre, dont le Marquis, le pluftoft qu'il
peult, monta fur terre, & avec luy touttes fes gens, louant & regraciant Dieu, qui ainfy les avoit aydiés; & regardant après celle
où fon efcuirye eftoit, & l'autre où fes utenfilles eftoient, ce neantmoins n'en oyoit nulles nouvelles; car le vent le lendemain les
mena avec toutte la flotte, celle qui eftoit perie au port de Miergna.
Sachiés que le Marquis penfoit avoir tout perdu, dont fceurent que
le Marquis eftoit arrivé au port de Caftre, où incontinent ilz fifrent
courir ung poftz, favoir s'ilz y eftoient arrivez au port de Mierga;
& puis luy fu dict de la perte de fes chevaulx, le quel en fu fort
dolent; mais demanda fe nulz de fes gens n'eftoient peritz; on luy
dit que non, le quel refpondit: j'aime mieulx avoir perdu mes chevaulx que le moindre de tous mes gens. Sachiés que au port de
Miergna la plus part des chevaulx du Marquis, mortz arriverent au
di port & havre, dont c'eftoit pitiet de le veoir; car les payfans
les tirrerent hors de la mer pour avoir les defpouilles. Au di port
les gens du Marquis furent 4 jours, pour refaire les aultres chevaulx qui eftoient demourez fains, & ne fe fçavoient à grant peine
fouftenir droict. Quant ilz furent raffrefchis & bien penfez, ung

1523.

chacun fe retira à Caftre, où le Marquis eftoit, le quel fu moult
joyeux de leur venue, mais dolent de la perte de fes chevaulx ;
auquel on raconta comment le vent les avois ramenez au port de
Miergna ; lequel en remerchia le bon Dieu, difant : puis que j'ay
touttes mes gens, il faut penfer de fauver le remanant ; pour lefquelz chevaulx qu'il avoit encore, fu concludt que ilz demoroient
encore à Caftre jufques au mois de Mars ; craindant encore avoir
telle perte du remanant & refte de fon efcuirye : mais le Confeil
retourna ; car le Marquis s'en alla à la rade, & toutes les navires
de la flotte, où ilz conclurent d'attendre le vent, ainfy qu'ilz fifrent ; defquelz nous laifferons à parler, & parlerons des adventures
qui fe faifoient au pays de Picardye.

**CHAP.
XV.**

*Comment le Marquis d'Arfchot fe party d'Efpaignes pour retirer ès Pays
d'embas ; & comment les Bourguignons & Anglois
prindrent pluifieurs villes &c.*

DURANT le temps que le Marquis eftoit à la rade, attendant le
vent pour retirer au pays de Hainault, & ès autres pays de Flandre & Brabant, fe mctoit fus une groffe bende de gens de guerre,
pour aller au devant du Duc de Suffort, Beau-frere au Roy d'Angleterre, le quel fift fa defcente en la ville de Calaix, dont les
Bourguignons & Angloix fe mifrent enfembles. Le Seigneur d'Yffelf-
tain eftoit le chief des Bourguignons, avec luy le Conte de Faulquemberghe, & de pluifeurs autres, avec force artillerie, & d'autre utenfilles de guerre. Lefquelz Bourguignons & Angloix tant exploiterent, que tous le pays de Boullenoyx fu tout pillyés ; n'y eult
fy fort chafteau qui ne fu faify & deftruictz, parreillement en Picardie. Je vous advertiz que quant ilz furent paffer la riviere de
Some, que on rompy tous les pondz, à cefte fin que nulz ne retournaft avec fon buttin, du quel il avoit tant que on ne fçauroit
extimer ne raconter. Le Seigneur du Pondt-dormy, & fon frere
& fon nepveux, fe mifrent à chinc cens lances en la ville de Mondidier pour le garder : mais voyant l'armée des Bourguignons &
Angloix approchier, craindant que là dedens ne fuiffent encloz, fe
mifrent hors de la ville ; & les Bourguignons regardant leur yffue,
fans avoir faict la defcente des chevaulx, les fyeuvoient par telle
fachon, tout battant jufques à deux lieues de la ville d'Amyens,
que le Porteur d'Enfaignes fu jetté par terre, & l'Enfaigne prinfe
& faifie. Le Conte de Fauguemberghe les pourfyevy tant, qu'il
eult prifonnier le frere *du* Pont-dormy, & autres eulrent fon nepveu.
La chaffe dura fort longuement. Toutte la bende des Franchois fu

fort deffaicte ; s'eftoit une des belle bendes pour chinc cens lances
qu'ilz eftoient, que on heuift fceu regarder : mais n'y en demora   1523.
ghaire, que tous ne furent prins & tuez. Aucuns Bourguignons, pour
cefte fois, furent affés près de Paris ; chefcun gaignoit tant largement,
que c'eftoit merveille. Ce temps pendant que le Marquis d'Arfchot
eutt efté fix fepmaines à la rade, le bon vent luy vint. Ce voyant
eult en confeil que de s'embarquer, comme il fift, & toutes fes
gens parreillement, avec fon efcuirye, lefquelz avec la flotte de
fes marchans fe mifrent en la mer, où ilz cheminerent joyeufement,
ayant vent à poulpe ; mais au bout de 4 jours la chance retourna ;
car il vint encore ung tourment fy horrible & tant haftivement,
que la flotte fu efparfe chà & là ; tellement que celle où eftoit le
Marquis, & encore où eftoit fon utenfilles & bagages, fe eflongne-
rent des autres, par tel party allant & cheminant avec les grandes
vaghes, que c'eftoit horreur d'en veoir l'apparant. Je croy que le
Marquis avoit merveilleufement paour, difant, s'il pouit eftre fur
terre, que jamais plus n'y monteroit. En tel paour que le Marquis
& fes gens eftoient, commencherent à perchevoir le pays d'Angleterre, où les marinniers tiroient pour y ariver, lefquelz tant fifrent
avec le vent, que Dieu les *fit* arriver en Cornuaille, au port de Plimout. Quant le Marquis d'Arfchot fu arrivé à faulveté, le pluftoft
qu'il peuit, print la terre, loant Dieu de bon coeur, & difant, s'il
eftoit poffible, que plus ne fe mettroit en tel dangier & peril. Eftant le Marquis à Plimout, eult en confeil d'envoyer ung de fes
gens en poftz devers fa noble Femme, en la ville de Binch en
Haynault, luy faire fçavoir qu'il eftoit à fantet en Angleterre ; &
que le pluftoft qu'il polroit retourneroit vers elle, où après Dieu
eftoit tout fon defir. Ainfy en fu-il fait ; fon poft fe party, lequel
fy bien le fift, que en brief jours arriva en la ville de Binch, où
il dit les nouvelles à Madame la Marquife, qui luy furent moult
joyeufes. Parreillement les aultres navires arriverent en Angleterre
l'une chà, l'autre de là. Celle où eftoit l'efcuirye du Marquis, trois
jours après qu'il fu arrivés au port de Plimout, arriva à 40 mille
près de luy, dont quant on le fceut, le pluftoft que on peult, on
luy fy fçavoir que fon efcuyrie eftoit arrivée à bon port ; le quel
en loua Dieu, qu'elle n'eftoit pas perie ; & dit à celuy qui luy apporta les nouvelles, que le pluftoft que on povoit, que on fe tira
pour defcendre en Flandre. Ainfy le promift celluy ; lequel quant
il fu party du Marquis, eult en fon confeil, que de ces deux navires mettre en une, & de leiffer au maiftre l'autre, pour en faire
fon proffit ; laquelle quant celle que on retint fu chargié de tout
ce qui appartenoit au Marquis, Monf^r. de Ham en fu fait Gouver-

neur, & maiſtre de la navire, le cognoiſſant homme de bien, &
bon Capitaine, pour le ramenner en Flandre ou en Zellande ; lequel puis avec le bon vent en fiſt ſon debvoir. Quant le Marquis
eult tout bien ordonné, ſe party de Plimout en petit eſtat, acompagnié du Prevoſt de Binch, & d'aultres, lequel ne ceſſa de cheminer, tant par terre que par mer, qu'il ſe trouva au Pays & Conté
de Haynault à la ſaint Andrieu ; lequel trouva ſa noble Eſpouſe en
bonne ſanté, bien joyeuſe de ſa revenue ; auſſi parreillement ſon
beau petit Fils, Charles, par la grace de Dieu Conte de Porcean,
lequel le baiſa pluiſeurs fois volluntiers, loant Dieu qui luy avoit
envoyé ung ſi beau Filz, où nature n'avoit rien oublyet. Sachiés
que le noble Prince de Chimay & ſa noble Eſpouſe feſtyerent bien
leur Beau-Filz, dont le Marquis dit au di Prince, que l'Empereur
ſe recommandoit bien à ſa perſonne, & du preſent qui luy envoyoit
touchant de la belle Mulle, laquelle avoit eſté perye avec ſes grans
chevaulx. Le Prince remerchia moult l'Empereur, dollant de la
perte de la belle Mulle, laquelle eſtoit de grant valleur, & oſſi
pour les 14 chevaulx que le Marquis avoit perdu ; mais ce neantmoins ne leur en chailloit, puis qu'ilz ravoient leur Beau-Filz, le
Marquis d'Arſchot, avec eulx en bonne ſanté. On diſoit qu'il avoit
raporté des nouvelles pour le pays, je ne ſçay comment il en alloit ; mais incontinent après, les Eſtatz furent ſemonſez pour ſe
trouver en la ville de Mons ; de quoy nous layrons à parler, &
dirons comment le Duc de Suffort & le Sᵣ d'Yſſelſtain, maiſtres de
l'armée de Bourguignons, conclurent enſemble de retourner parmy
le pays de Haynault. Et ainſy le fiſrent-il ; car après avoir compoſé
la ville de Mondidier & la ville de Roye, & pluiſeurs autres, s'en
retournerent ; de quoy pluiſeurs murmuroient ; la raiſon pourquoy
touttes les villes d'alentour ne attendoient que d'elles rendre, ſi
comme Corbie & ſaint Quentin. On ne regardoit pas au bien du
pays, ce diſoit-on, ſinon d'avoir la bourſe plaine. Neantmoins
quelque choſe que on diſiſt, leiſſerent les methes (c) de France, & tirrerent chemin par envers la cité de Cambray, où en paſſant prindrent le chaſteau de Beaurevoir, & la ville & chaſteau de Bouchain ; où les deux Gognies furent mis Capitaines par le Conte de
Faulquemberghe, avec de gens de cheval & de piedz ; mais ſitoſt
que la groſſe bende des Bourguignons & Anglois furent arrivé du
Cambreſy, les Franchois les reprinrent ; aſſavoir, le chaſteau de
Beaurevoir d'aſſault, quelque deffence que les Bourguignons feuiſ-
ſent faire, leſquelz ſe rendirent, voyant le fort, qui depuis echape-
rent pour leurs cartiers. Beaurevoir en la main des Franchois,
marcherent vers la ville de Bouchain, leſquelz aſſiegerent le chaſ-

teau, en menachant ceulx qui dedens eftoient, en difant s'ilz ne fe
rendoient, qu'ilz fçavoient bien qu'ilz en avoient affaire. Les Bourguignons avec leur Capitaine fe mifrent en Confeil, où pluifeurs
difrent leurs oppinions ; mais voyant que nulz fecours ne leur eftoit
apparant, craindant de perdre leurs cheveaulx & harnoix, & mefme d'eftre prifonniers, comme ceulx de Beaurevoir, conclurent eulx
rendre, leurs vyes & biens faulfz ; & fur ce fifrent parlement aux
Franchois, lefquelz craindant qui ne leur veinft fecours, pource:
que la place eftoit forte, leur accorderent ainfy ; dont les Bourguignons fe parterent, la vie & biens faulfe, la lance fur la cuiffe.
Comme ces chofes fe faifoient, le Duc de Suffort, après qu'il eult
une efpace logié, & mit ung petit rafforchy (d) en la ville de Vallen- *(d) Renforts,*
chienne, à la maifon de Monfeigneur le Marquis d'Arfchot, fe re- *fecours.*
tira parmi le pays de Flandre, en la ville de Calaix ; & leiffa fon
artillerye en Vallenchienne, & fu mife à l'hoftel de Lalaing, jufques à ce que le pleut. Durant ce temps nouvelles vindrent, que
après la mort du Pape Adrien, du quel les Bourghignons & gens
de l'Empereur perderent trop à fa mort, après fu mis ung autre
au fiege Romains & Papal, & fe nommoit Clement VIIme de ce
nom, qui de la parrenté Pape Leon, lequel faifoit craindre des Bourguignons qui ne fufift Franchoy, comme fon oncle avoit efté. Neantmoins quelque crainte qu'ilz en fefiffent, il fu Pape parfaict, qui
gouverna, comme Dieu le fcet.

<table>
<tr><td>Comment le Marquis d'Arfchot mift provifion aux villes de Haynault;
& comment le Vifce-Roy de Napples fift alliance aux
Veniffiens, au nom de l'Empereur.</td><td>CHAP.
XVI.</td></tr>
</table>

LE TEMPS de ces nouvelles, le Marquis d'Arfchot eftoit revenu
avec fa femme, & fes chofes arrivées au pays de Flandre, c'eft
affavoir, fon efcuirie & fes bagages ; & eftoit environ le Noël
que lors les Eftaz eftoient fcemoniez pour eftre en la ville de Mons,
où le Marquis vint avec les autres ; & tandis qu'ilz y eftoient,
aulcuns Franchoix, environ de quattre à chinc cens, fachant que
la garnifon d'Avefnes eftoit defpourvue, fe adventurerent de gaigner
la dite ville d'Avefnes en Haynault, & fut à faire aux quattre temps
devant le Noël, l'an mil chinc cent & 23. que *les* Franchoix de
nuict monterent à la muraille, où ilz trouverent aucuns guetz dor-
mant, & leur colperent les gorges ; puis après befoignerent tellement, que la ville fu prinfe, pillyée, & ravye ; & le plufpart des
hommes de la ville prifonniers, & mift au Belfroy. Le Maffart
de la ville, comme homme corrageux fe mift à deffence, lequel

1523.

(e) *Avec peu de gloire.*

(f) *Ils s'y enfermirent.*

(g) *Voûte.*

(h) *Sortirent.*

après voyant que riens ne luy povoit ayder, fe cuida faulver en l'Eglife, où les Franchois copperent chemin, à leur putte eftrinne (e); car il en mift deux à mort des plus vaillans & hardis; mais en la fin aultres Franchoix y fourvindrent, qui le tuerent en le chimetiere, penfant prendre l'Eglife pour foy faulver. Il y eult ung noble homme de la haulte Bourgoigne, des ordonnances de l'Empereur, & de la bende Monfeigneur le Marquis d'Arfchot, nommé Monfeigneur de Maigreet, lequel affembla pluifeurs abittans dudi Avefne, & les mena par bonne condhuiëte en une groffe tour, appellée la tour faint Jean, en bas fur l'yaue au coing de la ville; & puis quant ilz y furent entrés, y s'y frufmerent (f) & le tindrent vaillamment, quelque affault que les Franchoix leur fceurent faire, s'en faifant traifner de pouldre de kanon par telle maniere, que la premiere volchurre (g) fu effondrée; neantmoins encore ne les eulrent-ilz pas. Quant le Pays fceut que Avefnes eftoit prinfe, il fu tout efmeut; meifmes Madame d'Aymeryes fift par tout fonner les cloches, & affembla de troix à quattre mille hommes, lefquelz fift cheminer envers la ville d'Avefnes; mais tandis qu'ilz cheminerent, les Franchois pillerent la ville, faifant de groz fardeaux, & chargerent les chariotz de moult de baghaiges, qu'ilz trouverent en la ville d'Avefnes. Les Seigneurs eftoiens aux Eftatz à Mons en Haynault, lefquelz du matin fceurent les nouvelles. Il fembloit que le pays fuift perdu, dont les Seigneurs leifferent & habandonnerent les Eftatz, & aulcuns fe rethirerent fur leurs places & garnifons aux frontieres, penfant qu'ilz fuiffent une groffe bende pour courir le pays de Hainault, en faifant fortereffe tandis de la ville d'Avefnes. Le Marquis d'Arfchot fu fort efmeult de ces nouvelles; incontinent fift fes preparations pour volloir pourveoir contre l'effort des Franchois, & pour ce auffi que la ville appertenoit à fon Beau-Pere le Prince de Chimay : mais ne fceult fitoft eftre fur les champs, que nouvelles luy vindrent que les Franchois s'eftoient partis & enfuys de la ville d'Avefnes, fans emmener nulz prifonniers, finon le Bailli dudi Avefnes, ung homme anchien, lequel il troufferent fur ung cheval, & craindant les gens de Monf d'Aymeryes & ceulx des frontieres; car à l'heure qui partoient d'Avefnes par une porte, les Bourguignons entroient par l'autre; & furent fy aigrement fyevis, qu'ilz habandonnoient fardeaux, beftes, & bagaiges, par où les Bourguignons fe attardoient pour les recoeillier; & tandis les Franchois s'en alloient, tant qu'ils furent en leurs pays fans nulle dangiers; mais n'y eult en la fin ghaire de perte. Quant les Franchois furent partis, ceulx qui eftoient en la tour faint Jehan ifferent (h), & vindrent vifiter le Belfroy, où ilz trouverent tout le reman-

remannant des hommes prifonniers, lefquelz ilz mifrent dehors ; & ne fu trouvé en ce Belfroy que deux tonneaux de pouldre ; car toutte l'autre avoit efté efchillée des Franchois, pour cuider avoir ceulx de la thour faint Jean. Sachiez qu'ilz avoient leiffez tout plain de fardeaux & vivres, qu'ilz avoient apreftez, dont le Marquis d'Arfchot fu fort efmeult & courrouchiet fur les Capitaines & gens de guerre, que pour fy peu de gens s'eftoient fy mal defendu & gardé ; lequel aprés mift fy bonne provifion aux villes de Haynault, que plus de doubte n'y avoit ; car à vous le dire, avecque ceulx qui eftoient en garnifon, avoit ung groz foing par deffus eulx. On veult dire qu'ilz y eult aulcuns qui fifrent venir les Franchoix, & depuis s'en allerent avec eulx, dont depuis ilz furent penduz en la ville de Peronne. Je ne peux fçavoir à la verité comment il en alla, finon que je croy, que fans adherens, fi petit nombre que les Franchois eftoient, n'euiffent pas faid une telle emprinfe ; neantmoins quelque chofe qu'il y eult, la chofe en fu faide, qui fu ung grant hardement, pour fy peu de gens, de tant y fejourner, & de faire une telle retraide. Nous layrons à parler de cefte advenue de la ville d'Avefnes, & dirons comment le Vifce-Roy de Naples, au commandement de l'Empereur, acompagnié du Marquis de Pifcarre, du Duc de Milan, & du Conte de Sornes, avec pluifeurs nobles hommes Napolitains, concqueftoit tout le pays d'Italie & Lombardie, les mettant tous en obeiffance de par l'Empereur. Les Venitiens eftoient pour l'heure alliez à l'Empereur ; parreillement les Genevois, qui eftoient caufe que le Vifce-Roy faifoit en fes pays *fes* volluntés ; car foyez advertis, par tout où le Vice-Roy paffoit, laiffoit garnifon de par l'Empereur ; lequel tant bien le fift, faifant ces befoignes, qu'il arriva devant la cité de Milan, à l'iffue du mois de Febvrier. Les cytadyens & habitans ne fe deffenderent nullement, finon trois cens hommes d'armes, qui par dedens la ville eftoient, lefquelz venoient au loing d'une grant rue la lance fur la cuiffe, où 6o ou .... Efpagnars les affaillerent par telle fachon, que tous furent mis à mort, finon trois de leurs Capitaines qui efchapperent pour leur richeffes. Cefte befcouffe ainfy faide, la cité fu mife en obeiffance. Quant ceulx du Chafteau de Milan fe virent ainfy oppreffés, & fachant que le Vifce-Roy avoit juré de non jamais partir, s'ilz ne les avoit à fon obeiffance, & auffi voyant que leurs vivres eftoient cours, efperant d'avoir nulz fecours, & veu auffi que les Venitiens & Genevois avoient faid alliance à l'Empereur, tinrent ung parlement au Vice-Roy de Naples, auquel fifrent tel accordt, fe les Franchois ne venoient pour les fecourir en dedens le 24me jour du mois d'Apvril, l'an mil chinc cens & 24me, qu'ilz fe

1524.

C c

 renderoient , faulfe corps & biens. L'accordt tel leur fu faiĉt qu'ilz
avoient requis. Attendant le jour, dont pour ce temps le Vice-Roy
miſt en obeiſſance la cité de Pavye, Plaiſance , Rege , & Mode ;
& aultres places par tout en Lombardie , où il miſt bonne garniſon
de par l'Empereur. &c.

CHAP.   *Comment le Viſce-Roy de Naples , pour & au nom de l'Empereur ,*
XVII.   *miſt en obeiſſance , la Ducié , cité & chaſteau de*
                Milan , avec la Lombardie.

PASQUES paſſées , le 24me jour du mois d'Apvril , en l'an mil chinc
cent & 24 , ceulx du chaſteau de Milan voyant que les Franchois
n'avoient loiſir de les venir ſecourir , ſe renderent au Viſce-Roy
de Naples , & s'en allerent à leur plus beau , comme on leurs avoit
promis. Le Pape Clement, VIIme de ce nom , ſachant que le Viſce-
Roy avoit ainſy beſoigniet au pays de Milan avecque les Venityens
& Genevoys , & qu'il avoit le chaſteau de Milan à ſa vollunté ,
penſa parreillement de ſoy allyer à l'Empereur , craindant que la
guerre ne luy fuſiſt ouverte , aſſiſtat le Viſce-Roy en tous ſes affaires , en luy mandant amiſtiet , & luy envoya de ſes biens. Touttefois la vois courroit , que le Roy de France luy avoit promis , ſe
il l'adſiſtoit à la Courronne de Rome , qu'il feroit ſon Nepveu Roy
de Naples ; mais voiant le Pape que l'Empereur avoit des grans
ami , diſſimula avec luy. Pour l'alliance jurrée entre le Pape, Veniſſyens & Gennevois , on en fiſt proceſſion generalle , & feſte par
tout les pays de l'Empereur. Le Roy des Franchois voyant qu'il
n'avoit plus riens de là les montz , & par eſpecial à la Duciet de
Milan , aſſembla ung jour tout le Conſeil de France , où il requiſt
que on le volſiſt ayder de gens & d'argent , pour reconcqueſter ce
que on luy avoit gaignet par de là les montz. Le Parlement ſur
ce reſpondit : Sire , qu'eſſe que vollés faire ? vous perdés vos pain-
nes à volloir telle choſe faire. Desjà eſtez bien avertis que le Viſce-
Roy de Naples a tout mis en obeiſſance la Ducet de Milan , &
Lombardie ; & que touttes les villes ſont ſaiſies de par l'Empereur.
C'eſt tout autre choſe que quant vous y avés eſtez ; les villes
eſtoient incontinent pour vous , qui maintenant vous ſeront con-
traires. Et ſy eſt le Viſce-Roy à groſſe puiſſance , lequel tend ſoy
joindre avec la puiſſance & bende du puiſſant Duc de Bourbon ,
pour deffendre votre venue ; le quel Duc , quant vous y alliés ,
eſtoit tout votre reconffort , & le vray pillier de France , qui maintenant vous eſt contraire. Noble Roy , depportés-vous , & ne penſés plus à l'Empire de Romme ; ſy habandonné le Duchié de Milan ;

faicte la guerre au pays d’Arthois & en la Conté de Haynault, que de loingtemps avez defirez de gaster ; en ce faifant, Sire, ferés affiftez de notre povoir. Le Roy refpondit, que la guerre feroit bien de là les montz, en la Conté d’Arthois & de Haynault. Ces motz difant, tout courrouchié fe party du Confeil ; & ne ceffa depuis, par le confeil de fes chiefz de guerre, par efpecial du Prevoft de Paris, du Roy de Navarre, de la Blanche-Rofe, du Seigneur de Florenge, de Jan Jaque de la Trimoulle, & d’autres encore, que après leur confeil fe delibera le Roy de leur dire & jurer, moyennant leur aide & confort, fe feroit couronner en la cité de Rome, le defir de fa quefte. Ainfy le promifrent & jurrerent-ilz tous. Dont le Roy, fur leurs promeffes, appoincta tellement fes affaires, que tout fu preft en point de partir par fon commandement ; mais je vous advertis que ce Confeil n’eftoit pas celuy des 12 Pairs de France, ne celuy des Seigneurs de Parlement, lefquelz, pour telz affaires, ne luy volloient pas baillier nullement argent ; mais ne fault pas demander fe de foy trouva bien moyen pour en avoir ; car tellement befoigna d’en avoir, que par tout où il en trouvoit, fuiffent Calices ou Sainctuaires, ilz les faifoit prendre inhumainement par tout en fes Abbayes, quelque deffence qu’ilz en fceuiffent faire. Bien le monftra à faint Martin de Tours, qu’il en avoit affaire, où il y avoit largement de richeffe appertenante au fervice Divin, & à l’exaltation de leur Eglife ; de quoy il fift forgier monnoye d’or & d’argent, pour payer fon armée. Ce ne fu pas en Saint Martin de Tours tant feulement, mais plus d’en cent lieux, lefquelz s’en contenterent très-mal, le maldifant, & l’appellant malheureux Roy & Tirrant : mais s’eftoit en derriere de Officiers ; mais ilz n’en avoit autre chofes, finon le mal de leur tefte. Aucuns y eult qui en furent emprifonnez, & debouttez de leurs Benefices contre Dieu & raifon : mais n’en chailloit au Roy ; puis qu’il povoit faire fa vollunté pour aller de là les montz, pour ravoir le pays de Milan & Lombardie, que pour aller en la cité de Rome, pour foy faire courronner Empereur de Rome, comme il avoit vouez & promis. Ainfy que ces chofes fe faifoient, le Viſce-Roy de Naples eftoit au Pays de Lombardie, où il fortifyoit Villes & Chafteaux. Le Duc de Bourbon parreillement croiffoit (i) toufjours fon armée, & tellement le faifoit, que par tout où il paffoit, gaftoit les pays, & n’y avoit Franchois qui l’ozaft attendre. D’aultres coftez, le Roy de France qui avichois fon departement (k) pour aller par delà les montz, *ordonna* que Terroanne fufift ravitailliée, & que on pillaft le Pays d’Arthois & de Haynault. Sur ce les Capitaines & compagnies s’affemblerent pour ce faire. Ce temps pen-

C c 2

1524.

(i) *Groffiffoit.*

(k) *Qui fongeoit à partir.*

dant, le Seigneur de Pratre (*l*), grant Bailli de la ville de Bruges en Flandre, accompagniés de pluiſeurs nobles hommes, arriverent au Realme d'Angleterre, que pour eulx y tenir, affin de preſenter les lettres de l'Empereur, quant il les envoyeroit, de paour des trauldes au Roy d'Angleterre d'aulcuns malvoeillans. Parreillement celle du Viſce-Roy & du Duc de Bourbon. Quant le Roy perchut la commiſſion que le Seigneur de Pratre avoit de par l'Empereur, dict, qu'il fuſiſt le très-bien venu; & qu'il fuſiſt en ſon pays, comme s'il eſtoit l'Empereur. Pratre n'eult ghaire eſté en Angleterre, quant les Flamens y envoyerent le Seigneur de Bevres, accompagniet de deux cens chevaulx, où il y avoit beaucoup de nobles hommes; leſquelz, parreillement que le Seigneur de Pratre, furent reçuptz. Nous laiſſerons à parler de ceulx d'Angleterre, & dirons comment les Franchoix s'eſtoient partis de l'Armée du Roy, leſquelz faiſoient leurs amatz à l'entour de Saint Quentin, environ de 20 cens hommes. La voix courroit, que c'eſtoit pour ravitaillier Terroanne. Le Marquis d'Arſchot, Capitaine General de Haynault, craindant que ce fuſiſt fable du ravitaillement, mis ſus une groſſe bende de gens de guerre, à piet & à cheval, pour garder qu'ilz n'entraſſent au pays de Haynault. Le Conte de Faulquenberghe ſe miſt ſus parreillement, & le Seigneur d'Aymeries; leſquelz ſe tindrent preſt pour garder le Pays : mais la vollunté des Franchois n'eſtoit pas d'y riens faire, comme ilz demonſtroient; car ilz marchoient envers la Conté d'Arthois. Le Seigneur de Fiennes de ce adverti, luy qui eſtoit Souverain de Flandre, fiſt ung groz amatz de pluiſeurs pietons Flamens, pour garder le pays d'Arthois, avec les ordonnances qui y eſtoient; leſquelz ſe vindrent joindre en leur compagnie, tant qu'ilz eſtoient une groſſe bende. Le Marquis y tira auſſi avec ſes gens bien eſquippés; oſſi fiſt le Conte de Faulquenberghe, & les gens du Sr d'Aymeries. Le Conte de Vendoſme & le Grant-Maiſtre de France, ſachant ſes bendes de Bourguignons enſembles, ſe deſpecherent de faire l'entreprinſe; car, quant les vivres furent avec eulx, marcherent bien rigoureuſement. Les Bourguignons eſtant parqinés au paſſaige, par où les Franchoix debvoient paſſer, voir les piettons qui ſceurent que les Franchoix venoient par ce paſſaige, les Flamens qui y eſtoient, craindant les Franchois incontinent qui les veyerent, ſe miſrent en fuitte; mais ſoyés adverti que les Franchois eſtoient quattre contre ung; car ilz eſtoient bien de 15 à 16 cens chevaulx. Neantmoins les Bourguignons ſe remiſrent enſemble, & tellement beſoignerent, que les Franchois, quelque force qu'il heuiſſent, ne les oſſerent entreprendre, ny entrer en nulz des pays, combien que en coſtyant euiſ-

fent marchez. Iceulx Franchois eftoient partis de l'affembler que
le Roy de France faifoit pour aller delà les montz : mais à force
ravitaillerent Terroanne, fans nullement affaillir les Bourguignons ;
lefquelz incontinent le ravitaillement faict, fe retirerent haftivement, d'où ilz eftoient venus ; car ainfy leur commendoit le Roy.
Quant les Bourguignons virent que les Franchois fe retiroient, incontinent deffirent (*m*) leur armée. Le Seigneur de Fiennes fe retourna
en Flandres, le Marquis d'Arfchot en la Conté de Haynault, en la
ville de Vallenchiennes ; & auffi parreillement les aultres, lefquelz
furent tous payés du temps qu'ilz avoient fervis. Et fu ce ravitaillement faict au jour de l'Afcenfion de Jefu-Crift, en l'an mil chinc
cens & 24, dont ceulx de Terroanne furent moult resjouys, &
non fans caufe. Ce temps pendant, *le Roi François apprit que* le Duc
de Bourbon menoit groffe & forte guerre au Pays de Provence ; *Sur
quoi il tint un Confeil, où il dit comment le Duc l'avoit abandonné* (*n*),
pour le quel luy en faifoit mal, & que encore il a la vollunté de aller
mettre le fiege au Port & Ville de Marfelle, la quelle ne layroit perdre
pour nulle riens ; car fe feroit ung grant dommaige pour le Realme ; &
que fans nulle faulte volloit ravoir le Pays de Milan & le Chafteau ; &
foy faire courronner Empereur en la ville de Romme. Le Confeil fur
ce refpondit : Sire, touchant de garder le Port & la Ville de Marcelle,
nous confeillons que on le fache ainfy ; mais demorez avec nous ;
& fy envoyés vos fouldars avec vos nobles hommes & Capitaines,
lefquelz payerons pour fes affaires. Touchant de Milan ne du Chafteau ny penfés plus ; ne parreillement à la courronne de l'Empire ;
car ad ce que nous confiderons, & que les plus faiges du Realme
ont fur ce advifés, vous n'y povés avoir finon une grande perte ;
car tout y eft contre vous. Premierement le Pape, les Veniffyens,
les Florentins & Genevoix (*o*), avec ceulx de Milan, où font les gens
de l'Empereur en groffe bende ; par ainfi, fe vous nous vollés croire,
vous ne yrés pas. Mais vous envoyerés par devers Marcelle une
groffe bende de 20 cens Franchois, acompagniés de dix mille Suiftres, avec les Albanyens, pour deffendre que le Duc de Bourbon
n'y face à fa vollunté. Ad ce refpondit le Roy : effe-là le confeil
que vous nous donnerés, & que vous fçauryés donner ? Touchant
à moy, je n'en feray riens ; & fy vous jurre, par le Createur de
noz ames, & par le Courronne que je porte, que je y feray en
perfonne ; vous promettant que avant retourner de mon voiaige,
je feray au defeure de mes ennemis, & fy me voyerés Empereur
des Romains, maulgré le Roy Catholicque l'Efleu, avec l'aide de
Dieu & de mes bons vaffalz & amis. Vous parlés des Veniffiens
& du Pape, des Florentins & Genevoix ; nulz ne fcet leurs vol-

(*m*) Se fépe-
rèrent.

(*n*) On a
cru devoir
fuppléer quel-
ques mots.

(*o*) Génois.

1524.

(p) *Pourvû que je fuis : Dès que je fe- rai.*

(q) *Pourfui- vit fon deffein.*

luntez affeurées que ma perfonne : mais que je foye (p) au Pays, vous faurés que ce fera d'eulx. Difant ces motz, fe party du Confeil & plus avant encore. Parquoy les aulcuns du Parlement difrent que on le leiffaft faire, efpoir que Dieu luy aidera ; qui le falloit adfifter, fe meftier en avoit. Et en y eult qui refponderent, que l'on verroit comment la chofe en yroit ; fur ce le Confeil fe departift. Le Roy feut aulcunement ce que depuis en fon Parlement avoit efté dict, lequel fur ce parenfievift fon faict (q), & en donna la cherge au Duc d'Alenchon, & à pluifeurs autres ; lefquelz ne cefferent, tant que tout fu mis en train de partir, quant au Roy plairoit. Tandis le Duc de Bourbon eult en confeil, eftant au pays de Province, que d'aller affieger la ville de Marcelle, & y fift tourner fon armée. Lors qu'il y arriva, n'y eult ghaire efté, que quelque deffence que on fift, que incontinent le Port ne fuift faify par le Duc de Bourbon, & emporté à groffe puiffance par le Conte Felix & par le Conte de Brezuich, accompagniés de leurs Allemans, lefquels y eulrent bien peti de perte ; mais à le deffendre, les Franchois qui eftoient en garnifon en Marcelle, avec les habittans y perdirent beaucop de gens. Le Port concquiflé, la Ville fu avironnée, la quelle ung peu de temps fu tellement clofe, que nulz n'en povit fortir, ne auffi nulz vivres ne leur porient venir, ne par la mer, ne par terre ; & fu le camp & fiege cloz à l'iffue du mois de Septembre, an 15 cent 24. Cefte faifon que le Duc de Bourbon eftoit devant la ville de Marcelle, le Roy de France, le fachant veritablement, tira vers Lyon fur la Ronne ; lequel ne tarda ghaire qu'il n'y arriva, en la quelle le pluftoft qu'il y fu, encore luy vinrent nouvelle que Marcelle eftoit tellement avironnée, que nulz vivres n'y povoient habitter ; & que le Duc de Bourbon leur avoit jurés, qui les auroit à leur putte eftrinne. Le Roy efcouttant ces nouvelles fift defpecher & hafter fes gens, qui luy venoient de touttes pars. C'eftoit plaifir de veoir l'artillerie, & les utenfilles de guerre qui arriverent en la ville & à l'entour de Lyon ; car ainfy l'avoit-il commandé de faire. Soyés advertis que chacun s'efforchoit de le venir fervir. Jamais telle Nobleffe n'y eult Roy de France avec luy, depuis l'Empereur Charlemaigne, tous encourragiés de fervir, pour corrigier les Rebelles du Royalme de France, &c.

Comment le Roy Franchois alla mettre le fiege devant Pavye ; &
comment le Duc de Bourbon print & fayfit le payement
de fes gens d'armes, & tous les defconfiz.

FRANCHOIS, Roy de France premier de ce nom, eftant en la ville
de Lyon fur la Ronne, & voyant que de tous carthiers chacun le
venoit fervir, & que fes armées eftoient preftz à marchier ; pour
ce que encore les nouvelles eftoient venues de Marcelle, que plus
ne povoient tenir longuement, & que heuré eftoit les fecourir, fi
ordonna de fes batailles pour plus furement cheminer. En l'advan-
garde fu ordonné La Trimoulle avec le Sr· de la Palice, accompagniet du Sr· de Chaumond d'Amboife, du Conte de Nevers & de Buffy
d'Amboife, & de pluifeurs autres gens de biens ; lefquelz eftoient
en nombre, par rolles 20 cens hommes de guerre à piet que à
cheval. En l'arriere-garde, pour le principal & grant feureté, le
Duc d'Allenchon, Daulphin de France, Franchois de Lorraine, le
Marechal de Foix, le Prevoft de Paris, le Marechal de Bretaigne,
Laglaite, Galiace, Vifconte, & pluifeurs autres gentilz-hommes, avec
dix Enfeignes de Suyftres, & 500 lances de la nation Franchoife,
avec 10 cens pietons de l'Ifle de France. Et en la bende du Roy,
à l'Enfeigne karée & longhe aux armes de France, le Roy de Navarre, la Blance-Rofe, le Conte de Saint Pol, le Grant Efcuyer
de France, di la Poulle, le Marechal de Chambenne, l'Admiral de
France, le Seigneur de Florrenge, le Marquis de Salus (r), & aultres   (r) *Saluces,*
plus de fix cens gentils-hommes, avec groffe puiffance d'hommes
d'armes, & 18 Enfeignes de Suiftres, & tous les lanfquenetz ; lefquelz trois bendes eftoient nombrées à 4. 20 cens hommes, tous
biens efquippés. C'eftoit une chofe terrible de veoir l'artillerie qui
y eftoit, & les utenfilles de guerre. Le nombre des vivandiers,
chartons, pourfievans, comme marchans, & autres, eftoient bien 11
cens tieftes. L'ordonnance ainfy faicte, commenchierent à marchier.
Le Roy fejourna à Lyon quatre jours après le partement de fon
armée ; où nouvelles luy vindrent que force de Suiftres luy amenoient le payement de fes gens de guerres pour trois mois, & que
le Confeil luy envoyoit ; dont il fu fort resjoy moult fort ; lequel
après fes nouvelles, fe party de Lyon, & tirra vers fon armée.
Les efpie du Duc de Bourbon, ayant vu partir le Roy, & avoir
regardés touttes fes ordonnances, & affeurés que le Roy tournoit
vers Marcelle, pour *faire* lever le fiege, retournerent au Duc de Bourbon, lefquelz luy adverterent de la verité des Franchois ; & comment ung payement venoit pour trois mois de France, pour payer

80 mille hommes, & que Suiftres les amenoient. Sur ce affembla fon Confeil, où il fu concludt de livrer ung affault à la ville, devant que le Roy venfift, affavoir fe on ne les poulroit emporter, & puis après, s'on véoit que on y peufift profiter, on les habandonneroit, pour tirer après ce payement qui vient de France. Ainfy en fu-il faict; mais comme leur Confeil fe tenoit, ceulx de Marcelle furent affeuret de la venue du Roy, pourquoy quelque affault que le Duc leur fefift, ne quelque menaches, fe deffenderent vaillamment, où le Duc de Bourbon y perdift beaucop de gens. Soyés advertis que le Roy en perfonne marchoit avec fon armée, & le faifoit hafter. Le Duc de Bourbon fachant qu'il aprochoit, craindant auleunement fes efforts, eult en ung Confeil la voix de fes Capitaines, que de lever le fiege de devant Marcelle, & coftyer l'armée du Roy de France, affin de trouver maniere de le ruer jus, fe Dieu le volloit confentir. Le Duc de Bourbon crut confeil. Le fiege fu levez tant fagement, que pas ung homme n'y perdit, quelque faillye que les Franchois de la garnifon & habittans y fceurent faire : mais y perderent affez largement. Lors le Vifce-Roy de Naples, fachant que le Roy de France marchoit en vollunté d'aller à Rome, fe mift en la ville de Milan, où de tous les rebellans, & qui volloient tenir fa partie, & venir avec luy, prins & ravis tous leurs biens & leurs vitailles, & les mift au Chafteau de Milan, que les Efpagnars tenoient au nom de l'Empereur ; & fy en fift mener en la ville de Pavye, à Plaifance, à Rege, à Mode, & aux aultres tenant le party de l'Empereur. Et voeilliés fçavoir que au partir de Milan, pluifeurs fievirent le Vifce-Roy qui tenoient fa querrelle, & les autres qui demorerent, l'on prift tout ce qu'ils avoient. En tamps que ces chofes fe demenoient, le Roy fu advertis que le fiege eftoit levés de Marcelle, & que le Duc de Bourbon le coftyoit. Lors eult-il en Confeil que de tourner vers Milan, & ainfy le fift, en tel ordre que le Duc de Bourbon ne fceult riens emprendre deffus luy ; mais mainteffois il y perdoit de fes gens affés largement. Le Vifce-Roy craindant que le Roy de France ne mift fon fiege devant la cité de Pavye, la clef pour luy aller devers Romme, fe il le povoit concquefter, par le confeil du Marquis de Pifcare il y envoya le Conte de Sornes, Lieutenant de Domp-Frenand en fes affaires, avec fa bende que Domp-Frenand y avoit envoyée, laquelle eftoit 800 pictons, tous Allemans, fans les chevaucheurs qui là dedens eftoient ; tellement que quant ilz furent anfemble dedens Pavye, il eftoient 12 cens hommes de guerre, plains de bon courraige de le tenir & bien garder pour l'Empereur. Vous avez bien oy, comment le Suiftres venoient en grant nombre, qui

envoyoient

envoyoient le payement des Franchois & autre force à vivres; le
Duc de Bourbon y avoit le ceur; fachant leur venue & eftre adverti de leur chemin, les vint à rencontrer par telle fachon, que la
plus grant part de Suiftres furent rués jus, & leurs vivres tous faifiz, & auffy la Finance. Et ainfy que cefte perte tourna fur les
Suiftres, le Roy marchoit afforce, tellement qu'il apperchut la ville
de Milan; & lors luy fu dict que la Finance eftoit deftrouffée, &
les Suiftres rués jus, & que la compagnie qui eftoit allée à l'encontre, s'eftoit tournée en fuicte, ou autrement elle euiffe efté deffaicte. Defquelles nouvelles le Roy cuida efragier, menaffant toufjours le Duc de Bourbon. Et alors en la cité de Milan regnoit une
merveilleufe pefte; parquoy le Roy de France ne fes gens n'y entrerent pas: mais conclurent d'aller affieger la cité de Pavye, & y
fift marcher fon armée; & luy fe loga aux Chartroux de Milan.
Le Conte Felix, la Motte & le Baftardt de Mommorin le fachant là
arreftez, fe deliborerent d'aller vifiter l'armée des Franchois: mais
n'y fceurent fy fecretement aller, qu'ilz n'en fufiffent advertis; le
quel s'en departit, craindant de tumber en leurs mains, y laiffant
tout ce qu'il y avoit, vaiffelle & autres baghaiges, chevaulx & harnoiz, & toutes utenfilles de guerre; & courroit la voix que fans
ung Chartroys qui le falva, le Roy eufift efté prins: mais comment
qu'il en alla, fu faulvé à fon grant dommaige & deshonneur; lequel fe reboutta avec fes gens, qui au penultifme jour du mois
d'Octobre, an 15 cent & 24 fift loger fon armée devant la cité de
Pavye en grant gloire & triumphe, où en foy mettant & logant,
ceulx de la garnifon luy fifrent de grans deftourbiers. Auffi fifrent
ceulx de l'armée du Vifce-Roy; neantmoins quelque paine que on
fift, fe loga le Roy & fon artillerye dedens le parcq de Pavye, le
quel de deux à trois lieues eftoit encloz de murailles, dont ne prift
que ung des coing, & le fift par dedens fortifier de terre, & par
dehors de groz traincquiz, qui larges & parfons eftoient; & après
fift boutter force artillerie à l'entour. C'eftoit merveille de veoir
ce camp; la riceffe y eftoit tant merveilleufe, que on ne le fçauroit extimer, à caufe que fa vollunté eftoit d'aller en la cité de
Romme foy faire courronner Empereur. Les Suiftres fe logerent à
l'ung des boutz de la ville, par où defcend la riviere du Thefin,
& fy parquerent comme gens d'honneur, fçavant de la guerre, cloz
de leurs carroiz, de traincquiz & d'artillerye. Le Duc d'Allenchon
qui faifoit l'arriere-garde, fe loga à l'autre cofté de la ville, par
où entre le di Thefin en la ville, avec fa bende; la quelle eftoit
battant une groffe tour kairée, qui faifoit beaucop de mal au parc,
d'ung des coftez où le Roy eftoit logez; & principalement deffus les

1524.

D d

lanſquenetz, qui pas loing n'eſtoient du parcq, en ung camin (r) qui ghaire n'eſt loing de la ville. Le Roy de France voyant ſes armées & ſon camp tant bien aſſiz que riens plus, ayant la riviere auprés d'eulx, appellés le Theſin comme deſſus, remerchia Dieu, & commanda de faire des pondz pour paſſer icelle riviere à ſa volluntet, au moins ſe quelque choſe luy ſurvenoit ; & en furent faiz deux ſur batteaux, grans, larghes, & plantureux, pour paſſer ung chacun à piet & à cheval. Et ung aultre auprés du camp du Duc d'Allenchon. Et ung auſſi auprés du camp des Suiſtres, & tous par où la riviere vydoit (s) de la ville de Pavye, &c.

1524.
(r) Chemin.
(s) Sortoit.

CHAP. XIX.

Comment le Roy Franchois avec 20 mille hommes aſſailly la cité de Pavye, & comment ilz en furent à leur confuſion, perte & dommaige rebouttez.

LE NOBLE Roy de France ainſy logiet, droiét à l'encontre du mitain de la ville, tout à ſon aiſe, par conſeil delibera, pour ce que le Duc de Bourbon aprochoit le Viſce-Roy de Naples, de devant ſa venue, faire aſſaillir la ville de Pavye ; & fu diét que le Marquis de Roſteline ſeroit le chef de l'aſſault, acompagnié du Seigneur Jean-Jacque, de ſon filz, & du Capitaine Bayart ; & fu diét que dedens deux jours l'aſſault fuiſſe preſt. Ceulx de la ville en furent advertis, leſquelz pourvéyrent à leur deffence. Le jour vint d'aſſallir ; l'aſſault ſe prepara, tout fu mis en ordre, toutte la journée on tira force d'artillerye, & chacun qui à ce faire eſtoit ordonné, après une quantité de muraille abatrue, quant la nuiét vint, allerent pour monter à la muraille après avoir gaignet les trencquiz, en criant tout bas, *Vive France*, pour eulx ralier enſembles au merveilleux aſſaulx. Ceulx de la ville, qui eſtoient au ghait pour leur deffence, le fiſrent ſy bien, que on y tuoit Franchoix ſans miſericorde. Le Marquis de Roſteline eſtoit, avec une hache d'arme en ſon poing, ſur les trencquiz qui conduiſoit l'aſſault, auprés d'icelluy qui tenoit ſon Enſeigne, que pour le mettre deſſus la muraille, quant le temps en ſeroit ; ung cannonyer eſtant en une thour, voyant celuy qui conduiſoit le faiét auprés de l'Enſeigne, ſe penſa (t) que c'eſtoit ung grant maiſtre de France ; ſy affuta ſa hacquebutte à crochet deſſus ces deux perſonnaiges, tellement qu'il ataingnit le Marquis de Roſteline, & le jetta par terre mort. Celluy qui tenoit l'Enſeigne tumby de paour dedens les foſſetz ; mais l'Enſeigne demoura ſur les trencquiz. Ceulx de la ville jeétoient fuz (v) dehors les thours & murailles, pour plus ad plain perchevoir leurs ennemis, par où on les véoit. Par conſeil du Conte de Sornes, ceulx

(t) S'imagina.
(v) Feu.

de la garnifon forterent par une poterne, & luy meifme y alla avec
culx ; & comme il me fu dict, la voix courru, à caufe qu'il faifoit fort brun, à cefte fin de recongnoiftre l'ung l'aultre, qu'ilz
vefterent blancz veftements, & chemifes fur leurs harnoiz, & ainfy
viderent de trois à quatre mille hommes, qui incontinent fraperent impetuefement fur les Franchois, criant : *Vive l'Empereur : Bourgoigne , Bourgoigne : Auftrice , Auftrice : tuez , tuez :* fonnant trompettes & tambours par telle fachon, que s'eftoit horreur de les oyr
& de *les voir tuer. Les* Franchois fort efmerveilliés, cuidant que fe
fuift le Duc de Bourbon , ou le Vifce-Roy de Napples avec leurs
puiffances , culx de l'affault fe retirerent. On les abattoit ens ès
foffez de Pavye. Les aulcuns y faillirent (x), qui jamais n'en forterent. Les autres Franchois qui eftoient apparreillé pour raffrefchier
l'affault, le plus y furent occis, & beaucop prifoniers, lefquelz furent menez dedens Pavye. Soyés advertis que le Capitaine Bayart
fu prifonnier ; auffi fu Jan-Jacque ; mais fon filz y fu tuez, & le
Marquis de Roftelline, dont fe fu dommaige d'ung fy jonne Prince,
tant mefchamment eftre tués d'ung treict à pouldre. Pour la bef-
couffes, l'armée des Franchoix, Suiftres & Lanfquenecqz, fu toutte
efmeute , tant qu'il convint que le Conte de Sornes rentraffe en
la cité de Pavye : mais fe fut à fon groz plaifir, honneur, vaillance & proffit. Ceftuy affault merveilleux fe fift la veille de Sainct
Clement, 23ᵐᵉ jour de Novembre, en 15 cens 24 où les Franchoix trouverent par leurs rolles, mortz en la befcouffe, & à l'affault, 4ᴹ chinc cens combattans, fans les prifonniers, nobles hommes & aultres, dont je n'en fçay pas leurs noms, parquoi n'en fay
pas de mention. Pour cefte victoire, on en fift Proceffion generalle ens ès pays de l'Empereur , priant Dieu qu'il y voliffe befoigner, & nous envoyer paix.

(x) Peut-ê-
tre : *Saillirent.*

*Comment le Roy de France commanda pour la 2ᵐᵉ fois affaillir la cité
de Pavye , & comment des gens de l'Empereur ils furent à
leur confufion reboutés , prins & tuez.*

CHAP.
XX.

Le Visce-Roy de Napples & le Marquis de Pifcare avec le Duc
de Milan eftoient à l'enthour de la Ville de Milan , à cefte heure
que ceulx de Pavies heulrent victoire de leur affault contre les Franchois. Soyés advertis que les Franchoix eftoient les maiftres de la
Ville de Milan , fans avoir le Chafteau. Le Duc de Bourbon avec
fa puiffante armée approchoit celle du Vifce-Roy, tellement que de
brief fe joinderent enfemble, & fe fermerent en deux camps près
l'ung de l'autre. Quant le Roy feeult qui fe logoient, fe mift hors

1524.

de fon parcq, pour leur donner empefchement, avec groffe compagnie, qui fu quafy à fon grant detriment & deftourbier ; car le Duc de Bourbon fceult incontinent que le Roy eftoit forty de fon parcq à l'encontre de luy, fi tendant qu'il fu conftrainct d'eflongier fon parcq de trois lieues petittes ; mais il eult fi bonne condhuicte en fon eftat, par bonne ayde qui luy fu faicte, que le Roy fu conftraint de rentrer dedens fon parcq ; mais ce ne fu pas fans grant perte. Quant le Roy ce perçupt, reboutté en fon parcq, loa Dieu grandement, que ainfi bien à point s'eftoit rethirés. D'autre part le Vifce-Roy, le Marquis de Pifcarre, & les aultres, fe remifrent enfemble en leur oftz. Offy fift le Duc de Bourbon ; lefquelz faifoient efcarmouches fouventesfois aux Franchoix. Quant le Roy fe véyt fy fort opreffés de fes ennemis, concludt que pour faire fin à fa befoigne, que de raffallir encore une fois la ville de Pavyes. Et

(y) On voit *le* 6me jour du mois de Janvier, la veille (y) des trois Roys, donna commandement *de* les reveiller, où ghaire ne proffiterent ; car ceulx de la garnifon, depuis le premier affault en attendant encore d'aultres, avoient faictz aprefter des trencquis couvers de fagothz & de paille, que quant les Franchois monterent à la muraille, fans dire mot les leifferent monter & entrer deffus les treuncquiz en grant nombre, criant : *France, France.* Et quant on les perchut, le Conte de Sornes fift boutter les feuz aux travers & dedens les creuz defoubz fes faulx pondz, où le feu fe prift incontinent, lefquelz eftoient plains de pouldre de canon & vive-argent meflé, qui lors impetueufement fe prinrent à ardoir & efprendre tellement, que les pontz haftivement bruflerent, & Franchois de tumber aux parfondz, qui furent brulés & eftainez. Les aultres eftant fur la muraille, perchevant le grant dangier où leurs gens eftoient, recullerent ens ès foffés, lefquelz on occhioit de traict à pouldre, que on tiroit aux travers de l'affault. Voyant tourner cefte perte fur les affaillans, la retraicte fu incontinent fonnée. Ceulx de la cité de Pavye furent resjoy de la belle victoire que Dieu leur avoit donnée ; dont cefte fefte en fu faicte au camp du Duc de Bourbon,

(z) il y a & parreillement à celuy du Vifce-Roy de Napples (z) ; lefquelz voyant que leur payement, ne leurs vivres, ne venoient pas à leurs voluntez pour la garnifon de fainte Angele, & fachant que ung payement des Franchoix y eftoit, attendant que on le veinfift querir, le Marquis de Pifcare fe mift fus avec fes Efpagnars, & une groffe bende d'Allemans ; lefquelz allerent de fault fur la dicte ville, & le affallerent par telle fachon, après l'avoir bien battue, que quelque deffence que on y feift, l'emporterent du premier affault, où ilz mifrent à mort de la garnifon 600 hacquebuttes, & beaucop d'autre

(y) On voit bien qu'il y a ici une faute, mais elle eft peu importante.

(z) il y a ici une lacune, où il doit étre parlé des Francois qui étoient à S. Angelo.

du la ville. La defconfiture faite des gens de guerre, la ville fu
routte pillyée, & encoire beaucop de habittans mis à mort, qui
veullerent rebeller. Les Suiftres qui venoient pour le fecourir,
& querir leur payement, penfant y venir devant la prinfe, furent
auffy tous defconfitz; lefquelz en leur deffence tuerent pluifeurs Efpagnars & Allemans; mais en la parfin, iceulx Suiftres furent tous
tuez & mis à mort fur le champ; & en y eult mortz à l'environ
de 800. Ce fu le 18me jour du mois de Janvier, l'an 15 cens 24
dont de ces nouvelles fu *le Roi* merveilleufement courrouchiés, &
commanda de livrer encore ung affault à la cité de Pavyes; mais
nulz ne veult plus entendre, craindant que on ne fefift d'eulx, comme on avoit fait de ceulx du dernier affault, &c.

Comment les Franchois à troifieme fois refuferent à leur Roy de plus
affaillir ; & comment ung Allemandt de Pavye
occit ung Suiftre Franchois. &c.

CHAP.
XXI.

VOYANT le Roy que nulz ne volloit affailir la ville, & que
chacun n'en volloit menger (z), entra en fon logis, & du jour ne fu
de perfonne perchupt, finon de fa famille. La nuiclye dont nous
parlons, advint au champ du Roy une chofe digne de memoire.
Ung Suiftre eftant au ghait de l'armée du Roy de France, oyt ung
lanfquenecq fur la muraille de Pavye, auffy faifant le guet, foy resjoyf-
fant & chantant une chanfon nouvelle, procedante de l'affault que les
Franchois leur avoient livrez. Le Suiftre appella l'Alemant en le vil-
lennant (a), l'appellant traiête, & villain bougrin (b). L'Allemand refpondit au Suiftre, qu'il avoit menty par fa gorge ; mais *que luy meifme*
eftoit traiêtre, ad caufe qu'il habandonnoit l'Empereur pour fervir
le Roy de France. Encore, luy dift l'Allemand, fy j'eftoye pour
advenir à toy, je te monftreroy fi je fuis traiêtre. Le Suiftre lui
refpondit : Vient demain au champ par devant le Roy, & je te
monftreray que tu es tel, & fy m'y trouveras. Conclufions, les
prommeffes furent faictes. Le lendemain feureté donnée du Roy,
l'Alemand, par le congié du Conte de Sornes, vyda la ville de Pavye feul, veftu d'ung buffle, une dague d'Allemand, petitte fecrette (c)
fur la tefte, & une picque à fon col. Le Roy de France, le Roy
de Navarre, le Roy d'Efcoches, la Blanche-Rofe, le Duc d'Alenchon, la Palice, la Trimoulle, le Conte de faint Pol, le Prevoft
de Paris, & autres fans nombre, eftoient fur le camp pour regarder le faict d'armes. L'Allemand vint, lequel fift la reverence au
Roy, baifant la terre; après leva la main, criant : *Auftriche, Auf-*
triche : Bourgoigne, Bourgoigne : Herre, Herre. Après prift fa picque,

(z) Expref-
fion prover-
biale : *N'en*
vouloit plus
tâter.

(a) *Lui di-*
fant des inju-
res.

(b) Ce nom
infame, qui
fignifie propre-
ment *Non-con-*
formifte en
amour, fut
donné aux Hé-
rétiques Albi-
geois (con-
vaincus de ces
abominations)
parce qu'ils é-
toient originai-
res de la *Bul-*
garie, que l'on
prononçoit
Boulgrie.

(c) Peut ê-
tre faut-il lire:
Aigrette,

faifant pluifeurs feremonyes, comme font couftume, regardant fon
cop. Le Suiftre auffy fift la reverence au Roy, dont après fift pareillement fes poftryes (d) en terre, les trais en croix, la picque
avallée, lequel après le remift en hault ; & quant il cult de bout,
commencha à s'approchier *de* l'Allemandt, lequel faultift ung fault
en aprochant le Suiftre, befoignant pour fon faict, en aghettant fon
cop tellement, que au cofté dextre du Suiftre, deffoubz le bras,
luy donna de fa picque oultre le corps. Voyant l'Allemandt que
fa picque eftoit oultre, le haulcha pour contourner le Suiftre mort autant vaillit (e); laquelle picque ainfy contournée, le Suiftre eftocqua (f)
en la terre ; puis l'Allemandt faify la dague du Suiftre, & le prift
par les cheveux, fy luy colpa le chief ; puis remift la dague en fa
ghayne, meifme tira fa picque hors du corps du Suiftre, puis fift
la reverence au Roy Franchois, prift le chief du Suiftre, & tourna
fon chemin vers Pavye. Quant le Roy le véyt partir, le fift appeller : mais néant (g) ; icelluy tousjours cheminoit & n'y volloit nullement
entendre.   Touttefois le Prevoft de Paris le fift retourner, & cuidoit bien le povre Allemand finer fes jours : mais on l'affeura (h). Le
Roy luy demanda d'où il eftoit, *il* refpondit, qu'il eftoit Allemand.
Allemand, il fault que tu foye de mon fervice, je te feray Cente-
nier d'aulcunes de mes bendes. L'Allemand refpondict : Sire, j'ay
tout mon temps fervi l'Empereur Maximilien, lequel m'entretenoit
richement , & maintenant je fers fon nepveu, l'Empereur des Romains tousjours augufte, Charles, le bon Roy Catholicque, auquel
je fuis ung de fes vifflaires (i). Le Roy luy demanda, quel gaige as-
tu en le fervant ? L'Allemand dict : Sire, j'ay dix florins d'or par
mois. Le Roy luy refpondit : fers-moy, tu auras dix ecuz d'or le
moix, & te feray de mes Centeniers, de quoy tu auras penfion par
an fur mon Realme. L'Allemandt dift : Sire, je ne fift jamais que
ung ferment, il fuffit. A ces motz prins congié du Roy, & retourna en la ville de Pavye, en grant honneur des Franchois & des
Bourguignons. La tefte du Suiftre fu mife fur la porte, du coftez
des Suiftres. Sy auparavant avoyent hayr l'ung l'autre les Suiftres
& les Allemans, encore depuis ce jour le firent-ilz plus ; car de
jour en jour aux efcarmouches fe tuoient l'ung l'autre fans mifericorde. Une autre nuict advint que ung Efpagnart fe boutta en ung
logis des Franchois au camp, où tellement befoigna, qu'il en occift
chinc ou fix, & prift ce qu'il y trouva, puis s'en parti le plus fecrettement qu'il peult ; & y cult grant meulation (k) au camp & oftz
des Franchois en ce quartier. Ainfy que fes chofes fe demenoient,
le Seigneur de Bouffut, noble homme Haynuyer, retourna du Pays
d'Angleterre ; lequel y avoit efté en poftz, avec Monfeigneur de

(d) Ses ré-
vérences. On
dit en Wallon:
Ses poftures.

(e) Presque
mort.
(f) Tomba
roide.

(g) Inutile-
ment.

(h) On le
raffura.

(i) Peut-ê-
tre, *Vieillards,
un de fes vieux
ferviteurs : ou
bien Fifres.*

(k) Emeute.

Beaurain, le quel s'en estoit allé envers les Espaignes porter ses
lettres & affaires à l'Empereur ; & Boussut retourna en l'armée
du Duc de Bourbon ; que ghaire n'y eult esté que le Duc de Bourbon l'envoya en Espaignes pour ses affaires à l'Empereur ; & se
mist sur mer, où la mal fortune luy tourna tellement, qu'il fu prins
des Franchois, & mené en leur armée & champs.

*Comment l'Empereur manda au Duc de Bourbon & autres Capitaines ,
qu'ilz assaillissent le Roy de France, où qu'il suist (l),
ainsy que promist avoient.*

CHAP.
XXII.
(l) En quel-
que lieu qu'il
fut.

TANTOST après que le Seigneur de Boussu fu party du Duc de
Bourbon, arriva ung messagier au Duc de par l'Empereur, & apor-
toit lettres, lesquelz en ung Conseil, present le Visce-Roy & le
Marquis de Piscare, furent lutes de tel contenu de par l'Empereur.
C'estoit, que après toute salutation faicte au noble Duc de Bourbon, l'Empereur prioit que son armée susist tellement demenée,
que d'assallir le Roy de France en son parcq, ou ailleur, s'il estoit
possible, comme il luy avoit promis, avant que la ville de Pavye
endurasse doleur ; & qui luy sembloit que sa querelle estoit telle,
& celle du Duc, que Dieu leur donneroit la victoire. La lettre
bien escouée, le Duc de Bourbon regarda le Conseil, au quel il
dit : Seigneurs, qu'en dictes-vous ? je luy ay promis vrayement ;
mais vous sçavés quel destourbier vous m'en avez fait tousjours ;
mais je prometh & jur au Createur de noz ames, & par ma gen-
tillesse (m), que ce que j'ay promis à l'Empereur sera tenu, quant je
debvroye combattre le Roy, moy & ma bende seulle. Je mons-
treray que je suis Charles de Monpensier, Duc de Bourbon, avant
qu'il soit brief tamps. Le Marquis de Piscare & le Visce-Roy responderent, que seul de sa bende ne l'assauldroit-il pas ; & que chacun si esprouveroit, puisqu'il le convient faire ; mais il falloit regarder que on le peuist prendre aulcunement à l'avantaige. Lors le
Duc respondit : Je ne demande à faire sans bon conseil ; mais il sera
fait comme j'ay promis. Responderent les autres ; Soit de par Dieu (n),
quant la journée viendra. Mais le Marquis dit : Je conseil que d'eulx
faisons les approches, & faisons sçavoir en la ville au Conte de
Sornes de noz affaires, se il est possible ; & comment en la journée de bataille se maintiendront. Le Duc de Bourbon sur ce besoigna, & en fu faict tout ainsy que le Conseil l'avoit conclud ; car
les deux armées & ostz se approcerent du camp du Roy, & fisrent
sçavoir en la ville, ce que les Bourguignons avoient proposez. Sur
ce manderent ceulx de Pavye, que quant on assauldroit le Roy ,

(m) Ma qua-
lité de genti-
homme.

(n) Au nom
de Dieu, soit,

que on ne se souffiast, & que ilz estoient bons assez pour le quartier des Suistres, & pour le carroys des vivandiers. Le Duc & les autres de ses nouvelles furent moult resjouys. Le Roy de France estoit tout esbahy, & n'estoit en nulz pointz (o), pour ce que ses ennemys l'approchoient de sy près ; car il luy sembloit qui les fauldroit combattre. Sur ces affaires assembla son Conseil, où il mist avant, qui les volloit assaillir & que c'estoit son desir. Lors sur ce fu advisé du Conseil, & determinet que on ne combattroit pas ses ennemis, voire pour les assaillir, se le Parlement de Paris n'en avoit decreté. En ce Conseil estoit le nepveu du Pape Clement, & le Duc d'Albannye, ausquelz fu dit, qu'ilz s'en yroient avec leurs bendes à l'enthour du Realme de Naples, affin que le Visce-Roy laissast & habandonna l'armée de Bourbon, pour se rethirer en Naples. Iceulx fisrent le commandement du Roy. Le Visce-Roy ne se doubtoit de telz affaires ; neantmoins ne leisserent à tirer envers Romme. Soyés advertis que le Pape assistoit le Roi de vivres & d'argent, quelque promesse qu'il heuist faict à l'Empereur. Ainsy que le Conseil avoit concludt, le Roy le fist ; car hastivement l'on envoya ung postz au Conseil de France, & par envers les Seigneurs de Parlement de Paris, pour sçavoir se il combattroit ses ennemis, qui estoient iy près de luy, que souventte-fois on tiroit d'ung camp à l'autre ; & que pour son honneur ilz les convenoit combattre. Ainsy avoit le Roy escript, & d'aultres besoignes. Les Espagnars avoient perchut le postz partir du parcq du Roy, lesquelz tant fisrent qu'ilz sceurent qui s'en alloit en Paris. Eulx sachant qu'il disoit verité, ne l'enquisrent plus : mais en advertirent le Marquis de Piscarre, lequel leur commanda qu'ilz susissent sur les passaiges, que pour le saisir à son rethour. Conclusion, & pour le faire court, firent sy bon ghait, qui le trouverent sur ung soir qui revenoit, cuidant entrer au camp du Roy. Prins fu detenu, & incontinent mené au Marquis de Piscarre ; on luy otta sa bougette qui fu visitée ; puis commanda le Marquis que on luy feist bonne chiere jusques à son retour. Disant ces motz se party, & en alla au logis du Duc de Bourbon ; le Visce-Roy y fu mandé, le Duc de Milan & autres du privé Conseil. La lettre fu ouverte, & lutte la teneur qui s'ensuit. »Après touttes salutations, noble Roy, nous »sommes advertis de vos nouvelles ; parquoi regrations (p) le Createur. »Entre & les plus grandes, c'est que vous rescripvés demandant si »vous livrerez bataille à vos ennemis ; nous vous escripvons, que »sur ce nous avons assemblez les Estatz du Pays avec nous les Sei»gneurs de Parlement en Paris, où la chose a esté demenée sur voz »rescriptions ; où nous avons trouvé, que vous conseillons ne point

»combattre

»combattre en nulle maniere. Demourez au fors où vous eftez, le
»quel eft bon, comme vous dictes, pour tout le monde, pluftoft
»deux ans, fe ottant fe tenoit la ville de Pavie. Nous vous envoye-
»rons or, argent & vivres affez; & cens mille hommes, fe en avez
»meftier. Ce faifant, ad ce que vous dictes, vous facherez voz en-
»nemis; car vous nous advertiffez que les vivres leur font loingtains;
»à cefte occafion, fauldra à la longue qu'ilz fafchent departement;
»de la quelle guerre de Picardie ne vous fouffyrés, la provifion y ef-
»toit mife. Et foiés advertis que nous avons une Ambaffade par de-
»vers le Roy d'Angleterre, pour forger des amis, au quel nous pen-
»fons de bien advenir. Car vous fçavés que le Cardinal eft pour
»vous, voyant les lettres que fouventesfois vous a refcript, & à
»nous parreillement; lequel a tant fait, de quoy nous fommes bien
»advertis, que le Seigneur de Pratre, grant Bailli de Bruges, en
»Flandre, eft prifonnier; lequel recepvoit les bougettes pour prefen-
»ter les lettres de l'Empereur venant d'Efpaigne; auffi celle venant
»de là les montz; de Madame Marguerite, & de l'Archiduc d'Auftrice.
»Auquel Pratre on a deffendu de partir de fon logis, où il eft com-
»me prifonnier de par le Roy d'Angleterre. Et auffy le Seigneur
»de Bevre eft detenu, fans povoir retourner au pays de Flandre;
»& autres de leurs compagnons, lefquelz on congnoit amis de l'Em-
»pereur. Noble Roy, ne vous foufchiés; car le Duc de Gueldre à
»8000 lanfquenetz, que nous avons payés pour trois mois, fe la bon-
»ne fortune vous advient, que à Dieu plaife, pour faire la guerre
»au pays de Brabant. Si avons (q) aulcuns Liegoix, qui vont efcouttant
»après voz affaires, preftes à nous faire plaifir; parreillement les
»Lorrains; & fy fçavés comment il eft du Pape, des Veniffiens, des
»Florentins; quelle promeffe ilz vous ont faict. Ne vous fouffiés, ne
»penfés que de parvenir où votre ceur defire, que Dieu veuille main-
»tenir en profperité.» Le contenu de fes lettres bien accouftée, chacun regardoit fon homme fans parler, finon le Duc de Bourbon
qui dict : Vela chofe merveilleufe; ceulx du Parlement de Paris
n'ont garde faillir de tousjours donner bon confeil. Seigneurs, qu'en
dictes-vous? Se la chofe tournoit à la vollunté du Roy, nous au-
rions beaucop d'ennemis. Le Vifce-Roy dict : Certes, Seigneurs,
vous avés dict verité. Se difant, s'efcrya le Duc, difant : Ha faulx
Cardinal! maintenant l'on verra que tes trahifons feront defcouver-
tes; pour neant n'eftoit l'Empereur esbahy (r), qu'il ne oioyt nulles
nouvelles de ce qu'il refcripvoit, ne nous auffi parreillement; on
perchoy bien que tu les tournoit en aultre party. Effe pour l'honneur que tu rechupt au pays de Flandre, où l'Empereur te fift recepvoir tant honnorablement, & que en perfonne alla au devant

E e

1524.

(q) Nous
avons auffi.

(r) Ce n'eft
pas fans fujet
que l'Empereur
s'etonnoit.

de toy pour te plus honnorer, tu luy rend aujourdhui mal pour bien, sans penser ad ce qui en polra venir ? Disant ces motz, se retourna sur le Marquis de Piscarre, auquel il demanda quel chose il estoit de faire, & qu'il volsist sur ses rescriptions dire son advis, lesquelles estoient de trop grandes importances, respondit (s) : A mon advis, ce qu'ilz mandent au Roy, est toute verité ; se ilz veulent se tenir en leur parcq comme gens laches, & recrandz (t), ou que on leur envoyes gens, argent & vitailles à leurs volluntés, certes il nous faicheroit ; nos vivres nous sont loingtains & fortz durs à avoir. Regardé, il n'y a que trois jours que ne les sceuismes avoir sans grant perte, bien plus de la moitié ; se voyés que le payement de nos armées viennent à grant difficulté, ad cause du loingtain chemin qu'il y a jusque d'où il vient ; & perchoit qu'il y a de la lacheté de celui qui doibt venir du Realme de Napples ; qu'en dictes-vous, Seigneurs? A ce respondit le Marquis de Piscarre : noble Duc, mon advis seroit, que avant que la postz retournast, on assallist le Roy en son parcq ; s'en feryons du tout selon la promesse que vous avez faict à l'Empereur nostre Maistre ; car se le Roy sçet ces nouvelles, il en sera tant plus fort. Donnés-moy la charge, j'en sçaray bien faire. Le Duc de Bourbon respondit, que son conseil & son advis estoit tel que d'assallir, comme de piecha (v) l'avoit promis ; chacun de ce faire sy accorda. Ces devises faictes, chacun se rethira en son quartier. Le lendemain sur le jour, le Duc de Bourbon fist battre & ruer sur le camp du Roy merveilleusement ; le Visce-Roy sur le camp d'Allenchon, & ceulx de la garnison de Pavye sur les Suistres. On ne cessa de tirer toutte la journée sur les Franchois. Le Marquis de Piscarre alla adviser & explorer le parcq où le Roy estoit logiés. Le Duc de Brezuicq, Capitaine d'Allemaigne, que Domp Frenand y avoit envoyez avec sa bende, par le conseil du Duc de Bourbon se tenoit d'ung costé, que quant le parcq seroit enforchié, pour ayder ceulx de la ville, c'est assavoir le Conte de Sornes & aultres de la ville, quant ilz feroient leurs issues, qu'ilz ne fuissent emforchiés du Duc d'Allenchon ne de ses Suistres. L'armée des Bourguignons s'estoit mise en une vallée, parquoy les Franchois n'y povoient ghaire mal-faire de leur artillerye. Quant le noble Marquis eult ung peu regardé à son aise, par où on assauldroit le Roy de France, retourna en son logis ; & quant il y fu venu, manda au Visce-Roy, qu'il fusist la nuict preste pour assallir le Roy de France avec sa bende ; & ainsy au Duc de Bourbon ; pareillement au Capitaine d'Allemaigne ; & se le fist sçavoir au Conte de Sornes en la cité de Pavye, en luy donnant à entendre comment on le debvoit faire ; & qu'ilz

feiffent ce qu'ilz avoient promis. Tout ainfy qui le commanda, il
en fu faict.

*Comment la Bataille fu donnée, par le Duc de Bourbon, le Vifce-
Roy, le Marquis de Pifcarre & autres, au Roy de France,
dont il fu prifonnier; & de la perte, dommaige
& defconfiture des Franchois.*

CHAP.
XXIII.

APRÈS CES advertiffemens, le noble Marquis de Pifcarre apprefta
fes befoignes tellement, que avec le Vifce-Roy & le Duc de Bourbon, le Capitaine d'Allemaigne Duc de Brezuicq, le Conte Felix,
le Duc de Milan, le Seigneur de la Motte, le Baitard de Monmorin,
Philibert de Chuccre Capitaine du Pape, & de pluifeurs aultres,
delibererent & conclurent d'affallir le Roy de France en fon parcq,
& de le combattre; dont le Roy à véoir les apparences de fes bat-
teries, s'attendoit aulcunement que on l'affauldroit; & commanda
de bien garder les entrées de fon parcq. Le Roy de France, le
Roy de Navarre, le Conte de faint Pol, la Palice, la Blanche-Rofe,
l'Admiral de France, la Poulle & le Seigneur de Florenge, iceulx
eftoient en arme enfemble, avec grant quantité de gentilhommes
que je ne nomme pas, tout de bout; pour ce qu'ilz leur fembloit
que on les viendroit affaillir. Le Roy de France envoya, & luy
meifme admonefta ung chacun de bien faire, s'il convenoit combattre fes ennemis, en leur promettant largement de fes biens, après
avoir achievet fon emprinfe & fon volloir, qu'il foit Empereur. La
Trimoulle refpondit au Roy: Sire, nous fommes preftz à faire votre volunté; mais n'ayés doubte, je ne fens pas le Duc de Bourbon fy corrageux, ne fes compagnons, que de foy mettre en ce
parcq, pour vous combattre; ce ne font que fes braghes (x); notre
force eft trop puiffante contre la fienne. Pleut à mon Dieu que le
poftz fu revenu de Paris, & que le confentement nous fufift donné
de les combattre, nous les yriefmes au contraire affallir en leur
camp. Franc Roy, ne craindons riens; gardons bien notre parcq;
il n'eft pas en eulx d'y entrer, ne tous les vivans. Je le croy ainfy, dit le Roy, qui ne ceffoit de pourmener à l'entour du parcq
de Pavye, avec luy fes nobles, pour regarder aux affaires. Le
Duc de Bourbon, le Marquis de Pifcarre, le Vifce-Roy de Napples, & aultres grans Maiftres, fe mifrent tous en belle ordonnance
avec leurs armées; lefquelz environ à minuict allerent à ung des
coftez du parcq, en ung lieu appellé Mont-Sibel, le quel eft ung
petit hault; & là fe mifrent les pietons, affavoir les Efpagnars &

(x) Ce ne
*font que bra-
vades de fa
part.*

1524.

aulcuns Allemans de la bende du Comte Felix. La bende d'iceluy Brezuicq eftoit de l'autre cofté, pour courir fur les Suiftres. Du Mont-Sibel defcendit le Duc de Bourbon & le Vifce-Roy, le Marquis de Pifcarre, parreillement Allemans & Efpagnars pietons, lefquelz fe mifrent entre le parcq & le Mont-Sibel, en deux bendes. Et incontinent que les pietons y furent arrivez, on commencha à tirer l'artillerye merveilleufement fur le parcq, tellement que on abbaty ung grant pan de la muraille du parcq fortifié, laquelle batterye fu achievée après jour levant. En tant que les Bourguignons ainfy le faifoient, le Roy ordonnoit de fes affaires. A la Palice dit, que il fufift à l'avantgarde, & à la Trimouille, de faire ce de quoy il avoit la commiffion. La plus part de l'artillerie, dont il avoit la charge, fift tourner envers les Bourguignons, & commanda le tirer, & à toute diligence. Parreillement celle de Bourguignons, l'efpaffe de trois heures contre les Franchoix. Cefte batterye fe faifoit le jour faint Mathias, au matin, 24me jour du mois de Febvrier, en l'an mil chinc cens & 24. En cefte batterye n'y morut des gens de l'Empereur que XL. hommes à l'entrée du parcq. Le plus des Bourguignons marchoient en genoulx, une des mains fur la terre, craindant le treinct des Franchoix. Ainfy marchant entrerent dedens le parcq du cofté du Mont-Sibel. Le Marquis de Pifcarre faifoit l'avant-garde, acompagnié des nobles d'Efpaignes, & du Capitaine Phillibert de Chucere, lefquelz eftoient tousjours devant, & les gens de guerre les fyvoient pas à pas, lefquelz vinrent où la batterye eftoit faicte. Quant les pietons furent dedens le parcq, par confeil fe ouvrerent en deux partyes, lefquelz mifrent leur artillerye au milieu d'eulx, de la quelle tirerent une groffe efpace, faifant ung grant defroy fur les Franchoix. En tant que l'artillerye belognoit, les chevaux legiers entrerent dedens le parcq, dont incontinent y entra le Vifce-Roy de Naples & le Duc de Bourbon, accompagniet du Duc de Milan, du Seigneur de la Motte, du Baftard de Monmorin, & d'aultres gentilhommes avec leur armée, tous plains de courraiges & de hardieffe, pour deftruire les Franchois. Le Roy de France eftoit moult ricement monté, une efpée en la main; & voyant que fon artillerye ne faifoit pas grant chofes, auffy percevant fon parcq emforchiet, eftoit merveilleufement esbahi. Neantmoins s'efcrya à fes gentilhommes, qui à l'enthour de luy eftoient, defoubz l'Enfeigne karrée à trois fleurs de Lis; Seigneurs, & bons amis, monftrons à ce jour que nous fommes Franchois, & gens plains de courraige; au plaifir de Dieu, la journée fera pour nous. Difant ces motz, avec fes gentilz hommes & une groffe bende quy y fourvint de la grant Enfei-

feigne en haut levée, entra le Roy dedens fes ennemis, pour donner corraige à fes gens, criant : *Mon-Joye faindt Denis ;* où tellement
le fift, qui rencontra le Duc de Bourbon, dont à l'aprocher y eult
une terrible deftroufe & deffaicte des Franchois, où les Bourguignons
crioient : *Auftrice, Auftrice !* Les autres : *Bourgoigne, Bourgoigne !*
D'aultre cofte, fes trompettes & taburins menoient ung horrible
tentin & merveilleux fon, que on y euiffe pas oy toner. Neantmoins quelque chofe que les Bourguignons à ce commenchement
avoient pour eulx, par une compagnie Franchoife quy y fourvint,
convint les Efpagnars ung peu reculer : mais le Marquis de Pifcarre
& le Vifce-Roy les vindrent rencontrer, que la plus part y demorerent ; où à l'affambler fut occis Franchois de Loraine, l'Amiral
de France, la Palice. Et la Trimoulle voyant cefte foulle tant
merveilleufe par deffus les Franchois, luy qui eftoit un vaillant
chief de guerre efcrya au Roy : Sire, frappons dedens noz ennemis ;
monftrons aujourd'huy que fommes Franchoix. Ces motz difant cuida tuer le Duc de Bourbon, en l'appellant : Traictre, aujourdhuy comparaz (y) les effors fais par toy au Reaulme de France, de fa hache (y) *Tu payeras.*
vint à luy ; mais riens ne luy fift ; car le Duc s'en feult bien garder ; car deffus la Trimoulle frappa de telle forte, que en chair le
blecha ; le quel bientoft après fu tellement affailly des *gens* du Duc
de Bourbon, que à terre tomby, & ghaire après ne vefcu ; car
l'on luy donna plus de 20 cops après fa mort, quelque ranchon
qu'il fceult cryer. Ce fu dommaige de fa mort ; car entre mille
on heuiffe pas trouvé de plus hardy Capitaine, ne plus honnorable.
Après fa mort les Efpagnars occifoient ces Franchois ; auffi les Allemans n'en prendoient nulz à merchi ; c'eftoit la plus grant pitiet
que oncqz véiffiés. Le Roy Franchois voyant telle perte tournée
fur fes gens, fe mift hors de la preffe & de fon parcq, pour en
aller au champ des Suiftres, & fu ainfy que à my-voie du chemin.
Soyés advertis que les penfées du Roy de France eftoient de pluifeurs fortes ; Soy repentant de fes mefuz (z), povoit dire à Dieu en (z) *Fautes.*
telle maniere : Aujourd'huy par mon pechié toutte la fleur de France
eft en grant adventure d'eftre perye, & perdue. Bien perchoy que
par mes oultraiges, je fuis aujourd'huy adverfé & plain d'emcombre ; c'eft pour ce que pluifeurs fois je ne me fuis pas gouvernés
comme ung bon Creftiens, qui le debvoit eftre fur tous les hommes
vivans ; car mon tiltre eft le Roy très-Creftyens. J'ay par mon
malice, pour grever l'Empereur & mes ennemis Creftiens, prift
alliance au Grant-Turcque, de quoy la noble cité de Rhodes a efté
perdue, dont j'en fuis caufe. Puis après encore, fans avoir fouffifance (a) des biens que Dieu m'a envoyés, je veuil tollir l'honneur de (a) *Sans me contenter.*

l'Empire à celuy qui en a la vraye election, & moy volloir faire corronner. Soy rememorant de telles choses, comme je croy, ne sçavoit où aller. Aucuns veullent dire que troix hacquebuteurs & deux picquaires luy donnerent empeschement, que il n'alla pas au camp des Suiftres, non le congnoissant ; & que le Bastard de Monmorin le pourfievoit de près, & ne sçavoit comment en bien faire. Neantmoins prist en son conseil, à ceste fin que on ne desist que si lachement en estoit courru, ayant vergoigne, reprist son chemin devers son parcq, où il rentra pour morir, ou eschapper avec les autres ; & se remist en la presse, cherchant le Duc de Bourbon pour l'assallir. Le Bastard de Monmorin avoit tousjours l'oeil dessus luy. Le Vilce-Roy & le Sr. de la Motte le perchurent bien rentrer dedens le parcq ; lors le Vilce-Roy l'approcha de sy près, que incessamment frappoit après luy ; mais il estoit fort armés. Les gens du Vilce-Roy l'assallerent de tous costez, en perchevant que c'estoit le Roy aux acoustremens qu'il portoit. Le Bastard de Monmorin qui l'avoit sievy jusques dedens le parcq, s'approcha de luy, & le blecha en la teste, emprès l'oreil dextre. En ceste foulle, fut occis le Marquis de Salus, Loys de Nevers, le Prince Tallemant. Le Conte de saint Pol sortit de la presse, & fu recongneu & prist prisonnier, & pluiseurs autres qui s'enfuioient. Après que iceulx furent prins & tuez, l'armée des Franchois commencha fort à bransler, laquelle fu depuis esverfée. Le cheval du Roy fu tués desoubz luy, & tomby sur une de ses gambes, tant qui ne se povoit relever ; neantmoins nulz ne le osoit aprochier bonnement, & aussi on le suportoit, sachant que c'estoit le Roy. Ces trompettes & tambours sonnoient, s'estoit horreur de les oyr. Quant le Roy de France se perchut ainsy à terres, ne sçavoit plus que dire ne que faire, tousjours l'espée au poing ; le Vilce-Roy lui crya : Rendés-vous, en ce disant à trois ou quattre *fois*, fu des heanleues (b), tant que ne sçavoit où tenfer, sinon qu'il frapoit à l'enthour de luy. Le Vilce-Roy tousjours luy crioit : Rendés-vous, rendés-vous, ou autrement n'est riens de votre vie. Ce voyant à teste nue, craindant aussi la mort, & que sa deffence ne le povoit en nulle fachon ayder, & si recongnoisoit bien la Motte, auprès d'iceluy qui lui cryoit, rendez-vous. Et d'aultre costé, disoit le Duc de Bourbon à la Motte, prendé-le. Craindant de cheoir ès mains des gens de guerre *qui* non le cognoissoit, & voyant aussi que le Vilce-Roy le pressoit fort, disant tousjours ; rendés-vous, ou de vostre vie n'est riens, le Roy respondit : A qui me renderoy-je, se rendre me vollye ; estez-vous homme *à* moy recepvoir ? Je ne quier que de moi rendre à l'Empereur. Lors respondit le Vilce-Roy de Napples au Roy de

(b) Je lirois : *Fu deshalené,* c. d. *il étoit tellement hors d'haleine,* &c.

France : Vous vous rendrez au Vifce-Roy de Napples au nom de
l'Empereur. Sachant que icellui eftoit homme pour le faulver, dict :
Je me rendz à l'Empereur ; & donna fon efpée, foy rendant au Vifce-Roy. Lors on mift jus fon cheval de fa gambe, & fe ieva le
mieulx qu'il peult. Le Vifce-Roy le prift prifonnier au nom de
l'Empereur. Le Roy de Navarre fe rendy auffi, & autres qui illec
eftoient, voyant le Roy prifonnier ; & incontinent fu la journée
gaignée pour l'Empereur.

Comment ceulx de la garnifon de Pavye deffit l'armée du Duc d'Allen- CHAP.
chon, qui eftoient fleur de Suiftres ; dont les Allemans en XXIV.
furent tous enrichi.

LE TEMPS que la bataille fe faifoit, le Capitaine des Allemans &
le Conte George approchoit les Suiftres, le quel avoit faict ung
groz defroy au camp d'Allenchon. A cefte heure le Conte de Sornes, pour furnir à fa promeffe, eftoit hors de la ville de Pavye,
avec toutte fa puiffance, & fe joindy avec les autres Allemans, lefquelz enfemble fifrent ung merveilleux defroy ; car ilz gaignerent
toutte la chevance des Franchois. Depuis que Dieu a permis la
guerre fur les vivans, ne fu telle chevance en armée, que les Allemans & aultres trouverent en celle des Franchoix. Quant le Duc
d'Allenchon perchupt la perte & convertye (c) fur ceulx du camp du (c) *Et le*
Roy, & fur le Roy meifme, icelluy fe falva fans cop ferir, & *revers.*
paffa l'yaue, quelque deffence que le Conte de Sornes luy fceult
faire, & fe tira vers le Conté d'Afeque, dont pluifeurs de fes gens
le fievirent en fuyant. Ha, Duc d'Allenchon, Daulphin de France,
fe le Roy n'avoit nulz Filz, où eft maintenant ta nobleffe ? Tu as
très-mal befoignet, & fy a mal monftré l'amour que tu avois à ton
Beau-frere le Roy de France, & mal tenu la promeffe que tu luy
fift en la ville de Lyon ; au moins avant ta fuicte que tu heuiffe
fentit de l'efpée de tes ennemis, & enfanglanté la tienne, combien
que tu euiffe perdu de tes gens, tu as du tout perdu ton bon renom ; garde bien que mal ne t'en adviegne chy après ; car fy aultrement t'en vient, loe Dieu de la belle retraicte que tu as faicte.
Nous noz tairons à parler de luy ; & dirons comment ceulx de Pavye, voyant que ainfy on fe faulvoit par les deux pondz de deffus
le Theiin, les romperent, affin que plus n'y en paffaffent, & qu'ilz
ne fe peuffiffent plus faulver ; y cuidant paffer s'en noya merveilleufement. Quant les pondz furent rompuz ceulx de Pavye trouverent encore les Suiftres qui eftoient aux gaiges du Roy de France ;
affavoir ceulx de fon parcq, defquelz, quelque deffence qu'ilz fceuif-

ſent faire, en tuerent bien quatre mille, & la reſte ſe miſt en fuitz ; leſquelz fuyans, furent encore rencontrés & tuez, & s’en y eult beaucop de noyez. Les vivendiers, jueliers, marchans & aultres, ſievant l’armée, furent tous tués par ceulx de la garniſon, & habitans de la ville de Pavye, & en furent tous enrichis. Soyez advertis que la garniſon Françoiſe qui eſtoit dedens Milan, le pluſtoſt qu’ilz peulrent ſavoir la deffaicte & deſtruction du Roy, s’en allerent pour eulx ſauver ; car il eſtoient conſtrainctz. La ville de Milan incontinent fu reſaiſie, & prinſe du Viſce-Roi de Napples. Sachiés que tantoſt après que le Roy fu tenu, le conſeil des Princes fu que incontinent il fuſiſt mené en une forte place, appellée Piſiguinton (d), ſur la riviere d’Adde, où ung gentilhomme le deſarma, natif des Pays d’embas de l’Empereur, lequel, quant il fu deſarmez, en viſita, & ne trouva-on nulle playes que celle du Baſtard de Monmorin luy avoit fait en la teſte, emprès l’oreille dextre ; mais ſe n’eſtoit pas grant choſe. Il avoit bien pluiſeurs perſures, par eſpecial, à l’entour de ſon col, des cops de maſſes qu’il avoit reçupt à ſa prinſe. Le Roy ainſy deſarmez, & deſveſtus tout nud, & *on lui* donna nouveaux habillementz, chemiſe & autres ; car c’eſtoit horreur comment il eſtoit eſſués (e). C’eſtoit affaire par devant un grant feuz, où la table eſtoit dreſchée ; mais riens n’eſtoit au Roy de mengier, ſinon qu’il but ung cop de vin pour luy raffreſcher ; car il eſtoit tant eſchauffé dedens le corps, que c’eſtoit merveille ; & non ſans cauſe. Là ſembloit-il mieulx de rever que en bon ſens, ſoy eſcryant ſur ceulx qui luy avoit donné le conſeil de ce voyaige ; plaindant ſes bons amis, qui pour ſa vollunté avoient ainſy eſtés deſtruis. La pluſpart de ſes gentilhommes furent mis avecque luy en Piſiquinton, qui le reconfortoient ; mais riens n’y povoit ayder. Comment s’eſcryoit deſſus la Trimoulle, penſant que il l’heuiſt vendu & ſon armée ; pour ce qu’il luy avoit baillyet ſon artillerye en cherge, qui riens n’en eſtoit : mais on luy diſt, que le bon Seigneurs, en conduiſant ſon artillerye, y eſtoit demoret, & que nulle traſſe de trayſon n’avoit en ſa perſonne. Le Roy ſe courroucha encore plus de ſa mort, ſachant que tant honnorablement l’avoit faict, & d’aultres parreillement, ſinon du Prevoſt de Paris, après lequel demanda, le menaſſant que ſe une fois le tenoit, que ſon incontinent & mal fortune vengeroit ſur ſa perſonne ; il luy fu dict que on ne ſçavoit aultre choſe, qu’il eſtoit priſonnier ; mais on ne ſçaveit encore en quel quartier. Puis on luy dit, comment le Duc d’Allenchon s’en eſtoit fuy ; & lors s’eſcrya, comme ung homme deſcyeullés (f) de ſon ſens ; ha Beau-Frere, ſe n’eſt pas l’honneur & l’amour que en vous a fait. A (g), ma ſeur, que vous en ſerez dollante !

Allenchon,

Allenchon, Allenchon, ta fuiête ne demorera pas impunie. Ces
chofes ainfy diêtes, le lendemain qui fu le jour après la bataille,   1524.
le Roy requis de veoir que c'eftoit de fon camp & de fon armée.
Après pluifeurs chofes on luy (h) mena; voyant le defroy & encore   (h) L'y.
de puiffans mortz, fu fort defconforté, foy efcryant, & battant fa
fourcelle, fur ceulx qui l'avoient amenés. Le pluftoft que on peult,
on le remena dedens le Chafteau de Pifiquiton; où après que le
Duc de Bourbon & le Vifce-Roy eulrent ordonnez de leurs befoignes, efcripverent les nouvelles de fa defconfiture par tout aux amis
de l'Empereur; & la maniere de la prinfe du Roy de France faiête
par devant la cité de Pavye, le jour Sainêt Mathias, l'an de Jefu-
Crift, mil chinc cens & 24 : parreillement des mors en la bataille.
C'eft affavoir des gentilhommes Franchoix, & le nombre des prifonniers, telz que cy après vous orrez declaré.

Le Roy Franchoix premier de ce nom, Roy de France.
Le Roy de Navarre.
Le Conte de Saint Pol.
Le Marquis de Salus.
Loys Seigneur de Nemours.
Le Prince Tallemand.

AULTRES GRANS SEIGNEURS.

Le Marechal de Foix.
Le Seigneur de Rieux.
Le Marechal de Momorenchy fon Frere.
Le Grant Maiftre de Savoye.
Le Seigneur Bryon.
Le Seigneur de Vendofmes & de Chartres.
Le Vifconte Galiace.
Le Seigneur de Saint Mefne.
Le Seigneur de Bozo.
Le Gouverneur de Limoufin.
Le Conte de Nevers.
Le Filz du grant Maiftre de France.
Le Baron de Bryon.
Le Seigneur de Motepefart (i).   (i) Montpe-
Le Seigneur de Sainête.   fat.
Le Seigneur de Buoel.
Le Seigneur de Bonneval, & fon Frere.
Le Seigneur de Permeil.
Le Prevoft de Paris.
Le Seigneur de Bureffe.

Ff

Le Seigneur Ryant.
Le Seigneur de Vytry.
Le Barron de Torranſe.
Le Filz du Chancelier de France.
Le Seigneur de Name.
Le Seigneur de Lorge.
Le Seigneur de Moquy.
Le Seigneur de Camberges.
Le Seigneur du Tret.
Le Seigneur Ghierce.
Le Seigneur de Potigault.
Le Seigneur du Reux.
Le Mareſchal de Bretaigne.
Le Seigneur de Salingat Filz de Saint Batos.
Le Seigneur de Marcelle.
Le Viſconte de la Mende.
Le Seigneur de Glayette.
Le Seigneur de Cleremond.
Le Seigneur de Mancha Luton.
Le Seigneur de Bochy (*k*).   (*k*) *Boiſſy.*
Le Seigneur de Crocq.
Le Seigneur de Montagu.
Le Seigneur de Saint Marſeau, & ſon Frere.
Le Seigneur de Buſenſy (*l*).   (*l*) *Buzancy.*
Le Senechal d'Armiac & ſon Frere.
Le Seigneur de Charon.
Le Seigneur de Poton.
Le Capitaine des Eſcochoix.
Le Seigneur de Mebanlet.
Le Filz du Seigneur de Tornon.
Le Seigneur de la Roche-Emond.
Le Seigneur de la Roche du Mainne.
Le Seigneur de Florence (*m*), Filz de Arenbourq.   (*m*) *Fleuran-ges.*
Le Lieutenant du Duc d'Allenchon.
Le Seigneur de Sainct Gerant.
Le Viſconte de Changes.
Le Seigneur de Anſty.
Le Capitaine Humbault.
Le Cadet de Duras.
Le Seigneur de Boutteces.
Le Seigneur de Barbeſieu, avec beaucop d'autres Gentil-
hommes de l'hoſtel du Roy, qui ſeroit long à eſcripre, dont je
m'en deporte à tant; car il y eult pluiſeurs des Finances, porteurs

d'Enſeignes & aultres Archiers de la garde du Roy de France, ▬▬▬
en grant nombre ; des Bannyeres ; la longue Eſtandart de France y
fut prinſe ; la Karrée, portant les trois Fleurs de lis, & plus de
cent aultres, dont à les nommer ſeroit choſe trop longue.

S'enſſuit après les noms de ceulx qui ſont demorez en la bataille
& journée de l'Empereur, faiĉte par le Duc de Bourbon & autres,
par devant la cité de Pavye, le jour, mois & an cy deſſus eſcript.

Premiers, Monſr Franchois de Lorainne.
Le Seigneur de la Trimouille.
La Palice.
L'Admiral de France.
Le Mariſchal de Chanbenne (n).
Le Seigneur Chaumond d'Amboiſe.
Le Seigneur de la Morette.
Le Conte de Tonnere.
Le Capitaine Fedricq.
La Blanche-Roſe.
Le Seigneur d'Eſcreghien.
Le Seigneur Buſſy d'Amboiſe.
Le Grant Eſcuyer de France, la Poulle.

Le Prevoſt de l'hoſtel du Roy, avec pluiſeurs autres, dont
l'on ne ſcet les noms ; & beaucop de la Gendarmerye, leſquelz y
ont eſté tuez ; pluiſeurs furent trouvez entre les occiz. Aulcuns
diſoient que le Conte de Saint Pol y fu trouvé faiſant le mort. Au
regart du commun, il en y eult grant nombre d'occiz & tuez, comme Franchois, Italiens, Lombars, Eſcochois, Bretons, Lanſquenethz, Suiſtres ; car de 28 Capitaines n'en ſont nulz eſchappés ;
mais tous tuez & noyez, ſinon deux tant ſeulement. Parreillement
les Lanſquenecqz y demorerent tous avec leur principal Capitaine
Langhemand. Jamais telle perte pour un jour ne fu ſur les Creſtyens, depuis la journée de Roncheval (o) ; car c'eſtoit merveille de la
richeſſe qui eſtoit au camp du Roy, & meiſme de ſes biens, avec
celles des marchans. La cauſe qui les avoit menez avec luy eſtoit,
qu'il cuidoit eſtre Empereur des Romains. Ne faiĉt à croirre (p) le buttin que les Bourguignons y gaignerent, & les utenſilles de guerre
que le Duc de Bourbon y eult, c'eſt aſſavoir, tentes, carroyz,
artilleryes, bagages, & autres beſoignes. Meiſme l'on trouva ès
coffre du Roy des lettres venant du Grant Turcq, du Cardinal
d'Angleterre, du Pape Clement, des Veniſſyens, & d'aultres nations, deſquelz nous laiſſerons à parler pour le preſent : mais met-
tons fin au chincquiſme traiĉtiet de ce petit & brief Recoeil de la
Maiſon de Bourgoigne ; & ici enſyeuvant recommenceront

En marge :
1524.
(n) Chaban-
nes.
(o) Du tems
de Charlema-
gne.
(p) C'eſt une
choſe incroya-
ble que &c.

LE SIXIESME TRAICTIET

De la meifme Hiftoire, qui fera traictant tousjours
de la Maifon de Bourgoigne, de France, d'Angleterre, & d'aultres circunvoifins, comme cy
après porrez oyr.

CHAP. I. *Comment, après la defconfiture du Roy de France, & qu'il eftoit pri-*
fonnier, avecq plufeurs Grans de fon Reaulme, & d'autre part, fa
Mere la Regente envoya envers l'Empereur pour ravoir fon
filz, avec aultres propotz.

L A BATAILLE achievée, & auffi après avoir ordonné du Roy &
des prifonniers, le noble Duc de Bourbon, & les aultres Princes,
par Confeil refcripverent à Domp Frenand, Archiduc d'Auftrice,
les nouvelles de la defconfiture du Roy de France. Parreillement
à Madame Margherite, Douagierre de Savoye, & Gouvernante des
Pays de l'Empereur; la quelle le fift fçavoir par tout les Pays, tant
en Flandre, Braibant, Haynault, comme en la Conté d'Arthois, &
aux aultres pays, laquelle victoire advenue devant Pavye au grant
honneur de l'Empereur; dont ès-di pays l'on en fift proceffions ge-
neralles. Et tandis que ces nouvelles eftoient fur les champs, le
Conte de Vendofme faifoit une groffe amaffe de gens Franchoix,
pour courre fur le pays de Haynault, & par le Confeil de France
& de celuy de la Regente, Mere au Roy; car ainfy en fu decreté,
quant le poftz retourna pour reporter les nouvelles du Confeil de
Parys, que les Efpagnars menerent au Marquis de Pifcare, qui fu
le motif d'affallir le Roy en fon parcq devant Pavye. Parquoy ne
demora ghaire le Conte de Vendofme après le mandement rechup,
luy qui eftoit Capitaine de Picardie, qu'il n'eult 20 cent hommes
de fa bende, lefquelz fe trouverent fur les metthes de Haynault,
ayant tous bon volloir de le pillyer; car lors riens ne fçavoient
de la prinfe du Roy. Quant le Marquis d'Arfchot fu de ce advertis, mis fus une groffe bende de gens à cheval bien efquippés, avec
gros nombre de pietons; defquelz il en ordonna par tout les villes

de frontieres avec tous Capitaines, craindant qu'elles ne fufiffent
fourprinfes des Franchois. Parreillement les Capitaines du pays d'Arthois, avec groffe bende de gens de cheval & pietons Efpagnars,
vaillans gens, fachant auffi leur venue & le quartier, fe mifrent en
chemin de cofté *de* Cambray, que les Franchois n'oferent marcher en
pays : mais leur convint arrière retirer, & paffer le pondt au
Loyayon en Thieraffe, où ilz leifferent de leurs gens tant largement
prins que tuez, & tout leur carroy. Si on heuiffe leiffez convenir
aulcuns Haynuiers, comme le Capitaine Brandin, & autres avec luy
deliberez, jamais les Franchois ne fuiffent retournez en France : mais
encore, quelque deffence que les Capitaines fceulrent faire, craindant la perte de leurs gens, fy demora-il beaucop des Franchois.
Le Marquis d'Arfchot voyant qu'ilz s'eflongnoient du pays de Haynault, fe tira par devers Bouchain, pour trouver les aultres bendes,
lefquelz eftoient logées là enthour. Les gens du Marquis à cefte
heure prindrent ung prifonnier lequel eftoit renyé (*q*) & debvoit eftre **(*q*) Renègats.**
pendu ; alors les nouvelles vindrent en la ville de Vallenchiennes,
y penfant trouver le Marquis, de la deftruction du Roy de France,
& de fa prinfe, fur le jour Sainct Mathias. Les Seigneurs de Vallenchiennes ne veulrent pas vifiter les lettres ; mais envoyerent le
poftz à Bouchain, où ilz trouva le Marquis, & luy prefenta les
lettres des fufdiftes nouvelles, dont le Marquis feult comment la
chofe alloit, & n'uift pas efté auffi joyeux, qu'll luy euiffe donné
cent mille ducas d'or. Dont pour ces nouvelles, ce reniez eult fon
pardon, & congié de s'en aller le dire aux Franchois fon adventure. Le Marquis fu moult joyeux, & alla veoir les Efpagnars une
petite lieue oultre Bouchain, auquelz il donna le vin, en leurs advertiffant de ces nouvelles. Conclufion, pour faire la fin de ce
propoz, les compagnies fe deffirent ; & retourna le Marquis en Vallenchiennes, en la quelle, fans defcendre de fon cheval, fift publyer
à la bretecque les lettres tranfmifes de Madame la Gouvernante,
de la defconfiture du Roy de France ; de quoy le peuple en general en fu fort resjouy. Pour les quelles nouvelles, les Seigneurs
de la ville affemblerent le Confeil particulier, où il fu conclud d'en
faire la Fefte & Proceffion generalle, le 9me jour du mois de March ;
& fu faicte la publication. Et fur ce les Collieges & Bourgoix fe
preparerent, pour le faire à l'honneur de Dieu & des pays. Tellement que ce 9me du di mois, la Fefte fu plantureufe en la ville de
Vallenchiennes, où à la Proceffion on porta le Corpus Domini ;
dont le Marquis d'Arfchot eftoit affiftant à porter le palle (*r*) defeure **(*r*) Le dais.**
le Sacrement, avec le Seigneur de Vertain, le Seigneur de Roifin,
& le Prevoft de la ville. Eftant le Marquis à cefte Proceffion, oy nou-

1524.

1524.

velle que la Marquife fa Femme eftoit delivrée, à vray & jufte terme, d'une belle fille, en cefte matinée, 9me jour du mois de march, ce qui renforchoit de tous coftez la Fefte. Laquelle fille ne fu baptifiée jufques au 28me jour du mois de March, à caufe qu'il convint que le Marquis s'en allaft aux Eftatz à Malinnes; qui ghaire ne tarda en Court, & incontinent retourna à Vallenchiennes, où la fille fu en grant triumphe portée en l'Eglife de Saint Jehan, par fa grant-mere, la noble Princeffe de Chimay, & ly donna à nom, par la grace de Dieu, Loyfe. Son premier Parin fu l'Evefque de Tournay fon oncle, le fecond, le Conte de Gavre, Seigneur de Fiennes, auffi fon oncle. La feconde Marinne, Madame de Grimberghe fa tante. Quant l'enfant fu honnorablement baptifée, on le raporta, la fille du Prince de Chimay, nommée Mademoifelle de Chimay, belle & honnefte Dame, feure à la Marquife d'Arfchot, Mere dudi enfant, & icelle, tante au di effant, jufques à l'hoftel du Marquis. Quant aux dons des Parins & des Marinnes, furent rices & fumptueux. Et la ville meifme fift prefent au-di enffant, de deux coupes d'or, belles & riches. Et y fu porté aux depens d'icelle, par toutes gens de fermens, deux cens toefes armoyées des armes de la ville; & de par le Marquis ottant ou daventaige, que fes gens portoient veftuz tous des couleurs du-di Marquis, marchant à deux coftez de l'enfant. C'eftoit triumphe d'en veoir l'apparence. Les rues eftoient tendues de tapifferyes, & y fift-on pluifeurs hiftoires (s), quant l'enfant fu rentrés en l'hoftel, accompagniée de beaucop de nobles gens, tant de la ville que d'ailleurs. Le Marquis eftoit en fon hoftel, accompagnié du noble Prinfe de Chimay fon Beau-Pere ; lefquelz enfemble bien-vegnerent les Parins, Marinnes, & aultres qui les accompagnoient. Puis l'enfant fu porté auprès de fa Mere. Chacune Dame & Damoifelle alloient vifiter la noble Marquife, en luy donnant joye & fanté, laquelle, felon fa puiffance, les remerchia du bon & honnefte volloir que elles luy avoient faitz. Elle fe fentoit fort malade du grant travaille qu'elle avoit fouffert. Après tous les debvoirs faictz, les tables furent drechiées, & y fut-on très-biens & honneftement ferviz. Après foupper, fe firent pluifeurs esbattemens, où on tua la Maifon de Bourgoigne par perfonnaige ; & après y eult ung combatz, où y eult pluifeurs lances & efpées rompues. Ce temps pendant que cefte fefte fe faifoit pour ce Batifement, le Gentil-homme, qui avoit aporté les nouvelles de la defconfiture du Roy de France, chemina envers Angleterre, pour porter au Roy les di nouvelles.

(s) *Spectacles.*

*Comment l'Empereur envoya les nouvelles de la prinſe du Roy de
Franche au Roy d'Angleterre ſon oncle, dont le Roy
& la Roynne en furent moult joyeux.*

1524.
CHAP. II.

LUY ARRIVÉS au pays d'Angleterre, à ceſte heure, il y avoit
une Ambaſſade Franchoiſe, que au pays avoit ſejourné chinc mois,
qui n'avoit riens beſoignet avec le Roy d'Angleterre en icelluy temps :
mais il eſtoit conclud par le conſeil du Cardinal, que l'endemain
on debvoit rendre reſponce à l'Ambaſſade, que ce meſſagier Gentilhomme y arriva, de ce qu'ilz demandoient (*t*) ; dont le Gentil meſſagier arrivés, où le Roy d'Angleterre eſtoit, envers le minnuict,
dit, qu'il avoit à parler au Roy ſans nulz atargementz ; & qu'il
raportoit nouvelle de delà les montz fort joieuſe. Le Roy le ſceult,
qui ſe leva, & veſtit ſa robe de nuict ; ſy appella le poſtz, lequel
ſe approcha du Roy, en baiſant ces lettres le ſalua. Le Roy demanda au Poſtz : que font mes bons amis delà les montz ? Le Poſtz
reſpondit : Sire, en liſant ces lettres, vous voyerés ad plain en quel
eſtat ilz ſont. Le Roy luy meiſme lut la lettre, lequel ne les ſçavoit lire, ſans plorer de joye, qu'il avoit ; & puis ſe miſt en genoulx, diſant : Mon Createur, je te regrachie ; tu m'a envoyé ces
nouvelles, leſquelles me viennent bien à point ; tu congnoit & ſcet
tout. Diſant ces mots ſe leva ; puis dit au Poſtz : mon ami, vous
eſtes comme ſaint Gabriel, qui anoncha la venue de Jeſu-Criſt. La
quelle nouvelle m'a faict ſaige, de ce que debvoit reſpondre aulx
Franchoix, ſur ce qu'ilz me demendoient, qui fort me peſoit ; &
maintenant les nouvelles ſont telles, que nulles reſponces n'auront
de moy. Sachiés que le Roy fiſt apporter le vin pour feſtoyer le
Poſtz, lequel *il* honnora merveilleuſement ; & luy demanda s'il avoit
perchut le Roy de France en la main du Viſce-Roy de Naples,
comme la lettre le temoignoit ; le Poſtz luy reſpondit, qu'il avoit
aydet à *le* deſarmer ; & puis luy compta, comment tout alloit quant
il ſe party de l'armée. Lors le Roy demanda au Poſtz, s'il eſtoit
verité des mortz, ſelon le contenu de la reſcription en la journée,
& des priſonniers, & ſe le Blanche-Roſe eſtoit mort en la bataille.
Le Poſtz luy certifya qu'il l'avoit veu mort avec les autres. Le
Roy pria pour ſon ame, diſant, que tous ces ennemis d'Angleterre
eſtoient treſpaſſez. Ces parolles dictes, & pour les bonnes nouvelles, le Roy, tant pour la mort de la Blanche-Roſe que pour la
victoire, donna très-largement le vin au gentil-homme, & commanda que on le feſtoya bien. Le lendemain les Franchois, qui ne
ſçavoient de riens, venoient en Court pour avoir leurs reſponces,

(t) Qu'on
répondroit aux
démandes de
l'Ambaſſadeur,
le lendemain
du jour que ce
Meſſager arri-
va.

que le Roy & fon Confeil leur debvoient donner. Le Cambrelaing
du Roy les vint à rencontrer, aufquelz il diét les joyeufes nouvelles,
ainfi que le Roy avoit commandé de faire ; meifme leur monftra
les lettres ; qui incontinent voyant ces nouvelles, retournerent en
leur logis, où ilz conclurent de faire tout trouffer, & de partir fans
parler au Roy. Et bien fceult le Roy, par fon Cambrelaing, ce que
les Franchois avoient en vollunté de faire, le quel leur fift deffence
de partir, jufques à fon retour (v). Tous les Ambaffadeurs s'en contenterent très-mal, qui depuis fe parterent par le congié du Roy,
lequel au partir leur diét de fortes befoignes. Car fitoft qu'ilz furent retournés en la cité de Paris, l'on ferma toutes les portes, refervé trois. La fefte en Angleterre fu moult plantureufe. Le Roy
manda le Seigneur de Pratre, qui joyeux eftoit de la bonne fortune
de Pavye, qui bien fçavoit que c'eftoit pour luy en parler, vint
au Roy, le faluant honnorablement, auquel il diét : Sire, je viens
à votre mandement ; le Roy refpondit : Bon Seigneur de Pratre,
nous avons des joyeufes nouvelles, de quoy j'en loe celuy qui m'a
créet. Sachiés que camp & voye vous font renduz ; fe poife moy
que j'ay tant creu le Confeil que je croye. Tenés, lifiés les nouvelles. Icelluy Sʳ de Pratre les lyfy fort joieux. Après moult de
devifes, prift le confeil de fes gens, & puis prift congié du Roy ;
le quel quant il fu retourné en fon logis, fift faire ung feuz de
joye, & fy donna largement le vin au voifins de fon hofte, pour
eulx recreer. Le Cardinal d'Angleterre, ad ce que je peulx fçavoir, ne s'en resjoiffoit nullement ; car il heuiffe volluntier rué jus
le bon Seigneur de Pratre, & auffi le Seigneur de Bevres, pour ce
qu'il favoit bien, qu'ilz diroient à l'Empereur de fes affaires, ilz s'en
perchevoient affez ; mais le Seigneur de Pratre fe gardoit fort ; &
fift tant qu'il eult fon congiet du Roy d'Angleterre ; le quel le pluftoft & le plus fecretement qu'il peult, retourna en la ville de Bruges, où il loa Dieu, que ainfy eftoit efchappé ; auffi fift le Seigneur
de Bevres. Le Duc d'Albanye & le nepveu du Pape Clement s'eftoient party de l'armée du Roy de France de devant Pavye, comme
j'ay diét cy-devant, pour aller à Napples. Iceulx eftoient à l'enthour
de Romme, doubtant d'aller plus avant, pour la nouvelle de la defconfiture des Franchoix. Ung Cardinal, Frere au Marquis de Pifcare, eftoit en la cité de Rome ; fachant les nouvelles vrayes, que
le Roy eftoit ainfy tenu, affembla de fon trefort des gens de toutes
nations, lequel par bonne conduiéte alla fur le Duc d'Albanie &
fur le nepveu du Pape, tellement que avec l'aide de Dieu, il les
deffift, tant qu'ilz s'enfuirent honteufement ; & fe falva le Duc avec
peu de gens ; car la plufpart fe noyerent en la riviere du Thibre.

Le

Le Nepveu du Pape s'enfouy auffi parreillement. Le Cardinal, après cefte befcouffe & victoire, retourna en la cité de Rome, que le Pape bien-veigna, monftrant que de riens ne voloit affifter les ennemis de l'Empereur. Neantmoins la voix courroit dedens Rome, que tout ce que le Pape en faifoit, que ce n'eftoit que couleur (x). En tant que ces chofes fe faifoient, les Princes ordonnerent de l'eftat du Roy de France & des prifonniers; & fy furent mis les gens de guerre par les bonnes villes, finon aulcuns qui fe rethirerent par-devers *le* Piemont, pour trouver le Duc d'Allenchon, ou aultres, que on difoit qui fe raffembloient, pour attendre la refponce de l'Empereur, ce qui luy plairoit de faire; aufquelz on envoia deux gentilhommes, l'ung des gens du Vifce-Roy, & l'autre par le Roy de France, pour faire paffer & condhuire parmy le Realme de France, pour ce qu'il defiroit eftre recommandé à la bonne grace de l'Empereur. Nous noz deporterons de parler de ces deux meffagiers; & dirons de ces Allemans qui eftoient au Pays de Gheldre. Vous avés bien ouy, comment le Parlement de Paris en fes refcriptions mandoient au Roy de France, en fon parcq devant Pavye, pluifeurs befoignes du Pape, des Veniffyens, du Cardinal d'Angleterre, des Liegoix, & des Allemans, que le Duc de Gheldre avoit en bende *faifant* 8 mille hommes, lefquelz hommes, on difoit, eftoient payez pour trois moix, pour faire la guerre en Brabant, fe la bonne fortune advenoit au Roy: mais il eft advenu au contraire. Ces Allemans fachant comment la chofe alloit, & que leur payement eftoit failly, vindrent au Duc de Gheldre, au quel demanderent quelle chofe avoient à faire; & qui dorefenavant les paieroit. Le Duc refpondit, & dict: Enffans, je ne vous fçauroye que dire, la chofe eft mal tournée pour nous; fe me vollyés croire, vous en yriés tous en France; car ilz arront affaire de gens; & fy efté en leur rolles. Le Baftard de Gheldre vous y conduira pour paffer le pays. Vous yrés d'une fainéte à Madame Marguerite demander entretenement; & fi elle dict, que elle n'a guere à faire de gens de guerre, demandé paffer les pays de Namur & Haynault, pour aller à votre plus beau; & qu'elle vous donne fon placart. La chofe fu ainfy demenée. Madame refpondit: qu'elle n'avoit que faire de gens de guerre, & qu'ilz cherchaffent leur party à leur plus beau; & fi leur donna fon placart. Ayant fes Allemans ung tel congié, foyés advertis qu'ilz ne tarderent ghaire; en la conduicte du Baftard de Gueldre & de pluifeurs aultres, avec groffe artillerye & grant karroy, pafferent la riviere de Meufe. Quant ilz fe vydrent tout oultre, prinrent le plus court chemin, pour pluftoft eftre hors de la Conté de Namur & de Haynault. Pour conclufion, après avoir

1524.

(x) *N'étoit que feinte.*

G g

passé la riviere, arriverent à l'Abaye de Saint Gerard (*y*), la quelle pillerent, & prindrent tout en l'Eglise, calices, ornementz, livres & croches de l'Abbé; lesquelz paravant ayant passé l'yaue, payoient par tout ce qu'ilz prendoient; mais depuis conclurent, de plus riens payer par où ilz passeroient. Les Namurois de ce advertis, n'estoient pas content, ne aussi les Bourguignons; & sonnerent le cloque de l'effroy, le jour de Pasque florye, pour conseillier ce qu'ilz en avoient affaires; où au Conseil conclurent, que plus avant n'y roient, sans estre combattus. Les tambours sonnerent, les Namurois se trouverent assez bonne bende d'aulcuns; mais il en y avoit d'autres, & n'estoient que 7 à 8 cens, & les Allemans estoient ottant de mille, & cheminoient de nuict; & de jour parquoient leurs ostz ens ès villaiges, où ilz faisoient bonne chiere; & sembloit à les veoires cheminer, qu'ilz estoient gens assez pour tout le monde. Ces Namurois, chaultz & hatifz de ruer sus ses Allemans, sans personnes attendre pour eulx secourir, prindrent quatre pieces d'artillerye fort belle en la ville de Namur, & parterent envers le soir, sachant que les Allemans chemineroient pour arriver auprès d'un groz villaige, appellés Loren (*z*); les vinrent advancher, dont en montant sur une montaigne perchurent les Allemans, qui desiroient mortellement de les combattre & assallir; mais au contraire les Allemans n'attenderent pas que les Namurois les assallissent, mais les coururrent sus. Quant les Namurois les virent en telle sorte leur artillerye devant eulx, commencherent à eulx montrer en fuite, habandonnant leur artillerie; & les Allemans de les sievir (*a*), en les oecisans & tuans tant que c'estoit grant pitiet; & y en demora 500 & 67. La bescousse & rencontre se fist le mardy de la penultieme semaine, vers le point du jour, en l'an 15 cens 24. Quant les Namurois, voyant les fuyans & leur artilleryes perdue, conclurent que d'esmouver la guerre & le pays. Le Seigneur d'Isleitain *fut* envoiés de par Madame leur deffendre que plus n'en fesissent, & qu'ilz avoient placart de Madame pour aller par tout où ilz volloient; parquoy sur ceste deffence ne s'esmeurent plus. Mais soyés advertis que par tout, où ses Allemans passoient, chacun s'enfuyoit devant eulx, & tousjours cheminoient en bel ordre. Ceulx de Haynault craindant qu'ilz ne pillassent le pays, conclurent eulx mettre au devant d'eulx. Le Marquis d'Arschot avec sa bende fist assembler des gens, lesquelz mist sur les champs, pour garder le pays comme General d'iceluy. Aussi le Seigneur d'Aymeries avec grant nombre de gens, pour se joindre avec les gens du Marquis. Les Allemans de ce avertis, craindant fort les Hainnuiés, se tirerent le pluftost qu'ilz peulrent sur le pays de Liege, frontiere de France;

(*y*) Dite de *Brogne*, à trois lieues de Namur, dans l'Entre-Sambre-&-Meuse.

(*z*) *Florennes*, dans le pays de Liége.

(*a*) Pourfuivis.

neantmoins la bende du Marquis, de Monſ⟨r⟩ d'Aymeryes & d'aultres eſtoient tousjours deliberez de les aſſaillir. Les cloches ſonnerent de tous quartiers. Le Seigneur d'Iſleſtain pourſievirent tousjours les Allemans, & ſachant que on ſe aſſembloit en la Conté de
Haynault, s'en vint à la bende du Marquis & aux aultres deffendre, que on ne leur meſfeſiſt de riens, & que Madame volloit qu'ilz
paſſaſſent, & qu'ilz ne leur meſferoit de riens, & que chacun ſe
rethiraſſe en ſon quartier. Le Capitaine de la bende de Monſ⟨r⟩ le
Marquis eſcouttant ces nouvelles, ne marcha plus avant, ne pareillement la bende d'Aymeryes; mais vous pouvez entendre que
ce n'eſtoit pas ſans groſſe murmure du peuple de Haynault. En
temps que ces deffences ſe faiſoient, les Allemans paſſoient, & ſe
miſrent ſur le pays de France le pluſtoſt qu'ilz peulrent. Pour concluſion, arriverent au Conte de Vendoſme, au quel ilz demanderent qu'ilz avoient affaire; on leur reſpondit, que on n'avoit que
faire d'eulx; & qu'ilz cerchaſſent leur parti. Iceulx Allemans à demy enragiés de leur congié, ſe tirrerent envers Loraine tout mengant le pays; deſquelz je me tairai, & parleray de ces deux Gentilhommes tranſmis de là les montz, leſquelz en paſſant parmy le
Realme, fiſrent tous deſconforter le peuple, tellement que nulz ne
le ſçauroit dire ne raconter. Quant la Mere du Roy ſceult la verité de ſon filz, ne fault pas demander ſe elle *fut* fort eſmerveillée
ne esbahi; la quelle pour ces nouvelles, comme femme deliberée
d'eſmouvoir le Realme de France, aſſambla le Conſeil, où elle
miſt avant, qu'elle volloit que on allaſt requerir ſon Filz par force.
A celle fu du Conſeil repondu & demandé, que c'eſtoit qu'elle pen-
ſoit faire, & où eſtoient les gens pour l'aller requerir, en telle
ſceureté de ſes ennemis come il eſtoit de commenchement. *Sur quoi la*
Reine dit : Le Conte de Vendoſme, notre Capitaine principal, en a ſur
la riviere de Somme de 15 à 16 mil hommes, lequel eſt retourné des
frontieres de Haynault, quant il ſceult notre malle adventure, & prinſe
de notre filz. Et s'en y a autant à l'enthour de Paris, leſquelz attendoient d'eulx joindre avec les autres. Leiſſez-moy convenir, j'auray aſſez de gens; je voë (*b*) à Dieu que je le rarray, ſe vous le con-
ſentez. Lors luy fu reſpondu : Madame, appaiſiés-vous, tant & ſi
longuement que ces deux Gentilhommes feront envers l'Empereur
pour oyr des nouvelles, & que on ſçauroit qui voldroit demander.
Icelle ſur ces parolles ſe appaiſa, neantmoins reſcripvy lettres de
requeſtes, & les donna au Commandeur Pixnaloze, qui eſtoit l'ung
des Gentilhommes qui portoit les nouvelles à l'Empereur de la
prinſe & deſconfiture du Roy, & de l'ordonnance de la journée
par devant Pavye.

G g 2

(*b*) *Je voüe.*

*Comment l'Empereur envoya envers le Roy d'Angleterre, son Frere
Domp-Frenand d'Austriche, & sa Tante Dame Marguerite
la Gouvernante, sçavoir quelle demande il demanderoit du Roy de France, &c.*

Les Gentilzhommes, après qu'ilz eulrent reçupt les lettres de
la Regente, jamais ne cesserent qui ne se trouverent par devant
l'Empereur, auquel, après l'avoir sallués honnorablement, luy difrent comment il alloit de la desconfiture du Roy de France, & de
ses Franchois, & du nombre des prisonniers, & aussi des occis,
lesquelz estoient nombrés avec les gentilz 9 mille. Puis luy difrent,
comment le Duc de Bourbon & le Visce-Roy de Naples, requerroient qu'il volsist ordonner de leurs affaires touchant des guerres,
& principalement de l'estat du Roy ; & comment il luy plaisoit
que sa personne fuist traictié; & que luy meisme se recommandoit
à sa bonne grace. Quant ces choses furent dictes & bien entendues, Pixnaloze presenta ses lettres à l'Empereur, que la Regente
luy envoyoit ; lesquelles on lyfy de la teneur telle que s'ensuist.
»Monseigneur mon bon Filz, j'ai loé & loë Dieu, après avoir en-
»tendu par le Commandeur Pixnaloze la fortune advenue au Roy
»mon Filz, de ce qu'il est tumbé ès mains du Prince de ce monde
»où je l'aime mieulx, esperant que vostre Grandeur ne vous fera
»plus oublier la proximité de lignaige qu'il y a entre vous & luy.
»Et davantaige, que je tiens pour le principal, le grant bien, qui
»en peult advenir universellement à touttes creatures de la Crêtie-
»neté, par l'union & amitié de vous deux. Et pour ceste cause, je
»vous prie & suplie, Monseigneur mon Filz, y penser ; & en atten-
»dant commander, comme honnesteté de vous & de luy requiert,
»& permettre s'il vous plait, que je puisse avoir nouvelle de sa santé,
»& vous me obligerez une mere par vous nommée ; vous suppliant
»encore une foix, que maintenant en affection soyés Pere à votre
»humble Mere, & ainsy signet de par votre Loyse. » Quant l'Empereur
eult bien escouté ces lettres, fu fort resjoy ; & principalement pour
les aultres nouvelles. Lors leissa sans plus parler ses gens, & entra en son oratoire, où il fut deux ou trois heures, regraciant Dieu
le Createur & le Redempteur de tout le monde, soy submettant
du tout à sa vollunté. Le lendemain de ses nouvelles, commanda
de chanter la Messe en une chapelle au dehors de la ville de Valdolif, où souventesfois alloit faire ses devotions ; où on chanta *Te
Deum laudamus*, & où en après, la Messe fu celebrée bien devote-
ment, estant l'Empereur tousjours en genoulx du loing de la Mes-

fe ; & quant il fu retourné en Valdolif, commanda que par les pays,
pour les nouvelles, Jefu-Crift en fufift loez, fervis, & honnorez ;
& les povres reveftus & fubftentez. Vela la joye que l'Empereur
en fift faire. Il y eult ung paige qui s'avifa, pour cefte fefte, de
prendre ung fagot, enmy la court de l'hoftel, y mift le feux en
faifant la joye. Je croy que on en fift aultre chofe. Ces chofes
faictes, le pluftoft que on peult le Confeil fu affemblé des pays,
où l'ordonnance fu faicte de par l'Empereur & du Confeil des pays,
comment le Roy de France feroit traictiet. De tout ce en fu refcript au Duc de Bourbon & au Vifce-Roi de Napples, lequel le
fifrent tant bien, que nulz n'en fu intereffé. Ces meffaiges partiz
d'Efpaignes, l'Empereur envoya auffi au Roy d'Angleterre, à l'Archiduc d'Auftrice fon Frere, aulx Electeurs, parreillement à Madame
Marguerite fa Tante, pour fçavoir leurs advis, pour moyenner ung
traictié de paix entre luy & le Roy de France, pour le bien & util-
lité de la Creftienneté ; & que de ce faire eftoit requis de la Mere
du Roy, & du Confeil des pays de France. Sur ce cefcun refpondit felon fon advis, en difant : qu'ilz fe attendoient que le Confeil des
Efpaignes en uferoit bien à leur volluntez, congnoiffant de ces affaires ; & que ceulx de tous ne defiroient que bonne paix, moyenant l'honneur tousjours de l'Empereur gardée, & des pays, & le
proffit parreillement. Sur ces advis des Allemaignes, d'Angleterre
& de Madame la Gouvernante, fu dicte encore au Confeil des Efpaignes, affin de trouver une bonne paix, que on envoyeroit par
devers la Regente de France & le Confeil, en la ville de Lyon fur
la Ronne, tout ce que l'Empereur demandoit au Roy de France &
au Realme ; & que après ce feroit une feure paix, & que ainfy fa
fefift, avant que plus groffe guerre y eufift deffus eulx. La cherge
en fu baillyé de la porter au Seigneur du Roelz, avec une autre
lettre que l'Empereur envoyoit à la Regente, Mere du Roy de
France.

<table>
<tr><td>Comment l'Empereur envoya à la Regente & Confeil de France tous les
    articles contenans affirmation de feure paix, entre
       luy & le Roy de France.</td><td>CHAP.
IV.</td></tr>
</table>

ICELUY, venu en la ville de Lyon, porta fes lettres, l'une à la
Regente, & l'aultre au Confeil du pays ; laquelle (celle de la Regente) difoit mot après aultres (*) la teneur telle que s'enfuit. » Madame
» la Regente, la Regente ; j'ay reçup voz lettres par le Commandeur
» Pixnaloze, lequel m'a dit des nouvelles de votre Filz. J'ay eftez
» & fuis fort joyeux qu'il eft en bonne fanté, & fa perfonne prefen-

(*) Portoit
de mot à mot,
&c.

1524.

»tement delivrée de plus grant inconveniant qui s’enfuit de la guerre;
»& non feulement le feray traicter comme l’honnefteté & grandeur,
»avec l’affinité de fang d’entre luy & moy le requiert; mais davan-
»taige, comme vous dira mon Coufin & fecond Chambelain, le Sei-
»gneur du Roeulx prefent porteur, que j’envoye devers vous & luy,
»pour vifiter de ma part. J’ay offi donné ordre, qu’il n’ait faulte
»de quelque chofe convenant à fa fanté, tout ainfy comme voldroit
»eftre fait de moy meifme. Et auffy ay pourveu vers mon Beau-
»frere, le Duc de Bourbon, mon Lieutenant-general en Itallye, &
»au Conte d’Aigremond, mon Vifce-Roy de Napples, affin que pour
»votre confolation, & moy, pour ottant qu’il touche aux affaires
»entre le Seigneur Roy votre Filz & mes Alliés, ayons fouvent de
»fes nouvelles, comme me requiftes par vos di lettres. Enfuite les
»contenuz defquelles, & principalement pour le grant bien qu’il peult
»advenir à la Creftieneté, par l’union & amiftié de nous deux avec
»noz Allyez, qui tousjours avons defirez, & defirons une bonne
»paix, non obftant la bonne fortune qu’il a pleut à Dieu m’envoyer;
»fy ne voldroit-je proceder à continuation de guerre, que premie-
»rement ne me fuiffe mis en debvoir pour traicter à la difte paix.
»J’ay à cefte caufe fait mettre en mon nom, que de mes Allyés, ma
»refolution par efcript, de ce qu’il en eft en mon intention avoir &
»recouvrer, comme chofe que juftement m’apertient, lequel Coufin
»du Roeulz vous monftrera, & après le portera au di Seigneur Roy
»votre Filz; efperant que vous y penferés, & ne refuferés tant jufte
»& raifonable affaire; car c’eft pour le repoz & bien de l’univerfelle
»Creftieneté. Au fourplus, Madame la Regente, puis que la prifon
»de mon Coufin le Prince d’Orrenge, & autres gentilz-hommes, qui
»furent prins avec luy, ne vous peulvent maintenant de guerre ay-
»der, ne proffiter, efperant que me voldrés complaire, & chofe
»tant joieufe & honnefte que la delivrance du di Prince, je vous prie
»affeftueufement que le me voeilliés renvoyer par dechà, avec les
»aultres gentilzhommes de fa compagnie; & je vous prometh par
»cefte fignée de ma main, que foit par efchange d’autres prifonniers
»equivaillant ou autrement, je vous feray raifon de leurs prifons;
»en forte que vous & autres, quy y voellent avoir droift, ferés bien
»contentz, & fatiffaift, & me ferez plaifir très-agreable. Madame
»la Regente, Dieu foit garde de vous. » Ses lettres regardées & entendues, le Confeil fe affembla des pays où la Regente eftoit venue:
la demande de l’Empereur fu lute & vifitée, la quelle eftoit de tel
teneur. »Mes bons Seigneurs, nous avons eftez en notre Confeil des
»Efpaignes & de noz Allyez, où pluifeurs ont donné leurs avis de be-
»foigner & traicter une ferme paix, fur la prinfe & deftrouffe de

»votre Roy, & parreillement fur la delivrance fe à vous ne tient.
»C'eft de faire & tenir les articles envoyez de par nous, & par noz
»Allyez. Premierement, eft de raifon, felon les anchiens ufaiges de
»guerre, il eft de neceffité que ung Roy de France paye pour fa
»ranchon & delivrance, la fomme de trois millions, lefquelz, pour
»eftre delivrez, convien payer. Secondement eft encore de par nous
»dit, pour parvenir à fceure paix, que nous redemandons la Duché
»de Bourgoigne, avec les arrieraiges des deniers levez, depuis le
»temps que celle a efté en la main des Franchoix; on comptoit en
»datte après la mort du deffunct Duc de Bourgoigne, Charles de Va-
»loix, l'an mil 400. Tiercement demandons, que renonchiés au
»Realme de Napples, Milan & Gennes, fans y jamais volloir re-
»tourner. Quartement, rendrés les 3 Prevoftez qui font nottres d'an-
»chienneté, lefquelz furent rendues à notre grant Pere le Duc Charles,
»au traitiet des Confflans, après la bataille du Monthenry (d), l'an
»1400. C'eft affavoir, Peronne, Roye, Mondidier. Quintement, ouffi
»rendré la Conté de Bouloigne, la ville de Hefdin & la ville de
»Teroanne; Et fixyfmement, de jamais plus aller au refort au Par-
»lement de Paris, du pays de Flandre & de la Conté d'Arthois pour
»avoir offers (e) de par nous; encore de jamais avoir droict à la cité
»de Tournay, Tournefiz, & en ce que vous appellés le Realme,
»comme Mortaigne, Saint-Amand, & aultres places & fortereffes.
»Et enthierement que à notre Beaufrere, le Duc de Bourbon luy foit
»rendus fes pays, terres, & poffeffions à luy appartenantes, que
»pour en faire ung Realme fubject à notre Imperialle Majefté, & cela
»faifant, en ce faifant fera bonne paix entre vous & nous, & noz
»Allyés; & fi fera renduz & delivré votre Seigneur & Roy de
»France &c. »

(d) Mont-l'Heri.

(e) Offres, argent.

*Comment le Confeil de France refpondit de bouche au Sr du Roeulx,
par efcript à l'Empereur, fur les articles de fes demandes.* & CHAP. V.

LES NOUVELLES regardées, & confultées de point en point, fu
dict au Seigneur du Roeulx, que il fufift le très-bien venu, en luy
remonftrant figne de grant amour, tel que à fon advis, luy fembloit
que ces demandes feroient acceptées; car en le feftoyant, on parleroit affez de cefte matere. Chinc jours fu en tel eftat; mais les
Franchois l'entendoient tout d'une aultre forte que le Seigneur du
Roeulx. Les chinc jours paffez, le Seigneur du Roeulx veult fçavoir que c'eftoit de fon eftat; on luy refpondict, qu'il convenoit
fur fes demandes avoir grans adviz, & qu'il povoit partir quant il
lui plairoit, & retourner en fa comiffion, & qu'il difift à fon Maif-

tre l'Empereur, que jamais de leurs volluntez, ne le Realme de
France avecq son Conseil, ne obtemperoient, que telle demande
fusist acceptée, pour le dernier homme de France ; car sans nulz
souffyz, ne sans rendre une seulle roye de terre, ne ung denier
pour sa ranchon, rarons le Roy par dechà, ains longhe saisons avec
les amis que nous avons par delà les montz. La response finée,
la lettre de la demande fu rendue au Seigneur du Roculx, sachant
qu'il falloit que il portast au Roy de France, pour sçavoir ce que
luy en plairoit faire. Auquel Seigneur la Regente, après avoir en
sa main la lettre, requilz quelle fusist recommandée à son filz, le Roy
de France, lequel ainsy luy promist. Incontinent se parti le Sr du
Roculx, & tant chemina qu'il arriva à Milan, ou assez prez, où le
Roy estoit, pour porter à sa personne les nouvelles de l'Empereur;
dont le Roy de demandes que l'Empereur luy faisoit en fu fort esbahy, lequel sur ce respondit : Touchant à moy, de ses rescriptions
n'en ay que faire. Je ne suis pas le Roy maintenant, je suis ung
Chief prisonnier avec les autres ; c'est affaire est à besoigner par le
Conseil de France & de respondre à ces demandes; qui pour l'heure
font le Roy. Touchant s'il ne tient que à moy de rendre ce que
l'Empereur demande, jamais de par moy n'en seroit faict, pour perdre (f) tous les hommes du Realme de France, & pour moy leisser
pourir en la prison ; car à mon courronnement, j'ay promis d'ac-
croistre le Realme & point amoindrir ; mais il n'a pas encore esté
ce qu'il sera. Ces responces ainsy faictes par le Roy, & que le
Duc de Bourbon & le Visce-Roy eulrent parlé au Seigneur du Roelz
touchant de leurs affaires, & ce que l'Empereur luy avoit chergé
de dire, se party pour en aller en Espaignes. Ainsy que ses choses
se gouvernoient, Richardt, le postz de Haspre, estoit en Espaigne
de par la Gouvernante, lequel par commandement attendoit les
responces du Seigneur du Roelz, & ne peult ghaire attendre, pour
aultres nouvelles sourvenues, qui convenoit rapporter à Madame
Marguerite, de quoi l'Empereur en fu mari ; neantmoins le postz
Richardt se party de Valdolif hastivement, pour retourner au pays
de Brabant. Ce temps pendant le Duc de Ferrard avoit une grosse
bende de Franchois, rassemblés des fuyans de la bataille de Pavie,
avec aulcuns Venissyens tenant les Champs. Le Duc de Bourbon
sachant que ainsy en estoit, leur envoya demander qu'il n'estoit pas
à son aise d'eulx, & que ilz cherchoient de ainsy rassambler, &
qu'ilz disissent se ilz s'esmouvoient contre luy. Les Venissiens responderent, qu'ilz estoient sur leur pays, & qu'il ne s'en souffiast,
& qu'ilz tiendroient ce qu'ilz avoient promis à l'Empereur ; & qui
ne leur en chaillist (g) de leur assemblée, & que ce n'estoit pas contre
luy.

luy. De ces refponces le Duc fe contenta affez; mais en eulx n'avoit nulle fiance. Ainfy que ces chofes eftoient, & que le Seigneur du Roeulx eftoit en chemin pour retourner en Efpaignes, fu advifé par le Confeil de l'Empereur, que de mettre groffe puiffance de navire fur la mer, & force gens pour faifir & prendre les havres au cofté envers le Realme de Napples, pareillement de Rome ; au moins fe on ne volloit riens faire des demandes faictes par l'Empereur, que on yroit requerre le Roy de France au pays de Milan, pour le menner en Efpaigne. Ainfy en fu-il faict jufques aux portz de Turquie ; & faifant ces chofes, le Seigneur du Roeulx retourna en Efpaignes, & dit à l'Empereur tout ce qu'il avoit trouvé en la ville de Lyon. Et principalement, tout ce que la Regente de France luy avoit dict & le Confeil, confequament les refponces du Roy de France, eftant prifonnier par dedens Pifiquiton. Puis luy donna lettres du Duc de Bourbon & du Vifce-Roy touchant de leurs affaires ; fur quoy fu advifé & confeilliet, s'il eftoit poffible, que l'on yroit requerre le Roy de France pour le menner en Efpaignes, le defir du Duc de Bourbon & des autres. Incontinent que le Confeil fu tenu, l'on manda à ceulx qui eftoient fur la mer, de par l'Empereur, que de tirer envers le Vifce-Roy, pour amenner le Roy de France en Efpaignes. Sitoft que ceulx fceurent ces nouvelles, fe mifrent à terre auprès de Romme, pour aller vers Milan. Aucuns Veniffiens accompagniés du Marquis de Ferrarre, fachant la defcente des Efpagnars, conclurent aller au devant d'eulx, pour les ruer jus, & que d'aller affieger le Chafteau de Pifiquiton ; car ainfy leurs avoient mandé les Franchoix de ce faire, & qu'ilz les viendroient fecourir & affifter. Les Efpagnars fceurent que les Veniffiens venoient à l'encontre d'eulx, fe mifrent en belle ordre, & befoignerent tellement qu'il tuerent & prindrent de 15 à 16^{cen} Veniffiens que gens au Duc de Ferrare. Auffi beaucop de Efpagnars tuez ; la refte fe retira ens ès batteaux avec leur proye, craignant d'eftre peu forts pour aller jufques à Milan ; car ne fçavoit avoir fy peu de gens enfemble tenant le parti des Franchois, qui incontinent n'eftoient grant nombre. Ce temps pendant le Duc d'Allenchon retourna au Realme de France, lequel fift refaire fes gens à l'enthour de Paris. Le Duc ne eult ghaire efté en la ville de Lyon, qui ne fe mift au lict fort malade & morut. Les aucuns difoient que c'eftoit d'efchaffement, pour ce qu'il avoit courru le poft, pour les affaires du Reaulme, de Paris à Lyon : les autres difoient que on l'avoit advanchy (h), pour ce que ainfy avoit habandonnez le Roy fon Beaufrere tant honteufement devant Pavye, à la malle journée des Franchois. Quoy, ne comment qu'il en foit, il eft trefpaffez de fe fie-

H h

(h) Qu'on avoit avancé fa mort par le poifon.

ele ; Dieu luy face pardon. Quant ces gens fceurent fa mort, & par le Confeil du pays, fe joinderent avec la bende du Conte de Vendofme, Capitaine de Picardie, en nombre de 15 à 16 cens hommes à piet que à cheval, tous biens efquippés. Dont ceulx des frontieres d'Arthois & de Haynault craindoient d'eftre par eulx pilliez. Neantmoins chacun eftoit fur fa garde ; le Marquis d'Arfchot Capitaine de Haynault, y mift provifion, quant aux villes de frontieres, & ainfy ceulx d'Arthois ; mais l'on fu advertis, qui n'avoient pas volluntez de courir les pays, finon de ravitaillyer Terroanne ; & quant elle fu ravitaillyé, leur vollunté changea, & eulrent confeil de faire une courfe envers le Mont-Caffel, où ilz fifrent de groffe infolences de prifonniers & de beftiaulx. Et pour cefte courfe les Flamengz y mifrent groffe provifion ; car en la ville de Bruges & ailleurs, tous compaignons furent mis en rolle ; mais voyant que les Franchoix ne fifrent que une courfe, on ceffa l'affaire. Pareillement ceulx des garnifons de l'Empereur faifoient du pir qu'ilz pouvoient, & fort avant en pays de France, dont eftoit pitiet. Le temps que ces chofes fe faifoient, le Roy de France fu appellé du Vifce-Roy & du Duc de Bourbon, après avoir vifitez aucunes lettres de l'Empereur, où il luy fu demandé qu'il penfoit de faire, & que l'Empereur le volloit avoir en Efpaigne. Le Roy Franchoy efcouttant ces nouvelles fe monftra joyeux, difant, que autres chofes n'avoit en fes defirs, & qu'il luy eftoit advis, s'il fe trouvoit devant l'Empereur, que grant bien pour la Crêtieneté en adviendroit, & que à fon intention une ferme paix fe trouveroit. Refpondit le Vifce-Roy : Ha ! Sire, j'entens affez votre courraige ; vous penfés, fi vous eftiés en chemin fur la mer, que à l'adventure une bonne fortune tourneroit fur vous, fachant les navires en voz feignourye, ou que voz gens qui font fur la mer vous fecourroient. Lors refpondit le Roy : Lannoy, Lannoy, par le Createur de noz ames, fe je penfois eftre fecourru, je ne me voldroye pas mettre en chemin ; car j'ay grant defir de voir & parler à mon grant amy l'Empereur des Romains. Deflogons quant il vous plaift, nulz n'eft en France adverty que l'on me veult mener en Efpaigne, le defir de ma quefte ; & fy ne le fçaura-on de par moy, par le Dieu qui nous jugera. Les prifonniers Franchois, quant ilz furent de ce advertis, en fifrent ferment auffi comme le Roy, que de nulles perfonnes ne feroit revelet. Ces chofes ainfy faictes, le Duc de Bourbon & le Vifce-Roy, & les aultres Capitaines, avec leur Confeil adviferent par où le Roy feroit mené aulx Efpaignes ; l'ung difoit d'ung, l'autre d'une aultre. Conclufion fu, que on le boutteroit fur la mer par ung port, le quel eft au pays de Napples ; mais

1524.

craindant les Veniſſiens, fu dict, par une faincte que on leur demanderoit paſſaige avec 8cen hommes pour mener le Roy, & conduire juſques à ung port de mer. A ce conſeil chacun s'arreſta; & fu envoyé par devers les Veniſſyens pour avoir ce paſſaige, & furent moult joyeux de ceſte venue, je ne ſçay à quelle intention. La demande fu accordée, & les logis preparés, par tout où il debvoit paſſer. La choſe ſe preparoit, & fu le jour dict & ordonné pour faire le departement de Piſiguiton, & des aultres places où eſtoient les priſonniers, &c.

Comment l'Empereur envoya lettres au Viſce-Roy & au Duc de Bourbon, qu'ilz fiſrent morir le Roy de Franche, & tous les aultres priſonniers, à cauſe qu'il avoit fauſé ſa foy.

CHAP. VI.

FRANCHOIS Roy de France, de ceſte entrepriſe non ſceure, de la journée (*i*), quelque ferment que il heuiſt faict, ſans advertir à ſes gens priſonniers, manda à ſa Mere la Regente, comment on le debvoit menner au pays d'Eſpaigne: mais ne ſçavoit le temps, ſinon brief; & quelle miſt force gens ſur la mer pour le reſcour (*k*), s'il eſtoit poſſible. L'Acteur dict: Ha Franchois, Roy de France, tu n'a pas oubliet l'eſcolle de tes predeceſſeurs; car comme il eſt par tout prouvet par les eſcriptures anchiennes & nouvelles, jamais Franchoix ne tindrent, ou au moins bien peu, ce qu'ilz promettoient, ſinon tant ſeulement juſques à tant que ilz avoient l'accompliſſement de leurs deſirs. Tout ainſi en fera-tu. Quant la Mere ſceut ces nouvelles, jamais ne arreſta, que elle n'eult mis force navires & artilleries ſur la mer avec forces de 18ce Bretons & autres gens bien eſquippez. Quant iceulx furent ſur la mer, trouverent aucunes navires d'Eſpaignes, qui pillerent tellement, que par aulcuns qui en eſchaperent l'Empereur fut adverti de ces navires; & comment par les reſcriptions de la Regente, les avoit mis ſur la mer, attendant que on menaſt le Roy vers Eſpaignes. Sur ce l'Empereur aſſembla ſon Conſeil, ſçavoir comment il feroit; le Conſeil, avec l'Empereur decreta d'envoyer lettres devers les Princes au pays de Milan, que, ces lettres venues, que on couppiſt la gorge au Roy de France, & aux autres priſonniers; & qu'il valloit mielx les avoir mortz, que plus grant inconvenient en vienſiſt. Ainſy en fu-il faict. Le Viſce-Roy reçupt ſes lettres, preſent le Duc de Bourbon. Le Roy de France, & tous les priſonniers furent mandés devant les Seigneurs Bourguignons, leſquelz penſoient pour leur partement. Le Roy eſtoit resjoui, pource qu'il eſtoit adverty, que grans nombres de ſes gens eſtoient ſur la mer pour le ſecourir. Eulx venu devant

H h 2

(*i*) *Ce jour-là même.*

(*k*) *Pour le prendre avec eux.*

les Seigneurs, chacun s'affist en son degré, portant tousjours hon‑
neur au Roy de France. Quant tout fu racoisiet, le Visce‑Roy se
leva, qui commencha à parler disant : Sire Roy, vecy des nou‑
velles merveilleuses à l'encontre de vous, & de voz Compagnons
prisonniers, pour serment que vous nous avés fauset. Ad ce res‑
pondit le Roy: moy je n'ay promis chose, que je ne quiert à te‑
nir. Lors respondit le Visce‑Roy : Touttefois l'Empereur est bien
adverti, par aucuns prisonniers marchans Espagnars, lesquelz ont
estez destroussez sur la mer, que vous avés mandés à votre Mere
le departement de vous & de nous ; regardés se en ce faisant vous
n'estes pas ung homme desléal & faulseur de serment ; qu'en dicte‑
vous, Seigneurs ? Ne fu‑il pas jurez, qu'il ne le feroit pas sçavoir
à sa Mere, ne au Pays, & que son desir estoit d'aller en Espaigne ?
Ne le promist‑vous pas parreillement ? Responderent ensemble que
oy voirement ; mais l'ung reprist le most, qui dict : Sy le Roy l'a
faict, sommes innocens. Le Visce‑Roy leur respondit, courrouchié
de ceste advenue pour les bons & nobles personnaiges qui là estoient
prisonniers : Prendés la patience, pensés de faire une bonne ame à
Dieu ; car certes votre jugement est faict en Espaigne, & meismes
nous est mandez de par l'Empereur en ses lettres, que nous le
faisons, ou autrement perderons corps & biens. Dieu scet en quel
estat ung chacun estoit. N'y avoit si dur ceur qui ne plouroit. Qui
heuist regardé le Roy, on heuist pris pitiet de luy, deliberé de mo‑
rir ; car l'Empereur avoit rescript de trop vrayes enseignes de son
faict. Chacun des prisonniers cryoient après le Roy, disant, que
tout seul debvoit morir, & comparer le mesus (l). Le Roy, d'autre
costé, prioit au Visce‑Roy pour luy & pour les siens. Voyant le
pitiet, les Seigneurs Bourguignons disrent au Roy, & aulx autres
prisoniers : Retirés‑vous ensembles, & si advisez sy à ceste besoigne
ne sçauriés remedyer ; car nous desirons que tous soiez restituez ; &
si autrement ne sçavés trouver nulz moiens, tous y demorez ; pen‑
sez à votre cas. Ces choses ainsy dictes, le Roy fu reboutté en la
prison, où tous ensembles les Franchois se misrent en Conseil, où
pluiseurs ouvertures furent mises avant pour garantir leurs vies ;
reprochant le Roy, le disant malheureux, & eulx parreillement,
d'ainsy adventurer leurs vyes avecq luy, quant pour faulser son ser‑
ment, leur commendera finer leurs vyes tant honteusement. Neant‑
muins après pluiseurs reproces & devises, l'ung se arresta de par‑
ler au Roy, & dict : Sire, se c'est que voeilliés saulver votre vye,
& garantir les nostres, je donneray conseil avec l'aide de Dieu
comment le serez. Sy ainsi vous le faicte, dict le Roy, si ainsi
vous le faicte, vous seriés notre amy à tousjours. Lors icelluy d‑

(1) Payer
la faute.

au Roy : Sire, faicte que vous ayés ung fauf-conduyt au Vifce-Roy, 1525.
avec le quel vous manderés vos Capitaines qui font dedens les batteaux fur la mer, lefquelz ont defir de vous affifter ; & quant ilz
feront icy venuz, vous leur ferez commandement que de amenner
leurs batteaulx pour en faire votre plaifir ; & lors que vous les
aurés, a faire votre plaifir & vollenté, ayant faulf-conduyt du Vifce-
Roy & des autres Princes, vous les ferés-rethirer au Realme de
France, par la riviere de Gennes & autres batteaulx, & vous &
nous & la compagnie du Vifce-Roy enfembles, vers les Efpaignes
cheminerons en voz batteaulx ; par ainfy fe vous vollés, ne fauldra autre chofe que nous n'aions notre traictiet. Ce confeil fu accepté du Roy & d'ung chacun ; le Vifce-Roy en fu adverti, lequel
en fu resjouy, qui donna cherge à fes herraulx de faire la vollunté du Roy de France, & tout ainfy que l'on avoit conclut on befoigna. Et fitoft que les batteaux furent arrivés au port que le Roy
deffirpit, on en fift fortir les Franchois de leurs navires & batteaulx,
& les mettre en autres chinc au cop (m), tant que le Vifce-Roy en fu   (m) A la fois.
à fon apaifement ; & fu mandé à la Regente les nouvelles, &
qu'elle fefift deflogier en tous les portz touttes gens de guerre, s'il
en y avoit, & retirer par terre, fur paine de la hart ; & que en
ce faifant elle delivreroit fon Filz de la mort, & tous fes compagnons prifonniers. Celle fu fort esbahye de ces nouvelles. Vous
avez bien oy comment les logis fe preparoient au pays des Veniffiens, & comment le Duc de Bourbon leur avoit mandé par ungne
faincte. Sachiés que quant les Franchois furent dedens les navires,
& partyz pour tirer en France, on cherga le Roy en icelles, dont
ilz eftoient fortis, accompagniés du Vifce-Roy avec fon eftat, &
les prifonniers accompagniés de 8^m· hommes de guerre Efpagnars,
lefquelz fe mifrent en la mer ayant bon vent, avec l'ayde de Dieu,
le 9me jour du mois de jung, l'an mil chinc cens & vingt chincq ;
& tant bien leur advint, que en briefz arriverent à bon port, à
l'enthour du Realme d'Aragon tous enfemble.

Comment le Roy de France & fes compagnons furent menez en Efpaigne   CHAP.
à l'Empereur, dont l'on fift une abftinence de guerre.   VII.

AINSY que le Roy eftoit cheminant fur la mer, le Duc befoignoit
en fa faincte ; car il s'eftoit mis au champs, où il avoit en fa bende
mil harquebutteurs, & beaucop d'hommes d'armes là où on difoit
que le Roy de France eftoit, que les Veniflyens attendoient ; mais
la chofe alloit tout autrement, comme depuis fceurent bien ; car le
Duc de Bourbon retourna par devant Milan ; pourquoy les Venif-

fiens fceurent que le Roy eftoit arrivés en Efpaignes. Le quel quant il y fut arrivés, le Vifce-Roy courru en poflz le dire à l'Empereur, le quel en fyft grant joye, remerchiant fon Createur; luy comandant qu'il amena en la ville de Toulette. Le Vifce-Roy de Napples refpondit, que ainfy en feroit faiét. Après avoir dit des chofes fecretes à l'Empereur d'aulcuns lettres trouvées dedens les coffres du Roy, lefquelles il bailla à l'Empereur, de quoy fu grandement efmerveilliés. Ces chofes bien entendues & bien oyes, l'Empereur demanda comment fon Beau-frere le Duc de Bourbon le faifoit. Lors refpondit le Vifce-Roy : Sire, cent fois vous falue, defirant de veoir & parler à votre perfonne. Puis luy compta de la fable qu'il avoit fait aux Veniffiens. Quant l'Empereur entendit ce tour fait aux Veniffiens par fon Beau-frere le Duc de Bourbon, commencha à regarder fes Chevaliers en foubriant, lefquelz s'en resjoyerent auffi. Cefte rifée paffée, on mift ordre au Roy de France, & aux prifonniers. L'Empereur envoya deux cens Chevaliers au devant du Roy ; les cent en robbe de drap d'or, & aultre cent en velour cramoify; & lors le Vifce-Roy prift congiet de l'Empereur, lequel haftivement fe rethira envers le Roy, & le fift marchier, ainfy que l'Empereur luy avoit commandé. Les Chevalliers allerent au devant, auffi la Clergie à croix & à comphanons. Le Roy cuidoit que l'Empereur fufift en la compagnie, & le demanda ; mais on luy dift que non ; dont le Roy fe contenta. Quant le Roy fu logiet, chacun fe rethira en fa commiffion. L'Empereur bien affeuré qu'il tenoit le Roy de France en fes pays, remerchia Dieu grandement. Le Roy n'eult ghaire efté en Efpaigne, que incontinent fa Mere le fceult. On le manda par tout ès Pays d'embas, à Madame Marguerite, Gouvernante des-di pays, parreillement au Duc de Bourbon. Incontinent qu'il eult veu les lettres de l'Empereur, fift caffer 14 Enfeignes d'Allemans; après les avoir contentés très-bien, les remerchia du bon fervice faiét à l'Empereur. Soyés advertis que chacun d'eulx eftoit riche; jamais l'on ne vift gens de piet avoir telle richeffe qu'ilz avoient; & honneftement fe retournerent ès Allemaignes. Quant la Mere du Roy fceut de vray que fon Filz eftoit avec l'Empereur, refcripvy à fon Filz, où le Parlement fe adhera; mais on ne fceult trouver nulz moyens de paix ; fy demora la chofe en tel eftat, faifant guerre fur les frontieres. Ung jour la garnifon de Terroanne courrurent devant la ville d'Aire, en Arthoix; la garnifon fortift deffus avec Monfr de Liegues leur Capitaine, & defconfirent les Franchoix tellement qu'il en demora cent 90, & .... prifonniers. Encore le 12e jour du mois de jung 15 cent 25, les Bourguignons fe raffemblerent de plu-

feurs garnifons, avec eulx la bende d'Aymeryes, lefquelz conclurent d'aller courre envers Lience (n) & Moncornet ; mais en paffant
par devant la ville de Marle (o), le prindrent d'affault & le pillerent;
& pour ce qu'ilz eftoient au fort dedens la ville, en une thour,
tirant fort fur les Bourguignons, ilz tuerent le chevaul du Capitaine
d'Avefnes en Haynault, la ville de Marle en fu bruflée, & encore
bruflerent ung peti chafteau emprès Marle, le quel tiroit fur eulx,
& fy ne leur demandoit riens. C'eftoit pitiet de veoir les prifonniers & le buttin que on ramenoit par grande karées. La calleur
eftoit en ce temps fy terrible que merveille. Ung peu après cefte
courfe, pour foy vengier de la ville de Marles, le Conte de Vendofme, à qui c'eftoit la-di ville, brufla 8 villaiges en Arthois; lefquelz Franchois faifant ces molleftes, eftoit la groffe bende par devant la cité d'Arras, où ilz furent tenant les villaiges deux ou troix
jours, faifant beaucop d'infolences, comme forchier femme, violler
filles, & les defpouillant. Le Seigneur de Habart, Gouverneur &
Capitaine d'Arras, fortit de la ville pour voir leur puiffance, accompagniet de.... chevaulz; n'eult ghaire efté loing, que une groffe
embufque faulty fur luy. Son Lieutenant, Seigneur de Saint Ligier,
par fa hardieffe alla trop avant, dont il fu prins & retenu. Le
Gouverneur, Seigneur de Habart, eult ung cheval tué defoubz luy
d'un treict d'arbaleftre; le Capitaine, voyant qu'ilz eftoient par trop
puifiant, fe retira envers la ville, & en fift retourner plus de chinc
cens, qui vydoient hors d'Aras pour courrir fus les Franchois :
mais les Franchois eftoient bien 8M hommes de guerre à piet que
à cheval, & le plus (p) retournés de là les montz, qui remenerent
tant de prifonniers & de buttin que on ne fçauroit eftimer. En
ce tamps pendant party une noble Ambaffade de Flandre pour aller
en Efpaigne, pour les affaires du Pays; dont le chief eftoit le Seigneur de Pratre, le quel avoit efté longuement au Realme d'Angleterre, pour les affaires de l'Empereur. Icelluy de Pratre accompagniet du Bailli de Gand, & de pluifeurs gens de biens, arriverent en la ville de Vallenchiennes, où il furent longuement attendant un feur fauf-conduit des Franchois. Le Marquis d'Arfchot eftant en Court pour les affaires de Pays, & fachant que on l'avoit
obtenu, leur manda que feurement il paffaffent, & qu'ilz avoient
feeur faulf-conduit; lefquelz le 23e jour du mois de juillet, l'an 25
fe parterent de Vallenchiennes haftivement. Lors que fes chofes fe
demenoient, le Filz de Robert de la Marche, Seigneur de Florenge,
vint, parmy le Realme de France, du Roialme d'Efpaigne foy rendre prifonnier au Chafteau de l'Efcluze en Brabant (q), foubz Madame
Marguerite, Gouvernante des Pays, ainfy comme il avoit promis

1525.
(n) Lens.
(o) Mareui.

(p) Et la
plupart.

(q) En Flan-
dre.

1525.

au Duc de Bourbon. En ce tamps les Franchois s'estoient rassemblés à l'environ de Ghuise à grosse puissance, deliberez de faire une grosse course en Haynault & en Arthois ; mais la Regente de France, Mere du Roy, leur en fist deffence sur la hart, expectant autre nouvelles. Soyés advertis que durant ceste saison, la Regente tousjours mettoit paine de moyenner devers l'Empereur pour ravoir son Filz, dont pour ce fait se trouverent plusieurs Conseil : mais l'Empereur & les siens demourerent tousjours sur la premiere demande, de quoy ceulx de France estoient tous estonnez. Neantmoins pour plus facillement communicquer ensemble, par aulcun Conseil fu ordonné de par l'Empereur & le Roy de France, du Roy d'Angleterre, de Madame la Regente, & du Conseil de France, aussi de Madame Marguerite, Douagiere de Savoye, Gouvernante des Pays, que d'octroyer abstinence de guerre, depuis le 26e jour d'aoust mil chinc cens 25 jusques au premier jour de janvier ; & furent mis d'ung costet & d'autre Prevostz des Marischal, pour pugnir ceulx qui effraindroient ceste abstinence faicte, accordée en tel forte que la teneur s'ensuit.

DE PAR L'EMPEREUR. » L'on vous faict assavoir, de par l'Em» pereur, notre Souverain Seigneur, que abstinence de guerre seure
» & léalle sont concludes & accordées entre l'Empereur notre di
» Souverain Seigneur, ses pays, terres, & seigneuries de par dechà,
» ses vassaulx, gens de guerre, serviteurs & subgectz, & tous au-
» tres tenant sa partye d'un coté : & le Roy de France, ses Royal-
» mes, & autres ses pays & seigneuries, vassaulx, gens de guerre,
» serviteurs & subjectz, & tout autres de sa partie endroict soy, le
» di pais de l'Empereur par dechà, d'autre part, par terre, par
» yaues doulces, & par mer, à comenchier le 26e. jour du mois
» de juillet, jusques au dernier jour de decembre ensuite, & du di
» jour en avant jusques au 15me jour ensuite. Les desditz de l'Em-
» pereur & du Roy, ou de l'ung d'eulx de la dicte abstinence, &
» que en vertu de la dicte abstinence & durant d'icelle, tous d'une
» part & d'autre, de quelque estat ou condition qu'ilz soient, pol-
» ront vacquer à leurs negoces & affaires, assavoir chacun en son
» party ; & que les pescheurs & gens de mer durant l'abstinence,
» d'une partie & d'autre polront en la mer pescher aux harengz, &
» à tous autres poissons, ès lieux & quartiers de la mer, où la
» pescherie se ordonnera, saulvément & seurement ; & est devisé
» que s'il advenoit que lesdi pecheurs ou marroniers & gens de
» mer, subjectz de l'ung de di Princes, vaccans à leur pescherye,
» par fortunes de vent, de tourmentz de mer, & en autre licite &
» raisonable occasion, fuissent menez & constrains prendre portz ou

» havrez,

» havrez, ou fe trouver ès limites ou foubz le povoir & jurifdic-
» tions d'autres defdis Princes, que ceulx aufquelz adviendront, ne
» mefprendroient, & on ne leur mefferoit, ains leur feroit pour-
» veub de ce que befoigne leur feroit, & leur donner adreffe, à
» leurs defpens raifonnable, à leurs rethours, Realme, pays, def-
» quelz ilz feroient, & que dorefnavant durant la dite abftinence,
» lefdi deux Princes, ne ceulx de leurs parties, ne polront efvahir
» ou entreprendre l'ung fur l'autre par prinfes ou fourprinfes de
» villes ou fors, par prinfes de gens, ou de biens, par mifes de
» feuz ou aultrement; ne polront ayder, ne affifter, ne conforter
» les ennemis l'ung de l'autre de gens de guerre, d'or, d'argent,
» d'artilleryes, ne de munitions, de vivres, de karroyz, de chevaulx,
» de harnoiz, ne de chofe quelconcque, le tout fans fraulde ne mal.

„ En la dicte abftinence font compris pour la part de l'Empereur,
„ le Roy d'Angleterre, le Duc de Jullyers, & le Cardinal de Liege:
„ & pour la part du Roy de Franche, le Roy d'Efcoche, Charles
„ de Gheldres, & leurs Royalmes, Pays & fubgetz. Et fi com-
„ mande-on de par l'Empereur à tous ceulx de fa partye de eftroic-
„ tement & inviolablement garder & obferver la dicte abftinence,
„ fans en fachon ne comment que c'eftoit, faire ou aller au con-
„ traire, fur paine de la hart. Et encore eft commandé par l'Em-
„ pereur à tous fes Lieutenantz, Prevoftz, Baillifz, Jufticiers & Of-
„ ficiers, que fe ilz trouvent, ou fçavent aulcuns qui contrevenif-
„ fent ou atemptaffent à la dy abftinence, qui procedent à l'encon-
„ tre d'eulx, & les conftraindre à la reparation de la contrevention
„ qui polroient avoir fais, & l'outre plus à l'execution de la paine
„ qui eft de la mort, fans grace, fans refpit, fans delay, ou de-
„ port. Ainsi ordonné de par l'Empereur, par la deliberation de
„ Madame l'Archiduceffe fa Tante, & pour luy Regente & Gouver-
„ nante des Pays d'embas, à l'advis des gens du Confeil de l'Em-
„ pereur, ordonnés lès elle. A Breda le 17e jour du mois de juil-
„ let, l'an 1500 & 25. Ainfy figné Marguerite & Dublyoul. „

1525.

Comment le Duc de Bourbon affiega le Marquis de Salus, & le prinft   CHAP.
d'affault avec autres villes; & comment le Prinche d'Orrenge   VIII.
fut delivret de la prifon, &c.

Après, par tout les abftinences cryées, les Franchois ne cefferent jamais fe plus avant ne communicquerent avec le Roy d'Angleterre, lefquelz fi bien befoignerent par le faict du Cardinal,
qu'ilz eulrent treves marchandes; parquoy eulrent des marchandifes
en France qui leurs eftoit de neceffité. Et pareillement en la Fefte (r) (r) *La Foire.*

I i

d'Anvers prochaine, l'abſtinance publiée, vindrent beaucop de mar-
chandiſes; & pareillement au mois d'aouſt, entre toutes les parties,
furent renforchiés treves d'abſtinence, & publiée, commencherent
le premier jour de ſeptembre juſques au premier jour de janvier ;
c'eſt aſſavoir que toutes Ambaſſades, Meſſagers, Poſtz, & Herraulx
yroient parmy les Pays en ſeureté, tant en France comme en Eſpaigne & Angleterre ; & que le Duc de Bourbon, quant ſon plaiſir
ſeroit de voloir aller en Eſpaigne, polroit paſſer & repaſſer par
tout, ſans luy faire nulles moleſtes, injuries, ne aultrement en
corps ne en biens. Parreillement la Seure du Roy de France, Douagiere d'Allenchon, a obtenu licence de l'Empereur, d'aller en Eſpaigne parler à luy, pour traictier de la paix, s'il en eſt poſſible.
Et d'aller parler au Roy ſon Frere, priſonnier en la ville de Toulette ; la quelle ſe prepara pour y aller en bel eſtat, par le conſentement du Parlement, ſçavoir ſy on ne ſçauroit amollyr l'Empereur de ſa demande. Tandis qu'elle ſe appoinctoit pour cheminer vers Eſpaigne, une paix fu faicte, à l'iſſue du mois de ſeptembre, du Roy d'Angleterre aux Franchois, ſans aucunement y appeller l'Empereur, lequel, comme la voix courroit, eſtoit plus en
ſoing des demandes du Roy d'Angleterre que des ſiennes. Parquoy
je croy de ceſte paix ne s'en donnoit point fort de malvais temps,
ſe elle eſtoit faicte entre le Roy & les Franchois, & fu ſignée le
premier jour d'octobre 15 cent 25. Ce temps pendant Madame
Marguerite avoit groſſe hayne au Bourgoix du Bois-le-Duc, pour
ce qui luy avoit refuſé quelque demande ; mais en la fin eulrent
en leur Conſeil d'eulx appoinctier avec elle, tellement que le 7ᵉ
jour d'octobre obeïrent à ſa volluinté, & vindrent au devant d'elle
en toutte humilité, la quelle leur pardonna tous maltalentz, & entra en la ville du Bois-le-Duc. Soyés advertis que alors en Flandre & en Brabant y avoit ung groz trouble ; car les Mayeurs des
villes ne volloient nulz deniers delivrer à Madame la Gouvernante, ne aulx Comiſſaires, ad cauſe que on ne payoit nulz gens d'armes : mais en la fin, on les conſtraignit de le faire ; & en y eult
en la ville de Gand priſonniers, & en autres villes de Brabant ;
parquoy convint de faire obeiſſance. En ce meiſme temps le Prince d'Orrenge ſorti de priſon, en la requeſte de l'Empereur, pour
le quel on delivra priſonniers ſouffiſantz, & retourna au pays d'Eſpaignes, que l'Empereur bien-vegna, & fu moult joyeux de ſa delivrance. Lors on parloit en Court du Mariaige de l'Empereur à
la Fille de Portugal ; de quoy tout en fu ſi bien fait, que l'Empereur s'en alla par devers la Fille en la cité de Civille en Portugal ;
la quelle il fiancha le 23ᵐᵉ jour du mois d'octobre ; dont pour ceſte

caufe, & pour l'aliance parreillement au Roy de Portugal, à qui
la promeffe fu faiɛe de la jone Seure de l'Empereur, Dame Katherine, donna le Roy de Portugal à l'Empereur cent mil doublez
ducatz, laquelle fomme fu amenée avecque les marchandifes de Portugal, pour payer les gens d'armes Bourguignons, qui eftoient en
Lombardie, Milan, & Pavie; & fu defchergiés en la ville d'Anvers, & d'Anvers, par une groffe & bonne condhuite, fu menez
de là les montz parmi le pays d'Allemaigne. Ce temps pendant les
Allyés du Pape contre l'Empereur, craindant qu'il ne volfift faire
fon voiaige en la cité de Romme, pour eftre couronné Empereur,
commenchoient aulcunement à eftoupper les chemins, & s'en tenir
faifiz. Par efpecial le Marquis de Salus acompagniet de fon Filz,
par le Confeil du Pape Clement VIIe, & des Veniffiens, tenoient
les champs avec une groffe bende. Le Duc de Bourbon eftant advertis, luy fift demander quelle chofe il cherchoit, & qu'il tendoit
à faire, d'eftre ainfi fur les paffaiges de Rome, & à quoy il fervoit
de ce faire. Refponce luy fu faiɛe affés contre. Le Duc eftant
animés deffus luy, fift marchier une bende de gens de guerre, &
fachant où il eftoit, le fievy de fy près, qui le rechaffa en la ville
de Salus; où de ce train il affiega par telle forte que nulz ne povoit entrer, ne fortir. Le Duc de Bourbon eftant au fiege non
craindant perfonne, aulcuns c'eftoient eflongier (s) fur les villaiges,   (s) *Quelques-*
pour plus aife vivre que au camp; aucuns Franchois tenant encore *uns de fes gens*
les champs fceurent que le Duc eftoit ainfy logié devant Saluz, & *s'étoient dé-*
que pluifeurs Bourguignons tenoient les vilaiges, environ de 20^{cen} *bandés.*
Franchois entrerent où fes Bourguignons eftoient, criant, *tuez, tuez,*
fraperent fur les gens au Duc de Bourbon par telle fachon, que
ilz les prindrent en defroy, non craindant nulluy, fans faire ghuet
ne garde, tellement qu'ilz en tuerent beaucop. Quant le Duc fceut
que les Franchois avoient fait telle efvahie fur ce gens par ces villaiges, fe parti de fon camp pour les combattre, & à l'ayde de fes
gens fy bien s'y porta, que les Franchois fufrent mis en defroy;
mais premiers tuerent des Bourguignons de dix à douze mille. Le
Duc fu moult courrouchié de fa perte. Après avoir prins & tuez
les Franchoix, & autres mis en fuitte, retourna en fon camp, le
quel, par confeil deliberé, affailly la ville de telle fachon, quelque deffence que le Marquis fceuift faire, qu'il emporta; où il y
eult beaucop de femmes tuées, qui y affiftoient. On difoit que le
Marquis & fon Filz y furent prins, & aulcuns difoient, qu'ilz s'eftoient faulvez; neantmoins la ville fu mife en obeiffance. Le Duc
fift aller ès autres villes de l'enthour, lefquelles fe renderent toutes, & y mift garnifon par l'Empereur. En ce temps groffes Am-

I i 2

baffades fe trouverent en Efpaignes par devers l'Empereur, où pluiſeurs ouvertures fe trouvoient pour tirer le Roy hors de priſon. Concluſion, leur fu reſpondu, que pour riens on eſtoit deliberés de faire autre refolution que l'Emperenr leur avoit mandé par ſon Couſin du Roeulx; & que hardiment à jamais ne revenſiſſent pour tenir parlementz, fe n'eſtoit pour ainfy le faire. Les reſponces ainfy apportées aux Seigneurs du Conſeil de France, & à ceulx du Parlement à Lyon, leſquelz avec la Regente conclurent, que la Douagiere d'Allenchon, Soeur au Roy de France, yroit en bel eſtat encore par devers l'Empereur, ſçavoir fe elle ne polroit parler au Roy pour favoir ſa vollunté; ainfy en fu-il faiĉt; car elle fe apreſta avec groſſe Nobleſſe, & fe miſt à chemin envers les Eſpagnars. Parreillement le Duc de Bourbon fe prepara pour venir auſſi vers l'Empereur, lequel affeĉtueuſement dit au Marquis de Piſcarre, qu'il gardaſt bien le pays de Milan; auſſi au Duc de Milan, lequel eſtoit dedens le Chaſteau par l'Empereur, avec une groſſe bende de fes gens & de ſa famille, dont ilz promiſrent tous au Duc de Bourbon de le bien garder tellement que l'Empereur n'y an auroit que proffit, & eulx que honneur. Concluſion, le Duc fe parti d'eulx, & jamais n'arreſta qu'il ne arriva en Eſpaignes; lequel fu honnorablement reçupt de l'Empereur & des Nobles du Pays. Ne fault pas doubter, quant Dieu fuſt defcendu du Ciel, par maniere de dire, l'Empereur, & toute la Court, n'euiſt pas eſtez ghaire plus joyeux. Pluiſeurs fecretz furent defcouvers du Duc à l'Empereur; & aulcunes lettres luttes, dont l'Empereur s'en efmerveilla; & par eſpecial, d'une que le Grant Turcque envoioit au Roy de France, le cuidant encore en Piſiguiton; la quelle eſtoit de tel teneur. Après avoir dit tous fes tiltres difoit: ,,A mon Filz, le Roy de France,
,,ſalut. Monfeigneur mon Filz, foyés advertis que fachant votre for-
,,tune telle, je fuis terriblement mari, & en eſt la myenne Impe-
,,perialle Majeſté toute troublée; car je vous jure par les 27. mil-
,,liers des Prophetes, & par les quatte Mufafez qui font tumbez du
,,Ciel, & par le premier Prophete Mahommetz, que, pour l'aliance
,,qui eſt jurée entre vous & moy, mon chier Filz, l'Empereur &
,,ſon alliance, comparrerons une fois (1), fe je vis, votre malle fortu-
,,ne; car tel empefchement mettray entre les Creſtyens, qu'il faul-
,,dra que on vous meth hors de priſon, & qu'ilz facent la paix avec
,,vous. Je vous advife bien que j'ay la plus belle armée de deux
,,cent mil Turcqz, que jamais Empereur eult fur les champs, pour
,,cheminer vers le pays de Hongrye, du quel, à l'aide du grant Dieu
,,du Ciel, je feray le Roy, qui empefcera les Allemaignes, que con-
,,tre vous, l'Empereur ne fera fecourru de par eulx. D'aller à Ro-

(1) Payerons un jour.

„ me je l'en garderay bien ; car je y ay des amis tellement, que
„ moy meifme *j'ai* efpoir d'eftre Empereur des Creftiens ; mes aftro-
„ logues fur ma revolution m'en ont advertis. Ne doubtés, de par
„ moy aurés affiftance affez ; ayés tousjours votre promeffe tenue. A
„ tant le grant Dieu, en qui nous creons, vous veuille tirer de la
„ captivité où vous eftez, & donner accompliffement de tous vos de-
„ firs. Efcript en mon Chafteau de Rodes, en la Court de la grande
„ mienne Majefté Imperialle, le 16me Kalendes de Septembre.

1525.

*Comment le Duc de Bourbon alla vifiter l'Empereur en Efpaignes , où
il y eult de groz fecretz ; & comment auffi la Douagierre
d'Allenchon alla veoir le Franchois prifonnier.*

CHAP.
IX.

OR CHARLES Empereur, par la grace de Dieu, le Ve. de ce
nom, efcouttant fes lettres fut moult efmerveilliet, lequel s'efcria:
Ha ! faulx Roy de France, tu as doncque prins l'alliance au Grant-
Turcq, Sultain Soliman Pach ; de loing-temps m'en fuy affez perchut, & par aulcunes lettres ; qu'en dicte-vous, Duc de Bourbon,
mon bon amy ? Vechi chofe contraire à la Loy, & qui nous fera
grant deftourbier. Le Duc refpondit : Chier Sire, à mon advis
non fera, fe vous vollés croire mon Confeil. Tenés toutte fa vie
le Roy de France en la prifon, voire fi ne faict devant tous voz
defirs. Lors viendrés bien au defeure de tout. L'Empereur refpondit : Dieu eft au deffus moy ; fa vollunté foit faicte. On leiffa
ces propoz, tousjours bien-veignant le Duc de Bourbon, auquel
après on donna de grans dons, en lui monftrant amiftiet grande.
Ainfy que l'Empereur bien-vignoit le Duc de Bourbon, lettres luy
vindrent que le Duc de Milan tenoit le Chafteau pour luy meifme ,
fans foy declarer à l'Empereur, ne au Roy de France ; & que le
Marquis de Pifcarre en eftoit au lict malade, fachant ces nouvelles
citant à l'entour de Piemont pour corriger aucuns rebelles , qui bientoft après morut. Aucuns difoient, qu'il avoit efté empoifonné, &
aultres difoient, que c'eftoit de courrouch, pour ce que le Duc de
Milan avoit faict tel tour, de ainfy faifir le Chafteau. Et difoient
les lettres, que quant le Marquis de Pifcare fu mort, fon nepveu
fu chief de l'armée de l'Empereur, avec le Conte de Sornes, lefquelz eftoient à force en la cité de Milan. Le Marquis de Pifcarre, devant fa mort, demanda entrée au di Chafteau comme
autreffoix y avoit efté ; le Duc lui refpondit, que jamais n'y entreroit, fy l'Empereur n'y venoit en perfonne ; & qui le garderoit comme pour luy. Le Duc de Bourbon de ces nouvelles fu
terriblement courrouchiet, & dict : Traictre Duc de Milan, une fois,

ce que tu fais te le feray comparer. L'Empereur de ses nouvelles
ne fu pas en son aise ; mais dit au Duc de Bourbon, que brief y
mettroit provision ; dont par Conseil, où le Duc de Bourbon fu appellé, l'Empereur luy en donna la charge, en luy assignant de groz
deniers ; dont incontinent rescripvy au jonne Marquis de Piscarre,
Nepveu du deffunct, qu'il se gardast bien de ses ennemis, & qu'il
tenist le Casteau de Milan en subgection, & que brief le viendroit
visiter à grosse puissance ; & au Conte de Sornes, qu'il gardast bien
la cité de Pavye, comme il luy avoit promis. Le messagier se parti
des Espaignes, le Duc de Bourbon ne tardast ghaire à l'appoincter
ses affaires ; mais je vous advise, que le messagier ne trouva pas
le Conte de Sornes ; car il estoit mort ; mais son Lieutenant & le
Conte Felix soignoient aux affaires. Et à ceste heure le Roy de
France estoit alicté malade très-grievement, lequel par pluiseurs fois
avoit demandé de parler à l'Empereur, & que en luy gisoit toutte
son alliance. Touttessoix l'Empereur ne trouva pas en son Conseil
d'y aller ; ne sçay que je diroy plus. La Douagiere d'Allenchon
fist tant par son chemin, que elle arriva en Espaignes. Quant l'Empereur sceult sa venue, il fist aller au devant d'elle force de Chevallier avec grosse ricesse ; lesquelz le bien-vegnerent honnorablement, & l'admenerent en la ville de Madrit où l'Empereur estoit.
Quant elle fu logée à son plaisir, desirant de parler à l'Empereur,
& sachant aussi que son Frere estoit grievement malade, desirant
de parler à luy, fist requeste à l'Empereur, qui la volsist ouyr parler en sa commission. L'Empereur luy accorda, luy mandant le jour
qu'elle y viendroit. Icelle se apresta, fort noblement acompagniée
vint par devers l'Empereur, qui le bien-vigna sy honnorablement,
qu'il n'est homme qui sçauroit dire l'humilitet que l'Empereur luy
monstra. Icelle parreillement s'approcha de luy tant honnestement,
que c'estoit plaisir de les veoir. L'Empereur le prist par la main,
& après pluiseurs devises luy demanda, que c'estoit que son cœur
desiroit, & quelle commission elle avoit. Icelle respondit, que sa
Mere la Regente & toutte la Noblesse de France, & parreillement
Messrs du Parlement se recommandoient très-humblement à sa noble
personne, supplyant que son Frere le Roy de France sufist mis à
renchon, affin que paix ferme & estable fuist entre les Crestiens ;
& que sa cherge estoit, de par sa Mere, de volloir donné la licence de visiter son Frere en la prison, pour le reconforter, sachant
aussi qu'il estoit malade. L'Empereur sur ceste requeste cessa ung
petit le parler ; mais après qu'il eult ung petit pensé, dict : Madame,
touchant de faire ranchon pour votre Frere, je ne luy en demande
point ; car se il faict ce que j'ay rescript par mon Cousin du Roeulx,

je lui quicte sa ranchon, & des gentils-hommes avec luy prisonniers, & fera la paix de Crestieneté toutte trouvée. Avés-vous 1525.
ceste commiffion de ainfy le faire ? La Dame refpondit : Non,
Chier Sire, finon de vous fupplier de le faire ainfi que je le vous
ay recité. Lors refpondit l'Empereur : Ne m'en parlés plus ; car
par le Dieu en qui nous créons, autrement n'en fera faict. Touchant de parler à votre Frere, on vous y laira volluntier parler ; en
volluntet d'y aller, vous m'y compagnerés & bien brief. Icelle le
remerchia humblement ; dont après le congié de l'Empereur fe retira en fon logis.

Comment l'on traicta la paix entre l'Empereur & le Roy de France, en CHAP. X.
delivrant le Roy de prifon, fur les promeffes qu'il fift à l'Em-
pereur ; defquelles, comme autres fois, n'en tint riens.

PEU DE temps après, l'Empereur fe delibera que de mener la
Seur au Roy de France pour la vifiter. Conclufion, la chofe fu tellement demenée, qu'ilz arriverent où le Roy eftoit prifonnier. On
luy dit que l'Empereur & fa Soeur, la Douagiere d'Allenchon, les
venoient vifiter. Sachiés que à l'heure de ces nouvelles, le Roy
eftoit moult fort malade ; & difoit-on que cefte maladie luy eftoit
prinfe d'annoy (v) ; neantmoins quant il fceult cefte venue, il fe fenty (v) D'ennui,
ung petit alligiet. Le Roy fe leva de fon lict ; tantoft après l'Em- de tristeffe.
pereur entra avec la Dame d'Allenchon au Chafteau, où le Roy
eftoit prifonnier, à laquelle Dame l'Empereur donna grace de parler à fon Frere le Roy de France. Cette Dame y alla, & le falua
en difant : Mon Frere, Dieu vous garde de plus grant mal que
vous n'avés. Le Roy le regarda en foy efcryant, & dict : Ha ma
feur, vous foyés la bien-venue. Vous falués le plus malheureux &
mal-fortuné Roy qui foit entre les Creftiens. Comment faict notre
Mere ? Le Confeil me leyra-il icy toute ma vie ? La Dame refpondit : Ma Mere fe recommande à votre perfonne, laquelle m'a
envoyet par dechà en Efpaigne, pour votre delivrance, & pour
vous vifiter. Lors le Roy demanda à fa foeur, où eftoit l'Empereur : Elle luy dit, qu'il n'eftoit pas loing de luy ; il dit qu'il defiroit moult de parler à luy. Après moult de devifes de leurs affaires, l'Empereur vint par devers le Roy de France, accompagnié de pluifeurs Nobles & faiges gens de fon Confeil. Le Roy luy
fit une groffe reverence, & luy dict : Sire, vous foyés le bien-
venu ; car par le Dieu que nous adorons, votre venue m'a plus
gheris, ad ce que je me fens, que tous les medechins que par vostre congiet ay heu. Penfez que l'Empereur & le Roy de France

furent longuement enfembles, où grant humilité luy monftra l'Empereur ; où après pluifeurs devifez & ouvertures que le Roy fift à
l'Empereur pour fa delivrance , l'Empereur prift congié de luy, &
enmena la Seur du Roy avec luy en la ville de Toulette. Toft
après l'Empereur fift venir le Roy par devers luy , où lors y avoit
une Ambaffade de France ; les Efpagnars fe preparoient tant noblement, qu'il n'eft clerc (x) qui fçauroit efcripre la riceffe qui en ce lieu
eftoit. Soyés advertis que l'Empereur eftoit affiz hault en ung
trofne , les Ambaffadeurs en bas. Le Roy de France fu condhuiét
par Monf· le Grant jufques à l'Empereur en grant honneur ; lequel
quant il perchut l'Empereur tant richement & en tel eftat, s'inclina
par trois fois tout plourant, auffi beaucop d'autres plouroient. Quant
l'Empereur vift que ainfi le Roy fe humilioit, luy meifme fift la
reverence au Roy, le prendant par la main ; puis l'accola & baifa,
& après le tira auprès de foy. Quant l'Empereur fu raffis, demanda
à l'Ambaffade ce qu'elle demandoit ; elle refpondit : Sire Empereur,
nous defirons que la rauchon de notre Roy foy determinée, pour
l'avoir hors de prifon, comme l'ufaige de guerre le requiert ; & de
povoir moyenner une bonne payx entre vous & luy ; ou autrement
qu'il dift cela qui luy plaifoit de faire. Lors l'Empereur parla & dit :
Seigneurs Efpagnars, qu'en diéte-vous ? Lors l'ung refpondit, & diét :
Sire , que diriefmes-nous ? Vous fçavés que à efté mis avant au
Confeil, pour le bien, honneur & utilité des pays, au quel Confeil nous demorons ; & s'il vous plait, vous le dirés encore aux
Franchoix ; car de fes affaires vous eftes affés bien inftruit. Sur
ce l'Empereur prift le mot, & diét : Seigneurs Franchoix, je vous
diray, il a pleut à mon Dieu, à quy je doy louenge, de mettre
votre Roy, mon grant Coufin, ès mes mains, par le moyen de
notre grant amy le Duc de Bourbon, de quoy j'en fuis fort joieux,
à quel je dis, que bien foyt-il venu. Pour ma part, j'ay des biens
de Dieu plus que à fouffiffance, je ne quiers avoir riens de perfonne, & fy eft tout mon defir d'avoir bonne paix, ferme, fceure
& eftable à cefcun. Si votre Roy veult, & vous tous parreillement du Realme, fa delivrance fera bientoft faiéte. De fa rauchon
elle lui eft quitée fy luy plait, & de tous les prifonniers avec luy :
mais je vouille ravoir ce qui m'apertient, & à ceulx à qui on a
fait tort, qui foit reparée, felon le contenu que je vous envoyai
par mon Coufin le Seigneur du Roeulx, que le Roy vit parreillement de là les montz au Chafteau de Pificquiton. Faiéte le ainfy, &
votre Roy vous fera rendu ; & fy aurés une paix eftable avec
nous. A ces motz l'Empereur fe retourna envers les Efpagnars &
diét : Seigneur, effe point ainfy que vous l'entendés, n'en fera-il

pas

pas ainſy faict ? Sur ce les Eſpagnars reſponderent, ſelon leur voloir aultrement n'en feroit faict. Sur ce les Franchois reſponderent,
que l'Empereur en avoit aſſés bien parlé ; mais il convenoit de porter en France ces nouvelles. L'Empereur leur accorda ; avec leſquelz fiſt aller le Seigneur de Pratre pour eſtre en la ville de Lyon,
pour recepvoir les nouvelles de l'Empereur, & pour les delivrer
au Parlement ; auſſi pour recepvoir celles du Parlement pour les
renvoier à l'Empereur. Le Conſeil ſe deffit ; l'Empereur donna grace
au Roy de parler à l'Ambaſſade, & *le Roi* dict à iceulx ſa vollunté,
leurs ſupliant, quoy qu'il couſtaſt, qu'il fuſiſt hors de priſon, ou par
quelque moyen de promeſſe. Et *il ajouta* : Dictes au Conſeil que je ſuis
deliberé de tout accorder, tant que je ſoye dehors. Lors l'Ambaſſade luy promiſt que ilz feroient avec le Conſeil pour le mielz. En
ce diſant prindrent congié au Roy, le quel fu mis en ès mains de
Monſr· le Grandt, Viſce-Roy de Naples, qui le remena en ſa priſon ; dont le Roy prya au Sr· Viſce-Roy qu'il volſiſt eſtre pour ſa
perſonne, & qui le volſiſt aſſiſter en ſes affaires, tellement qu'il
peuiſt ſortir de priſon, & que ſe ainſy le faiſoit, luy feroit bien
remuneret. Lors le Viſce-Roy luy promiſt, en gardant ſon honneur & de l'Empereur, qu'il ſe efforcheroit d'en beſoigner. Le
Roy promiſt en ſa priſon. Peu de temps après, le Conſeil d'Eſpaigne ſe miſt enſemble, où le Duc de Bourbon eſtoit, où ilz conclurent que jamais le Roy ne videroit de priſon, s'y (*y*) ne faiſoit ce
que l'Empereur avoit mis avant, & là ſe arreſta. Ce temps pendant l'Ambaſſade retourna d'Eſpaigne, & arriva en la ville de Lyon ;
laquelle dit au Parlement ce qu'elle avoit trouvet à l'Empereur.
Leſquelz, quant ilz eurent perchut la vollunté de l'Empereur, aſſemblerent le Conſeil, où la Regente Mere du Roy eſtoit, la quelle
ne ceſſa jamais après beaucop de difficultez, preſent le Seigr· de
Pratre, puis que le Roy le volloit ainſy, comme ilz véoient par
ſes eſcriptz, que eulx meiſme ainſy le volloient. Le Seigneur de
Pratre ayant ce que le Conſeil avoit decreté, parreillement la Regente, le renvoya à l'Empereur· Diſoit ainſy la reſcription adre-
chant à l'Empereur (*z*), que c'eſtoit pour le bien & union de Creſtie-
neté, à ceſte fin que bonne paix & ſeeure ſe trouvaſt entre l'Empereur & le Roy. Le Parlement & tout le Conſeil de France eſtoient
contentz avec le Roy, de faire la demande de l'Empereur ſix ſepmaines après que le Roy feroit en ſon Realme, à telle condition
encore, que le Roy eſpouſeroit Madame Alyenor la Soeur de l'Empereur. Soyés advertis que ces lettres furent lutes preſent l'Empereur & ſon Conſeil, où eſtoit le Duc de Bourbon, & la Douagiere d'Allenchon, & l'ung des Chief de l'Ambaſſade de France,

1525.

(*y*) S..

(*z*) *La Ré-
ponſe adreſſée
à l'Empereur
portoit, que
c'étoit, &c.*

K k

lequel eſtoit demorée , pour eſtre comme le Seigneur de Pratre eſtoit en la ville de Lyon. L'Empereur eſcouttant ces nouvelles, demanda au Conſeil, qu'il eſtoit de faire ſur ces reſponces ; nulz ne ſonnoit mot. Le Duc de Bourbon repriſt le mot de l'Empereur, & dict : Sire ne vous deplaiſe , pour ma part n'en ſeroit ainſy faict ; car les Franchoix ſont par trop deſléalz. Soyés aſſeurés, ſe ilz ravoient leur Roy hors de vos mains, jamais ne feroient ce qui vous vont icy promettant ; par mon conſeil tenez le tousjours en votre priſon , tant qu'il aura ſatiſſait au contenu de voz demandes. A ce conſeil chacun s'arreſta ; mais depuis le Viſce-Roy de Naples fiſt tant envers l'Empereur , & avecque le Conte de Naſſault , penſant de bien beſoigner pour le bien publicque , ayant foy à la parolle du Roy de France , oultre la voulenté des Eſpagnars & Duc de Bourbon , que moyennant que le Roy de France feſiſt venir aux Eſpaignes le Daulphin de France Filz aiſnés , & le Filz maiſnet , que à ſa voullenté retourneroit en France , & qu'il auroit ſix ſepmaines pour apreſter ſes affaires ſelon ſes promeſſes. Soyés advertis que ainſy le promiſt le Roy, lequel manda icelluy appoinctement fait au Parlement de Lion ; leſquelz ſur ces affaires ſe conſeillerent aſſez longhement. D'autre coſté l'Empereur avoit envoyé par devers ſon Frere & les Electeurs, tout ce qu'il eſtoit concludt mot après aultre , & le ſerment des Eſpagnars , & leur blanc ſcellet , diſant ſe la choſe eſtoit de par eulx conclute comme ilz avoient faict , qu'ilz apportaſſent parrellement ce qu'ilz volloient faire. Sur ces reſcriptions de l'Empereur, l'Archiduc d'Auſtrice & le Conſeil furent enſembles par pluiſeurs jours , où ilz conſeillerent , ſe le Roy faiſoit ainſy , en mettant ſes Filz hoſtagiers , que c'eſtoit bien leur advis que le traitiet ſe fiſt pour le bien de Creſtiencté ; voyant que le Grant-Turcq avoit tous les jours la vollunté d'emprendre ſur le Royalme de Hongrie. Puis auſſi conclurent, que le Duc de Brezuicq porteroit en Eſpaigne ce qu'ilz avoient concludt , & ainſy en fu-il faict. Tandis que tel Conſeil ſe tenoit en Allemaignes , les Eſtaz ſe tenoient à Malignes , où, eſcouttant le contenu que le Roy de France avoit fait , aulcuns s'en taiſoient; autres, tel que le Marquis d'Arſchot, *diſoient :* Se on m'en créoit abſolument, jamais le Roy de France ne ſortiroit de la priſon tant qu'il auroit tout ſatiſſait à la demande de l'Empereur ; neantmoins quelque choſe que on dict , après pluiſeurs deviſes, le Conſeil concludt, que ce que l'Empereur feroit , & ceulx des Eſpaignes, que d'emprès eulx volloient demorer ce que on avoit concludt à l'Empereur ſon nepveux. D'autre coſtez le Duc de Brezuicq ſe party des Allemaignes pour tirer vers Eſpaignes, lequel fu condhuit juſques à Louvain avec deux cens chevaulx de fa bende, craindant le Duc de Gueldre, lequel Duc de Brezuicq les leiſſa à Louvain, & ſe parti luy 12e, cheminant en poſtz, arriva en la ville de Vallenchiennes, lequel depuis alla en briefz jours juſques en Eſpaignes, avec le poſtz de Madame la Gouvernante. Quant le Duc de Brezuicq fu arrivé, delivra à l'Empereur par eſcript, ce que les Electeurs & ſon Frere avoient concludt. Parreillement le poſt de Madame la Gouvernante donna ſes lettres auſſy à l'Empereur, dont ſur ce aſſembla tout le Conſeil des Eſpaignes, où le Duc de Bourbon eſtoit, où groſſe difficulté eſtoit des Eſpagnars pour ces affaires. Ce neantmoins quelque choſe qu'il y eult, l'Empereur crut le Viſce-Roy & le Conte de Naſſault, leſquelz diſrent que la choſe ſeroit faicte telle que le Roy le promettoit & juroit. Sur ce le Conſeil ſe appaiſa; mais fu là le ferment faict de par les Eſpagnars, ſe faulte y avoit, que au Roy de France ne leiſſeroient ung piet de terre, ſe Dieu le conſentoit. Parreillement le Duc de Brezuicq, baillant le blanc ſcellet des Electeurs, avec leur ferment de l'ainſy faire, jura ſollempneilement d'entretenir ſa promeſſe, comme foy de Roy très-Creſtient. Le Duc de Brezuicq luy dict: Sire, il vous eſt de neceſſité que vous le fachiés (a), ou autrement les Allemaignes vous courront ſus, depuis le plus peti juſques au plus grant; ainſy eſt ma commiſſion de le dire de par les Electeurs. Le Roy reſpondyt: Brezuicq, je tiendra ma promeſſe. Ces choſes ainſy promiſes, l'Empereur s'en alla en Toullette pour ordonner des articles du contenu du traictié, de quoy le Roy ſeroit tenu de faire, tout ainſy qu'il en fu faict, preſent le Roy de France & ſon Ambaſſade; parreillement les Eſpagnars, tous les plus grans du pays, tant de l'Egliſe que du temporel. Auſſi ceulx d'Allemaigne, premier, le Marquis de Brandebourg, le Conte Palatin, le Duc de Brezuicq, le Conte de Naſſau, le Viſce-Roy de Naples, où par devant leſquelz furent declarés en brief les principaulx articles de la paix entre l'Empereur & le Roy de France. Ce fu faict le dimenche 24me jour de janvier, l'an mil chinc cens & 25. en telle ſorte que cy-après s'enſſuit.

1525.

(a) Faſſitz.

Comment le Roy de France renoncha à tous les tiltres, pays, terres & ſeignouries contenuz au traictiet; & comment ſes deux enffans furent livrés, comme hoſtagiers, pour luy en Eſpaigne.

CHAP. XI.

» Le Roy de France, tant pour faire une bonne paix, comme » auſſi pour ſa delivrance, renonce totallement & à jamais au Realme » de Napples, à la Duchié de Milan, & de Gennes, à la cité de » Tournay, d'Arras & de leurs appartenances & appendances, quicte

K k 2

» le reſſort & ſouveraineté de Flandre, Arthois, & en tous les Pais
» que l'Empereur a, ou polra cy-après avoir ès limites de la Cou-
» ronne de France : en après à la Duchié de Bourgoigne en toutte
» ſouveraineté, ainſy que feu le Duc Charles le poſſeſſa. A la Con-
» té de Charolois, & autres petites Seignouries vers le quartier de
» Bourgoigne ; reſtitue Heſdin, & fera abattre les fors de Terroanne.
» Parreillement rend à Monſ^{r.} de Bourbon toutes ſes Duchiés, terres,
» & ſeignouries, meubles & immeubles, & luy rend les levées de
» ſeſdi Duchiés, terres, & biens pendant ſon abſence de France.
» Delivre le Prince d'Orrenges, & tous priſonniers d'ung coſtez &
» d'autres ſont quiétes & libres. Toutte confiſcations d'ung coſté &
» d'autre ſont revocquées, & chacun retourne à ſes biens, fors en
» Italie, où on en procedera par juſtice. Le Roy habandonne le
» Duc de Vertemburcq, & eſt miſe ordre ſur Sire Robert de la
» Marche ; & quant au Duc de Geldre, l'Empereur eſt content,
» en faveur du Roy de France, qui demeure en ſon pays ſa vie du-
» rant, moyennant que le Roy pourchaſſera, que ce Duc, ſes villes
» & Eſtaz de Gueldre aſſeurent l'Empereur de mettre en main ceſte
» Duchié & ſes appartenances, incontinent après le treſpas du di
» Duc ; & s'il avoit enffans de legitime, l'Empereur les pourvera
» gracieuſement ; & ſi ad ce ne volloit entendre, le Roy l'aidera à
» concquerre & tout ſon Pays ; ne le Roy preſtera toute ſon armée
» de mer, & lui baillera ſix cens lances, & 6000 pietons pretz pour
» demi-an, pour ſon voiaige en Itallye ou ailleurs, quant il plaira
» à l'Empereur. Le mariaige conclud entre le Roy de France, &
» la Royne Alyenor Vefve de Portugal ; laquelle Royne, moyenant
» ample renunciation à touttes ſucceſſions, aura deux cens mille eſ-
» cuz d'or pour une fois payez, & les Contés de Malconvoix, Au-
» ſeſſeroix & Bar-ſur-Saine. Et pour ce que le di Seigneur Roy de
» France ne peult ſatiſſaire à la reſtitution de Bourgoigne, & de
» beaucop d'autres choſes de ce traictié, ſans ce qu'il fuiſt preſent,
» en faveur il yra en ceſte affect en ſon Reaulme, & par deſſus cer-
» taines promeſſes & obligations par luy faictes, envoyera aupara-
» vant en hoſtages, ès mains de l'Empereur, le Daulphin de France
» & l'autre filz maiſnet, ou le di Daulphin & douzes des Princi-
» paulx de France, leſquelz ayant ſatiſſait, luy ſeront renduz ; &
» lors ſe accomplira le Mariaige du Roy de France & de la Roynne
» Alyenor.» Et ſur ces articles en la ville de Toulette a eſté reſcrip
par tout de faire publier la paix univerſelle le 13e. jour du mois de
fevrier & eſt la lettre de tel teneur.

    » L'on vous faict aſſavoir, que à l'honneur de Dieu notre Crea-
» teur, & pour le bien, ſeureté & repoz de la Creſtienetet, païs

» perpetuelle, concorde, union, & vraye & indiſſoluble amitié,
» intelligence, lighe offenſive & deffenſives, ſont traictiez & jurés
» entre très-hault, très-excellent, très-noble, & très-puiſſant Prince,
» Charles, par la divine clemence, Empereur des Romains Vᵉ. de
» ce nom, tousjours Auguſte, Roy Catholicque & des Eſpaignes,
» Archiduc d'Auſtrice, Duc de Bourgoigne, de Brabant &c. Conte
» de Flandres, d'Arthois &c. notre ſouverain Seigneur & Prince na-
» turel d'une part: & Franchois, auſſi par la divine grace, Roy
» très-Creſtiens de France, premier de ce nom, d'autre part, pour
» leurs hoirs & ſucceſſeurs, & tous & quelquonecques leurs Realmes,
» pays, terres, & ſucceſſions, vaſſaulx, ſerviteurs & ſubjectz, en
» ſorte que leſdi Seigneurs & Princes ſont, & d'icy en avant ſe-
» ront amis des amis, & ennemis des ennemis, & au moyen d'icelle
» payx, union, & accordt, leurs vaſſaulx & ſubjectz polront dore-
» ſenavant aller venir, frequenter, & converſer ès Realmes, pays
» & ſeignouries, l'ung de l'autre, tant par mer comme par terre,
» marchandément & autrement, ſceurement & ſaulvément, comme
» par avant la guerre d'entre iceulx Seigneurs ilz faiſoient & faire
» povoient, en payant les droix de tonlieux, paſſages, & autre-
» ment debittes, anchienement accouſtumées en temps de paix tant
» ſeulement; & que par icelle paix tous vaſſaulx & ſubjectz deſdi
» Princes d'une part & d'autre retournerons en leurs biens, en quel-
» que parti qu'ilz ſoient. Et faict en commandement de par l'Empe-
» reur à tous ceulx de ſa ſucceſſion & obeiſſance, que doreſnavant
» ilz ayent à garder & obſerver la dite paix inviolablement, & ſans
» aulcuns contravention, à paine d'eſtre pugnis comme infracteurs de
» paix & traictiet, ſans deport & grace. Ainſi concludt par Mar-
» gherite la Regente, ſicuvant les lettres de l'Empereur, donnée en
» la ville de Tolledes, le 25ᵉ jour de janvier. En Anvers, en la
» preſence des Chiefz & de pluiſeurs aultres Chevaliers de l'Ordre,
» & aultres du privés Conſeil de icelluy Seigneur, le 12ᵉ jour du
» moix de febvrier. » Ainſi ſigné, moi preſent, & du Secretaire
Doublyoul.

Comment l'Empereur eſpouſa la Fille de Portugal; & comment le Daul-
phin de France & ſon Frere maiſnez furent reçupt en Eſpaigne
Hoſtagiers pour leur Pere; & du trſpas de la
Roynne de Danmarche.
    CHAP.
    XII.

La paix ainſy publyée, le peuple de tous quartiers loerent Dieu
grandement, que ſa grace s'eſtendoit ainſy deſſus eulx; parquoy
Proceſſions s'en fiṙent par tout, feuz & esbattement. Et durant leſ-

choſes, le Roy de France ne tarda nullement en ſes affaires; car par ſon commandement, deſirant eſtre en ſon païs, fiſt appoinctier ſes deux enfans au Realme de France, par le moien du Conſeil avec ſa mere la Regente, qui y tenoit tousjours la main, pour les menner en Eſpaignes; leſquelz, le pluſtoſt que l'on peult, arriverent en la ville de Bourdeau ſur la Geronde. L'Empereur ſachant leur venue, fiſt ſçavoir au Roy ſon departement, quant il luy plairoit. Lequel Empereur ordonna groſſe bende d'Eſpagnars, où Monſ^r le Grant Viſce-Roy de Napples eſtoit le Chieſ, pour aller avec le Roy de France, que pour recepvoir le Daulphin de France & ſon frere le maiſné. Mais ſoiés advertis que le Roy euſiſt eſtés volluntiers aux noepces de l'Empereur, ſachant que la voix courroit, que on lui preparoit pour amener ſa femme, la Fille de Portugal. Mais l'Empereur, non luy voeillant avoir, le fiſt partir, lequel tant chemina qu'il arriva où ſes enffans eſtoient, leſquelz il fiſt delivrer en la main du Viſce-Roy, & des Eſpagnars; où que alors le Daulphin de France, en ſaluant ſon pere dit, où on le livroit faiſant les reverences : Adieu mon Pere & mon Roy, je

(*b*) *Vais.* m'en voy (*b*) jonne pour vous, en eſtrange terre, ne m'oubliés pas. Le Roy paſſa oultre aſſez dolent, lequel jamais n'arreſta, qu'il ne fut arriere d'eux, plourant & autres de ſa famille parreillement. En tel ſorte que je vous dict, le Roy ſe parti de ſes enffans, lequel jamais ne ceſſa de cheminer, tant qu'il fu en la Conté d'Angoulla-

(*c*) *Cognac.* me, en la ville de Cruigna (*c*), où il fiſt ſa nativité. Ses enffans incontinent furent livretz à Madame Alyenor, laquelle eſtoit accompagniée des Grans Maiſtres d'Eſpaignes, qui prindrent les deux enffans, qui noblement eſtoient acompagniés de ceulx de France, qui furent condhuis juſques en la ville de Victorye, où la voix courroit que après le renom de l'Empereur on les meneroit en Vallence la grande. Ce temps que les enffans eſtoient en Victorie, on preparoit le Infant, Fille au Roy de Portugal, en la cité de Civille, que pour l'amenner en la ville de Valdolit eſpouſer l'Empereur, lequel auſſi faiſoit ſon appareil, que quant le temps en ſeroit, que pour aller au devant d'elle. Ainſy que ces choſes ſe demenoient, la Roynne de Dinemarcque, la Seur de l'Empereur, après avoir faict

(*d*) *De vi- res plaintes.* des groz regrects (*d*) aux Seigneurs du pays, par eſpecial à Monſ^r de Fiennes, du gouvernement que on luy faiſoit ſy petit, ſoy complaindant par devers eulx en grant melancolie, ſe voyant ainſy deboutiée d'un chacun, rendy ſon eſprit au dehors de la ville de Gand, en une maiſon de plaiſance, laquelle eſt à ceulx de Sainct Pierre de Gand, où l'Abé le gouvernoit avec ſon petit eſtat & ſes enfans; lequel Abbé, à ſes deſpens, fiſt faire les obſecques ſollempnelz,

comme à elle appartenoit. Laquelle deleiffa les regrectans trois enfans ; l'aifné des trois eftoit ung filz, nommé Charles, Prince de
Dinemarque ; & fy avoit deux filles, dont l'aifnée fe nommoit Dame
Rodhée, & la feconde, Dame Creftienne. Pour lequel trefpaffement de la noble Royne, groz deuil s'en fift par tout les pays,
par efpecial en la Court de Madame Marguerite, la Tante de la
Royne trefpaffée, laquelle envoya fon poftz Richart en Efpaigne,
faire fçavoir à la Royne de Caftille le trefpas de fa fille Damme
Elizabeth, Roynne de Dinemarcq, & à Charles fon Nepveu, Empereur des Romains, tousjours Augufte, & parreillement à fes
Soeurs, la Royne Alyenor, & Dame Katherine ; lequel poftz,
quant il fu arrivés au Royaulme d'Efpaigne, chacun pour cefte
Dame demena grant deuil ; mais neantmoins ne leiffa à pourfieuvir
pour les noecpces de l'Empereur ; car la Fille de Portugal luy fu
amenée en la ville de Valdolif, en grant honneur de ceulx du pais ;
& furent les noecpces faictes en icelle ville, au jour du mi-karefme,
l'an de Jefu-Crift, mil chinc cens & 25, le 25e jour du moix de
march. Pour laquelle follempnité la Faicte en fu faicte planteu-
reufe, & de quoy l'Empereur Charles, par la grace de Dieu 5e
de ce nom, tousjours Augufte, efpeciallement en mena grant joye,
remerchiant fon Createur qui luy avoit parmi d'avoir une telle Efpoufe, comme la fille du Roy de Portugal, la plus belle en fageffe
& la plus frifque & gentille que on fceufiffe perchevoir ne regarder. Soyés advertis deux jours après les noecpces, que l'Empereur
prift le deuil pour la mort de fa Soeur Dame Elizabeth de Caftille,
Roynne deffuncte de Dinnemarcque, trefpaffée en la ville de Gand,
maiftreffe ville de Flandres. La Roynne de Caftille, mere d'icelle,
en demena groz deuil avec fon filz, auffi fifrent les deux foers ; la
quelle Royne de Caftille & l'Empereur fon Filz, fifrent faire par
tout en Efpaigne grans & très-fomptueux fervices pour l'ame de
la-dite deffuncte. Pour laquelle nous prierons au Createur de noz
ames, pour fon ame, en prendant fin de la 6me partye.

LIVRE SEPTIÈME.

CHAP. I. *Comment l'Empereur donna la Ducié de Milan & aultres seignories au Duc de Bourbon, dont il appresta ses affaires pour retourner en Lombardie. Et comment le Roy de France estant hors de prison arriva en Angouleme.*

Les choses ainsy faictes, & touttes sollempnitez des nocpces de l'Empereur bien & honnorablement acomplies, & les obsecques par tout en Espaigne achievez, pour ce que le Duc de Bourbon desiroit retourner de là les montz, l'Empereur sachant son volloir etre tel pour subvenir à ses affaires & vollantez, & pour autre pareillement, fist assembler le Conseil des Nobles d'Espaignes, où le Duc de Bourbon fut invocquiet avec les Grans Maistres d'Allemaignes qui là estoient, & d'autres Provinces, où apres beaucop de devises mises avant, fu ordonnet de l'estat du Duc de Bourbon touchant pour Lombardie, & où il prenderoit ses deniers pour menner la guerre de là les montz. Et que pareillement luy ottroyoit & donnoit, la Duchié de Milan, & la Conté d'Ascq, à le tenir de l'Empire, come les Ducz de Milan l'avoient tenuz depuis le temps du premier Duc, pour en joyr & posseder luy & successeurs, venuz & ad venir; de quoy, en la presence de tous les Princes, en fist le Duc le relief, ainsy qu'il apartenoit de faire pour ung tel fief; le quel Duc, après ces choses faictes, en ce Conseil demanda le congié de soy partir à l'Empereur, pour aller reconcquerre le chasteau de Milan à luy nouvellement donné; que cestuy qui le tenoit s'en disoit le Duc, dont le jonne Marquis de Pisquare le tenoit en-
ferrés *(•)*, comme l'on avoit perçupt par ses lettres patentes, d'ung siege vollant. A quoy l'Empereur respondit, que ce fusist à la bonne heure, & qu'il partesist quant il luy plairoit. En temps que ces besoignes estoient prestes au port de Bartelonne, le Duc de Bourbon l'en merchia, le Conseil de ceste matiere avoit pris la fin, fu dict au Prince d'Orenge, le quel estoit present au Conseil, que la commission estoit d'en aller envers la Duchié de Bourgoigne, acompagniés des nobles gens, lesquelz il emmenra tous d'huyctz à la guerre, & autres pour prendre la possession de la Duchié pour appendences, comme le Roy de France en a faict les promesses, &

(•) *Evesqué.*

qu'il

qu'il trouveroit, le pluftoft qu'il feroit venu, les Efpagnars, lefquelz eftoient en garnifon en la Conté d'Arthois, pour les affifter en fes affaires; & qu'ilz prendefiffent les fermentz & homaiges, comme Gouverneur de l'Empereur, en la Duchiet de Bourgoigne; lequel Prince d'Orrenge, defirant ainfy en eftre faict, refpondit à l'Empereur, que le pluftoft que faire fe polroit y feroit avecque l'ayde de Dieu. Incontinent encore telle cherge (*f*) donnée au Prince d'Orrenge, l'on donna au Seigneur du Reulx la Gouvernance de la Conté d'Arthois, ainfi que fon pere deffunct Monf^r· le Grant Maiftre en avoit poffeffez & joy. Et *il fut arrété que*, luy venu au pais, il prendefift la joyffance de la bonne ville de Hefdin & du chafteau laify des Franchois, & qu'il fefift au nom de l'Empereur, comme le chief d'Arthois, ainfy que le Roy de France avoit promis de le faire, & de le rendre au terme dict au traictié. Le noble Seigneur de Roeulx remerchia l'Empereur du faict de la Gouvernance d'Arthois, difant que de la ville de Hefdin & du chafteau feroit fi bien, que homme vivant ne l'en fçauroit que reprendre. Après ces chofes dictes, demanda la recepte de Hefdin à l'Empereur pour fon Secretaire, dont luy fu accordée. Ce Confeil finés, toft après le Duc de Bourbon print congié de l'Empereur, où il y eult des chofes fecrettes dictes touchant du Pape & de la cité de Rome; lequel après fe party & chemina vers Barcelonne, où fes befoignes eftoient toutes préparées : pareillement le Prince d'Orrenge s'en alla par devers la Duchet de Bourgoigne; le Seigneur du Roeulx envers la Conté d'Arthois, faifant le commandement de l'Empereur, pour & ad fin de prendre la poffeffion de la ville & chafteau de Hefdin, & pour avoir la Gouvernance de la Conté d'Arthois. Ce temps pendant que ces Seigneurs cheminoient en leurs commiffions, le Roy de France eftoit en la Conté d'Angoulamme, & en la ville de Cuigna, où il avoit prins fa naiffance, tout penfif ad ce qui luy eftoit advenu, où pluifeurs luy vindrent dollantz de la promeffe qu'ilz avoient faiz à l'Empereur; neantmoins chacun le bien-vegnoit; & après moult de devifes, le Roy leur dit, que à l'aide de Dieu, fa foy & fa promeffe feroit tenue, & eftoit en propoz que de l'achever. En ces devifes le Roy fu avertis que le Duc de Bourbon fe debvoit partir d'Efpaigne; parquoy en ce meifme inftant fift commandement, que on fe mift fur la mer, pour deffendre que icelluy Duc fon grant ennemi, par quy tout ce dangier luy eftoit venu, qu'il ne peuift parfaire fon voiaige pour defcendre en Lombardie; congnoiffant que groffes promeffes eftoient faictes, par icelluy pays, entre l'Empereur & le Duc de Bourbon; derechief manda aux Capitaines tenant fa partie (*g*) delà les monts, que fa defcente fufift

---

(*f*) *Après cette commiffion.*

(*g*) *attaches à fon parti.*

deffendue, en les advertissant que la ville de Gennes tourneroit en brief de sa partie, se il ne rentroit ens au pays. Son commandement fu accomplis, le postz y alla hastivement, où chacun fist ce que le Roy commandoit le mieulx que on peult. Quant tout fu bien commandé par le Roy, incontinent se party de la ville de Cuigna, & depuis fist son entrée en la ville de Poitiers.

CHAP. II. *Comment l'Empereur envoia le Prince d'Orrenge recepvoir la Duchié de Bourgoigne en son Gouvernement ; & comment le Seigneur du Roelz vint aussi prendre le Gouvernement d'Arthoys.*

(h) *Poitiers.* LE ROY doncques quant il fu venu en Poitiers (h), & receup du peuple honnorablement, n'y eult ghaire esté, qu'il n'y fist venir la pluspart du Conseil de France pour estre adverti de ses affaires, & comment il feroit de ce qu'il avoit promis à l'Empereur ; & que les six sepmaines estoient accomplyes, desirant de ravoir ses deux enfans, & aussi de accomplir sa foy. Le Conseil estant avec luy respondit, qu'il se contentast, & que on ne se consenteroit jamais parmy le Reaulme, ne Noble, ne non noble, de faire ce qu'il avoit promis, jusques au dernier honneur. Le Roy leur respondit : Pourquoi donc m'avés-vous leissez faire ce que j'ay faict ? Sa esté
(i) *J'entends.* de votre conseil ; par vous doncques, ad ce que j'och (i), ma foy sera faulsée, & mes enffans habandonnés, dont il n'estoit nulz besoin de les y avoir, sinon de moy y leisser, combien que je desiroie d'en sortir. Helas ! & que dira l'Empereur, qui m'a faict tant d'honneur que de moy promettre sa noble Seur de donner en mariaige ? Sur ce le Conseil respondit au Roy : Ne vous souspliés, il
(k) *Et vous ne debvez pas vous jouer.* est des femmes assez, & sy ne vous chaille (k) de l'Empereur ; voz
(l) *Forcé.* enffans seront bien tirés hors d'Espaigne, sans faire ce que vous avés promis à l'Empereur ; vous y avés estet constrainct (l). Laissés la chose une espace, nous en farons bien besoigner par argent ou par amis. Sur ce le Roy ne sceult que dire, sinon qu'il se parti du Conseil tout courrouchié ; le quel devint tout malade & langoureux, sans sçavoir qu'il povoit avoir. Incontinent que le Roy fu arriere d'eulx, eulrent en leurs avis que d'envoyer par devers la Duchié de Bourgoigne leur faire sçavoir partout, qu'il se gardassent bien de
(m) *Qu'on avoit coutume.* faire autrement qu'on y avoit aprins (m) de faire, ne de pas obeyr à autre personnaige que au Roy, ou à ses commis. Après ce commandement faict & le postz party, gens de guerre furent mis sus, pour envoyer en la Duchié de Bourgoigne. Soyés advertis que en tamps que ces nouvelles vindrent en la Duchiet, les plus Grans du pays de Bourgoigne estoient desjà allés par devers les Seigneurs de

Parlement en Paris, pour fçavoir comment ilz feroient, pource que
le Roy avoit promis qu'ilz feroient à l'Empereur, quoy que pour
nulle riens ne feroient de fon party, jufques au dernier homme de
Bourgoigne. Le Confeil du Parlement les merchia, difant, que
s'ilz avoient bien faiƈt pour la Courronne, que encore le feiffent
mieulx. Refpondcrent, que leur defir y eftoit. Ce difant prindrent
congié, lefquelz le pluftoft qu'il peulrent, retournerent en Bourgoigne, où ilz trouverent les meffagiers venant de Potiers, lefquelz
avoient diƈt la conclufion du Confeil tenu en la ville de Pothiers;
aufquelz meffagiers promifrent de faire tout ce enthierement que on
leur mandoit, & que on y fift pas de crainte (n). Parreillement ceulx
du chafteau de Hefdin eulrent ung tel mandement, que ceulx de
Bourgoigne Je vous advife, que quant le Prince d'Orrenge fu arrivé en la Ducriet de Bourgoigne, & fpeciallement en la ville de
Digon, l'entrée luy fu deffendue, difant, que le Confeil de France
leur avoit mandé, & auffi le Parlement de Paris, de pas leiffer entrer ens es villes nulz, fi ce n'eft de par eulx. De ces refponces
fe contenta très-mal le Prince d'Orrenge, & fe tira envers la
Franche-Conté. Parreillement après Pafques en l'an mil chinc cens
& 26, le Seigneur de Roeulx, après avoir monftré fa commiffion
de l'Empereur à Madame Marguerite d'Auftrice, Gouvernante des
Pays d'embas, prift la poffeffion de la Conté d'Arthois, comme
fon pere l'avoit tenu : mais la ville & chafteau de Hefdin n'y peult
entrer ; car il luy fu diƈt que jamais n'y entreroit, jufques le temps
qu'ilz feroient payés de ce que le Roy leur debvoit, & encore
après ne vydroient pas, s'ilz ne véoient le blanc-fcellet du Roy,
& pareillement du Confeil de France. Ce voyant le bon Seigneur
du Roelz, envoya les nouvelles à l'Empereur ; le quel quant il véyt
la rebellion de ceulx de Hefdin, incontinent fift deffence fur la hart,
que de ce jour en advant, nulz ne obéift à la court du Parlement
de Paris, & que les Sergens au Roy ne fiffent plus nulz efploix
en la Conté d'Arthois, finon par l'Empereur. Ainfy en fu-il faiƈt.
Le Prince d'Orrenge voyant que nullement ne povoient eftre obey,
pour eftre Gouverneur en la Duchié de Bourgoigne, le fift fçavoir
à l'Empereur, & comment il tenoit fes champs (o) fur la Franche-Conté, où les Efpagnars des garnifons d'Arthois, comme on luy avoit
diƈt, eftoient avec lui. Tandis que ces chofes fe demenoient, le
Duc de Bourbon, quelque deffence que on luy fift fur la mer par
le commandement du Roy de France, arriva en la cité de Gennes,
après avoir fouffert beaucop de paines fur la mer, & y vint à la
bonne heure ; car les habitans fe fuiffent rendus, voyant les meul-
tineries qu'ilz faifoient à leurs garnifons, aulx Francheis. Le Duc

L l 2

1526.

(n) L'on
ne devoit rien
craindre.

(o) Il s'étoit
campé.

en fu advertis, ſy les eult de belles parolles, & auſſi qu'il y eſtoit
à groſſe puiſſance ; (*p*) parquoi diſſimulerent avec le Duc de Bourbon,
& miſt groſſe garniſon dedens les fors de la cité de Gennes & là
entour. Le Duc n'y eult ghaire ſejourné qu'il ne fuſiſt adverty,
que le Marquis de Piſcarre, eſtant tousjours en ſon ſiege volant,
qu'il avoit ruẽs jus beaucop de Veniſſiens, & deſtrouſſés le paie-
ment des Suiſtres, de troix mois, venant du Reaulme de France ; &
que la bende de Domp-Frenande venoit à ſon aide ſecourir le Marquis de Piſcarre contre les ennemis de l'Empereur, le cuidant encore aux Eſpaignes : mais il luy fu diĉt, qu'ilz n'avoient peu venir
à temps à la deſtrouſſe des Veniſſiens, ad cauſe que en leur chemin qu'ilz avoient rencontré les Boures (*q*) d'Allemaignes, leſquelz
Boures ilz avoient deſconfitz & tous mis à mort. Depuis eult nouvelle qu'ilz eſtoient arrivés au ſiege voïlant du Marquis de Piſcarre,
dont pour ces nouvelles fu moult resjouy. Sachant qu'ilz eſtoient
enſembles, ſe party de Gennes avec groſſe bende ; ſi bien exploiĉta,
que en peu de temps fu avec le Marquis de Piſcarre, où il fu fort
recoeillié (*r*) & très-bien-vegnés, en luy monſtrant une merveilleuſe
amour tant des Gentilz *hommes*, comme de aultres ; leſquelz petit &
grans, ſe resjoyerent de tel ſorte, que chacun du ſiege vollant en fiſt
groſſe feſte, feulx & esbattementz de guerre, ſonnant ces trompettes & tamburins, & aultres inſtruments, tirant force artillerie,
tellement que celui qui ſe diſoit Duc de Milan eſtant au chaſteau,
ſceult par ceſte feſte que on faiſoit, que c'eſtoit le Duc de Bourbon qui eſtoit retourné d'Eſpaignes ; ſy s'en prinſt à eſmerveillier,
prenant groſſes garde à ſon faiĉt (*s*). Quant le Duc de Bourbon ſe
perchut avec ſes amis, bien avertis du Marquis de Piſcarre de ce
qu'on avoit faiĉt durant le ſiege vollant, & de la mort de ſon oncle, & du chaſteau ainſy tenu, eult en conſeil, le lendemain de ſa
venue, faire demander au Duc Oſlore (*t*) Franciſque ſa vollunté, &
ainſi en fu-il faiĉt. A quoy Oſlore reſpondit : que contre & envers tous tiendroit la place & chaſteau de Milan ; & que c'eſtoit
ſon droit, & que à grant tort on luy volloit tollir, pourveub (*v*) que
ſon Pere en eſtoit le Duc, & que on y penſaſt plus ; car juſques
au dernier homme de la place ne ſe rendroit pas, ſoy ſentant &
tenant l'hoir legitiſne de la Duchiet. Sur ce le Duc de Bourbon
luy fiſt reſpondre, s'il ne ſe rendroit & le chaſteau parreillement
à la Majeſté Imperial, que ce ſeroit à la mal ſanté d'eulx tous ;
car en la fin les feroit tous pendre, & le Duc tout premier. Quant
les compaignons furent advertis de ſes nouvelles, aſſemblerent incontinent leur ghemaine, (*x*) où le Lieutenant du Duc eſtoit, & où en
la fin le Duc y fu mandé, lequel y vint, ſçachant que l'aſſemblée

1526.
(*p*) Auſſi les gaigna-t'il par ſes diſcours gracieux, au-tant que par la montre de ſon armée.

(*q*) Payſans.

(*r*) Très-bien accueilli.

(*s*) Se tenant bien ſur ſes gardes.

(*t*) Sforce.

(*v*) Attendu.

(*x*) Le Con-ſeil de la ville.

fe faifoit contre luy ; auquel, quant il fut avec eulx, les compagnons
luy difrent, s'il ne faifoit fon appoinctement, qu'ilz le feroient ; & 1526.
que trop bien congnoiffoient le Duc de Bourbon, car loingtems
l'avoient fervy. Le Duc Francifque craindant que les compagnons
ne le livraffent, fift tant envers le Duc de Bourbon que fon appoinctement fu faict, & pour les compagnons parreillement ; où le
Duc Offlore Francifque eult, parmy (y) aulcuns deniers que on luy *(y) Y com-*
debvoit, 2 cens mille ducatz. Lequel Duc, après qu'il eult fes befoi- *pris.*
gnes faictes, & bonne fceureté de fes deniers, forty du chafteau
de Milan avecq fes compagnons en leurs abillemens, lefquelz s'en
allerent avecq Francifque en la bende des Veniffiens. Dont après,
quant le Duc de Bourbon les fceut tous dehors, fe boutta dedens
avec aulcuns Efpagnars qu'il avoit amenés d'Efpaignes, & les aultres il fift boutter dedens la ville de Milan, en deffaifant fon armée ;
& puis ravitailla le chafteau pour loingtemps.

<table>
<tr><td>Comment le Roy de Franche fift alliance au Pape, aulx Veniffiens,
    aux Florentins, & à aultres nations ; & comment le Vifce-
      Roy alla envers le Roy de Franche, reprochant fa
          foy & fa promeffe.</td><td>CHAP.
III.</td></tr>
</table>

LES CHOSES ainfy faictes, le Roy de France fu adverty que le
payement des Suiftres eftoit deftrouffés, & que le Duc de Bourbon
eftoit arrivés en la cité de Gennes, fans quelque dangier ; & que
Domp-Frenand luy avoit envoyé ung fecours ; & voyant beaucop
de temps paffé de fa promeffe, & plus daventaige qu'il n'avoit demandé, envoia par devers l'Empereur une noble Ambaffade, foy
excufant fur fes gens du Reaulme, lefquelz, comme il allegoit,
n'eftoient pas en fes volluntés ; mais moyennant la grace de Dieu,
le tout fe feroit avant qu'il fu loing temps. L'Empereur fe appaifa
de fes parolles, luy baillant encore autres fix femaines avec le
temps paffez. En cefte faifon, le Roy de Dinemarcq par le moyen
de l'Empereur fon Beau-frere, debvoit retourner en fon pays &
Reaulme : mais la chofe en alla tout d'aultre forte ; quoy que fon
Oncle, lequel tenoit le Realme, & qui s'eftoit confenty avec le
peuple d'en chaffer le Roy, avoit reçupt le mandement par l'Empereur, qu'il s'en volfifift deporter ; auffi il s'en deporta : mais le
peuple non voeillant ravoir leur Roy, & defobéiffant à la Majefté
Imperial, fifrent ung autre Chief d'ung des coufins germains du
Roy, auquel ilz donnerent le gouvernement du pays, comme il
fuift leur Roy ; & l'oncle ne fe mua, ne abfenta en nulle maniere
depuis, qui fufift contre le Roy, ne contre l'Empereur, ne contre

le pays. Le Roy de France voyant que encore les six sepmaines se passoient, pour appaiser l'Empereur, fist colper à deux de ses Conseilliers les chiefz, pour ce que tousjours arroghoient contre sa vollunté. Icelluy après avoir esté en Angoulame, peu de tamps depuis, qu'il s'estoit parti de Poithiers, fist les approches du Reaulme d'Aragon, faignant retourner en la prison de l'Empereur pour acquiter sa promesse. Combien qu'il feist tel chose, si avoit-il tout autre vollunté ; car secrettement il avoit promis aux Venissiens, au Pape, & aulx Florentins, & au Roy d'Angleterre, & au Duc Offlore Francisque, que ung Parlement se feroit, où il y auroit bonne paix jurée ; & se avoit envoyé en la Duchié de Bourgoigne, aulx Capitaines & Juges faire sçavoir, que son volloir estoit tel, qu'ilz tenissent le peuple tousjours Franchois. Neantmoins quoi que ces choses fussent mandées en la Duchié, si y avoit-il de groz differens ; car les anchiens euissent bien vollu que la redition fusist faicte à l'Empereur, leur vray & droict Seigneur. D'autre y avoit aussy qui y differroient, lesquelz en la conclusion convint appaiser ; car les Capitaines & gens de justice des villes & communaulté, lesquelz avoient rechupt le mandement du Roy, y prindrent une telle garde, que tant hardy n'en osoit sonner ne dire ung seul mot. Incontinent après ces choses faictes, le Roy de France estant ès marches d'Arragon retourna en Angoulame. L'Empereur fu advertis qu'il estoit abuzet par les promesses du Roy, eult en Conseil que d'envoyer par devers luy le Visce-Roy de Naples, pour ce que par luy le Roy avoit obtenu sa delivrance, pour luy demander se jamais sa vollunté ne seroit de tenir sa promesse. La chose en fu ainsy faicte ; le Visce-Roy chemina en postz, & ne tarda ghaire qu'il ne fu en la ville de Cuigna de par l'Empereur ; & vint devant la personne du Roy. Après la salutation faicte, & après pluiseurs devises, le Roy luy demanda de ses enffans, & comment l'Empereur se portoit ; les responces faictes du Visce-Roy au propoz & demandes du Roy, parla d'autre sorte, en demandant au Roy : Sire, quant viendra le jour, me fait demander l'Empereur, que votre promesse sur votre foi se tiendra ? Le Roy l'escouta, mais sur ceste demande ne sceut que respondre, sinon qui luy prinst à dire qu'il assembleroit son Conseil de tous costez, & qu'il diroit ce qu'ilz en feroient & diroient. Ainsy en fu-il fait ; car quant le Conseil fu assemblé, le Roy mist advant les choses qu'il avoit promis à l'Empereur, lequel, comme il disoit, estoit trop *impatient* en ses affaires, que moy ay grant desir d'acomplir, que le Conseil de France, que voyés icy present, & aultres ne me leissent faire. Mais ne challoit au Conseil de ce que le Roy disoit, present le Visce-Roy de Napples ; mais au contraire luy difrent, qu'il n'en prendiſt pas de malvaix temps, & qu'il ſe fouſliaſt de ſa promeſſe, & qu'ilz en feroient bien, veu que eſtant priſonnier & par conſtrainĉte l'avoit promis. Je vous advertis que tous eſtoient de ce conſeil, où le plus des Franchois eſtoient, ſinon ceulx du Parlement de Paris, leſquelz avoient mandez au Roy de non y venir ; mais s'ilz leur volloit dire quelque choſe, qu'il venſiſſe en la cité de Paris ; & que pour ſes conſeils, pour le faiĉt de ſes promeſſes, ne s'en meuvroient ung ſeul pas. Le Roy fu advertis de ces reſponces des Seigneurs du Parlement, par l'adveu (z) de ſon Conſeil, qu'il avoit eu en la ville de Cuigna ; envoya le Viſce-Roy par devers le Parlement de Paris, pour ſçavoir s'il ne feroient pas conſentans aux promeſſes que le Roy avoit fait à l'Empereur ; & ſe on les paracheveroit pour tenir ſa foy ; auſſi pour ravoir ſes deux enfans. Le Viſce-Roy ſur ce y fu envoyé, avec des plus ſaiges de l'autre Conſeil tenu en la ville de Cuigna. Quant le Viſce-Roy fu en Paris venu devant Meſſ rs du Parlement, luy demanderent qu'il cherchoit. Le Viſce-Roy leur reſpondit : que le Roy de France leur Maitre l'avoit envoiet par devers eulx, affin qu'il luy difiſſent la vollenté qu'ilz avoient, quant au faiĉt de ſa promeſſe qu'il avoit fait à l'Empereur en la ville de Madritte & Toulette en Eſpaigne ; c'eſtoit de rendre & faire le contenu des articles declaretz en la lettre publiée par les Païs. Ceulx du Parlement reponderent au Viſce-Roy, que luy meiſme avoit eſté l'ung qui l'avoit fait promettre d'ainſy le faire : mais pour le dernier homme des pays & du Reaulme n'y feroyent jamais conſentans de rendre la Duchié de Bourgoigne, ne de quicter le reſſort du pays d'Arthois au Parlement. Le Viſce-Roy leur diĉt : Vous avés diĉt que je ſuis l'ung de ceulx qui luy a fait faire telle promeſſe, vous avés dit verité : mais il me pria beaucop & au Conte de Naſſau, que nous en parliſſimmes à l'Empereur notre Maiſtre, que d'ainſy le faire pour ſa delivrance ; nous le fiſme, dont l'Empereur nous l'acorda, pour ce que je luy affermay que votre Roy tiendroit ce qu'il promettoit. Lors fu reſpondu au Viſce-Roy, que en ce faiſant, ne leur avoit pas fait de plaiſir, ne de ſervice au Realme de France, & qu'ilz heuiſſent mieulx aimé le Roy en Eſpaigne que les enfans. Mais, ſe difrent-il encore, ſe l'Empereur votre Maiſtre ſe volloit condeſcendre, que pour le Bourgoigne uſer d'une autre maniere, ou pour argent, nous expoſeriemes corps & biens pour ravoir les enffans. Le Viſce-Roy leur diĉt, que de l'autrement faire, qui ne le promis, jamais traiĉtiet ne ſy trouvera ; & ſe ne rarez de nulles faiſons (a) voz enfans, voir s'il ne ſe vient rendre en ſa foy en leur lieu. Lors diĉt l'ung du Conſeil

1526.

(z) L'avis.

(a) Et vous ne recouvrerez jamais.

1526.

à brief mot ; il en fafche ainfi qu'il entend, aultrement jamais de par nous n'en fera faict, dictes-le à l'Empereur, s'il vous plaift. A ces parolles prift le Vifce-Roy congié d'eulx, & retourna haftivement en la ville de Cuigna par devers le Roy, auquel il dit ce que le Parlement luy avoit dict, & ouffi firent les Seigneurs que le Roy avoit envoyet avec le Vifce-Roy ; de quoi le Roy fe courroucha fort horriblement fur ceulx du Parlement de Paris, difant ; que une fois le comparoient (*b*), & les habittans pareillement, aulx quelz il monftreroit ce qui luy en eftoit, de ce qu'il avoient ainfi refpondu au Vifce-Roy ; lequel Vifce-Roy reprift la parolle au Roy, & dict moult de reproche, difant fe il volloit, qu'il en feroit bien, s'il avoit en fa vollunté. Et qu'il fouvieffift qui luy avoit dict en la ville de Toulette, là où il luy promift que de faire fon traictié, & qu'il ne s'en fouffiaft ; que, pour morir, tiendroit fa promeffe, & que dedens fix fepmaines tout feroit achevez, & que plus n'en demandoit aprés eftre fes deux filz en Efpaignes. Le Roy ne refpondoit riens ; neantmoins luy dict encore le Vifce-Roy, qu'ilz revienfift en Efpaigne tenir fa foy, comme il avoit promis. Ad ce refpondit le Roy : Je ne fçay que j'ay affaire ; je fuis à boublt de mon fens ; Dieu m'y voeille fçavoir. Sur ces refponces & fur aultres, le Vifce-Roy voyant que autre chofe n'en auroit, le pluftoft qu'il peult, manda à l'Empereur ce qu'il avoit trouvé au Confeil de Cuigna, & parreillement au Parlement de Paris. Soyés advertis, que ung poft y alla haftivement dire les nouvelles, lequel arriva à l'Empereur, en la ville de Valdollifz.

(*b*) *Ils le payeroient.*

CHAP. IV.

Comment le Roy de France fift ung mariaige entre le Daulphin & la Fille du Roy d'Angleterre. Et comment le Vifce-Roy pourfieuvoit tousjours le Roy qu'il tinft fa promeffe.

L'EMPEREUR eftant advertis de ce que le Vifce-Roy luy mandoit, fe courroucha amerement, lequel jurra, que jamais fa barbe ne feroit deffaicte s'il n'avoit de la promeffe fa vollunté ; & fur ce le manda l'Empereur à Madame Alyenor fa foeur, laquelle avoit les deux enffans en garde, lefquelz n'eftoient pas encore avant ès pays, qu'elle les fefift retirer 40 lieues, & bien haftivement. C'eftoit au commenchement du moix de juin que ces chofes fe faifoient. Et fachiés que le Vifce-Roy eftoit tousjours avec le Roy de France, auquel l'on monftroit gros figne d'amour, combien que on euift bien vollu que par honneur il euift efté en Efpaigne, pour ce que les Veniffiens & les gens du Pape, parreillement les Angloix, commenchoient à venir, pour parlementer d'ung mariaige, entre le
Daulphin

Daulphin de France & la Fille du Roy d'Angleterre. Neantmoins
pour quelque chofe que le Vifce-Roy y fufiſt, ne ſe laiſſa pas à   1526.
faire la chofe ; car en ung Confeil où les gens du Pape eftoient,
les Veniſſiens & les Angloix, le Duc de Milan & le Roy de France, & fu entre eulx faiſt bonne alliance, & vray mariaige entre le
Daulphin de France , & la Fille au Roy d'Angleterre ; & y fu
appellés la Majefté Imperial en ce traiſtict, ſe s'eftoit ſon bon plaiſir.   Ce fu faiſt prefent le Vifce-Roy de Naples, lequel fans le faire
ſçavoir à l'Empereur, refpondiſt, que à ces affaires ne ſe accor-
deroit.   Puis dit encore de groffes paroles injurieufes au Roy Franchois ; neantmoins quelque chofe qu'il luy peufift dire, la paix fu
faiſte & publiée en la maniere qui s'enſſuit.

» L'ON VOUS faiſt affavoir, que bonne, ſceure paix & léalle ami-
» tié, confederation & perpetuelle intelligence a efté & eft faiſte,
» conclute & traiſtiée au nom de Dieu, à l'honneur, gloire &
» exaltation de la chofe publicque en Creftienté, & principalement
» pour parvenir à la paix univerfelle, union, concorde & repoz
» de la diſte Creftieneté, entre notre faint Pere le Pape Clement
» VIIe de ce nom, le très-Creftiens Roy de France, & très-hault &
» puiffant Prince Henry, par la grace de Dieu, Roy d'Angleterre,
» Seigneur d'Ybernye, Deffenceur de la Foi, efleu proteſteur & con-
» fervateur de la dite Ligue ; & le Illuftriffime André Grity, Duc
» en la Seignourie de Venife, & le Seigneur Francifque Marie
» Florce, Duc de Milan, en la quelle Ligue a efte lyez honnorable-
» ment.   A très-hault, très-puiffant, & très-illuftre Prince, par la
» divine providence, Charles Empereur des Romains, Roy de Caf-
» tille, très-Catholicque, & autres Poteftas de la dite Creftienneté,
» foubz les modifications, qualités, & conditions, quant au dit Em-
» percur efleu, contenu en la diſte Ligue ; moyennant en la quel ſe
» doibt efperer entierement, à l'ayde de Dieu, la dite paix univer-
» felle s'en debvoir enfuivre pour le bien de Creftienceté. Eft expreffe-
» ment entendu en cefte Ligue & confederation, les Seigneurs des
» Cantons des anchiennes Ligues des haultes Allemaignes y eftre nom-
» mez & compris dès à prefent, & autres contenu en la diſte Ligue.
» Et fut ce faiſt en la ville de Cuigna en la Conté d'Angoulame ,
» le 21e jour du moix de Jung, l'an mil chinc cens & 26. Ainfy fig-
» net & du Secretaire Robert.

M m

*Comment le Visceroy retourna de France à l'Empereur, au quel il dict
enthierement ce que le Roy & le Conseil lui avoient responduz.*

CHARLES de Mingoval, Visce-Roy de Napples, voiant ces choses
ainssi faicte, & telles alliance jurées, vint vers le Roy de France au
quel il print congié, lui disant des choses qu'il ne oyoit pas vollentiers, & pour ce les luy disoit, que par luy & le Conte de Nassau,
luy pensant bien faire, pour parvenir au bien de la chose publicque,
avoient obtenu son traictié vers l'Empereur : que pas les Espagnars
& les Allemans ne s'y fusissent jamais consentis : & qu'il véoit maintenant, que de ce qu'il avoit promis, n'en volloit riens tenir : mais.
au contraire avoit faict & juré une nouvelle alliance encontre tous
les ennemis de l'Empereur, lequel lui avoit promis de faire toutte
amistié, & de luy baillier ses gens par terre & par mer, pour subvenir en ses affaires, pour aller à son couronement de l'Empire à Rome, & ailleurs par tout où il luy plairoit à comander, deffreyant
aux depens des deniers venant de France. Pourquoy telles choses
luy disoit, en reprochant que c'estoit lachement faict d'ung Roy très-
Crestien de France : & que pour ses raisons doubtoit de retourner en
Espaignes, veu qu'il estoit cause de son traidiet ; & aussi sachant que
les Espagnars & Allemans l'en reprocheront, & pour *ce*, que pour ses
affaires l'Empereur luy avoit envoié pour en mieulx besoigner, que
ung aultre aussi congnoissant les affaires. Le Roy l'escouttant n'estoit pas à son aise, & ne l'ouoyt pas vollontier en ses reproches ;
c) Rudement. neantmoins respondit au Visceroy assez fellement *(c)* : Je te diray que tu
feras, se tu crainct de retourner en Espaigne, doubtant la fureur de
l'Empereur, & les reproces des Espagnars & Allemans, & aussi de
la quinalte du pays, demeure avec nous icy, tu joyras de la Duchié
de Bourbon, & si te feray Connestable de France avec grans biens
que je te feray venant de mon Reaulme, pour le plaisir que tu dis
que tu m'a fait, que je congnois assez ; mais le Conseil de France
n'entend pas, que ainsy en est à moy faire ung tel traidiet par devers l'Empereur, en tamps que n'estoie pas libre, ne deslyés de prison. Le Visceroy respondit : Je vous diray, Sire, vous dirés ce
qu'il vous plaira, vous sçavés comment la chose en fu dicte & faicte
sans nulle constraincte ; vous me prometés beaucoup de biens, mais
quant il seroit en vous à moy donner votre Royalme, & de moy
faire le Roy, se ne le prenderoy-je pas, en faulsant le serment que
j'ay faict à l'Empereur mon naturel Seigneur : mais soyés advertis
que de tout ce que vous avés faict & dis, l'Empereur le sçaura à la
verité. Et à ces motz prist le congié, le quel tendoit soy retirer par

la Lombardie, pour deviſer avec le Duc de Bourbon, pour l'advertir des affaires de l'aliance faicte nouvelle au Roy de France, & aulx aultres d'entredi. Le Roy en fu adverti, & luy fiſt deffendre d'en aller par Lombardie, & qu'il s'en allaſt le droict chemin; ainſy en fu-il faict; où Richart, le poſtz de haſpre, convoia troix journée le Viſceroy, & après priſt ſon congié, qui tourna chemin vers les Pays d'embas, pour venir à la Gouvernante, Douagiere de Savoye, luy dire les nouvelles que le Viſceroy reſcoignoit touchant de ſes affaires qu'il avoit heu en la ville de Cuigna. Quant le poſtz fu party, le Viſceroy ſe tira vers les Eſpaignes; & incontinent qu'il fu party du Roy, le Roy envoya envers les Bourguignons, que s'ilz avoient eſtez bons ſubjectz, que encore le fuſiſſent, & qu'il leur ſeroit bon Seigneur & Roy. Et faiſoit ce, pourtant (d) que on l'avoit adverty, que les anchiens homes de Bourgoigne avoient en leurs vollentés & deviſes de volluntier y veoir l'Empereur; pour ceſte cauſe le Roy fiſt mettre une puiſſante armée ſus; mais les aulcuns diſoient que ce n'eſtoit pas pour les mettre en la Duchié de Bourgoigne, mais de là les montz en Lombardie. Neantmoins ceſt ne ſe mua (e) & ne fiſt mal à perſonne, ſi non qu'ilz mengerent le pays. Ainſy que ces choſes ſe demenoient, le Viſceroy de Naples arriva à l'Empereur, auquel en la preſence des plus grans d'Eſpaignes & d'Allemaignes, conta de point en point les affaires de ſon voiayge, & de l'allyance nouvellement faicte, & comment il avoit eſté en pluiſeurs Conſeilz, & meſme au Parlement à Paris, où il luy fu dict, que jamais les Bourguignons, ne la Bourgoigne ne ſeroit ſeparée du Reaulme juſques au dernier homme : mais ſi on povoit trouver ung autre moyen, volluntiers s'expoſeroient de ravoir leurs enfans. Puis dit, que au Conſeil de Cuigna en avoit eſtet dit ottant: mais *que* le Roy ſe monſtroit de ſes Conſeils moult fort courrouchiet. L'Empereur eſcouttant le Viſceroy, ne ſe courroucha aulcunement, & après demanda à ſes Chevalliers qui en diſiſſent leurs advis. Lors reſpondit l'ung d'iceulx : Sire, pardonnés-nous, n'en ſçaurions que dire; car ſans le Viſceroy & autres, nous n'euſſyons que faire de tel pourſuite : mais d'une choſe mal faicte fault regarder le mielz faire. Lors l'Empereur ſur ce reſpondit : il fault doncques que vous aſſemblé tout le Conſeil, affin d'en faire pour l'honneur de l'Empereur & de nous. Ainſy en fu-il faict; le Conſeil ſe mis enſemble, où il fu decreté que jamais autre traictié n'aueroient les Franchois, ſi celluy faict en Madritte, de par le Roy, & ſignet en Toulette, n'eſtoit entretenu. Soyés advertis que en ce temps que le Conſeil ſe tenoit en Eſpaigne, pour les nouvelles du Viſceroy, vint nouvelles à l'Empereur comment le Duc de Bourbon ravoit le Chaſteau de Milan, & pour appoincte-

M m 2

ment, & que le Duc Francifque Florée en avoit reçupt deux cent
mille ducatz; & comment il eftoit en allé avec les Veniffiens & Florentins. S'il avoit efté courrouchié des affaires du Roy de France,
au contraire fu resjoys que le Chafteau de Milan eftoit en la main
du Duc de Bourbon, le quel le fift fçavoir ens ès Pays d'embas à la
Gouvernante fa noble Tante, & elle le fift fçavoir par tout. Et durant ces nouvelles, la Marquife d'Arfchot accompagnée de fa noble
Mere, la Princeffe de Chimay, & de fa belle Tante, Madame de
Saintpy, avec autres fes bien-veuillantes, celle noble Dame Marquife à jufte terme, par ung mardy, du matin environ de 7 à 8
heures, le 10e jour du mois de jullet 15 cent 26, s'eft acouchiée
d'ung noble filz, avec l'ayde de Dieu & de la Vierge Marie, où le
rethour de la noble Dame eftoit en fes doleurs. Le Marquis fort
joyeulx d'avoir ung fi beau filz, fachant le Seigneur de Reveftain en
la cité de Cambray, le quel faifoit ung parlement avec la Douagiere
de Vendofme pour efchangier aulcunes de leurs terres, comme la
voix courroit, y alla avec fon Frere, le Seig^r de Moncornet, le quel
eftoit venu vifiter fon Frere le Marquis en Vallenchiennes, le quel
Marquis, venu en la cité de Cambray, pria le Seigneur de Raveftain pour lever de Fons fon Filz, lequel luy accorda volluntiers;
qui puis après cefte requefte, le Marquis & fon Frere de Moncornet retournerent en Vallenchiennes. Le lendemain, qui fu par ung
vendredi, auffi le Seigneur de Raveftain y vint auffi au gifte; & le
famedy en groz triumphe, en l'Eglife Paroicialle en l'Eglife de Saint
Nicolas, auprès de l'Hoftel du Marquis, avec plente de torces (ƒ) que la
ville y avoit ordonné, & pareillement de l'eftat du Marquis, fu l'enfant baptifiés en ung nouveaux Fonts couvert de drap d'or. Et fu le
premier Parrin, le Seigneur de Raveftain, qui luy donna fon nom,
nommés Philippes, par la grace de Dieu; le fecond Parin fu le Seigneur de Montcornet, Oncle à l'enfant; & la Marinne eftoit Madame
de Saintpy, la belle tante à la Marquife. Je vous adverty que les
dons des Parrins & Marinne furent grans & vaillables. Quant le Baptifement fu faict, l'enfant fu raporté de l'Eglife par fa Marinne, noblement accompagniet de fon petit Frere, Charles de Croy, Conte
de Porcean, & de fa petite Seur, que la nourrice portoit entre fes
bras, & d'aultres grans perfonnaiges & nobles hommes, avec le Prevoft de la Ville, & Mef^{rs} les Efchevins & Jurés, & auffi d'aultres
Dames, Demoifelles & bourgoifes de la noble maifon du Marquis.
Ainfy par ordre chacun rentra en l'hoftel, où l'enfant fu emporté à
la noble Mere, qui eftoit en une couche moult riche, belle & triumphant. Au foir pour la fefte de la nativité de l'enfant, pour la joye,
le Marquis tint Court ouverte, & où le Seigneur de Raveftain &

pluiſeurs aultres ſoupperent; dont après ſoupper ung Gentilhomme
de Piemont, nommé Meſſire Bernardin de Valpergne, Seigneur de
Candie, Docteur en Medechine, accompagnié d'ung bon Gentilhomme
de la maiſon du Marquis, nommé Guillaume Fornye, fiſrent ung
Tournois contre tous venantz, leſquelz vaillament s'y porterent.

*Comment le Grant Turcq deſcendit avec 200. mille hommes au Royaulme
de Hongry, où il firent de groſſes & merveilleuſes inſolences.*

CHAP.
VI.

AU TEMPS que ces plaiſances ſe faiſoient en la ville de Vallenchiennes, les Veniſſiens & gens du Pape, Franchois & Suiſtres avoient
aſſiegé le Chaſteau de Milan, où le Duc de Bourbon eſtoit; mais ce
fu pour eulx à la malheure; car n'eſtoient pas bien logez, quant le
Duc ſailloit ſur eulx avec une groſſe bende, de telle ſorte que tous
fuſrent deſconfitz, & en bouttant les feux en leurs logis, tellement
qu'ilz cuiderent que tout le monde fuiſt arrivé ſur eulx, furent con-
ſtrains d'abandonner l'artillerie & autres utenſilles de guerre, & ſy
en demoura mort ſur le camp de 9 à 10^{an} hommes, de toutes nations. Ce temps pendant après que la fourſenerye (g) de Solman, Pach,
Grant Turcq, Empereur de Conſtantinople a eſté acomplye ſur la
ville de Rodes, & que à ſa vollunté le tenoit paiſiblement, eſtant en
Conſtantinoble, luy eſt ſouvenu de la promeſſe qu'il fiſt ung jour
paſſé en la ville d'Avignon au Roy de France, pour faire deſtourbier à l'Empereur, c'eſt adviſé que de loingtemps avoit envie d'eſtre
Roy de Hongrye, fu advertis de pluiſeurs ſecretz du Pays, & par
où il polroit entrer, qui eſtoit la cauſe qu'il ſieuvoit ſon propoz que
d'y aller, pour le conequerre, y ſentant parreillement ung jonne Roy
d'eage, & ſi ſçavoit auſſi qu'il y avoit au pays ung Conte, qui s'appelloit Seigneur Veiſda, qui hayoit à mort le jonne Roy Loys, combien que ce fuſiſt ſon couſin germain. Tellement beſoigna ſur ſes
affaires le Turcq, qui après ſes beſoignes miſes advant à ſon Conſeil
privé, envoya une ſceurre Ambaſſade de peti nombre en Hongrie
par devers le Conte Veiſda, le quel avoit l'entendement des Franchois; laquelle Ambaſſade ſy bien beſoigna, que le Grant Turcq y
povoit venir à ſa vollunté, & que nulz deſtourbier ne luy ſeroit faict;
mais au contraire, on l'aſſiſteroit de toutte puiſſance, & ſy feroit
tant, que le Roy ne ſçaroit ſa deſcente tant qu'il ſeroit au pays fort
avant. L'accord ainſy faict par le Conte Veiſda, & reçupt groſſe
ſomme de deniers, l'Ambaſſade ſe retira vers Conſtantinoble, où le
Turcq fu adverty que le Conte Veiſda luy avoit promis de faire. Sur
ce ordonna de ſes affaires & armées tellement, que jamais en Turquie n'y eult ung tel appareil, la quel il miſt ſus de deux cens mille

(g) *La rage.*

Turcq que Sarrafins, biens munis de tout ce qu'ilz leur falloit en
tel cas, & fu en l'an 15 cens & 26 au pays de Hongrie, où le Turcq
eftoit, lequel fe loga au près de la ville de Griefveifemburch, pour
courrir fus le pays de Boheime & Hongrie, & paffa oultre ung bras
de mer, que on appelle Savy. Quant le Turcq fu ainfy que paffé,
fans le fceub de nulles perfonnes qui y penfiffent deffendre, qui luy
fu facille à faire, ad caufe que Veiïda fe taifoit, lequel eftoit le plus
grant du pays après le Roy, qui guardoit que nulz ne n'allaft à l'encontre du Turcq, & avoit tant faict que à l'aborder, la ville de Griefveifemburch luy avoit efté rendue par trayfon. Lors voyant les
Turques qu'ilz avoient cefte puiffante ville, & qu'ilz avoient paffez
tous les grans braz de mer, amonftrerent leurs chevaulcheurs & pietons avec leur groffe artillerie; & quant ilz furent en plain pays,
encloyrent ung camp de leur karoy qui contenoit 7 lieues de largue,
où ilz fe tinrent longhe efpace, faifant à la foys de groffes courfes
(h) Terme   avault (h) le pays de Honguerye, gaftant & bruflant les Eglifes & mai-
Wallon, par- fons, & mettant à mort tous ceulx lefquelz ils rencontroient, fans
mi.   mifericorde, & principalement ceulx qui volloient refifter à leurs
(i) Tuant. efforts, murdriffant (i) auffi femmes & enffans; & furent ainfy plus de
            quatre jours & quatre fepmaines par le pays, faifant le defroy du
(k) Les plus monde (k), avant que le noble Roy de Hongrie en fceufift certainne
horribles ra- nouvelle, ad caufe que le traiftre Veyïda l'empêchoit; mais le mois
vages.   paffé, on ne luy veult plus celler; car trop de fuians le faifoient
            fçavoir, par où il en eult nouvelle, dont fu fort esbahis; qui com-
            mencha à affembler du Confeil; & tandis voyant le Turcq que chacun
            s'en alloit devant fa puiffance, deleiffant tous leurs biens & chevance,
(l) Dépouil- les faifoit prendre & trouffer (l), & tout porter en la ville de Grief-
ler.   veifemburch; puis fift marcher fes gens fans arrefter, tant qu'ilz fu-
            rent en ung pays appellé Simchre, là où le bon vin croit, & étoit
le dit païs fertil & plain de provifion. Les Turcques à groffe puiffance, ainfy eftant en ce bon pays, fe mifrent en bonne ordonnance,
pour ce que le pays eftoit peuplé, affin d'eulx deffendre, fe les Hongrois venoient à l'encontre d'eulx, & mifrent leurs camaulx dedens
les vignobles, de telle forte que iceulx mengoient crappes & vignes,
& gaftant tous les vignobles. Combien que le pays fufift peuplez,
fe n'y avoit-il perfonne qui fe ofaft trouver contre eulx, pour y faire
quelque refiftance. Ce voyant les Sarazins allerent devant un chafteau, lequel s'appelloit Petervaradin, le quel eftoit fort à merveille,
& ne furent ghaire devant, que les Turcques ne l'eurent à leur vollenté; & quant ilz en furent le maiftre, colperent à chacun Creftiens
le chief, dont après les mifrent aux boutz de leurs lances, & ainfy
vindrent devant leur Tirant Empereur de Conftantinoble, au quel

l'ung recita leur tirrannye par eulx faicte au Chafteau de Petervadin, & quant il eult tout dict, leiffa tumber les chiefz des povres Creftiens à terre, & les fift-on haftivement enfouyr. Lors aulcuns fuyans difrent au Roy Loys plus ad plains que les Turques eftoient en fon pays, & comment ilz avoient prins la ville de Griefveifemburch, & qu'ilz gaftoient tout le pays, pillant & bruflant par tout où ilz paffoient; auffi qu'ilz avoient le chafteau de Petervadin, & tous mis à mort les Creftiens. Le jonne Roy efmerveillet, avec ung peti de Confeil qu'il avoit avec luy, pourquoy on ne l'avoit plus tempre (m) adverty, fe retourna leur difant : Vechi de piteufes nouvelles, qu'en dictes-vous, Seigneurs? Je vous prie que fur ce me voeilliés confeillier; vous povés fçavoir qu'il n'eft pas poffible de refifter à telz effors, qu'ilz font fans groffe aide, & nous ne avons gens, ne argent; parquoy, je vous prie, fur ces affaires confeilliés-moy. Ad ce le Confeil refpondit : Sire, fe croire nous vollyés, vous envoyeryés haftivement demander fecours à ceulx qui font vos voifins, & plus prochains; comme à ceulx du Reaulme du Bohefme voz fubjects, & en Polle (n) & mercherre; auffi à la Majefté Imperialle. Le Roy crut à ce Conceil, & envoia fes poftz foubittement par tout, foy auffi mettant fus de telle puiffance que haftivement peult trouver.

Comment le Roy de Franche, après qu'il fceut la verité de la defcente des Turcz en Hongrye, il affembla une puiffante armée, pour aller contre le Duc de Bourbon.

CHAP. VII.

TANDIS que ces affemblées fe faifoient, le Roy des Franchois adverty par fes efpies & poftz, que le Grant Turcq eftoit defcendu au Reaulme de Hongrie, & que auffi il avoit reçupt lettres du Grant Turcq, & fachant que par telles befoignes Domp Frenand auroit affés à faire à fecourir le Roy Loys fon Beaufrere, fans prendre le loifir d'ayder le Duc de Bourbon, mis fus une groffe bende de 30 ou 32 mille hommes, en la condhuicte du Conte de Saint Pol, & l'Admiral de France, avec le Seigneur de Florenge, & pluifeurs aultres Gentilzhommes, les quelz faifoient leurs affemblées à l'environ de Lyon fur la Rofne. L'Empereur en fu advertis par fes biens-voeillans, que telle affemblée fe faifoit, pour grever le Duc de Bourbon, manda au Roy de France quelle eftoit fa voiluinté, & s'il ne luy fouffiffoit pas fe par fon alliance donnée Soliman pach, Turcq en Conftantinoble, laquelle alliance en Avignon de par luy a efté caufe de fa defcente en Hongrie, comme le Turcq luy avoit bien promis, fi encore ne fe metoit fus pour contrifter fon Lieutenant le Duc de Bourbon : que luy meifme avoit promis fa foy en la ville de Madritte de pas faire la guerre à la Majefté Imperialle, ou autrement de retourner en fa foy : & que trop de jours en fes requeftes eftoient paffez, & avec ce, s'il ne fe contentoit, que on fe courroucheroit. Le Roy de France efcoutant ces nouvelles penfa amerrement deffus, foy reputant ung homme lache, qui autrement ne mettoit remede en fes affaires ; & penfant que l'Empereur avoit bonne raifon, luy remanda que touchant d'achever fa promeffe, il ne tenoit pas à luy, mais au Confeil de France ; neantmoins, quoy qu'il doibve coufter, tiendra ce qu'il a promis, fans foy fouffyer, & que c'eftoit tout fon defir de demourer fon amy ; luy recomandant fes enffans, ainfy qu'il voldroit que on feift des fiens, s'il en avoit en tel qualité ; mais touchant du Duc de Bourbon, qui ne luy volfift defplaire (o), car c'eftoit l'homme que plus hayoit defoubz le ciel. En telle forte l'Empereur fu appaifiet pour cefte fois ; & le Roy pour les refcriptions de l'Empereur, ne fift pas hafter fon armée ; mais les fift tarder, voyant que l'Empereur fe contentoit de luy ; & fift demorer fes gens de guerre mengier le pays, dont c'eftoit pitiet. Tandis les chiens enragiés *ne* leiffoient *les* povres Creftiens nuiét ne jour en paix. Et pour à ce obvyer & deffendre, le très-vaillant & noble homme Loys, le jonne Roy de Hongrie, fift comme ung Roy très-creftiens doibt faire ; car pour volloir delivrer fon peuple, attendant fes amis, lefquelz fe preparoient pour le fecourir, n'arrefta guerre ; mais avec ung cœur emflambé, defirant deffendre la Foy catholicque, fe mift avec ung peu de gens, lefquelz il avoit faiét raffembler à une villette nommée Dulna, 16 lieues de Ofne, où il affift premier fon oftz, & n'avoit environ que 4^m hommes à piet que à cheval ; lequel quoy qu'il fefift, le Roy du pays eftoit en crainte des villaiges de Hongrie autant que du Turcq, que le traiétre Conte Veifda avoit fedhuyt ; & auffi ad caufe de l'Evefque *de* Grane, lequel quoy qu'il demonftraffe avoir bon zele, n'eftoit pas fon amy, comme cy après vous pourez ouir ; pour lequel Evefque de Grane eftant par devant ung logis, où le fourier du Roy volloit logier, ou que fon maiftre y fufift logiés à fon aize, & le fourier de l'Evefque y volloit pareillement logier fon Seigneur, & difoit, que fon maiftre eftoit mieulx le Seigneur de Hongrie que celui que on difoit Roy de Hongrie. L'Aéteur : Aa! traiétre gens, ce n'eftoit pas pour bien achever la journée contre les Turcques, ne de les enchaffer hors du Reaulme, que faire telle diffention, & encore ung Evefque. La noife efleva (p) affés grande ; car le fourier de l'Evefque fu tellement battu, qu'il en morut. Ainfy que ces chofes fe demenoient, le nombre des Hongroix croiffoit & multiplioit toufjours, tellement que leur camp eftoit jufques ung lieu appelle Batha, à treix lieues près

des

des Sarazins. Quant le Roy Loys fceut qu'ilz eftoient fy près de luy, fachant que leurs defirs eftoit de les deffaires & ruer jus pour la Creftiencté, le Roy appella fes Seigneurs en Confeil, lefquelz y vindrent, & pluifeurs Evefques & Prelatz, où après avoir acouftés le jonne Roy en fes dolleances, conclurent que d'affalir le Grant Turcque pour les combattre, comme cy après vous orrez.

1526.

Comment le Roy de Hongrie donna la bataille aux Turcz, ennemis de la Foy, dont par trahifon le noble Roy perdi la journée & la vie.

CHAP.
VIII.

A CESTE conclufion prife, le Turcq en fu adverty, le quel envoya incontinent par devers le Roy, luy faifant fçavoir, qu'il fufift affeuré & bien averti, qu'il l'avoit delivret d'une groffe fomme d'argent à ung Seigneur de Hongrye fon parent, lequel l'avoit aidict à entrer au Pays, & qu'il n'avoit que faire foy preparer de les volloir combattre, ne de foy mettre en bataille contre luy, & que c'eftoit à tort; car il avoit acheté le pays, & bien payet d'argent comptant; qu'il y venoit pour le vifiter & recepvoir, & y faire fon entrée; & que fur ce defiroit de parlementer au Roy, affin de faire ung bon appoinctement avec luy, de tel forte, qu'il demoroit (q) paifible en fon Royalme, en luy rendant aulcuns deniers par an, foy difant fon vaffal; & que, en ce faifant, retourneroit en Conftantinoble. Le Roy efcoutant ces nouvelles fu moult efmeirveilliés & esbahis, difant : Ha ! mon benoit Createur, tu foye le bien loez en cefte adverfité. Puis dict à fes Seigneurs : Comment, mes amis? je n'entend pas cecy : à ce que *ce* felon Turcq enragiet nous mande, il convient (r) qu'il y ait des Judas entre nous. En quelle forte me maintiendray-je? Lors chacun commencha à s'excufer, & dire : Sire, ne doubtés, ce ne font que abuz & entrevalles (s) que ce Sarrazin meth advant. Faifont ce que notre Confeil a concludt. Alors fu le Roy deliberé, fur les refponces de fes nobles hommes, de entrer en bataille, quelque jonnefte qu'il eufift, & fift (t) le confeil de fes Seigneurs, combien que tous n'eftoient pas certains (v). Et le propre jour de la Decolation Saint Jan-Baptifte, 29e jour du moix d'aouft, forti le Roy de fon camp avec fon armée, là où Damery Pol eftoit fon Lieutenant General, lequel mift l'armée des Hongroix & Bohemois en deux bendes, dont celle de l'Evefque du Grane eftoit la principalle, & en quoy le Roy avoit plus de fiance, & avoit la meilleure artillerye avecque le Roy; lequel quant il perchut fes batailles bien ordonnées, comencha à faire fonner trompeftes & tamburs, pour commencher la meflée de Bataille, lequel fift une petite amonition à fes gens, les priant que chacun fufift vaillant pour la Foy foutenir; lefquelz promifrent tous

(q) *Démettroit.*

(r) *Il faut.*

(s) *Que feintes pour gagner du tems.*

(t) *Suivit.*

(v) *Déterminés.*

N n

1526.

de ainſi le faire, ſe Dieu le conſentoit. Lors ces parolles diétes, après pluiſeurs ſeremonies, le Roy commencha à marchier vigoreuſement, en approchant les Turcz ſes ennemis, tellement qu'ilz perceurent l'ung l'autre. Le Grant Turcq parreillement, après avoir faiét ung ſermon à ſes gens, leur priant de le bien faire, & que s'ilz gaignoient ceſte Bataille à l'honneur du grant Dieu, qui ſeroient tous riches; car jamais n'avint telle gloire aux Payens qui leur aviendroit; car en ſe faiſant, eſperoit que en brief temps ſeroit Empereur des Allemaignes. Ces parolles diétes, fu ordonné de ſon avantgarde approchant les Creſtiens, laquelle tellement beſoigna', qu'ilz commencherent à fraper l'ung ſur l'autre; les Creſtiens tiroient leur artillerye ſur les Turcques, où ilz faiſoient ung petit de domaige; les Turcques ne tiroient pas leur artillerye, mais venoient juſques aulx Creſtiens; laquelle bataille dura depuis 8 heures du matin juſques à 4 heures du ſoir; leſquelz Turcques ſe rethirerent derriere leur karroy, leſquelz eſtoient tous encloz de cameulx (x) & de leur oſtz (y); ainſy que par conſtrainéte, le Capitaine Dammery Paul Moiſne avec ſa bende Hongroiſe, a fait commencher à tirer fort radement (z) l'artillerie; mais c'eſtoit pour neant; car ilz ne povoient attaindre leurs ennemis, pour ce qu'ilz tiroient trop hault. Ce voyant la groſſe bende des Sarraſins, & que leur avantgarde s'eſtoit ainſy rethirée, ne l'entendant pas qu'ilz volloient faire, ſinon qu'ilz avoient beaucop perdus, & que l'artillerie Hongroiſe ne les povoit endomager, ſe amonſtrerent; qui lors amenerent leur artillerie pour tirer deſſus les Hongrois, laquelle artillerye affuttées entre deux foſſetz, aſſez près d'une yaue coye; mais quant ilz perchurent le Roy, qui tant vaillamment ſe combattoit, tant ricement monté & armé, & qui le véoient au treiét de leur artillerie, commencherent à tirer ſur l'armée du Roy ſans ceſſer, une bonne heure de loing. L'Eveſque de Grane acompagnié des Bohemoix, voyant que on tiroit ainſy ſur le Roy & non deſſus luy, & que le Roy eſtoit en dangier, en eſtant fors joyeux, diſant en ſoy meiſmes, qu'il eſtoit où il le volloit avoir, s'eſt tourné avec ſa bende incontinent en fuite, & s'il n'en avoit nulz dangiers; car les Turcques ne luy povoient mal faire de l'artillerye; ce neantmoins, par ſon traiéteur couraige, s'en alla & habandonna le noble Roy avec ſa bende & aulcuns Bohemois en la place; lequel Roy, quoy que l'artillerie des Turcz furent deſſerés par troix foix ſur ſa bende, ſi ſe combattoit-il vaillament, donnant couraige à ſes gens; mais en la fin ſe perchut de tout coſtet oppreſſés, ſans veoir qu'il auroit aide ne confort de perſonne, tellement que c'eſtoit à luy que on en volloit, force luy fu habandonnner le tout, & ſoy enfuir par derriere leur oſtz, lequel avoit eſté rompu, quant l'Eveſque s'en-

(x) Chameaux.
(y) Armée.
(z) Terme Wallon : Promptement.

fuyt, laiſſant le Roy en grant dangier. Quant les Turcz perchurent le noble Roy ainſy fuyr, le ſievirent piet à piet juſques à leurs kar-roy; parquoy pour aulcuns la deffence n'y vally plus riens; car pluiſeurs vaillans Creſtiens y leiſſerent leurs vies. Quant le Roy véyt qu'il n'y avoit plus de remede, tottalement avecq ſes nobles, voir le demeurant (a), s'en eſt fuys, leiſſant cour (b) les chevaulx à bride avallée, tant qu'il arriverent en une mareſcaille (c) une partye, les autres qui n'y entrerent pas furent ſaulvez, & autres qui habandonnerent les chevaulx, & qui ſe miſrent à piet entant en la mareſcaille parfond, que les Turcz ne oſerent ſieuvir, furent pareillement ſaulvés. Le noble Roy Loys ne fiſt pas ainſy que les autres, demoura ſur ſon cheval, lequel entra en une mareſcaille & fort parfond, lequel cheval eſtoit ung grant courſier, fort peſant & bardés, & luy parreille-mens auſſi fort armés; de tel ſorte que le cheval & luy ſe ſon effonfés dedens le mareſcaille. Quante le Roy ſe perchut ainſy de plus en plus en la bourbiere (d), penſant tousjours tirer ſon cheval dehors par ung bout, en donnant de l'eſperons, tira la bride, & le cheval tumby au reverſe ſur luy, tellement que ſon harnoiz luy ſerra le col; parquoy il fallu que le noble Roy Loys de Hongrye finaſt ſes jours en la mareſcaille, comme noble & vaillant Creſtien. Le Roy Tout-puiſſant le voeille resjoyr en la gloire eternelle.

Comment le corps du noble Roy de Hongrie fu trouvé, embalmé, & **CHAP.**
enſepvely, par ung Chevalier Hongroy; & du groz deuil **IX.**
que la dolante Royne Marie d'Auſtrice mena.

AN TEL ſorte fina ſes jours le noble Roy Loys de Hongrie, le jour de la Decollation Saint Jan-Baptiſte, le 29e jour du mois d'aouſt, l'an mil chinc cens & 26, dont il fu trouvet, non pas loing d'une yaue, qui s'appelle Trab, par ung Seigneur de Hongrie, lequel ſe appelloit Ceterins; lequel il miſt, le corps bien eſpiſſiés (e), en ung lieu ſecret; puis s'en alla porter les nouvelles à Madame Marie d'Auſtri-ce, Royne de Hongrye, au Chaſteau de Presburcg, où eſtoit ſon doüaire. Laquelle noble Royne, quant elle fut adyertye à la veri-té, n'eſtoit nulz qui l'en ſceuſiſt rapaiſer; car après Dieu, le noble Roy eſtoit tout ſon deſir; neantmoins celle demenant ſon deuil, de-manda à Ceterins, où il s'en alloit de ce train; ycelluy reſpondit, qu'il alloit faire ſçavoir à ſon Frere Domp-Frenand, Archiduc d'Auſ-trice, & pour ſçavoir qu'il voldra faire du corps. Lors celle Da-me demanda où le corps de ſon mary repoſoit; il reſpondit, que on l'avoit mis en ung lieu ſcurre, embalmés en haſte. La Dame luy demanda, s'il eſtoit fort deplayctz (f), & s'il avoit trouvé entre

1526.

(a) *Ou plû-*
tôt avec ce qui
en étoit reſté.
(b) *Aller.*
(c) *Marais.*

(d) *Dans le*
vaſe.

(e) *Embau-*
mé.

(f) *Déchiré.*

les mors, ou on avoit paſſez ſur luy. A ce reſpondit le Chevalier
Ceterins à la noble Dame, tout ainſy qu'il en avoit eſté faict, &
ainſy comme j'ay dict cy devant; de quoy la Roynne fu fort deſ-
confortée, & de quoy ſes doleurs s'en renouvellerent. Concluſion,
après que le Chevallier eult ſejournet la journée, reconfortant la
Roynne, l'endemain ſe party, lequel portoit avec ſes dures nouvelles lettre de la Roynne à ſon Frere Domp-Frenand, ſoy recommandant à ſes groſſes affaires, en luy donnant confort encontre ſes
ennemis. Soyés advertis que ceſte mort fu ung gros mal pour la
Creſtienetet. Parreillement ung gros deshonneur de la fuicte que
fiſt le Moyſne & l'Eveſque du Grane avec ſa bende; car s'ilz ne s'en
fuiſſent enfuictz, en habandonnant leur Roy, & faire comme il faiſoit en vaillamment deffendant la Foy catolicque, les Turecques cuiſ-
ſent eub beaucop d'affaires, & ſy ne fuiſt pas le Roy ſy miſerablement
finez. Quant la bataille fu ainſy tournée perdue ſur les Hongroix,
la reſte qui d'eulx demoura ſe retirerent dedens les villes & chaſ-
teaux: mais ſoyés advertis que le pluſtoſt que le Chevalier Hongroix
fu party pour marchier (g) à la Roynne & à Domp Frenand, la mort
du Roy Loys, il fut prins & ravis du lieu où le Chevalier l'avoit
mis & embalmés en ſarcuys (h) de bois, pour le remettre en ung ſar-
cuit de plomb: puis fu emporté en une Egliſe Cathredalle en grans
pleurs & gemiſſemens, avec grant nombre de torſes, attendant que
Domp-Frenand, Archiduc d'Auſtrice, avec la Seigneurie d'Hongrie
& les parens auroient ordonnez de ſon enterrement. Ce temps
pendant de la bataille finée, les Turcqz tenoient les champs, leſquelz avoient gaigniés ſans nombre de biens que les Hongroix avoient
leiſſés & habandonnés en leur armée & camp. Et tandis le chevall-
lier Hongroix arriva au Roy Domp-Frenand, auquel il conta la
povre adverſité du Roy de Hongrie & de ſa mort; parquoy groz
deuil ſordict (i) en l'Archiduc d'Auſtrice; & où le Conſeil ſe aſſembla
pour beſoigner de ſon enterrement, & du ſecours que l'on feroit
contre les Turcqz. Des quelz nous laiſſerons à parler, & dirons
ung petit de gens du Pape, Veniſſyens & Florentins.

(g) Marquer, annoncer.

(h) Cercueil.

(i) Sourdit, sourd.

CHAP. X. *Comment les Veniſſiens & gens du Pape aſſiegerent le Duc de Bour-*
bon au Chaſteau de Milan; & comment le Duc & le Prince
d'Orrenge les deffirent, & tuerent tous, meiſme les
Franchoys qui y venoient.

SACHANT iceulx que le Duc de Boarbon eſtoit ainſy obéy en la Ducié de Milan, & qu'il deffendoit les paſſaiges *de ſorte* que les Franchoix,
ne riens de par eulx, ne povoit venir en leur armée, par conſeil

deliberés allerent affieger à groffe puiffance le chafteau de Milan, & de tel forte que jamais place fut affiegée. Le Duc fe voyant ainfy affiegés, incontinent l'envoya dire à l'Empereur, lequel le fceult en 15. jours. L'Empereur incontinent & fans delais manda au Prince d'Orrenge, qui eftoit en la France-Conté, qu'il leiffaft le Bourgoigne, & qu'il prendefift le plus de gens qu'il povoit en ces methles (k) & pays, & qu'il fe trouvaft, combien qu'il couftaft, à l'ayde du Duc de Bourbon, lequel eftoit affiegé au chafteau de Milan. En ce tamps les Franchois tenoient les champs, & eftoient ceulx que le Roy avoit fait tarder, pour les nouvelles que l'Empereur luy avoit envoyet; nonobftant avoit promis aulx Veniffyens que les y envoyeroit; & fachant qu'ilz eftoient deliberés avec les gens au Pape, leur avoient mandé, qu'ilz marchaffent, difant qu'ilz alloient chercher leurs adventures de là les montz, par une faincte, comme fi vous vollés, ilz euiffent eftez bannis du Reaulme. D'autre cofté le Prince d'Orrenge avoit regardé les mandemens de l'Empereur, lequel luy mandoit, qui les allaft aider de là les montz le Duc de Bourbon, & fe mift fus pareillement pour aller chercher, comme les Franchois, fes adventures avec le Duc de Bourbon; parquoy de fa bende fe trouva dix mille hommes à piet & à cheval fort bien efquippés. Lequel fe voyant en tel forte acompagnié, ne tardaft ghaire qu'il ne s'en allaft vers les montaignes, avec groffe artillerye & en bonne ordre; fachant les Franchoix, allant devant eulx, attendant la bonne fortune pour les combattre. Soyés advertis que les Franchoix avoient ainfy que paffés que les montaignes, lefquelz eurent des nouvelles telles, qu'ilz n'ofoient plus marcher avant, pour ce que l'armée du Pape & des Veniffiens fe debattoient en leur camp devant Milan; la caufe qu'ilz difoient que l'armée du Roy de France n'eftoit pas avec eulx, & que de loing temps le Roy de France avoit promis ce faire, & fy ne tenoit pas fa promeffe; car il avoit promis envoyer une grande armée & force vivres, & s'y n'en véoient nulz apparences. Les Veniffiens difoient que c'eftoit par le Pape, & les gens du Pape difoient que c'eftoit par les Veniffiens, pour aulcuns refuz que l'on avoit fait au Roy contre fa vollunté; ainfi le cuidoient-il d'ung cofté & d'autre: mais c'eftoit pour la caufe que vous avez oy ci devant, que le Roy les avoit atargiez. Neantmoins pour tel triboulement (l) qu'ilz avoient l'ung contre l'autre, eftoient en vollunté de lever le fiege. Le Duc de Bourbon en fu aulcunement adverty, par ung prifonnier, que l'on prift en faifant une falliye deffus eulx. Les Franchoix d'autre cofté, eftant en ès montaignes, feeurent que ainfy fe debattoient, & craindant qu'ilz ne levaffent leur fiege, concluvent de plus avant aller, craindant d'y tous demourer, come au-

1526.

(k) *Frontières* Lat. *Metæ.*

(l) *Brouilleries, démêlés.*

treffois avoient fait en aulcuns voiaiges. En ce temps que fes chofes fe faifoient, c'eftoit en mi-feptembre 15 cent 26, que les Franchois conclurent de retourner en France, comme ilz cuiderent faire, & comme ilz fifrent ; defquelz en y eult des haltifz, que les gens du Prince d'Orrenge, qui commenchoient à monter les montaignes, prindrent prifonniers, lefquelz difrent comment la chofe alloit ; dont pour fes advertiffemens le Prince d'Orrenge tant bien befoigna, & par telle condhuiéte, qu'il mift fes gens en deux bendes, que quant ce vint que les Franchoix cuiderent rapaffer, peu en efchapa, au moins de ceulx que l'on peult trouver ; car le Conte de Saint Pol fe party auffy de bonne heure, & le Seigneur de Florrenge, lefquelz payerent des petis compagnons & d'autres, defquelz grant nombre en demoura. Sachiés que le Prince d'Orrenge s'y porta vaillammant avec fes bendes, lefquelz furent bien ordonnées & condhuiétes. Les compagnons y furent tous riches, toutte l'artillerie des Franchois y demoura, & touttes les utenfilles de guerre. Le Prince d'Orrenge y perdy environ quattre cens compagnons pietons. Lequel Prince fift tant en après la befcouffe en abregant fon chemin, que en peu de temps le Duc de Bourbon eult nouvelle de fa venue, & comment il avoit deffaiét les Franchoix ; & auffi le feeurent les Veniffiens eftant au fiege que ainfi en eftoit, & que le Prince d'Orrenge avec fa bende marchoit vigoreufement à l'ayde du Duc de Bourbon ; de ce n'eftoient en nulz point, combien qu'ilz eftoient fort puiffant ; fe avoient-ilz crainéte que le Duc de Bourbon ne ruaft fur eulx, quant le Prince aprocheroit. Neantmoins les Veniffiens eulrent en confeil, que d'aller aulcune bende deffendre à monter le Prince d'Orrenge fur le Pays : mais le Duc de Bourbon les en garda bien, qui à cefte heure ne dormoit pas ; car avec la puiffance qu'il feeult recœillier en Milan, & au tranfport d'autres garnifons, par leur bien advertir & faire fçavoir de fes affaires, pour que auffi le Prince d'Orrenge venoit à fon fecours, fachant que les Franchois eftoient tous rués jus, comme ung homme vertueux & plain de courraige fe mift au champ, fans riens craindre, luy ne fes gens, accompagniet du Seigneur de la Motte, qui eftoit le chief de fes pietons, & aultres, entra dedens les Veniffiens de tel forte, cryant : *Vive l'Empereur : Bourgoigne : Auftrice : Auftrice*, que tout fu abattu par terre. Quelque deffence que les Veniffiens & gens du Pape fefiffent, le Prince d'Orrenge fu adverty que le Duc de Bourbon avoit emprins (m) de faire, fift hafter fes gens, lefquelz à peu près (n) entrerent au camp des Veniffiens, que les gens au Duc, où tellement befoignerent à leur bien venue, & fy bien efcheyrent, qu'ilz *trouvèrent* que c'eftoit le quartier des gens du Pape qui furent affez bien tri-

(m) *De ce que le Duc de Bourbon avoit entrepris.*
(n) *Peu après.*

quaffez; car depuis que la guerre commencha fur les humains, ne fu
de tel caplement (*o*); car fes Bourguignons de la Franche-Conté, & autres que le Prince d'Orrenge avoit, crioient : *Bourgoigne, Bourgoigne,*
les tuant par moncheaux. D'autre cofté les Lanfqueneth, & Efpagnars, que le Duc de Bourbon y avoit mennés, le fifrent fy bien,
que les Florentins & Veniffiens s'enfuirent; car ne pouvoient endurer (*p*)
contre les gens au Duc, lefquelz furent fievys tout tuant. C'eftoit
pitié comment l'on les chaftioit. Conclufion, la plufpart de chincquante mil hommes qui eftoient devant Milan, furent tous deffaiéts,
& leurs artilleries perdues, tentes, trecz, & aulcubes (*q*); parquoy les
gens de l'Empereur en furent tous riches. Le Duc de Bourbon &
le Prince d'Orrenge, après la fuiéte & befcouffe, voyant que a plus
ne avoient à qui parler, fe trouverent enfemble fur le camp, loant
Dieu de la belle viétoire qu'il avoient heub, en feftoyant l'ung l'autre; dont après s'en allerent en la ville de Milan & au chafteau. Le
Pape fceult que la perte eftoit grande, & tournée fur luy, & le Veniffiens, & Franchois, pour faire defpit à l'Empereur, fift cryer fur
la hart, que tous ceulx qui eftoient des parties de l'Empereur, fortiffent de la Cité dé Rome, fans jour & fans heure, fur paine de la
mort. Ainfy en fu-il fait; car tous forterent, finon ung qui y avoit
demouré 15 ou 16 ans ou environ, qui dit à ung Cardinal fon maiftre, qu'il prendoit congié de luy, pour la cryée faiéte. Le Cardinal luy diét que le ediét n'eftoit pas fait pour fa perfonne, & qu'il
y avoit par trop loingtemps demouré en Rome, & que au Juge
parleroit pour luy. Ce Cardinal ne tint pas fus cette affaire, penfant que pas ne feroit accufé, pour ce qu'il y eftoit de loingtemps;
neantmoins l'on y vifa pas; car il fut accufé & mis en prifon. Son
maiftre le Cardinal le fceult en prifon du Barifiel, alla parler pour
luy, mais riens n'y vallut; car le juge conclud, qu'il feroit pendu
par deffoubz les bras, pour ce que fon maiftre l'avoit abufé, & fachant qui fe volloit partir. Et affin que la chofe ne fu rompue qui
eftoit diéte par jugement, ainfy en fu faiét. Et quant il fu defpendu,
on le batty de groffes verghes parmy la cité de Rome, & puis en
fu bannis & des terres du Pape. Le Cardinal fon maiftre fu cour-
rouché fur le Pape, pour l'infolence que l'on avoit fait à fon ferviteur. Sans en appeller nulz Confeil, le fift fçavoir au Duc de Bourbon, & comment il avoit faiét publier fur la hart de faire fortir
ceulx tenant partie de l'Empereur & de fes pays, hors de la cité.
Quant le Duc de Bourbon fceut fes nouvelles, fu fort animés fur le
Pape, en tel forte qu'il fift courir en peu d'heure toutes les terres
du Pape par les Efpagnars & Allemans, tellement qu'ilz y fifrent de
groffes pilleryes, tant que à la fin, le Pape perchupt qu'il avoit fail-

1526.
(*o*) *Déroute.*

(*p*) *Réfifter.*

(*q*) *Traits
& hauhufes,
balles & fufils.*

lyt; & fist tant qu'il appaisa Bourbon en luy donnant chincquante mille Ducatz. Ce temps pendant l'Empereur eult nouvelle que le Prince d'Orrenge avoit deffaiét les Franchois au piet des montaignes, & comment il estoit arrivé avec le Duc de Bourbon, au grant domaige des Venissiens, & le siege de Milan estoit levé, parquoy loua Dieu très-humblement. Parreillement eult nouvelles le Roy de France, de la destruétion de ses gens & des Venissiens, dont il cuida fourséner, mauldisant l'heure que jamais eult question au Duc de Bourbon, & qui le laissa sortir de France. Soyés advertis que incontinent après que l'Empereur eult reçupt les nouvelles de la perte des Venissiens, fu requis de volloir faire son entrée en la ville de Grenade, lequel y alla comme vous orrez.

CHAP. *Comment l'Empereur, avec sa noble Espouse, fist son entrée en la cité*
XI. *de Grenade, où des citoyens fu honnorablement recheu ; & comment il accroista la Foy Crestiene.*

L'EMPEREUR Charles, tousjours Auguste, voyant la grant humilité de ses bons subjeétz de Grénade, appoinéta ses besoignes pour y aller ; mais expedia ung postz venant de Domp-Frenand, lequel luy avoit apporté les nouvelles de la mort du Roy Louys de Hongrie, son Beau-frere, dont la Court estoit merveilleusement troublée ; auquel l'Empereur rescripvy tout ce qu'il avoit affaire de par luy. Le postz party, l'Empereur & sa Femme s'en allerent envers la cité de Grenade, lesquelz tant cheminerent, qu'il approcherent la cité, où les habittans & bourgoix avec grant Seignourie allerent au devant de l'Empereur, avec deux cens mille personne, les mieulx empoint que jamais on regarda, acompagniés de la Clergé ; lesquelz presenterent les clefz à l'Empereur, en luy disant de belles choses, le plus d'eulx en genoulx, luy faisant hommaige ; en après le fist tous lever. Puis vint l'Evesque du lieu, lequel luy donna baisier la Croix, à la quelle pour l'honneur de la Passion notre Seigneur le baisa humblement, en après à la noble & puissante Imperatrix sa femme. Chacun se retourna vers la cité, criant à haulte voix : *Vive l'Empereur &*
(r) *Suivre.* *Grenade.* L'Empereur commencha à les feuir (r), c'estoit plaisir d'en veoir l'apparrence. L'Escuyer & les paiges de l'Empereur estoient acoustrez de drap d'or bien gentement. Le premier page estoit vestu à la mode d'Espaigne ; le 2e en mode de Turquie ; le 3e en mode d'Italyenne ; le 4e en mode d'Allemaigne ; & ainsy des autres diffi-
(s) *Je lirois* cillement (s), ayant chacun ung baston en sa main d'estrange sorte, &
aigeremment. tous à teste nue. C'estoit plaisir de les veoir, parreillement les houschures des chevaulx. Et sachiés que la Femme de l'Empereur y
       estoit

eſtoit auſſi, non pas loing de l'Empereur; & derriere elle après ſon eſtat de Dames & Damoiſelles & Seigneurs, les Archiers de corps de l'Empereur, ayant leurs palletos argentés, à cheval le ſievoient. Ainſi entra l'Empereur en ſa cité de Grenade, en grant triumphe & gloire; où chacun crioit : *Vive l'Empereur & Grenade;* tellement chemina avec groſſes allumeries, & ricement les rues tendues, entra en ſon logis preparet, & ſe nomme Alembra (*t*), où il y a ung fort logis & belle place; où Bandelis le Fort, Roy de Grenade, ſe tenoit quant elle eſtoit payenne (*v*), & que le ſiege eſtoit par devant du noble Roy d'Aragon & de Elizabet ſon Eſpouſe, Royne de Caſtille & des Eſpaignes. Je vous advertis que l'endemain de ſon entrée, l'Empereur fiſt ſes preparations pour aller en une Proceſſion generalie, où le Corps de notre Seigneur fu honnorablement porté; là où l'on preſcha de la matierre pour la Foy, pour ce que par ci devant, depuis que le Roy d'Aragon l'eult pris, quant ung homme avoit enffant de ſa femme, s'il luy plaiſoit, on ne le baptiſoit pas, en donnant au Roy ce qui eſtoit diĉt. Parquoy aucune foix en y avoit des obſtinés, leſquelz ne faiſoient pas baptiſer leurs enfans, en donnant des deniers ad ce ordonnez. Ce ſachant l'Empereur, quelque proffit qui luy pouvoit avoir, ne le veult plus ſouffrir; pour ce fiſt preſchier, à ceſte Proceſſion, de la Foy par ung Doĉteur, où l'Empereur & ſa Femme eſtoient preſens; chacun qui eſcoutoit la predication plouroit, tant eſtoit-il eſmeult en la Foy; leſquelz après cryoient à haulte voix : *Miſericorde,* diſant après les cris, nous deſirons & vollons eſtre baptiſez. Concluſion, la noble Proceſſion fu devottement faiĉte, & revenue en la grande Egliſe Cathedralle, l'Empereur fiſt ſerment ſollempnel à la maniere acouſtumée; puis après s'en retourna vers Alambras ſon logis, où il tint au diſner Court ouverte; au quel diſner on luy amena quattre hommes, ayant chacun deux cens ans d'eaige, bien marchant, bien buvant, & mengant; de quoy l'Empereur eult admiration. Le lendemain encore l'Empereur fiſt preſchier de la Foy par tout, comme le jour de devant; de telle ſorte que ung chacun crioit qu'il ſe volloit baptiſer, & convint faire ſur les rues de grans vaſſeaulx, pour ce que tant en y avoit à baptiſer, où on les baptiſoit en grant reverence. Quant les Blans-Mors (*x*) furent advertis que l'Empereur eſtoit ainſi reçupt en la cité de Grenade, ſe aſſemblerent dix mille hommes en une montaigne auprès du chemin d'Eſpaigne & de Grenade, pour les detrouſſer ceulx qui yroient & viendroient en la cité de Grenade & d'Eſpaigne & d'ailleurs, comme Ambaſſades & autres.

O o

1526.

(*t*) *Alhambra;* c'eſt le nom du quartier le plus élevé de la ville.

(*v*) Mahometane.

(*x*) Les Mores de Barbarie.

*Comment Domp Frenand, après la mort du Roy de Hongrie son Beau-
frere, fu par les Electeurs esleu pour leur Roy de Bohesme.*

AINSI que ces Blans-Mors se logoient en ces montaignes sur ces
passages, tandis l'Archiduc d'Austrice, Domp Frenand, fist apporter
le corps du noble Roy Loys de Hongrie & de Bohesme en la cité
de Vienne en Austrice, ainsy que l'Empereur l'avoit mandet & decreté en ses lettres, & le fist enterrer honnorablement, en grans
pleurs & gemissemens. Ce que on fist d'allumeries & autres seremonies, n'est pas à reciter autant qu'il en fu fait, ne les nobles
hommes qui y estoient. Quant le noble Roy fu enterrés & les
obsecques achievés, le Conseil se mist ensemble pour eslire ung autre Roy de Bohesme, lequel est le premier des Electeurs qui se
faict par election. Soyés advertis que plusieurs Roys & Princes sachant le Roy icelluy Roy de Bohesme mort, y avoient envoyés
leurs Ambassades, lesquelz requerroient tous pour estre le Roy, qui
promettoient de grans dons pour recepvoir la Couronne, principalement le Roy de France; ossy y estoit l'Ambassade de Domp
Frenande, Archiduc d'Austrice, & d'autres plusieurs Maisons grandes. Les Electeurs, voyant & escoutant les Ambassadeurs, lesquelz
requeroient tous pour estre leur maistre le Roy de Bohesme, se
mirent ensemble, entre lesquelz l'ung parla pour le Roy de France
en le rememorant au Conseil, lequel n'eust pas loisir d'en parler
nullement, car on luy coupa la parolle, disant : Ha ! icelluy ne
nous duyet (y) en nulle fachon ; quant à sa personne, n'est pas issu
de notre sang; puis, qui s'ensisuent, de foy n'a point (z), puis qu'il ne
tient pas ses promesses à Charles l'Empereur, tousjours Auguste,
par plusieurs manieres. La principalle, c'est qui s'est allyés contre
l'Empereur & la Crestieneté pour parvenir en ses parveries &
iniecques volluntet, à Soliman Pach, Grant Turcq, & Empereur de
Constantinoble, comme l'on aperchut par ses lettres patentes ; la
quelle Alliance a causé la perte de la noble cité de Rhoddes, la
quelle prinse a esté, & est au grant detriment & domaige de la
Crestieneté. Et parreillement par ceste Alliance du Roy de France
au Turcq, est venu l'inconvenient de la desecnte que les Turez
& Sarazins ont faict au Realme de Hongrie & Bohesme, lesquelz
gattent journellement les Païs, tellement que par ceste Alliance le
noble Roy Loys de Hongrie en a esté occiz, laquelle occision
tourne au grant domaige & deshonneur de la Crestieneté. Secondement n'a pas de foy sur ce que notre Empereur luy a faict en
la ville de Madritte, en temps qu'il a mis hors de prison tout à

fa vollenté & s'en a riens tenu ; mais au contraire luy a faict la
guerre de là le montz, cherchant par tout de luy abollir & ad-
nientir de fon Empire ; lequel luy avoit promis de bailler gens &
argent pour aller à Romme l'aider à courronner; qui riens faict,
& dict maintenant par ces lettres d'excufes, que il a envoyé devers nous les Electeurs, remonftrant pluifeurs articles, puis peu de
temps efcripte le 10e jour du moix d'octobre, foy complaindant
de l'Empereur par devers nous, comme vous fçavés, Seigneurs;
difant, qu'il a grant tort l'Empereur de demander ce qu'il demande,
veu qu'il n'eftoit pas en foy quant il promis ce qu'il dict, en temps
qu'il eftoit prifonnier, & que ce qu'il en fift, c'eftoit pour evader
la longue prifon ; & qu'il ne tenoit pas à luy que bonne paix ne
fuift pour le bien de Creftienneté : mais comme il difoit, l'Empereur n'y volloit entendre ; & que pour telles oppinions que l'Empereur tient de ravoir ce qu'il demande, caufe que les Turcz font
defcenduz en Hongrie, voyant ces deux parties en telle difcention.
Telles chofes mifes avant, come tous vous fçavés & avés perchut
par fes lettres, Seigneurs, vous femble-il qu'il y ait fidelité en une
telle perfonne, delaiffant fes enffans, fa propre chair & fon fang,
en tel captivité qu'ilz font, lefquels, quoy qu'il dye par fes excufes, les a faict livrer ès mains de l'Empereur, fans nulle ne quel-
concques conftrainctie, & l'aveub du Confeil & Parlement de France;
pourquoy, en telle chofe & autres, feroit d'avis pour ma voix,
que Domp Frenand, l'Archiduc d'Auftrice, lequel vient de notre
fang, le fufift. Quant ces motz furent bien entendus, après pluifeurs refponces & oppinions, fe arrefterent & eflurent par toutes
les voix des Electeurs fus Domp Frenand pour eftre Roy de Bohefme & le premier Electeur, où incontinent fu mandé par devers
eulx ; lequel quant il fceult ces nouvelles, fe trouva envers eulx
en noble & rice eftat. Et quant il y fu arrivés, les Electeurs luy
difrent qu'il eftoit leur compagnon & le premier, en tant qu'il eftoit efleu Roy de Bohefme. Lors Domp Frenand les remerchia,
lequel fu affiz en fon degré avec eulx, où en fa main dextre lui fu
delivré & donné l'Efpée Royalle de Bohefme, lequel le reçupt en
grant reverence. Je vous advertis que ces chofes fe faifoient le
jour Saint Simon & Saint Jude, l'an 15 cens 26. Lefquelz Electeurs, ce jour paffé, conclurent de faire ung fervice en grant triumphe pour leur Frere & compaignon le Roy Loys de Hongrie & de
Bohefme deffunct, où au fervice on porta l'Efpée par devant le
nouveau Roy de Bohefme.

1526.

O o 2

Comment le Grant Turcq avec fa puiſſance print aucunes villes & chaſteau en Hongrie, où il fiſt une groſſe inſollence & domaige.

QUANT telles choſes ſe faiſoient, & que chacun s'eſtoit retiré après avoir promis au nouveau Roy amiſtié totalle, & que les nouvelles furent envoyées à l'Empereur, en la cité de Grenade, que ſon Frere Domp Frenand eſtoit eſleut Roy de Boheſme, le Grant Turcq alors menoit ſon armée pour aſſieger une ville appellée Ofne (*a*), la maitreſſe ville de Hongrie, & la ville de Peſche tout enſemble; leſquelles il fiſt ſommer, en leur donnant une groſſe crainéte; pourquoy les Bourgoix & habittans d'icelles ſe miſrent enſemble en ung Conſeil; mais riens n'y vallut, car ainchi que leur Conſeil fu tenu, la ville de Peſche (*b*) fu prinſe d'aſſault, & tout le peuple tuez; puis après boutterent les feux, quant ilz eulrent pilliet. La ville de Ofne voyant & ſachant que Peſche eſtoit prinſe, & que telle deſtruction y avoit eſté faiéte, conclurent d'eulx deffendre juſques à la mort; mais les Turcqz les aſſaillerent de telle ſorte & de tous coſtez, qu'ilz ne ſe ſçavoient comment deffendre; & oſſy qu'ilz n'eſtoient pas ſorti (*c*) d'inſtrumens de guerre pour reſiſter aulx ennemis. Soyés advertis que la plus grant partie de la ville de Ofne, c'eſt aſſavoir du peuple, ceulx de quoy demorez eſtoient, neantmoins ont reſiſtez aulx ennemis de la Foi trois groſſes heures de loing; mais par aulcunes maiſons, leſquelles tenoient aux murailles de la diéte ville, ont montez deſſus, leſquelz ont prins la ville à force, & ont mis à mort tous ceulx qui ont trouvés en la ville; leſquelz après ſont venuz pour aſſailler le Chaſteau, où ilz furent de deux aſſaulx vaillamment reboutés: leſquels Turcz eulx voiant ainſy & de telle ſorte reboutés, incontinent veulrent parlementer, leur diſant, qu'ilz volſiſſent rendre le Chaſteau, & qu'on les aſſeuroit de leur vie. Ceulx de dedens perchevoient que nulles deffences ne leur eſtoit propice, & ſy ne les povoit-on aider, conclurent en leur Conſeil de demander au Grant Turcqz, voyant le dangier où ilz eſtoient, ſe ils ſe rendoient & ſe ilz les aſſeuroient de leurs vyes; le Turcq leur promiſt que ainſy en ſeroit faiét, & en jurra par le grant Dieu du ciel, par ainſy l'avoir promis, rendirent le Chaſteau; mais ſoyés advertis que quant les Turcz Tirant (*d*) furent dedens, & qu'ilz en eſtoient le maiſtre, diſrent à ceulx leſquelz eſtoient natifz Juifz, qui là eſtoient par tribu, s'ilz volloient aller avecq eulx, ou demeurer en la ville de Ofne, iceulx Juifz reſponderent, après qu'ilz eulrent tenu Conſeil, que c'eſtoit leur vollunté, s'ilz plaiſoit au Turcz, de demourer en la ville d'Of ne. Ces refponces faictes le Turcque fift lors prendre les Juifz, & les fift mettre en troix bendes ; affavoir ceulx de l'eaige de trente ans & quarante en deux parties, & les jeunes en deffoubz vingt ans enfambles. Puis leur dict derechief que chacune bende choififfent où ilz volloient aller ou demorer. Tous enfembles difrent qu'ilz avoient choifi la ville d'Ofne, & que c'eftoit fon plaifir que ilz y volloient bien demourer ; quant le Turcq eult efcouttés leurs volluntés, par fes fatalites enraigiés fift eftrangler tous les vieulz Juifz, & perchier de dagues aigües ; & tous les jeunes filz en defoubz de 20 ans, il fift prendre, & toutes les femmes & enffans, il fift enmener avec luy, pour en faire à fa vollunté. Je vous adverty bien qu'il y eult aulcuns vieulx Juifz occiz environ de 4 mille, lefquelz furent tous dexpouilliés ; & quant les autres Juifz furent hors, c'eft affavoir les jeunes, femmes & enffans, & la ville de Ofne toute pillyée, le Turcq commanda de les deftruire. Ainfy le fifrent-il ; mais le Chafteau demora en fon enthier, lequel fu prefque en dangier d'eftre bruflé du feu de la ville ; mais la deffence des Turcz l'en garda. Ces chofes ainfy faictes, & peu de temps après que le Turcq eult faict amaffer au Chafteau d'Ofne, toute la pillerie & buttin faict au Reaulme de Hongrie, y fift venir 14 cens Cameulx, lefquelz il fift cergier d'or, d'argent, de baghes & de biens qu'il avoit trouvé aux Eglifes & ailleurs en la ville d'Ofne ; lequel Turc après avoir declaré fon cas à fon privés Confeil, & donné ordre au Conte Veifda, dict qu'il demoreroit fon Lieutenant en Hongrie, & qu'il prendroit l'argent fur le pays, après que fon tribu luy feroit envoyez en Conftantinople, pour payer 40 mille hommes qui luy avoit leiffié pour faire la guerre à fa vollunté en Hongrie. Ses chofes bien conclutes, vous povés fçavoir qu'il fift cheminer les Cameulx chergiés devant luy nuyct & jour fans ceffer, luy & fes gens parreillement, de telle forte qu'il arriva au pont par où ilz alloient paffer, quant ilz entrerent au pays, lequel pont pafferent fes Cameulx chergiés de finances, & fes gens & artilleryes, puift fift rompre le pont, affin qu'il ne fufift pas fieuvys. Lors qu'il fu party du Pays, courru la voix qu'il n'y avoit plus nulz Sarazins en Hongrie, fi non celuy lequel avoit leiffiés entrer le Turcque au pays de Hongrie, & qu'il avoit vendu, lequel tenoit les champs avec 10000 reniés, qui s'appelloit le Conte Veifda accompagnié du Conte Haus ; lequel Veifda fe vantoit que c'eftoit à luy la Couronne de Hongrie, & que celuy qui luy volroit ofter, le deffendroit à l'efpée. Et difoit qu'il auroit la Roynne Marie de Caftille, Douagiere de Hongrie, à mariaige ; ou s'il ne le povoit avoir par amour, il l'auroit par force, au defpit de ceulx qui ayder l'en voldroient ; & ainfy le fu-il mandé au Roy de Bohefme, Archiduc d'Auftrice, Frere à la dicte Roynne ; lequel quant il en fu adverti, *dit* que Dieu & la force de fes gens l'en garderoient bien de ce faire. Ces parolles dictes, & après qu'il eult affemblé fon Confeil, fe mift fus pour aller contre ce fiere mefchant Conte Veifda renyés, avec une groffe puiffante armée, bien efquippée & de gens de biens & de guerre. Le mardi devant la Saint Martin 1526 ayant en bonne volluntet d'aller requerrir fa feur la Royne, pour le faire menner en la ville de Vicne en Auftrice, lequel en fes vollentez avec fon armée arriva par devant Presburch, bonne ville, où fa focur la Roynne eftoit en ung Chafteau gardée par ung Capitaine. Celuy Capitaine quant il perchut la groffe armée, & que c'eftoit Domp Frenand qui eftoit à l'enthour de la ville, icelluy Capitaine trouva maniere avecque tous fes biens, en ung beau matin avec ung fien familier, de foy faulver, dont quant la Roynne le fceult en fu fort esbahie. Ce matin propre que ce Capitaine s'eftoit faulvé, Domp Frenand eftant avec fes gens devant la ville, eft venu à la porte pour fçavoir leur vollunté. Les habittans voeillant obeir à fa perfonne le leifferent entrer dedens; auquel l'on fift de groffes reverences, & le pluftoft qu'il peult s'en alla envers le Chafteau, où il trouva fa Soeur la Roynne Douagiere de Hongrie, la quelle à l'aborder, renouvella grandement fon deuil de fon noble mari ainfy miferablement deftruict & finné. Penfés que Domp Frenand le reconforta, difant : Ne doubtés, Dieu nous aidera avec notre bon droict. Après moult de devifes, & avoir mis ordre au faict de la Roynne, le Roy Domp Frenand fift bien ravitaillier le Chafteau de Presbourch de tout ce qu'il y avoit meftier pour ung an ou plus, puis y mift une groffe garnifon d'Allemans, leur commandant qu'ilz gardaffent la place bien & vertueufement à l'encontre du Conte Veifda, & qu'ilz gardaffent la Roynne fa Soeur, la quelle avoit fon Douaire en icelluy quartier. Ce temps pendant le Margave Gorgins, & le Chancelier de Bohefme, avec pluifeurs Seigneurs de Bohefme, c'eftoient mis à chemin parreillement, pour aider Domp Frenand le Roy à deftruire & mettre au neant le Conte Veifda; mais fachant ce, l'Evefque du Grane, comme Chancelier de Hongrie au nom du Roy, aiant parvers courraige, leur a refcript, qu'ilz n'avoient que faire de là venir, & qu'il n'y avoit plus nulz Turcqz au Pays, & qu'ilz retournaffent en leurs marchiés & contrées. Ces nouvelles entendues de l'Evefque de Grane, Chancelier de Hongrie, font tous les Seigneurs retournés avec leurs bendes en Bohefme, fans le fceu du Roy, par la tromperie & faulfeté de l'Evefque de Grane.

Comment les gens de l'Empereur defconfirent les Blans-Mors qui deftrui-
foient les Crefliens qu'ilʒ alloient à Grenade ; & comment le
Capitaine Vofca prit encore depuis villes &c.

LE TAMPS pendant que fes chofes fe demenoient au Pays de Hongrie , l'Empereur eftoit dedens la cité de Grenade bien obey , &
fort aymés des citoiens ; mais je vous advertis que les Blancs-
Mors eftoient ès montaignes qui faifoient beaucop de mal à ceulx
qui venoient en la cité de Grenade , fi comme Ambaffades & autres
qui avoient à befoigner à l'Empereur ; mais en eftant adverty , on
mift fus une groffe bende pour les defnichier. Iceulx Blancs-Mors
n'avoient nulz treiɕz à pouldre , finon d'archz de Turquie ; mais
avoient envenimez tous leurs treiɕz. Ce neantmoins fu conclud de
les affaillir en leurs fors des montaignes , où tellement les gens de
l'Empereur befoignerent avec groffe artillerie qu'ilz tirerent longhe
efpace , que les Blans-Mors ne fe fçavoient où abfconder , tellement
que les gens de l'Empereur gaignerent le plus fort de la montaigne ;
mais ainfi que fes Mors furent defconfitz , y eult bien 27 Gentilz-
hommes , fans plufieurs aultres qui eftoient en la premiere roufte ,
tous mors , & biens 200 Allemans navrez de leurs treiɕz enveni-
més : mais en la fin furent emforchiés , lefquelz fe rendirent à la
vollunté de l'Empereur : mais devant qu'ilz fe rendefiffent , il en y
eult de trois à quatre mille tuez ; les autres promifrent , fe il plaifoit à l'Empereur , qu'ilz fe creftienneroient & fe feroient baptifer.
L'Empereur en fu adverty , qui bien s'en contenta par raifon à leur
vollentez , moyennant toutte fois , qu'ilz fe volfiffent baptifer. Ainfi
en fut-il faiɕt , quant le loifir fu venu ; lefquelz Blanc-Mors , après
leur baptifement , furent mis en la condhuiɕte de Monfr. le Vifceroy
de Naples , lequel avoit fon congié de l'Empereur , pour foy rethirer au Reaulme de Naples , avec luy force gens de guerre , & avec
auffi ces Blanc-Mors , & fe mift fur la mer pour foy retirer à fon
departement. En prendant congié à l'Empereur , vindrent nouvelles
de Domp-Frenand , comment le Grant Turcq s'eftoit parti du Reaulme de Hongrie , & qu'il avoit chargié 14ᶜ· Cameulx d'or & d'argent
du Pays , & qu'il eftoit arrivés à bon port à Conftantinoble , après
avoir faiɕt beaucop d'infolences ; & que auffi au Reaulme y avoit
ung Conte traiɕtre appellé Veifda , c'eftuy qui avoit faiɕt l'entrée &
paffaige en Hongrie au Turcq , lequel pour le prefent fe diɕt Roy
du Pays , & d'aventaige , qu'il aura la Roynne fa Sœur à Femme
& Epoufe , & tient les champs avec 20ᵐ hommes en une bende ,
& dedens les fortz un autre bende 10ᵐ , prendant de par luy Villes

& Chafteaux : mais la lettre difoit, que après Domp Frenand avoit
efté reçupt Roy de Bohefme il tenoit les champs, lequel eftoit allé
vifiter fa fœur la Roynne de Hongrie au chafteau de Presburch, où
il avoit mis groffe garnifon d'Allemans, laquelle fe recommandoit
humblement à fa bonne grace, & pareillement le Roy de Bohefme
fon Frere. L'Empereur efcoutant ces nouvelles fu joieux que les
Turcques s'eftoient retirez. D'autre part, du domaige qu'ilz avoient
faiçt en Hongrie, moult dollant eftoit, menachant le traiétre Veifda
le quel fe difoit Roy ; parquoy l'Empereur dit que une fois cy après
lui fera remonftrer le mefuz par luy faiçt au Reaulme de Hongrie,

(e) Si.   & que ce (e) fon Frere Domp Frenand nouveau Roy de Bohefme le
volloit croire, que d'avoir leur Soeur par force ne aultrement, l'en
garderoit bien. Encore après ces parolles diçt l'Empereur : Ha traictre Roy Franchoy, & toy Pape Climent, tous ces maulx viennent
par vous deux, defirant abaffer & decliner mon Empire, de quoy
avec l'aide de Dieu j'en verray ce qui luy plaira. Ces chofes ainfy
diétes, l'Empereur s'apaifa, & entra en fon oratoire prier Dieu,
chofe par luy acouftumée, où il fu longuement. Ce temps pendant
le Vifceroy de Naples, cuidant aller en Naples, fu reboutté en au
Reaulme de Cypre. Quant il fe vit ainfi reboutté en ce pays, def-
cendi à terre, & perchut une petite ville, lequel marcha après
pour y entrer, foy difant à l'Empereur : mais cefte luy fu rebelle ;
dont pour fes rebellions, les Blancs-Mors l'affallerent, & dedens
entrerent à force, quelque deffence que les habittans fceufiffent faire,
& icelle pillerent à leur vollunté, comme eftant les maiftres ; où
ilz furent longue efpace avec le Vifceroy, attendant le bon vent,
que incontinent qu'il fu venu à leur volluntez pour aller vers Naples, fe mirent en mer, ayant avec eulx les biens de ladiéte ville,
lefquelz fans dangier y arriverent. Ce temps pendant les Franchois
euiffent volluntier communiquez avec l'Empereur, pour trouver les
fachons de ravoir leurs enfans, fans rendre ce que le Roy avoit
promis ; mais memorant l'Empereur comment les Turcz avoient
befoignez en Hongrie, & par l'alliance de leur Roy, ne veult pas
donner refponce à leur requefte & demande : mais au contraire
les fift partir incontinent de fes pays. Nous leifferons à parler de
ces Franchoix qui s'en retournoient en leur pays, esbahis de la
refponce de l'Empereur, & parlerons comment l'ung des Capitaines
du Conte Veifda, nommé Vofcha, avoit mis lè fiege à la ville de
Sept-Eglifes, avec groffes puiffances. Les habitans tindrent longhe
efpaces ; voyant que refifter ne pouvoient, & qu'ilz eftoient fort
menafchez, fe longuement fe tenoient contre fon effort, fe rendirent,
& luy porterent les clefz, priant à Vofcha qui les volfift prendre
à merchi.

à merchi. Ainfy le promift. Sur ces promeffes entra en la ville, &
les tint deux jours en paix. Au 3ᵉ jour fift publier à fon de trompe
que tous jeunes & vieulx vienffent fur le marchet pour ouyr fon
commandement. Et comme bons & leaulx fubgeéts voeillant obéir,
pour demorer en paix avec luy, fe trouverent tous fur ce marchiet,
fans batons de armures. Le Capitaine Vofcha les voyant ainfy tous
fur ce marchiet, manda de fon camp & armée une groffe bende,
qui tuerent, murdrirent & decolperent tous fes povres bourgoix &
habittans, comme chair au maifeau (ƒ). Et après ce murdre, fifrent des
femmes & jeunes filles leurs mefchantes vollentez ; puis les prefen-
toient par deryfyon après leurs villaines volluntez faiétes, l'ung à
l'autre. Après ces diffolutions, le Capitaine Vofcha encquerroit fort
où le corps du Roy de Hongrie eftoit fepulturé ; mais n'en peult
riens fçavoir, finon que quelcun dift, que l'on avoit mené en Auftrice. Quant ce Capitaine Tiran perchut qu'il ne fçavoit recouvrer
le corps du deffunét Roy pour prefenter à fon Seigneur, prift l'E-
vefque de Gelletfchan & le Seigneur Faxy, tous deux prifonniers
en fes mains avec pluifeurs autres, aufquelz deux il fift trencher les
chiefz, & les envoya au Conte Veifda, qui en fift groffe fefte,
les fentant fes grans ennemis. Puis incontinent après fift encore à
mille Hongroix tous trencher les teftes, qui eftoient auffi prifonniers.

Comment le Conte Chriftofle, Lieutenant de Domp Frenand Roy de
Bohefme, reconcquift aucunes villes de Hongrie ès mains des
Turcz ; & comment le Roy de France pourchaffoit de
rompre l'alyance d'entre l'Empereur &c.

CHAP.
XV.

AINSY que telles affaires fe faifoient au Royalme de Hongrie,
le Conte Chriftofie de Crabatre, tenant la partye du Roy de Bohefme Domp Frenand, comme Lieutenant de luy, tenoit les champs,
& faifoit fe affemblées pour mettre le fiege de la ville de Greifve-
femburch, laquelle eftoit encore plaine de Sarrafins fubgeéts au
Conte Veifda. Ses chofes preftes, & ainfi qu'il marchoit avec fon
armée, le Capitaine de Griexveifemburch forti en groffe bende pour
aller en quelque pillaige ; cefte affaire fut nonchée (g) au Conte Chriftofle ; incontinent qu'il fceult, en un deftroit les attendit avec une
groffe embuche, & quant il perchupt qu'il eftoit heure, fe rua fur
culx, tant que le Capitaine fu prins, & pria d'avoir fa vie faulve,
& qu'il aideroit à livrer la ville ; le Conte Chriftoffle luy promift,
fe ainfy le faifoit, qui lui faulveroit la vie. Lors après la promeffe
dudi Conte Chriftoffle, le Capitaine prift trois mille hommes de

1526.

(ƒ) *A la*
boucherie.

(g) *Annon-*
cée.

P p

guerre , & leur mift les mains fur le doz , comme elles heuiffent eftez lyées. Neantmoins fe avoient-ilz leurs dagues & leurs hacquebutes muchées (*h*) tellement, que on ne s'en povoit perchevoir; & eftoient ces trois mille tous Hongrois, gens à Domp Frenand. Ces chofes ainfy faictes par le Capitaine , pour faire fa promeffe au Conte Chriftoffle, fift prendre les abillemens des Turcz, lefquelz il avoit prifonniers, des gens du Capitaine , & en fift abillyer fes gens, par une faincte; lefquelz fembloit qu'il chaffoyent fes gens, contrefaifant les prifonniers; & ainfy & en telle forte approcha la ville de Griexveifemburch le Conte Chriftoffle. L'ung fachant la langue turquoife vint à la porte difant, que on leur ouvrefift la frumeture (*i*), & qu'ilz amenoient un grant nombre de prifonniers creftiens ; l'on ouvrit la porte, cuidant que ce fuift verité, que icelluy truwand (*k*) avoit dict , & incontinent que la porte fut ouverte , haftivement entrerent dedens ; lors ceulx que on cuidoit eftre prifonniers, eulx voyant affez avant en la ville, cryerent : *Ville gaignye* ; & fy en avoit qui tindrent la porte , où force de gens entrerent avec le Conte Criftoffle, lefquelz mifrent à mort tous les Sarafins & autres gens au traictre Veifda , & en brief la ville fu pillyée. Soyés advertis que en icelle n'y avoit nulz bourgoix ne habitans , finon tous reniés, defquelz l'on fift la place belle (*l*). Quant la tuyfon (*m*) fu achevée, on fift de grans foffetz, où on les enterra. Puis le Conte mift groffe garnifon d'Allemans en la ville, & revint tout plain des bourgoix, qui des Turcz eftoient efchappez. Tandis (*n*), le Conte Criftoffle s'en alla devers le Roy de Bohefme luy dire & raconter de fes affaires, & comment il avoit faict de la ville de Griexveifemburch. Quant le Roy eult oy ces nouvelles, moult le remerchia , lequel pour fes affaires le fift principalle Capitaine de toute fon armée, pour refifter au Conte Veifda , luy priant qu'il en fift bien à fon honneur ; ainfy le promift-il. Le lendemain le Roy Domp Frenand, après avoir ordonné au Conte de fes affaires en luy recommandant la Royne Marie fa fœur, fe retourna en la ville de Vienne en Auftrice ; & luy y arrivé, fift commandement pour avoir & affembler une groffe bende de gens d'armes, avec groffe nobleffe, pour aller à Praga, la maitreffe ville de Bohefme, pour recepvoir la Couronne Royalle du Pays quant le temps en feroit. Ce temps pendant le Roy de France , fachant que le Turcq eftoit retirés en Conftantinoble, ne ceffa jamais tant qu'il eult alliance au Roy d'Angleterre, & fu la chofe tellement conclute , que les deux Roys fe debvoient trouver enfemble emprès la ville de Dardre (*o*). La Royne, à qui on celloit fes affaires, en fu advertye; laquelle, ung jour le pluftoft qu'elle peult, dict au Roy fon mary : J'entens que vous avez promis d'aller

parlementer avec le Roy de France : fe vous allés, fe ne fera pas
de ma vollentet ; & fi vous adverti que le Maire de Londre avecq
le Commun , ont jurrez grans fermens, fe vous y allés pour grever
l'Empereur mon Nepveux & notre amy , que au pays jamais vous
ne rentrerés ; & auffi de mon coftet ne me ferés point de plaifir.
Puis dict encore : Mon mari & mon amy, leiffés le Roy de France.
Defirés-vous d'avoir l'alyance d'un infidelz tel qu'il eft , car il ne
tient foy ne promeffe, & habandonner mon léal & puiffant Nepveu?
Soyés feur , fe vous le faifiés, que mal vous en prendroit. Le Roy
efcouttant fa Femme la Roynne, commencha à foufrire , luy difant :
Voire ma femme , dicte vous que on me garde une telle penfée ,
fe je vay par devers le Roy de France ? Ainfy difant fe departy
d'elle ; lequel toft après manda le Cardinal, auquel dict ce que fa
Femme luy avoit dict ; lequel Cardinal luy refpondit : Sire , attendés encore ung peu ; diffimulés , & tenés la Roynne en fes volluntez , j'en fçauray bien faire. Parreillement le Maire de Londre
eftant ung jour avecq le Roy , fy luy dict ainfy que la Roynne luy
avoit dict ; lequel fur les propotz du Maire & de fa Femme vofift
diffimuler ; Neantmoins le prefent qu'il avoit appointiet de 13 hacquenées & de dix couples de blans Levriers d'Angleterre pour le
Roy de France, tint tousjours preftes pour les y envoier, quant le
temps en feroit. L'Empereur fu adverty par aulcuns de fes amis de
la vollunté du Roy de France , & comment il defiroit de rompre
l'alyance qu'il avoit faict à fon oncle le Roy d'Angleterre , luy
eftant en la ville de Grenade , en affembla fon Confeil, où il fu
decreté , que pour fes affaires l'on envoyroit l'Efcuyer Boutton avec
ung poftz en Ambaffades, pour porter certaines lettres au Roy d'Angleterre & à la Roynne , comment il en fu faict. L'Empereur appella l'Efcuyer Boutton , auquel il dit fes affaires, & qu'il s'en
volfift tousjours en aller par devers le port de faint Andrieu , aprochant le pays d'Angleterre , la caufe qu'il ne povoit fy rade (p) ache-
miner , & que le poftz lui porteroit. L'Efcuyer Boutton fe party
de l'Empereur, & luy arrivé au port de faint Andrieu, y fu 17
jours devant Richart , pour ce qu'il ne fçavoit avoir fa defpeche
de l'Empereur. Et quant ilz furent enfemble, l'Efcuyer Boutton &
le poftz fe mifrent fur la mer, où fans dangier quil fufifift, arriverent en Angleterre. Tandis qu'ilz faifoient leur arrivement , le
Cardinal avoit tant faict, que le prefent du Roy d'Angleterre, affavoir 13 hacquenées & 10 coupples de Levriers blans , furent envoyés au Royalme de France & prefentez au Roy , lequel les
reçupt amiablement : mais foyés advertis que tout ce fift par l'en-
hortement du Cardinal ; & n'avoit point le Roy d'Angleterre la

1526.

(p) Si promptement.

P p 2

1526.

vollunté deliberée d'habandonner l'Empereur, pour quelque aliance qu'il fefift aux Franchoix, comme vous orrés cy après en l'article fuivant.

CHAP. XVI.

Comment l'Empereur envoya l'Efcuyer Boutton porter Lettres au Roy d'Angleterre, affin qu'il ne s'allyaft au Roy de France, & des refponces que le Roy d'Angleterre luy fift.

L'ESCUYER Boutton arrivés en Angleterre, chemina tellement qu'il vint en la ville de Londres, où l'Ambaffade de France eftoit, laquelle tendoit journellement d'avoir la refponce de l'aliance du Roy d'Angleterre au Roy Franchois. Neantmoins l'Efcuyer Boutton pourfuivis fon affaire tellement, qu'il vint devant le Roy, & le falua honnorablement de par l'Empereur. Voyant le Roy que icelluy venoit de fon Nepveu des Efpaignes, pour communiquer avec luy d'aucunes befoignes, monftra à l'Efcuyer un grant figne d'amours, tel qu'il n'eftoit pas au Roy d'en plus faire. Ce que l'Efcuyer Boutton craindoit fort du contraire, pour ce que les Franchois y avoient ung tel credit, comme l'on avoit adverti l'Empereur; lequel Boutton après avoir baifés fa lettre, le bailla au Roy, la quelle fut lutte prefent l'Efcuyer, la quelle contenoit, mot après aultres : Que l'Empereur après touttes recommandations & falutations, que l'Empereur requerroit que le Roy fon Oncle volfift toufjours eftre de fon party, & qu'il ne fe alliaft pas aux Franchoix contre fa Majefté Imperialle, & que la promeffe qu'ilz avoient fait enfemble fufift entretenue : touchant de fon cofté, pluftoft coufteroit jufques au dernier homme de fes pays, qu'il en faillit (q). Et encore d'autre chofe dont l'Empereur requerroit. Le Roy voyant ces efcriptz, après avoir entendu la lettre, prift la parolle & dift : Efcuyer, mon ami, ad ce que j'entent & que je perchoy par ces efcriptz, mon Nepveu l'Empereur eft en la Cité de Grenade, dont en luy fort joieux, avec fon Efpoufe ma Noble Niepce. Soyés advertis qu'il n'a que faire de craindre, que je fache riens contre fa Majefté; j'aimeroy mieulx à morir; mais fuis preft en tous fes affaires. Il me refcript que je ne voeuil prendre alliance contre luy; il n'a que faire de s'en doubter; car je veuil bien que vous le fachiés, fe je faifoy alliance aux Franchois pour eulx mieulx, fe ne feroit pas pour le nuyrre, mais fe feroit pour parvenir en aucunnes des mes attainctes (r). Quant Boutton entendit ces parolles, fu fort resjouy, lequel incontinent alla en la bougette que le poft luy bailla, où il attaindict ung fardeau (s) de lettre, où il en y avoit 7 paires, lefquelles il bailla au Roy, l'advertiffant que le Roy de France les.

(q) Que de fon coté il étoit réfolu d'employer plutôt tout ce qu'il avoit de monée dans fes états, que de manquer à fa parole.

(r) A quelques-uns de fes deffeins.

(s) Prit un paquet.

avoit envoié par autant de foys à l'Empereur qu'il y avoit de lettres. Le Roy d'Angleterre regardant ces lettres, perchut que la   **1526.**
premiere difoit, eftant en la ville de Pottiers, ayant failly à fes pre-
mieres fix fepmaines, que dedens les autres fix de faire ce qu'il
avoit promis. Ainfi difoient touttes les autres, promettant de le
faire, jufques à fept paires; & fy n'en avoit riens tenu : meifme
pour ce qu'il s'excufoit fur fon Confeil, refcripvoit en aulcune des
lettres qu'il fe remetteroit en la prifon de l'Empereur avecq fes enffans. De ces lettres le Roy s'en efmerveilla, lequel fift plus forte
promeffe que par avant, voyant la lacheté du Roy de France; &
luy donna des rices dons, dont l'Efcuyer le merchia honnorablement; & fu longuement en la ville de Londres, où il reçupt totalement fes refponces, pour porter à l'Empereur la bonne alliance
qu'il avoit avec luy; dont l'Efcuyer Boutton renvoya, par Richar
le poftz, les refponces & befoignes qu'il avoit receu, à Madame
la Gouvernante dire les nouvelles du Roy d'Angleterre, avec ung
fardeau de lettres de par l'Empereur, lefquelles difoient, après touttes recommandations, que cefte bougette ne fuift pas ouverte, ne
auffi les lettres qui dedens eftoient, tant que tous les Seigneurs du
Thoifon, & ceulx du Confeil, avec aultres des Pays y fuiffent
prefent. Le poftz, après avoir fa defpefche, fe party d'Angleterre,
& tant exploita qu'il arriva à Madame. Quant Madame perchut en
fa lettre l'expreffe commandement de l'Empereur fon Nepveu, manda tous les Chevalliers & aultres en la Court, lefquelz y vinrent,
qui conclurent, fur ce que l'Empereur refcripvoit, comme bon &
léaulx fujects. Tandis, l'Efcuyer Boutton d'autre cofté cheminoit par
devers la cité de Grenades porter à l'Empereur les nouvelles du
Roy d'Angleterre. Ainfi que icelluy haftoit fon chemin, les Italiens avec les Franchois conclurent que d'affiegeer le Duc de Bourbon d'un fiege vollant, devant le chafteau de Milan pour deffendre
les vivres à y venir, ne auffi en la cité de Pavie, & aux aultres
villes & places. Aux Franchois & aulx Veniffiens en venoit affez,
par la Conté d'Afcq (t), qui venoient de France; & fy en avoit le   *(t) D'Afse.*
Duc de Bourbon parreillement affez; mais depuis le fiege mis par
devant le chafteau de Milan n'en povoit plus avoir, ne fes amis
auffi, finon à grant paine. Pour ces affaires, le Duc de Bourbon
en la ville de Milan affembla fon Confeil, fe voyant trop peti nombre pour fes ennemis, lefquelz tous les jours croiffioient, affavoir
comment ilz feroient. Le Prince d'Orrenge, le Conte George, le
Marquis de Pifcarre, le Conte d'Aigremond & pluifeurs autres en
ce Confeil conclurent, qu'il feroit bon d'envoier par devers Domp
Frenand, luy requerir qu'il volfift envoier des gens pour eulx fe-

1526.

(*v*) *Parce que.*

courir contre les Veniffiens, Lombars & Franchois, auffi Itallyens & Florentins, qui eftoient en groz nombre en fiege vollant par devant le chafteau de Milan & autres places, pour copper les vivres venant du Reaulme de Naples & d'autres contrées ; parquoy (*v*) à la longue on en polra avoir difette en icelles places, fe la provifion n'y eft mife. Je vous advertis que le Conte George, Lieutenant de Domp Frenand de là les montz, fu efleu, lequel eftoit Capitaine en la ville de Pavie, depuis que le Conte de Sornes fu trefpaffés, pour aller en Auftrice. Ledi George leiffa fon Lieutenant pour le bien garder, dont puis après ne ceffa de cheminer en poftz, tant qu'il fu arrivés où le Roy de Bohefme eftoit, où encoire faifoit fes preparations pour en aller courronner en Bohefme. Le Roy voyant le Conte George, fon Lieutenant au pays de Milan, luy demanda *ce* qu'il cherchoit ainfy tout feul ; le Conte après avoir fait la reverence luy refpondit : Sire, c'eft que grandement avons affaire de votre fecours & aide. Le Duc de Bourbon votre Frere d'arme eft affiegiés au chafteau de Milan (lequel fe recomande à vous) d'ung groz fiege vollant de fes ennemis, Veniffiens, Ytalliens, Florentins, gens du Pape & Franchois, lequel m'envoie par devers vous, Sire, foy fentant trop petit nombre pour foy deffendre contre fes ennemis ; car la voix court qui font bien cent mille hommes non pas loing de Milan, & de Pavie, deftrouffant les vivres qui nous peullent venir ; fy vous prie le Duc de Bourbon que vous luy faiƈte fecours contre fes ennemis. A ce propoz Domp Frenand refpondit : que à ce s'emploieroit de toutte fa puiffance, puis que c'eftoit pour fecourir fon Frere d'arme le Duc de Bourbon, quoi qu'il eufift fon armée pour aller au Royaulme de Bohefme pour fe faire couronner. Puis dit encore : Mais quoy que j'aye à faire, vous aurés pour votre fecours & ayde que vous remenerés par de là avec vous, 16 mille bonnes gens de guerre, qui vous font ottroyés. Je vous adverti que après pluifeurs devifes de remerchiement & de chofes fecretes de delà les montz & autre, la bende bien efquippée fu delivrée au Conte Gorge, qui fe mift en

(*x*) *Promptement.*

chemin, tousjours le plus tandant (*x*) que faire fe povoit, bien pourveub de vivres, tant qu'il approcherent une petite ville, qui s'appelle Afchq, où il y avoit deux cent lances Franchoife en garnifon, & deux mille pietons. Quant cefte garnifon fut advertie, que le Conte Jorge menoit ces Allemans, furent fur leur garde, le faifant fçavoir à une groffe bende Franchoife, laquelle eftoit là enthour, avec aulcuns Veniffiens, lefquelz furent fur leur garde en approchant la ville d'Afcq.

Comment le conte Jorge & le Capitaine Philibert de Sucre, en retour-
nant d'Auftrice querir fecours pour le Duc de Bourbon,
prinrent la ville d'Afcq avec autres, & defconfirent
les Franchois en leur fuite, &c.

PHILIBERT de Sucre fachant la venue du Conte Jorge, & auffi
qu'il y efcouftoit, luy eftant adverty du fecours qu'il lui amenoit,
acompagniet de 4^m hommes à piet & à cheval fe joindy avec le
Conte Jorge, tellement qu'ilz furent enfemble 10^m hommes. Philibert, lequel ces Franchois fçavoit autour de la ville d'Afcq, dit au
Conte Jorge : Je vous prie que efprouvons notre genfdarmerie à
l'encontre de noz ennemis. Le Conte Jorge luy demanda où ilz
eftoient; & Philibert refpondit, qu'ilz s'eftoient raffemblés en ung
paffaige, lefquelz, fe on m'en créoit, nous les trouverons devant qu'ilz
s'en departent. Le Conte refpondit que ce fufift à la bonne heure,
à l'honneur de Dieu, de l'Empereur & du Roy de Bohefme, parreillement du Duc de Bourbon noftre maiftre. N'en failly plus parler, la chofe fu tellement demenée que l'aproche fe fift des Franchois & d'aucuns Veniffiens de la garnifon d'Afcq, qui eftoit de
telle forte, qui n'eft langue qui fçauroit raconter la proëffe que
les Allemans fifrent à l'aborder; tous tuoient devant eulx. La garnifon d'Afcq, voire les chevaulcheurs, voiant faire telle foulle à
leurs gens, quelque deffence affez bonne qu'ilz fceurent faire, tempre & de bonne heure fe mifrent hors de la preffe, pour eulx retirer en la ville d'Afcq. Le Conte Jorge & Philibert de Chucre
fe voyant *(y)* les fievirent de fy près avec aulcuns Allemans, qu'ilz
oublierent de rentrer dedens la ville ; car la plus grant part furent tuez. Il en y eult d'icculx Franchois, qu'ilz prindrent *(z)* autre
chemin que vers la ville, qui furent faulvez de cefte bende : mais
en la bende furent rencontrés des autres. Le Conte Jorge & Philibert & autres Capitaines, voyant que plus n'y avoit à combattre,
conclurent que de foubit *(a)* aprochier la ville, laquelle eftoit fans gens
de guerre ; car l'on eftoit advertis qu'ilz eftoient tous tuez & en-
fuis. Les povres gens de la ville, eulx voyant ainfy defpourveuz
de gens de guerre, veulrent parlementer après les aproches faictes,
lefquelz fachant la vollunté du Conte Jorge, refpondirent comme
gens obftinez (combien que les riches fe euffiffent volluntier renduz)
que jamais ne leifferoient le Roy Franchoix, ne l'alyance où il
eftoit allyés, pour eftre au Duc de Bourbon, renyés *(b)* de la Couronne,
pour tout y demeurer les hommes de la ville. De ces refponces furent
merveilleufement menachez, leur difant, fe ilz fe faifoient affallir, que

(y) Voyans cela.

(z) Qui prirent.

(a) Au plûtôt.

(b) Déferteur.

on les metteroit au feu & à l'efpée. Ceulx de la ville refponderent de rechief, qu'ilz n'eftoient pas encore refoluz d'eulx rendre. Soyés advertis que devant que le parlement fe fefift, l'affault eftoit preparés ; &, à ce qu'il me fu dit, au cofté où l'affault fe debvoit faire, eftoit à feche terre. Et le pluftot que le parlement fu rompu, fans qu'ilz eulrent ordonnés de leurs affaires, les Allemans ad ce ordonnés entrerent par affault & de force, (quelque provifion qu'il y eult en la ville, & fans aulcunement le battre,) dedens la ville, au moins fus les murailles & terres. Quant les Bourgois fceurent cefte emprinfe par les Allemans, auffi que la ville eftoit perdue, par une autre porte s'enfuyrent aux bois & montaignes qui affez pres d'eulx eftoient. Parquoy l'on ne les peult fievir, pour une riviere, laquelle eftoit entre eulx & l'armée des Bourguignons. Les Allemans fe demenerent en celluy affault tellement, que aulcuns, lefquelz ne fçavoient pas la fuicte des autres, qui venoient pour (c) *Affaillis.* deffendre les affaultz (c), y furent tous occis, & la porte ouverte à grant force par ceulx qui dedens eftoient entrés par la muraille, tellement que la groffe bende y entra, lefquelz en la ville fifrent ung merveilieux defroy ; car tout fu mis à l'efpée, & après l'avoir pillyé fu bruflée. Ce defroy ainfy faict, & *après* avoir mis le chafteau en obéiffance & une autre petitte ville auffi, l'armée fe remift enfemble à petitte perte, comme l'on perchut par les rolles. Lefquelz, chacun d'eulx eftoient tous riches, avec grande gloire fe acheminerent pour tirer vers Milan.

CHAP. XVIII.   *Comment le Duc de Bourbon defconfit les Franchois devant Milan, & concquift toutte leur Artillerie, tant que la refte fe mift en fuicte.*

Le Duc de Bourbon ne fu pas longuement fans fçavoir fes affaires par ung poftz que l'on envoya haftivement. Parreillement *par* ung aultre poftz le fceut le Roy de Bohefme ; fes chofes ainfy le Duc de Bourbon le fift fçavoir par tout, comme en Pavye, à Rege (d) *Reggio* & Mode (d), & aultres plaches tenant la partye de l'Empereur, leur *& Modene.* commandant qui fufiffent preftz quant il les manderoit, lefquelz le fifrent ainfy ; car, *quand* il les fignifia, vindrent par devers luy & avec leurs puiffance ; lefquelz fe mifrent aux champs pour vifiter ceulx qui tenoient le fiege vollant, lefquelz eftoient adverti par aulcuns fuyans de la perte de la ville d'Afcq & de leurs gens de guerre. Sachant les Veniffiens la venue du Duc de Bourbon, eulrent en Confeil de lever leur fiege, & d'eulx retirer : mais ne fceurent fi bien befoigner, que le Duc de Bourbon & le Prince d'Orrenge

renge accompagniés du Marquis de Piſcarre , que pluſieurs autres
Seigneurs d'Eſpaignes , avec le Seigneur la Motte & aultres en bende
ne les trouverent trop durement ; car ilz prins comme en deſroy en
deſlogant , leſquelz Veniſſiens & gens au Pape , Franchois & Florentins eulrent par trop à ſouffrir ; car il en y eult beaucop de tuez.
C'eſtoit orreur de veoir les gens de l'Empereur ; parreillement ,
quelque deſlogement que le Veniſſiens faiſoient , en la fin ſe miirent
enſemble tenant maniere de bataille , ſe deffendant vigoreuſement ,
par où ilz tuerent beaucop de gens du Duc de Bourbon. Sachiés
que ce qui les faiſoit entretenir en leur force , c'eſtoit le groz nombre
qu'ilz eſtoient. Combien qu'ilz eſtoient en craincte de ceulx qui
avoient faictz l'emprinſe de la ville d'Aſcq ne veniſſent à l'aide du
Duc de Bourbon : neantmoins leur craincte , ſy ſe deffendoient vaillamment , en tel ſorte que auprès de l'Enſeigne des Veniſſyens ,
occirent le vaillant & bon Seigneur de la Motte , lequel tenoit le
bout de l'Enſeigne , le grant amy du Duc de Bourbon , auſſi pluſi-
ſeurs autres Seigneurs d'Eſpaignes. Pareillement le Duc de Bourbon
y fu blechiés , en cuidant ſecourir le Seigneur de la Motte. Quant
il ſe perchut ſy fort eſchauffés , & qu'il véoit la Motte ainſy peſtelé (e) (e) Mot Wallon: Foulé.
& foullés aux piez des chevaulx , lequel luy avoit faict tant de bon
ſervice , en ſa fortune s'eſcruya (f) ſes gens , tournant ſa grande En- (f) Dans ſon malheur il appella ſes gens.
ſeigne au plus eſpez (g) des Veniſſiens où , il ſe demena tellement avec
l'aide de ſes gens , que les Veniſſiens & autres nations ſe ouvre- (g) Au gros.
rent (h) de telle ſorte , que plus pour ceſte fois ne furent enſemble; (h) S'ouvri-rent.
car dès lors ſe miſrent en fuicte , & habandonnerent leur karroy ,
artilleries & toutes autres munitions de guerre ; parquoy les gens
au Duc de Bourbon furent tous riches & gaignerent le camp. Puis
fiſt relever le Duc , le bon Seigneur de Bourbon & autres , & les
fiſt mener en la ville de Milan , où il retourna en grant gloire ,
& fu au chaſteau viſité par les Medechins , leſquelz trouverent que
ſes playes n'eſtoient pas malvaiſes ; mais ſon corps eſtoit fort frou-
chiet (i) en pluſieurs lieu , que ſes maiſtres oindirent d'ongrementz (i) Froiſſé.
precieulx ; parquoy de ſa froiſſures fu incontinent gharis. Je vous
advertis que deux jours après la beſcouſſe , le Conte Jorge & Philibert de Chucre arriverent en la cité de Milan , & viſiterent le
Duc au chaſteau , où le Conte Jorge raconta au Duc , du Roy Frenand ,
nand , & du ſecours qui les y amenoient en bende de 16ᵐ hommes bien eſquippés. Puis luy dit à la verité de la prinſe de la
ville d'Aſcq , & de la deſtruction d'icelle : auſſy des Franchois &
Veniſſiens qui eſtoient venus au devant d'eulx : & comment le Roy
Domp Frenand s'en alloit au Païs de Bohefme pour ſoy faire couronner , lequel ſe recommandoit à luy , en l'appellant ſon Frere

Q q

1526.

(k) Il y avoit apparemment ici une lifte de ces Capitaines, qui manque dans nôtre copie.

(l) Dont nous rendrons compte en fon lieu.

d'arme ; luy faifant fçavoir que en la bende qui luy avoit envoié, il y avoit quattre mille gentilhommes, lefquelz eftoient au champ à l'entour de Milan, que je vous prefente au nom du bon Roy de Bohefme mon maiftre ; des quelz bendes en vechi les Capitaines (k), qui lors luy fifrent la reverence, dont le Duc les bien-vigna en leurs donnant de fes biens. Lors après ces chofes dictes & faictes, le Duc remerchia le Conte Jorge du bon fervice qui luy avoit faict. Puis fift donner ordre & eftat aux Allemans venant du Roy Domp Frenand, defquelz pour lors nous tiendrons à tant (l), & retournerons aux Turcz, qui gaftoient le Pays de Hongrie.

CHAP. XIX.

Comment le Grant Turcque ravitailla fon Lieutenant en Hongrie, dont ilz fifrent de groffes infollences. Et auffi de l'Eftat du Duc de Bourbon.

A ceste faifon au Pays de Hongrie le Conte Veifda, lequel fe difoit Roy du pays, voyant que le Conte Chriftofle Lieutenant du Roy de Bohefme en Hongrie luy refiftoit contre fa vollonté, & que il croiffoit en fon oft, manda au Grant Turcque fecours, luy faifant fçavoir que les gens du Roy de Bohefme croiffoient tous les jours trop fort pour fa puiffance ; requerant qu'il luy envoyaft gens d'armes pour l'adfifter contre fes ennemis ; & fy luy avoit bien envoyé fon tribu à luy promis, que encore le feroit-il mieulx (m). Le Turc voyant ce que le Veifda luy mandoit, luy envoia haftivement 30m Turcz, lefquelz tous defiroient d'y aller pour le bon gaignaige que autrefois y avoient faiz ; & avoient force artilleries & vivres avec eulx pour loing-temps. Quant ilz furent venuz en Hongrie, fifrent retirer le Conte Chriftofle, car il eftoient le maiftre de la plufpart du pays, dont c'eftoit pitiet. Le Conte Chriftofle fachant leurs effors ne s'advancha pas de les approcher, ne d'aller par devers eulx ; car ilz les fçavoit trop puiffant ; par quoy fe retira ès fortes places, auprès de la Roynne Marie de Caftille. Ces chofes advenues en Hongrie, tandis que les Turcques y faifoient moult de maulx, en la cité de Tournay y avoit ung gros trouble, pour une voix qui y courroit, que la ville eftoit vendue aux Franchoix, lefquelz alloient & venoient de France en Tournay, tellement qu'ilz ne fçavoient en quel eftat ilz eftoient. L'on prift deux Bourgoix par fufpicion, par l'advertance d'ung mannant de Tournay, lequel avoit dit, que iceulx deux communicquoient avec les Franchois. Pour ces parolles mifes avant, Monfieur de Lainoy, Capitaine du chafteau de Tournay, fift publier fur la hart, que tous compaignons de deffus le Tournifyz qui avoient hantez la guerre en Tournay eftant Fran·

(m) Ajoŭtant que s'il lui avoit payé le tribut......, il le feroit encore plus foigneufement à l'avenir.

choife, fortefiffent fans jours & fans heure du Tournefiz; & que
s'il en y avoit aulcuns en la cité de Tourny qui tinfiffent le parti
du Roy de France, que pareillement fortiffent fur la meifme payne.
Perfonne ne fe mua de la ville : mais aulcuns compagnons du Tournefiz, qui avoient eftez Franchois, fe vinrent rendre au Capitaine
du chafteau, luy difant; s'ilz avoient eftez Franchois quant la ville
& le pays eftoient Franchois, maintenant leur défir eftoit d'eftre à
l'Empereur, pour le fervir toute leurs vies, & ainfy le jurrerent;
lefquelz depuis par le commandement du Capitaine s'en retournerent
en leurs maifons. Ces deux Bourgoix de la ville forterent de la
prifon, & le compagnon qui ainfi les avoit accufé, pour ce qui ne
le fceut prouver, il fu banny à tousjours de la cité & du Tournefiz; lequel s'en alla demeurer en la ville de Ghuyfe au fervice du
Capitaine Maulbrun, qu'il avoit fervi du temps que la cité de Tournay eftoit Franchoife; le nom dudi compagnon n'en fcay riens. Lorfque ces chofes fe faifoient, le Pape Clement 7e de ce nom fift tant
par aucuns amis, qu'il avoit envers le Duc de Bourbon, qu'il eult
treves trois moix, pour aulcuns deniers qui luy donna pour payer
fes gens. Ainfy que ces befoignes ce demenoient en Lombardies,
le Roy de France par confeil affembla une groffe & puiffante armée,
pour les envoyer de là les montz; lequel Roy (pour le faire brief
& pour le pluftoft paffer) fift requefte au Conte de Geneve fon
Oncle, que de les leiffer paffer par fon pays & montz de Geneve;
lequel après avoir efcoufté cefte requefte, fur ce prift confeil; lequel après ce confeil manda au Duc de Bourbon, que le Roy de
France avoit fait demander de paffer avec fon armée parmy fon
pays, pour aller de là les montz; ce qu'il n'a pas vollut endurer,
fans premier en advertir le Duc, difant : qui ne volloit faire chofe
pour le préjudicyer. Quant le Duc entendit les nouvelles, luy remerchiant, mandat que hardiment le leiffât paffer, & pour ce ne
feroit pas fon ennemis; & que tant plus en viendroit, tant plus en
occiroit-on avec l'ayde de Dieu, & le bon droiét de l'Empereur &
auffi le fien. Quant le Conte de Geneve eult oy la refponce du
Duc, pourtant n'accordat-il pas au Roy de France fon Nepveu de
paffer fes gens parmi fon pays; parquoy le Roy ne fe contenta pas
trop bien. Avec auffi les gens de guerre fceurent bien que le Duc
de Bourbon defiroit fort leur venue, conclurent que de plus aller
advant, ne pas paffer les montz. Incontinent après ces chofes diétes,
le Duc de Bourbon fu quafi empoifonné par ung de fes Maiftres-
d'hoftel, lequel avoit marchandé à Madame la Regente, Mere du
Roy de France; & fu la chofe defcouverte par une lettre qu'il avoit
reçupt de ladi Regente, laquelle fu prinfe en fon fain (n), pour une

(n) Sein : fous fon pour- point.

1526.

(o) *A la question.*

(p) Terme Wallon : *de-couvert.*

(q) Peut-être : *defervoit.*

(r) *Sinigaglia.*

autre ; parquoy regardant la trayſon, le Maiſtre-d'hoſtel fu incontinent ſaiſy & mis ſur la gehinne (o), qui cougneut que le lendemain de
la Paſſion debvoit eſtre donnée, & diſt en quelle ſorte. Le Duc
l'en blama merveilleuſement, dont le Maiſtre-d'hoſtel cryoit au Duc
mercy : mais riens n'y valut ; car il fu livret au Prevoſt des Mariſſal, lequel il le fiſt morir en tel ſorte que ung traictre doibt, &
furent tous ſes biens confiſqués, lequel en avoit tant que merveille.
Encore ung peu de temps apres, le Duc fu manué en une Abbaye
de Moines blanc, aupres de Milan, en ung banequet que l'Abbet
luy faiſoit ; mais ſans la garde de Dieu, il euiſt eſté mis en la main
des Franchois ; & fu le ſecret racuté (p) par la femme du portier de
l'Abaye. Dont les Franchois qui debvoient faire cette emprinſe,
furent très biens corrigiés ; car pas ung d'eulx n'en eſchappa, pour
aller dire la bonne chiere que l'Abbé avoit fait au Duc de Bourbon.
Et avec ce, l'Abbeye fut miſe en tel eſtat qu'elle deſſervoit (q) toutte
pillée, les Moines tous pouſſez dehors, cherchant leur mieulx,
comme tous mechans. Puis apres retourna le Duc en Milan, ſans
avoir plus de fiance en perſonne, comme auparavant il avoit eub.

CHAP.
XX.

*Comment le Duc de Bourbon miſt le ſiege devant la ville de Bouloigne
la graſſe ; & le Viſce-Roy devant Saynne la vieille (r), pour &
à l'honneur de l'Empereur.*

AINSY que ſes choſes ſe demenoient, le Viſce-Roy de Naples
deſcendit en Lombardie, lequel avoit eſté au Reaulme de Naples
penſer aulx beſoignes du Pays, & par eſpecial de commander que
on amenaſt de vivres tousjours à force, à l'aide du Duc de Bourbon. Depuis qu'il avoit eſté au Reaulme de Chippre, lequel avoit
force de gens pour aider le Duc de Bourbon en ſes grans affaires ;
car tel luy eſtoit faict le mandement par l'Empereur ; & qu'il amenaſt des vivres, ainſi l'avoit-il faict. Le Duc de Bourbon ſachat
le Viſce-Roy deſcendu en Lombardie, fiſt ſes commandemens partout, que tous hommes ſans jours & ſans heures fuiſt preſtz, &
ainſy en fut-il faiſt ; leſquelz vindrent aupres de Milan pour ſa iſ-
faire à la vollunté du Duc de Bourbon. Se voyant aſſez puiſſant,
avec ſes gens tous biens eſquipés, pour accomplir la promeſſé par
luy faiéte à l'Empereur, & pour approchier à ſa vollunté, s'en alla
avec groſſe artillerie aſſieger la ville de Bouloigne la graſſe, eſtant
furny de tout ce qui luy falloit en ſon armée. Le Viſce-Roy s'en
alla à l'autre coſté, pour faire la vollunté du Duc de Bourbon,
mettre le ſiege devant Saynne la vieille. Eſtant devant leſquelles
villes, apres avoir parlementez, leur donna jour d'avis juſques au

jour du Noël prochain, 15 cens 26. En ce temps pareillement le
Caadinal Profcoutobe eftoit puiffant en la cité d'Hoftie, gardant le 1526.
paffaiges, *afin* que les Veniiiens ne vienfient pour grever le Duc
de Bourbon devant Boulonge la graffe, ne auffi le Vifce-Roy de
Naples eftant devant Saynne la vieille. Pareillement ung aultre
Cardinal, natif d'Efpaignes, eftoit d'un aultre cofté, gardant que
le Pape ne vofift fuyr, lequel le pretendoit, comme la voix courroit, d'en aller à Veniffe & d'habandonner la Cité de Romme,
pour ce qu'il eftoit en doubte que le Duc de Bourbon ne le vien-
fift affieger, comme il fift une matinée; car il fortift de Romme
fecrettement comme il avoit propofé : mais le Cardinal luy alla au
devant, lequel fu conftrainct de foy faulver en ung chafteau à luy
obeiffant. Ces chofes ainfy faictes, & voyant que le Duc de Bourbon & le Marquis de Salus, avec pluifeurs aultres fe trouverent
enfemble, lefquelz tenoient le parti du Roy de France, en ung Confeil pour fçavoir comment l'on en feroit. Entre lefquels l'ung dict
qu'ilz eftoient eu peril tous de perdre leurs heritaiges; ung autre
refpondit, & fu meifme le Marquis de Salus, qui fur ce Confeil
par eulx tenu, pour fon advis difoit; que pour plus loing faulter,
feroient leur appointement (s) au Duc de Bourbon, en attendant le (s) *Accom-*
temps; & par l'advis d'iceluy ainfy en fut faict: car 8 jours devant *modement*
avec.
Noël, l'alliance fu jurée entre le Duc de Bourbon, le Marquis de
Salus & le Duc de Ferrare, avec pluifeurs autres de leurs amis;
promettant de l'affifter en tous fes affaires de corps & de biens.
Lors le Pape c'eftoit retiré dedens Romme, & avoit habandonné le
Chafteau où il eftoit bouté, craindant le Cardinal Efpagnart, lequel
oy nouvelle en Romme, comme fes Seigneurs s'eftoient mis de la
bende du Duc de Bourbon fon ennemi; neantmoins je ne fçay qui
luy confeilla, les treves qu'il avoit de trois mois, de les rompre
au Duc, lequel Pape commanda à fes Capitaines que on brufla les
terres & poffeffions que avoit le Profcoulombe. D'aulcunes fu ainfy
faict; de quoy le Duc de Bourbon s'en contenta très-mal, luy
eftant devant Boulongne la graffe, & le Vifce-Roy devant Saynne
la vieille, lefquelz journellement, depuis les treves rompues, courroient & gaftoient les terres Papales, où l'on faifoit de groffes infolences & groz dommaiges, pour venger (t) le Profcoulombe. Le (t) Sa ven-
geur de.
Pape voyant qu'il avoit mal befoigné à rompre les treves, envoia
par devers le Vifce-Roy de Naples ung Archevefque de l'Ordre des
Carmes, pour obtenir fon appoinctement par devers l'Empereur.
Ainfy qu'il eftoit en chemin le jour de Noël, le Roy Domp Frenand eftoit en la ville de Praga, maiftreffe ville de Bohefme, que
pour recevoir la Couronne Royalle du Royaume de Bohefme; par-

1526.

quoy pour icelle follempnité les chofes furent apreftées, où vindrent les Seigneurs & Vaffaulx de tous cofté, pour luy donner le jour de neuvel an la Couronne ; lequel Domp Frenand, par la grace de Dieu, le reçupt en grant triumphe en la grande Eglife. Aprés que les Evefques l'eurent oingt de la fainéte huile, à la maniere acouftumée, aprés tout le fervice faiét, devant le grant Autel, fift lors pluifeurs Chevaliers de jones Efcuyers du Pays. Aprés les feremonies faiéte retourna en fon hoftel, où il tint Court ouverte à tous venant. Le lendemain chacun luy fift hommaige de tel fief que à luy apartenoit, où en ung Confeil depuis luy fu demandé quel eftoit fon plaifir de faire du Reaulme de Hongrie, qui luy de par fa femme. Le Roy refpondit : que fon defir eftoit que la faifon de l'eftet ad venir le volloir reconquerre, moyennant l'aide de Dieu & de fes amis. Quant ceulx du Royalme de Bohefme enlrent ainfy oy leur Roy refpondre à leur demande, faus y appeller nulz Confeilz, luy promifrent & jurerent que jufques à derniers homme d'eulx, l'ayderoient à reconcquerre, & que en attendant le tamps, luy payeroient une armee de 40^m hommes à piet & à cheval. Quant le Roy eult bien tous efcouttez, comme bien faire le fçavoit, fe leva de fon fiege, le bonneth en la main les remerchia, tres-joyeux. Dont les gens de guerre après avoir achevez les affaires du Roy touchant le Couronnement, furent tous payez pour troix moix, attendant le printemps. Encore à ce nouvel an l'an 15 cens 26. felon notre ufaige, les monnoyes furent publiées aux Pays d'embas de par l'Empereur, pour ce que cy povre police y avoit en icelles ; que les monnoyes de tous pays y eftoient à tel prilz que chacun volloit ; parquoy monftrant que l'Empereur eftoit le maiftre, per le Confeil des principaulx de fes monnoyes, banny tous les cuings des monnoies eftranges, & les fiennes ravala d'ottant, que on les avoit haulchiet oultre la haulce de par luy faiétes. Parreillement les hors ainfy que les monnoyes, où il fu diét en la criée, que elle demoreroient ainfy que on les avoit mis en la criée en ce jour de l'an, jufques au premier jour du mois de march, & que alors on les remettroit tout ung ; affavoir les ors & monnoyes à tel pritz qu'ilz avoient leurs cours, quand on les forga. Parquoy, pour ces chofes ainfy faiéte, beaucop de menu peuple murmuroient, pour ce que marchandife ne courroit pas par les pays : & que encore pour ces monnoyes, & pour la caufe que par tout l'or eftoit plus hault ès eftranges pays que ès pays de l'Empereur, difant que encore feroit pir au moix de march : neantmoins on en eult autre chofe par tout les pays.

Comment le Conte Veifda tint Confeil en Hongrie pour refifter contre le Roy de Bohefme; & comment les Roys de Portugal d'Angleterre & ceulx de Bohefme envoierent argent, &c.

LE TEMPS pendant que fes chofes fe demenoient, & que le Roy Domp Frenand triumphoit en Bohefme, le Conte Veifda eftant adverty comment il eftoit couronné, & de la promeffe que l'on luy avoit faict en Bohefme, affembla fon Confeil, où le Capitaine & Lieutenant du Grant Turcq vienrent, & pluifeurs autres des plus grans, aufquelz il dict les nouvelles qu'il avoit reçupt de fes amis de Bohefme; comment le Roy eftoit deliberé de les courir fus au printemps, & de reconcquefter le Realme de Hongrie; qui feroit chofe contre la Majefté Imperial de Conftantinoble, & contre la fienne, lequel doit eftre de droict le Roy du Pays, le tenant d'icelluy Empereur & Grant Turcq. Le quel Conte Veifda après ces parolles mifes avant, demanda l'advis d'eulx tous. Lors le Capitaine des Turcz, Lieutenant de l'Empereur Grant Turcq, luy refpondyt : Seigneur Veifda, ne vous doubtés, quant le jonne Domp Frenand viendra pour reconcquerre la Hongrie, on luy deffendra bien de l'avoir; nous fommes gens pour y penfer, & le droict que nous y avons avec vous. Et fy d'aventure il nous eftoit trop puiffant, affeurement tempre & de bonne heure nous envoierons au fecours envers notre maiftre Soliman Pach, l'Empereur de Conftantinoble, notre grant chief. Quant le Conte Veifda eult oy ces parolles, reprift la parolle, & dift au Capitaines, qu'il donnoit tout aux compaignons, affin qu'ilz fuiffent encore plus entreprenant, tout ce qu'ilz polroient gaigner, dor, d'argent & de biens, moyennant qu'il heuiffe les Villes & Chafteaux; & tous ceulx que on prendroit en icelles, moyennant qu'ilz fifent ferment à lui, que on les teniffe en paix, difant, qu'ilz n'auroient riens de propre, & qu'il feroit le Seigneur de tout; ainfy chacun le promift de le faire. Nous tairons à tant de parler d'iceulx, & dirons comment aulcuns de la Creftieneté ont conclud de ayder le Roy Domp Frenand à reconcquefter le Pays de Hongrie. Soyés advertis que pour à ces chofes fatisfaire, le Roy de Portugal promift à la Majefté Imperial, & au Roy de Bohefme, que fe la chofe alloit avant, que pour efchaffer les ennemis de la Foy, qu'il baillera pour icelluy advancement cent mil ducatz, à payer les gens d'armes, tous les mois pour ung an de loing, & que s'il eftoit de befoing pour deux ans. Semblablement le noble Roy d'Angleterre, quant il entendy la rage & fourfenerye du Turcq, qu'il avoit faict en Hongrie fur

les povres Creſtiens, a promis à ſon beau nepveux Domp Frenand de le ſecourir, & ſur ce a envoié une noble Ambaſſade, portant grant ſomme d'argent comptant, 300 milz angelotz, leſquelz
arriverent en la ville d'Anvers, faiſant commandement que on les
emploia en lieu & places où il eſtoit de neceſſitez que pour reſiſter aux Turcqz. Et ſi ſont encore pluiſeurs Princes & Seigneurs,
deſquelz les noms d'iceulx ne ſont point ici declarez, leſquelz ſe
ſont mis d'ung commun accordt d'aventurer leurs corps & leurs
biens pour la Foy Catholique deffendre ; entre leſquelz le Conte
d'Eſpinoy, Seigneur d'Anthoing, Haynuier, prepara ſes affaires de
la licence & congié de Madame Margherite, Gouvernante des pays.
Ainſy que ſes choſes ſe faiſoient par ces bons Seigneurs, cet Archevefque Carmoix eſtoit avec le Viſce-Roy de Naples, où il eſtoit
en ſiege devant la ville de Saynne la vieille, de par le Pape, le
quel ne ſceut trouver la maniere de beſoigner avec luy, ad cauſe
que le Pape Clement ne ſe volloit pas rendre à la vollunté de l'Empereur. Auſſi en ce meiſme temps, au moix de janvier, aulcuns
Allemans ſe miſrent ſus pour cuider deſrober la ville de Grave emprès le pays de Gheldres, dont le Seigneur d'Iſleſtain en eſt Gouverneur, tenant la partie de l'Empereur ; dont iceluy Seigneur d'If-
leſtain en fu adverti ; *qui* avec le Seigneur de Grimbergues, avec
leurs bendes, *mirent* les Allemans en deſroy, en temps qu'ilz s'eſtoient mis en ès foſſetz ; & les autres parreillement, leſquelz eſtoient pour ſouſtenir l'aſſault, furent tous occiz ; & eſtoient bien,
de 11 ou 12 cents hommes enſembles, ſe diſant Gueldrois : mais
quant on demanda de par Madame au Duc de Gueldre, s'ilz avoient
faiſt l'emprinſe de par lui, reſpondit qui ne les congnoiſſoit, &
qu'il volloit tenir ſa promeſſe qu'il avoit faiſt à l'Empereur. Le
lendemain du jour des Roys, l'on bruſla ung perſonaige, lequel debvoit livrer le Roy d'Angleterre au Roy de France, au parlement
qui ſe debvoit tenir auprès de la ville d'Ardre. Ceſte ſepmaine
parreillement en la cité de Tournay y eult queſtion de deux compaignons, qui parloient l'ung de l'Empereur, & l'autre du Roy de
France, & tellement monta leur querelle & noiſe, que la juſtice
de Tournay y miſt la main, & furent bannir tous deux, à la vollunté de Meſſeur *à* faire des voyaiges (v). Ceſtuy qui portoit la partie
de l'Empereur, incontinent racheta ſon voiaige ; l'aultre portant la
partie du Roy de France, fu comdanpné à faire & executer le ſien
à Saint Hubert en Ardaine, ſe miſt en chemin pour y aller, dont
ayant ſon malvais courraige, s'en alla par Guyſe, pour declarer au
Capitaine Maulbrun tout ſon cas. Soyés advertis que icelluy Maulbrun ſe deviſoit de moult de choſes à ce compaignons, entre leſquelz

quelz devifes luy demanda le Capitaine , fy à fon advis la cité de
Tournay ne feroit plus jamais Franchoife ; le compagnons refpondit,
qu'il ne tiendroit pas à luy : & que fe le cas advenoit , que on
fceuiife trouver l'invention de ce faire , qu'il y avoit beaucop de
gens fes amis , qui en courraige eftoient bons Franchois ; & que
bientoft à cefte affaire fe concerteroient avec luy , tournant de fa
bende à fa vollunté. Le Capitaine refpondit fe cela fe pouvoit faire,
ou fe on fçavoit qui trouveroit une groffe bende Franchoife , lefquelz l'affifteroient en fes grans affaires. Je ne fçay que plus j'en
diroye ; pour le compte abreger , la chofe fu tellement conclute de
faire la trayfon fur la cité de Tournay, que ceftuy compagnon promift de le faire , fe poffible luy eftoit ; & fu dict à la table, quelle
chofe on luy donneroit , & que a luy & fes compagnons on les
affigneroit fur la ville & domaine de Tournay ; & mefme fu dict
en quelle forte on pilleroit la cité, & après qui les auroit nommés
& mis en ung rolle par efcrip : puis fu dict encore de quelle forte
on auroit le Chafteau. Soiés advertis que celuy qui les fervoit ,
eftoit celuy qui avoit efté banni de Tournay, pour ce qu'il n'avoit
fceu prouver ce qu'il avoit mis avant de deux Bourgoix de la ville ;
lequel en allant & venant oyoit & entendoit toutes fes devife ; &
ce auffi parreillement le Capitaine Maulbrun luy avoit promis, lequel marquoit tout fon ceur , penfant de rompre trayfon , ainfy
quelle fuift perpetrée. Le lendemain, qui eftoit la veille des Roys,
ce compaignons foupa encore avec le Capitaine Maulbrun & avec
pluifeurs , lefquelz faifoient bonne chierre, & ne fçavoient point de
leur malice. Le Capitaine buvoit à ce compagnon , & tousjours à
ce qui fçavoit bien. L'autre qui les fervoit marquoit en fon ceur
tout ce qu'ilz difoient, fans en monftrer quelque chofe. Conclufion,
le ferviteu de Maulbrun retourna de faint Hubert faire le voiage
pour icelluy qui debvoit faire cefte trayfon, & aporta certification
du voiaige ; ce voyant ce bon marchant, fitoft qu'il peult prinft fa
lettre en prenant congié du Capitaine Maulbrun, promettant par
icelluy de befoigner felon fa promeffe : le Capitaine au partir luy
donna ung cheval, lequel tant exploicta, qu'il arriva en Tournay ;
lequel quant il fu venu , incontinent prefenta fes Lettres de fon
voyaige que pour ravoir la ville, comme il eult, où il refida, penfant tousjours à fa parverfe intention, duquel nous laifferons à parler pour le prefent , & retournerons au Noble Duc de Bourbon,
lequel eftoit devant Boulogne la graffe.

R r

Comment le Duc de Bourbon & le Vifce-Roy tenant fiege devant deux villes, le Pape envoya une Ambaffade vers eulx pour traicter la paix.

AINSI que ces chofes fe faifoient, le Duc de Bourbon eftoit par devant la ville de Boulloigne la graffe, eult refponce des Bourgoix & habittans de la ville, tellement, fe difoient-ilz, que jamais ne fy renderoient, fi ne leur faifoit ung traictiet à leur honneur & proffit. Ces nouvelles furent oyes de par ceulx de la ville. Le Duc dit à fes gens ce que ceulx de la ville avoient refpondu, pour ce qu'ilz eftoient advertis que leurs Allyez venoient pour lever le fiege. Lors ces parolles dictes, le Duc de Bourbon jurra qu'ilz le comparreroient (x). Après faict ung dur record (y) à l'encontre des Franchois, s'ilz ne fe moderoient. Après le Duc commanda, que on fe mift hors de l'armée aux champs fecrettement, pour aller à l'encontre des Franchois, & que chacun fefift fi bien, s'il eftoit poffible, que la ville n'en fceufift riens, & que l'iffue leur fufift deffendue. Conclufion, le Duc avec la plus grant partie de fon armée s'en alla contre les Franchois de telle forte, que, quant ilz fceurent fa venue, ne marcherent plus avant, mais retournerent tout bellement en belle ordre, penfant eftre hors du dangier du Duc : mais il n'alla pas ainfy; car le Duc & fes gens fraperent fur la keue des Franchois tellement, qu'il deffift l'arriere garde, & l'autre refte s'enfuyrent. Quant le Duc perchut cefte deffaicte, tout longuement retourna en fon camp. En ce temps le compagnon qui avoit efté banny, reftoit en la ville de Tournay, tousjours befoignant pour trouver des amis pour fubmectre à fa malvaife intention, & en parla à pluifeurs qui n'en tindrent conte. Aulcuns difoient s'il advenoit à fon intention, que on en feroit bien, & ne luy faifoient autre promeffe ; & ne l'accufoient pas au Juge & au Capitaine du chafteau, fachant fon intention. Neantmoins en y eult, qui furent totalement de fon affaire, fi comme le Greffier de la ville avec aulcuns fergentz & autres. Et tandis que ce di compagnon querroit avoir des amis convenables à fa perverfité & trayfon, en la ville de Tournay y avoit ung Braffeur, fur les piffoncheaux, où les navires arrivent, qui dift & mift fus à ung Bourgoix *de* la di ville, que icelle avoit vendu aulx Franchois, par aulcuns propos qu'il avoit oyu dire. Le Bourgoix, de ce que ce di Braffeur luy mettoit fus, en fift tellement, que le Braffeur en demora en deshonneur, & s'en defdict tellement, qu'il en porta ung cherge devant tout le peuple à l'Eglife Notre Dame de Tournay, & fu banny à

200 karolus d'or. En ce temps pendant, le Pape envoya encore
une fois l'Archevefque Carmoix, par devers le Vifce-Roy de Na- 1526.
ples, lequel befoigna tellement, que le Pape obtint paix, par telle
condition qu'il debvoit rendre troix villes à l'Empereur, & ce faifant, le Vifce-Roy promettoit de l'entretenir, & en figne de ce
bailleroit ces deux filz en hoftaige. Quant le Pape fu adverti, que
l'Archevefque avoit faict ung tel traictié, n'en veult riens faire,
pour ce que c'eftoit la fleur de toutes fes villes. Ainfy que ces
chofes fe faifoient, le Roy de France envoya une noble Ambaffade
envers l'Empereur, luy faifant fçavoir qu'il payeroit deux millions
pour fa ranchon. Il en y avoit une auffi de par le Pape, & une
autre de Venife, lefquelz defiroient tous d'avoir paix avec l'Empereur, difant que la guerre leur ennuyoit.

Comment le Roy de France, le Pape & les Veniffiens envoyerent en   CHAP.
Ambaffade en Efpaigne envers l'Empereur; & comment ilz leur   XXIII.
donna à chacun briefve refponce.

LES AMBASSADES par devant l'Empereur, après avoir entendu
leur requefte, refpondit aux Ambaffadeurs fur le champt brief &
court. Premier à celle de France, les motz cy après declarez en
beau Latin. *Pacta non fervas, in fanguine tuo vindicabo, &c.* C'eft-
à-dire; que les promeffes que tu n'a point gardées, à ton propre
fang me vengeray. Puis dict à l'Ambaffadeur du Pape; *Bellum in
me per te commiffum, prefens refpondebo &c.* C'eft-à-dire : la guerre
en moi commife, prefent ici refponderay. Quant il eult finy ces
motz à l'Ambaffade du Pape, dict auffi aulx Veniffiens; *Hoftibus
facræ Religionis Chriftianæ non eft pax michy &c.* C'eft-à-dire; Aulx
ennemis de la facré Religion, je n'ay pas paix. Quant l'Ambaffade
de France eult ouy les motz de l'Empereur, que auffi devant l'on
avoit dit que l'on n'auroit point d'autre traictiet à jamais que celluy
que le Roy meifme avoit faict & accordé, & qu'ilz fortefiffent
briefvement hors des pays, envoyerent haftivement ung poft envers
le Roy Franchois en la ville de Lyon, attendant les nouvelles
que le poftz portoit ces mettres (z) par efcript, que l'Empereur avoit   (z) *Ces ri-*
propofé. L'Ambaffade du Pape auffi retourna vers Romme inconti-   *mes.*
nent fur ces refponces; les Veniffiens en la cité de Venife. Le Roy
de France voyant ces refponces apportées par le poftz, affembla fon
Confeil, où il mift avant, qu'il perchevoit, combien que l'on luy
deftourbaft, qui convenoit accomplir fa promeffe; & qu'il véoit
bien, ad ce que l'Empereur avoit refcript par ces metres & vers,
n'en feroit aultrement, & que auffi luy avoit faict affez de rallonges.

R r 2

Lors le Confeil refpondit au Roy, qu'il feift ce qu'il volloit : mais que la Duché de Bourgoigne ne feroit jamais feparée du Reaulme, pour y mettre cent mille hommes : mais s'il volloit un petit endurer, on trouveroit d'en faire par ung aultre maniere. Ad ce refpondit le Roy : Doncque demorons mes enfans en la prifon ; car à ce que je puis veoir, l'Empereur eft à ce fremez (a) ; & me femble que quant j'abandonneroy la moitié de mon Reaulme, fe n'en feroit-il autre chofe. Le Confeil reprift le mot & dict : à quoy y fervoit de vous afubgir (b) de telle forte ; ce fu groffe folie, combien que nous y fufmes contentans pour vous avoir de la prifon : mais au fort leiffiés-nous en faire ; nous en ferons pour ung mieulx. Incontinent ces chofes dictes, le Roy s'appaifa, & le Confeil fe remift encore enfemble, où ilz confeillerent que on bailleroit à l'Empereur toute la riviere de Somme, & deux cent mille efcuz pour la Duché de Bourgoigne ; & fur ce fe parterent, & arrefterent du Confeil fermes d'en jamais. autrement faire. Tandis les Veniffiens auffi fur le mot de l'Empereur fe mifrent en Confeil, où il fu concludt de faire traictié au Duc de Bourbon, s'il eftoit poffible ; lefquelz incontinent en ce Confeil envoierent deux hommes noblement accompagniés au Duc ; & alors qu'ilz y arriverent, avoit reçupt 15 mille Efpagnars, que l'Empereur luy envoyoit, aufquelz les Veniffiens & gens du Pape cuidoient avoir deffendu leur deffente ; mais riens n'en fifrent. Les Veniffiens defirant d'avoir paix envers le Duc de Bourbon, fe trouverent avec luy, en luy demandant traictiet de paix ; le Duc leur refpondict, s'ilz volloient avoir traictié de paix avec luy, qu'ilz convenoit payer fon armée, tant que la guerre fe feroit en Lombardie. L'Ambaffade Veniffyene fur ce ne iceult que refpondre, finon qu'ilz retourneroient au Confeil de Venife dire ce qu'ilz auroient trouvé. Le Duc leur ottroya ; dont s'en allerent fans riens befoigner. Bouloigne la graffe fe voyant ainfy affiegée, auffi craignant que le pir ne leur en vinft, furent leur appoinctement avec le Duc : Parreillement le fift Saynne la vielle, Plaifance, bonne ville, voyant que fes voifinnes s'accordoient au Duc par appoinctement, & quelles demoroient en paix, le fift comme les autres, par payant une partie de l'armée du Duc de Bourbon. Ce temps pendant l'Empereur, eftant en la ville de Grenade, fift ung appoinctement de treves de 10 ans aux Sarafins fes voifins. Aprés avoir mis bon pollice par tout au Reaulme de Grenade, & y avoir leiffés gens de biens pour le biens & honneftement gouverner ; aprés *avoir* faict une belle remonftrance aux citoyens, fe party de Grenade, dont les citoiens eftoient maris de fou departement. Et luy avoient pluifeurs fois requis, que l'Emperatrice fa Femme y penfift faire fa gefinne de l'enfant dont elle eftoit enchainéte : mais quelque prieres qu'ilz en fiffent, ne leur veult jamais accorder ; pour ce que la chofe n'eftoit ad ce ordonnée du Confeil ; & comme j'ay dict, s'en party devant, & arriva fans dangier en Efpaigne, en la ville de Toulette, en grant triumphe, environ la Chandelleur, l'an 26. Quant le Roy de France & les Franchois fceurent que l'Empereur eftoit retourné de la cité de Grenade en Efpaignes, envoierent incontinent par devers luy une Ambaflade, laquelle difoit, que le Roy ne defiroit que de faire paix & bon traictié avec luy, & que le Confeil le defiroit. L'Empereur refpondit aux Ambafladeurs : Avez-vous la charge, de par le Roy & le Confeil, de rendre & faire tout ce qu'il m'a promis en la ville de Madritte ? L'Ambaflade refpondit à l'Empereur, Oy, Sire, finon la Duchié de Bourgoigne : mais pour icelle le Confeil a ordonné que l'on vous rendra toutte la riviere de Somme, & 200 mille efcuz d'or comptant, pour ce que la dite riviere de Somme n'eft affez vaillable pour la dite Duché ; fupliant que ad ce vociliés condefcendre ; & notre Roy prendra la Roynne Allienor votre Soeur à mariaige, lequel fort le defire. L'Empereur fur ce, & fur le champ refpondit, que jamais de fa vollunté ne fe feroit, & point en tel forte n'averoit fa noble foeur ; & fy demourons fes enfans en la prifon jufques ad ce qu'il fera ce qu'il a promis, en la ville de Toulette, fans conftraincte, prefent tout le Confeil, & fu dict qu'ilz partefiffent. L'Ambaflade ne le fift pas longue ; car haftivement s'en rallerent en France. Après qu'elle fu retournée, & qu'elle eult dict au Roy ce que l'Empereur leur avoit dict, le Confeil de France fe mift enfemble, où il fu decreté, que on envoyeroit une noble Ambaflade par devers le Roy d'Angleterre, pour demander fa fille à mariaige pour le Roy de France, voyant que Dame Alyenor luy eftoit eflongié ; ainfy en fu il faict. Tellement venue en Angleterre furent recoeillies du Cardinal & du Duc de Suffocq, avec auffi du Roy d'Angleterre par le confeil que ces deux luy donnoient : mais la Roynne, ne le Maire de Londres, ne le commun d'Angleterre n'en faifoient ghaire de conte. Je vous advertis que l'Ambaflade Franchoife fift la requefte de fa commiffion pourquoy ilz eftoient venuz. Le Roy d'Angleterre les ouys vollentiers, leur difant que fur ces requeftes feroit affembler le Confeil, & qu'ilz fufiffent les très-bien venuz, leur faifant fçavoir qu'ilz fe tienfiffent bien aife en fon Realme. L'Empereur bien advertys de fes befoignes, & que le Roy de France requerroit la Fille du Roy d'Angleterre, par aulcuns de fes biens-voeillans du pays, en affembla fon Confeil, & mifrent pluifeurs befoignes avant, où il fu dict à l'Empereur que les deniers qu'il debvoit au Roy d'Angleterre, que il luy envoiast ; & que on rompesist, s'il estoit possible, ce que les Franchois volloient faire. La chose en fu ainsi faicte, & la moitié de ce que l'on luy povoit debvoir su assemblé. Ce faict, l'Ambassade d'Espaigne, le plus brief qu'elle peult, arriva au Pays, & saluerent le Roy de par l'Empereur. Après luy presenterent une lettre, laquelle lut volluntier le contenu. Puis après luy fu apporté en la presence des nobles du Pays, la moictié de l'argent de quoy l'Empereur estoit redevable au Roy d'Angleterre. En ce faisant requerroit bonne alliance entre l'Empereur & sa personne ; ce voyant & escoutant, respondit, qu'il n'estoit creature vivante, qui les sçauroit separer, & dict derechief : Il n'a que faire de soy soufchier ; car ce que j'ay promis à son Grant-Pere, l'Empereur Maximilien, en notre Palais, à la cité de Tournay, luy sera tenu. L'Ambassade le remerchia moult honnestement, qui lors le Roy festoya grandement ; dont l'Ambassade de France s'en esmerveilloit de la Feste que l'on luy faisoit, & ceulx estoient deleissiet ; & que le commun de Londres les monstroit au doygt. Et après que le Roy eult comptet à sa Femme ce que l'Empereur son Nepveu luy faisoit dire, fist dire à l'Ambassade de France qu'elle s'en allast quant il leur plairoit, & que pour ce temps l'on avoit que faire d'eux ; par ainsy, le plus brief qu'ilz peulrent, retournerent sans riens besoignet. Ainsi que ces choses se faisoient, & que l'Ambassade de l'Empereur estoit festoyée en Angleterre, en la ville de Tournay ung compagnon jadis banny de la ville, pour parvenir à ses perversitez, cherchoit par tout pour avoir des amis, pour mielz achiever sa trahison, où tellement besoigna, que absoluttement il eult à son plaisir le Greffier de Tournay, nommé Mellin, auquel se asseuroit plus que à ung autre, pource qu'il escripvoit les affaires de ce cas au Capitaine Maulbrun, & encore d'autres, comme, sergens & gens d'office. Iceulx sachant la trayson de ce compagnon, resolluz de le parachever, ilz demouroient en Tournay sans en monstrer semblant ; & ne doubtés qu'ilz faisoient leur cas sy secretement, qu'ilz n'en parloient à personne : mais d'en plus trouver n'en trouvoient nulz, que incontinent qu'ilz leurs en parloient disoient : Ha ! ne nous en parlés plus advant, nous n'en vollons riens sçavoir ; faictes ainsy que l'entendez ; & sy ne le faisoient pas sçavoir au Capitaine, ne à Justice, dont mal leur en advint, comme vous orrés cy après. Mellin le Greffier, tousjours perseverant à sa parverse intention, envoia acheter en la ville d'Anvers 800 corseletz de pietons tous comblés, & les fist menner en Tournay secretement, & les mist en deux lieux : & autant de fiers (*c*) de picques, attendant d'avoir des compaignons du Tournefiz à fa vollunté.

(*c*) *Fers.*

Comment aulcuns traictres de la ville de Tournay mifrent grant paine pour cuider livrer la ville aux Franchois, & comment le Roy de &c.

CHAP. XXIV.

CES CHOSES ainfi faictes par Mellin Greffier, le mois de march venu, le premier jour furent mifes du tout les monnoyes ens ès pays de l'Empereur à tel pris que on les avoit forgiet, tant d'or comme d'argent, & meifmes toute autres monnoyes bannyes des pays, non portant le cuing des monnoyes de l'Empereur, qui tourna à gros dommaige aux marchans, & marchandifes. Le Roy de France eftoit lors à Saint Germain en Leye, à fix lieues par de là Paris. Le premier lundy de Karefme, ce delibera d'aller vififter la Noble Dame (*d*) de Lyeffe, & faint Quintin. Luy eftant party de faint Germain eult nouvelle comment fon Ambaffade eftoit partie d'Angleterre fans riens befoigner, & meifme que l'on l'avoit fait partir incontinent que l'Ambaffade de l'Empereur eftoit arrivée. Le Roy de ces nouvelles fu moult efmerveillyé; en les efcouttant luy en vindrent des aultres; parquoy une bende de 16 cens chevaulx s'en allerent envers Rouan, craindant les Anglois, lefquelz n'avoient pas la vollunté de luy mal faire. En ce temps eftoit pitiet d'eftre en la Champaigne; car tout y eftoit mengié des gens du Conte de Ghuyfe, lefquelz n'eftoient pas payez du Roy de France, que l'on heuiffe eub volluntier de là les montz : mais nulz d'eux n'y volloit aller. D'autre part eftoit mis fus une merveilleufe taille, par tout le Reaulme de France, donnant à croire que les deniers eftoient pour tirer les enffans du Roy hors de prifon, & que l'Empereur fe contenteroit pour argent. Soyés advertis que la taille eftoit telle, que quant ung homme avoit une maifon, & qui le louoit 20 frans, plus ou moins, le Roy en avoit la moitiet, & ainfy de biens des Abbayes. En Paris avoit fait le Roy telle demande, que les Parifyens ne luy volloient pas accorder : mais requeroient qu'ilz volfiffe venir en la cité, & qu'ilz fe accorderoient avecq luy du mieulx qu'ilz polroient. Lors fut refpondu que jamais n'y entreroit, tant qu'ilz auroient faict fa volluntet. La demande eftoit tant grande à ceulx de Paris, que à grant paine l'euiffent peu porter, ne trouver fans faire aux citoiens molefte. Le Roy de France eftant en la cité de Rouan, voyant que les Anglois ne fe muoient, retourna à faint Germain en Leye, fans cefte foys faire fes pelerinages; lequel n'y eult ghaire fejourné, qu'il ne s'en alla à la chaffe en la forcit, en

(*d*) *Nôtre-Dame.*

(e) *Une bê-
te fauve.*

(f) *Boule-
vard, Fort.*

(g) *Aisé-
ment, sans
beaucoup de
façon.*

(h) *Parta-
geant.*

(i) *Pourvû.*

fieuvant une rouge beste (e); esloignié de ses gens trouva aucuns brigans, maivaix garchons, qui le volloient murdrir, non sachant que c'estoit le Roy ; ains voyant que c'estoit une noble personne à quoi ilz tandoient, fist tant, que au son de sa trompe ses gens vindrent à luy, & fu rescoux, & les compagnons tous penduz, en la place, aulx arbres. Ainsy que ces choses se demenoient au Realme de France, le siege estoit par le Duc de Bourbon, devant Florence la belle, laquelle ne volloit pas obéir aux demandes du Duc de Bourbon : mais volloient bien donner une somme de 200 mil ducatz, sans eulx rendre à la vollunté de l'Empereur sur à la sienne; ne de luy rendre le Bolvercq (f) qu'il demandoit. Quant le Duc de Bourbon eult bien entendu & oyz leurs advis, sans plus leur faire de sermon, fist preparer ung assault, pour, après l'avoir bien battue l'assaillir. Craindant icelluy, veulrent parlementer, perschevant que le Duc les menassoit merveilleusement ; les Florentins requistrent jour d'avis, le Duc leur donna. Le Conseil de Florence se mist ensemble, où il fu dit, craindant la fureur des Allemans, qu'ilz luy donneroient 200 mil ducatz, le Chasteau & le Bolvercque de Florence, moyennant qui les veusisse leisser en leurs biens ; & que en ce faisant assisteroient l'Empereur, quant il luy plairoit aller en la cité de Romme faire le voiaige de son courronement, & autre chose qu'il lui plairoit commander. Je vous adverti que à ce Conseil se consenterent de ce faire au Duc de Bourbon de legier (g), pour ce que ung des anchiens de ce Conseil dit, que ses Allemands faisoit à craindre ; & que se ne fusissent ceulx de quoy la revolution estoit faicte sur eulx, & sur leur ville de Florence ; c'estoit que ung temps seroit, que les Allemans gaigneroient Florence d'assault, & que après avoir faict leur voulenté des Florentins, mesureroient le drap d'or, d'argent, le velour & la soye, à leurs picques, en partissant (h) le butin qu'ilz y trouveroient; vela comme je croy qu'ilz s'accorderent. Ce Conseil finés, les Florentins vindrent devers le Duc de Bourbon, auquel ilz disrent, ce que le Conseil avoit conclut, & que ad ceste accordoient ce qu'il avoit demandé, mais (i) qu'ilz demorassent en leurs biens : aussi contentz d'assister l'Empereur en son voiaige de Romme, quant il luy plairoit d'y aller. Le Duc ad ce s'accorda, lesquelz y prist en sa garde, mettant gens à sa vollenté dedens le Chasteau & Bolvercque. Tandis que ses choses se faisoient en Florence, le Roy Franchois avoit une Ambassade en Espaigne, pour trouver ung moien de paix. L'Empereur leur respondit s'ilz volloient paix, que luy mesme le desiroit. Parreillement s'ilz volloient la guerre, que aussi ne l'en chailoit; tousjours avoit-il la foy du Roy, sa femme à luy promise, & ses enffans. Il

sache

fache (k) qu'il nous a promis de fa vollunté, fans contraincte, en la
ville de Madritte & de Toullette, & il aura paix, fa femme & fes
enffans. L'Ambaffade ne fceut de riens refpondre fur ces affaires :
mais après le congié de l'Empereur, retournerent à leur Roy, lequel encore à cefte heure defirant l'alliance de l'Angleterre, envoya
une Ambaffade envers le Roy d'Angleterre par l'envoié du Cardinal,
lequel Roy ne veult pas, fachant par leurs meffagiers, que les Franchois paffaffent la ville de Bouloigne fur la mer ; & que on leur
refponderoit en icelle ville de leurs affaires. De ces refponces le
Cardinal cuida devenir fot, neantmoins n'en eult autre chofe ; car
le Roy d'Angleterre envoya en la ville de Bouloigne de groz Mi-
lortz, pour demander aux Franchoix qu'ilz leur plaifoit à dire. Les
Franchois refponderent, que le Roy de France & le Confeil du
païs defiroient d'avoir l'alyance d'Angleterre, & que le Roy de
France & fon Confeil requerroient fa Fille à mariaige. L'Ambaffade d'Angleterre demanda aux Franchois, pour qui ilz requerroient
leur fille, ou pour le Roy, ou pour le Daulphin fon filz. Refponderent que c'eftoit pour le Roy ; fur ce les Angloix tarderent de
parler ung peu : mais en la fin difrent : Seigneurs Franchois, ne
vous deplaife nullement, & fy foyés bien advertis *que* le Roy d'Angleterre noftre maiftre ne veult pas avoir d'allyance aux Franchois,
ne parreillement à votre Roy ; vous faifant fçavoir qu'il n'a nulle
Fille à marier, efpeciallement pour le Roy ; & quant il en auroit
une, fy ne voldroit-il pas faire tort à fa niepce, Madame la Roynne Alienor ; & dicte à votre Roy, qu'il tiegne à l'Empereur ce
qu'il luy a promis, & que alors vous aurez l'alyance d'Angleterre,
de notre Roy & des fiens parreillement. Les Franchois de cefte
refponces furent tous eftonnés, lefquelz retournerent devers le Roy
de France ; lequel fachant ces refponces, comme quafi enraigiet,
envoia envers le Cardinal d'Angleterre, luy faifant fçavoir à quoy
fervoient ces refponces que les Angloix leur avoient faict. Le Cardinal dift, qu'il n'en fçauroit que faire, & que c'eftoit la Roynne
laquelle rompoit leurs intentions, avec auffy le Maire de Londres,
lefquelz ne defirent que de contenter l'Empereur ; ainfi les a mis
la Roynne à fa cordelle. Souffrés encore ung peti ; à la fin j'en
fçaurai bien faire.

Comment le Roy de France & son Conseil, par leur malice, trouverent fachon de contrefaire le sceel de l'Empereur, & escripre à Damme Alyenor, pensant ravoir ses enfans, dont l'Empereur y mist provision, &c.

CES CHOSES ainsy faictes, & le temps pendant, les gens du Roy Domp Frenand, lesquelz l'on avoit payés au pays de Bohesme pour trois mois, estoient entrés dedens le pays de Hongrie avec leur Roy, lequel s'estoit joinct avec le Conte Cristoffle. Le Conte Veisda, le Desteuenborghue son Nepveux avec le Capitaine Vosca, tous traictres Hongroix, sceulrent que le Roy marchoit en pays, se mirent en Conseil, où ilz conclurent que pour resister aulx effors des Hongroix & de Domp Frenand, manderoient la bende des Turcques, lesquelz s'estoient eslogniez d'eulx, faisant le pir qu'ilz pouvoient. Ainsy en fu-il faict, & estoient 40 mil hommes avec grosse artillerie. Soyés avertis que quant les deux bendes furent ensembles, assavoir les Turc & le Conte Veisda, estoient bien 70 mille hommes. Quant le Roy de Boheime sceult leur assemblées mise en une bende, leur manda que brievement le yroit visiter. Conclusion, la chose fu tellement demenée, que le dernier jour du mois de March, l'an 15 cent 26 avant Pasques, fu battaille ordonnée, où à ce jour avec l'ayde de Dieu, le Roy Domp Frenand mist telle provision, que emprès la ville de Greixveisemburg desconffit 30 mil Turcqz, Hongroix reniés & ennemis de la saincte Foy Crestiene, dont il en eult grant loüenge : mais les ennemis demorerent tousjours en bende sans les pouvoir deffaire. Je vous avertis que ottant que les gens *de* Domp Frenand trouvoient de Hongroix reniés, qui aulcune fois crioient merchi, ilz les tuoient

(*l*) *Sansfaire grace à aucun.* tous, sans en respiter (*l*) nulz. La bataille finée, le Roy se retira en ung chasteau assez près de la ville, & ses gens demourerent aux champs ; où il fu trouvés par les rolles, qu'ilz estoient mortz bien 12 mil hommes sans les blechiés, dont le Roy fu moult courouchiet. L'autre reste tenoit les champs, où l'on apportoit de tous quartiers, & où Sigismond le Roy de Pologne envoia une grosse bende de Polonois à l'aide & secours de Domp Frenand, tous payés

(*m*) *Terme de Haynaut : Chasser.* pour trois mois, lesquelz s'exposerent vaillamment à cachier (*m*) les ennemis hors des Hongrie. Tandis que ses vaillances se faisoient sur les Sarazins, le Roy de France pensoit tousjours l'honneur de l'Empereur & le proffit admoindrir. Soyés advertis en quelle sorte il s'advisa. Par le moyen de son Conseil particulyer, il trouva les fachons de contrefaire le sceaulx de l'Empereur, duquel il fist clore

& fceller une Lettre avec icelluy feaulx, laquelle il envoya par devers Madame la Roynne Alyenor, par ung Gentilhomme en poftz; lefquelles difoient de par l'Empereur, que icelles regardées & lutes, que elle renvoiaft Monfeigneur le Daulphin en France avec fon frere. Le Confeil de Dame Alyenor voyant le fceaulx de l'Empereur furent tous efbahis, neantmoins ne furent pas fi folz; après avoir tout bien regardé, qu'ilz n'allerent par devers l'Empereur, portant ces Lettres pour luy monftrer, voyant que ne pouvoit eftre que abuz. L'Empereur adverty de ce fu tout efmerveilliet de ces refcriptions; veult veoir le Meffagier, que le Confeil de Madame Alyenor avoit envoyet avec fes Lettres prefenter à l'Empereur. Dont quant l'Empereur le perchut, luy encquis & demanda: Mon ami, qui t'a donné ces Lettres en ta commiffion, ay-je ce fait? Non, Sire, refpondit le Meffagier; fa efté le Roy de France & aulcuns de fon Confeil particulier & privé. L'Empereur efcoutant ce Meffagier, commanda luy mettre hors de fa veue. Puis s'efcria l'Empereur, difant: Ha! Roy Franchois, tu as fait une groffe faulte; mais ta trahifon ny t'y polra ayder; tu t'abuze bien. Après cefte exclamation faicte, & que le Meffagier fu oftet de devant luy, fift exprès commandement, que tous les Franchois gouvernant, venant de l'Eftat de France pour fervir les enffans, fi comme Confeilliers, Confeffeurs & tous leurs ferviteurs, fuiffent enfembles renvoyés en France, & que Dame Alyenor n'en heuift plus le gouvernement, mais les Efpagnars; & que les enffans *fuffent* menez en la ville de Burghes en Efpaigne, *pour* eulx tenir (*n*) une efpaffe. Parreillement en deux autres là enthour, nommées, l'une, Villepant & Valdere; puis offy en la ville de Villelonc, en chacune le terme de trois ou quattre mois, renouvellant tousjours leurs eftaz. Son commandement comme raifon fu acomply. Sachiés qu'il y eult de parfondz regretz des enffans, avec leurs gens qui s'en ralloient au Reaulme de France; il ny avoit fy dur cœur qui ne plouroit. Toft après fu le Roy advertis de fon cas & de fa faulte, & que l'Empereur fçavoit fa trayfon, dont il fu moult courrouchié, mauldiffant cefluy qui luy avoit donné le confeil: auffi pour ce que fes enfans feroient gouvernés par Efpagnars, & que leurs Gouverneurs retournoient. Le temps que ces chofes courroient, le Roy de Navarre ne defiroit que de touillyer (*o*) la fufée, & avoit une bende de malvaix garchons, lefquelz avoient arreftez beaucoup de marchandifes aulx marchans des pays de l'Empereur: mais le Roy de France fachant quil eftoit affez mal de l'Empereur, fans en plus faire fift commandement de tout rendre, & fans nulz empefchement les leiffer retourner chacun en fon pays. En ce temps encore, revindrent les Seigneurs, qui avoient

1526.

(*n*) *Y demeurer quelque tems.*

(*o*) *Brouiller les fufeaux.*

S s 2

gouvernés les enffans au Reaulme d'Efpaignes , qui faluerent le Roy,
lequel leur demanda après avoir oy la verité de fes enffans, que
c'eftoit, à leur femblant, de l'Empereur depuis fom mariaige , &
qu'il n'eftoit avec luy en Efpaigne. Ses Seigneurs luy refponderent:
Sire, touchant de l'Empereur, c'eft' l'un des plus faiges & mieulx
amoderés de la Creftiennetet, & le plus Catholicque & devot, &
avec ce , bien aymés de tous les Creftiens. Auffi les Sarafins le

(p) *Qui a le
plus d'alliés.* craindent de tous coftez, & s'y eft l'homme le plus alliés (p) du monde.
A ce le Roy refpondit : Vous nous dictes merveilles , Seigneurs ;
à vous oyr , s'il advenoit qu'il fufiffe ad ce confeiliés de faire la
guerre contre nous , puifqu'il eft tellement alliés que vous dictes ,
notre puiffance auroit bien affaire d'y refifter. Lors l'ung des Chevalliers refprift le mot & dict : Sire, veuilliés fçavoir s'il demandoit la guerre, & qu'il euift la vollunté fur le Reaulme, que aucuns
ont fur luy, en brief temps le gafteroit : mais il eft tant vertueux,
que jamais ne le feroit. Le Roy print ces propoz de mal part,
foy courrouchant deffus ces Chevaliers, auquelz il parla affez aigrement, leur difant qu'ilz eftoient de fa bende , & qu'ilz avoient bu
à la bouteille d'Efpaigne. Ces Chevaliers & Gentilzhommes , après
qu'ilz furent partis du Roy , furent bien advertis que le Roy les
avoit prins en haynne , & n'oferent plus eftre en France ; ainfi le
pluftoft qu'ilz peulrent fe retournerent en Efpaigne , après avoir dif-
pofé de leurs biens , defquelz le plus qu'ilz peulrent envoyerent
devant. Quant l'Empereur fceult qu'ilz eftoient en Efpaignes , les
rechupt fans trop grande fiance y avoir : mais pour ce que le Roy
les hayoit , cougnoiffant qu'ilz avoient bien dict au Roy de luy,
les laiffa au Pays, en leur donnant ung petit d'entretenement. Ce
temps les Parifiens defirant d'avoir leur Roy en la cité de Paris ,
allerent devers luy à Saint Germain-en-Laye , prier qu'il volfift
faire fon entrée en fa cité, & que de fa demande feroient avecque
luy du mieulx qu'ilz polroient. Sur ces requeftes le Roy trouva
en fon confeil que d'y aller, & fe apprefta en bien fimple eftat.

CHAP.
XXVI.   Comment le Vifceroy fift treves au Pape Climent VIIe, fans le fceub de
l'Empereur & du Duc de Bourbon. Et comment ung Cardinal,
nommé Proflocoulombre, entra dedens Romme par force ,
fe difant amis de l'Empereur & ennemi au Pape.

Le Roy Franchois doncques eftant adverty de la requefte des Parifiens, fur fa demande qui les volfift vifiter, & faire fon entrée,
combien qui avoit faict une fois, quant il fu nommé au Courronnement; mais c'eftoient qu'ilz defiroient, qui le fefift depuis fon re-

thour de prifon d'Efpaignes, leur fift fçavoir qui le feroit ; & fu
la journée prinfe le jour de Pafques florye, l'an 15 cent 26., laquelle fu ainfy faicte. C'eftoit triumphe des preparations quy s'y
faifoient. Les rues eftoient tendues en aulcuns lieux de drap d'or,
d'argent, de velour, de foye, de drapz riches, & d'autres tapifferyes, & s'y avoit force hiftoires & allumeries. Les Pariffiens allerent au devant du Roy en grant triumphe ; lefquelz luy fifrent
prefent de 200 mil efcuz d'or, dont le Roy les merchia grandement.
Quant le Roy fu bien raffrefchy en fon logis, il fu bien-vignés des
Seigneurs & bourgoix de Paris. Le lendemain de fon entrée, le
Confeil du Parlement de Paris fe mift enfemble, où le Roy vint
acompagniet de fon Confeil, lequel fift fa demande, telle qu'il avoit
faict auparavant, fort grande, & telle que jamais Roy de France
fift, pour quelque affaire que le Royalme eufift. Sur ce le Parlement
refpondit, que la demande eftoit merveilleufe, & que jamais l'on
avoit eub nouvelle, que on en heuiffe demandé ottant à ceulx de
Paris, par nulz Roy qui jamais furent en France. Le Roy refpondit, que fur ce ne failloit replicquer, & qu'il eftoit de neceffité d'en
ottant avoir. Le Parlement l'efcouftant tottalement, refufa à la requefte, difant : que on ne le fçauroit où avoir, fans faire viollence
au peuple de Paris. Le Roy fort annimés du refuz, & auffi congnoiffant ceulx qui avoient donné le confeil, les fift prendre de nuict
& mettre en prifon, en les menaffant ; lefquelz pour en fortir, s'en
compoferent à la vollunté du Roy, craindant morir. Ce temps pendant le Pape Clement VIIe de ce nom fift tant envers le Vifceroy
de Naples, qu'il obtint les treves à l'Empereur, de tel forte qu'il
debvoit payer l'armée du Duc de Bourbon, & faire fortir fes Galleres de la mer, affin de plus faire la guerre aux gens de l'Empereur ; en quoy faifant avoit treves feptz mois. Le Vifceroy le fift
fçavoir au Duc de Bourbon, difant, que l'Empereur luy avoit commandé de ce faire. Le Duc, qui creu affez ces parrolles, veult obeyr
à l'Empereur, moult esbahi de promeffes que il avoit faictes à l'Empereur par fon envoié, & que maintenant eftoit d'autre propoz.
Neantmoins penfant que le Vifceroy dict vray, & que c'eftoit de
fon adveu, deffendit à fes gens de riens emprendre fur les biens,
terres, & poffeffions du Pape Clement à prefent : mais le Profcoulombe ne regardant riens à fes treves, ennemy du Pape, fift plus
forte guerre que devant aux Franchois, & couvertement de fes deniers, fans foy declarer leur ennemis. Si s'advifa avec une groffe
bende de gens de guerre, d'aller en une petite ville hors du chemin de Romme, où il y avoit des gens par le Roy de France en
garnifon. Icelluy Cardinal Proftocoulombe entra en cette ville comme

amis avec fa bende, & auffi ad caufe qu'il eftoit treves, & que la ville eftoit au Pape; on ne luy deffendit en riens l'entrée; lequel fitoft qu'il y fuft, fe voyant fort affez, y fift le maiftre, & cacha hors les Franchois, par le greé & confentement des habitans. Le Pape ce fachant, luy manda qu'il ne fu pas ainfy retournez, & qui le tenoit ens ès treves. Le Cardinal ne luy fift quelque refponce; lequel eult tantoft après en vollenté d'aller en la cité de Romme, & leiffa en la ville, par luy prinfe, de fes gens de guerres pour le garder. Quant le Pape le fceult dedens Romme eftant en fon logis, le cuida faire prendre & acciper de nuiét : mais aulcuns l'en adver-

(q) *Mais en ayant eu avis, il fe fauva affez tôt.* terent ; & dont s'en parti tempre affez (q), qui depuis pour foy ven-ger, accompagniés de quatre mille hommes, entra en la ville de Romme de nuiét par la vieille ville, lequel eult à fa vollunté troix portes de Romme, par fes adherrens qu'il y avoit ; parquoy il y entra à fa vollunté dedens le Bourcq Saint Pierre, où le Pape eftoit faifant le ghait, & efcouttant l'effroy, fe faulva au Chaftcau Saint Angele avec pluifeurs Cardinaulx & autres gens de bien : mais en fes affaires le Bourcq Saint Pierre fu tout pillyez ; & pluifeurs mai-

(r) *Parmi. Terme Wal-lon.* fons avault (r) Romme, tenant le parti du Pape & des Urfins, & s'y en y eult beaucop de tuez, meifme en l'Eglife Saint Pierre, qui fu toute pilliées & robée. Ce faifant fe boutterent avec le Cardi-nal Profcoulombre des gens de tous coftez, plus de quattre mille, lefquelz pillerent avec les aultres de toutes nations, qui crioient : *Vive l'Empereur.* Et aulcuns Romains craindant d'eftre pillyés, & que iceulx ne fuiffent les maiftres de Romme, cryoient pareillement : *Vive l'Empereur ;* lefquelx pour le cris, on deleiffoit fans mal faire en leur liberté. Quant le jour fu grant, que l'on percevoit à l'en-tour de luy, le Pape fe monftra au Chaftcau Saint Angele par une feneftre, pour regarder ce que on faifoit au Bourcq Saint Pierre. Le Cardinal le perceut, lequel defiroit de parler à luy ; fe efcria, difant : Ha ! Pere Saint, vous avés faiét que faige de vous faulver, car je ne tendoie que après vous pour aller veoir l'Empereur des Romains, Charles tousjours Augufte, vous & moy. Le Pape ref-pondit que bien l'en avoit gardé & garderoit encore. Conclufion, après ung peu de parlement qu'ilz firent enfemble, le Cardinal or-donna de fes befoignes, & fu deux heures le maiftre du Bourcq faint Pierre & d'aultres places, qui incontinent fe parti de Romme avec fa groffe bende, fans nulle perte, mais enmenerent force biens & riceffes. Ilz eftoient 8^{mil.} hommes à fortis de Romme, & à y en-trer n'eftoient que 4 mil. La caufe que quant le Cardinal feroit forti, ne s'y oferoient trouver ne tenir. Quant le Pape fe perchut en fa liberté, mift garde & provifion en la ville, & en fift le Ca-

pitaine, le filz de Rance Urſin; & luy donna la cherge de garder
la cité avec des gens de guerre, comme Suiſtres, Franchois & autres nations, avec *ce* leur donna en cherge & commiſſion d'aller bruſler
toutes les terres, feignouries & poſſeſſion du Profcoulombe, & fe (s)
fiſt aſſiegier la ville, dont les Franchois *étoient* fortis, penfant que
le Cardinal y fuſiſt : mais non ; & fe monſtra bien, car il fe miſt
fus de telle forte, que toutte l'Armée du Pape fu ruée jus, & fon
artillerie & munition perdue &c.

1527.

(s) Auſſi.

CHAP.
XXVII.

Comment les Turcz habandonnerent le Reaulme de Hongrie ; dont en
chemin par les Creſtiens la pluſpart furent deſtrouſſés, prins,
tuez, & nyez.

Aynsy que ce choſes fe faifoient en Lombardie, les Turcz d'autre part *qui* eſtoient en Hongrie, voyant que les gens de Domp
Frenand y eſtoient fy puiſſans, & qu'ilz ne fe ofoient plus trouver
aux champs, finon aux bonnes Villes & Fors, adviſerent d'aſſem-
bler ung Confeil, pour fçavoir qu'ilz avoient affaires ; auquel ilz
conclurent qui fe partiroient de Hongrie, pour retourner vers Conſtantinople, & habandonneroient le Conte Veiſda, en luy laiſſant
faire du mielz qu'il poiroit. Iceulx Sarrafins le fifrent ainfy qu'ilz
avoient conclut, raſſemblerent le butin qu'ilz avoient faiſt au pays
de Hongrie, & en chergerent 600 cameulz ; puis fe mifrent en
chemin pour tirer vers Conſtantinoble par où Soliman Pach s'en
retourna, quant il remena les groz trefors qu'il avoit pilliés fur les
Hongroix. Le Conte Criſtoffle & le Capitaine des Poullagoix fachant qu'ilz avoient fait les amaſtz pour en aller, les fieuvirent de
fy près, que en paſſant ung pondt, en y eult beaucop de tuez, qui
leiſſerent derière bien 200 cameulz chergiés de biens, & ne peulrent paſſer, pour ce que on leur colpa le chemin; & fy eult beaucop de Sarrafins tuez & noyés. Ce tamps pendant après Paſques
l'an 15 cent 27 eſtoit nouvelle de beaucop de Sorchiers & Vauldoix par tout les pays ; des cuelz en Brabant, Haynault & Namur on en fiſt de groſſe perfecution, tant qu'ilz en goufterent la
mort. Auprès de Salins, en Bourgoigne, y eult auſſi une nittée (t)
de Sorchiers & Vauldoix de 21 bruſlé. Et à l'iſſue d'apvril, au di
an, comme la voix courroit, y eult deux archiers de corps, 2
harcquebutiers & deux marchans, qui avoient vendu la ville d'A-
ras, la ville d'Aire, & la ville de Bethune aulx Franchoix : mais
iceulx furent raculés par une femme qui les avoit ouy qu'ilz avoient
prins journée de avec ce livrer Monfeigneur du Roculz aux Franchois, entre la ville de Hefdin & la ville de Terroanne : mais le

(t) Nichée,
troupe.

bon Seigneur en fu adverty, qui bien s'en garda de ces traitres ; en y eult aulcuns prins & les autres s'enfuyrent. Ainſi que ces choſes ſe faiſoient, le Duc de Suffolc, au di mois d'apvril, l'an 27 ſe parti du Reaulme d'Angleterre pour aller en France, lequel y fu honnorablement receu, tellement que quant il fu arrivé, priſt ſon logis au Bois de Vinchienne avec le Roy de France, lequel l'eſtoit venu viſiter de ſaint Martin, en Leerre, en ce bois, où le Duc eſtoit logié avecq ſon eſtat. Il y avoit cent & onze tentes que pavillons levez ; & courroit la voix qu'il venoit querir le Douaire de ſa femme, lequel eſtoit de 40 mil eſcuz d'or par an, que jamais n'avoit reçupt, depuis qu'il avoit eub eſpouſé la Roynne Blance, par le conſentement des Franchois. Lors en beaucop de contrée regnoient les Leuteryens. En la cité de Tournay en y eult qui furent bien pugnis ; mais c'eſtoit pour ce qu'ilz diſoient, n'eſ-

toit pas vraye Hereſie (v), dont l'on ne les fiſt pas morir ; mais ilz empeſchoient le peuple à beaucop de choſes que les Preſtres commandoient à faire ; parquoy furent pugnis de l'Egliſe par priſon, & finablement par la bourſe, ou par aultres amendes publicques, à la diſcretion des Seigneurs, ou d'une Enſeigne de la Croix ſur leur poitrine, ou ſur leur bras. En la Duciet de Lorraine, en y eult aucuns bruſlez, pour ce qu'ilz preſchoient contre les ſainctes Eſcriptures, ſi comme la ſainte Bible, les Eſpiſtres & les ſaintes Evangilles ; & qu'ilz deffendoient à faire beaucop de choſes que journellement ſe font en l'Egliſe, la cauſe eſtoit que on les bruſloit. ·En la ville d'Anvers parreillement, y avoit pluiſeurs ſortes gens, que l'on diſoit auſſi Leuters ; leſquelz eſtoient pugnis pour argent, que journellement on recougnoiſſoit par les enſeignes qu'ilz portoient. Ceſte ſaiſon auſſi les Anglois ſe volloient meultiner, & conclurent

que pas n'yroient à la Feſte (x) d'Anvers, ad cauſe que on avoit deffendu leurs monnoyes aux Pays de l'Empereur ; pour ceſte cauſe ceulx d'Anvers leur menderent, s'ilz n'y venoient, qu'ilz perdroient leurs privileges en Anvers. Les Anglois firent tant belles eſcuſes pour leurs monnoies, que ceul d'Anvers ſe contenterent ; dont en la fin en y eult qui y convindrent. Ceulx de Liege auſſi ſe contentoient aſſez mal des monnoies, pour ce que les leurs auſſi eſtoient deffendues, & ſy eſtoient à l'Empereur : mais n'en eulrent aultre choſe ; car leur Eveſque les tenoit en captivité ; parquoy ſecretement en y avoit qu'ilz diſoient, qui ſeroit bon de faire ung autre Eveſque, & qu'on prinſtz le filz de Meſſire Robert de la Marche, & qu'il falloit expulſer celuy qui à preſent l'eſtoit, combien qu'il fuſiſt le frere Sire Robert. L'Eveſque aulcunement de ces affaires fu adverty, & qu'il y avoit tel gens en la cité : mais je vous advertis

que

que pour evader la pugnition des murmureurs, fift crier fur la hart,
que nulz ne murmuraſſent des monnoies, ne de ce que l'Empereur
avoit affaire. Le cris fait, ceulx qui avoient murmurez baiſſoient les
orreilles ; defquelles monopolles qui ne fceurent taire, on priſt par
nuiĉt, lefquelz on fiſt morir à la difcretion du Juge. Vous avés
bien oy ci-devant, comment le Pape avoit faiĉtié fon traiĉtié pour
feptz mois, en payant l'armée, par le moyen du Vifce-Roy, lequel
avoit diĉt au Duc que c'eſtoit la vollunté de l'Empereur ; fur ce le
Duc ceſſa la guerre au Pape. L'Empereur eſtoit moult esbahis de ce
qu'il n'avoit nulle nouvelle du Duc de Bourbon, ne de ce qui luy
avoit promis ; c'eſtoit d'aller vers Romme. Craindant qu'il ne fuiſt
pas aſſez fort pour faire l'emprinfe, luy envoya dix mille Efpagnars
en la conduiĉte de gens de biens ; dont le chief eſtoit ung Grant
Maiſtre, auquel il donna fes Lettres pour bailler au Duc de Bourbon, de telle contenue qu'il volloit que le Duc de Bourbon fefiſt,
fi luy eſtoit poſſible. Lefquelz Efpagnars monterent au port de Barfelonne, qui jamais ne ceſſerent, ayant bon vent, qu'ilz ne furent
en Lombardie avec le Duc de Bourbon ; lequel les reçupt à la
mode de guerre, triumphamment ; auquel Duc le chief de l'armée
luy delivra les Lettres de par l'Empereur, dont la lyſi, laquelle
eſtoit de telle contenu. « Après toutes falutations, mon Beau-Frere
» & mon Amy, Lieutenant en mes affaires de de-là les montz tou-
» chant au faiĉt de l'Empire, je fuis efmerveillés que je ne n'oichz (y)
» nulle nouvelles de vos affaires. Vous m'aviés promis en Efpai-
» gne, parlant à moy, que d'aller vers Romme, & fy fçavez bien
» que diĉtes encore en notre fecret (z), & je n'och nulles nouvelles
» de riens ; ce qui me faiĉt perdre à demy en mon efpoir. En oul-
» tre, eſtant en fiege devant Bouloigne la graſſe, vous me refcriptes
» que voz befoignes eſtoient preſtz que pour y aller, fe Florence
» la Belle avoit faiĉt fon appoinĉtement vers notre Majeſté Impe-
» rialle ; & nous entendons que tous en eſt faiĉt, par voz Lettres
» patentes, à notre grant honneur. Partant, mon Beau Frere &
» Amis, je vous prie que foyés appreſtez à ce faire que m'avés
» promis ; & pour ce que mon Frere le Roy de Bohefme a trop
» d'affaire contre le traiĉtre Veifda, & que je fçay de vray qu'il
» ne vous peult affiſter, je vous envoye dix mille Efpagnars bien
» payés, lefquelz ne defirent que de moy fervir léalment & d'ac-
» croiſtre mon Empire ; mettés-les en œuvres, le tamps fe paſſe ;
» s'il eſt poſſible mettés le Pape en notre main, & la cité de Rom-
» me à votre vollunté en mon nom, n'y faifant autre chofe, fi-
» non ce que Dieu voldra : mais fi le Pape fe condefcendoit à votre
« vollunté, telle que vous fçavés & dont vous eſtes advertis, faiĉte

T t

1527.

(y) N'en-
tends.

(z) Ce que
vous nous di-
tes en parti-
culier.

1527.

» luy ſon traictié amiablement. Je ſuis adverty que journellement
» ſes galleres, eſtant ſur la mer, font à mes gens beaucop de mal.
» Sur ce advis. Et plus oultre. Eſcripte en Valdolif, au comman-
» chement du mois d'April le 2e jours après Paſques, preſent le
» Conſeil. Ainſy ſignet..... »

CHAP.
XXVIII.

*Comment le Duc de Bourbon, par le commandement de l'Empereur,
miſt le Siege devant la cité de Romme; & par ſa grande proüeſſe
y livra ung merveilleux aſſault, dont il morut &c.*

LE DUC de Bourbon eſcouttant ces nouvelles fu longue eſpaſſe
ſans parler, de couroux qu'il avoit, pour ce qu'il avoit entendu
que treves eſtoient données pour 7 mois par l'Empereur au Pape
Clement VII. Neantmoins en quelque courroux qu'il fuiſt, ne de-
leiſſa tousjours de faire honneur aux Eſpagnars. Dont le pluſtoſt
qu'il peult, & pour complaire à l'Empereur, avec (b) pour ſatisfaire à
ſa promeſſe, ſe miſt au champ avec une puiſſante armée, acompagniés du Prince d'Orrenge, du Conte Jorge, du Marquis de Piſcarre,
du Conte d'Aigremont, & des Seigneurs d'Eſpaignes & d'Allemaignes, pour tirer vers la cité de Romme. Ainſy qu'ilz cheminoient,
le Conte Jorge, Capitaine des Lanſquenechz par Domp Frenand,
& le Conte d'Aigremont devinrent malade d'une chaude maladie,
dont ne peulrent plus avant aller, & demorerent en la ville de
Ferrare, dont le Duc de Bourbon fu moult maris, voyant qu'ilz
ne ſeroient pas à leur empriſe de Romme, les cougnoiſſant gens
de biens. Neantmoins ne tarda pas ſon chemin, & ſy bien beſoigna ſans nullement craindre ſes ennemis, ſi comme Veniſſiens,
Franchois & autres nations qui le coſtioient (c) tousjours à ſeptz lieues
de près, qu'il aſſiega Viterbe & Montflaſcon, qui tindrent une eſpaſſe, pretendant avoir ſecours des bendes qui ſieuvoient le Duc de
Bourbon, & pour certain s'y attendoient, mais ne ſe haſtoient
ghaire. Tandis que le ſiege eſtoit devant ces deux ville, ce compagnon qui avoit vendu la cité de Tournay eſtoit allé parler au
Capitaine Mauibrun en la ville de Ghuyſe, auquel il porta ung
peti preſent, dont il parla longhement en ſecretz avec le Capitaine de
ſa trayſon; & meiſme à ung ſoupper, où le compagnon qui eſtoit
banny de Tournay les ſervoit, ainſy qu'il avoit faict l'autre jour,
lequel les eſcoutoit parler; car ilz ne ſe gardoient pas de luy, ad
cauſe qu'il en eſtoit banny. Tellement ſe deviſoient à ce ſoupper
enſemble, comment il auroient Chaſteau, Ville & tout. Dont tous
ces propoz le compagnon les mettoit en ſon penſement, faiſant du
Lobin. Et après toutes deviſes, ſu en la fin dict, que le Conte de

(b) *Auſſi.*

(c) *Côtoyoient.*

Ghuyſe s'y debvoit trouver avec ſa bende de 15 cent chevaulx, & qu'il feroit preſte quant le temps en feroit; laquelle bende eſtoit en la Champaigne. Le lendemain, ce villain traictre priſt congié du Capitaine Maulbrun, & retourna en la ville de Tournay, où il dict à ces complices, ce qu'il avoit faict en la ville de Guyſe, leſquelz reſponderent, qu'il avoit bien beſoigné; & encore depuis parla à aulcuns pour les penſer feduire en ceſte affaire, leſquelz ne s'y veulrent pas confentir, & eſtoient 14 qui jamais n'en fiſrent raport. Ce temps pendant la ville de Vitterbe & de Montilaſcon fiſrent leur appoinctement au Duc de Bourbon. Lors le Viſce-Roy eſtoit devers Gayette; ſçachant que le Duc avoit rompu les treves, vint incontinent à luy, & luy dict en le reprochant, qu'il avoit mal faict d'ainſy rompre les treves, veu que l'Empereur luy meiſme les avoit confenty, & qu'il en eſtoit adverty. Le Duc, oyant le Viſce-Roy, reſpondit: Vecy autres nouvelles; & tout le contraire que vous dictes l'Empereur me reſcript. Puis luy monſtra les Lettres, & dict encore au Viſce-Roy: Se les trèves euiſſent été jurées à l'Empereur & au Pape, comme me l'avés faiſt accroire, dont mon faict en a eſté trop retardé, que ne delivroit-il l'argent pour payer nos armées, comme vous me diſiés que faire le volloit par ſa promeſſe? D'aultre part, à quoi fert-il, qu'il a toujours ſes galleres ſur la mer, faiſant moleſtes & deſtourbiers aux pays & gens de l'Empereur, comme promis avoit en ſes treves, qui debvoit faire deſcendre de la mer ſans nul mal faire? Quant eſt à moy, puiſque j'ay reçupt telle reſcription de l'Empereur, le Pape, ne ſes allyés n'auront nulz traictiez par devers nous, s'il ne ſe rend à la vollunté de l'Empereur, & ſi je ne ſuis le maiſtre de Romme pour y venir l'Empereur à ſa vollunté. Et fiſt le ferment que ainſi le fairoit, s'il plaiſoit à Dieu ſon Createur; dont après pluiſeurs deviſes le Viſce-Roy dit, que ce fuiſt à la bonne heure, & qu'il feſiſt ce que l'Empereur luy avoit chargé par ſes Lettres, & qu'il s'en retourneroit par devers le Royalme de Napples faire paſſer les vivres; & ainſy le fiſt. Je vous advertis que 8 jours après que le Viſce-Roy fu retiré, les vivres furent tant chier en l'armée du Duc de Bourbon, que ung mengoit bien pour ung jour pour 10 pattars de pain, & furent bien 12 jours en tel eſtat; la cauſe pourquoi que les ennemis de l'Empereur ne les leiſſoient pas paſſer, dont le Viſce-Roy fiſt tout ouvrir, & y miſt remede pour les amenner ſans nulz dangiers. Et la groſſe bende des Franchois & Veniſſiens eſtoient tousjours coſtoyant l'armée de l'Empereur à 6 ou 7 lieues près: neantmoins marchoit tousjours l'armée du Duc de Bourbon, quelque difette ne crainte qu'ilz heuiſſent de leurs ennemis. Mais pour abre-

▬▬▬ ger, befoigna tellement fon chemin, faifant telle diligence, qu'il *paſſa* pour aller à Rome, parmi la ville de Saynne la vielle, où il laiſſa toute fa groſſe artillerye, pour plus viſtement cheminer. Lors quant le Duc fut dehors, fes ennemis tousjours l'agaitroient (*d*), fans nullement les oſoir aſſallyr. Le Duc, qui aſſez eſtoit fin en ſes affaires, pour donner à ſes ennemis empeſchement, fiſt courir la voix, qu'il avoit prins ſon artillerie legiere que pour tirer vers le Reaulme de Napples, & habandonner Romme, & Lombardie ; dont pour ceſte faincte ſe tira hors du chemin de Romme, & tira tout court vers Naples, en vers une bonne ville nommée Civitas Caſtelle (*e*). Les Franchois cuidant que ce fuiſt verité, furent moult joyeux de ſa departye, atarderent leur chemin fans le plus ſievir de ſy près, difant qu'ilz joyroient du pays à leur vollunté en brief temps. Quant le noble Duc de Bourbon fu advertis de leur atardement, & que les vivres luy venoient, tourna tout court le grant chemin de Romme, & le plus brief qu'il peulrent, fans ce que les Franchois le ſceurent ; pourquoy il s'eſlogna d'eulx environ de 14 lieues. Le Duc ſe voyant ainſi eſlognié de ſes ennemis, & qu'il approchoit la cité de Romme, diĉt à ſes gens en forme de predication, qu'il fuiſſent advertis, qu'il eſtoit deliberé d'aſſallir la cité de Romme, & qu'ilz ſe monſtraſſent gens de biens, & que en ce faiſant ilz ſeroient tous riches. Lors diĉt le Duc au Prince d'Orrenge, & aux Capitaines d'Eſpaigne : Que en diĉtes-vous, Seigneurs ? votre vollenté y eſt-elle de ainſy le faire ? vous ſavés que l'Empereur le m'a reſcript & mandé que ainſi le faiſons. Lors chacun Capitaine reſpondit, que ſe fuſiſt à la bonne heure, à l'honneur de Dieu & de l'Empereur ; nous ferons ce qu'il vous plaira. A ces motz le Duc ſe retourna ſur ſes Chevaliers leur diſant : Se aujourdhui me vollés croire, vous ſerés gens de biens ; car avec l'ayde de Dieu, vous ſerés tous Cardinaulx ; les hommes d'armes & autres, tous Abbetz, Chanoines & Vicaires. Telles joyeuſetés leur diſoit le Duc de Bourbon, auquel reſponderent : Nous ferons ce que vous voudrés pour l'honneur de l'Empereur, parreillement pour noſtre proffit. Lors après ces deviſes, ung chacun ſe priſt à crier : *Vive l'Empereur : Vive Bourgoigne, Bourgoigne.* Et lors fu la concluſion prinſe, que la ville de Romme ſeroit aſſallie le 5ᵉ jour du mois de may. Soyés advertis que la concluſion & preparation toute la nuiĉt s'en fiſt ; l'on faiſoit les eſchielles. Quant les Franchois & Veniſſiens, Italliens & autres nations, ſceurent que le Duc de Bourbon avoit faiĉt telle faincte, incontinent ſe remiſrent au chemin de Romme, tant que de jour & de nuiĉt ilz approcherent l'armée du Duc à 6 ou 7. lieues près, comme par advant, & ne ſça-

voient nullement ſa vollunté. Ce neantmoins le Duc de Bourbon
fu en doubte d'aſſaillir la cité de Romme , craignant que par der-
riere , la puiſſance de France & de Veniſe ne les ſourprinſt. Et ne
leiſſa pas à faire ſon emprinſe ; car le pluſtoſt qu'il peult arriva à
l'enthour de Romme ; lequel quant ſon armée fu logée , par une
Trompette fiſt ſçavoir à notre Saint Pere le Pape , comment il eſtoit
là arrivés par le commandement de l'Empereur ; & la cauſe eſtoit,
pour ce qu'il deſiroit entre ſa Sain𝜃eté & la Majeſté Imperialle
d'eſtre vray filz de ſain𝜃e Egliſe , trop mary ſi inconvenient venoit
en icelle ; & qui lui plaiſoit regarder auquel trai𝜃iet y volroit parvenir avec la Maieſté Imperialle , lequel a tousjours eſté ſon amy,
quoiqu'il aſſiſtoit le Roy Franchois , & qu'il heuiſt advanchié d'eſtre
mis au Siege Apoſtolique , comme il le cougnoit bien ; ſachant que
le Cardinal d'Angleterre le volloit eſtre , lequel l'avoit requis à l'Empereur que d'y eſtre aſſiſté : Mais n'on fiſt que journellement luy
tourner à groz deſtourbier , comme il l'avoit menaſché ; conſeillant
le Roy d'Angleterre de faire alliance aux Franchois contre ſa Majeſté : mais c'eſtoit , après toutes reproches , qu'il volſiſt faire une
offre raiſonnable , qu'il acceptoit ſon trai𝜃ié , moyennant auſſi qu'il
rendeſiſt à l'Empereur ce qui luy appertenoit ; & quant ad ce qu'il
ſe plaindoit n'avoir argent pour payer ſon armée , comme on diſoit
qu'il avoit promis , qu'il attenderoit huitz jours , voire ſi luy plaiſoit
quinze ; & promettoit de tant faire qu'il contenteroit ſon armée ; &
qu'il regarda𝜃 bien quel inconvenient il en povoit ſortir , ſy luy &
ſes gens entroient dedens la cité de Romme. Je vous adverti bien
que quelque remonſtrance que le Duc de Bourbon luy ſceuiſt faire,
jamais ſa Sain𝜃eté n'y veult entendre ; qui moult deſpleut au Duc,
lequel à groz regretz fu reſolu de donner l'aſſault à la cité de Romme. Et advant que ſe faire , ſe confeſſa & ouyt la Meſſe bien &
devottement , comme il avoit de couſtume ; puis fiſt aprocher la cité
de plus près , voyant que le Pape ne ſe volloit en nulle maniere
condeſcendre à faire trai𝜃iet à l'Empereur ; & eſtoit ce à faire le
6ᵉ jours du mois de May en l'an 15 cent 27. Le Duc de Bourbon
beſoigna tellement avec ſon armée , qu'il priſt le Faubourg Sain𝜃
Pierre , qui tout fu pillé , & ceulx de dedens tous tuez , & fu le di
Bourcq tout bruſlé , par aulcun inconvenient , dont ce fu grant dommaige ; car c'eſtoit le plus beau d'alentour de Romme & le plus
grant. Incontinent après , l'aſſault fu donné bien fierement. Soyés
advertis que le Lieutenant du Conte Jorge , lequel avoit les Lanſque-
ne𝜃hz en ſa condui𝜃e , pour ce que ſon maiſtre n'y eſtoit pas , ne
le Conte d'Aigremond , ad cauſe qu'ilz eſtoient demorez malades en
la ville de Ferrare , ſe approcha de l'aſſault : mais le Duc voyant ,

comme il luy fembloit, qu'ilz ne marchoient pas de bonne forte, fe
mift à piedt, leur monftrant le chemin ; faifant dreffer les efchielles
à la muraille de la cité de Romme ; & y donnerent ung tel affault
que merveille. Le Duc difoit aux compagnons : Avant, avant, mes
bons amis ; ayons ce jourd'huy bon couraige , nous ferons bonne
journée, s'il plaift à Dieu. En difant ces motz, s'approcha de la muraille pour y monter, & ainfy que le bon Seigneur eult le piedt levé pour le mettre fur l'efchielle, fu frapés d'ung treyét à poldre
au peti ventre du cofté gauche, dont du cop morut, fans jamais
parler ung mot, fors tant feulement qu'il dit : Ha ! Notre-Dame, je
fuis mort ; & tumba fur ung fien Gentilhomme nommé le Lorrain,
en foufpirant le dernier foufpire de la mort. Dieu par fa mifericorde
luy veuille pardonner fes pechiez, & le mettre en repoz éternelle.
La voix courru depuis, que le cop n'eftoit pas venu de la cité, &
que on l'avoit faiét par envye que l'on avoit deffus luy, pour ce
qu'il avoit fy grant & bon bruiét. Autrement n'ay fceu comment
il en alla ; neantmoins il y morut, dont ce fu ung grant dommaige.

CHAP.   *Comment la cité de Romme fu affaillye, prinfe & pilliée. Et du grant*
XXIX.   *deuil que pour la mort du Duc de Bourbon fu menné.*

MONSEIGNEUR le Prince d'Orrenge , lors que le Duc de Bourbon tomby, eftoit au plus près de luy ; quant il le perchut en tel
eftat, luy mift ung bonnet fur la fafche, & dift aux gentilhommes
& compagnons : Enffans, ce n'eft riens ; il n'eft que ung peti blechez. Lors fes parolles diétes, le Prince fift emporter le corps du
Duc en une maifon, qui incontinent fift faire ung merveilleux affault à la cité, difant : Avant, compagnons ; monftrons-nous vertueux.
Efcouttant le Prince d'Orrenge, comme gens plains de couraige,
penfant vengier le deffunét Duc de Bourbon, monterent vaillanment
fur la muraille de la cité, & y donnerent ung merveilleux affault :
mais le Seigneur Rance Urfin, qui eftoit dedens la ville , mettoit
grant paine à efcryer fes gens, lefquelz s'efforchoient de ravaller les
gens de l'Empereur dedens les foffetz , en faifant une grande refiftance : mais Dieu envoia une groffe bruynne (f) ; parquoi ceulx de
dedens la ville eftant fur la muraille ne povoient veoir les Bourguignons ; qui leur ayda affez ; car fans la bruynne, les gens de l'Empereur euiffent eftez fort battuz de l'artillerye venant de la cité,
laquelle ghaire n'y faifoit ; car les Bourguignons fi bien le fifrent,
qu'ilz entrerent dedens la ville de telle forte, qu'ilz gaignerent le
Bourcq faint Pierre à grant difficulté. Car foyés bien advertis que

(f) *Un gros brouillard.*

tandis que l'affault fe faifoit, le Romains & autres nations faifoient groffe preparation pour deffendre ce di Bourcq; ce neantmoins les Efpagnars & Lanfqueneth y entrerent par leur hardieffe & vaillance, & de ce colp tuerent dix milz hommes, *tant* Romains que Suiftres. Le Bourcq gaigniet, les gens de l'Empereur, tousjours eulx bien deffendant, affaillerent la cité du cofté du pondt faint Sixte, où le Seigneur Rance Urfins, Capitaine du Pape generalle, avoit fait faire des rempars, qui fift drecher : mais ce faifant n'y trouverent ghaire de refiftance : mais au contraire les gens de l'Empereur par leur force, boutterent tout devant eulx, en marchant vigorcufement ; dont ilz tuerent ung Cardinal, lequel eftoit emprès le Seigneur Rance, & environ avec luy de 8 à 9 mil hommes. Le Pape craindant l'affaire fe retira au chafteau faint Angele, avec grant nombre de Cardinalz & gens domefticques, tandis que les Bourguignons tuoient leurs ennemis. Le Seigneur Rance Urfin fe faulva auffi avec le Pape, demenant groz deuil pour fon Filz, qui auffi eftoit mort à la muraille. Je vous advife que quant Monfeigneur de Bourbon fu tuez, & qu'il fu mis à point en tel cas appertenant (g), après que tout fu raffis, & que les Bourguignons eftoient par tout le maiftre, tous les Capitaines allerent donner l'iaue benoicte fur fon corps, menant ung grant deuil, en plourant amerrement, en la Chapelle du Pape où le corps repofoit ; & y allerent auffi grant nombre de compagnons de ghuerre, faifant tous grans regrects ; difant, qu'ilz eftoient mal fortunés d'avoir perdu ung fy noble & vaillant chief de guerre, & tant folvent (h) perfonnaige. Incontinent que chacun l'eut vifité, priant à Dieu pour fon ame, il fu embalmés, & mis en ung chercuiel de plomb, & puis porté en l'Eglife fainct Jacques fort fumptueufement, où l'on le fift garder jour & nuict par *des* Religieux de faint Franchois, & avec eulx 12 halbardiers par jour, & ottant de nuict. Et y fift-on de beaux fervices moult follempnelz, avec grant chierges ardantz. Puis le lendemain que fes chofes fe faifoient, les gens de l'Empereur alliegerent le chafteau fainct Angele de tous coftez, fachant que le Pape y eftoit ; de telle forte que nulz n'y povoit entrer ne fortir. Puis quant le fiege fu du tout encloz, le 8ᵐᵉ jour du mois de may, l'an 15 cent 27., les Efpagnars & Lanfquenetz pillerent par tout la ville de Romme, avec le Palais fainct Pierre ; où les compagnies, ce faifant, eulrent ung merveilleux buttin. Et le 9ᵉ jour, icculx gens à l'Empereur pillerent touttes les Eglifes, Monafteres, & Hofpitalz ; & fans riens efpargnier, bruflerent & tuerent tous ; meifme occirent Prêtres, Moines & Nonnains, tant que c'eftoit pitiet d'eftre à cefte heure en la cité de Romme. Jamais en Cref-

(g) *Et qu'on eut traité fon corps de la maniere convenable.*

(h) *Peut-être favant, habile.*

1527.

tieneté ne fu telle *chofe*; car les Allemans s'y emploient, comme ilz cuiffent eftez Payens & Infideles.

CHAP.
XXX.

Comment le Prince d'Orrenge, après la mort du Duc de Bourbon, fu
chief de toute l'armée de l'Empereur; & comment il fu blechez,
en advifant pour affallir le chafteau faint Angele, où
le Pape eftoit avec fes gens, &c.

Les Franchois furent advertis que les gens de l'Empereur en la ville de Romme faifoient telles infollences; auffi perchevant les grans feuz en tous quartiers, s'aprocherent de la ville; lefquelz eftoient enfemble, les Veniffiens 30 mil hommes, gens de guerre moult bien efquipés, & mifrent leur camp à 7 lieues de la cité. Quant les gens de l'Empereur fceurent que les Franchois eftoient campez, penfant qu'ilz les viendroient vifiter, prindrent garde en leur faict; ayant volloir, fi les approchoient, de les combattre. Mais les Franchois d'autre part voyant les Bourguignons en telle fureur fur les Romains, craindant auffi leurs effors, non fachant la mort du Duc de Bourbon, eulrent en confeil qu'ilz n'avoient que faire d'affaillir la cité de Romme, & que s'eftoit pour néant, affeurez qu'ilz feroient combattuz, ne fe muerent d'icelle : mais fermerent leur campt & de près, où ilz fejournerent 8 jours, voyant qu'ilz ne povoient riens emprendre fur la cité, ne fecourir le Pape qui eftoit au Chaftel fainct Angele, dont ilz eftoient advertis par aucune efpie, & que ilz eftoit affiegé. Auffi fort craindant les gens de l'Empereur, leverent leur camp le 9e jour qu'ilz y avoient eftez; s'y s'en allerent envers la ville de Viterbe, laquelle cuiderent reprendre; mais ilz y trouverent *les gens de* l'Empereur qui parlerent bien eftrangement à eulx. Tandis que les Franchois fe retirerent, le Noble Prince d'Orrenge, qui lors avoit la cherge de tous les Capitaines de l'armée de l'Empereur, par le trefpas du noble, preux & vaillant feu Duc de Bourbon, fift faire de groz trencquis moult parfondz, fans y faire quelque batterye, pour ce qu'ilz n'avoient nulz groz canons; car ilz les avoient leiffez à Saynne la vieille, comme vous avés oy ci-devant. Quant ces trencquiz fu achevés tout à l'entour du chafteau fainct Angele, incontinent le Prinfe d'Orrenge envoya une Trompette par devers le Pape, pour fçavoir fa vollunté, à laquelle ne fu riens refpondu. Quant la Trompette eult faict fon debvoir retourna envers le Prince d'Orrenge, & luy dict, que nulz n'avoit vollu à luy parler, dont le Prince s'en contenta mal; neantmoins n'en eult autre chofe : mais toft après, accompagniés de pluifeurs gentilzhommes, s'en alla vifiter en es trenc-

quis

quis les affaires du Chafteau, & regarder par où il polroit livrer
l'affault. Le bon Prince n'y eult ghaire efté, qu'il ne fut perchut
du Chafteau, & voyant à fon train qu'il *eftoit* chief de guerre, un
cannonyer, par une rayerre (*i*), luy tira d'une harquebutte à crochet,
au deffoubz de l'oeil gauche, dont le boullet fortit par derriere de
fon oreille. Je vous advife que du colpz qu'il reçupt tumba au parfond du trencquis, dont incontinent fu relevet & emporté par fes
gens en fon logis, où il y eult du terrible deuil, pour fe que on
l'avoit (*k*) le chief de l'armée après le Duc de Bourbon, qui fort bien
le faifoit; eulx complaindant, & difant beaucop de chofe, & craindant auffi que ce ne tournaft à groffe confufion à la puiffante armée
de l'Empereur. Ceulx du Chafteau faint Angele, s'esbahifoient, qu'ilz
n'oioient nulles nouvelles du Duc de Bourbon, & à quoy fignifioit
cefte Trompette tranfmife par le Prince d'Orrenge; fur ce ne fçavoient que penfer, finon qu'il eftoit mort : mais ainfy que les pen-
fementz du Pape & de fes autres gens eftoient, les gens de l'Empereur fe dolofoient (*l*), priant Dieu qu'il volfift retourner le Prinfe
d'Orrenge leur Chief en convallefcence. Après qu'il eult efté 24
heures fans parole, par la grace de Dieu revint à luy; en foufpirant s'efcria : Ha ! fouverain Seigneur ! pour avoir fa mifericorde,
& incontinent fe confeffa, comme ung bon filz de faincte Eglife ;
puis fu fort vifité des medechins, qui ne fu gaire après fans foy
bien pourmener parmy fa chambre, combien que ung peu devant
penfoit que ne s'en releveroit, & qu'il en moroit. Mais il trouva
de fy bons medechins, qui penferent de luy en fy bonne forte,
que en peu de jour l'affeurerent que pas ne moroit de cefte blechure. Le Prince d'Orrenge voyant qu'il eftoit affeuré de fes Cer-
rugyens, appella fon Confeil, demandant qu'il eftoit de faire de ce
Chafteau, & qu'il eftoit en vollunté de le faire miner. Les Seigneurs refpondirent, que ce fufift à la bonne heure, & à l'honneur
de Dieu ; & qu'il le comandaft, on le feroit. Ainfy en fu-il faict.
Ceulx lefquelz furent preparez à ce faire commencherent à befoigner, mais ceulx de dedens s'en perchurent aulcunement, lefquelz
fifrent des contremines, tant qu'ilz oyerent les gens de l'Empereur;
& *ce* fu dict au Saint Pere le Pape, & au Seigneur Rance Urfin, Capitaine du Chafteau; dont le Pape commencha d'eftre en groffe doubte, craindant que le Chafteau ne fufift gaignié; & auffi voyant qu'il
y avoit grant efpace qu'il avoit efté affieget & enfermés, pendant
le quel temps n'avoit efté fecourru de ceulx de la ville, des Suiftres,
des Veniffiens, ne des Franchois, lefquelz penfoit avoir pour vraix
amis. Quant il fe perchut ainfy de chacun habandonné, & qu'il
fceult que on avoit deffendu aux mineurs de l'Empereur de befoi-

V v

1527.

(*i*) *Une em-*
brafure.

(*k*) *On le re-*
gardoit comme.

(*l*) *Lamen-*
toient.

gner, fift affembler fon Confeil, où pluiſeurs Cardinaulx eſtoient,
avec le Seigneur Rance Urſin, & pluiſeurs autres Romains; auſquelz
miſt beaucop de choſes avant, & en beaucop d'oppinions furent reſ-
pondues, touchant d'eulx rendre, de quoy le Pape avoit parlé; &
voyant que on les leſſeroit en ce dangier, conclurent que de parlementer avec le Prince d'Orrenge, lors eſtant feeur de la mort du
Duc de Bourbon, pour favoir ſa vollunté; ainſy en fu faict.

CHAP.   *Comment l'Imperatrix des Rommains, en la ville de Valdollif en*
XXXI.   *Caſtille, s'accoucha d'ung beau Filz, nommé Phelippes, lequel*
                fu faict Chevalier ſur les fons, aprés avoir eſté baptiſez.

AINSY que ces choſes ſe demenoient, & que pluiſeurs ſe fiſrent
par devant le chaſteau Sainct Angele, l'Imperatrix des Rommains,
par ung lundi le 21e jours du mois de May, la feſte de Sainct Bernardin, l'an 15 cent 27., fu delivrée d'ung beau Filz, à vray &
juſte terme, en la ville de Valdollif au Reaulme de Caſtille. De
quoy le Noble Empereur, Charles tousjours Auguſte, en eſtant
adverti, en loa Dieu grandement; pour la venue duquel di enffant,
fiſt ſubſtenter les povres gens du pays, affin que Dieu en fuiſt loez,
qui luy avoit envoié ung tel filz & tant bien parfaict. En Eſpaigne,
& partout, l'on en fiſt très grant follempnité & grant joye. Pour
la venue duquel di enffant le Confeil ſe miſt enſemble pour ſon
baptiſement, où il fu conclut que l'on le feroit & brief; où pour
le batiſement, en la ville de Valdollif, on fiſt de groſſes preparations, touchant de tendre drap d'or, d'argent, tapiſſeries & autres
^(m) *Echa-* choſes, & de grantz allumeryes. Pourquoi fu faict ung Hourt (m) de-
faud. puis le Pallayx de l'Empereur juſques au Couvent des Jacobins, ſur
lequel à deux coſtez eſtoient torſes miſes en belle ordre, bien com-
⁽ⁿ⁾ *De diſ-* paſſées, d'inſtant en inſtant (n), pour ardoir au paſſer & repaſſer. Et
tance en diſ- eſtoit le Hourdement tendu de drap de velour, de ſoye, & d'autres
tance. draps riches, ſur lequel on debvoit marchier, pour porter l'enffant
baptiſer. Je vous adviſe que Madame la Roynne Alyenor, porta
l'enfant à l'Egliſe noblement accompagnié, au devant laquelle, deux
Gentilhommes ſemoient or & argent, à deux coſtez de l'enffant,
ſur le peuple qui le regardoit paſſer; leſquelz crioient: *Vive l'Em-*
pereur, Caſtille, & Bourgoigne. Encore cheminoient devant l'enfant,
^(o) *La plû-* dix cens Chevaliers, trois à trois, le plus (o) veſtuz de drap d'or fri-
part. ſiet, & d'autres parreillement de rices draps, comme d'argent &
de velours, leſquelz ſieuvoient les Gentilhommes & Bourgoix, en
nombre de ſix cens, auſſi qui portoient les torſes. Quant l'enfant
fu venu en l'Egliſe des Jacobins, aprés pluiſeurs ſeremonies, on le

porta fur les fons, reveftus de drap d'or qui eftoient tous nouveaux, 1527.
fans y avoir jamais baptifez enffans ; & fu par ung Archevefque
l'enfant baptifez, lequel eftoit reveftu des habitz Pontificalz. Le
premier parrin eftoit le Conneftable d'Efpaigne, ung moult noble
homme, lequel luy donna fon nom : Phelippes, par la grace de
Dieu, Prince de Caftille. Le fecond Parrin fu le Conte de Venfge ;
& la Marinne, qui le tenoit fur les fons, fu Madamme la Roynne
Alyenor, fa Tante. Le Conneftable eftant auprès de l'enfant fur les
fons, lequel tenoit l'enfant à la maniere acouftumée, prift une efpée clerre & tranchante toute nue, que ung Chevallier tenoit, la
plus belle que l'on euiffe fceu regarder, de laquelle fift l'enfant Phelippes de Caftille, Chevallyer, fur les fons, luy difant de beaux &
joyeux motz. C'eftoit triumphe que d'eftre en l'Eglife, voyant les
chofes qui s'y faifoient ; comme chantres, orghes, cloches & autres
fonneries & inftrumens, chantant melodieufement chanchons eccle-
fiaftiques, comme à la Nativité de Jefus-Chrift. Ces chofes ainfy
triumphamment achevées, & les rices dons faict à l'enfant, chacun
en belle ordre fe retira en arrière au Palaix de l'Empereur, les
torfes devant, les Chevalliers après, les dons enffuivant ; puis l'efpée dont l'on avoit faict le jonne Prince Chevallier, & après l'enfant, que fa Tante la Marine portoit envelopé, Dieu fçet comment,
d'une ghuimpe chammarée ; jamais on en vit, ne perchut de telle
ouvrée & perle. Puis deffus avoit ung riche drap de fin or friffet,
tant bien mis que à merveille ; encoire femoit-on or & argent au
retour. Je vous advife bien, qu'il y avoit pluifeurs nobles Dammes, Ducheffes, Marquifes, Conteffes, & autres Dammes & Damoifelles, qui accompagnoient l'enfant, qui entrerent au Palaix, où
l'enfant fu reportés à fa Noble Mere l'Imperatrix, laquelle le baifa,
loant Dieu ; où fes Dammes difrent à la Noble gifante de belles
chofes, appartenantes à telles befoignes. Au foir l'on tint Court
ouverte à tous venans, où l'Empereur fe monftra fort joyeux,
pour ce que par la grace de Dieu il avoit ung beau Filz. Nous
tairons à tant, & retournerons à notre cas touchant la guerre, &c.

Comment le Pape requift de parlementer avec le Prince d'Orrenge, dont   CHAP.
au nom de l'Empereur fift ung appoinctement ; & comment le   XXXII.
Prince d'Orrenge envoya les nouvelles à l'Empereur.

CE TEMPS pendant le Pape Clement VIIe de ce nom, eftant
affiegé des gens de l'Empereur au Chafteau de Sainct Angele, par
confeil fe delibera que de parlementer avec les gens de l'Empereur.
Et fe tint le parlement en ung mercquedy 5e du moix de Jung,

1527.

15 cens 27. , en jour Sainct Boniface , où il y eult moult de difficulté faictes d'ung cofté & d'autre. Neantmoins quoique l'on y mift advant , le Pape s'accorda de faire ce qu'il s'enfuit. Premiers fe rendoit à la Majefté Imperialle , & tous les Cardinaulx , lefquelz eftoient avec luy , & le Seigneur Rance Urfin , en mettant le chafteau Saincte Angele en la main du Prince d'Orrenge au nom de l'Empereur. Auffi parreillement la ville de Cividad becha (p) , Hoftye , Cunta , Chaftellans , Rauy (q) , Modene , Parme & Plaifance , & toutes à la vollunté de la Majefté Imperialle , où pour fceurté furent incontinent ordonnés les Capitaines avec leurs bendes , pour les aller recepvoir & garder pour l'Empereur. Premier furent reçuptz au chafteau Sainct Angele , & les gens du Pape bouttez dehors. En ouftre promift le Pape quatre cent mil ducatz , pour furnir à la defpence de la guerre de l'Empereur , & qu'il tiendroit prifon au chafteau Sainct Angele pour plus grant fceurté , & que le Seigneur Alacon en auroit la charge , jufquez au renon de la Majefté Imperialle. Tandis que ces chofes fe demenoient , les nouvelles vindrent que le Vifce-Roy approchoit la cité de Romme , avecque grant nombre de Napolitains , Efpagnars & Allemans bien efquippés , avec force de vivres ; & comme les nouvelles vindrent , eftoient defjà à dix lieues près de la cité de Romme. De quoy le Prince d'Orrenge & les autres furent moult resjouis , devant lefquelz alla une groffe bende de ceulx de dedens Romme. Quant le Vifce-Roy les perchutz , en fu parreillement resjouy , & de ce que on luy avoit *dit* comment il alloit de Romme & du Pape. Le Vifce-Roy ne tarda ghaire , après avoir oy ces nouvelles , qu'il ne fut à Romme , où il fu fort recœilliet du Prince d'Orrenge , & des Capitaines. Le lendemain qui fu arrivé , le Prince d'Orrenge , après avoir pourveu aux affaires , avec fa bende d'Efpagnolz & Lanfquenctz avec autre nation fe party de Romme , y leiffant bonne garnifon & bonne pourveance avec le Vifce-Roy de Naples , lequel befoignoit au police de Romme. Parreillement ordonna 3 milz hommes au Seigneur Alachon , pour garder le Pape au Chafteau Sainct Angele , bien pourveuz de ce qui leurs eftoit neceffaire. Quant tout ce fu fait , le Prince d'Orrenge fe retira avec fa bende par devers Florence la belle , où ilz furent paifiblement reçupz. Après avoir efté en Florence une efpace , tirerent chemin vers la cité de Milan , où en chemin le Conte Jorge & le Conte d'Aigremond arriverent , avec l'aide de leurs gens , joyeux de leur gharifon , & maris qu'ilz n'avoient pas eftez avec culx à la prinfe de Romme. Puis refpondit le Conte Jorge au Prince d'Orrenge , que Dieu ne luy avoit pas vollu faire telle honneur que d'y eftre. Après moult de devifes de

(p) *Cività vecchia.*
(q) *Reggio.*

leurs affaires, le Conte Jorge fe mift avec fes Allemans, & le Conte
d'Aigremond avec fa bende ; lefquelz enfemble cheminerent tant,
que le Prince d'Orrenge & eulx furent à Milan, tendant encore
d'aller plus avant, à la vollunté de l'Empereur, contre fes malvoeillans. Le Prince d'Orrenge au partir de Romme, avoit fait la defpefche à trois Gentilhommes, pour porter les nouvelles à l'Empereur, & l'advertir au loing de toutes les advenues de Romme, &
du traictement du Pape, & auffi des affaires d'Itallyes. Le premier
Gentilhomme a efté Taincteville, & fu prins des Franchois en chemin. Le fecond a efté le Seigneur de Vauldret, lequel, comme l'on
efperoit, eftoit paffé oultre. Et le tierch eftoit Monfeigneur de Sal-
my, Maiftre d'hoftel à Monfeigneur le Prince d'Orrenge. Je vous
adverty que, quant Taincteville fu retenu des Franchois, on vifita
fa commiffion, où l'on perchupt la mort du Duc de Bourbon, &
la prinfe & defolation de Romme ; & comment le Pape eftoit detenu prifonnier au chafteau Sainct Angele, & comment les Cardinaulx eftoient cauffionnet (r) pour le traictiet du Pape. Auffi comme
les Allemans l'avoient bruflée, & tous les Moines & Preftres tuez,
pour ce que les aulcuns eftoient mis en deffence. Le Roy de fes
affaires fu moult courrouchié ; mais de la mort du Duc de Bourbon
fu grandement resjouis, & de la mort loua Dieu. Sachié que au
jour que Taincteville arriva au Roy de France, le Roy avoit envoyé les nouvelles à Madame la Gouvernante, comment l'Imperatrix fa Belle Niepce eftoit accouchiée d'ung beau Filz, en la ville
de Valdollif, le 21e jour du mois de Mai, & qu'il en eftoit bien
adverti par fes poftz venant d'Efpaignes. Parreillement toft après
en vint vrayes nouvelles de l'Empereur ; parquoy l'on en fift proceffion par les Pays d'embas, feux, joyes, & esbattement, pour
ce que Dieu avoit donné la grace à l'Empereur d'avoir ung beau
Filz, lequel feroit leur naturel Seigneur.

*Comment ung Gentilhomme nommé Taincteville fu prins des Franchois
portant lettres à l'Empereur de la prinfe de Romme, &
d'autres nouvelles.*

CHAP.
XXXIII

AU TANT que toutes fes befoignes fe faifoient ès pays d'embas,
après avoir veu la commiffion de Taincteville, on luy donna congié du tout à fa vollunté, dont il s'en retourna vers les Efpaignes,
& raccompta depuis à l'Empereur, comment les Franchois l'avoient
detenu ; de quoy fe corroucha fur le Roy de France. Neantmoins
il eftoit adverti par les deux autres, lefquelz avoient paffez, dont
il loa Dieu ; d'une partie fu moult dolent de la mort du Duc de

Bourbon en le regrettant. Sachiés que à l'heure que ces nouvelles vindrent par ces deux, l'on appoinctoit, pour faire ung grant triumphe, 200 palletoz de drap d'or, quant Romme seroit gaignié par le Duc de Bourbon : mais quant l'on sceut sa mort, tout cessa ; & fist-on des abillementz de deuil, que l'Empereur prinst, & toutte la Court, Seigneurs & Dames ; plorant & soupirant tendrement pour la mort du noble Duc, pour lequel parmi les Espaignes l'on fist de beaux & sumptueux services. Ainsy que ces choses se faisoient au Reaulme de Castille & autres, les Franchois filrent une Procession parmy le Reaulme de France, & les feuz, pour la mort du bon Duc de Bourbon ; où en la ville de Paris prescha ung Docteur, comment les Leuteriens Allemans avoient bruslé l'Eglise saint Pierre à Romme, & toutes les autres : aussy les Monasteres & Hospiaulx, après avoir pilliés tous les Sanctuaires qui dedens estoient, & les biens des Abbayes : parreillement les Prestres, Moisnes, Nonains & autres tous mis à mort, & prins notre saint Pere le Pape, dont c'estoit pitiet de ainsi se maintenir avec l'Eglise. Puis dict encore le Docteur, parlant au Roy de France : que s'il ne se croisoit (s) contre ses Leuteriens, qu'il avoit le dangier que Dieu ne se courrouchast contre luy ; lequel Roy debvoit grant grace à Dieu rendre, & parreillement le peuple de France de la mort de Charles de Bourbon, leur grant ennemy ; mais, se disoit le Docteur qu'il prendoit pitié que ung si noble homme que le di Charles de Bourbon, combien qu'il fusist leur grant ennemi, que ainsy c'estoit habandonné avec ung tas de Leuteryens, & d'abandonner la maison Crestienne de France. Ainsy disoit le Predicateur, & fist fin de sa Predication. Les Processions faictes parmy le Reaulme, & principallement en la ville de Paris, où ce sermon fu fait, dont on vous a faict mention, le Roy par conseil fist ses preparations pour envoier envers Romme une grosse bende de Franchois & des nouveaux Suystres, dont le Chief estoit le Conte d'Autreppe, lequel fist serment au Roy de jamais retourner, que le tout ne fuist reduhit à la Courronne de France, & le Pape remist en son siege Romain. Le Roy l'en remerchia, en luy donnant, pour ad ce furnir, le Duc d'Albanye, & le Duc d'Urbin, & d'autres jusques au nombre de 30 mil hommes bien esquippez, lesquelz jurerent tous de le faire, ainsi que le Conte d'Autreppe l'avoit promis, comme Lieutenant general des bendes de delà les montz ; ayant tous desirs de secourir le Pape, & de le mettre hors des mains de l'Empereur. Ce temps pendant, Monseigneur Denghue de Moncada & le Seigneur Alanchon, Gardyen du Pape, le Capitaine Jan d'Urbin & Monseigneur de la Motte noire, Capitaine de Romme, voire

de la juftice & de l'armée, laquelle eftoit demorée après ce que
le Vifce-Roy s'en eftoit parti pour foigner des vivres, iceulx enfembles delivroient les paffeportes, l'ung après l'autre, chacun en
fa fepmaine, à tous les courtifans Romains, qui s'en volloient aller & retourner en fon pays ; avecque parreillement la charge du
police de Romme & du chafteau Sainct Angele, pour tout bien
garder pour l'Empereur jufques à fon renom. Soyés advertis que
notre Sainct Pere le Pape eftant audi chafteau Sainct Angele, l'Empereur le leiffoit joyr de fa Papalité & Dignité, faifant fon office
comme par avant que Romme fufift prinfe, affin de pouvoir avoir
les quattre cens milz ducatz qu'il avoit prommis de donner, en faifant
fon traictiet à l'Empereur. Et durant ces affaires, le Duc de Bourbon
eftoit tousjours en l'Eglife Sainct Jacques en Romme, fumptueufement mis en ung cercueil, où chacun l'alloit vifiter, & prier Dieu
pour fon ame ; où il y avoit pour le garder de nuict & de jour,
12 Halbardiers : & 12 Cordeliers, lefquelz prioient pour l'ame de
luy & pour les trefpaffez ; & auprès du tumbeau y avoit ung riche
charyot de guerre, moult bien acouftret, pour mettre le corps deffus, & les enmenner contre les ennemis de l'Empereur, comme
leur Chief & Capitaine gencralle après l'Empereur. Lequel Duc,
fe difant mort dedens les Pays de l'Empereur, fi comme en Brabant, Flandre, Haynault, Arthois & aultres, ne le volloient pas
croire loingtemps, pour ce que on le fçavoit par ceulx de France ;
& en faifoit-on des gaigures du contraire, pour aulcunes finances :
mais en la fin, quant les nouvelle vrayes en vindrent de Romme,
lors on le crut pour verité. Parquoi ens ès di pays l'on fift bon
debvoir de prier Dieu pour fon ame ; car en fon temps a eftet
moult chevallereux, comme l'on polra veoir en fes Cronicques (t) (t) *Dans cet-*
& hiftoires en brief.   *te Chronique.*

ICHY FINNE LE VII LIVRE de ce prefent Recuil, & petit
traictiet de la Noble Maifon de Bourgoigne, & en brief en forme
de Cronicques ; lequel commenche à la nativité de Charles, Empereur des Romains, tousjours Augufte, Filz de Phelippes d'Auftrice, en fon vivant Roy de Caftille, Duc de Bourgoigne, &c.
lequel fift fa naiffance en la puiffante ville de Gand, l'an de Jubi-
lé de Romme, mil chinc cens, fur le 23ᵉ de Décembre. Lequel
Recueil, a determiné de pluifeurs & beaucop d'avenues (v) en la Mai- (v) *D'évène-*
fon de Bourgoigne, France, Angleterre, Lombardie, Venife, &   *mens.*
autres, jufques le Vᵉ jours du mois de Jung, l'an mil chinc cens

& 27., que le traictiet du Pape Clement VIIe de ce nom, fu faict à la Majefté Imperialle. De laquelle œuvre, tant digne *de memoire*, pour le haulx faictz vallereux qui y font contenuz, le Facteur a loé Dieu qui luy a preftet le temps & memoire de le povoir parfaire; fupplyant à tous les Lecteurs de volloir prendre patience *de fa petitte* fcience, & profe tant ruralle; & luy pardonner, s'il a en quelque paffaige riens mefpris, & à entreprendre telle œuvre tant excellente & haulte, & avecque auffi tant longue & pefante à luy tant fimple & intelligible efcollyer, ROBERT MACQUEREAU; mais s'a efté le grant amour qu'il avoit en la Maifon de Bourgoigne, & aux Hoirs, de quoi il faict icy la fin.

FINIS EST, DEO GRATIAS.